Bibliothèque du voyageur

AMÉRIQ[illegible]D

guides Gallimard

AMÉRIQUE DU SUD

ÉDITION FRANÇAISE

Traduit de l'anglais
Bruno Krebs, Sophie Paris

Bibliothèque du voyageur
Gallimard Loisirs
5, rue Sébastien-Bottin, 75007 Paris
tél. 01 49 54 42 00, fax 01 45 44 39 45
biblio-voyage@guides.gallimard.tm.fr

Aucun guide de voyage n'est parfait. Des erreurs, des coquilles se sont certainement glissées dans celui-ci, malgré toutes nos vérifications. Les informations pratiques, adresses, heures d'ouverture, peuvent avoir été modifiées ; certains établissements cités peuvent avoir disparu. Nous vous serions très reconnaissants de nous faire part de vos commentaires, de nous suggérer des corrections ou des compléments qui pourront être intégrés dans la prochaine édition.

Dépôt légal : février 2011
Numéro d'édition : 176646
ISBN 978-2-74-242840-3
Mise en page : Quercy Blanc
Adaptation : Rialto/Federica Mariat.
Photogravure : ScanPlus, Paris.
Impression et reliure : CTPS Ltd, Chine.

www.guides.gallimard.fr
biblio-voyage@guides.gallimard.tm.fr

À PROPOS DE CE GUIDE

Cet ouvrage est une traduction-adaptation de la toute nouvelle édition de l'Insight Guide : *South America*, entièrement révisée en 2010. Outre la mise à jour des itinéraires et du Carnet pratique, elle a été augmentée de nouveaux chapitres et d'articles éclairants, les Zoom sur..., dont *L'avènement du populisme*, *Les tribus cachées*, *Les trésors amazoniens*, *Le lac Titicaca*...

Comment utiliser ce guide

Ce guide de voyage est conçu pour répondre à trois principaux objectifs : assouvir une soif de connaissance, aiguiller judicieusement le choix des itinéraires et enrichir les textes de belles et pertinentes illustrations. Dans cette optique, il est divisé en trois grandes sections, identifiables grâce à leurs bandeaux de couleur placés en haut de page. Chacune d'elles vous permettra d'appréhender les pays, leur histoire et leurs peuples, et vous guidera dans le choix de vos visites, de votre hébergement, de vos activités culturelles et sportives.

◆ La section **Histoire et Société**, repérable par son bandeau rose, relate l'histoire culturelle et environnementale de ce sous-continent sous forme d'articles fouillés qui retracent l'histoire et la politique de ces treize pays, de l'empire des Incas aux balbutiantes démocraties en passant par l'arrivée des Conquistadors, la colonisation et les dictatures militaires.

◆ La section **Itinéraires**, signalée par un bandeau bleu, présente, pour chaque pays, un circuit dans lequel figurent tous les grands lieux incontournables et à découvrir. Chaque site est localisé sur une carte à l'aide d'une pastille numérotée.

◆ La section **Carnet pratique**, située en fin d'ouvrage et soulignée par un bandeau jaune, fournit toutes les in-

CI-CONTRE : jeunes filles du village de Cotacachi, au nord de l'Équateur.

formations nécessaires pour connaître les différents aspects de chaque pays (climat, géopolitique, etc.), pour préparer le voyage (formalités, comment s'y rendre...), se déplacer, se loger et se restaurer, et plus encore...

Les contributeurs

La maison d'édition britannique APA, basée à Londres, a confié l'orchestration de cette nouvelle édition à **Alyse Dar** et **Pam Barrett**.

L'ouvrage a été vérifié en totalité par **Stephan Kueffner**, journaliste à Quito pour plusieurs publications anglaises dont *The Economist* et *Bloomberg*, qui a également rédigé les rubriques *Les musts de l'Amérique du Sud* et *Rêvez l'Amérique du Sud*, les Zoom sur... *Les nouveaux populistes, Les tribus cachées* et *L'Écotourisme*, et a entièrement révisé le *Carnet pratique*, nouvelle formule.

Cette édition est fondée sur l'excellent travail réalisé par **Tony Perrottet** et **Nathalie Minnis** et leur équipe d'auteurs : analyste spécialisé dans l'Amérique latine, **Nick Caistor** a pris en charge avec expertise la section Histoire ; **Nathalie Minnis** s'était occupée de la section Société ; professeur de danse latine après un long séjour en Amérique latine, l'Écossaise **Shannon Shiell** a tout naturellement rédigé les chapitres *Danses et musiques* ; professeur des Études hispaniques à l'Université de Glasgow, **Mike Gonzales** a pris en main les chapitres *Arts et artisanat, Architecture* ; tour operators installés à Quito et organisateurs de treks et d'andinisme au Pérou et en Équateur, **Jane Lethman** et **Mark Thurber** se sont bien entendu chargé du chapitre *Amérique du Sud, un gigantesque terrain de jeux*.

Tous les itinéraires ont été révisés par des experts locaux. Ils se sont divisé le continent par pays : le *Guyana et la Guyane* sont présentés par **Claire Antell** ; le *Chili*, par **Ruth Bradley** ; le *Venezuela*, par **Dominic Hamilton** ; le *Pérou*, par **Gabi Mocatta** ; le *Brésil*, par **Christopher Pickard** ; l'*Équateur*, par **Janet santamaria-Fox** ; la *Bolivie*, par **Liz Tremlett** ; la *Colombie*, par **Luisa Urueña** et **Susan Wunderli**.

Quant aux maintes photos qui illustrent à merveille cet ouvrage, elles sont signées pour la plupart de 3 grands photographes de voyage : **Eduardo Gil**, **Abe Nowitz**, et **Corrie Wingate**.

Légendes des cartes

- Frontière internationale
- Frontière régionale
- ⊖ Point de passage
- Réserve, parc national
- Route maritime
- Aéroport international, national
- Gare routière
- Office de tourisme
- Église, ruines
- Monastère
- Château, ruines
- Mosquée
- ✡ Synagogue
- Site archéologique
- Grotte
- Statue, monument
- ★ Site, curiosité
- Bureau de poste
- Métro

Les sites des itinéraires sont signalés dans les cartes par des puces noires (ex ❶ ou Ⓐ). Un rappel en haut de chaque page de droite indique l'emplacement de la carte correspondant au chapitre.

Sommaire

Introduction

Histoire

Société

Itinéraires

Zoom sur...

CI-CONTRE : détail architectural de la cathédrale de Riobamba, Équateur.

Carnet pratique

Index détaillé du Carnet pratique, p. 355

Cartes

Les musts de l'Amérique du Sud

Que vous préfériez les sommets enneigés des Andes aux longues dunes de sable doré du Brésil, ou les trésors architecturaux incas ou coloniaux aux merveilles naturelles de l'Amazonie, chacune de ces innombrables beautés est incontournable.

◁ **Amazonie** Le poumon de la terre abrite la plus vaste variété d'animaux et de plantes, et le meilleur moyen de les observer consiste à vous installer dans un *jungle lodge* de l'un des pays limitrophes. *Voir p. 166, 170, 212, 255, 258*

△ **Iguazú** À cheval sur la frontière argentino-brésilienne, ces incroyables et magnifiques chutes comptent plus de 250 cataractes. *Voir p. 257, 275, 339*

▽ **Cuzco** Centre du plus grand empire sud-américain, ce site est un monument à la créativité artistique inca et espagnole. *Voir p. 156*

△ **Región de los Lagos** À la frontière de l'Argentine et du Chili, cette région vous propose, selon la saison, ses plages, ses forêts ou ses pentes de ski. *Voir p. 296, 341*

△ **Ouro Preto** Merveilleusement préservée, cette ville coloniale, véritable bijou baroque, se niche dans les collines boisées du Minas Gerais. *Voir p. 247*

△ **Rio de Janeiro** La *cidade maravilhosa* (cité merveilleuse) vibre de tous ses sens par son caractère cosmopolite, sa vitalité, sa nature brésilienne unique et ses étonnants décors naturels. *Voir p. 237*

▷ **Île de Pâques** La plus isolée des terres habitées conserve l'un des derniers mystères encore non résolus : celui des grands *moais*. *Voir p. 307*

△ **Lac Titicaca** Partagé entre la Bolivie et le Pérou, cerné par les impressionnants sommets enneigés des Andes, le plus haut lac au monde se révèle être le berceau de deux grandes cultures, Inca et Taquile. *Voir p. 165, 172, 184*

▽ **Avenida de los Volcanes** Au sud de Quito, une longue série de volcans coniques borde la cordillère des Andes fournissant un incroyable choix de trek. *Voir p. 210*

△ **Salto Angelo** Découvrez au fond de la forêt tropicale vénézuélienne – un décor qui inspira Conan Doyle et son *Monde perdu* –, la plus haute chute au monde. *Voir p.126*

▽ **Torres del Paine** Spectacle inoubliable qu'offrent ces piliers de granite enneigés, majestueusement dressés au-dessus des lacs cristallins de Patagonie. *Voir p. 303*

△ **Machu Picchu** Classé parmi les sept nouvelles merveilles du Monde en 2007, ce trésor architectural témoigne du savoir-faire inca. *Voir p. 161, 162*

△ **Buenos Aires** Le "Paris de l'Amérique du Sud" déborde d'un tel dynamisme créateur qu'il en ferait pâlir New York de jalousie. *Voir p. 329*

▷ **Uyuni** Le plus grand lac salé de la planète déploie sa saisissante toile blanche dans le désert des Andes, partagé par l'Argentine, le Chili et la Bolivie. *Voir p. 197*

▽ **Quito** Lovée dans les contreforts des Andes, au pied des volcans, la ville coloniale se pare d'une kyrielle de superbes églises baroques. *Voir p. 205*

Rêvez l'Amérique du Sud

Imaginez remonter l'Amazone en pirogue à la recherche des tribus cachées, arpenter le Chemin inca pour atteindre le Machu Picchu, plonger aux Galápagos avec les otaries à fourrure, déguster un délicieux *ceviche* sur une plage dorée... vous ne rêvez plus, vous êtes bien en Amérique du Sud.

Ses postes d'observation

- **Península Valdés** Si vous rêviez d'observer en même temps des baleines, des éléphants de mer, des manchots, des guanacos, des *ñandus* et des *maras* – le lièvre de Patagonie –, rendez-vous sur cette péninsule argentine. *Voir p. 345*
- **Pantanal** Aux confins du Brésil, de la Bolivie et du Paraguay s'étire la plus grande zone marécageuse du monde, véritable paradis de quelque 3 500 espèces végétales, 400 groupes de poissons et 650 sortes d'oiseaux *Voir p. 255, 278*
- **Mindo** La forêt humide à l'ouest de la capitale équatorienne, Quito, déploie ses ramures aux centaines d'espèces volatiles qui combleront les amoureux de la faune aviaire. *Voir p. 208*
- **Llanos** Outre les vastes troupeaux, les plaines vénézuéliennes hébergent le fameux anaconda, le *capybara* – le plus gros rongeur au monde – et le caïman à lunettes. *Voir p. 122, 123*
- **Galápagos** Réputées pour sa faune terrestre – tortues et faune aviaire unique –, cet archipel révèle des fonds marins tout aussi spectaculaires, fort prisés des férus de plongée. *Voir p. 217*
- **Torres del Paine** Sans doute l'une des régions les plus propices pour observer le farouche puma ainsi que le renard de Patagonie. *Voir p. 303*

Ses surprenants musées

- **Museo Brüning** Ce musée de Lambayeque met en scène le tombeau du "Seigneur de Sipán", qui vous permettra de découvrir la culture moche. *Voir p. 171*
- **Museo del Oro** Plus de 36 000 pièces, provenant d'une douzaine de cultures précolombiennes, diaprent de leurs ors cet incroyable musée de Bogotá. *Voir p. 98, 99*
- **Museo Fundación Guayasamín** Ce musée de Quito vous donnera l'occasion de connaître les œuvres du grand artiste équatorien, Oswald Guayasamín, ainsi que sa collection personnelle d'art précolombien et colonial, et son étonnant centre culturel, la Capilla del Hombre. *Voir p. 205*
- **Museo Paleontológico Egidio Feruglio, Trelew** Au fin fond de la Patagonie, la petite colonie galloise de Trelew se targue d'un musée de paléontologie ultramoderne qui conserve, parmi des milliers d'autres, les ossements de l'*Argentinosautus*, récemment mis au jour. *Voir p. 344*

Ci-contre : observation des baleines. **Ci-dessus :** bronze précolombien, Museo Brüning de Lambayeque, Pérou.

Ses terres d'aventure

- **Randonnée au Pérou** Malgré l'affluence, aucune randonnée au monde ne peut égaler celle du chemin inca menant au Machu Picchu et qui, pendant 4 jours, vous fera traverser des paysages spectaculaires. *Voir p. 160, 162*
- **Ascension du Cotopaxi** Chaque année, des milliers d'alpinistes s'élancent, pendant 5 à 8 heures, à l'ascension de ce volcan actif, l'un des plus élevés au monde (5897 m). *Voir p. 210*
- **Ski dans les Andes** Du Chili à la Tierra del Fuego, la cordillère se dote d'une kyrielle de stations d'hiver où vous dévalerez les pistes les plus pentues, les plus ensoleillées et les plus poudreuses. *Voir p. 75*
- **Raft sur le Futaleufú** Si vous vous sentez à la hauteur, n'hésitez pas à dévaler les eaux blanches de classe V de cette rivière en Patagonie chilienne. *Voir p. 75*
- **Alpinisme sur glace** Les glaciers et la face du mont Fitzroy du Parque Nacional Los Glaciares, en Argentine, se révèlent de vrais défis. *Voir p. 343*

Ci-dessus : descente en rafting au Chili.

Ses prestigieux vestiges

- **Vallée Sacrée** Vous apprécierez dans cette vallée péruvienne l'une des plus fortes concentrations au monde de sites archéologiques, que couronnent les majestueux Machu Picchu et Huayna Picchu. *Voir p. 161*
- **Lignes de Nazca** Visibles uniquement d'avion, ces immenses – et énigmatiques – dessins aux tracés zoomorphes ou géométriques ont été creusés dans le désert au sud de Lima. *Voir p. 154*
- **San Agustín** Le plus important site archéologique de Colombie comporte environ 500 sculptures de pierre, certaines hautes de 4 m, représentant des personnages ou des animaux. *Voir p. 103*
- **Chan Chan** Les Chimú, civilisation de pêcheurs et d'agriculteurs anéantie par les Incas, ont laissé comme seul témoignage cette superbe et impressionnante cité en adobe. *Voir p. 169*

Ci-dessus : l'imposant mur en adobe sculpté de Chan Chan.

Ses saveurs gustatives

- **Cocktail péruvien** Côté cuisine, le Pérou se révèle le plus avant-gardiste des pays du sous-continent, mariant recettes andines et saveurs asiatiques aux produits de la côte pacifique pour offrir un bouquet de parfums raffinés. *Voir p. 402*
- **Manabí** Dans cette ville côtière équatorienne, on prépare des plats à base de fruits de mer, mijotés avec du lait de coco et du plantain, ou du maïs et des cacahuètes, comme les *encocados* ; l'une de ses spécialités demeure le homard à la bière. *Voir p. 387*
- **Salvador de Bahía** La cuisine bahianaise dévoile ses influences africaines dans nombre de ses spécialités, telles que les *acarajé* (littéralement "boule-de-feu"), beignets de dolics et crevettes, ou le *moqueca de peixe*, poisson mariné au lait de coco. *Voir p. 371*
- **Du bœuf, du bœuf et encore du bœuf...** De part et d'autre du Río de la Plata, la viande de bœuf des pampas passe de la cuisine rurale des gauchos aux tables élégantes de Buenos Aires et de Montevideo. *Voir p. 363, 408*

À droite : le *ceviche*, aussi goûteux qu'appétissant.

Ses remarquables villes coloniales

- **Cartagena, Colombie** Baignée par la mer des Caraïbes et protégée par d'immenses remparts et une forteresse, ce trésor méconnu se prête à une flânerie romantique dans ses ruelles aux maisons colorées. *Voir p. 107*
- **Cuenca, Équateur** Avec ses patios fleuris, ses *plazas* et ses maisons chaulées, Cuenca l'Espagnole affiche aujourd'hui un dynamisme cosmopolite comme en témoignent ses beaux hôtels restaurés et ses nombreux bars et restaurants. *Voir p. 212*
- **Cajamarca, Pérou** N'hésitez pas à faire un détour dans cette partie reculée des Andes pour admirer les délicates façades ouvragées des églises en adobe et la prison où fut détenu le dernier Inca Atahualpa. *Voir p. 170*
- **Olinda, Brésil** Couronnant une colline au-dessus de l'océan, cette ravissante ville fleurie vous dévoilera au fil de ses rues pavées ses nombreux trésors architecturaux. *Voir p. 252*
- **Villa de Leyva, Colombie** Flânez dans les ruelles bordées de petites maisons basses chaulées et imprégnez-vous de l'histoire de cette ville où vécut le premier vice-président élu après l'indépendance, Antonio Mariño. *Voir p. 104*
- **Parati, Brésil** Fondé au 17e siècle, ce bijou architectural, posé au pied des montagnes luxuriantes sur un littoral atlantique frangé de palmiers, vous donnera un bel aperçu de ce que devait être Rio de Janeiro il y a quelques siècles. *Voir p. 243*

Ci-dessus : promenade équestre sur la plage près de Máncora, Pérou.

Ses plaisirs en famille

- **Búzios, Brésil** Cette péninsule, ourlée de 23 plages, dispense loisirs pour les enfants – balades équestres, skate – et moments de détente pour toute la famille, sans compter sa vie nocturne endiablée. *Voir p. 243*
- **Máncora, Pérou** Sables blancs, eaux chaudes, dauphins batifolant au large et ambiance décontractée raviront petits et grands. *Voir p. 76, 171*
- **Montevideo, Uruguay** Une cuisine délicieuse qui comblera les palais sensibles, des attractions en tout genre et de nombreuses plages font de la capitale uruguayenne une destination de choix pour vos enfants. *Voir p. 315*
- **Galápagos** Avec son incroyable faune et ses plages de sable multicolore, le royaume de Darwin enchantera vos chères têtes blondes. *Voir p. 217*
- **Sport d'hiver, Chili** Qu'ils préfèrent le snowboard au ski, la puff à la piste, vos bambins pourront s'en donner à cœur joie dans l'une des stations autour de Santiago. *Voir p. 75, 290*

Ci-contre : majestueuse Cuenca, fondée sur l'ancienne cité inca de Tomebamba.

Ses quartiers nocturnes endiablés

- **Palermo, Buenos Aires** Rues paisibles et résidentielles, boutiques rebelles et chic, bars culture et contre-culture se côtoient dans le Palermo Soho et le Palermo Hollywood. *Voir p. 334*
- **Lapa, Rio de Janeiro** Les arches de l'ancien aqueduc abritent assez de bars et de night-clubs rock, jazz ou samba pour jeter aux oubliettes le célèbre quartier d'Ipanema. *Voir p. 239*
- **Parque 93 & Zona Rosa, Bogotá** Des bars rock, cafés tendance et night-clubs branchés naissent à chaque coin de rue affirmant avec éclat le renforcement de la sécurité dans la capitale. *Voir p. 382*
- **Bellavista, Santiago du Chili** Bière bon marché ou cocktail chic et cher, rade miteux ou bar glamour, art de la rue ou concert international… Bellavista rassemble tous les extrêmes, de jour comme de nuit. *Voir p. 287*

Ci-dessus : clubbing à Lapa, le quartier des noctambules des Cariocas.

Ci-dessus : la plus élaborée des églises équatoriennes, la Compañía de Jesus de Quito, fut achevée après 163 ans de travaux.

Ses édifices religieux

- **La Compañía de Jesus, Quito** Si vous devez n'en visiter qu'une, optez pour celle-ci : sa façade délicatement ouvragée, son intérieur doré à la feuille et ses plafonds peints font de cette église un parfait exemple du baroque quiténien et l'une des plus belles d'Amérique latine. *Voir p. 206*
- **Cathédrale de Cusco** Édifiée sur les fondations indestructibles du palais de l'Inca Viracocha, la cathédrale éblouit par le faste Renaissance, ses riches intérieurs d'or et d'argent, et sa belle collection de peintures de l'école de Cusco. *Voir p. 157*
- **São Francisco de Assis, Ouro Preto** Cette chapelle est un éclatant témoignage de l'art d'Aleijadinho, de ses qualités d'architecte, de peintre et de sculpteur. *Voir p. 248*
- **Monasterio de Santa Catalina, Arequipa** Avec ses rues, ses cloîtres, ses parcs et ses jardins, cet immense couvent baroque ressemble à un véritable petit hameau. *Voir p. 163*

Conseils et petites astuces

- **Culture gaucho**
Dans beaucoup de pays d'Amérique du Sud, les fermes –*haciendas*, *hatos*, *fincas* ou *estancias*– vous ouvrent leurs portes et vous offrent une occasion unique de vous immerger dans cette culture rurale sans fard, et de vivre des vacances riches et sportives.
- **Fêtes et fiestas**
Si l'on oublie parfois que le carnaval a des origines religieuses –Mardi-Gras marquant le début du carême, le mercredi des Cendres–, de nombreuses fêtes, célébrations et autres processions sont magnifiées avec solennité dans tous les pays sud-américains.
- **Art du marchandage**
C'est sans aucun doute sur les étals des marché que vous dénicherez la perle rare, car les artisans, qui tiennent rarement boutique, viennent vendre leurs ouvrages en laine tissée ou en cuir, leurs bijoux, leurs vanneries…
- **Cours d'espagnol dans les Andes**
L'Équateur, le Pérou et la Bolivie figurent parmi les meilleurs pays au monde où apprendre l'espagnol. De ce fait, vous n'aurez aucun mal à trouver une école dans les villes très touristiques.
- **Repas à petits prix**
Où déguster la meilleure cuisine sud-américaine si ce n'est encore et toujours sur les marchés : saveurs fusion asiatique au Guayana, plats roboratifs dans les Andes, poissonneux sur la côte chilienne ou carnivores dans une *parrallada* argentine.
- **Places bon marché**
Amateurs de foot, profitez de la période de qualification pour obtenir des billets à bons prix.

UN CONTINENT À REDÉCOUVRIR

Des Andes à l'Amazone, des plages tropicales aux fourmilières urbaines, l'Amérique du Sud arbore une étonnante diversité.

Quand un étranger pense à l'Amérique du Sud, une image surgit tout de suite dans son esprit, celle d'un "homme avec une moustache, une guitare et un revolver". Sous les traits de l'humour, l'écrivain colombien Gabriel García Márquez soulignait à quel point ce continent aura été victime d'innombrables et tenaces clichés. Une immense et mystérieuse jungle, un désert de montagnes ou un monde agricole arriéré, plongé dans une interminable sieste: voilà ce qu'est encore, pour beaucoup, l'Amérique du Sud.

Pourtant, il suffit de descendre de l'avion, n'importe où sur le continent, pour que ces images d'Épinal se volatilisent. Forêts primaires et cimes enneigées, civilisations anciennes et cultures vivantes tissent un paysage chatoyant. L'Amazone et ses villes perdues ont inspiré bien des romanciers, cinéastes et chasseurs d'aventures, tandis que les salons élégants de Buenos Aires ou les stations balnéaires de la côte caraïbe font et défont les modes. Au fin fond de la jungle équatoriale comme sur les plateaux andins vivent des peuples dont le quotidien n'a guère changé depuis des siècles, offrant un contraste saisissant avec la frénésie des mégalopoles du Brésil ou de l'Argentine.

Les pays d'Amérique du Sud partagent une histoire commune: des millénaires de cultures indigènes dévastées par l'irruption des Européens voici quelques 5 siècles; une administration coloniale marquée par de luttes sanglantes pour l'indépendance; et une marche titubante vers le progrès, en marge des conflits planétaires.

La Colombie, le Venezuela, le Guyana, le Surinam et la Guyane française bordent la côte nord, mêlant de multiples ethnies, des reliefs marqués, un littoral équatorial et une dense forêt pluviale. Au sud de la Colombie s'élève le cœur andin du continent: le Pérou, la Bolivie et l'Équateur, pays les plus densément peuplés et les moins développés d'Amérique du Sud, se groupent autour de hautes montagnes où prospéra jadis le tout-puissant empire des Incas. À l'est, le Brésil, séparé de ses voisins hispanophones par sa culture portugaise, déploie des territoires gigantesques en lisière de tous les autres États du continent, hormis l'Équateur et le Chili. Au sud, un climat plus tempéré rafraîchit le Paraguay, le Chili, l'Uruguay et l'Argentine, la plus européenne des républiques sud-américaines, dont les immenses pampas s'étirent au pied des Andes jusqu'à la Patagonie et la Terre de Feu, tendue vers l'Antarctique. ❑

PAGES PRÉCÉDENTES: la "Gorge du Diable", chutes d'Iguaçu, Brésil; jour de marché en Équateur. **À GAUCHE**: El Tren a las Nubes (le train dans les nuages), Argentine. **EN HAUT**: un enfant d'Esmeraldas, Équateur. **AU CENTRE**: descente en raft sur la Maipo, Chili. **CI-DESSUS**: toucan toco d'Amazonie. **PAGES SUIVANTES**: tabard de plumes (700 av. J.-C.-1 000 apr. J.-C.), caractéristiques des cultures Nazca et Huari de la côte sud du Pérou.

20 000-4500 AV. J.-C.

L'ÂGE PRÉCOLOMBIEN

Le peuplement de l'Amérique du Sud débute avec l'arrivée de chasseurs-cueilleurs nomades descendant vers le sud pour atteindre son apogée avec l'Empire inca.

LES ORIGINES

Les premières peuplades pénètrent sur le continent vers 20000 av. J.-C. Suivant les troupeaux sauvages, elles traversent le détroit de Béring par un "pont de glace" reliant l'Asie et l'Amérique.

3000-400 AV. J.-C.

POTERIE ET MÉTAL

D'après la datation au C14 des vestiges trouvés en Colombie et en Équateur, la production de céramique naît aux alentours de 3000 av. J.-C. Objets usuels pour la plupart, façonnés à la main, mais aussi pièces ornementales ou cérémonielles très sophistiquées, des Andes au delta de l'Amazone.

L'or est sans doute le premier métal travaillé : certaines reliques datant de 2000 av. J.-C. environ ont été découvertes dans le Pérou central. Une production colossale qui s'étendra à la Bolivie puis à l'Équateur et à la Colombie. Symboles de pouvoir pour l'aristocratie et les puissances émergentes, ces pièces en or ou en argent atteignent un niveau artistique et technique extraordinaire.

400 AV. J.-C.-1100 APR. J.-C.

MAÎTRES TISSERANDS

Mis au jour dans le Pérou central, les premiers tissages sud-américains remonteraient à 8600 av. J.-C. Vers 400 apr. J.-C., les Nazca et Paracas déploient leur culture dans les déserts côtiers du Pérou. Ces peuples se sont rendus maîtres dans les tissages et les poteries, remarquablement préservés par le climat sec dans leurs chambres funéraires. Les Nazca ont aussi tracé dans le désert des lignes aussi célèbres qu'énigmatiques, suscitant d'innombrables interprétations – du calendrier astronomique géant à la piste d'atterrissage pour extraterrestres.

1100-1569 APR. J.-C.

NAISSANCE DES INCAS

Vers 1100 apr. J.-C., Manco Cápac surgit du lac Titicaca. Salué comme chef divin de la race élue, le "dieu-soleil" fonde la ville de Cusco, "nombril de l'Univers", au centre du royaume inca, le Tawantinsuyu, "terre des Quatre Quartiers". Vers 1430, les armées incas viennent à bout des Chanca. Fondant sa puissance sur une force militaire organisée, un réseau routier efficace, la culture en terrasses, l'irrigation et l'architecture en pierre, l'Empire étend son influence sur une vaste partie du continent.

En haut à gauche : *céramique Chavín, Pérou, vers 900 av. J.-C.* En haut à droite : *chef religieux, poterie Chavín, Pérou, vers 1200 av. J.-C.* Au milieu à gauche : *pectoral en argent, culture Chibcha, Colombie, vers 1200 av. J.-C* Au milieu à droite : *"Pectoral de Darien", statuette en or, Colombie, 900-1200 apr. J.-C.* Au-dessus à gauche : *Tissage en coton orné de plumes, culture Paracas, Pérou, vers 1000 av. J.-C.* Au-dessus à droite : *Masque funéraire en or, culture Lambayeque, Pérou, 1100-1400 apr. J.-C.* À gauche : *Bijou en or, culture Sin Colombie, 1100-1600 apr. J.-C.* À droite : *Missionnaire apportant la bonne parole aux peuples amazoniens.*

HABITAT

Vestiges de grottes et sambaquis (amas de coquillages) au Brésil, outils en pierre au Pérou attestent une présence humaine dès 17 000-5000 av. J.-C. Mais les vestiges de Monte

Verde, au Chili, apportent la preuve tangible la plus ancienne (12 500 av. J.-C.) d'un habitat humain.

PÊCHE ET CULTURE

Entre 7500 et 4500 av. J.-C., les peuples andins entament la culture de la pomme de terre, du maïs, du manioc et de la patate douce, entre autres, ainsi que la domestication du lama, de l'alpaca, du cochon d'Inde et du chien. Les tribus côtières établies entre l'Équateur et le nord du Chili fabriquent des hameçons avec des os, coquillages ou épines de cactus pour pêcher dans les eaux poissonneuses du Pacifique.

PREMIÈRES CULTURES

À partir de 2800 av. J.-C., des sociétés prennent forme au nord et dans le centre des Andes : cultures Chavín au nord du Pérou, Tiahuanaco au sud du lac Titicaca et San Agustín au sud de la Colombie. Elles construisent d'énormes centres religieux urbains en pierre, produisent des céramiques de grande qualité, des textiles et des articles religieux en or, pierres précieuses et autres métaux. Leurs populations peuvent atteindre des centaines de milliers de personnes, organisées en hiérarchies complexes et couvrant de vastes régions administratives. Les sociétés amazoniennes s'épanouissent à la même époque, voire plus tôt. Dès 3000 av. J.-C., les peuples de langue aruak habitent une région voisine de l'actuelle Manaus.

EXPANSIONNISME IMPÉRIAL

Implantée dans les déserts du Pérou septentrional, la culture Moche, ou Mochica, bâtit son empire entre 100 et 800 apr. J.-C., gagnant presque tout le nord du pays. Son influence militaire et commerciale s'appuie en grande partie sur l'irrigation des terres et la construction des routes, une expertise que les Incas reprendront à leur compte. Quant aux artisans moche, ils portent le travail des métaux et des pierres

précieuses à son apogée. Cet empire va disparaître subitement, très mystérieusement, vers 700 apr. J.-C. Entre 600 et 1000 apr. J.-C., la culture religieuse de Tiahuanaco s'allie à la puissance militaire des Huari, sur les hauts plateaux andins, pour constituer un empire qui s'étendra jusque dans l'actuelle Bolivie.

L'APOGÉE ET LA CHUTE

Mené par Pachacutec, puis par son fils Topa Inca, l'Empire inca croît au milieu du 15e siècle. Dans le nord du Pérou, l'empire chimu doit se soumettre vers 1446. Les Conquistadors débarquent au Pérou en 1532. Un an plus tard, ils exécutent l'Inca Atahualpa. La conquête espagnole s'achève avec le meurtre de Tupac Amaru (1572).

AUX ORIGINES

Une mosaïque de cultures raffinées et de grands empires façonnent les civilisations de l'Amérique précolombienne qui seront anéanties par la conquête espagnole.

La colonisation initiale du continent baigne encore dans un brouillard épais. Les chercheurs ont dû mettre bout à bout tout un puzzle d'indices archéologiques et linguistiques pour en savoir un peu plus sur ces époques lointaines. Aujourd'hui, on admet généralement que les premiers "Américains" sont arrivés du continent asiatique via un détroit de Béring solidifié, lors de la dernière période glaciaire, voici environ 40000 ans. Ces groupes de chasseurs-cueilleurs se sont répandus progressivement à travers l'Amérique, descendant toujours plus au sud : certains sites nous apprennent que la Patagonie était habitée dès 9000 av. J.-C. Des vestiges de mastodons, de paresseux et d'autres animaux disparus attestent une activité de chasseurs, mais on ne sait pratiquement rien de leur mode de vie ni de leur organisation sociale.

Sur plusieurs milliers d'années, ces petits groupes sont passés du nomadisme à une existence d'agriculteurs plus sédentaire. Des fouilles ont révélé que certains vivaient près de la mer, se nourrissant de poissons et de coquillages, que d'autres s'étaient implantés sur les hauts plateaux andins, et que d'autres encore avaient pu s'adapter au climat tropical de l'Amazone. Ces premiers peuples semblent avoir cultivé les haricots et les poivrons, domestiqué des chiens pour chasser le petit gibier. La culture du maïs se serait étendue du Pérou à l'Argentine dès 3000 av. J.-C., certains peuples andins élevant le lama et ses cousins camélidés. Les premiers restes de poteries remontent à environ 5500 ans.

Premières cultures

Avec l'apparition de l'agriculture, la population croît plus rapidement et des sociétés complexes voient le jour, placées sous la direction de chefs,

de prêtres ou de chamans. Les plus vieux fragments de poterie (3500-1500 av. J.-C.), ont été mis au jour à **Valdivia**, en Équateur. Les momies, datant de 7000 av. J.-C., découvertes sur un site chinchorro, au nord du Chili, révèlent une culture possédant un haut niveau d'organisation sociale, marqué par des cérémonies religieuses et de complexes rites funéraires.

Au fil des siècles, ces noyaux relativement restreints se développent en centres régionaux plus vastes, dont les sites religieux nous ont légué quantité d'informations. Certains, comme Taironas, dans les hauts plateaux du nord-est de la Colombie, ont pu accueillir jusqu'à 250000 personnes ; les principaux bâtiments étaient construits en pierre, tandis que l'or, l'émeraude et autres matières précieuses servaient d'ornements ou de monnaie d'échange.

Monuments grandioses

Au Pérou et sur les hauts plateaux andins de Bolivie, les premiers signes d'occupation humaine sont attestés dès 5000 av. J.-C. De vastes structures monumentales voient le jour à partir de 2000 av. J.-C., pour des centres urbains estimés à 1 000, voire 1 500 personnes. L'un d'eux émergea vers 1200 av. J.-C. dans la **vallée de Moche**, près de la côte nord du Pérou. **Chavín de Huántar**, site archéologique juché à 3 000 m dans les Andes, a donné son nom à la culture dite de **Chavín**. El Castillo, imposante plateforme de terre et de roche évidée, y était sans doute réservé aux cérémonies religieuses.

La culture Chavín, à l'origine de superbes poteries et de stèles particulièrement élaborées, entame son déclin vers 500 av. J.-C. Au nord du Pérou, les **Moche** lui succèdent entre 100 av. J.-C. et 600 apr. J.-C. La culture Moche se signale par ses poteries à anse-goulot en étrier qui reflètent tous les aspects de la vie de ce peuple – décapitations, remèdes ou scènes érotiques. L'or, l'argent et le cuivre sont finement travaillés. Deux grands monuments dominent **Moche**, l'imposante capitale : la **Huaca del Sol** et la **Huaca de la Luna**, temples du Soleil et de la Lune, érigés autour d'une vaste esplanade centrale. Vers 500, une série de catastrophes naturelles semble avoir contraint les habitants de Moche à émigrer. Mais leur culture va perdurer jusqu'au 8e siècle, comme en témoigne le centre de **Pampa Grande**. Plus tard, la culture **Chimu**, basée à **Chan Chan** *(voir p. 169)*, se développe sans interruption tout au long de cette région côtière.

Durant la même période, la culture **Nazca** *(voir p. 154)* s'impose au sud du Pérou. Les Nazca nous ont laissé une très impressionnante série de lignes tracées dans le désert. Vues

CI-CONTRE : pièce précolombienne, musée de l'Or, Bogotá, Colombie. **CI-DESSUS** : la Puerta del Sol, Tiahuanaco, Bolivie.

LE MYTHE D'ELDORADO

La culture Chibcha, l'une des plus anciennes de Colombie, donna naissance à une légende particulièrement tenace : celle d'Eldorado. Les Chibcha, divisés en 2 royaumes, adoraient le soleil et pratiquaient le sacrifice humain en son honneur. Selon une rumeur recueillie par les Espagnols, lors de la cérémonie d'investiture d'un nouveau roi chibcha, des statues en or étaient jetées au fond d'un lac, et le personnage élu, couvert de poussière d'or, était lavé dans les flots. Il devenait ainsi *"El Dorado"* ("le Doré"). Le mythe, répandu sous de multiples versions plaçant la cité légendaire sur différents sites, se perpétua à travers les siècles.

d'avion, ces figures représentent des oiseaux-mouches, des singes ou des poissons, motifs indéchiffrables quand on les observe du sol. L'échelle et la complexité de ces lignes ont donné lieu aux théories les plus farfelues. Aujourd'hui encore, personne n'explique de manière convaincante comment ni pourquoi une communauté agraire a pu passer tant de temps à élaborer un système aussi gigantesque.

Plus à l'intérieur, près du lac Titicaca, au nord de la Bolivie, les **Wankarani** vivent de la pêche, élèvent le lama, cultivent la pomme de terre ; ils donnent naissance à une société fascinante, appelée aussi culture **Tiahuanaco** *(voir p. 185)* Leur principale cité, **Pucará**, se dresse à 3 600 m d'altitude sur l'Altiplano. Quelque 40 000 personnes y auraient vécu, groupées autour d'un énorme complexe religieux. La culture Tiahuanaco fut parmi les premières en Amérique du Sud à avoir utilisé la pierre pour créer de grandes constructions permanentes. Aux alentours du 9e siècle, son influence s'étendait jusqu'au désert d'Atacama, au Chili.

Les Incas

L'Empire **inca** marque l'apogée et la fin des grandes cultures andines précolombiennes. Basé dans la vallée de Cusco (actuel Pérou), il émerge vers 1400, sous la conduite d'un roi légendaire, Viracocha. En 1438, son fils l'Inca Yupanqui (ou Pachacutec) bat les Tiahuanaco aux abords du lac Titicaca, tandis qu'au nord, le fils de celui-ci, Tupac Yupanqui, décime les Chimu. En 2 générations, les Incas prendront le contrôle de presque toutes les grandes cités andines. Ils ne vont pas s'arrêter en si bon chemin, progressant au sud jusqu'au Chili, au nord vers l'Équateur, où Huayna Cápac, le fils de Tupac, fonde une seconde capitale impériale à Quito. En 1525, l'Empire inca s'étend sur 4 000 km, du sud de la Colombie au Chili central. Entre 6 et 12 millions de personnes auraient vécu sur ce territoire – le **Tawantinsuyu**, ou "terre des Quatre Quartiers".

Au sommet de la hiérarchie trône le Cápac, ou Sapa Inca, descendant du dieu-soleil Inti. L'empereur, marié à sa sœur, convole avec de multiples épouses secondaires. Plus bas s'étage une organisation cléricale et administrative complexe, conçue pour régir cet immense empire. Jalonnées de relais pour les messagers courant à pied, des voies pavées rayonnent sur un réseau de 30 000 km, et beaucoup ont subsisté.

La langue officielle, le quechua, est imposée à travers tout l'Empire : les fils des rois des peuples conquis sont amenés à Cusco pour l'apprendre et s'imprégner de la culture inca. Apparemment, les Incas ne connaissaient pas l'écriture, mais utilisaient des ficelles à nœuds pour enregistrer les dates importantes et les chiffres, mémorisés par un groupe d'experts officiels. Les grands centres religieux de Machu Picchu, Cusco et d'ailleurs

> *Si l'Empire inca a probablement rassemblé un bon tiers de la population du continent sud-américain, il était, sans nul doute, le plus grand État indigène.*

témoignent d'une belle maîtrise architecturale, fondée sur la taille et l'appareillage sans mortier de gros blocs de pierre.

CI-CONTRE : l'un des fleurons du musée de l'Or de Bogotá. **CI-DESSUS** : une Mamacuna ("femme élue"), figurine inca. **CI-DESSUS, À DROITE** : figurine marajó, delta de l'Amazone, Brésil.

Les conquistadors

Les estimations de la population sud-américaine avant l'arrivée des Européens varient, dans une très large fourchette, entre 5 et 50 millions de personnes. Certaines découvertes récentes laissent à penser que le bassin amazonien aurait pu héberger à lui seul plusieurs millions d'individus.

Ces premiers peuples se sont retrouvés absorbés, déracinés ou persécutés tout au long d'un processus qui débute dans les années 1530, lorsque l'Espagnol Francisco Pizarro parvient à détruire l'Empire inca *(voir p. 30)*. Dès lors, en dépit de périodes de révoltes et de résistance contre l'oppression coloniale, les peuples indigènes s'efface-ront du paysage sud-américain. Les Mapuche du Chili et de l'Argentine vont poursuivre la lutte plus longtemps, préservant leur indépendance jusque vers la fin du 19e siècle. Dans le sud de l'Argentine, guerres et autres "conquêtes du désert" déciment les Tehuelche des pampas. Seuls les peuples de la Patagonie et la Terre de Feu échappent un temps au génocide, et survivent vaille que vaille jusqu'au début du 20e siècle.

En 1822, Charles Darwin longe ces côtes à bord du *Beagle*, et son journal reflète bien la mentalité européenne de l'époque : "Jamais je n'aurais cru qu'une telle différence pouvait séparer le sauvage et l'homme civilisé : elle est plus grande qu'entre les animaux sauvages et domestiqués..."

Ces considérations éclairent l'extermination systématique des indigènes au 20e siècle. S'il reste quelques groupes amazoniens préservés de tout contact avec le monde extérieur, tels les Yanomami au Brésil ou les Ashaninka au Pérou, ils doivent s'organiser pour défendre leurs droits. Ailleurs, les descendants des Incas, les Mapuche d'Argentine, les Tairona et autres groupes de Colombie et d'Équateur se sont plus ou moins assimilés à la culture latino-américaine – mais il suffit parfois de gratter le vernis pour redécouvrir des croyances et des traditions ancestrales farouchement préservées. ❑

TRÉSORS ET POUSSIÈRES D'EMPIRES DISPARUS

Le voile jeté par la conquête européenne sur les anciennes civilisations précolombiennes se lève à peine sur quelques fascinants vestiges.

L'Amérique précolombienne ne nous ayant laissé aucun témoignage écrit, seuls des indices matériels nous permettent d'entrouvrir une fenêtre sur les diverses communautés qui s'épanouirent et s'évanouirent en des temps et des lieux différents. Les Andes centrales se montrent les plus généreuses en la matière : contrairement à l'humidité des forêts tropicales amazoniennes, le climat qui prévaut dans ces régions désertiques a permis une conservation inespérée des vestiges. Mais il ne fait pas de doute non plus que les Andes centrales, et particulièrement la zone aujourd'hui couverte par le Pérou, ont durant des siècles concentré arts et techniques de toutes sortes, donnant naissance à des cultures très évoluées bien avant l'entrée en scène de la civilisation inca. Et si certaines découvertes trouvent des échos dans les pratiques de communautés locales modernes, d'autres peuples, tels ceux qui érigèrent les mégalithes de San Agustín, en Colombie, semblent avoir disparu sans laisser la moindre trace.

Une fresque bigarrée

La liste est longue des cultures précolombiennes qui se sont succédé ou superposées à travers le temps et l'espace. Les archéologues les désignent en général du nom du premier site où leurs vestiges ont été découverts, puis les regroupent selon leur aire géographique et leur datation. Pour avoir une vision globale de ce panorama complexe, visitez musées et sites archéologiques. Vous y apprendrez comment ces civilisations émergèrent puis déclinèrent, échangèrent marchandises, techniques et idées nouvelles.

À droite : indémodable ; les Huari (Pérou) ont tissé cette merveilleuse ceinture voici 1 500 ans

Ci-dessus : les Amérindiens travaillaient les métaux précieux bien avant les Incas, comme en témoigne ce masque funéraire chimu (Lambayeque, Pérou).

Ci-dessous : on sait peu de chose sur le peuple San Augustin qui érigea 500 statues sur le site du même nom, en Colombie *(voir p. 102)*.

AU TEMPS DES MOCHE

Les Incas ont certes bâti des monuments et un empire imposants, mais la culture Moche (ou Mochica), très antérieure, les avait dépassés dans plusieurs domaines, artistique notamment. Implantés au nord du Pérou, près de l'actuelle ville de Trujillo, les Moche prospérèrent entre le 2e siècle avant et le 8e siècle de notre ère. Leur culture se caractérise par l'abondance et la qualité artistique des vestiges qu'elle nous a légués, des pyramides en adobe (brique crue) aux bijoux en or les plus raffinés. La découverte de la nécropole princière de Sipán a beaucoup fait progresser l'archéologie andine *(voir p. 171)*, démontrant une maîtrise admirable de la métallurgie, du tissage et de la poterie, dont les nombreuses pièces nous livrent un témoignage précieux et précis sur cette civilisation mystérieuse.

CI-DESSUS : en 1987, dans le nord-ouest du Pérou, les archéologues mettent au jour, dans une chambre funéraire remarquablement préservée, le Señor de Sipán (prince de Sipán), coiffé d'une couronne d'or et vêtu d'habits inscrustés de turquoises et de lapis lazuli.

CI-DESSOUS : érigé vers 1900 av. J.-C. au nord de Lima, le complexe de Sichín arbore d'impressionnants reliefs illustrant des guerriers belliqueux dominant leurs infortunées et démembrées victimes.

CI-DESSUS : Machu Picchu. Le plus célèbre des sites sacrés incas. Il existe, toutefois, bien d'autres citadelles andines, tout aussi imposantes et quasi inaccessibles.

À DROITE : culte du maïs. Cette figurine moche en épi de maïs avait peut-être pour but d'assurer une bonne récolte.

LA CONQUÊTE EUROPÉENNE

Au 16e siècle, presque tout le continent sud-américain tombe entre les mains des Espagnols et des Portugais, à l'exception de la Patagonie.

Le 2 août 1498, lors de son troisième voyage, Christophe Colomb découvre l'embouchure de l'Orénoque, sur les rivages de l'actuel Venezuela. Peu après, un autre navigateur d'origine italienne, Amerigo Vespucci, lèguera son nom au continent. Tous deux ont été mandatés par la couronne de Castille, et les Espagnols ne tardent pas à suivre leur sillage. Quittant leurs bases caraïbes d'Hispaniola, de Puerto Rico et de Cuba, ils entreprennent l'exploration de l'Amérique centrale et du continent sud-américain.

Pour se risquer ainsi sur des terres inconnues, les conquistadors sont mus par un objectif tout-puissant: l'or du mythique Eldorado. En 1531, Francisco Pizarro se lance à la recherche du fabuleux trésor, pénétrant dans l'Empire inca, qui s'étend alors du nord de Quito (actuel Équateur) jusqu'au nord du Chili et de l'Argentine. Accompagné de 150 hommes seulement, Pizarro soumet les Incas en 2 ans. L'apparition quasi surnaturelle de ces cavaliers armés d'arquebuses – les Incas ne connaissaient pas le cheval – ne suffit évidemment pas à expliquer un tel tour de force. Les Espagnols se montrent non seulement impitoyables, mais également fins tacticiens, exploitant les failles d'un empire fragilisé par la sclérose du pouvoir et l'instabilité de ses provinces.

La chute de l'Empire inca

Avant l'arrivée des Espagnols, les Incas, ayant étendu leur territoire vers le nord, fonde une seconde capitale à Quito. Après avoir vaincu les Cañari, l'Inca Topa Yupanqui crée la splendide cité de Tomebamba (l'actuelle Cuenca). Son fils Huayna Cápac épouse la fille d'un roi local pour consolider l'Empire.

Le fils bâtard de Huayna Cápac, Atahualpa, devient son favori, mais Huáscar est l'héritier légitime, car d'ascendance inca des 2 côtés. En 1527, Huáscar monte sur le trône de Cusco, divisant l'Empire entre les 2 capitales. Au terme de 5 ans de guerre civile, Atahualpa remporte la victoire, exécute son demi-frère et fonde une nouvelle capitale à Cajamarca, dans le nord du Pérou. Mais ce conflit a profondément affaibli le pouvoir incas.

Les Espagnols arrivent à Cajamarca en 1532. Lors d'une rencontre préparée à l'avance, Atahualpa et plusieurs milliers de ses hommes – pour beaucoup sans armes – pénètrent sur la grand-place, où un prêtre espagnol les exhorte à embrasser la foi chrétienne et à se soumettre au roi d'Espagne, Charles Quint.

Le chef inca refuse et le piège se referme : des centaines d'Incas tombent sous les balles, tandis qu'Atahualpa est fait prisonnier par Pizarro, qui exige une pleine salle d'or pour rançon. Il obtient satisfaction, sans relâcher l'Inca pour autant. Durant sa captivité, Atahualpa apprendra l'espagnol et le jeu d'échecs. Au bout de 9 mois, il est jugé pour haute trahison et exécuté au garrot. Pizarro marche ensuite sur Cusco, mettant à profit divisions et inerties locales pour arriver à ses fins. En 1533, les Espagnols se sont rendus maîtres de tout l'Empire.

Fondée 2 ans plus tard, la ville de Lima prospère tout aussi rapidement que son zèle religieux, qui lui vaudra d'être surnommée la "Rome d'Amérique du Sud". Églises et monastères surgissent tels des champignons, toujours plus ostentatoires et somptueux. Moines, nonnes, prêtres et évêques débarquent en masse, préparant le terrain pour la Sainte Inquisition, qui fera régner sa terreur sur le Pérou pendant presque 2 siècles, entre 1570 et 1761.

Lima va longtemps demeurer le siège de l'Empire espagnol en Amérique du Sud. Ultime bastion de la résistance inca, Cusco tombe en 1572 avec la défaite et l'exécution de Tupac Amaru. Plus au nord, Gonzalo Jiménez de Quesada, qui a entrepris la conquête de la Nouvelle-Grenade (Colombie), soumet rapidement les royaumes chibcha, puis fonde Santa Fe de Bogotá en 1538.

Ci-contre : les Amérindiens sous le joug de la puissance coloniale espagnole. **Ci-dessus** : rencontre de Pizarro et d'Atahualpa à Cajamarca.

Naissance du Brésil

Les Espagnols et les Portugais ont très tôt commencé à explorer la côte atlantique sud-américaine, ainsi que les bassins de l'Orénoque et de l'Amazone. Leurs couronnes respectives ne tardent pas à entrer en conflit au sujet des territoires conquis. En 1494, par l'entremise du pape Alexandre VI, elles parviennent à une entente. Le traité de Tordesillas divise le monde en 2 zones d'influence, de pôle à pôle. Au Portugal échoient toutes les terres situées à l'est du delta de l'Amazone – soit la totalité du littoral brésilien. En 1500, Pedro Álvarez Cabral exploitera cet avantage en réclamant le Brésil pour le Portugal. Mais la colonisation s'effectue avec lenteur, les Portugais ne s'intéressant guère qu'au commerce du *pau-brazil* (bois brésil) dont ils tirent une précieuse teinture rouge. Un système de capitaineries voit enfin le jour, octroyant la terre à des propriétaires privés. Beaucoup d'entre eux importent alors du bétail et se lancent dans la culture de la canne à sucre, utilisant d'abord des esclaves amérindiens, puis les Noirs convoyés d'Afrique.

Nouvelles colonies du Sud

Dans l'extrême sud, les navigateurs cherchent toujours un passage maritime entre l'Europe et les “Indes”. Entre 1519 et 1522, la flottille de Fernão de Magalhães (Magellan) double le cap Horn pour entrer dans l’océan Pacifique. Ses marins sont les premiers Européens à poser le pied en Patagonie et au Chili. La relation d’Antonio Pigafetta rehausse la fascination exercée par ces terres mystérieuses, décrivant avec aplomb des géants qui portent leur tête sous le bras et arborent une queue de cochon.

Une nouvelle vague d’Espagnols explore le bassin du Río de La Plata. Pedro de Mendoza fonde Buenos Aires en 1536, puis Asunción de Paraguay l’année suivante. Mais les indigènes chassent rapidement les colons de Buenos Aires. En 1580 seulement, les habitants d’Asunción débarquent pour bâtir un nouveau fort sur la rive sud du Río de La Plata, durablement cette fois.

Sur la côte pacifique, Pedro de Valdivia pénètre au Chili et fonde la capitale de Santiago en 1541. Les Incas se contentent d’exiger un droit de passage jusqu’au Río Bío Bío. Valdivia aurait mieux fait de s’arrêter en si mauvais chemin : au sud du fleuve l’attendent les Araucans, farouches guerriers pour qui la mort au combat est une bénédiction des dieux. Ils capturent Valdivia en 1554, l’attachent à un arbre et lui tranchent la tête. Selon la légende, son bourreau lui aurait dévoré le cœur.

Le Sud (actuelle Patagonie) va demeurer longtemps – jusque dans les années 1870 – terre des Araucans (ou Mapuche). Ces derniers possèdent une cavalerie de quelque 10 000 hommes armés de fusils, appuyée par des canons. Les Espagnols se bornent à maintenir des villes de garnison sur la côte, et à lancer quelques raids en territoire ennemi. Jusque dans les années 1860, les Argentins ne pourront assurer leur propre sécurité au-delà d’une frontière située à 200 km au sud de Buenos Aires.

Une colonie en or

La première conquête a duré 2 générations. Dès lors, et jusqu’au début du 19e siècle, les couronnes espagnole et portugaise vont chercher à exploiter les richesses de leurs vastes empires. L’activité économique repose sur l’extraction de l’or, puis de

Le pire des fléaux

Les maladies véhiculées par les conquistadors ont, sur les peuples d’Amérique du Sud, des effets plus dévastateurs encore que leurs armes à feu. Les Amérindiens avaient vécu pendant des siècles sans connaître des maladies contagieuses – comme le choléra, la petite vérole ou la rougeole – ni même la malaria. Totalement vulnérables à ces fléaux, leurs populations seront décimées jusqu’à 95 % dans certaines régions.

L’arrivée des esclaves africains déclenche de nouvelles épidémies. Les populations indigènes succombent en masse ; la pénurie de main-d’œuvre locale qui s’ensuit dopera la traite des Noirs.

l'argent, devenu au milieu du 16e siècle la plus précieuse marchandise d'exportation.

L'agriculture se développe, les colons espagnols recevant de vastes propriétés et profitant d'une main-d'œuvre locale aussi abondante que peu onéreuse : c'est le système féodal de l'*encomienda*, où le travailleur ne perçoit pour salaire qu'un maigre moyen de subsistance. Les Amérindiens, de surcroît, sont assujettis à des impôts en nature – animaux et légumes essentiellement.

La soif de l'or motive les Conquistadors dans leur avancée. Les dépôts de Potosi (Bolivie) et de Minas Gerais (Brésil) leur donneront raison. Cependant, l'exode des métaux précieux est telle qu'elle entraîne une inflation en Europe.

Le pouvoir espagnol, à travers les autorités militaires et religieuses, n'en demeure pas moins fermement enraciné dans des villes en pleine expansion. Une grande partie du continent se trouve placée sous le régime de la vice-royauté basée à Lima, économiquement alimentée par son port de Callao. Un centre opérationnel à partir duquel les Espagnols vont chercher à imposer un monopole commercial sur toutes leurs colonies sud-américaines. Leurs habitants n'ont le droit de vendre leurs produits qu'à l'Espagne, et ne peuvent importer de marchandises que de la mère patrie. Chargé d'administrer les colonies, un Conseil des Indes est mis sur pied à Séville. Les richesses du Nouveau Monde arrivent chaque année par flottes entières – une manne qui ne tarde pas à attirer les convoitises des pirates anglais, hollandais et français.

Une société nouvelle

Durant les 16e et 17e siècles, les Espagnols consolident leur pouvoir. Dans chaque pays, ils nomment une poignée d'administrateurs et d'évêques nés en Espagne. Hiérarchiquement inférieurs, les *criollos* (créoles) sont nés en Amérique du Sud, mais de parents espagnols. Parallèlement, une troisième classe sociale explose : celle des *mestizos*, métis généralement nés d'un père espagnol et d'une mère indigène – conséquence d'une immigration essentiellement masculine. L'un des conquérants du Chili, Francisco de Aguirre, avoue ainsi 50 enfants, proclamant haut et fort que "le service rendu à Dieu en engendrant des *mestizos* est plus grand que le pêché commis par cet acte".

Les indigènes se tiennent à l'écart de la société espagnole, ou doivent travailler sur les propriétés dans des conditions proches de l'esclavage. Le manque de main-d'œuvre locale donne un coup de fouet à la traite des Noirs : les esclaves sont débarqués principalement sur les côtes du Venezuela, de la Colombie et du Pérou. Mais c'est au Brésil que la traite va bouleverser les fondements de la société : les plantations de canne à sucre s'étendent et, au 18e siècle, le nombre d'esclaves amenés d'Afrique occidentale atteint un million d'âmes.

Au déclin de l'industrie sucrière, la découverte d'or et de diamants dans le Minas Gerais redynamise l'économie brésilienne. Devenue capitale du pays en 1763, Rio de Janiero connaît un second souffle avec l'avènement du café. La croissance économique du Brésil empoisonne peu à peu ses relations avec le Portugal : les Brésiliens souhaitent commercer librement avec d'autres pays et gérer seuls leurs affaires internes. Les colonies espagnoles vivent une situation à peu près similaire. L'essentiel des immenses trésors envoyés en Espagne finance des guerres qui n'empêcheront pas son déclin. À la fin du 18e siècle, elle perd son rôle de leader industriel et colonial au profit de la France et de la Grande-Bretagne ; et au 19e siècle, l'embrasement de l'Europe napoléonienne lui coûtera son empire sud-américain. ❑

À GAUCHE : lithographie de Potosi (1555), le premier dessin connu illustrant le travail de la mine dans le Nouveau Monde. **À DROITE** : Pedro de Valdivia.

Indépendance

Volcanique, la lutte pour l'indépendance va provoquer des ondes de choc récurrentes, qui n'amèneront ni la paix, ni la prospérité.

Lorsque Napoléon envahit l'Espagne en 1808, c'est toute l'Amérique latine qui tremble sur ses bases, les *criollos* (créoles) exploitant l'affaiblissement de la Couronne pour se dégager des exigences des gouvernements locaux. Depuis plusieurs décennies, les idées révolutionnaires diffusées par les États-Unis, puis la France, ont été relayées par de nombreux Latino-Américains qui veulent entretenir des échanges commerciaux avec d'autres pays que l'Espagne, et choisir leurs propres dirigeants.

Le trône vacille

À partir du 17e siècle, le déclin de la puissance espagnole en Europe ne fait plus mystère, ni pour ses rivaux, ni pour les *criollos* des colonies. Après 1714, la nouvelle dynastie Bourbon tente de raffermir son contrôle à travers une série de réformes qui enrichissent le trésor, mais nourrissent un fort ressentiment outre-Atlantique. Les pertes subies durant la Guerre de Sept Ans provoquent la militarisation des élites créoles, recrutées pour renforcer les troupes d'un empire vacillant. Des soulèvements éclatent au Paraguay, au Venezuela, au Pérou et en Équateur, mais ils visent plus le gouvernement colonial que la monarchie. L'expédition d'Alexandre von Humboldt révèle un continent riche en ressources et en vie intellectuelle, mais déchiré par de graves conflits politiques et sociaux. En 1807, l'expulsion des forces britanniques de Buenos Aires prouve aux Porteños (habitants de la capitale) qu'ils peuvent parfaitement se gouverner eux-mêmes.

La conquête de l'Espagne par l'armée napoléonienne, avec l'abdication de Ferdinand VII et le couronnement de Joseph Bonaparte en 1808, va mener presque tout l'empire américain espagnol vers l'indépendance. Comme en métropole, les *criollos* rejettent le roi imposé par la France, et ils mettent en place des juntes qui prêtent allégeance à Ferdinand dans plusieurs grandes villes comme Mexico, Montevideo et Quito. À l'origine, aucune de ces assemblées ne réclame ouvertement l'indépendance, les élites redoutant les troubles qui viennent de mettre Haïti à feu et à sang. Dès 1810, ces juntes se sont multipliées à travers tout le continent, du Venezuela au Chili. Mais des frictions voient le jour: leurs membres les plus radicaux exigent l'indépendance totale, tandis que la majorité se contenterait volontiers d'une plus grande liberté économique et politique. Quand aux fonctionnaires de la hiérarchie espagnole, ils s'accrochent à leurs mandats ; en 1812, ils ont fini par imposer le diktat de la couronne bonapartiste, s'aliénant ainsi une large proportion de *criollos*.

Lorsque Ferdinand remonte sur le trône en 1814, c'est pour rétablir l'absolutisme en vigueur jusqu'en 1808. Il rejette notamment la constitution libérale rédigée 2 ans plus tôt à Cádiz, qui marquait une nette avancée pour les droits des citoyens dans les colonies.

El Libertador

Dans toute la moitié nord du sous-continent, la lutte pour l'indépendance va reposer sur un seul homme, Simón Bolívar. Ses premiers succès, il les remporte dans son Venezuela natal contre les forces royalistes. Une série de campagnes le portent à la tête du pays en 1813, avec le titre d'El Libertador. Mais la défaite napoléonienne de 1815 et la restauration de la monarchie réveillent une Espagne bien décidée à reprendre le contrôle de ses colonies ; quant aux mouvements indépendantistes, ils sont soutenus par une Grande-Bretagne impatiente d'en finir avec l'hégémonie commerciale espagnole et d'ouvrir les ports sud-américains aux produits britanniques. La guerre civile tourne à l'avantage des royalistes et Bolívar doit s'exiler à Haïti et en Jamaïque ; sa correspondance va jeter les fondements idéologiques de la lutte pour l'indépendance. Trois ans plus tard, il est de retour sur le continent à la tête d'une petite armée de Vénézuéliens et de mercenaires européens, pour la plupart des vétérans des guerres napoléoniennes. Confronté à une résistance royaliste acharnée, Bolívar promet le progrès social aux farouches *llaneros* de la savane vénézuélienne, ainsi qu'à d'autres groupes en rupture de ban.

Après la victoire de Boyacá, le 17 août 1819, Bolívar peut entrer en triomphe à Santa Fé de Bogotá. En 1822, le général José Antonio de Sucre remporte la bataille de Pichincha ; Quito tombe entre les mains des indépendantistes, qui

CI-CONTRE : Punta Arenas, Chili, 19e siècle.
À DROITE : Simón Bolívar, *El Libertador*.

IDÉAUX TRAHIS

À l'exception du dictateur paraguayen José Rodríguez de Francia, les chefs indépendantistes perdent rapidement la confiance des élites des nouvelles républiques. Les coalitions qui ont lutté pour l'indépendance s'entre-déchirent et leurs appétits belliqueux provoquent l'effondrement du grand rêve unitaire de Bolívar. Le *Libertador* meurt solitaire, Sucre est assassiné, San Martín, O'Higgins et Artigas prennent le chemin de l'exil. Leur retour en faveur va s'opérer bien plus tard, et les dirigeants actuels tendent à en faire des saints plus que des généraux et des politiciens. Partout en Amérique du Sud, statues, rues, villes et même monnaies portent aujourd'hui leurs noms.

peuvent envisager la conquête du Haut Pérou, dernier bastion de la monarchie.

Plus au sud, José de San Martín et Manuel Belgrano conduisent une guerre concentrée sur le plateau andin du nord-ouest de l'Argentine actuelle, entre Jujuy et Tucuman, où les provinces de La Plata déclarent leur indépendance en 1816. Tour à tour, les troupes espagnoles et argentines abandonnent puis regagnent leurs territoires respectifs. San Martín change alors de perspective et envisage une invasion maritime du Chili, puis de Lima, la capitale du viceroi. En 1817, il mène son armée à travers les Andes – une prouesse humaine et matérielle sans précédent – pour voler au secours des Chiliens. Il accueille dans ses rangs des révolutionnaires chiliens comme Bernardo O'Higgins, qui deviendra le premier président du Chili après la bataille de Maípu, en 1818. Deux ans plus tard, financés par des prêts britanniques, San Martín et les Chiliens constituent une armada de 1 600 hommes, dont 600 étrangers, pour la plupart britanniques, qui cingle vers les côtes péruviennes. Après avoir débarqué à Pisco fin 1820, San Martín déclare, l'année suivante, l'indépendance du Pérou à Lima. En 1822, il rencontre Bolívar à Guayaquil. La nature de cette conversation – et de leurs dissensions – n'a jamais été révélée, mais San Martín rentre aussitôt en Argentine, laissant Bolívar et Sucre aux commandes. En 1824, Sucre bat une armée espagnole à Ayacucho, dernière grande bataille de la guerre d'indépendance ; du jour au lendemain, les provinces du Haut Pérou, territoires hétérogènes, répartis de la jungle amazonienne aux déserts glacés de l'Altiplano, se retrouvent baptisés république de Bolivie, en l'honneur du Libertador.

L'indépendance va connaître des lendemains parfois plus difficiles encore que la guerre. Bolívar rêve de maintenir les jeunes nations au sein de sa Gran Colombia, mais une dizaine d'années plus tard, l'Équateur, le Venezuela et la Colombie ont décidé de suivre leur propre voie,

> *Bolívar inspire un grand nombre de poètes romantiques occidentaux. Byron projette même de traverser l'Atlantique sur un navire qu'il baptise de son nom.*

après une guerre contre le Pérou. Le Chili et l'Argentine plongent dans un chaos qui permet au Paraguay de conquérir son indépendance. Quant à l'Uruguay, il ne sauve sa liberté qu'après 3 années de lutte contre le Brésil (1825-1828) au terme desquelles il doit céder d'importants territoires à la colonie portugaise.

En 1830, c'est un Bolívar malade et sans illusion qui passe ses derniers jours à Santa Marta, en

Colombie. Quant à San Martín, réalisant que les nouvelles générations de politiciens n'ont que faire d'un encombrant général, il s'exile en France, et s'éteint à Boulogne-sur-Mer en 1850.

Montée des dictatures

Durant plusieurs décennies, la guerre civile ravage presque toutes les républiques émergentes. Deux clans s'opposent, les populations de l'intérieur qui aspirent à un gouvernement de type fédéral, et les habitants des villes, très dépendants du commerce extérieur, et qui souhaitent un pouvoir central fort – d'un côté les conservateurs, de l'autre les libéraux, un clivage politique qui s'est perpétué jusqu'à aujourd'hui. Mais bien souvent, cette lutte pour le pouvoir ne trouve d'issue qu'avec l'émergence d'un dirigeant autocratique, paralysant l'évolution vers la démocratie. Au milieu du 19e siècle, de nombreux Sud-Américains découvrent qu'ils ont troqué la tyrannie monarchique espagnole pour une variété locale encore plus inflexible.

Brésil, l'indépendance de velours

Colonie portugaise, le Brésil a vu sa métropole également envahie par l'armée napoléonienne. En 1808, le roi Dom João VI et toute sa cour traversent l'Atlantique, et le Brésil devient une nation de plein droit. Lorsque Dom João rentre à Lisbonne en 1821, il laisse son fils Dom Pedro sur le trône. La monarchie tente ensuite de rétablir le statut colonial du Brésil, et rappelle Pedro en 1822 ; celui-ci refuse, déclare l'indépendance le 7 septembre, et se fait couronner empereur.

Au début du 19e siècle, la société brésilienne se compose d'environ un million d'habitants d'origine européenne, de 2 millions d'esclaves noirs et de divers groupes ethniques. En 1831, Pedro abdique en faveur de son fils Pedro II et rentre en métropole pour monter sur le trône. Le Brésil est alors dominé par les grands propriétaires terriens du nord, qui utilisent une population considérable d'esclaves pour cultiver la canne à sucre, notamment, sans se préoccuper de rendement ni de progrès social. Pedro II encourage l'immigration européenne dans le Rio Grande do Sul. Ces 2 groupes d'intérêt entrent bientôt en un conflit envenimé par la question de l'esclavage. Tiraillé entre son opposition à l'esclavage, son adhésion à la séparation de l'Église et de l'État et les impératifs du développement économique, le souverain s'aliène à la fois les conservateurs et les libéraux. En 1889, un coup d'État militaire le contraint à abdiquer et à partir en exil. Ainsi prend fin la seule monarchie d'Amérique du Sud. ❑

CI-CONTRE : *Llaneros* durant la guerre d'indépendance du Venezuela. **CI-DESSUS** : l'armée brésilienne enrôla de force un grand nombre d'esclaves noirs affranchis.

VERS UNE NOUVELLE IDENTITÉ

Politiquement instables, bien des républiques sud-américaines stagnent encore dans la pauvreté malgré la richesse de leurs ressources naturelles.

Dès 1827, l'Amérique du Sud s'est entièrement libérée de la tutelle espagnole. Mais le pouvoir demeure entre les mains d'une minorité privilégiée, tout comme la terre, largement contrôlée par une poignée de grands propriétaires hostiles à tout changement. L'économie repose sur ses exportations – café pour la Colombie et le Brésil, bovins et céréales pour l'Argentine, cuivre et autres minerais au Chili et, plus tard, pétrole au Venezuela. Solution de facilité, les divers États préfèrent taxer les exportations et acheter des produits importés, britanniques notamment, plutôt que d'encourager une industrie locale.

Cette nouvelle dépendance n'empêche pas les nations sud-américaines de se chercher une identité. Mais si les guerres consolident des frontières

MADE IN BRITAIN

Avant l'émergence de la grande puissance que deviendra les États-Unis, la Grande-Bretagne se livre à un fructueux commerce avec l'Amérique du Sud. Les nations nouvellement indépendantes s'endettent rapidement auprès de Londres, dû qu'elles continueront de payer au cours du 20e siècle. Dans les années 1850, le consul britannique d'Argentine évoque ainsi les gauchos : "Étudiez leur équipement jusqu'au moindre détail. À part le cuir, que possèdent-ils qui ne soit pas britannique ? Si leur femme porte une robe, pariez à dix contre un qu'elle arrive de Manchester. Leur marmite, leurs assiettes en faïence, leurs couteaux, leurs cuillers et le poncho qui les couvre – tous importés d'Angleterre."

arbitraires, elles déciment des populations vulnérables et fragilisent des économies émergentes.

Au sud, l'Argentine et le Chili parviennent à coloniser toute la Patagonie, processus qui éradique brutalement les cultures indigènes. En Argentine, la "conquête du Désert" menée par le général Julio Roca dans les années 1870 ouvre les portes des steppes patagoniennes aux colons. Les indigènes qui résistent sont massacrés, les autres se retrouvent parqués dans des réserves. D'immenses élevages de bovins occupent les plaines, l'avènement de la congélation permettant d'exporter leur viande vers les marchés européens.

Les batailles idéologiques livrées en Europe et ailleurs trouvent évidemment des répercussions en Amérique du Sud. Les dictateurs militaires puisent abondamment dans les idées fascistes propagées en Espagne ou en Italie, tandis que les ouvriers s'inspirent du communisme pour s'organiser, et que des guérillas marxistes, dictées par celles de Cuba, se lancent dans la lutte armée, espérant instaurer l'égalité des chances par la révolution.

Richesse et pauvreté

Une telle évolution politique ne fait que répondre aux tensions, ouvertes ou latentes, qui minent la société sud-américaine. La démographie connaît

À la fin du 19e siècle, les 10 républiques d'Amérique du Sud se sont dotées de Parlements élus, mais la lutte pour le pouvoir ne fait que commencer. Les forces démocratiques et celles qui s'accrochent à leurs privilèges vont s'entre-déchirer durant presque tout le 20e siècle.

L'Amérique du Sud a la chance d'échapper aux conflits planétaires qui ensanglantent le siècle. Elle en percevra surtout les bénéfices avec l'afflux d'immigrants européens qui fuient les persécutions ou la famine, et viennent chercher leur Terre promise outre-Atlantique.

CI-CONTRE : mineurs dans le désert du nord du Chili.
CI-DESSUS : les Perón au balcon de la Casa Rosada, Buenos Aires.

un fort taux de croissance. En 1900, 40 millions de personnes peuplent le continent. Au début du 21e siècle, ce chiffre a décuplé. En un laps de temps relativement bref, les villes sud-américaines ont accueilli plus des deux tiers de la population.

Dans ces centres urbains, classes moyennes et ouvrières se développent à un rythme exponentiel tout au long du 20e siècle. En **Argentine**, la conquête des pampas patagoniennes et le boom de l'élevage bovin exigent un surcroît considérable de main-d'œuvre : dans les années 1880, des milliers d'immigrants européens débarquent, essentiellement des paysans d'Italie et d'Espagne. C'est le plus fort taux d'immigration de toute l'histoire mondiale. Mais les nouveaux venus arrivent généralement sans un sou en poche, et ils n'ont guère droit à leur part du gâteau, les grandes dynastie terriennes refusant de fractionner leurs immenses domaines. Ils reçoivent un lopin de terre, qu'ils cultivent 2 ou 3 ans avant de partir ailleurs. Contrairement à l'Amérique du Nord, colonisée par des millions de petits agriculteurs, l'Argentine demeure la chasse gardée d'une oligarchie composée d'à peine 200 familles. Les nouveaux arrivants restent cantonnés dans les zones urbaines; ainsi la population de Buenos Aires passe-t-elle de 750 000 habitants au début du 20e siècle à 2 millions en 1930.

Comme dans le reste du continent, cette population en forte croissance exige bientôt une représentation politique, source de confrontations sanglantes. Toute tentative de réforme se heurte presque systématiquement à l'intervention musclée des militaires. Cette spirale renforce la polarisation de la société. À la fin des années 1960, les guérillas marxistes gagnent tout le continent; la répression militaire devient pain quotidien, le respect des lois et des droits de l'homme relève de l'utopie.

Au **Brésil** également, les vagues d'instabilité économique alternent ou coïncident avec les périodes de dictature militaire. Au début du 20e siècle, le caoutchouc et le café assurent l'essentiel de la richesse nationale. Mais la Malaisie se lance dans la production de caoutchouc, tandis qu'en 1930 les cours mondiaux du café s'effondrent. Appuyé par les militaires, Getulio Vargas profite de l'affaiblissement du gouvernement pour s'emparer du pouvoir. Fort de sa rhétorique populiste, le "Père du peuple" gagne le soutien des ouvriers et des paysans et fait voter une législation encourageant la création des syndicats. Durant ses 15 années de dictature, Vargas s'inspirera de la politique mussolinienne en Italie pour bâtir un État fort et favoriser l'émergence d'une industrie brésilienne.

À la chute de Vargas succède une longue période de gouvernement constitutionnel. Économie et démographie connaissent un boom sans précédent, symbolisé par la création en1960 de la nouvelle capitale, Brasília *(voir p. 245)*. Mais les paysans sans terre forment une population toujours plus nombreuse, tandis que, dans les villes, les activistes politiques se font de plus en plus remuants: la nation vacille, et les militaires, une fois encore, reprennent les rênes du pouvoir en 1964.

Intérêts étrangers

De nombreux Sud-Américains ont vu les richesses générées par leur travail s'évader outre-mer. La **Bolivie** en offre un exemple flagrant: ses mines d'argent financent les armées espagnoles en Europe *(voir p. 177)*, tandis que les énormes profits tirés de l'étain demeurent entre les mains d'une poignée d'individus qui les gaspillent à l'étranger, laissant un pays aujourd'hui exsangue.

Quant à l'**Équateur**, autre pays d'une pauvreté affligeante, il alimente une exportation florissante

– bananes, café, fèves de cacao et panamas. Pourtant, seules les compagnies étrangères et quelques centaines de familles de *criollos* bénéficient de cette manne. Pendant des décennies, l'Équateur demeurera le premier exportateur mondial de bananes – une industrie contrôlée jusque dans les années 1960 par la firme américaine United Fruit. Puis, dès les années 1970, le pétrole devient le premier produit national à l'exportation.

En **Colombie**, les richesses reposaient également sur l'exportation des bananes et du café – aux mains de compagnies étrangères comme la United Fruit, encore elle, ou de quelques grands propriétaires terriens. La croissance démographique ne fera qu'accentuer la pauvreté et les tensions sociales, jusqu'à la crise de 1948 qui ouvre des années de violences et de guerres civiles *(voir p. 95)*.

Les tourmentes politiques n'épargnent pas le **Venezuela**, malgré l'exploitation d'immenses ressources pétrolières qui enrichissent le pays. La découverte des premiers gisements, dans le lac Maracaibo, date de 1917. À cette époque, le Venezuela se trouve sous la coupe du dictateur Juan Vicente Gómez, qui n'hésite pas à siphonner une grande partie du pactole à son profit, ni à combler ses proches et fidèles de largesses princières. Une infime proportion des profits issus de l'or noir revient au peuple, qu'un exode rural massif agglutine sous les lumières de Caracas, la capitale.

> *En retour des faveurs accordées à l'archevêque, le dictateur vénézuélien Juan Vicente Gómez est officiellement dispensé de faire maigre le vendredi.*

La mort de Gómez en 1935 provoque une vague d'émeutes et de grèves, précédant encore une fois une prise de pouvoir par les militaires et les grands propriétaires terriens. En 1952, un homme fort de la junte, le colonel Marcos Pérez Jiménez, introduit une série de mesures populistes, autorisant les syndicats et réinvestissant certains des profits pétroliers dans les travaux publics et les logements sociaux. En 1958, des émeutes sanglantes renversent Jiménez et de nouvelles élections permettent l'instauration d'un régime parlementaire durable.

CI-CONTRE : le président brésilien, Juscelino Kubitschek lors de l'inauguration de Brasília, en 1960. **CI-DESSUS** : La Moneda lors du coup d'État de 1973, Santiago.

Conflits territoriaux

Bien des républiques sud-américaines se sont affaiblies en une série de troubles nationaux et de conflits frontaliers. En 1879, la guerre du Pacifique met aux prises le Pérou et la Bolivie avec le Chili, qui s'empare du sud du Pérou et de ses précieuses mines de nitrate et de cuivre du désert d'Atacama et prive la Bolivie d'un accès vital à l'Océan. Les pays frontaliers profitent des émeutes civiles en Équateur pour lui arracher une large bande du bassin amazonien. La guerre de la Triple Alliance (1865-1870) opposant l'Uruguay, le Brésil, et l'Argentine au Paraguay, manque d'anéantir la nation, qui perd la moitié des son territoire et 90 % de sa population mâle.

Mais les conflits peuvent coûter presque aussi cher aux vainqueurs. Durant la guerre du Chaco (1932), le Paraguay annexe le sud de la région, alors bolivienne. Tandis que le vaincu conserve ses gisements pétrolifères, le Paraguay n'arrache pas une seule goutte d'or noir d'un territoire chèrement acquis. Les affrontements laissent les 2 pays exsangues, humainement et économiquement.

Aujourd'hui, la Bolivie cherche toujours à retrouver un accès au Pacifique, tandis que le Pérou et le Chili se chamaillent sur des questions de frontières maritimes. En 1995, le Pérou et l'Équateur s'engagent dans un bref conflit qui s'achève par un traité de paix en 1998. Le Venezuela fait valoir ses droits sur une grande partie du Guyana, alors que l'Argentine refuse la souveraineté britannique sur les Malouines, après une guerre qui a coûté la vie à plus de 1000 soldats argentins en 1982.

SALES AFFAIRES

Mâcher une feuille de coca n'a pas le même effet qu'une prise de cocaïne, substance raffinée concentrant des quantités massives de principe actif. Depuis les années 1960, l'exportation de cette drogue vers les États-Unis et l'Europe connaît une croissance exponentielle dans toute la région. Faisant fi des stratégies américaines et sud-américaines contre la lutte contre le narcotrafic, le trafic de drogue se poursuit à travers tout le sous-continent de manière plus discrète mais à une échelle plus importante encore. L'argent de la drogue finance banques, hôtels et immeubles, de luxueux complexes balnéaires du Chili et de l'Uruguay aux gratte-ciel de Bogotá et de Caracas.

Démocraties naissantes

Dans les années 1970, ce sont paradoxalement les pays dotés des traditions politiques les plus solides et des croissances les plus fortes qui vont subir les dictatures militaires les plus brutales. Durant les années 1950 et 1960, l'Uruguay, la plus vieille démocratie sud-américaine, doit faire face à la crise économique, aux désordres sociaux et à l'émergence des guérillas. En 1973, un putsch militaire ouvre la voie à 12 ans d'une dictature particulièrement cruelle *(voir p. 315)*.

En Argentine, après la mort de Perón et la tourmente politique qui s'ensuit, les militaires prennent le pouvoir en 1976. Ils vont alors mener une "sale guerre" ensanglantée par au moins 30000 "disparus" – kidnappés, torturés et exécutés dans la plus parfaite illégalité *(voir p. 327)*.

Au 19e siècle, le Chili était le pays le plus stable de la région. En 1970, le parti socialiste accède au pouvoir sous la présidence de Salvador Allende. En 1973, les militaires, soutenus par les forces conservatrices et la CIA renversent Allende *(voir p. 284)* qui préfère mourir que de se rendre, et placent le général Pinochet à la tête de la nation. Pinochet reste au pouvoir pendant 17 ans, introduisant un libéralisme économique largement adopté depuis par la plupart des autres pays sud-américains.

À l'aube du IIIe millénaire, l'ère des dictatures militaires semble ainsi prendre fin, même si les démocraties sud-américaines se retrouvent affaiblies, souffrant de lourdes dettes et de systèmes éducatifs déficients. Deux cents ans après leur lutte pour l'indépendance, ces jeunes démocraties gérées par des gouvernements civils n'en sont encore qu'à leurs premiers balbutiements. Les richesses produites par l'agriculture et les minerais ne compensent ni les tensions issues d'un peuple qui escompte un État-providence ni une économie fluctuant en fonction des prix des matières premières. ❑

L'avènement du populisme

Avec l'élection de Hugo Chávez à la présidence du Venezuela, c'est presque toute une Amérique du Sud exsangue qui bascule à gauche.

Les privatisations des années 1980 et 1990 ont laissé un goût amer : pour la grande majorité d'une population en sous-emploi, ce néolibéralisme forcé n'a fait aucune différence. Saignés par la dette extérieure et la chute des prix des matières premières, les services se sont évaporés, la dette a continué à monter. Les prêteurs internationaux – à commencer par le FMI –, ont exigé une politique d'austérité. Les gouvernements, du Venezuela à l'Argentine, se sont montrés incapables d'offrir des solutions viables au désespoir des classes moyennes qui ont perdu toutes leurs économies avec l'effondrement des banques et des monnaies. Au Brésil, en Argentine, en Équateur, au Pérou et au Venezuela, des dirigeants convaincus de corruption sont déchus de leurs mandats ou électoralement battus.

En 1992, Hugo Chávez, lieutenant-colonel issu du milieu rural, tente de renverser le président Carlos Andrés Pérez. Il échoue, mais Chávez devient une figure populaire incontournable. Accusé de corruption, Pérez doit bientôt se démettre, tandis que Chávez prépare son entrée légale en politique. Il remporte les présidentielles de 1998 sur un programme de gauche. Un an plus tard, c'est un socialiste d'une tout autre cuvée, Ricardo Lagos, qui monte au pouvoir au Chili. En 2002, l'ultra-conservateur Álvaro Uribe est élu à la présidence colombienne ; au cours de la décennie suivante, les forces politiques du subcontinent vont s'orienter selon les 3 axes formés par ces dirigeants charismatiques. Tous 3 bénéficient d'une popularité considérable, Chávez et Lagos luttant contre les riches "*haves*", tandis que Uribe engage une lutte sans merci contre les guérilleros du FARC. Chávez comme Uribe réforment la constitution pour se représenter aux élections et concentrent tout le pouvoir politique entre leurs mains.

Au Brésil, le dirigeant syndical Luiz Inácio "Lula" da Silva est élu en 2002, tandis que le péroniste Néstor Kirchner emporte la présidence du Brésil un an plus tard. En 2006, Michelle Bachelet, socialiste de tendance néolibérale, succède à Lagos au Chili. La même année, c'est Evo Morales, leader syndical aymara des planteurs de cacao, qui devient le premier président indigène de la Bolivie. Tabaré Vázquez en Uruguay, Rafael Correa en Équateur, et Fernando Lugo au Paraguay confirment ce mouvement de balancier vers la gauche.

Dans l'intervalle, Chávez a lancé une réforme tous azimuts, modifiant la constitution, augmentant les dépenses sociales, contrôlant les taux de change et nationalisant les entreprises. En 2002, il surmonte une tentative de putsch et une grève générale, puis s'aligne sur Cuba et les adversaires asiatiques des États-Unis, le plus gros acheteur de pétrole vénézuélien. Même au Chili, pays viscéralement conservateur, les ruades anti-impérialistes de Chávez trouvent un écho au sein de la gauche. En Équateur et en Bolivie, Correa et Morales copient la constitution de Chávez et se font facilement réélire. Mais aucun des 2 pays ne s'écarte franchement d'une démocratie sociale à l'européenne. Le Chili et le Brésil demeurent foncièrement conservateurs, même si tout oppose leurs dirigeants respectifs. Profitant du boom des matières premières, la plupart des États ont dépensé sans compter ; mais lorsque la crise frappe en 2008, les économies centralisées ont raison des critiques qui les accablaient auparavant. Et tant que ces économies pourront encaisser les turbulences planétaires, centristes et conservateurs auront bien du mal à mettre les populistes en difficulté. ❑

À GAUCHE : confiscation de 11 t de cocaïne, Colombie.
CI-DESSUS : Hugo Chávez et Luiz Inácio Lula da Silva.

UN PATCHWORK HUMAIN

Aussi divers que leurs pays d'origine, les peuples d'Amérique du Sud partagent pourtant un héritage culturel commun.

Depuis le débarquement de Christophe Colomb, un certain 12 octobre 1492, sur l'île San Salvador, dans l'archipel des Bahamas – qu'il prit pour des îles indiennes –, les indigènes américains se sont retrouvés amalgamés et collectivement dénommés "Indiens". De nos jours, la pluralité de termes utilisés pour identifier les ethnies du continent reflète leur infinie diversité, ainsi que l'importance d'une ascendance d'autant plus précieuse qu'elle a été souvent bafouée.

Au Brésil, l'appellation *mestizo* ou *mameluco* désigne une personne en partie indigène et en partie européenne. Le *mulatto* descend à la fois d'Africains et d'Européens, tandis que le *cafuso* mêle des origines amérindiennes et africaines.

Cette terminologie témoigne d'un fort désir d'identité dans un continent qui, depuis 5 siècles, a connu l'immigration sous forme de raz-de-marée successifs, et dont les frontières nationales n'ont été que récemment définies, à la suite de quelques conflits sanglants. Ici se sont rencontrés, mêlés et mariés peuples et cultures originaires des 4 coins du globe. Vous croiserez des Gallois en Patagonie, des Croates au sud du Chili, des Coréens au Paraguay, des Japonais au Pérou et au Brésil. Mais ce paysage multiculturel en apparence harmonieux masque un écheveau complexe de hiérarchies sociales et raciales.

Face aux étrangers qui les assimilent sous l'étiquette de "Latinos", les Sud-Américains entretiennent jalousement des caractéristiques nationales et un sentiment patriotique très forts. Les habitants de pays voisins comme le Venezuela et la Colombie n'ont pas grand-chose en commun, et le Brésil constitue une planète à lui seul. Un voyage en Amérique du Sud ne se résume pas à la découverte d'une série de paysages et de monuments, certes sublimes ; il permet aussi de traverser un kaléidoscope de langues, de coutumes, de cultures, de cuisines ou de musiques.

PAGES PRÉCÉDENTES : femmes quechua à un mariage près de Cusco, Pérou ; garçon carajás, Amazonie. **CI-CONTRE** : mère et fils quechua, gardés par une jeune vigogne. **À DROITE** : adolescentes de Rio, Brésil.

Derniers arrivants

Le visage ethnique de l'Amérique du Sud s'est radicalement métamorphosé avec l'arrivée des Européens au 16ᵉ siècle. Ces marins et soldats, espagnols pour la plupart, portugais au Brésil, épousent des femmes indigènes et font venir des esclaves d'Afrique. En 1888, avec l'abolition de l'esclavage au Brésil, l'immigration européenne reçut un nouveau coup de fouet, particulièrement sensible au Brésil et en Argentine. La plupart de ces migrants viennent d'Espagne et d'Italie, mais beaucoup sont également français (basques), allemands, slaves, syriens, libanais, japonais ou chinois.

Chez les peuples des pays andins (Colombie, Bolivie, Équateur, Pérou et Chili), les *mestizos* dominent. La région a également conservé le plus fort taux de populations amérindiennes : cette partie du continent était déjà la plus peuplée avant la Conquête, tandis que les sociétés indigènes implantées dans les plaines ont été pratiquement éradiquées.

Les ethnies d'origine africaine se concentrent dans le nord du Brésil et dans les régions côtières des Guyanes, du Venezuela, de la Colombie, de l'Équateur et du Pérou, où leurs ancêtres travaillèrent comme esclaves. Les populations de type caucasien prédominent au sud du Brésil, en Uruguay et en Argentine, tandis que le Chili est peuplé à 20 % environ d'Européens.

Sur la côte caraïbe, le Guyana, le Surinam et la Guyane française composent un patchwork ethnique particulier, dû à l'histoire coloniale de ces avant-postes de 3 empires coloniaux – hollandais (Surinam), britannique (Guyana) et français (Guyane française). Enrôlés de force pour travailler dans les plantations de canne à sucre, de café et de coton, de nombreux esclaves africains s'enfuirent dans la forêt tropicale, formant des sociétés "cimarron" qui, aujourd'hui encore, ont préservé leurs traditions ancestrales.

Après l'abolition, tardive, de l'esclavage, des travailleurs sous contrat seront importés d'autres régions coloniales, se fondant avec la population locale en un brassage hétéroclite d'Amérindiens, d'Asiatiques, d'Africains, de mulâtres portugais et d'Européens.

Communautés nouvelles

Les Cimarrons n'ont pas été seuls à profiter des immensités naturelles du continent pour perpétuer leur mode de vie ancestral. D'autres communautés ont choisi de transgresser des frontières artificielles, comme les gauchos d'Argentine *(voir p. 340)* ou les groupes religieux fondamentalistes mennonites *(voir p. 278)*. Vous apercevrez peut-être ainsi un *Lederhose* bavarois sur la côte caraïbe, ou un haut chapeau gallois en Patagonie, chaque minorité "importée" tendant à cultiver sa différence par tous les moyens.

Le bariolage ethnique du continent se répercute naturellement à travers une multitude de langues, même si l'espagnol domine et que 160 millions de Brésiliens utilisent officiellement le portugais. Les langues indigènes amérindiennes se parlent encore fréquemment dans les Andes ; en Bolivie, l'espagnol, le quechua et l'aymara sont toutes décrétées langues officielles ; au Pérou, le quechua a été adopté en 1975 au côté de l'espagnol ; au Paraguay, l'espagnol demeure seule langue officielle, mais vous entendrez surtout parler le guaraní. Quant aux Guyanes, elles restent soumises au vieux schéma colonial – anglais au Guyana, néerlandais au Surinam, français en Guyane française.

Hiérarchies raciales

En bien des régions, le "melting-pot" a fonctionné au point que les populations présentent un aspect étonnamment homogène. Dans les grandes villes du nord du Chili, de Bolivie et du Pérou, notamment, la teinte fromage blanc ou rouge écrevisse des touristes suffit à faire se retourner les gens sur leur passage, tandis qu'un Noir américain ou antillais s'entendra souvent qualifié de *moreno* ou de *negrito*.

La couleur de peau et les origines ethniques ont une influence directe sur le statut social. Les gens les plus "pâles" tendent à se concentrer dans les grandes entreprises, les administrations, les grands magasins de luxe et les médias. Au bar, au restaurant ou dans les cars longue distance, vous serez surpris par le contraste qui oppose les visages montrés sur les écrans de télévision – d'autant plus "clairs" qu'ils jouent un rôle important – à ceux qui les regardent.

Les indigènes travaillent généralement dans les champs ou sur les marchés – notamment dans les Andes. Beaucoup se sont opiniâtrement accrochés à leurs traditions et coutumes ancestrales, en dépit d'une pression sociale toujours forte. La tenue des *campesinas* boliviennes, par exemple, remonte à l'interdiction du costume traditionnel imposée par les conquistadors. Dans bien des cas, les Amérindiens qui refusaient de se convertir au christianisme encouraient la peine capitale; on comprend mieux, dès lors, comment toute l'Amérique du Sud a pu devenir catholique – à l'exception du Guyana, ancienne colonie britannique. Mais nombre de communautés indigènes ont fusionné leurs propres croyances religieuses dans le catholicisme, syncrétisme à l'origine de plusieurs religions hybrides comme la macumba au Brésil (*voir p. 250*).

Durant les années qui suivirent la Conquête, la plupart des sociétés indigènes n'ont eu pour seule alternative que de s'adapter ou de disparaître. Dans les tierras calientes des Andes et les forêts du bassin amazonien, les tribus locales ont été décimées par les maladies et les incursions violentes des Européens. Mais leur déclin peut également s'expliquer par le fait que l'ascendance amérindienne demeure encore considérée comme une tare dans les sociétés sud-américaines: beaucoup de gens préfèrent se présenter comme blancs plutôt que comme *mestizos*, surtout dans les zones urbaines. La situation évolue pourtant: ces dernières années, plusieurs pays andins, dont le Pérou et la Bolivie, ont élu des présidents d'origine indigène, et une fierté nouvelle se fait jour chez certains descendants de sociétés traditionnelles. Presque partout, cependant, les groupes à dominante "européenne" détiennent encore les rênes du pouvoir et de l'économie.

À GAUCHE : jeunesse équatorienne des Andes. **CI-DESSUS** : famille chilienne. **À DROITE** : disciples du candomblé à Salvador de Bahia, Brésil.

L'HOLOCAUSTE BRÉSILIEN

En 1639, le jésuite espagnol Cristóbal de Acuña racontait: "Les villages indiens d'Amazonie sont si rapprochés que l'on a tout juste quitté l'un lorsqu'un autre apparaît." Mais, durant les décennies suivantes, les autorités brésiliennes se vanteront d'avoir exterminé 2 millions d'Amérindiens en Amazonie. De leur côté, les *bandeirantes* chassaient les indigènes pour les vendre aux larges exploitations espagnoles locales ou dans les colonies. Lors de la Conquête, la population indigène du Brésil comptait entre 2,5 et 6 millions d'individus. Ce chiffre a chuté d'environ deux tiers au 20e siècle. Depuis quelques années, les groupes tribaux se régénèrent peu à peu pour atteindre quelque 520 000 personnes.

Modes de vie en péril

Tandis que de fortes pressions économiques et sociales poussent les habitants des zones urbaines à renier leur héritage amérindien, pour les tribus d'Amazonie, en revanche, ce même héritage génère les seules ressources qui leur restent pour survivre au sein de leurs communautés. Beaucoup doivent constamment adapter leur mode de vie pour répondre à un environnement en mutation rapide et excessivement vulnérable aux avancées de l'ère technologique.

> *Il y a peut-être quelque 350 langues indigènes – un tiers seulement du nombre parlé lors de la Conquête. Le quechua s'est propagé sur le continent car les prêtres catholiques l'utilisaient comme lingua franca.*

Dans certains secteurs, les communautés indigènes font l'objet d'un intérêt touristique qui leur apporte des revenus non négligeables et les encourage à poursuivre leur style de vie traditionnel. Mais, selon certains, cette relation artificielle avec le monde moderne aurait tendance à créer de véritables parcs d'attractions à thème "indien". Mouvements écologistes et organismes gouvernementaux préfèrent aujourd'hui préserver l'isolement de ces tribus, une solution à court terme qui ne résout pas grand-chose.

Des indigènes comme les Yanomami au Brésil ou les Mapuche au Chili ont dû se lancer dans l'activisme politique pour assurer leur survie. Depuis la commémoration du cinquième centenaire de l'arrivée des Européens en 1992, ces divers groupes font de plus en plus entendre leur voix face à des intérêts économiques tout-puissants. Des soulèvements ont ainsi eu lieu en Équateur et en Bolivie, même si partout ailleurs, la société sud-américaine s'oriente vers une prise de conscience pacifique.

Hiérarchies sociales

Les classes moyennes ont beaucoup gagné en influence, sans pour autant bouleverser les anciennes hiérarchies sociales. Après d'innombrables révolutions et coups d'État, une poignée de vieilles familles continuent à exercer un pouvoir presque illimité. Ces oligarchies ont hérité de l'*encomienda*, système féodal qui permit aux familles des conquistadors espagnols d'exploiter d'immenses territoires, rémunérant leurs serfs avec des lopins de terre à peine suffisants pour assurer leur propre subsistance. Le système a perduré officieusement au Pérou jusque dans les années 1960, et en Équateur jusqu'en 1971.

Statut des femmes

Depuis quelques années, les femmes sud-américaines jouent un rôle croissant dans la vie politique et sociale. En 2006, le Chili a élu sa première présidente, Michelle Bachelet, tandis que de nombreux autres pays du continent ont des femmes pour ministres. Avocates, juges, médecins, activistes dans de groupes de lobbying divers, les femmes se pressent au devant de la scène.

Les Yanomami

Les Yanomami ont vécu coupés du monde dans le nord du Brésil et au Venezuela jusqu'à la fin des années 1960, où la civilisation moderne a fait irruption dans le Roraima. Société de chasseurs-cueilleurs, ils pratiquent jusqu'alors la culture sur brûlis. Dans les années 1980, une ruée vers l'or attirent des centaines de milliers d'orpailleurs venus chercher fortune. Cette situation crée inévitablement des conflits, parfois mortels comme en 1993, lorsque 20 Yanomami sont massacrés. Leurs représentants sont bien parvenus à se faire entendre, mais sans réel succès à ce jour, surtout depuis les incendies qui ont ravagé leur territoire lors de la sécheresse de 1998, détruisant une superficie de la taille de la Belgique.

L'Amérique du Sud n'en reste pas moins le plus catholique des continents, où la femme doit d'abord remplir ses devoirs d'épouse et de mère – le terme de *machismo* a bien été inventé pour qualifier le mâle latino. Les femmes sont encore exclues de nombreuses activités, bafouées par de nombreux comportements. Supposées combiner les contraintes de la maternité avec une journée de travail à temps plein, elles obtiennent rarement, hélas, le même salaire que les hommes.

Les jeunes

Dans toutes les couches sociales, les enfants sont au cœur de la vie sud-américaine. La contraception étant mal acceptée, les femmes deviennent mères plus jeunes et font bien plus d'enfants qu'en Europe ou en Amérique du Nord. Au début, vous aurez sans doute un peu de mal à supporter les cris, qui se poursuivent souvent jusque tard dans la nuit; mais, ici, les parents eux-mêmes encouragent les jeux et les bruits, auxquels ils se joignent volontiers. Plutôt que de chercher refuge sous votre oreiller ou de monter le volume de votre baladeur, vivez à leur rythme, et remettez ces quelques heures de repos volées à la sieste du lendemain.

Le choc est d'autant plus grand face au spectacle de ces petits miséreux menant une existence de maraude sur les trottoirs de mégalopoles comme Rio de Janeiro. Ce drame découle pourtant de leur statut, les enfants portant le poids de l'exclusion sociale de leurs parents. Sur place, comme à l'étranger, de nombreuses associations caritatives tentent d'apporter des remèdes à cette situation, mais bien des enfants de familles démunies continuent de lutter pour leur survie.

En Amérique du Sud, la musique et la danse servent d'exutoire à la société tout entière. Trésor inestimable, la jeunesse ne s'entretient pas à travers la chirurgie esthétique, mais bien plus par le rire, l'amour des fiestas et l'énergie dépensée dans les dancings, où chacun peut s'habiller en stretch moulant sans choquer personne. La jeunesse va de pair avec un romantisme vite enterré par l'arrivée d'une ribambelle de petits. Pourtant, la sincérité transparaît toujours dans ce cycle éternel : combien de fois entendrez-vous revenir les mots *"mi corazón"* dans les chansons populaires? Les mâles sud-américains n'usurpent certes pas leur réputation de *machismo*, mais, sous la façade, se cache un sentimentalisme à fleur de peau.

Distractions, plaisirs et romance peuvent tout transcender – religions, races, politique ou statut social. En dépit de leurs différences, et jusqu'au plus profond de la misère, les Sud-Américains partagent une même soif de vivre. ❑

À GAUCHE : jeune Yanomami. **CI-CONTRE** : chef indigène avec femme et enfant, basses terres occidentales, Équateur. **CI-DESSUS** : de tout jeunes enfants sur le trottoir d'une favela, Rio de Janeiro, Brésil.

Aux frontières de l'inconnu

Conquistadors obnubilés par l'Eldorado, savants intrépides, aventuriers en quête de l'Atlantide, l'Amazonie a nourri autant de rêves que d'illusions.

Les premiers explorateurs espagnols et portugais s'attachent essentiellement à cartographier le continent. En 1520, le grand navigateur Fernão de Magalhães (Magellan) réalise le premier tour du monde, léguant son nom au terrible détroit qu'il doubla au sud de l'actuel Chili. À la même époque, les conquistadors Gonzalo Pizarro et Francisco de Orellana conduisent d'aventureuses expéditions dans les jungles amazoniennes : ils cherchent la mythique cité de l'or, Eldorado. Ils ne vont pas trouver beaucoup d'or, mais, en 1541, Orellana parvient à descendre l'Amazone jusqu'à l'Atlantique, devenant le premier Européen à avoir traversé l'Amérique du Sud.

Explorations scientifiques

Au 18e siècle, la période des Lumières suscite en Europe un engouement scientifique nouveau pour les trésors naturels d'un continent mal connu.

Figure essentielle de ce mouvement, Alexander von Humboldt est né à Berlin, où il a étudié la botanique, la chimie, l'astronomie et la minéralogie. En compagnie du botaniste français Aimé Bonpland, il part du Venezuela pour rejoindre l'Équateur en 1799, cartographiant la liaison entre les bassins de l'Orénoque et de l'Amazone. Il dresse une liste considérable de plantes et d'animaux, publiée dans son *Essai sur la géographie des plantes* qui établit la relation entre une zone géographique, sa flore et sa faune.

Ci-dessous : l'humidité et les insectes ayant détruit leurs provisions, Humboldt et Bonpland durent se nourrir de fèves de cacao et boire l'eau de l'Amazone.

Ci contre : aux îles Galápagos, Charles Darwin étudie ces extraordinaires reptiles, les iguanes marins, dont le système respiratoire s'est adapté à la vie en bord de mer.

INDIANA JONES, LE VRAI

En 1906, le colonel britannique Percy H. Fawcett se rend en Amérique du Sud, engagé par la Bolivie et le Brésil pour aider ces pays à délimiter leurs frontières respectives.

Mais Fawcett a d'autres idées en tête : il cherche à localiser la mythique Atlantide. Il s'est procuré un document portugais du 18e siècle, et une idole en pierre supposée d'origine brésilienne : des médiums lui ont affirmé qu'elle provient du continent englouti.

Lors de sa seconde expédition, en 1925, il se fait accompagner par son fils John et un certain Raleigh Rimell. Les 3 hommes disparaissent sans laisser de traces dans le Mato Grosso (au sud de l'Amazonie). Seul leur chien refera surface, indemne.

L'histoire ne s'arrête pas là. Les histoires sur Fawcett séduisent nombre d'aventuriers qui partent à leur recherche, dont Peter Fleming, frère de Ian, et auteur du chef-d'œuvre *Brazilian Adventure* (1933). À leur retour, certains disent avoir entendu parler d'hommes blancs vivant dans la jungle avec les Amérindiens. Mais personne n'a jamais retrouvé Fawcett, dont la figure légendaire aurait inspiré le personnage de l'Indiana Jones hollywoodien.

Ci-dessus : malgré les difficultés rencontrées sur place, les expéditions sur l'Amazone collectent facilement les fonds et suscitent un vif enthousiasme.

Ci-dessous : les premiers explorateurs effectuent d'interminables périples dans cet enfer vert, aux prises avec la faim, les insectes – voire, parfois, les cannibales.

DANSES ET MUSIQUES

Le cœur de l'Amérique du Sud bat au rythme de toutes les pulsations, épanchant ses joies, ses colères, sa nostalgie à travers des musiques qui ont fait le tour du monde.

Faites l'expérience d'un voyage en bus en Amérique du Sud, et vous saurez tout ce que le terme de "Nouveau Monde" peut recouvrir: un trajet cahoteux d'un endroit reculé à un autre, dont vous n'arrivez même pas à prononcer les noms; un chauffeur qui s'arrête au milieu de nulle part pour embarquer de nouveaux passagers, saluer un cousin ou faire ses courses; et, tandis que le bus plonge, éructe et fume à l'assaut de pistes de montagne vertigineuses, ou le long d'interminables et poussiéreuses lignes droites, des haut-parleurs grésillants vous déchirent les tympans au son des derniers tubes locaux – un authentique délice pour le chauffeur, dont la priorité ne consiste pas à rester sur la route, et encore moins à tenir sa droite, mais à faire subir ses talents de DJ à un auditoire captif.

Au même titre que la nourriture, la musique fait partie intégrante du quotidien sud-américain. Mais si la nourriture peut venir à manquer – la musique, jamais. Une musique populaire, une musique de l'âme, pétrie de passion, de rires et de larmes, d'histoire et de nostalgie. L'expression musicale a incarné la résistance des esclaves, alimenté les luttes d'indépendance, et, aujourd'hui encore, elle fonctionne comme antidote chez les laissés-pour-compte des bidonvilles et autres favelas.

En Amérique du Sud, la danse est tenue pour droit que tout un chacun peut exprimer librement en toute occasion. Une philosophie bien différente des pays du Nord où la danse se confine sous les boules discos des nightclubs.

CI-CONTRE : couleurs de carnaval, Rio.
À DROITE : danseurs à Bogotá, Colombie.

Dansons sous le soleil

Comme la musique, la danse sert de soupape. Elle adoucit l'âpreté de l'existence, oblitère l'angoisse de la veille, annonce un lendemain qui chante.

Pour saisir l'évolution des danses et des musiques sud-américaines, il faut garder à l'esprit l'énorme secousse démographique enregistrée par le continent au cours des 5 derniers siècles. Née des relations forcées entre esclaves indigènes et africains, immigrants européens et oligarchies coloniales, la musique latino reflète la diversité, la richesse d'une véritable mosaïque de cultures. Les peuples amérindiens, africains, européens et nord-américains ont chacun apporté leur pierre à cette tour de Babel.

Séparés de leur mère patrie par les océans, les colonisateurs européens, les esclaves africains et indigènes importèrent avec eux leurs propres traditions musicales. Les pratiquer, les préserver, c'était cultiver leur identité dans un environnement souvent hostile. Certaines de ces traditions ont disparu, d'autres se sont fondues dans un vaste melting-pot.

Au terme de ces conflits culturels, des formes régionales et nationales ont vu le jour, reflétant diverses étapes de la colonisation. Ainsi l'histoire n'est-elle pas étrangère à la naissance du tango en Argentine, de la samba au Brésil ou de la *cumbia* en Colombie.

Un cocktail corsé

Qui ne connaît pas le plus universellement répandu des rythmes sud-américains, la **salsa?** Eh bien, cette appellation – salsa – ne correspond pas, en réalité, à un genre bien défini. C'est l'industrie du disque qui l'adopte aux États-Unis, dans les années 1960, jugeant dissuasive l'extrême diversité des musiques latinos. Ainsi, pour des raisons commerciales, le son, le mambo, la *guaracha* et bien d'autres styles se retrouvèrent-ils brassés en un même cocktail prêt à la consommation. Salsa signifie "sauce", cri fréquemment poussé par les musiciens pour chauffer à blanc une audience déjà hystérique. Ce regroupement artificiel de formes musicales très diverses alimente maints débats sur les origines de la salsa, parfois aussi chauds que les rythmes et les danses qui en découlent. Néanmoins, les observateurs les plus objectifs estiment que l'actuelle salsa dérive du ***son***, musique née dans l'est de Cuba dans les années 1880.

Le *son* cubain mêle des rythmes africains à des formes poétiques espagnoles, utilisant à l'origine les tambours, les maracas, le *tres* (guitare cubaine) et les *claves* (baguettes). Ce rythme syncopé s'accompagne d'une polyrythmique de pulsations régulières produites par la *clave* (mesures à 2/3 ou 3/2), la *campana* (clochette) et de ponctuations à contretemps (piano, basse et cuivres). Ces quelques notions vous seront bien utiles si vous ne voulez pas martyriser votre partenaire de danse.

> *La samba dansée dans les carnaval, la* samba enredo, *diffère d'une ville à l'autre. Née dans les années 1930, elle se caractérise par des pas de danse complexes et des mouvements du bassin exigeant une énergie phénoménale.*

Pour lier cette "salsa" d'ingrédients musicaux si divers, il faut un maître-queux émérite. D'ailleurs, les références culinaires abondent dans les chansons, preuve s'il en est que, pour les Sud-Américains, la musique est bien la nourriture de l'âme.

Omniprésents en Colombie, au Venezuela et dans toute l'Amérique centrale, le *son* et la salsa modernes ont été enrichis par l'apport du piano, de la basse et de solides sections de cuivres. La Colombie et le Venezuela produisent d'excellents groupes de salsa, comme les Colombiens Los Niches, Joe Arroyo et Son de Cali, ou encore les Vénézuéliens Oscar d'Leon, Javier Plaza et La Dimensión Latina, mais ils sont malheureusement moins connus dans nos contrées occidentales que les groupes antillais.

Apparemment simple, la danse qui accompagne ces musiques peut s'avérer aussi complexe que capricieuse, naviguant tantôt sur le temps, tantôt à contretemps. Électrisante, sensuelle, dynamique, la salsa sait aussi se faire coquine et passionnée. Ne vous laissez pas décourager par la rapidité des pas, quelques figures imposées suffisent pour suivre le rythme. Vous n'y arrivez toujours pas? Peu importe, vous prendrez autant de plaisir à regarder les couples virevolter et papillonner qu'à vous joindre à cette féerie.

Un beat battu en neige

Le ***merengue*** a débarqué en Amérique du Sud via l'île antillaise de Saint-Domingue. Le terme dérive du français "meringue" et, en effet, cette danse a conservé le caractère "crémeux" des blancs d'œuf battus en neige – ce qui ne veut pas dire sirupeux. Originaire des danses de cour françaises du 18e siècle, le merengue a intégré les influences africaines en arrivant à Saint-Domingue. Au cours du 20e siècle, il accompagnera bien des marches et manifestations politiques populaires.

Son rythme contagieux, répétitif et frénétique a été repris par le disco et le rock. Le *merengue* se joue traditionnellement avec un ensemble composé d'une guitare, d'une *guira* (sorte de grosse râpe métallique), des tambours, d'un marimba ou d'un piano. Le *merengue* démarre par un coup de percussions brutal, destiné à faire monter votre taux d'adrénaline, vous donner le vertige et vous pousser à faire des bonds ou à courir en tous sens.

Puis le rythme, très sec, s'accélère jusqu'à paraître anarchique, un tempo s'effaçant soudain au profit d'un autre. Les paroles adoptent volontiers un humour au second degré, tournant vie quotidienne et société en dérision. Des superstars d'origine dominicaine comme Juan Luis Guerra ou Wilfredo Vargas s'y sont bâti une réputation en béton, mêlant l'inventivité musicale et un regard sans concession sur la situation politique et sociale de leur pays.

La danse associée au *merengue* s'apprend beaucoup plus vite que la salsa. Dans sa version de base, il suffit de faire deux pas en avant, jambes fléchies, puis deux pas en arrière et ainsi de suite dans le sens des aiguilles d'une montre, pieds collés au sol. Comme pour la salsa, les couples se font face et,

À gauche : carnaval de Bahia de Salvador. **Ci-dessus** : dîner-spectacle animé lors d'une dégustation de vins, Chili. **À droite** : tango, la passion en noir et rouge.

lorsqu'ils se rapprochent, la femme place son pied droit entre ceux de son partenaire. Fluide et gracieux, le *merengue* rappelle le balancement des palmiers dans la brise.

Des apports récents ont saturé le *merengue* de musiques rap, hip-hop ou techno. Aux États-Unis, cette nouvelle mouture a fait un tabac dans les *barrios* (quartiers) dominicains et caraïbes, qui la considèrent comme une expression de la *brotherhood* (fraternité) pratiquée par leurs voisins afro-américains. Popularisée par les pionniers du genre, Proyecto Uno, la simplicité de cette danse et la flexibilité de ses rythmes lui ont permis de prendre le pas sur la salsa auprès de nombreuses

communautés latinos, aux États-Unis comme dans les régions andines.

Boléro hibérique

Née en Espagne au 18e siècle, cette danse de bal et de théâtre à 3 temps rythmée par une mélodie à la guitare atteint l'Amérique latine via Cuba et les Caraïbes. Dans tous les pays hispanophones, vous croiserez dans les squares et restaurants traditionnels des hommes de tout âge, guitare à l'épaule, chantant des cantilènes historiques pour le plus grand plaisir des nostalgiques. Somme toute, le boléro est une forme avant-gardiste de la musique pop, et demeure un genre musical fort apprécié comme en témoignent la popularité de l'Équatorien Julio Jaramillo, du Colombien Alci Acosta et du groupe chilien – pourtant créé en 1937 ! –, Huasos Quincheros. Le boléro a également ses disciples au-delà des frontières et nombre de chanteurs internationaux incluent toujours dans leur répertoire romantique au moins un boléro.

Tango, pour l'éternité

Le tango et l'Argentine forment un couple d'inséparables *(voir p. 332)*. La plus sensuelle, la plus érotique des danses sud-américaines a puisé sa source dans les bidonvilles de Buenos Aires voici plus d'un siècle. Les immigrants masculins, privés de compagnie féminine, y simulaient la rencontre d'un homme et d'une femme. L'un jouait le rôle

Nouveaux rythmes latinos

Les danses sud-américaines ont digéré quantité de styles originaires de maints pays. Le son traditionnel de la *cumbia* a intégré synthétiseurs et basse-batterie, évoluant en une techno-*cumbia* ultrapopulaire en Colombie et dans les Andes. Des groupes urbains colombiens, vénézuéliens ou brésiliens ont cannibalisé le hip-hop et le rap nord-américains. Fusion de hip-hop et de reggae, le *reggaeton* a envahi le continent tout entier. Le son garage et le rock en espagnol ou en brésilien – popularisé par le célèbre groupe Soda Stereo et son leader Gustavo Cerati –, sont venus parasiter le style hiératique du tango argentin, tandis que les rythmes folkloriques de la *bailanta* font danser bien des oiseaux de nuit.

de l'allumeuse, tandis que l'autre incarnait le mâle soupirant. Au départ, les classes supérieures firent la moue devant ces pas et mouvements de hanches suffisamment explicites pour soulever la réprobation. Mais, lorsque le tango débarqua en France avant la Première Guerre mondiale, remportant un succès sans précédent, la planète entière se mit à tanguer, et l'élite argentine suivit.

De nos jours, le tango vit une seconde jeunesse. Fascinée par le caractère universel – voire éternel – de cette danse très stylisée, toute une génération de jeunes Argentins en perpétue la tradition torride dans les cafés et les night-clubs du pays.

Samba, à la folie

La **samba** est au Brésil ce que le tango est à l'Argentine. Le terme dérive de l'africain *"semba"*, sorte de danse du ventre. Née en Afrique sous la forme d'une danse tourbillonnante, elle apparaît mentionnée pour la première fois en 1875 dans les fêtes de Bahia, au nord-est du Brésil. La samba moderne peut prendre de nombreuses formes – *ballroom*, *carnaval* ou *pagode* (version São Paulo, plus lente). Universellement populaire, elle a influencé la **bossa-nova**, dont le premier disque fut enregistré par Elizabeth Cardosa dans les années 1950.

Les danseuses et danseurs de samba ressemblent alors à des feuilles ou des plumes secouées par un vent violent – le souffle fiévreux de la *bateria* (section rythmique de tambours et percussions).

Fièvre brésilienne

À la fin du 18e siècle, les Portugais importèrent au Brésil leur carnaval traditionnel, où chacun s'arrosait de bombes à eau et à farine *(voir p. 246)*. Mais ses musiques et ses danses sont essentiellement d'origine africaine. Le carnaval demeure l'une des clés de la culture brésilienne moderne, mêlant festivités et spectacles, art et folklore, rassemblant des foules considérables, revêtues pour l'occasion des costumes les plus extravagants.

L'excitation monte crescendo à partir des fêtes de Noël et du Nouvel An. Durant la période précédant le Mardi gras, une étrange hystérie plane dans l'air, telle l'électricité qui annonce un orage tropical. Une fébrilité contagieuse vous gagne, avant la tornade qui va balayer le pays pendant 4 jours et 4 nuits de ses coups de vent musicaux. Que vous cherchiez, vainement, le sommeil ou que vous participiez à cette frénésie, vous risquez fort d'en émerger essoré, titubant et assommé.

Le carnaval de Rio se distingue par son stade construit à cet effet, le Sambódromo, et ses célèbres écoles de samba qui peuvent réunir jusqu'à 4000 membres chacune, se livrant une compétition acharnée pour remporter le titre. Celui-ci sera décerné par un jury très officiel, appointé par le gouvernement lui-même. Lorsqu'elles emplissent le Sambódromo, les *baterias* (percussions) de samba émettent un bruit de tonnerre comparable à celui d'une averse diluvienne tambourinant sur un toit de tôle. Revêtues du strict minimum, les filles s'agitent comme des possédées tandis qu'un chœur de plusieurs centaines de voix répond au meneur.

Depuis plusieurs années, le carnaval de Bahia, à Salvador (Nordeste), rivalise avec celui de Rio. Dans cette immense fête urbaine, les *trios eléctricos* – chars dont les haut-parleurs vomissent quelque 100000 watts de **samba**, d'***axé*** (marche rapide originaire de Recife) ou de ***frevo*** (fusion de reggae et de sons électro) – mènent les cortèges à travers de sinueuses rues pavées. Les têtes semblent flotter, le ciel lui-même ondule. D'énormes Bahianaises parées de leurs atours immaculés traditionnels servent la *vatapá* – spécialité au poisson et aux crevettes –, dont les arômes et les fumées embrument l'azur.

À DROITE : la fièvre du samedi soir version salsa, à Cali, Colombie. **CI-DESSUS** : pas de carnaval sans paillettes, strass et plumes.

Bastion de l'africanisme brésilien, Bahia compte bien des enfants prodiges, tels le romancier Jorge Amado (décédé en 2001), le groupe Olodum et son armée de batteurs virtuoses, les superstars Caetano Veloso ou Daniela Mercury. La région a également donné naissance au candomblé (*voir p. 250*), religion proche de la *santería*, ainsi qu'à la **capoeira**, spectaculaire combiné d'art martial et de danse. Berceau de toutes les innovations musicales, Bahia puise systématiquement aux sources de ses origines africaines. En fait, quantité de danses nouvelles s'épanouissent d'abord dans le Nordeste avant de submerger le reste du pays.

Comme bien d'autres musiques, la *peña* se danse volontiers – version rustique : on tape du pied, on tourbillonne, et le cœur s'allège. Le rythme peut passer d'une ballade rêveuse à une cadence enfiévrée. Cette musique folklorique indigène, qui prouve avec force la survivance d'une histoire complexe et ancienne, offre un ultime refuge à l'identité volée de ceux qui la pratiquent.

Chanson engagée

Souvent récupérées par les dictatures comme instrument de propagande, les musiques traditionnelles ont également su traduire les aspirations de populations opprimées. Née au Chili dans les années 1960, la **Nueva Canción** (chanson nouvelle) a rythmé les luttes révolutionnaires du continent. L'une de ses grandes figures, la poétesse et musicienne chilienne Violeta Parra, ne connut la gloire dans son propre pays qu'après son suicide en 1967. Plus tard, la Nueva Canción exprimera les souffrances des Chiliens persécutés par la dictature des années 1970 et 1980. La Nueva Trova, son équivalent cubain, a été servie par 2 musiciens remarquables, Silvio Rodríguez et Pablo Milanés.

Le général Pinochet, qui n'entonnait évidemment pas les refrains de la Nueva Canción sous sa douche, s'empressera, peu de temps après le coup d'État de septembre 1973, de faire interner son interprète le plus en vue, Victor Jara, dans le tristement célèbre Estadio Nacional

La complainte des Andes

À mille lieues des tambours et des percussions de la samba ou de la salsa, les Andes résonnent des échos plaintifs de la ***peña***, présente en Bolivie, au Pérou et en Équateur. Ce mélange de musique précolombienne et espagnole associe la flûte de Pan régionale (*siku*, ou *zampoña*) aux tambours, crécelles, flûtes et *charango* (sorte de mandoline à caisse, parfois, en carapace de tatou). La *peña* se jouait à l'origine sans paroles, mais elle accompagne aujourd'hui des ballades généralement chantées en quechua, en aymara ou en espagnol. À la fois rauque et mélancolique, la *peña* évoque le quotidien doux ou amer, romantique ou graveleux, des communautés andines.

(aujourd'hui Estadio Victor Jara) de Santiago. Jara s'obstinant encore à chanter, Pinochet lui fera écraser les mains, couper la langue et, au final, ordonnera son exécution.

Autre grande expression musicale chilienne, la ***cueca*** est à l'origine une pantomime : hommes et femmes y jouent les jeux de l'amour, ses avances et ses dérobades. D'une grande pudeur, cette danse n'autorise aucun contact corporel jusqu'au *vacunao*, où l'homme réclame sa conquête avec un léger mouvement du bassin, du pied ou de la main.

Mais la *cueca* a pris un tour plus angoissant lorsque les femmes s'en emparèrent pour protester contre les disparitions massives de leurs fils et de leurs maris sous le régime de Pinochet. Elle se mua en une expression de colère et de chagrin. Les femmes dansaient seules, face à l'ombre de leurs hommes disparus. Un désespoir qui toucha la planète entière lorsque le chanteur anglais Sting leur rendit hommage avec son *They Dance Alone* (1987).

Danses villageoises

Musique originaire du littoral colombien, la tournoyante et entraînante ***cumbia*** s'appuie sur un rythme régulier, une basse enjôleuse et des cuivres éclatants. Envoûtante à souhait, elle a su séduire un très grand nombre de peuples andins. Selon certains, les mouvements de la *cumbia* refléteraient la répartition des tâches dans les campagnes. L'homme balaye l'air comme s'il se frayait un chemin à la machette. La femme soulève son jupon d'une main, et de l'autre tient une bougie. Elle guiderait ainsi son époux à travers une terre vierge.

Étroitement apparentés, la *cumbia* et le ***vallenato*** *(voir p. 107)* partagent les mêmes origines géographiques. Les joueurs de *vallenato* voyageaient d'un village à l'autre le long de la côte. Ils récoltaient ainsi quantité de commérages, rumeurs et petits scandales locaux évoqués sans vergogne dans leur chansons aux textes largement improvisés – miroirs captivants pour des communautés isolées et privées de distractions. Les villageois se pressaient en foule pour écouter avidement les nouvelles colportées par ces musiciens messagers, moins rapides mais bien plus vivants qu'un téléphone, d'ailleurs inexistant.

Depuis quelques années, le *vallenato* bénéficie d'un regain de popularité. L'âme de cette renaissance est incarnée par un homme, Carlos Vives, qui a su insuffler une nouvelle modernité à ce genre musical. Les Colombiens l'ont découvert sur le petit écran en 1991, dans un *telenovelas* (feuilleton) très populaire, sous les traits d'un *campesino* censé sauver son village en confondant Satan lors d'un concours de chant. Yeux exorbités, accoutrement improbable… au départ, personne n'aurait parié un peso sur Vives. Mais un nouvel et magique accord, sorti de son accordéon, s'avère fatal pour Satan, providentiel pour le village et le *vallenato*. Comme souvent en Amérique du Sud, la musique guérit de tous les maux. ❑

À GAUCHE : la capoeira, art martial ou danse ?
À DROITE : la chanteuse Violeta Parra, mère fondatrice de la Nueva Canción chilienne.

PAS À PAS

Vous n'aurez aucun mal à retrouver vos rythmes latinos préférés chez les grands disquaires ou sur Internet. Pour une première approche, essayez le *Tumi American Sampler* (label Tumi), qui regroupe flûtes andines, *vallenato*, *cumbia*, *forro*, salsa, *merengue* et *son*. Vous voulez vous initier aux premiers pas de la salsa, du *merengue* ou de la samba ? Orientez-vous du côté de certains cours pour débutants, certes avares en publicité, et parfois difficiles à localiser. Renseignez-vous auprès d'un restaurant ou d'un bar latino, ou contactez un département universitaire de langue hispanique – ou naviguez sur le Net –, mais n'allez pas vous fourvoyer dans certains ersatz comme le "ballroom" latino.

ARTS ET ARTISANAT

Ignorés ou réprimés, les artistes sud-américains ont toujours su trouver des voies, traditionnelles ou modernes, pour exprimer avec force leur identité précolombienne.

Pendant plus de 5 siècles, les Sud-Américains se sont regardés dans un miroir tendu par des étrangers. En 1492, l'Espagne fait la conquête d'un continent dont elle ignorait jusqu'à l'existence. Quelques années suffiront aux conquistadors pour "éradiquer" la quasi-totalité d'une population indigène de quelque 30 millions d'individus. Les 20 % qui ont survécu à la boucherie ou à l'assimilation forcée se retrouvent sans identité, perçus comme des ombres barbares et sauvages.

Hormis la célèbre série de gravures exécutées durant la Conquête par le Flamand Théodore de Bry (1528-1598), la population indigène, pas plus que les esclaves africains, n'a guère été représentée. Ce n'est qu'au début du 19e siècle, après que les Espagnols ont perdu leur empire sud-américain, que les voyageurs européens placent des indigènes – toujours sous les traits de personnages curieux et exotiques – dans leurs représentations du Nouveau Monde. Une imagerie chère à des peintres tels que Jean-Baptiste Debret – cousin et élève de Jacques Louis David –, au Brésil, ou Camilo Fernández, en Colombie.

Un tourisme en forte croissance a favorisé la résurgence de certaines productions, comme dans la communauté équatorienne d'Otavalo ; mais il les a également influencées – pour le meilleur comme pour le pire, hélas.

À GAUCHE : *Descobrimento* (*Découverte et colonisation*), du peintre brésilien Cándido Portinari (détail de la murale de la Librairie du Congrès à Washington). **CI-DESSUS** : artisant à Trujillo, Pérou.

Quant aux artistes locaux, ils ont laissé un nombre restreint d'œuvres, parmi lesquelles les peintures de l'école de Cusco, au Pérou, avec ses Vierges noires et ses étonnants visages d'Amérindiens représentés en arrière-plan ou gravés en encadrement. Les populations indigènes ou d'origine africaine ont su s'exprimer à travers ce que l'on appelle aujourd'hui "artisanat" – réalisation de personnages en papier mâché, de gourdes peintes ou de tissages d'une grande finesse, notamment. D'une certaine façon, les arts populaires contemporains n'ont jamais rompu avec cet héritage, même s'ils semblent se démarquer radicalement des modèles originels.

Prise de conscience nouvelle

Il faut attendre la moitié du 19e siècle pour que les peintres sud-américains considèrent leur propre continent comme un sujet digne d'intérêt. Pionniers en la matière, José Correia de Lima représente des Brésiliens noirs (Museu de Belas Artes, São Paulo), tandis que Pancho Fierro peint des Amérindiens ou des *mestizos* dans les rues de Lima (Museo de Arte de Lima). Au Museo Nacional de Artes Plásticas de Montevideo (Uruguay), les tableaux de Juan Manuel Blanes évoquent les immenses pampas et leurs farouches gauchos. Plus tard, Pedro Figari s'attachera au même univers, mais sous le signe de la pauvreté cette fois.

Une évolution déjà latente se mue en révolution au début du 20e siècle. Cent ans d'indépendance n'ont pas réussi à diminuer le poids des influences étrangères. Toute tentative de libération artistique exige que l'œil se tourne vers l'intérieur pour redécouvrir la réalité et les traditions qui forgent l'identité d'une Amérique latine authentique.

Paradoxalement, les nouveaux avocats d'une culture nationale sont souvent allés puiser leur inspiration en Europe. Beaucoup y participeront aux mouvements d'avant-garde, ramenant concepts et idéaux dans leurs bagages pour se retrouver confrontés à une réalité toute différente, et souvent dramatique. Les tendances de l'art moderne sud-américain sont directement issues de ce télescopage.

N'oubliez pas vos souvenirs !

Vous n'aurez aucun mal à dénicher de bonnes copies de parures en plumes paracas ou des bijoux en or finement travaillés dans l'Altiplano. Mais la législation de presque tous les pays sud-américains vous interdit d'exporter des pièces anciennes authentiques. Trop de trésors ont déjà trouvé les chemins, détournés, des antiquaires européens ou d'Amérique du Nord, et les voyageurs qui tentent de suivre cette voie – par passion ou pour le profit – risquent très gros. Il est également prohibé – et irresponsable – d'exporter des articles en plumes d'oiseaux protégés, même s'ils sont parfois en vente sur les marchés locaux.

Entre passé et modernité

Durant les années 1910-1920, le nationalisme met en ébullition la marmite politique et sociale. Chaque pays commence alors à lever le voile sur un passé enfoui. En 1911, la redécouverte de Machu Picchu, au Pérou, par l'archéologue Hiram Bingham donne une impulsion durable à l'*indigenismo*, mouvement qui éclot dans les années 1920 (*voir p. 68, 162*). Dès 1910, la révolution mexicaine jette son pavé dans une mare dont les vagues ne cessent d'agiter tout le continent, à commencer par des étudiants avides d'une éducation et d'une expression artistique reflétant leurs aspirations.

En 1922, la Semana de Arte Moderna de São Paulo donne le signal de départ à tout un mouvement artistique, musical et littéraire. Des innovations sans précédent vont s'enchaîner, telles les œuvres de Tarsila do Amaral. Ses peintures célèbres de la ligne ferroviaire centrale brésilienne (Museu de Arte Contemporânea de l'université de São Paulo), en particulier, confrontent formes géométriques et couleurs vives à un paysage vierge. Mais Amaral ou Anita Malfatti, sa contemporaine, ne représentent qu'un aspect de la mouvance moderniste ; d'autres illustres figures de cette tendance – Emílio di Cavalcanti, Cândido Portinari – ont choisi de traduire la vie du petit peuple brésilien à travers le dessin, la sculpture sur bois ou la gravure. Une des célèbres fresques de Portinari, *Guerre et paix*, orne le siège de l'ONU, à New-York.

Influences européennes

Tout comme son contemporain Rafael Barradas, Joaquín Torres-García est revenu en 1932 d'Europe et des États-Unis dans son Uruguay natal pour y développer son interprétation du dessin géométrique en 3 dimensions appris chez les constructivistes. Fondé à Buenos Aires en 1945, le groupe MADI (Movimiento de Arte Concreto-Invención) reprendra cette orientation à son compte, mais sous des formes nouvelles.

Sa remarquable pureté stylistique, le peintre vénézuélien Armando Reverón la doit à Manet et aux postimpressionnistes ; il y puise cette quête insatiable de la lumière qui va le mener jusqu'aux blancs aveuglants de ses dernières toiles. Si l'aspiration ultime de Reverón était de parvenir à rendre l'essence de Macuto, la ville côtière où il vivait, certains de ses compatriotes affichent des ambitions bien plus avant-gardistes qui vaudront au Venezuela une renommée planétaire. C'est le cas de l'architecte Carlos Raúl Villanueva qui se lance, à Caracas, dans la construction d'une nouvelle université, invitant une noria de jeunes artistes à s'exprimer dans la conception d'espaces ultramodernes *(voir p. 73)*. L'appel est entendu par des créateurs comme Alejandro Otero, Jesús Rafael Soto ou Carlos Cruz Díez, dont les jeux optiques avec la lumière, le mouvement et la géométrie s'intègrent audacieusement dans le site.

Au Brésil, à la fin des années 1950, le groupe des "néo-concrets" – Lygia Pape, Lygia Clark et Hélio Oiticica, entre autres – expose espaces et couleurs dans les musées et les rues de Rio, où nombre de leurs œuvres demeurent toujours visibles. Quant au Chilien Roberto Matta, il s'inspire du surréalisme français pour créer un univers aussi personnel que mystérieux où formes et paysages prennent volontiers une allure inquiétante.

Ci-contre : masques de Terra Nova, Amazone, près de Manaus, Brésil.
Ci-dessus : sculpteur sur bois, Pérou.

L'indigénisme

Dans les années 1920, des pays andins comme le Pérou, la Bolivie et l'Équateur voient naître l'*indigenismo*, un mouvement qui se rattache à la culture des communautés indigènes dans toutes ses formes d'expression artistique – musique, littérature et peinture. Doyen de cette tendance, le Péruvien José Sabogal marquera les arts visuels de toute une génération, avant d'être rejeté pour son réalisme social un peu trop influencé par les muralistes mexicains.

Il s'agit de donner à voir une autre Amérique du Sud – ou, plus précisément, sa part invisible. Une nouvelle école d'artistes assume ce défi, à

commencer par l'Équatorien Oswaldo Guayasamín, qui s'oriente vers une sorte d'abstraction primitive, accumulant la peinture sur la toile comme pour traduire l'émotion par le geste. Une grande partie de son œuvre est conservée au Museo Guayasamín *(voir p. 205)*, à Quito. Son énorme succès commercial n'a pas manqué de soulever maintes controverses, certains l'accusant d'exploiter un certain regard sur le Sud.

Satire à gros boulets

Les portraits satiriques d'une certaine bourgeoisie plus que "rembourrée" ont valu à l'artiste colombien Fernando Botero une reconnaissance planétaire en même temps qu'une haine farouche chez certains de ses "modèles".

Cette diversité et cet individualisme – indissociables de toute expression artistique – trouvent leur contrepoint chez certains mouvements d'essence collective. Entre 1968 et 1973, la radicalisation de la vie politique chilienne donne naissance à un art mural anonyme et profondément engagé. Ce mouvement se fera appeler Brigada Ramona Parra, du nom d'une jeune étudiante communiste tuée au cours d'une manifestation. Dans les années 1970-1980, cette réaction propulse l'art dans l'univers de l'installation ou du happening – des bouleversantes "peintures par avion" du Chilien Eugenio Dittborn, expédiées dans tous les musées de la planète, aux collages politiquement provocateurs de l'Argentin Antonio Berni.

Art ou artisanat ?

Dans d'autres domaines, l'art quitte les ateliers pour se rattacher à une tradition populaire naïve et colorée. On trouve des représentants de cette démarche au Brésil, ou au Chili dans les œuvres de Luis Herrera Guevara.

Entre l'art et l'artisanat, la frontière s'estompe. Ainsi, après le putsch chilien de 1973, des groupes de femmes se mettent à réaliser des *arpilleras* (patchworks), utilisant les techniques traditionnelles pour exprimer leur soif de liberté, leur détresse et leur quête désespérée des "disparus". Ces tissages n'ont bien sûr plus grand-chose à voir avec leurs origines précolombiennes ou africaines, mais ils n'en demeurent pas moins la propriété inaliénable des couches les plus pauvres de la société sud-américaine.

L'artisanat local produit pour l'essentiel des articles fonctionnels, tels les superbes *ruanas* (capes) équatoriennes, les pulls péruviens en laine d'alpaca ou de lama, les ponchos, chapeaux et gants, omniprésents dans les Andes.

Au Pérou, vous pourrez acheter des statuettes en terre cuite aux mains et aux pieds disproportionnés, et aux visages caractéristiques des Amérindiens de l'Altiplano. Pièges à touristes ou authentiques survivances de techniques ancestrales, certaines scènes sculptées dans des bambous ou des noix évidés peuvent attirer un œil exercé.

Sur les marchés, vous trouverez de tout : babioles en plastique ou objets électroniques sans intérêt voisinant avec de merveilleuses dentelles en papier ou de remarquables poteries. Une cohabitation symbolique des réalités contradictoires qui déchirent le continent. ❑

Les Otavaleño

Otavalo représente un miracle économique issu de l'oppression coloniale et de conditions de travail inhumaines.

Contraints par les Espagnols à se faire tisserands, les Otavaleño d'Équateur pratiquent encore aujourd'hui le tissage, activité qui en fait le groupe indigène le plus prospère du pays, voire d'Amérique du Sud.

Située entre Quito, la capitale, et la frontière colombienne, Otavalo accueille des communautés expatriées de Colombie, du Brésil et d'Espagne. Elles exportent leur artisanat de haute qualité vers les États-Unis, le Canada et l'Europe, mais surtout et d'abord en Amérique du Sud.

Les Otavaleño actuels descendent de la tribu Cara qui, voici 1 000 ans, s'étendait de la Colombie à la sierra équatorienne. Les Cara avaient noué des relations commerciales avec d'autres tribus, échangeant coton et couvertures, chiens et sel contre la précieuse achiote et sa teinture rouge, perroquets et singes. À la fin du xve siècle, l'irruption des Incas marque le début de 5 siècles de colonisation, de croyances et de travaux forcés. Après 17 ans de combats, Huayna Cápac s'empare de Caranqui, capitale des Cara, et massacre ses habitants par milliers. Les autres sont déportés au Pérou, remplacés par des sujets incas. L'Empire introduit la coca et le lama, mais son pouvoir sera trop éphémère pour abâtardir la culture otavaleño.

À Otavalo comme ailleurs, les Espagnols mettent en œuvre le système de l'encomienda, donnant à leurs colons le contrôle de la région et de ses habitants indigènes. Le premier obraje (atelier) de tissage voit le jour dès les années 1550, avec 500 ouvriers dont certains n'ont pas plus de 9 ans. Un matériel plus moderne fait son apparition, et l'obraje d'Otavalo devient rapidement le plus productif du pays. Les Otavaleño travaillent 14 heures par jour, produisant vêtements, couvertures et cordages pour l'exportation. En 1648, l'augmentation du taux de suicides provoque la fermeture de l'obraje de Peguche.

Les Otavaleño doivent apprendre l'espagnol pour faciliter leur conversion au christianisme, mais leur religion actuelle intègre encore des croyances ancestrales.

La réforme agraire de 1964 abolit le principe du *huasipungo*, forme d'esclavagisme éhonté. Dès 1966, un premier magasin de tissages artisanaux s'ouvre à Otavalo ; une dizaine d'années plus tard, on en dénombrera 75. Le tissage s'est décentralisé pour se restructurer en coopératives, et de nombreux villages des plateaux ont été mandatés par les Otavaleño pour produire les pièces requises. À force d'ingéniosité, les tisserands otavaleño se sont bâti une réputation internationale. Mais l'arrivée des premières machines à tisser chez les artisans otavaleño a provoqué un crise chez leurs

sous-traitants, nottament ceux de Carabuela, obligeant certains à migrer en Espagne.

Tous les samedis matin, les rues paisibles d'Otavalo fourmillent d'une agitation inhabituelle. À partir de 9h, Poncho Plaza, déploie un festival de couleurs et de matières : rouleaux de tissus, couvertures, tapisseries, gros pulls, longues *fajas* (ceintures à motifs), *cintas* (rubans ou galons utilisés par les femmes pour nouer leur chevelure).

La plupart des articles otavaleño utilisent la laine de mouton, mais vous pourrez trouver quelques pulls en laine d'alpaca. La mécanisation et la modernisation de l'industrie textile, potentiellement fatale pour les Otavaleño, a été largement compensée par l'engouement des touristes et la qualité des produits travaillés artisanalement. ❑

À GAUCHE : Maternité, sculpture en bois de Athyde, Museu do Ceará, Fortaleza, Brésil.

CI-DESSUS : articles typiques, trouvés à Poncho Plaza.

Architecture

Héritière d'un patrimoine millénaire encore mystérieux – qui s'étend d'Ibarra, en Équateur, à la Puerta, près de Copiapó au Chili –, l'Amérique du Sud étonne la planète par son avant-gardisme formel et conceptuel.

Qu'il s'agisse des fabuleuses cités incas – Cusco et Machu Picchu – ou du magnifique ensemble cérémoniel de Sacsayhuamán, nous ne savons rien sur l'identité de ceux qui les bâtirent. Pablo Neruda, le grand poète chilien, les appelait "Juan Tailleur-de-pierre et Juan Fendeur-de-bois". Ce que l'on sait, en revanche, c'est qu'ils construisaient pour l'éternité. Ils considéraient leur capitale comme le nombril du monde: pour symboliser cette idée, ils ont divisé Cusco en 4 parties, chacune représentant un quartier de l'Empire, autour d'une *plaza* centrale.

Influences espagnoles

Les conquérants espagnols ont importé leurs valeurs religieuses, culturelles et artistiques. Chaque fois qu'ils en ont la possibilité, comme au Mexique, ils rasent les constructions existantes, dont ils réemploient les pierres pour bâtir leurs cathédrales. Là où ils ne peuvent déplacer les pierres, comme à Cusco, ils établissent leur ville sur les fondations incas. Mais ils en préservent également la structure, ayant déjà adopté en Espagne le principe du plan en damier autour d'une place centrale. Profondément urbaine, la culture espagnole ne s'impose que dans les villes et les grandes propriétés; dans les campagnes, la construction des maisons demeure entre les mains de communautés indigènes qui utilisent leurs propres techniques et les matériaux locaux.

Durant plus de 3 siècles, l'architecture d'Amérique latine adopte des styles venus d'Europe: d'abord le plateresque, et son décor caractéristique, puis le baroque, qui fait fureur en Europe. Les façades torturées et les ors en cascade symbolisent, certes, la richesse et le pouvoir colonial, mais reflètent également les croyances des ouvriers amérindiens et *mestizos*. Comparées aux premiers édifices impé-

Maîtres de la pierre

Les Incas considèrent la pierre comme sacrée – *huaca*. Des centaines de sites témoignent de l'extraordinaire maîtrise de ce peuple en matière de taille, comme la célèbre pierre aux 12 angles de Cusco, l'Intiwana de Machu Picchu, "piquet d'attache du soleil", ou les gigantesques pierres pesant plusieurs tonnes utilisées pour construire Sacsayhuamán.

Les Incas savent également très bien se prémunir des tremblements de terre : comme à Ollantaytambo, ils intercalent des rangées de petits cailloux dans les rangs de pierres de taille. Au fil des siècles, les fondations incas résisteront bien mieux aux séismes que les constructions espagnoles.

riaux du Mexique, les églises de Quito paraissent presque austères; mais, à l'intérieur, l'exubérance des bleus et des rouges rehausse un vertigineux tourbillon d'or. L'influence mudéjare se fait parfois sentir dans l'utilisation de poutres en bois précieux, de balcons ajourés et de motifs géométriques.

En dépit de l'austérité imposée par la cour de Madrid, l'Amérique latine accueille avec enthousiasme les courants nouveaux, particulièrement dans ses édifices baroques des 17e et 18e siècles.

Influences amérindiennes

Les artisans amérindiens ont laissé leur empreinte en Bolivie – cathédrale de Sucre, églises San Lorenzo de Potosí ou San Francisco à La Paz –, ainsi qu'au Pérou sur les pierres volcaniques sculptées utilisées à Arequipa. Couleurs vives, animaux et plantes voisinent parfois avec des visages aux teintes sombres – comme sur la façade de l'université jésuite à Cusco. Au Brésil, où le style portugais ne rencontre pas d'architecture locale à supplanter, la réalité des tropiques éclate à travers les ornementations baroques de Pernambuco ou les églises São Francisco da Penitência de Recife et de Bahia.

Ce baroque "tropical" va trouver son expression ultime dans l'œuvre du sculpteur et architecte Aleijadinho, infatigable créateur d'églises et d'édifices divers dans le Minas Gerais. Ses statues des prophètes, notamment, érigées à Congonhas do Campo *(voir p. 248)* reflètent toute la grandeur d'un art qui touche à l'universel.

Un regard européen

Paysages et géographie exercent naturellement une forte influence sur l'architecture. La Nouvelle-Grenade – entité regroupant les colonies espagnoles andines – occupe une zone sismique: Lima, notamment, subira des tremblements de terre aussi dévastateurs que meurtriers. Le palais Torre Tagle (actuel ministère des Affaires étrangères péruvien) est l'un des rares édifices coloniaux à avoir survécu. Mais il n'y a pas que les séismes qui rasent les villes d'Amérique du Sud, les hommes aussi y contribuent largement. Le célèbre palais présentiel de Santagio du Chili, La Moneda – dernier grand projet architectural espagnol en Amérique du Sud –, a dû être rescontruit après sa destruction lors du coup d'État de 1973 contre Salvador Allende.

Au 19e siècle, enfin libérés de la domination espagnole, les dirigeants des nouvelles républiques se tournent vers d'autres pays d'Europe, souhaitant bâtir chez eux les larges avenues et les imposants palais néoclassiques à la mode en France ou en Angleterre. Durant la seconde moitié du siècle, à Buenos Aires, la grande bourgeoisie monte en puissance: elle utilisera l'architecture pour mar-

À gauche : la cathédrale de Trujillo (1666), Pérou, de style churrigueresque.

Ci-dessus : la pierre aux 12 angles, Cusco.

quer ses origines européennes, produisant avec l'Avenida 9 de Julo sa propre version des Champs-Élysées. À Lima, les murs de la vieille ville sont démolis pour laisser place à de larges artères.

À la fin du 19e siècle, une population d'immigrants pauvres vient occuper les espaces laissés vacants entre les demeures palatiales et les immeubles locatifs des villes latino-américaines. En dehors des centres planifiés et structurés, le règne de l'improvisation et de l'éphémère reprend alors le dessus. Au 20e siècle, ces no man's land s'élargissent et se multiplient comme des champignons – les *callampas*, nom donné aux bidonvilles chiliens – autour et jusqu'à l'intérieur de métropoles en plein essor. Les favelas étagées sur les collines de Rio *(voir p. 242)* illustrent le phénomène à une échelle gigantesque.

Phares précurseurs

Depuis 1930, l'Amérique du Sud – en particulier le Brésil et le Venezuela – est projetée aux avant-postes de l'innovation architecturale. C'est l'époque du modernisme: les différents acteurs de cette révolution ont voyagé en Europe, et ils en ont rapporté des concepts totalement neufs. Ils s'appuient en particulier sur les théories de grands architectes tels Mies van der Rohe ou Le Corbusier pour imaginer des cités "modernes", dont les "machines à vivre" propulseront le continent dans le 21e siècle.

Le Corbusier donne une série de conférences en Argentine et au Brésil, galvanisant les ambitions des urbanistes locaux. L'opportunité se présente avec la révolution brésilienne de 1930, conduite par de jeunes officiers qui promettent de moderniser le pays à tous les échelons. L'architecte Gregori Warchavchik fournit les idées directrices : des constructions fonctionnelles, géométriques, célébrant les matériaux et les structures d'un nouveau monde urbain et industriel.

Ce mouvement pose sa première pierre à Rio, avec le ministère de l'Éducation et de la Santé, aujourd'hui palais de la Culture. Achevé en 1937 par une équipe composée notamment de Lúcio Costa et d'Oscar Niemeyer, l'édifice incarne une

> *J'ai créé avec courage et idéalisme, mais sans oublier que ce qui importe, c'est la vie, les amis, et d'essayer de rendre plus accueillant ce monde injuste.*
> *Les Courbes du Temps*, Oscar Niemeyer

utopie urbaine triomphante. Non seulement des immeubles, mais des villes entières seront conçues comme des machines efficaces aux lignes épurées, aux espaces ouverts inscrits dans des paysages, tels ceux dessinés par le Brésilien Roberto Burle Marx. Les barres qui longent la plage de Copacabana, ou le complexe de loisirs de Pampulha en sont un autre exemple. Dans un autre domaine, Cândido Portinari assure la décoration de l'église São Francisco de Assis, où peinture, sculpture et architecture se trouvent symboliquement unis.

Mais leur apothéose, ces conceptions vont l'atteindre à Brasília *(voir p. 250)*, la plus ambitieuse des villes nouvelles des années 1950. Son principal maître d'œuvre, Oscar Niemeyer, imagine une cité susceptible de créer son propre mode de vie. En 10 ans à peine – en 1943, une exposition au Museum of Modern Art de New York, *"Brazil Builds"*, témoignait de cet engouement –, l'avant-garde brésilienne a changé le visage de l'architecture au niveau planétaire.

liens, Villanueva voit dans l'architecture le point de rencontre entre les arts à 2 et 3 dimensions. L'Universidad Central, dont la construction débute au début des années 1950, reflète le triomphalisme d'un pays enrichi par son pétrole. En un sens, Villanueva réalise plus que des bâtiments : il recrée les lignes naturelles, les plantes et les arbres d'un paysage réincarné dans le métal et le béton.

En Argentine, les formes néoclassiques vont perdurer plus longtemps qu'ailleurs. Le Teatro Colón *(voir p. 331)*, achevé en 1908, marque à la fois l'apogée et la fin de cette période. Marchant de pair avec l'industrialisation du pays, la génération suivante se montrera tout aussi réceptive aux

Utopies en béton

Moins connu à l'étranger, mais tout aussi spectaculaire, le mouvement vénézuélien mené par Carlos Raúl Villanueva s'exprime notamment à Caracas. Cités ouvrières construites dans les années 1940, El Silencio (Le Silence) et El Paraiso (Le Paradis) symbolisent l'utopie moderniste. Comme au Brésil, les plans d'urbanisme à grande échelle déclinent la promesse d'un développement harmonieux ; principaux matériaux, le béton et le verre n'ont rien de particulièrement local, mais on s'en procure facilement et à faible coût. Comme ses confrères brési-

À GAUCHE : Riobamba la coloniale, Équateur.
CI-DESSUS : le Museu de Arte Contemporânea à Rio (Brésil), caractéristique du style d'Oscar Niemeyer.

mouvements modernistes. Espaces ouverts, lignes sobres et tendues caractérisent le travail d'architectes comme Amancio Williams, dont la maison de Mar del Plata, conçue pour son frère Alberto, se veut fonctionnelle avant tout et sans prétentions artistiques. Au Chili, dans la vallée de Santiago, les constructions basses et allongées d'Emilio Duhart et Alberto Piwonka adaptent les mêmes principes à une zone sismique sensible.

Les années 1980 et 1990 voient l'innovation architecturale s'afficher surtout dans le domaine commercial. Mais en 1996, Niemeyer persiste et signe avec le Museu de Arte Contemporânea de Niterói, de l'autre côté de la baie de Rio : une immense et sculpturale soucoupe volante, perchée sur une falaise surplombant l'Océan. ❑

L'AMÉRIQUE DU SUD, UN GIGANTESQUE TERRAIN DE JEUX

Peu de régions du monde peuvent rivaliser avec l'Amérique du Sud en matière de diversité biotique, à l'exception peut-être de l'Asie. La croissance économique du continent participe au développement des nouveaux sports extrêmes.

Aux amoureux de la nature et des sports de plein air, l'Amérique du Sud offre un éventail de possibilités à la mesure de ses paysages. Épine dorsale du continent, les Andes forment la plus longue chaîne continue de montagnes de la planète. Ses sommets attirent alpinistes et amateurs de trekking, ses pentes sauvages et ses pistes solitaires se prêtent aux randonnées, à cheval ou à pied, à la rencontre de villages perdus, et ses rivières torrentueuses secouent sans ménagement les adeptes du kayak ou du rafting.

À l'est, le bassin de l'Amazone étend l'immensité de ses forêts vierges, à découvrir comme les premiers explorateurs, en pirogue. Les plages de l'Atlantique combleront les surfeurs, tandis que les récifs du Pacifique et des Caraïbes régaleront les plongeurs. D'autres activités plus mouvementées encore – snow-board, parapente, saut à l'élastique – ont le vent en poupe. Mais les règles de sécurité n'étouffent guère le tourisme d'aventure local, et il vous faudra veiller à choisir un opérateur fiable.

Parcs nationaux

L'Argentine a ouvert la voie, créant le Nahuel Huapi dès 1903. Des centaines de parcs ont depuis vu le jour, aussi sauvages que magnifiques. L'amélioration des infrastructures et des transports a grandement facilité leur accès.

Au Pérou, Cusco garde le portail du célèbre chemin inca, qui mène les randonneurs jusqu'à Machu Picchu (*voir p. 162*). Quant aux vététistes purs et durs, ils s'en donneront à cœur joie sur les pentes environnantes, une piste conduisant notamment aux terrasses incas et aux salines de Moray. Et, plutôt que de prendre le bus, découvrez la Vallée sacrée à cheval, suspendu à votre parapente, ou encore par une descente de l'Urubamba en rafting.

Plus au sud, les montagnes spectaculaires du Chili peuvent s'explorer entre octobre et avril. À proximité de Pucón, les parcs de Huerquehue et de Villarrica vous offrent leurs pistes de randonnée à pied, à cheval ou à VTT, leurs cimes abruptes et leurs descentes en rafting. Plus au sud encore, le grandiose Parque Nacional Torres del Paine (*voir p. 303*) fascinera les amateurs d'aventure.

Andinisme

Les sommets andins attirent les meilleurs alpinistes de toutes nationalités. Mais ces géants exigent une acclimatation, une préparation et un équipement adaptés. L'Aconcagua (Argentine) surplombe la Cordillère du haut de ses 6962 m. De juin à septembre, ils envahissent le bourg de Huaraz (nord du Pérou) avant de défier les hauteurs glacées de la Cordillera Blanca – dont le Huascarán (6768 m). Certains se risquent même à descendre ses pentes vertigineuses en snow-board. Quant aux débutants, ils pourront goûter à l'ivresse de la haute montagne sur les volcans de l'Équateur.

Ski et snowboard

La plus haute piste du monde, perchée à 5420 m près de La Paz (Bolivie) sur les pentes du Chacaltaya (*voir p. 185*), a malheureusement disparue en mai 2009 lorsque le glacier sur lequel elle reposait s'est entièrement évaporé. Ce site demeure néanmoins accessible aux randonneurs qui pourront jouir, les jours de bonne visibilité, d'une vue spectaculaire sur la cordillère Royale, l'altiplano bolivien et le lac Titicaca.

Des domaines skiables ont vu le jour dans les pays andins. Au Chili, les pistes de Valle Nevado et d'El Colorado, à proximité de Santiago, vous en feront voir de toutes les couleurs, tandis que Portillo près d'Aconcagua, demeure la station la plus prestigieuse. La plus grande station d'Argentine, Cerro Catedral, près de Barriloche, offrent maintes pentes d'anthologie aux aficionados ; et la minuscule station d'El Mirador, près de Punta Arena est le seul endroit au monde où vous pourrez skier en regardant la mer. Le meilleur enneigement se situe entre juin et octobre.

Vélo

Quelques mordus de la petite reine descendent chaque année le continent sur toute sa longueur, jusqu'en Terre de Feu. Si vous envisagez cette aventure, sachez qu'il vaut mieux s'écarter de la Panaméricaine dès que possible – par exemple bifurquer par Cajamarca ou la Cordillera Blanca pour éviter la circulation et profiter pleinement des paysages. Les moins téméraires se contenteront à bon droit d'une journée sur les contreforts du volcan Cotopaxi, ou d'une descente de Baños à Puyo, dans la jungle équatorienne.

À gauche : enseigne d'un magazin de sports de San Pedro de Atacama, au Chili. **Ci-contre** : à la découverte des oiseaux sur le Rio Ariaú, Amazonas, Brésil.

Rafting et kayak

Les débutants peuvent affronter sans crainte les rapides du haut Napo (classe III), près de Tena, en Équateur. Les plus expérimentés leur préféreront les furieux rapides du Río Colca (sud du Pérou), qui creuse son lit dans un canyon 2 fois plus haut que le Grand Canyon. Les condors planent dans l'azur, tandis que le majestueux Mismi fume à l'horizon. Rendez-vous des plus avisés, le Futaleufú, en Patagonie chilienne, dont les rapides de classe V en font l'une des rivières les plus difficiles au monde à descendre. Dans le Chili central, climat tempéré, rapides de bon niveau, canyons et cascades spectaculaires et villages mapuche classent le Río Bío Bío parmi les plus belles descentes andines, vivement recommandée aux novices.

Parapente

À Rio de Janeiro, vous pourrez planer en tandem au-dessus de la forêt pluviale atlantique, surplomber les gratte-ciel et atterrir sur la plage. Des parapentes décollent régulièrement du haut des falaises littorales de Miraflores, près de Lima (Pérou). Ce sport en progression a gagné Mérida (Venezuela) et Tucumán (Argentine).

Buggy, sandboard, surf et plongée

Les *buggeiros* brésiliens vous embarqueront en **buggy** à train d'enfer et dans un vacarme indescriptible, virevoltant au flanc des dunes ou zigzaguant entre les flaques de la marée montante. Les plages de Natal, dans le Rio Grande do Norte, vous réservent des paysages particulièrement mémorables. Près d'Ica, au sud du Pérou, louez une planche et laissez-vous glisser sur les immenses dunes du désert de Huacachina.

Le courant de Humboldt favorise une houle forte et régulière tout au long de la côte pacifique. Diverses stations balnéaires comme Montañita (Équateur) et Huanchaco (Pérou) attirent sur leurs spots les surfeurs du monde entier. Dans l'aride désert littoral du nord du Pérou, Puerto Chicama s'est taillé une solide réputation pour la longue gauche de son break.

Masque et tuba vous suffiront pour partir à la rencontre des requins-marteaux, raies, otaries et manchots au large des Galápagos (Équateur), où vous pourrez également plonger avec bouteille. Sur la côte caraïbe, des plages frangées de palmiers réunissent les conditions idéales pour débuter. Au large du Venezuela, les îles coralliennes de Los Roques regorgent d'une vie marine éblouissante, tout comme le Parque Nacional de Morrocoy.

Expéditions dans la jungle

Les affluents de l'Amazone sont plus propices à la découverte du monde sauvage en pirogue que sur le grand fleuve. Lancez-vous sur les eaux de la réserve naturelle de Cuyabeno (Équateur), du parc national du Manu (Pérou), ou encore de Rurrenabaque, en Bolivie. ❑

SANDBOARDING

Version estivale du snowboarding, ce sport de glisse a pris un essor considérable en Amérique du Sud, en particulier dans les régions à dunes comme l'Argentine, le Brésil, le Chili et le Pérou. Pour chaque type de dune sa planche : au Brésil, elle sera courte et taillée en pointe ; au Chili, elle sera en bois, à acheter ou à louer à San Pedro de Atacama pour dévaler les pentes dans la Valle de la Muerte (accessible en vélo), ou celles de Concón près de Viña del Mar ; en Argentine, vous pourrez en louer à Puerto Pirámide dans la Península Valdes. Cependant, les plus impressionnantes dunes se trouvent dans le Cerro Blanco, au Pérou et à Valizas, en Uruguay.

L'écotourisme

Outre une nouvelle source de revenus, le tourisme maîtrisé offre aux ethnies une revalorisation de leur patrimoine culturel et naturel malgré les pressions de la mondialisation.

Les cultures indigènes d'Amérique du Sud ne sont pas fermées aux influences extérieures, bien au contraire. Celles qui sont entrées les dernières en contact avec l'Occident sont souvent les premières à se jeter sur les téléphones portables et les pick-up. Mais dans certains secteurs – et pas seulement en forêt amazonienne – l'écotourisme et le tourisme communautaire ouvrent des alternatives à la migration dans les *favelas* des mégalopoles.

Bien des projets ont vu le jour depuis les années 1990, des luxueuses lodges de jungle comme le Napo Wildlife Center, en Amazonie équatorienne, aux rustiques auberges de la Patagonie chilienne. Les lodges de jungle ou de pêche comptent parmi les plus onéreuses, mais d'autres restent parfaitement abordables, si vous êtes prêts à sacrifier le confort au profit de l'authentique.

Méfiance néanmoins : certaines formules n'ont d'écologique que l'étiquette, et préparent le terrain à un tourisme de masse. L'accès incontrôlé à certains groupes indigènes isolés peut se révéler dévastateur. Le National Geographic's Center for Sustainable Destinations et l'International Ecotourism Society vous donneront des critères de sélection utiles. Les certifications locales n'étant pas toujours fiables, et mieux vaut vous en remettre aux labels internationaux – et vérifier que les dits labels ont effectivement été octroyés.

D'autres projets posent problème pour des raisons inverses, en s'opposant à tout développement industriel. Douglas Tompkins (fondateur des marques The North Face et Esprit) a acheté des milliers d'hectares de forêt indigène au Chili et en Argentine pour les protéger de la destruction, créant plusieurs réserves naturelles privées, à commencer par Pumalín, au Chili. Adepte du mouvement "Deep Ecology", son engagement l'a vite opposé aux intérêts des industries forestières et électriques. Les Chiliens comprennent mal qu'un étranger ait pu acheter des terres étirées du Pacifique aux Andes, sectionnant ainsi le pays. Tompkins et sa femme Kristine McDivitt s'élèvent également contre plusieurs projets de barrages hydroélectriques en Patagonie chilienne. Des groupes écologistes comme la Wildlife Conservation Society, qui a créé une grande réserve à Karukinka (côté chilien de la Tierra del Fuego), estiment qu'aucun projet n'est viable s'il n'implique pas les populations locales.

Même dans ces conditions, les projets gérés par les indigènes – dont certains ne sont entrés en contact avec la société occidentale que depuis quelques décennies – subissent les mêmes pressions économiques que les autres tour opérateurs,

et tout le monde ne trouve pas toujours du travail. Lodge amazonienne très réputée, Kapawi a dû dépenser des trésors de diplomatie pour résoudre des conflits récurrents avec son personnel achuar, farouches guerriers vivant dans les hameaux voisins. Il ne faudrait pas imaginer non plus que l'écotourisme puisse rivaliser un jour avec les milliards de dollars injectés par le pétrole, les minerais ou l'agro-alimentaire, aux salaires par ailleurs bien plus attractifs. Mais l'écotourisme offre des emplois différents, et à une population différente. Et une industrie pétrolière prudemment gérée peut même coexister avec les lodges amazoniennes. Quant au voyageur, l'écotourisme lui permet de vivre une expérience authentique, à cent lieues des hôtels de chaînes ou des stations balnéaires. ❑

À GAUCHE : campement dans une vallée andine.
CI-DESSUS : Kapawi Ecological Reserve, Équateur.

Amérique du Sud
0 500 km
N
MER DES CARAÏBES
OCÉAN ATLANTIQUE
OCÉAN ATLANTIQUE
OCÉAN PACIFIQUE
Équateur
Isla de Margarita
TRINIDAD & TOBAGO
Trinidad
Barranquilla
Maracaibo
Caracas
Cartagena
Puerto la Cruz
PANAMÁ
Panamá
Montería
Barquisimeto
Valencia
Llanos
El Tigre
Ciudad Guayana
Cúcuta
San Cristobal
Georgetown
Bucaramanga
VENEZUELA
GUYANA
Paramaribo
Medellín
Puerto Ayacucho
Hautes terres de Guyana
Cayenne
Bogotá
SURINAM
GUYANE
Cali
COLOMBIE
Boa Vista
Pasto
Esmeraldas
Macapá
Quito
ÉQUATEUR
Chimborazo 6310
Rio Amazonas
Bragança
Bassin amazonien
Manaus
Santarém
Belém
São Luís
Guayaquil
Cuenca
Iquitos
Parnaiba
Loja
Fortaleza
Marabá
Imperatriz
Teresina
Mossoró
Piura
Cruzeiro do Sul
Picos
João Pessoa
Natal
Cajamarca
Araguaína
Chiclayo
Pôrto Velho
Caruaru
Trujillo
Huascarán 6768
Pucallpa
Rio Branco
Ariquemes
Petrolina
Recife
Chimbote
Ji-Paraná
Maceió
Huánuco
PÉROU
Guajará-Mirim
BRÉSIL
Feira de Santana
Aracaju
Callao
Huancayo
Riberalta
Lima
Ayacucho
Trinidad
Planalto Brasileiro
Bom Jesus da Lapa
Salvador
Ica
Cusco
ANDES
Cuiabá
BOLIVIE
Juliaca
Cáceres
Brasília
Montes Claros
Ilhéus
Galápagos
Équateur
Arequipa
La Paz
Goiânia
Cochabamba
Altiplano
Tacna
Oruro
Santa Cruz
Pantanal
Uberlândia
Belo Horizonte
Governador Valadares
Arica
Sucre
Corumbá
Iquique
Gran Chaco
Campo Grande
Tarija
São José do Rio Prêto
Vitória
Calama
Puna
Londrina
Campos
PARAGUAY
São Paulo
Rio de Janeiro
Antofagasta
Salta
Asunción
Foz do Iguaçu
CHILI
Atacama
Curitiba
Tucumán
Copiapó
La Rioja
Resistencia
Florianópolis
Santiago del Estero
Passo Fundo
La Serena
Santa Maria
Porto Alegre
Córdoba
San Juan
Aconcagua 6962
Salto
Mendoza
Santa Fé
Valparaíso
URUGUAY
Rosario
Santiago
San Luis
Buenos Aires
Punta del Este
Montevideo
Talca
San Rafael
Pampas
Concepción
ARGENTINE
Mar del Plata
Temuco
Bahía Blanca
San Carlos de Bariloche
Osorno
Puerto Montt
Isla Grande de Chiloé
Trelew
Patagonie
Perito Moreno
El Calafate
Falkland Islands (UK)
Río Gallegos
Puerto Natales
Isla Grande de Tierra del Fuego
Punta Arenas
Ushuaia
Cabo de Hornos
South Georgia Island (UK)

ITINÉRAIRES

Ces pages vous proposent une visite détaillée du continent sud-américain. Sur les cartes, des repères en chiffres vous permettent de localiser facilement les principaux sites.

Vous ne pourrez pas tout voir, tout découvrir en une seule fois dans un continent aussi vaste et divers. Lors d'un premier séjour, limitez-vous à une aire géographique précise, ou choisissez parmi les diverses expériences qui vous sont offertes : expéditions en forêt pluviale, circuits archéologiques, sports d'aventure, explorations antarctiques – et la liste est encore longue.

Pour vous aider à préparer votre périple, nous avons divisé le continent en 4 parties, et dédié un chapitre à chaque pays. À commencer par la côte Nord : Colombie, Venezuela, Guyana, Surinam et Guyane française. La Colombie et le Venezuela se distinguent par leurs plages de sable blanc et leurs grandes villes modernes. Dans tous ces pays, d'épaisses forêts intérieures peuplées d'une multitude d'espèces rares hébergent des communautés indigènes très isolées.

Viennent ensuite les pays andins, le Pérou et la Bolivie, chacun d'un côté du gigantesque lac Titicaca, et l'Équateur. Dans cette région – comme en Colombie –, de fascinantes civilisations ont laissé leurs empreintes, matérielles ou humaines, au cœur des cultures encore bien vivantes des Amérindiens. Vous serez subjugué par la diversité des paysages, entre hautes montagnes, jungles tropicales et déserts immenses. Les amoureux de la vie sauvage se rendront dans les extraordinaires îles Galápagos, à 900 km au large de l'Équateur.

Le versant est des Andes borde le Brésil, dont la superficie couvre presque la moitié du continent. Dans ce pays, tout semble démesuré : la forêt amazonienne au nord, les trépidantes mégalopoles de la côte est, la passion pour le foot, la musique, la danse et, bien sûr, le carnaval.

Direction sud maintenant, où le Chili étire le long de la côte pacifique son interminable ruban, des tropiques au subantarctique. Sur la côte atlantique, le petit Uruguay voisine avec l'énorme Argentine, qui partage avec le Chili la région des lacs, la Patagonie et la Terre de Feu. Au nord, campe le Paraguay, encerclé par l'Argentine, la Bolivie et le Brésil. Ces pays du cône Sud se caractérisent par leurs grands centres urbains, leurs vastes pampas et leurs élevages de bovins et de moutons. Les minuscules îles Juan Fernández se perdent à 670 km au large de Valparaíso (Chili), tandis qu'à 3790 km de la côte surgit la mystérieuse île de Pâques, colonie chilienne depuis 1888. Quelque 500 km à l'est de la Patagonie argentine, les vents glacés du subantarctique balayent les îles Falkland (Malvinas). ❑

PAGES PRÉCÉDENTES : glacier Perito Moreno, Argentine ; forêt pluviale amazonienne ; Potosí, Bolivie. **CI-DESSUS, À GAUCHE** : El Fuerte, Bolivie. **À DROITE** : pause détente, île de Pâques.

LA CÔTE NORD

Comme Christophe Colomb, découvrez les parfums de la côte caraïbe, ou plongez au cœur des jungles les plus profondes.

Plages brûlantes ombragées de palmiers, journées de farniente et soirées enfiévrées, vous êtes bien sur la côte caraïbe... Mais, en retrait du littoral, se déploient des milliers de kilomètres de jungle et de montagnes assez hautes pour prodiguer une fraîcheur bienvenue dans cette zone tropicale.

Omniprésent, l'or marquera à jamais le destin de cette contrée, où d'anciennes légendes situaient le mythique Eldorado. À l'époque coloniale, la Colombie et le Venezuela attirèrent des foules de chercheurs d'or ; plus tard vint le tour de l'or noir vénézuélien, tandis qu'en Colombie de nouveaux empires se bâtissaient sur la production et le commerce de la cocaïne. Chasseurs d'or et de diamants viennent aujourd'hui perturber les fragiles forêts vierges vénézuéliennes.

De son passé colonial, cette région garde de nombreuses traces, à commencer par la composition de sa population, qui descend d'individus originaires des 5 continents. Si les habitants des hauts plateaux sont pour la plupart des *mestizos* (métis d'Européens et d'Amérindiens), sur la côte, l'héritage africain témoigne de la sombre période de l'esclavage. Au Guyana, au Surinam et en Guyane française, quelques communautés d'origine africaine se sont établies dans l'intérieur et continuent de pratiquer un mode de vie ancestral. Des tribus amérindiennes y ont également subsisté, ainsi qu'au Venezuela ; certaines sont demeurées ignorées du reste du monde jusque dans les années 1960.

La **Colombie**, au nord-ouest, a surtout fait parler d'elle pour sa violence urbaine et sa guérilla ; mais vous ne risquez rien dans la plus grande partie du pays, où la gentillesse des gens, la beauté époustouflante des paysages et quelques sites comme les ruines de San Agustín, la ville fortifiée de Cartagena ou le fabuleux musée de l'Or de Bogotá favorisent un tourisme en plein essor.

Parmi les superbes stations balnéaires du **Venezuela**, beaucoup bordent l'île paradisiaque de Margarita. Mais le pays réserve d'autres trésors aux amoureux de la vie sauvage. Les paysages "alpins" des régions centrales, autour de Mérida et de Trujillo, proposent une myriade d'activités sportives autour de magnifiques lacs glaciaires. Jadis très difficile d'accès, la région nommée Guayana alterne murailles vertigineuses, savanes dorées, jungles épaisses – et recèle la plus haute cascade du monde, le Salto Angel.

À l'est du Venezuela se succèdent le **Guyana**, le **Surinam** et la **Guyane française**. Ces territoires présentent un intérêt pour leurs immenses forêts humides intérieures, habitées par des communautés qui mènent encore une existence authentique. ❑

PAGES PRÉCÉDENTES : vendeuses de fruits à Cartagena. **À GAUCHE** : île Margarita, Venezuela.
CI-DESSUS À DROITE : Parque Nacional Tairona, Colombie. **À GAUCHE** : Morpho bleu.

DAVIVIENDA
COLMENA

BANCO CAFE

COLOMBIE

L'ancien Eldorado n'est pas seulement le repaire des cartels. Cette terre de mirages, d'or et de sang vous réserve un accueil chaleureux, des paysages ensorcelants et un patrimoine fabuleux.

La Colombie jouit d'une réputation peu enviable, détenant le record de production mondiale de cocaïne, avec, en corollaire, une violence et une instabilité chroniques. Mais il serait injuste de résumer à cette image, certes bien réelle, un pays où le mythe et la modernité s'entrelacent, créant une variété de cultures peu commune. Car c'est en effet en Colombie que la légende de l'Eldorado *(voir p. 25)* a pris racine, l'attrait de richesses inépuisables captivant l'imagination des conquistadors. Dynamique et tourné vers l'avenir, le pays a néanmoins su préserver un patrimoine colonial admirable, sans parler des vestiges laissés par quelques très grandes civilisations précolombiennes.

Quatrième pays d'Amérique du Sud par la superficie, la Colombie bénéficie d'un atout exceptionnel : son accès aux océans Pacifique et Atlantique. Au sud se déploient les profondeurs de la jungle amazonienne. Trois cordillères s'étirent de la frontière équatorienne jusqu'aux plaines des Caraïbes. Enserrées par les cordillères, les vallées du Río Cauca et du Río Magdalena irriguent les terres les plus fertiles du pays. L'est de la Colombie réunit de vastes savanes, pratiquement inhabitées – les *llanos* –, qui s'étendent jusqu'au bassin de l'Orénoque. Au nord, la Sierra Nevada de Santa Marta – la plus haute chaîne côtière du monde – dresse ses crêtes en bordure d'océan. Par temps clair, vous pourrez bronzer sur une plage caraïbe et deviner le miroitement de neiges éternelles. Dans leur grande majorité, les 45 millions de Colombiens habitent la région centrale, notamment la capitale, Santa Fe de Bogotá – noyée dans les brouillards et les pluies de la Cordillera Oriental – et les 2 villes récentes de Medellín et Cali. Les *mestizos* dominent dans une population mêlée d'Afro-Antillais à Cali et sur la côte caraïbe ou pacifique, ainsi que d'une cinquantaine de groupes indigènes.

Passé mouvementé

L'histoire colombienne n'a rien d'un long fleuve tranquille. Une cinquantaine d'insurrections, 8 guerres civiles et plusieurs

Ne manquez pas

- MUSEO DEL ORO, BOGOTÁ
- CATEDRAL DE SAL, ZIPAQUIRA
- CALI ET POPAYÁN
- TUNJA ET LES VILLES COLONIALES DE LA RÉGION NORD-EST DU CAFÉ
- CARTAGENA ET MOMPÓX

PAGES PRÉCÉDENTES : les lumières de Bogotá. **CI-CONTRE** : Catedral Primada de Bogotá, Plaza Bolívar. **CI-DESSOUS** : boléro des rues, Cartagena.

Colombie
0 100 km
N
MER DES CARAÏBES
OCÉAN PACIFIQUE
COLOMBIE
VENEZUELA
ÉQUATEUR
BRÉSIL
PANAMA
Aruba
Curaçao
Bonaire
Willemstad
P.N. Archipiélago Los Roques
Islas Los Roques
Península de la Guajira
Península de Paraguaná
P.N. Macuira
Puerto López
Punta Fijo
Punta Cardón
Puerto Cumarebo
Manaure
Riohacha
Maicao
Golfo de Venezuela
Sinamaica
Coro
Chichiriviche
Tucacas
Morón
Pto. Cabello
Caracas
Maracay
Valencia
San Juan
San Felipe
Carora
Barquisimeto
San Carlos
Acarigua
El Amparo
Guanare
El Baúl
Calabozo
Parque Nacional Aguaro-Guariquito
Cazorla
Llanos
Río Guanare
Barinas
San Antonio
Ciudad Nutrias
San Fernando de Apure
Río Apure
Río Arauca
Elorza
P.N. Cinaruco-Capanaparo
Orinoco
Maracaibo
Altagracia
Cabimas
Cd. Ojeda
Lagunillas
Lago de Maracaibo
Villa del Rosario
Machiques
P.N. Ciénagas de Catatumbo
Valera
Trujillo
Apartadero
Mérida
El Vigía
Ejido
P.N. Sierra Nevada
5007 Bolívar
Sierra de Perijá
P.N. Tairona
15 Santa Marta
La Ciudad Perdida
Ciénaga
P.N. Sierra Nevada
C. Colón 5775
Fonseca
19 Barranquilla
Aracataca
Fundación
16 Valledupar
17 Cartagena
Islas del Rosario
18
Plato
Magangué
Mompox
20
El Banco
Sincelejo
Montería
Golfo de Darién
Golfo de Urabá
Chepo
Istmo del Darién
La Palma
Yaviza
Golfo de Panamá
Isla de San Andrés, Isla de Providencia
Planeta Rica
Turbo
Nechí
Caucasia
P.N. Los Katíos
Parque Nacional Paramillo
Río Nechí
Río Cauca
Río Magdalena
Aguachica
Ocaña
Cúcuta
San Cristóbal
San Antonio
13
Pamplona
11
Bucaramanga
Arauca
Barrancabermeja
Yarumal
Santa Fe de Antioquia
3
Río Atrato
Medellín
Bello
2
Bahía Solano
P.N. Ensenada de Utría
Quibdó
Málaga
Barichara
Socorro
San Gil
14
P.N. El Cocuy
Río Casanare
Puerto Berrío
Villa de Leyva
Duitama
Paz de Ariporo
Río Meta
Puerto Carreño
Puerto Ayacucho
Chiquinquirá
Sogamoso
Occidental
Central
Oriental
4
5 Honda
12 Tunja
Manizales
Nevado del Ruiz 5400
Zipaquirá
Yopal
Río Tomo
Parque Nacional El Tuparro
Samariapo
Cartago
Pereira
Bogotá
1
Armenia
La Poyata
El Porvenir
Río Vichada
6
Ibague
Girardot
Villavicencio
Puerto Inírida
Río Orinoco
8
Espinal
Nevado 4560
Puerto López
San Fernando de Atabapo
Río Uvá
Río Guaviare
Buenaventura
Cordillera
Cord.
P.N. Las Hermosas
7 Cali
Palmira
Granada
P.N. Los Farallones de Cali
P.N. Nevado del Huila
5750
Cordillera Oriental
Neiva
Parque Nacional Serranía de la Macarena
Río Inírida
P.N. Muchique
Silvia
Tierradentro
P.N. Cord. de los Picachos
Parque Nacional Tinigua
San José del Guaviare
San Carlos de Río Negro
9
Popayán
Pilimbala
Pan de Azúcar 4670
P.N. Puracé
San Vicente del Caguán
Río Negro
Tumaco
San Agustín
Pitalito
10
Florencia
Miraflores
Mitú
Río Vaupés
Río Içana
Andes
Túquerres
Pasto
Mocoa
San Lorenzo
Ipiales
Parque Nacional Chiribiquete
Ibarra
Tulcán
Puerto Asís
P.N. La Paya
Río Apaporis
Río Uaupés
Équateur
Otavalo
Lago Agrio
Tarapoa
Quito
Reserva Cuyabeno
Río Putumayo
Río Caquetá
Coca
Baeza
Cotopaxi 5897
Nuevo Rocafuerte
Pantoja
Parque Nacional Yasuní
Oriente
Latacunga
Ambato
P.N. Llanganates
Parque Nacional Cahuinari
Río Japurá
Chimborazo 6310
Puyo
Riobamba
P.N. Sangay
Guayaquil
Cuenca
Tarapaca
Río Içá
P.N. Amacayacu
Gualaquiza
Río Pastaza
Río Napo
Río Tigre
Intuto
Iquitos
Río Morona
Río Amazonas
Leticia
Río Jutaí
Machala
Loja
P.N. Podocarpus
Maynas
Río Marañón
Nauta
Río Yavarí
Puerto América
Zumba

Constitutions ont jalonné le 19e siècle. La guerre des Mille Jours, notamment, débute en 1899, et le bain de sang qui s'ensuit – 130 000 morts – ne modifie pas la donne. Le gouvernement demeure entre les mains d'une minorité *criollo* (européenne) qui ne s'intéresse guère au sort d'une population majoritairement constituée de *mestizos*, de mulâtres, de Noirs et d'Amérindiens.

Les États-Unis metteront à profit ce chaos pour soutenir un mouvement séparatiste au Panamá, alors province colombienne. L'immense chantier du canal de Panamá débute presque aussitôt. Le président Theodore Roosevelt – il recevra le prix Nobel de la paix dans la foulée – peut fanfaronner : "J'ai pris la zone du canal, et laissé débattre le Congrès." En 1921, le gouvernement colombien ne peut que s'incliner devant le fait accompli.

Très vite, la société américaine United Fruit aménage d'immenses bananeraies le long de la côte, accumule des profits colossaux en payant des salaires de misère et, en 1928, met terme à une grève en faisant tirer sur les ouvriers par l'armée colombienne. Le commerce de la banane déclinant, le café insuffle un nouvel espoir à l'économie, mais le système des grandes plantations perdure. Et quelques fluctuations des cours mondiaux suffisent à ravager des régions entières.

Selon le magazine Forbes, *Pablo Escobar, le parrain du cartel de Medellín, avait accumulé à la fin des années 1980 une fortune estimée à 3 milliards de dollars – la 14e de la planète.*

Sanglants conflits

En 1948, Jorge Eliécer Gaitán, homme politique libéral en faveur de changements réels, est abattu à Bogotá : une explosion de mécontentement populaire, le Bogotázo, embrase les rues de la capitale. Les campagnes plongent dans la guerre civile, la Violencia. Entre paysans, policiers et soldats, les combats atteignent un degré de sauvagerie sans précédent, faisant quelque 300 000 victimes. En 1953, des groupes paysans armés commencent à élaborer une idéologie révolutionnaire. Craignant la progression du communisme, libéraux et conservateurs concluent en 1957 un pacte d'alliance pour une durée de 16 ans. Les mêmes hommes reviennent ainsi au pouvoir, bien décidés à bloquer tout changement. Dans les campagnes, divers groupes continuent la lutte contre l'armée – une lutte qui se poursuit aujourd'hui, offrant à la Colombie le record peu glorieux de la plus ancienne guérilla du continent.

CI-DESSOUS : le Bogotázo, 1948.

Drogue et politique

La présidence de Virgilio Barco, en 1986, ouvre la voie à des élections véritablement démocratiques, mais l'État doit maintenant faire face à une force nouvelle : le cartel de Medellín, dirigé par Pablo Escobar, contrôle 80 % du trafic mondial de la cocaïne, dopant pour ainsi dire l'économie colombienne.

Escobar meurt sous une grêle de balles en 1993, laissant la voie libre aux parrains de Cali. Au cours des 2 années suivantes, les autorités obtiennent quelques succès, notamment lorsque le trésorier du cartel de Cali se rend à la US Drug Enforcement Administration. Mais le repenti soulève une tempête en affirmant que la campagne du président Samper, en 1994, a été financée par l'argent de la drogue – 6 millions de dollars. Samper achève son mandat dans une ambiance délétère. Le

Avec plus de 45 millions d'habitants, la Colombie a une population plus importante que l'Espagne. En terme de compétitivité en Amérique latine, elle se place 3e position, derrière le Chili et le Pérou. Sous la présidence d'Uribe, l'amélioration de la sécurité a permis une croissance record de 8 %. Toutefois, le fort taux de chômage, l'industrie narcotique et, à présent, les quelque 3 millions de réfugiés nationaux restent des questions préoccupantes.

pays s'enfonce dans la récession; le chômage grimpe en flèche, les guérilleros d'extrême gauche, les paramilitaires de l'ultra-droite et la police continuent à s'entretuer, et les Colombiens perdent espoir.

En 1998, Andrés Pastrana gagne les élections présidentielles en promettant le redressement économique et la paix. Pour combattre la drogue, son gouvernement lance le Plan Columbia – 7,5 milliards de dollars – en partie financé par les États-Unis et l'UE, sans grand succès. En 2002, l'avocat Álvaro Uribe, lié au groupe paramilitaire des Forces d'autodéfense unies et activement soutenu par l'administration Bush, remporte une victoire éclatante en jurant de venir à bout des FARC (guérilleros marxistes). En 2005, il fait des avances aux paramilitaires qui remettraient leurs armes. Uribe est réélu en 2006, à la faveur d'un amendement constitutionnel autorisant le président à briguer un second mandat de 4 ans. Les pourparlers de paix progressent, mais la violence et les enlèvements continuent. Dans ces conditions, mieux vaut éviter les transports en commun le soir, et vous renseigner auprès des instances officielles – votre ambassade, notamment – avant de planifier un voyage dans ce pays autrement fascinant.

BOGOTÁ, CŒUR CULTUREL

Drapée dans les nuages et les brumes d'altitude des Andes du Nord – sans parler de la pollution –, **Bogotá** ❶ (2 642 m) a vu sa taille se multiplier par 20 depuis la Seconde Guerre mondiale. Tel un gigantesque oignon, elle dévoile ses multiples strates: des bidonvilles succèdent aux gratte-ciel de verre et d'acier, d'énormes bâtiments publics écrasent des petites demeures à l'anglaise, tandis que dans le centre, patios fleuris et majestueuses constructions évoquent le passé d'ancienne colonie espagnole de la ville. Les habitants de la côte peinent parfois à comprendre ceux de la capitale, les jugeant froids et arrogants. Gabriel García Márquez s'est fait l'écho d'un tel clivage, décrivant Bogotá comme “une ville sinistre où par certaines nuits fantomatiques les pavés vibraient encore au passage des carrosses des vice-rois.”

Cette image n'a jamais perturbé les Bogotanos, fiers de leur culture cosmopolite. Au fil des avenues de Bogotá, vous trouverez tout et n'importe quoi: restaurants somptueux, enfants des rues, vendeurs d'émeraudes, paysans en poncho, embouteillages interminables, murs constellés de graffitis. Mais, d'abord et avant tout, vous plongerez dans le cœur culturel du pays, comme en témoigne la biennale de théâtre ibéro-américain, plus grande manifestation du genre en Amérique du Sud. Les théâtres se comptent d'ailleurs par dizaines, la vie universitaire bouillonne, les musées côtoient les librairies et les galeries de peinture avant-gardistes dans un épuisant tumulte créatif.

Particularisme régionaux

Si Bogotá demeure le cœur culturel de ce pays géographiquement très divers, chaque région n'en possède pas moins une identité distincte qui se reflète dans bien des aspects de la vie quotidienne. La Colombie est le quatrième pays d'Amérique du Sud par la taille, et le troisième d'Amérique Latine par la population, avec environ 45 millions d'habitants. Au nord, la côte est caraïbe, les Andes occupent presque tout le centre, les llanos (savanes) et la forêt amazonienne se partagent l'est, tandis que l'océan Pacifique baigne la côte ouest.

Cette géographie et la difficulté d'unifier un si vaste pays par la route ou le chemin de fer ont favorisé le développement ou la survie de cultures régionales ou indigènes spécifiques. Les habitants de Bogotá et des environs, y compris le nord-est des Andes, sont appelés Cachacos. Les Paisas vivent dans le centre du pays, parmi les plantations de café, ainsi que dans le département d'Antioquía, autour de Medellin. Les Costeños, sur la côte nord, sont fortement teintés de culture afro-caraïbe. Les Llaneros, liés à la culture cow-boy de leurs voisins vénézuéliens, continuent à vivre dans les savanes orientales. Autour de Cali, les Vallunos tirent leur nom de la vallée de Cauca. Toutes ces cultures ont préservé leurs traditions propres, danses et festivités, ainsi que leurs accents et dialectes espagnols particuliers.

S'orienter

Le plus beau panorama de la ville, vous l'aurez en grimpant au sommet du **Cerro de Montserrate** – par funiculaire ou téléphérique. Le dimanche, les Bogotanos aiment gravir leur montagne à pied, pour aller entendre la messe et prier devant la statue d'*El Señor Caido*. En contrebas, vous distinguerez le plan en damier de la ville, avec ses *calles* d'est en ouest et ses *carreras* orientées nord-sud. Les adresses alignent une suite de chiffres : si, par exemple, vous cherchez un lieu Calle 42, n° 15-34, cela signifie qu'il se trouve Calle 42, au n° 34, entre la Carrera 15 et la Carrera 16…

En redescendant, accordez-vous une halte à la **Quinta de Bolívar** (ouv. du mar. au dim. de 9h à 17h, les sam.-dim. de 10h à 16h), magnifique demeure coloniale qui hébergea Simón Bolívar. Tableaux et effets personnels y évoquent la vie du Liberator. À l'ouest de la ville, allez admirer la flore colombienne dans le vaste **Jardín Botánico José Celestino Mutis** (ouv. du mar. au ven. de 8h à 12h et de 13h30 à 16h). Ce jardin national a été nommé après le botaniste espagnol du 18e siècle qui consacra toute sa vie et son énergie à étudier l'histoire naturelle colombienne.

L'élégance néogothique de l'Iglesia del Carmen, construite en 1938, embellit le quartier colonial de La Candelaria.

Centre-ville

En 1538, 3 conquistadors se retrouvent en un point demeuré au cœur de la vieille cité, sous son nom actuel de **Plaza de Bolívar**. Ils décident de fonder une ville au milieu des terres fertiles cultivées par les Muisca (ou Chibcha). La statue du Libertador trône naturellement au centre de la *plaza*. Au sud, un **Capitolio Nacional** aux allures de temple grec abrite le Congrès. Plus loin, la **Casa de Nariño** (palais présidentiel) fut mise à sac en 1948 durant le Bogotázo. Côté ouest de la place, se dresse la **Catedral** : surgie de terre en 1565 pour y retourner 2 siècles plus tard à la suite d'un séisme, elle ne sera achevée qu'après l'indépendance. À côté se succèdent la **Capilla del Sagrario** et le somptueux **Teatro Colón**, principal théâtre de la capitale (visites guidées uniquement, du mar. au sam. toutes les heures sauf spectacles).

La Candelaria

Quittant la Plaza de Bolívar, une petite promenade vous conduit à **La Candelaria**, le quartier colonial. Ses maisons basses, crépies à la chaux, se cramponnent aux pentes, toits en tuiles et coupoles défraîchies se chevauchant jusqu'au centre-ville. Comme toutes les grandes villes coloniales sud-américaines, Bogotá se montre prodigue en art religieux. Construite au 17e siècle, l'**Iglesia Santa Clara** (Calle 9/Carrera 8) recèle

CI-DESSOUS : le *barrio* de La Candelaria.

Un patrimoine en or

Bien moins connue que l'art des Incas, la technique du travail du métal précieux des cultures précolombiennes demeure inégalée.

Au cœur de Bogotá, mieux protégé que les caves du Vatican, le **Museo del Oro** (musée de l'Or ; Calle 16, nº 5-41 et Carrera 5 ; tél. 01-343 2222, www.banrep.goc.co ; ouv. du mar. au ven. de 9h à 18h, les sam.-dim. de 10h à 16h) ne peut laisser indifférent. Provenant d'une dizaine de cultures précolombiennes, sa collection de quelque 36 000 pièces – bracelets, boucles d'oreilles, masques, statues ou anneaux – reflète une maîtrise technique et artistique qui stupéfie les orfèvres modernes.

Même avant le scandale qui révéla que nombre de ses pièces étaient des faux, le musée de l'Or de Lima n'a jamais pu rivaliser avec celui de Bogotá. Une suprématie due en grande partie à l'impatience des conquistadors, trop occupés à piller les trésors de l'Empire inca, plus au sud, pour perdre leur temps à creuser la terre en quête de bijoux légués par des civilisations inconnues. Ainsi l'or des Incas et d'autres peuples péruviens se retrouva-t-il fondu en lingots et embarqué à destination de Madrid, tandis que les joyaux des cultures colombiennes ne seront découverts que bien plus tard par les archéologues – quand ils n'avaient pas été devancés par les *guaqueros* (pilleurs de tombes) qui écumaient le pays depuis des générations.

Le travail du métal s'est développé sur l'ensemble du continent américain entre le milieu du deuxième millénaire av. J.-C. et le 16e siècle. Le travail de l'or pratiqué par les anciennes cultures colombiennes présente une diversité extraordinaire : isolés les uns des autres par des barrières naturelles infranchissables, chacun de ces peuples développa un style unique.

Technique la plus primitive, le martelage n'en exige pas moins une réelle expertise. Certaines cultures acquirent la maîtrise de la fonte, combinant les alliages pour renforcer le métal. Le perfectionnement des méthodes d'assemblage permit de relier des plaques d'or pour créer des pièces plus complexes. Enfin, il semble bien que la technique de la fonte à la cire perdue (moules en cire se dissolvant au contact de l'alliage) soit née en Colombie.

Les Précolombiens connaissaient la valeur de l'or, dont l'éclat ne se ternit pas. Son usage reflétait hiérarchies sociales et autres valeurs religieuses, mais il pouvait ainsi servir de monnaie d'échange.

Géré par le Banco de la República (Banque nationale), le Museo del Oro se trouve sur le Parque de Santander. Au 1er niveau, vous découvrirez une remarquable maquette de la Ciudad Perdida (la Cité perdue) des Tairona *(voir p. 102)*.

L'un des fleurons du musée, un bateau miniature fabriqué par les Muisca (ou Chibcha), évoque un rituel de ce peuple, qui consistait à jeter de l'or dans le lac Guatavita pour pacifier les dieux, tandis que son roi, recouvert de poussière d'or – "El Dorado" –, s'y immergeait. C'est de cette coutume que serait né le mythe d'une contrée fabuleuse aux richesses surabondantes : l'Eldorado.

Apogée de la visite, une immense chambre forte vous attend au dernier étage. Un maximum de 20 personnes est autorisé à pénétrer en même temps dans cette pièce plongée dans l'obscurité, quand un éclairage illumine soudain 12 000 pièces d'un éclat presque aveuglant. Une musique d'ambiance vous transporte dans cet Eldorado reconstitué, mais toujours aussi mystérieux. ❑

Ci-contre : les Muisca couvrent de poussière d'or leur roi – "El Dorado" (le Doré).

un splendide intérieur, regorgeant d'œuvres du plus grand peintre local de l'époque, Gregorio Vásquez de Arce y Ceballos. Abordant des réalités moins célestes, ses archives évoquent l'enlèvement de plusieurs novices – Vásquez lui-même ayant été une fois impliqué et emprisonné.

Juste à côté de la **Biblioteca Luís Ángel Arango**, le **Museo de Botero** (Calle 11, nº 4-41 ; ouv. le lun., du mer. au sam. de 9h à 19h, le dim. de 10h à 17h) présente un ensemble important des œuvres de Fernando Botero, ainsi que des toiles de Monet, Renoir, Dalí, Matisse et d'autres. Non loin, dans la Carrera 1A, nº 18A-10, l'**Universidad de los Andes** déploie son campus.

La Colombie contrôle 60% de la production mondiale d'un certain caillou vert que des boutiques dûment gardées, à l'angle de l'Avenida Jiménez et de la Carrera 7, vous céderont gracieusement pour quelques milliers de dollars... Les émeraudes sont classées selon leur éclat, leur couleur et leur pureté – méfiance tout de même, beaucoup de fausses pierres circulent.

Impossible de manquer, bien sûr, le **Museo del Oro** *(voir Zoom sur... ci-contre)*, mais ne dédaignez pas pour autant le **Museo Nacional** (ouv. du mar. au sam. de 10h à 18h, le dim. de 10h à 17h ; tél. 333 8366), logé dans le Panópticon (panoptique). Au début du 19e siècle, le Britannique Thomas Reed avait conçu – selon la philosophie utilitariste de Jeremy Bentham – cette ancienne prison pour que ses 200 cellules puissent être toutes observées d'un point unique. Le bâtiment a fait l'objet d'une restauration méticuleuse; chaque galerie expose une période de l'histoire colombienne, le premier niveau se consacrant aux beaux-arts.

Llanero *cousant un tapis de selle, province d'Antioquia.*

ENVIRONS DE BOGOTÁ

Étonnante cathédrale de sel

En quittant Bogotá par la nationale, direction nord sur 48 km, un paysage verdoyant vous guidera jusqu'à **Zipaquirá** et sa fameuse **Catedral de Sal** (ouv. du mar. au sam. de 9h à 17h30, le dim. de 9h à 18h). Les mines de sel locales étaient exploitées depuis plusieurs siècles avant l'arrivée des Espagnols. Dans les années 1920, y est creusée une grotte de dimensions telles que le Banco de la República décide d'y aménager une cathédrale. Taillée dans la montagne en surplomb du bourg, une galerie vous plonge rapidement dans ces ténèbres aux odeurs de soufre. Puis un autel se matérialise au loin: haute de 25 m, la cathédrale peut accueillir plus de 10 000 fidèles, mais vous aurez l'étrange sensation de marcher dans le vide entre ces parois noires – du sel pur à 75%: vérifiez en goûtant. L'exploitation des mines se poursuit un peu plus loin. Les Colombiens affirment que leur montagne de sel pourrait alimenter la planète entière pendant plus d'un siècle.

CI-DESSOUS : autel de la Catedral de Sal, Zipaquira.

L'autre Medellín

Située à 400 km au nord-ouest de Bogotá, **Medellín** ❷ est la deuxième ville du pays. Capitale de la province d'Antioquia, elle a fait bien des efforts pour corriger

À la mi-août, ne manquez pas l'une des manifestations les plus colorées du pays, la Feria de las Flores de Medellín.

son image de centre mondial de la drogue, de la terreur et du kidnapping. La violence a perdu son caractère "ordinaire" – ce qui n'empêche pas la prudence –, et vous pourrez savourer le climat de la "cité de l'éternel printemps". Ses habitants ont la réputation d'être passionnés en toutes choses, qu'il s'agisse de commerce, de cuisine ou de loisirs. Pour vous déplacer, n'hésitez pas à emprunter le métro, aérien pour l'essentiel. N'espérez pas monts et merveilles en matière d'architecture coloniale – la ville est relativement récente –, mais la cathédrale du **Parque Bolívar** a son charme. Vous retrouverez les œuvres de l'omniprésent Fernando Botero au **Parque San Antonio** (Calle 46/Carrera 46).

Bananes et café

Direction nord-ouest, la route de Turbo vous emmène savourer une tranquillité bien méritée à **Santa Fe de Antioquia** ❸. Inscrite dans un cadre de douces collines, la ville a superbement préservé son patrimoine colonial. Des maisons aux balcons de couleurs vives bordent les rues. Le week-end, les gens des campagnes environnantes arrivent en *chivas* – bus sans vitres peinturlurés avec une réjouissante exubérance. Vous filerez ensuite vers le nord pour rejoindre le port de **Turbo**, parmi les bananeraies de l'**Urabá**. À moins de vraiment vouloir à tout prix découvrir le **Parque Nacional Los Katíos** (classé au Patrimoine mondial de l'Unesco), mieux vaut éviter ce secteur, notoirement sillonné par des bandes armées.

Au sud de Medellín s'ouvre la *zona cafetera* – région du café. Le petit grain noir demeure le plus important produit national d'exportation : à perte de vue, les caféiers couvrent les collines. À 270 km au sud de Medellín, **Manizales** ❹ est la capitale de la *zona cafetera*. Cette ville moderne vit le jour au milieu du 19e siècle lorsque les fermiers de l'Antioquia émigrèrent vers le sud en quête de nouvelles terres agricoles. Plusieurs incendies et séismes ont rasé l'essentiel de son patrimoine architectural, et seule son immense cathédrale a survécu. Les rues montent en pente raide, et une simple flânerie prend rapidement l'allure d'une course de montagne. De Manizales, via le village de **La Enea**, vous pourrez rejoindre le **Parque Nacional Los Nevados**,

Ci-dessous : de retour du marché, San Agustín.

Carte p. 94

paradis des randonneurs – mais ne vous lancez pas à l'aventure sans demander conseil. Sommet du parc, le **Volcán Nevado del Ruiz** fit éruption en 1985, balayant la ville d'Armero, sur l'autre versant de la cordillère. Passé Manizales, la route de Bogotá traverse **Honda** ❺, charmante ville coloniale baignée par le Río Magdalena. Au sud de Honda, **Ibagué** ❻ s'étend rapidement, dopée par son industrie.

Les nuits sont courtes à Cali, surtout si vous aimez la salsa. La ville organise un festival entre Noël et le Nouvel An, avec force combats de taureaux, concours de beauté et concerts de salsa improvisés.

Cali, entre salsa et haciendas

Quittant Ibagué, en direction de l'ouest, la Panaméricaine s'élève abruptement pour franchir la Cordillera Central. Un brouillard épais et glacé enveloppe le col durant presque toute l'année. La route oblique ensuite vers le sud pour descendre dans la fertile vallée du Río Cauca, dont les plantations de sucre, de riz et de coton apportent une manne appréciable à **Cali** ❼, la troisième ville du pays.

Fondée en 1536, Cali n'est encore qu'un gros bourg au début du 20e siècle; mais l'arrivée du chemin de fer et le boom de la canne à sucre valent à la ville une expansion sans précédent. Elle rayonne aujourd'hui sur tout le sud-est du pays, situation que reflètent son architecture moderne et les tours de bureaux du centre-ville. Les cartels de la drogue de Cali ont subi de sérieux revers au milieu des années 1990, précipitant la ville sur la pente descendante, tandis que les taux du chômage et de la criminalité se sont envolés. Ne manquez pas les églises **San Francisco** (Carrera 6/Calle 10) ou **La Merced** (Carrera 4/Calle 7), ainsi que **La Ermita**, dont la façade néogothique s'affiche sur presque toutes les cartes postales. En vous écartant un peu du centre, en direction du nord, vous découvrirez l'**Iglesia de San Antonio** (18e siècle), perchée sur la Colina de San Antonio, excellent belvédère sur la ville en contrebas. Sur la place centrale, le Parque Caicedo et ses palmiers soulagent quelque peu de la chaleur et de l'humidité ambiantes. En soirée, une brise magique tire la ville de sa torpeur, et d'innombrables night-clubs font entendre leurs sonos plusieurs kilomètres à la ronde.

Un rythme plus paisible vous accueille dans les haciendas qui se succèdent au nord de Cali. Parmi les plus intéressantes, **El Paraíso** porte bien son nom; au sein de ce domaine colonial magnifiquement préservé, l'écrivain Jorge Isaacs (1837-1895) écrivit

À GAUCHE : vue sur l'emblème de Cali, La Ermita.
CI-DESSOUS : vente de tickets de loterie, Cali.

Marché aux fruits et légumes, Popayán.

María, chef-d'œuvre de réalisme romantique sud-américain. La demeure et ses jardins ont été convertis en musée (ouv. du mar. au dim. de 9h à 16h). À proximité, vous découvrirez la raffinerie de l'hacienda **Piedechinche** et son musée du Sucre (ouv. du mar. au ven. de 9h à 16h, les sam.-dim. de 9h-16h30). Une agence de voyages de Cali organise un circuit des haciendas, mais vous pourrez aussi prendre le bus jusqu'à Amaime (route Buga-Palmira) et continuer à pied – attention : surtout pas en solitaire.

Quittant Cali en direction du nord, un trajet de 120 km mène au port de **Buenaventura** ❽, sur le Pacifique. Rien de particulièrement remarquable ne vous y attend, mis à part des soirées endiablées, sans doute un héritage des étoiles de la salsa ayant vu le jour ici. Des vedettes remontent la côte jusqu'à **Juanchaco** et **Ladrilleros**, 2 petits ports de pêche aux plages de sable noir.

À quelques heures de route au sud de Cali, **Popayán** ❾ fut fondée en 1536. Durant l'époque coloniale, la ville prospère grâce à sa situation stratégique entre Lima, Quito et Cartagena. En 1983, la procession de la Semana Santa s'interrompt dans la panique lorsqu'un énorme séisme frappe la région, réduisant la vieille ville à un amas de ruines fumantes. Un vaste chantier de restauration a notamment permis la renaissance de la cathédrale, qui se dresse blanche et fière sur le Parque Caldas. Trois autres églises se distinguent également, **La Encarnación** (Calle 5/Carrera 5), **San Agustín** (Calle 7/ Carrera 6), et **Santo Domingo** (Carrera 5/Calle 4). Les processions de la Semana Santa attirent à Popayán des fidèles du monde entier.

Le mardi, sur le marché de **Silvia**, village perdu dans les collines au nord de Popayán, les Indiens guambiano vendent leurs produits. Toujours au nord de Popayán, près de **San Andrés de Pisimbalá**, le **Parque Arqueológico de Tierradentro** (classé au Patrimoine mondial de l'Unesco) englobe plusieurs chambres funéraires préhispaniques ; certaines ont conservé des statues en pierre, des motifs et des personnages gravés sur leurs murs. On sait peu de chose sur la culture à l'origine de ces tombes, sinon que les statues dateraient d'une période postérieure, probablement contemporaine des statues retrouvées à San Agustín, plus à l'est.

CI-DESSOUS : l'une des nombreuses processions de la Semana Santa, Popayán.
À DROITE : les flancs tortueux du volcan Purace.

Merveilles naturelles

Quittant Popayán vers l'est, une route en piteux état rejoint le **Parque Nacional Puracé**; ce site d'une beauté exceptionnelle étage volcans, sources chaudes, lacs et cascades entre 2500 et 4800 m, favorisant une vie sauvage très variée – ours, tapirs et condors notamment. Quelques infrastructures touristiques accueillent les visiteurs à Pilimbalá, au nord du parc.

Au sud-est de Popayán, le village de **San Agustín** ⑩ s'est rendu célèbre pour son ensemble de statues en pierre, témoignages muets d'une culture disparue. Un empilement de toits en tuiles vous conduira à un clocher, puis aux collines environnantes, plantées de bananeraies. Les montagnes alentour doivent leur manteau de verdure au climat local: 9 mois d'une bruine capricieuse. Les touristes ne boudent pas pour autant ce village empreint de quiétude et de nonchalance. Dans cette terre de *llaneros*, on se déplace essentiellement à cheval: à chaque coin de rue, vous verrez un de ces cow-boys en poncho, coiffé d'un chapeau à large bord, camper auprès de sa fidèle monture.

Plusieurs des plus riches et aristocratiques familles colombiennes habitent Popayán, qui aurait donné naissance à 11 présidents de la République.

Mystérieux personnages de pierre

Les statues de San Agustín conservent farouchement leur secret. Environ 500 de ces personnages en pierre ont été découverts dans la vallée du Río Magdalena, tout proche. Certains ressemblent à des monstres masqués, d'autres à des aigles, à des jaguars ou à des grenouilles. Personne ne sait qui les a sculptés ni dans quel but. Aujourd'hui encore, les chercheurs en sont réduits à une datation très approximative – entre les 6e et 12e siècles. Certains penchent pour une civilisation plus ancienne, d'autres pour une civilisation postérieure, et supprimée par les Incas lorsqu'ils étendirent les frontières de leur empire plus au nord.

Certaines statues ont été regroupées dans des parcs tout près du village: le **Bosque de los Estatuas** en compte plus de 35, et l'**Alto de los Idolos** possède la plus grande – 7 m de haut. À proximité, 4 *mesitas* (tertres) recèlent en outre des temples funéraires. N'hésitez pas à partir à la découverte d'autres statues dans leur environnement naturel

CI-DESSOUS: énigmatique statue, Río Magdalena.

Une nation tonique

Comme un peu partout dans le monde, le foot arrive en tête du classement des sports nationaux. Les 3 grandes équipes colombiennes – l'América de Cali, les Millionarios et l'Atlético Nacional –, ont chacune au moins 10 championnats nationaux à leur actif. Quant aux autres sports, le pays a produit d'excellents cyclistes, tel Mauricio Soler, meilleur grimpeur du Tour de France 2007 ; quelques champions de roller-skateurs de vitesse; entretient 4 équipes de base-ball, pratiqué essentiellement sur la côte, qui se rencontrent pendant la saison (oct. à jan.), mais ne participent pas aux Caribbean Series ; et, enfin, perpétue avec ferveur la tradition espagnole de la corrida (en janvier tous les samedis et dimanches pendant la saison à Bogotá), portée sous les feux de la rampe par le grand matador César Rincón – qui a pris sa retraite en 2008.

NOTEZ-LE

Au mois d'août, un festival de cerfs-volants bariole la grande plaza de Tunja, et une Fête des lumières l'illumine en décembre.

d'origine. Il vous faudra louer un cheval et emprunter des chemins souvent marécageux – mais les paysages vous récompenseront largement de vos efforts.

Berceau de la liberté

Au nord de Bogotá, la sauvage Cordillera Oriental se hérisse sur 1 000 km avant d'atteindre **Bucaramanga ⓫**, ville industrielle récente réputée pour sa spécialité, la *hormiga culona* – une fourmi comestible. Avant la Conquête, les Muisca peuplaient la région. Leur culture ne nous a guère laissé de vestiges, mais les montagnes alentour campent l'un des plus magnifiques décors qui soient.

Sur cette route, la première ville importante que vous rencontrerez après avoir quitté Bogotà est **Tunja ⓬**, fondée par les Espagnols en 1539 sur un site préexistant. Simón Bolívar la qualifia de "berceau et atelier de la liberté". Un monument et un pont y commémorent, en effet, la célèbre bataille de Boyacá, livrée le 7 août 1819 au sud de la ville, qui donna l'indépendance au pays (appelé alors Nueva Granada). Tunja en fut pendant quelque temps la capitale, mais lorsque les notables émigrèrent plus au sud, elle fut remplacée par Bogotà. Le nombre de ses églises reflète son rôle à l'époque coloniale. Ne manquez pas, entre les Calles 19 et 20, l'**Iglesia Santo Domingo** (Carrera 11), au beau décor en bois, ni **Santa Clara** (Carrera 7) et son couvent du 16e siècle – sans oublier la cathédrale, qui abrite plusieurs peintures de Gregorio Vásquez et de Ricardo Acevedo.

Villa de Leyva

À partir de Tunja vous pourrez visiter les adorables villes et villages éparpillés sur les hauteurs de Boyacá. **Villa de Leyva** – classée Monument historique –, aux rues pavées bordées de maisons basses chaulées, en est l'un des plus visités. Sur la *plaza* centrale, le **Museo Luis Alberto Acuña** (ouv. tlj. de 8h à 12h et de 14h à 18h) se consacre aux œuvres de ce peintre et sculpteur contemporain, mort en 1994. Un fort parfum d'histoire imprègne la ville. Figure intellectuelle et politique nationale, Antonio Nariño (1765-1823) mena la lutte pour l'indépendance à la fin du 18e siècle et fut élu vice-

CI-DESSOUS : maisons chaulées et rues pavées de Villa de Leyva.

président de la nouvelle république sous Bolívar ; il vécut Carrera 9 (n° 19-58) où il traduisit la *Déclaration des droits de l'homme* de Thomas Jefferson.

Outre quelques édifices comme le **monastère des Carmélites** et son église, sur la Plazuela del Carmen, ce qui frappe dans cette petite ville, est son rythme de vie serein, en semaine particulièrement. Bus et *collectivos* en partent pour rallier les bourgs voisins – **Ráquira**, apprécié pour ses poteries, ou **Chiquinquirá**, dont la Vierge peinte par Alonso de Narváez serait la plus ancienne du pays. De Chiquinquirá, vous pourrez rejoindre **Muzo** et **Coscues**, villes minières d'émeraude – mais la piste rend ce trajet plus qu'éprouvant à la saison des pluies.

Boutique d'artisanat à Villa de Leyva.

VERS LA FRONTIÈRE VÉNÉZUÉLIENNE

De Tunja, une route sinueuse rallie **Cúcuta** ⓭ et la frontière vénézuélienne, à 460 km au nord-est. En chemin, vous verrez défiler des paysages magnifiques, tandis que vous traverserez plusieurs villes et villages d'un blanc immaculé, comme **Málaga** ⓮, avant d'arriver à **Pamplona**, l'une des plus anciennes villes universitaires du continent.

Si vous aimez randonner dans de magnifiques sites sans trop de monde, rendez-vous au **Parque Nacional El Cocuy**, juste à l'est de Málaga. Plus d'une douzaine de pics se découpent sur le ciel azur. Dans cette région encore sauvage, vous pourrez également y faire de l'escalade, sur roche ou glace, ainsi que des balades équestres.

En revanche, la grand-route du Nord, vous conduira dans la province de **Santander**, pépinière de villes coloniales, notamment **San Gil**, **Barichara**, et **Socorro**, où les *comuneros* brandirent l'étendard de la première révolte contre les Espagnols en 1781 – événement commémoré à la **Casa de Cultura** (Calle Real ; ouv. tlj. de 8h à 12h et de 14h à 17h30), dans une demeure coloniale près de la cathédrale.

La côte caraïbe

En arrivant de Bogotá, la côte caraïbe colombienne donne le sentiment de débarquer sur une autre planète. Vous aurez pratiquement changé de pays, troquant l'isolement,

À GAUCHE : plage de rêve dans le Parque Nacional Tairona.

Une société sous haute pression

Les succès remportés par Alvaro Uribe dans la lutte contre le terrorisme et la criminalité ont amélioré la sécurité des grandes villes et rassuré les investisseurs étrangers. Les expatriés apprécient tout particulièrement Bogotá, où ils reçoivent de fortes primes pour vivre dans une capitale réputée dangereuse. L'armée colombienne est l'une des mieux entraînées et armées du sous-continent, avec 250 000 hommes. Après plusieurs graves revers, les guérilleros du FARC et d'autres groupes armés, comme l'ELN, ont dû se réfugier dans des zones frontalières reculées.

Épaulée par les États-Unis, la Colombie a déclaré son intention de réformer son système de police et de renseignements, accusé de nombreuses violations des droits de l'homme, et notamment d'assassinats dans les bidonvilles pour gonfler les chiffres de la lutte antiguérilla. Le crime organisé demeure un problème fondamental, et les milices d'extrême droite n'ont été que partiellement démobilisées. Cette violence déborde régulièrement en Équateur et au Venezuela, qui exigent du gouvernement colombien qu'il contrôle plus efficacement ses frontières, tandis que les Colombiens accusent ses voisins de vendre armes et produits chimiques à la guérilla. Quelque 500 000 Colombiens se sont expatriés en Équateur, beaucoup pour y trouver asile, tandis qu'en Colombie même, l'exode intérieur touche environ 3 millions de personnes.

Ci-dessous : petite pause tranquille, côte caraïbe.

les fraîches hauteurs de l'un, pour la sensualité fébrile et tropicale de l'autre. Capitale de la province de Magdalena, **Santa Marta** ⓯ fut fondée par les Espagnols en 1525, mais cette station balnéaire moderne n'a pratiquement rien conservé de son patrimoine colonial. À vrai dire, on vient surtout à Santa Marta pour prendre des bains de soleil sur la plage d'El Rodadero, l'une des plus belles du pays, flâner le long de sa promenade au son tonitruant de la salsa, ou s'asseoir à la terrasse d'un bar et contempler l'île d'**El Morro** sur la baie.

Une étape à Santa Marta sera l'occasion de rejoindre le **Parque Nacional Tairona** et son cordon de plages de sable blanc, aussi sauvages que paisibles. Ancien territoire des Tairona, cette portion de jungle s'étend au pied de la **Sierra Nevada de Santa Marta**, pyramide montagneuse qui plonge dans la mer des Caraïbes. Plus à l'est, le **Santuario de Flora y Fauna Los Flamencos** héberge une vaste colonie de flamants roses.

De Santa Marta, vous pourrez également gagner **La Ciudad Perdida**, la "Cité perdue" des Tairona, découverte en 1975. Plus vaste que Machu Picchu, sillonné de larges avenues et connecté par un réseau routier, ce site archéologique d'importance mondiale a prouvé que les Tairona maîtrisaient les techniques nécessaires à la construction de l'une des plus grandes villes du continent. Tombant sur cette merveille dans la jungle tropicale de la Sierra Nevada, des *guaqueros* (pilleurs de tombes) la baptisèrent *"el infierno verde"* ("l'Enfer vert") – et se disputèrent leur trouvaille au point d'ameuter l'armée. En l'absence de tout document écrit, les archéologues ne peuvent qu'avancer une datation – sans doute aux environs du 13e siècle –, et diverses hypothèses sur le désastre qui aurait provoqué son abandon définitif. Aujourd'hui encore, une expédition de 6 jours s'impose pour pouvoir contempler la légendaire "Cité perdue".

CI-DESSOUS : vieux sentier pavé dans le Parque Nacional Tairona.
À DROITE : auteur de *Cent ans de Solitude*, le prix Nobel Gabriel García Márquez.

Cent ans de solitude

Pour bien des lecteurs de Gabriel García Márquez, l'Amérique du Sud se résume à la côte caraïbe colombienne. On ne saurait leur en vouloir, tant le romancier a su rendre

l'atmosphère et l'histoire de sa région avec justesse. Pour retrouver le parfum si caractéristique de cette vie côtière, prenez un bus à la gare routière de Santa Marta (plusieurs départs par heure) et poussez jusqu'à **Aracataca** – Macondo dans *Cent Ans de solitude* –, petite ville où l'écrivain naquit et passa son enfance. Simón Bolívar campe sur la *plaza*, un vieux clocher égrène les heures, un ou deux restaurants vides et quelques salles de billard poussiéreuses se partagent des rues ensommeillées. Niché au fond d'une ruelle, un modeste bâtiment porte l'enseigne "ggm Museum". Des poulets picorent dans un jardin – et voici l'endroit où Márquez vit le jour en 1928, une simple bicoque en bois, blanchie à la chaux, vierge de tout mobilier.

Direction sud maintenant, et **Valledupar** ⓰ surgit après quelques heures de route. Fondée au 16e siècle, la ville a conservé peu de vestiges de son passé colonial, hormis la place centrale où les habitants s'asseyent à l'ombre d'un manguier géant au plus fort du soleil de midi. Mais, tous les ans, Valledupar prend feu lors du festival de la Leyenda Vallenata. Durant 5 jours, à la fin avril, les plus grands joueurs de *vallenato* – genre musical originaire de Valledupar – viennent se livrer à une compétition endiablée, dûment arrosée de rhum et d'*aguardiente*, pour gagner la couronne de Rey de Reyes ("roi des rois") de l'accordéon.

En 1586, le corsaire et navigateur Sir Francis Drake mis Cartagena à sac, et extorqua une rançon de 10 millions de pesos à ses habitants. Le tout fut envoyé à la reine Elizabeth d'Angleterre, en compagnie de plusieurs crocodiles locaux, tirés au canon et empaillés.

CARTAGENA, FORTERESSE ESPAGNOLE

La couronne espagnole a laissé à l'Amérique du Sud presque autant de trésors qu'elle en a emporté; aussi belle que romantique, **Cartagena de Indias** ⓱ demeure pourtant l'un des moins connus. Postée sur la côte caraïbe, saturée de chaleur, de musique et de rêves fébriles, cette cité fortifiée est un authentique musée à ciel ouvert, classé au Patrimoine mondial de l'Unesco. Il suffit d'arpenter ses rues pour voir ressurgir tout un monde de pirates sanguinaires, de galions chargés d'or et de duels sous les palmiers. Une poignée de conquistadors rongés par le scorbut fonda en 1533 cette ville qui allait rapidement devenir le principal port colonial de la côte caraïbe, et donner accès à la totalité de l'empire colonial sud-américain. Mais, tandis que les galions partent pour Cádiz chargés de richesses pillées chez les populations locales, Cartagena devient la cible privilégiée des pirates qui sillonnent la mer des Caraïbes.

Au cours du 16e siècle, les flibustiers soumettent Cartagena à 5 sièges dévastateurs. Les Espagnols décident alors d'édifier une série de fortifications propres à rendre la ville imprenable. Il faudra plusieurs décennies pour achever le plus formidable ensemble de remparts et de bastions des deux Amériques. Les pirates ne baissent pas les bras pour autant, mais Cartagena parvient à repousser plusieurs attaques lancées par les Anglais et les Français.

À l'intérieur des remparts

Quittant l'aéroport, la nationale longe la plage de Marbella en direction de **Las Murallas**, les remparts de pierre qui entourent la vieille ville. Disposés pour repousser une attaque venue du large, maints bastions demeurent intacts, avec leurs canons et autres bouches à feu. Le secteur colonial de Cartagena ne recou-

CI-DESSOUS : Fuerte San Fernando, Cartagena.

NOTEZ-LE

Plus proche du Nicaragua que de la Colombie, les charmantes et pittoresques îles de San Andrés et Providencía figurent parmi les destinations caraïbes les plus prisées des touritistes – et les plus cher pour les Sud-Américains. Les eaux cristallines caressant les plages paradisiaques sont une invitation à la plongée et au snorkling, tandis que les collines verdoyantes de Providencía sont propices à de longues randonnées.

vre qu'une petite partie de la ville, mais conserve suffisamment de vestiges et de monuments pour vous occuper pendant plusieurs jours.

Sur la **Plaza de Bolívar** se dresse le magnifique **Palacio de la Inquisición**. Son musée retrace les horrifiques activités de la Sainte Inquisition, qui installa dans ce palais son siège en 1610. Accusées d'hérésie, 12 personnes furent brûlées en public sur le bûcher de la place. Lorsque Cartagena déclara son indépendance, la foule se rua d'abord vers le Palacio pour le mettre à sac.

Attenante à la Plaza de Bolívar, la cathédrale affiche l'allure austère d'une forteresse. Trois rues au sud, une statue de Cristobal Colón (Christophe Colomb) trône sur la **Plaza de la Aduana**, ancien champ de parade. Faites une petite pause au **Museo de Arte Moderno** (ouv. du lun. au ven. de 9h à 12h et de 15h à 19h), logé dans les anciennes douanes royales, puis poursuivez votre flânerie, jusqu'à la **Puerta del Reloj** (porte de l'Horloge), qui reliait par un pont-levis la cité fortifiée au quartier plus pauvre de Getsemaní. En longeant l'enceinte en direction du sud, vous arriverez face à l'**Iglesia y Convento de San Pedro Claver** ; surnommé l'"esclave des esclaves", ce moine espagnol (1580-1654) consacra sa vie aux esclaves africains, et fut le premier personnage canonisé du Nouveau Monde. Avec ses patios aux arcades de pierre aménagés autour de jardins fleuris, le monastère respire la paix et le recueillement.

La vieille ville compte encore des dizaines de demeures coloniales, d'édifices et de monuments passionnants. Accordez-vous une halte à la **Casa de la Candelaria**, ancienne demeure coloniale aristocratique convertie en restaurant, mais ouverte aux visiteurs, puis promenez-vous le long des enceintes jusqu'à **Las Bovedas**. Vieux de 2 siècles, ces donjons aux murs de 15 m d'épaisseur abritent aujourd'hui plusieurs bars et boutiques pour touristes.

Citadelle inexpugnable

Pour garantir la sécurité de leurs impressionnantes réserves d'or pillé, les Espagnols édifièrent en certains points stratégiques des fortifications encore plus puissantes. Surplombant la ville des hauteurs de San Lorenzo, l'inexpugnable **Castillo de San**

CI-DESSOUS : scène de rue à Cartagena.

Felipe de Barajas développe ainsi un réseau complexe de batteries, galeries et cachettes construites en pierres énormes. Vous pourrez visiter les galeries, conçues pour que le moindre son résonne au loin, prévenant les gardes d'une menace éventuelle. La vue sur la vieille ville est splendide.

Le **Fuerte de San Fernando**, accessible par bateau, monte la garde à l'entrée de la baie de Cartagena, où, pour déjouer toute attaque surprise, une immense chaîne était mouillée entre ce fort et son jumeau, de l'autre côté de la baie. L'intérieur, très bien préservé, a servi de décor à de nombreux films. À l'arrière de la ville, le **Convento de la Popa** couronne une vaste colline. En 1607, les augustins y avaient érigé une chapelle en bois, bientôt remplacée par ce monastère où est conservée la statue de la Virgen de la Candelaria, sainte patronne de Cartagena.

Le cœur de Cartagena s'éveille dans la fraîcheur du crépuscule.

Près de la Puerta del Reloj s'étend la zone portuaire, **El Muelle de los Pegasos**; l'endroit idéal pour s'asseoir devant une échoppe à jus de fruits et contempler la vie des quais. Des bateaux partent d'ici pour gagner les paradisiaques **Islas del Rosario** ⓲; comptez 45 min de traversée. Impatient de goûter la cuisine de la mer locale, mais sans vous ruiner? Remontez l'Avenida Venezuela et arrêtez-vous à l'une de ces petites *ostrerias* qui vendent de délicieux cocktails d'huîtres et de crevettes. Envie de détente, dans un cadre plus sophistiqué? Prenez un taxi jusqu'à **Bocagrande**, une banlieue résidentielle à quelques minutes du centre, ou dirigez vos pas au hasard de la vieille ville ou encore du côté de Calle Arsenal.

ENVIRONS DE CARTAGENA

En filant au nord-est le long de la côte, vous arriverez à **Barranquilla** ⓳, grande ville portuaire célèbre pour son extraordinaire carnaval. À 240 km au sud de Cartagena, **Mompóx** ⓴ (ou Mompós) prospéra à l'ère coloniale grâce à sa situation sur le Río Magdalena, voie de communication vitale entre l'intérieur et la côte nord. Quand, au 18e siècle, le Rió Magdalena dévia de son cours, cette merveille architecturale (classée au Patrimoine mondial) se retrouva ceinte d'eau.

Remarquez la façade jaune de l'**Iglesia Santa Barbara** et sa tour octogonale de style mauresque, ou la **Casa de Cultura** (ouv. tlj.), qui se tient derrière l'**Iglesia San Agustín**, où la foule se rassemble durant les processions de Pâques. Bus et vedettes embarquent les voyageurs pour **El Banco**, ville décrépite, écrasée par une brume de chaleur et de poussière. ❑

CI-DESSOUS : église mauresque de Santa Barbara, Mompóx.

 Carte p. 114

VENEZUELA

Les Caraïbes, les Andes et l'Amazonie se télescopent dans ce pays très divers, extrêmement riche en merveilles naturelles, plages idylliques ou jungles mystérieuses.

Le Venezuela, aujourd'hui, c'est d'abord la figure charismatique de son président Hugo Chávez Frías. Les médias accordent souvent leur une à cet antimondialiste qui s'ingénie à verser du poil à gratter dans le dos de l'Oncle Sam par ses solutions alternatives pour l'Amérique du Sud et sa gestion indépendante d'un pétrole très convoité. Ces mêmes médias se révèlent en revanche assez avares d'autres éclairages sur ce pays, qui offre pourtant une multitude de richesses à découvrir, de destinations et d'expériences intenses à explorer. Des neiges éternelles des Andes aux immenses ranchs des plaines, des villages perdus dans la jungle aux métropoles bouillonnantes de vie nocturne, le Venezuela déploie en effet un stupéfiant éventail de beautés naturelles – forêts tropicales habitées par des communautés indigènes, gigantesques massifs rocheux d'où jaillissent les plus hautes chutes du monde, plages des Caraïbes étirées à l'infini.

Le pétrole a joué un rôle essentiel dans l'histoire du Venezuela, l'un des plus grands producteurs d'or noir de la planète. À partir des années 1920, et durant 6 décennies d'euphorie, l'argent va couler à flots. Face à cette source de revenus virtuellement inépuisable, l'agriculture perd toute valeur, provoquant un exode rural massif vers les grandes villes. L'industrie nationale périclite, les importations s'envolent, et personne ne se soucie ni de la corruption galopante ni du délabrement des structures du pays. Mais le cours du baril commence à chuter, et les Vénézuéliens sortent de leur sommeil un certain "vendredi noir", le 18 février 1983. Le cours de la monnaie nationale s'effondre, imposant le contrôle des changes. La fête est bel et bien finie, et il faudra attendre les années 2000 pour retrouver l'optimisme, dans un pays radicalement transformé.

La crise s'est fait réellement sentir en 1989, avec le second mandat de Carlos Andrès Pérez. Des mesures économiques draconiennes provoquent aussitôt deux tentatives de putsch. Pérez par-

Ne manquez pas

- CARACAS
- CHORONÍ ET PARQUE NACIONAL HENRI PITTIER
- MÉRIDA ET LES ANDES VÉNÉZUÉLIENNES
- LES LLANOS
- PARQUE NACIONAL LOS ROQUES
- ISLA MARGARITA
- SALTO ANGEL ET PARQUE NACIONAL CANAIMA

PAGES PRÉCÉDENTES : journée de pêche. **À GAUCHE** : Caracas. **CI-DESSOUS** : farniente, Ciudad Bolívar.

MER DE
Aruba
Curaçao
Willemstad
Bonaire
P.N. Archipiélago Los Roques
Islas Los Roques
Cabo San Ramón
Península de Paraguaná
Adícora
Punta Fijo
Punta Cardón
P.N. Los Médanos de Coro
Coro
Río Seco
Puerto Cumarebo
San José de la Costa
P.N. Macuira
Península de la Guajira
Puerto López
Manaure
Riohacha
Maicao
Paraguaipoa
Golfo de Venezuela
Sinamaica
San Rafael
Fonseca
P.N. Sierra Nevada
Maracaibo
Altagracia
Cabimas
Ciudad Ojeda
Lagunillas
Lago de Maracaibo
Villa del Rosario
Valledupar
Machiques
Sierra de Perijá
Guamo
P.N. Ciénagas de Catatumbo
La Ceiba
Bobures
Ceuta
Valera
Trujillo
Caja Seca
Boconó
Apartaderos
Mucuchíes
Santo Domingo
Mérida
P.N. Sierra Nevada
Bolívar 5007
Ejido
El Vigía
Cordillera de Mérida
Barinas
Ocaña
Cúcuta
San Cristóbal
San Antonio
Santa Barbara
Pamplona
Bucaramanga
Málaga
Barichara
San Gil
Socorro
Parque Nacional El Cocuy
Duitama
Sogamoso
Tunja
Bogotá
Barranquilla
Yopal
Paz de Ariporo
La Poyata
El Porvenir
COLOMBIE
Dabajuro
Carora
Barquisimeto
Quíbor
P.N. Yacambú
Duaca
P.N. Yurubí
Río Tocuyo
Chivacoa
Refugio Cuare
Chichiriviche
P.N. Morrocoy
Tucacas
Morón
Puerto Cabello
San Felipe
Valencia
Chuspa
Choroní
P.N. Henri Pittier
Maracay
Los Teques
Maiquetía
P.N. Ávila
Caracas
Higuerote
Santa Teresa
P.N. Guatopo
Laguna de Unare
Barcelona
Isla La Tortuga
San Juan
Tinaquillo
San Carlos
Acarigua
El Amparo
El Baúl
Guanare
Río Guanare
Llanos
Río Pao
Altagracia de Orituco
Zaraza
El Sombrero
Valle de la Pascua
Calabozo
Espino
Parque Nacional Aguaro-Guariquito
Ciudad Nutrias
San Antonio
Río Apure
Achaguas
San Fernando de Apure
Cazorla
Cabruta
Caicara del Orinoco
Las Trincheras
Elorza
Arauca
Río Arauca
Parque Nacional Cinaruco-Capanaparo
Río Orinoco
VENEZUELA
Barrial Largo
Río Casanare
Río Meta
Puerto Carreño
Puerto Ayacucho
Samariapo
Río Tomo
Parque Nacional El Tuparro
Río Ventuari
Río Vichada
Puerto Inírida
San Fernando de Atabapo
Parque Nacional Yapacana
Parque Nacional Marahuaca Duida
Río Casiquiare
San Carlos de Río Negro
Río Negro
Río Içana
Parque Nacional Serranía de la Neblina
BRÉSIL
1
2
3
4
5
6
7
8
9
10
26
1
2
3
4
5
6
9
13
15
19
45
90
Isla de Margarita
0 10 km
N
Islas Los Frailes
Cabo Negro
Manzanillo
Playa El Agua
Playa Caribe
El Tirano
Pedro Gonzáles
Juangriego
Sta Ana
La Asunción
Playa Guacuco
Parque Nacional de la Laguna Restinga
La Guardia
San Juan Bautista
El Pilar
Boca del Pozo
Península de Macanao
Laguna Restinga
P.N. Cerro El Copey
Pampatar
Punta Arenas
Boca del Río
El Epinal
Porlamar
Laguna de las Maritas
Punta de Piedras
Playa El Yaque
Punta Mangle
Nueva Cádiz
Isla Cubagua
Isla Coche
San Pedro
15
16
17
18
19
20
21
22

vient à conserver les rênes, mais, accusé de corruption, il est destitué en août 1993 et condamné en 1996.

Président en 1969-1974, Rafael Caldera revient au pouvoir en 1994. Confronté à une dette extérieure en hausse, à la faillite de 17 établissements financiers représentant près de la moitié de l'épargne nationale, à une évasion massive des capitaux et à un manque de confiance généralisé, il dévalue le bolívar et impose le contrôle des changes de juin 1994 à avril 1996. La dévaluation va frapper très durement les Vénézuéliens.

Les promesses de réduction des dépenses font long feu, et la dette continue de croître. Une chute vertigineuse des revenus et un taux de chômage explosif plongent 85 % des Vénézuéliens sous le seuil de la pauvreté. Les nantis se barricadent dans leurs villas-forteresses, tandis que la violence fait rage dans les *barrios* de Caracas.

Changements radicaux

En 1998, le colonel Hugo Chávez remporte les élections présidentielles, entreprend la refonte du système politique et gagne le référundum qui permet, en 1999, la création de la nouvelle Constitution. Réélu en juillet 2000, il rafle 60 % des sièges d'un Parlement unique lors d'un scrutin quelque peu opaque. Le prix du pétrole quadruple, les dépenses publiques,– surtout militaires – et sociales augmentent, dont une grande partie en “missions” hors budget financées par Petróleos de Venezuela SA, compagnie nationalisée à la tête de laquelle Chavez a placé son ministre de l'Énergie et des Mines, Rafael Ramirez. Chavez gagne en popularité auprès des plus pauvres en leur offrant de meilleures prestations médicales et sociales. Pendant la décennie qui suit, l'élite conservatrice se tient en retrait ne trouvant aucune prise contre la politique de Chavez qui, qu'en à lui, gouverne à coup de décrets.

Toutefois, tout n'est pas rose pour Chavez. La mort de 19 manifestants à Caracas le 11 avril 2002 résulte en un coup d'État qui sera avorté et qui n'aura aucune influence immédiate. Renforcé par sa victoire aux élections de 2006, Chavez met en place une série de mesures controversées, – notamment dans le domaine des médias tel que le non renouvellement de licence en mai 2007 de la chaîne de télévision généraliste privée, RCTV –, qui soulèvent un important mouvement de manifestations estudiantines. Fort de reconnaître sa défaite au referundum de 2007 qui lui aurait permis d'être réélu sans limite de mandats, Chavez regagne néanmoins assez de voix en 2009 pour faire accepter ce projet par l'Assemblée. Il sera donc éligible aux présidentielles de 2013.

Sur le plan international, Chávez milite au sein de l'OPEP pour le contrôle des prix du baril, fonde avec Cuba l'Association Bolivarienne pour les peuples de notre Amérique (l'ALBA), et ne ménage pas ses critiques à l'égard des États-Unis et de la Colombie, pays qui, cependant, sont de loin ses meilleurs partenaires commerciaux.

NOTEZ-LE

Depuis que Hugo Chávez a lui-même fixé le taux de change et imposé le contrôle du change, les prix au tarif officiel sont exorbitants. Faire du change à un taux avantageux est compliqué et peut-être dangereux. Il est préférable de réserver et de payer vos circuits avant de partir. Certains hôtels et tour operators pourront vous conseiller pour trouver des bureaux de change fiable.

Caracas, capitale des paradoxes

Fraîchement débarqué de l'Aeropuerto Internacional Simón Bolívar, vous découvrirez d'abord El Litoral Centro, la côte centrale. Un véritable cataclysme s'y est abattu en 1999, lorsque des torrents de montagne gonflés par des pluies diluviennes ont submergé les ravins, charriant arbres séculaires, énormes rochers et tonnes de terre jusqu'à l'Océan. Un déluge tel qu'un tsunami semblait avoir frappé la côte. Rayées de la carte, Macuto et Caraballeda, 40 min à l'est de **Caracas** ❶ – protégée par la chaîne côtière –, mettront plusieurs années à renaître de leurs décombres.

Les montagnes du **Parque Nacional El Avila** dressent un arrière-plan spectaculaire à Caracas, où cohabitent 5 millions de Caraqueños. Des *ranchos* mitent les collines qui encerclent la métropole ; dans ces bidonvilles vivent des immigrants illégaux et des paysans pauvres venus chercher fortune à la capitale. La vallée centrale, tout comme les zones résidentielles de l'est et du sud, reflète l'autre visage de Caracas – moderne, riche et dynamique.

Dominées par d'élégantes tours mais quelque peu décaties, les perles coloniales d'**El Centro** et sa **Plaza Bolívar** occupent le cœur historique de la ville. Vous y découvrirez notamment le Capitólio (19e siècle), la Catedral du 17e siècle et le

Ci-dessous : statue équestre de Símon Bolívar sur Plaza Bolívar, Caracas.

Museo Sacro (ouv. du mar. au dim. de 10h à 17h) attenant, ainsi que l'incontournable **Casa Natal** (ouv. du mar. au dim. de 10h à 17h), qui vit naître Simón Bolívar. À côté, le **Museo Bolivariano** (ouv. du mar. au dim. de 10h à 17h) expose un ensemble de souvenirs militaires relatifs au "Libertador". Au sud de la *plaza* se dresse le Concejo Municipal, où eut lieu l'appel à l'indépendance du Venezuela. Le **Museo de Caracas** (ouv. du mar. au ven. de 10h30 à 16h30) y rassemble des miniatures de Raúl Santana représentant la vie des *criollos* à la fin du 19e siècle, ainsi qu'une collection de toiles impressionnistes d'Emilio Boggio.

Ancienne prison reconvertie en résidence d'État, la **Casa Amarilla** héberge le ministère des Affaires étrangères. Au nord-ouest de la *plaza* s'élève le Gobernación, siège du gouvernement du Distrito Federal. L'**Iglesia de San Francisco** (1575), qui renferme d'éblouissants autels dorés, mérite qu'on s'y attarde. Elle est accolée au **Palacio de las Letras**, qui réunit les Académies d'histoire, des langues et des sciences. Plusieurs rues au nord de la cathédrale, le **Panteón Nacional** (ouv. du mar. au dim. de 9h à 12h et de 13h30 à 16h30), paré de rose et gris, abrite 130 figures illustres de la nation.

Ce quartier concentre également les hauts lieux du shopping de la capitale. À l'angle sud-ouest de Plaza Bolívar, vous trouverez le grand centre du commerce de l'or, La Francia, qui attire dans ses 9 niveaux un flux continuel de chalands. Alignant l'Avenida Oeste 2 vers l'est jusqu'à la station de métro La Hoyada, boutiques de mode, magasins de chaussures et échoppes d'accessoires.

À quelques minutes à l'est du Centro, l'énorme chantier de rénovation du **Parque Central** a fait surgir de terre 2 tours jumelles de 52 étages, 7 tours d'appartements de 43 étages, et l'exceptionnel **Museo de Arte Contemporáneo de Caracas Sofía Imber**, avec son jardin de sculptures et son restaurant. Au 52e niveau, la Torre Este vous réserve un panorama à 360° sur Caracas. Les enfants adoreront le **Museo de los Niños**, réellement fabuleux ; et les passionnés de piano se précipiteront aux concerts hebdomadaires du **Museo del Teclado**, dédié aux instruments à clavier.

NOTEZ-LE

La meilleure façon de circuler dans Caracas, c'est le métro. Pour faire des économies, achetez un *ida y vuelta* (billet aller-retour), un *multi abono* (10 trajets à tarif réduit), ou un *integrado* (combiné métro + bus).

CI-DESSOUS : tradition caraïbe, les parties d'échec en plein-air.

Un peu plus à l'est, le **Parque Los Caobos** est galonné du majestueux **Teatro Teresa Carreño**, du **Teatro Rajatabla**, résidence d'une compagnie théâtrale alternative, et de 3 autres grands musées (ouv. du mar. au dim.) : le **Museo de Ciencias Naturales**, le **Museo de Bellas Artes** (art contemporain) et la **Galería de Arte Nacional**, chasse gardée des artistes vénézuéliens. En arrière-plan se dresse la **mosquée Ibrahim bin Abdulazis al Ibrahim**, la plus grande du continent.

NOTEZ-LE

Les habitants de Caracas s'appellent *caraqueños*.

En vous dirigeant vers le nord, vous arriverez à **La Candelaria**, un quartier qui conserve un parfum typiquement hispanique avec ses petits bistros traditionnels et ses bars à tapas, les *tascas*. À San Bernardino, plus au nord, ne manquez pas le musée colonial de la **Quinta de Anauco** (ouv. du mar. au ven. de 9h à 11h30 et de 14h à 16h30, les sam.-dim. de 10h à 16h), une élégante demeure au remarquable ensemble d'œuvres d'art et de mobilier, entourée de jardins luxuriants.

Caracas Est

Rouler en voiture – et se garer ! – constitue un défi permanent à Caracas. Aussi optez sans hésitation pour le métro : propre, rapide et économique, il permet de traverser la ville en quelques minutes. En surface, une myriade de bus vous transporteront partout, et pour pratiquement rien si vous n'êtes pas pressé. Les taxis sont légion et bon marché, mais assurez-vous de leur donner l'adresse en espagnol car les chauffeurs ne parlent généralement ni l'anglais ni le français.

Empruntez le métro jusqu'à **Plaza Venezuela**, puis marchez vers l'est en direction de **Chacaíto** sur la longue *Gran Avenida*, Sábana Grande, voie piétonne bordée de boutiques, de cafés et de tables de jeux d'échecs où les employés s'arrêtent durant la pause-déjeuner. Séduisante la journée, l'animation s'y fait plus pesante la nuit, lorsque les travestis et autres prostituées s'emparent des trottoirs devant les hôtels de passe.

Plus à l'est, les quartiers résidentiels huppés de Chacao et de Chuao se dotent de centres commerciaux, tel le Centro Comercial Ciudad Tamanaco (CCCT), Sambil et, le plus élégant, San Ignacio ; la Plaza Altamira, d'une large variété de

CI-DESSOUS : vue aérienne du quartier de Las Mercedes, Caracas.

L'appel de la batte

Contrairement aux autres pays du continent, le Venezuela ne place pas le foot au premier plan – il lui préfère amplement le base-ball. Introduit par les Américains dans les années 1890, ce sport passe professionnel lorsque la ligue est fondée le 27 décembre 1945. Avec 17 titres à leur actif, Les Leones del Caracas est la plus populaire des 8 équipes constitutant la Liga Venezolana de Béisbol Profesional. Leur principal adversaire national reste les Navegantes del Magallanes et la compétition peut être très féroce.

Depuis les années 1950, la réputation des joueurs vénézuéliens arrive jusqu'au continent nord-américain. Les transferts de ligues commencent, notamment avec Luis Aparicio, et se poursuivent encore aujourd'hui dans d'autres pays comme la France, avec l'arrivée en 2010 de César Quintero (Leones del Caracas) aux Templiers.

petits restaurants ; tandis que le secteur de Las Mercedes concentre les meilleures tables de Caracas. Une passerelle enjambe la voie express pour rejoindre le **Museo de Transporte** (ouv. le dim. de 9h à 17h), côté est.

Deux autres parcs oxygènent la capitale : 2 rues au sud de Plaza Venezuela, une fontaine géante signale le vaste **Jardín Botánico** (ouv. tlj.), son arboretum de 100 000 arbres et ses sculptures d'artistes vénézuéliens ; au départ du Capitolio, sur la ligne n° 2, la station Zoológico vous ouvre toutes grandes les portes des 594 ha du **Parque Zoológico Caricuao** (ouv. du mar. au dim. de 9h à 16h30), où les animaux vaquent en liberté.

Maracaibo, la colorée.

À L'OUEST DE CARACAS

Une petite heure de route vous hissera jusqu'à **Colonia Tovar** ; en 1843, des Allemands venus de Forêt-Noire fondent ce village où ils transplantent leur architecture, leur langue, leurs traditions. Le week-end, les Caraqueños embouteillent ses rues étroites encombrées d'étals débordant de produits du terroir et artisanaux. Les hôtels ne manquent pas et si vous y allez en mars-avril, vous pourrez assister à son festival de musique de chambre. À 90 min de Caracas par la voie express, **Maracay** ❷ vous donnera accès au **Parque Nacional Henri Pittier** – la plus ancienne réserve du pays (1937) – et à ses 550 espèces d'oiseaux, ses bambouseraies et ses forêts ombrophiles aux arbres géants drapés de lianes.

L'entrée par El Limón vous conduira à Bahía de Cata, idyllique plage en forme de croissant ourlée de palmiers. Peu avant le parc, Ocumare de la Costa propose divers hébergements. Passé Cata, les surfeurs feront étape sur la plage de Cuyaga. En suivant la route qui passe par Las Delicias, vous arriverez à Choroní, charmant village colonial, puis à Puerto Colombia, petit port de pêche (nombreuses *posadas*) – baignade de rigueur sur la vaste plage ombragée qui vous attend 1 km à l'est. De Puerto Colombia, – région où pousse l'un des meilleurs cacao au monde –, les pêcheurs vous embarqueront volontiers pour les plages de Chuao et de Cepe.

De **Valencia** ❸, capitale industrielle du pays, suivez pendant 20 min la direction nord. Arrivé aux sources du Centro Termas Las Trincheras, en bifurquant vers l'est, vous descendrez sur Puerto Cabello, l'un des plus grands ports vénézuéliens. Bordant la mer, un bel alignement de demeures de style colonial fait face à l'imposant Castillo Libertador (1737). À l'arrière-plan, le Fortín Solano domine la colline ; achevé en 1770, il est le dernier fort édifié par les Espagnols au Venezuela.

Vers l'ouest, 40 min de route vous mèneront à Tucacas, première entrée du Parque Nacional Morrocoy. Le parc est aussi accessible via Chichiriviche, trajet qui vous fera traverser le **Refugio de Fauna Silvestre de Cuare** – féerique au crépuscule quand les colonies d'ibis rouges et les 20 000 flamants forment des nappes flamboyantes, et que les palmiers frangent d'émeraude

CI-DESSOUS : la luxuriante végétation du Parque Nacional Henri Pittier.

NOTEZ-LE

Pour rejoindre Táchira sans trop perdre de temps, prenez la Ruta 6 le long de la rive gauche du Lago de Maracaibo, puis suivez les panneaux direction Machiques à la sortie de la ville.

bancs de sable et îles. Des vedettes y conduisent au départ de Tucacas et de Chichiriviche.

La grand-route littorale traverse des plaines côtières désertiques pour gagner **Coro** ❹ ; classée au Patrimoine mondial de l'Unesco, la ville regroupe de beaux témoignages d'architecture coloniale, dont le Museo Diocesano. Échappez-vous vers le nord jusqu'aux vents rageurs de la **Península de Paraguaná**, et longez les dunes du **Parque Nacional Los Médanos de Coro** jusqu'à **Adícora**, halte obligée des accros de surf. Les îles toutes proches de Curaçao et d'Aruba ont préservé une admirable architecture coloniale d'influence hollandaise.

Aux sources de l'or noir

Dans l'État de Zulia, aux confins occidentaux du pays, vous découvrirez le **Lago de Maracaibo**, le plus vaste lac d'Amérique latine – mais aussi l'un des plus riches de la planète avec ses immenses réserves de pétrole et de gaz. Une fois l'impressionnant pont Rafael Urdaneta franchi, vous atteindrez **Maracaibo** ❺, deuxième ville du Venezuela. Sa démographie florissante, due à l'industrie pétrolière, compte une population indigène importante : vous croiserez en nombre Guajiro et Paraujano, dont les femmes arborent une longue robe traditionnelle à traîne.

Au long de l'interminable Paseo Ciencias se dressent la Catedral et la Casa de Capitulación, de style colonial. La Basílica de Nuestra Señora de la Chiquinquirá honore la sainte patronne du Zulia, surnommée la "Chinita". La Calle Carabobo (ou Calle 94) aligne ses maisons colorées de style Maracaibo, pour la plupart converties en boutiques ou en restaurants, ainsi que d'immenses halles métamorphosées en **Centro de Arte de Maracaibo Lia Bermúdez** (ouv. ouv. du mar. au dim. de 9h30 à 18h)). Dans l'arrondissement de Santa Lucia, entre shopping et bons petits restos, le **Museo de Arte Contemporáneo del Zulia** (MACZUL ; ouv. du mar. au dim. de 9h à 17h), deuxième plus important musée d'Art contemporain d'Amérique du Sud, vous ouvre ses portes.

Ci-dessous : pompes à pétrole du lac Maracaibo.

À **El Moján**, quelques pièces vous suffiront pour embarquer sur la vedette qui mène au fort colonial et à la grande plage d'Isla San Carlos. Des bateaux d'excursions sillonnent également la **Laguna de Sinamaica** toute proche, une belle occasion de découvrir les villages paraujano construits sur pilotis.

Mérida repose dans un cadre extraordinaire : posée sur un haut plateau au pied duquel coule la Chama, 5 des plus hauts pics des Andes vénézuéliennes se dessinent en toile de fond.

AU DÉPART DES ANDES

S'il fallait choisir une seule région à visiter au Venezuela, ce serait sans doute la province andine de Táchira, et notamment les environs de Mérida et de Trujillo. Vous pouvez y accéder par avion, mais la route vous permettra d'admirer pleinement ces éblouissants paysages de lacs glaciaires bordés de fleurs. Dans les petits villages lacustres qui les émaillent, des auberges paisibles vous serviront une truite savoureuse et du fromage fumé sur *arepas* de blé, le tout arrosé d'un *ponche andino* ou d'un *calentado* bien corsés.

En quittant la côte, si vous prenez la Transandina via **Barquisimeto** ❻, en vous offrant un détour par le village de tisserands de Tintoreto et celui de Quibor, réputé pour ses poteries, vous arriverez à **Guanare** ❼, au cœur des exploitations agricoles du centre. Dédiée à la sainte patronne du Venezuela, l'imposant **Templo Votivo Nacional de la Virgen de Coromoto** y fut inauguré en 1996 par Jean-Paul II. Un autre itinéraire, via Boconó, vous mènera à travers des plantations de caféiers ou, partant de Barinas, vous fera passer par Santo Domingo.

Chez ces communautés andines isolées – les routes goudronnées ne sont apparues que dans les années 1950 –, l'église a joué un rôle social qui perdure.

La plus haute route goudronnée du pays culmine au **Paso El Águila** (4 007 m). Typique des Andes du Nord, le frailejón *(Espeletia grandiflora)* recouvre le *páramo* (haut plateau) de ses épaisses feuilles gris-vert qui s'éclairent en octobre de grosses fleurs jaunes. Près d'**Apartaderos** ❽, vous pourrez visiter l'Observatorio Astronómico Nacional del Llano del Hato, doté de 4 télescopes géants.

Le **Parque Nacional Sierra Nevada** s'étend au sud-est de la route Santo Domingo-Mérida. De nombreuses pistes y attendent les randonneurs, notam-

CI-DESSOUS : les domes des téléscopes de l'observatoire astonomique de Llano del Hato.

Boutique de vannerie sur une route andine.

ment au départ de Mucuy Alto et de la Laguna Mucubají, le plus vaste des 200 lacs glaciaires de la Cordillera de Mérida, très appréciés des pêcheurs à la truite.

À environ 20 min au nord de Mérida, **Los Aleros** est une reconstitution – assez touristique – d'un village andin traditionnel : on peut y effectuer les tâches quotidiennes des Andinos, jouer leur musique et même s'y marier. Son créateur, Alexis Montilla, est également le père d'un autre parc à thème andin, La Venezuela de Antier, entre Mérida et le village colonial restauré Jají.

Mérida ❾ bénéficie d'un climat printanier 12 mois sur 12, et d'un panorama sur les sommets enneigés de sa cordillère, couronnée par le **Pico Bolívar** (5 007 m). Regroupées autour de la Plaza Las Heroínas (près de la gare de téléphérique), plusieurs *posadas* accueillent les amateurs de trekking, d'alpinisme ou de parapente, leur fournissant tout le matériel nécessaire, guides et *toyoteros* (chauffeurs de 4x4) les emmenant jusqu'aux villages de montagne de **Los Pueblos del Sur**, ou aux points de départ des excursions.

Mérida détient le plus haut et le plus long téléphérique du monde, ainsi que 43 *parques* et *plazas*, dont le **Parque Zoológico Chorros de Milla**, doté d'un zoo miniature ; El Acuario présente un aquarium et des figurines grandeur nature évoquant la vie traditionnelle dans les Andes ; le **Museo de Ciencia y Tecnología** (ouv. tlj. de 10h à 18h30) ne manque pas non plus d'intérêt, tout comme le **Museo de Arte Moderno** (ouv. du lun. au ven. de 8h à 11h30 et de 14h à 18h) et l'énorme Catedral Metropolitana campée sur la Plaza Bolívar.

L'État d'**Apure** concentre une grande part des immenses *llanos* (plaines) vénézuéliennes. Sillonnés par les *llaneros* (cow-boys), ses *hatos* (ranchs) couvrent des milliers d'hectares ; palmiers *moriche (Mauritia flexuosa)*, musiques et danses *joropo*, faune et flore d'une richesse stupéfiante caractérisent cet environnement peu connu. Venant de l'est, vous pénétrerez dans certains *hatos* par **San Fernando de Apure ❿**, capitale de l'État, ou par **Ciudad Nutrias** si vous venez du nord ; d'autres *hatos* ne sont accessibles que par avion privé, bateau ou 4x4.

Ci-dessous : *llaneros* dans les plaines d'Apure.

Los Llanos

Le Venezuela a ses grandes plaines, les Llanos, comme l'Argentine a sa pampa. Ces vastes étendues ont donné au pays une musique et une cuisine réputées, et plusieurs présidents en sont issus, notamment José Antonio Páez (1830-1835), et l'actuel chef d'État, Hugo Chávez.

Au cœur du pays, cette région rurale torride couvre 7 des 24 États du pays. Le gouvernement Chávez a financé des programmes d'aide à la musique llanero qui comprend entre autres le *joropo*, musique folk très populaire au Venezuela. Aujourd'hui encore, les Llanos hébergent une faune passionnante, dont le *capybara*, ou *chigüiro* (*Hydrochaeris hydrochaeris*), le plus gros rongeur de la planète, et l'anaconda, que vous pouvez observer lors d'une randonnée vie sauvage, ou si vous séjournez dans un *hato*, l'hacienda locale.

LE LITTORAL ORIENTAL

Trente-cinq minutes d'avion suffisent à relier Caracas au **Parque Nacional Los Roques Archipelago**, mais, sur place, l'excursion d'une journée et le séjour exigent un budget conséquent. Los Roques éblouit par ses plages superbes – mais sans aucun coin d'ombre pour vous abritez –, et ses sites de plongée ou de pêche. De Caracas, sur la route littorale orientale – évitez les bouchons des jours fériés –, le long de la "Ruta del Sol", entre Puerto La Cruz et Cumaná, des plages tout aussi splendides s'offrent à vous sur la rive nord de la Laguna de Unare (via Boca de Uchire) ou à Puerto Píritu.

Capitale de l'État d'Anzoátegui, **Barcelona** conserve un charmant quartier aux rues étroites, où son Museo de Tradiciones voisine avec des maisons coloniales. Ses plages s'alignent sur une étroite langue de terre pour aboutir au colossal Complejo Turistico El Morro : 800 ha de béton, de piscines et de sable. Douze kilomètres à l'est, la fièvre touristique reprend sur le Paseo Colón de **Puerto La Cruz** ⓫, qui borde Bahia de Pozuelos – où se côtoient yachts et petits bateaux de pêche – et les îles rocheuses du Parque Nacional Mochima. À l'extrémité est de la plage – totalement polluée –, des pêcheurs proposent des navettes jusqu'aux îles, havres de baignade et de plongée, avec ou sans bouteille.

En poursuivant le long de la route littorale, vous pourrez faire une pause sur les plages de Playa Colorada ou de Arapito avant de rejoindre **Cumaná** ⓬, la plus ancienne cité continentale, fondée en 1521. Un bateau effectue la traversée de Cumaná à la **Península d'Araya** ⓭, où vous débarquerez près d'un fort colonial en ruine et d'une plage irrésistible. Un peu plus à l'est, certains se plairont à imaginer finir leurs jours sur la fabuleuse **Playa Medina**, près de Río Caribe, ville où le temps ne semble plus guère peser.

Au sud, près de **Caripe** ⓮, la **Cueva del Guácharo** (officiellement nommé Monumento Natural Alejandro Humboldt) doit son appellation aux milliers de *guácharos* (*Steatomis caripensis*, famille des engoulevents) qui ont élu domicile dans cette caverne.

NOTEZ-LE

Préférez la saison sèche (de la mi-novembre à fin avril) pour découvrir les llanos : la vie sauvage se concentre alors autour de quelques maigres points d'eau. En dehors de cette période, la pluie ne cesse de tomber, inondant les terres, interdisant de nombreux accès et dispersant la faune.

CI-DESSOUS : Los Roques.

Iglesia de La Asunción, Isla de Margarita.

Perles des Caraïbes

À moins d'une heure d'avion de Maiquetía et à 2 ou 4 heures de bateau de Puerto La Cruz, **Isla de Margarita** constitue la plus étincelante des 3 "perles" qui forment l'État de Nueva Esparta. Une eau de 23 à 30 °C baigne les sables blancs de l'île, paradis des mordus de sports nautiques, de pêche et d'équitation. Quant aux surfeurs, ils commencent à fréquenter les vagues de **Playa El Yaque** ⓯ avec presque autant d'assiduité que celles de Hawaï. Son statut de destination touristique incontournable, Isla de Margarita le doit à son abondance de sites historiques et à sa riche tradition artisanale, mais aussi à ses quelque 2000 boutiques en duty-free, à ses nombreux restaurants, à une vie nocturne endiablée et à un éventail d'hébergements allant de la plus intime *posada* aux complexes les plus luxueux.

C'est sur ces îles que les Espagnols foulent pour la première fois le sol sud-américain, en l'an 1500. Les riches essaims d'huîtres perlières qui entourent l'île de **Cubagua** les y retiennent pendant un temps. Mais la surexploitation, un ouragan qui rase leurs maisons, et des pirates qui pillent ce que la tempête n'a pas dévasté viennent rapidement à bout de la petite colonie. La pêche aux perles perdure de nos jours, mais uniquement en saison (jan.-avr.) et tous les 2 ans.

Une excursion d'une journée vous fera découvrir l'île quasi déserte de Cubagua, les ruines de son ancienne colonie et des plages totalement sauvages, en prenant le bateau au départ de **Porlamar** ⓰, la plus grande ville de Margarita. Porlamar, où se concentrent la plupart des hôtels, boutiques et restaurants de l'île, est également reliée par ferry à l'Isla de Coche, qui commence à développer son potentiel touristique avec ses excellents spots de planche à voile et ses petits hôtels.

Sur Margarita, vous trouverez l'essentiel des hébergements près des plages les plus fréquentées. Au nord de Porlamar, **Playa Guacuco** ⓱ s'est dotée de quelques infrastructures touristiques et la superbe **Playa El Agua** ⓲ attire toujours autant de monde, malgré son dangereux ressac. Les plages se succèdent jusqu'à **Manzanillo** ⓳, pointe nord de l'île, pour ensuite s'étirer le long de la côte ouest.

Ci-dessous : Playa Manzanillo.

Plus intime et plus paisible que Porlamar, **La Asunción** ⓴ n'en assume pas moins fièrement son statut de capitale historique, forte de sa cathédrale du 16e siècle – l'une des plus anciennes églises du Venezuela –, de son **Museo de Nueva Cádiz** (ouv. du mar. au ven. de 10h à 17h, le sam. de 9h à 13h), consacré à cette ville détruite en 1541 par un tremblement de terre, et de son fort colonial, le **Castillo de Santa Rosa** (ouv. du lun. au sam.). À 10 km au nord-est, **Pampatar** ㉑ se distingue également par plusieurs édifices coloniaux, dont une forteresse et une ravissante église.

Paysage de marais et de collines, Isla de Margarita.

Célébrée pour ses couchers de soleil, **Juangriego** ㉒ déploie sa plage paisible à proximité de villages réputés pour leur artisanat: poterie à La Vecinidad et El Cercado; vannerie à Pedrogonzález; hamacs à Tacarigua et chapeaux de paille à San Juan. La ville de Tacuantar héberge le Taller de Arte Así con las Manos – village d'artisanat Tierra, Agua y Fuego. Contrastant avec la partie orientale de l'île, très touristique, la péninsule de Macanao, à l'ouest, prend des allures désertiques. Entre les deux, le Parque Nacional Laguna La Restinga insinue son étroit corridor. Des bateliers vous y conduiront à travers chenaux et marais de mangrove jusqu'à l'extraordinaire plage qui frange la lisière extérieure de la lagune.

AUX LISIÈRES D'UNE TERRA INCOGNITA

Au sud du Venezuela, la région dénommée Guayana comprend les États du Delta Amacuro, de Bolívar et d'Amazonas: elle couvre une partie de l'immense bouclier guyanais, plateau rocheux datant du Précambrien (entre 1,2 et 2,5 milliards d'années). Caractéristiques incontournables de cette zone: les immenses *mesas* (plateaux tabulaires), appelés ici *tepuyes* – dont le célèbre **Roraima**, qui a inspiré *Le Monde perdu* d'Arthur Conan Doyle –, d'où dévale, du haut de l'**Auyantepui**, le grandiose Salto Angel.

Les routes rayonnant au départ des capitales du **Delta Amacuro** (Tucupita) ou de l'**Amazonas** (Puerto Ayacucho) étant rares, mieux vaut choisir l'avion ou le bateau. Ces difficultés d'accès participent d'ailleurs au mystère et au caractère sauvage de la région. L'immense delta de l'**Orénoque**, en dépit de son fort potentiel touristique, n'a connu qu'une exploitation récente – et "homéopathique": une dizaine de campements, dédiés à l'observation de la faune et à la découverte des Indiens warao, principaux habitants de cet écosystème unique. "Peuple de l'eau", les Warao ont préservé un artisanat réputé, notamment en matière de vannerie.

Le **Bolívar** est le plus vaste État du Venezuela, mais aussi l'un des plus riches avec ses énormes réserves d'or, de diamants, de bauxite, de fer, de bois nobles et d'hydroélectricité. Tout au nord, **Ciudad Guayana** ㉓ est née en 1961 des besoins du pays en industrie lourde. De gigantesques complexes métallurgiques utilisent l'électricité fournie à une heure de route par le **barrage de Guri**, l'une des plus puissantes centrales hydroélectriques de la planète (visites guidées intéressantes).

CI-DESSOUS: pêche à la sardine au large d'Isla de Margarita.

Cet obélisque planté au sommet du Roraima marque la frontière de trois pays : Venezuela, Guyana et Brésil.

Mais la région dispose d'autres atouts, comme les cascades du **Parque Cachamay** et du **Parque Llovizna**, les ruines de la **mission du Caroní** et, à une heure de là, 2 forts des 17e et 18e siècles, **Los Castillos de Guayana La Vieja** (ouv. du lun. au ven. de 9h à 12h et de 13h à 17h, les sam.-dim. de 9h à 17h), qui surplombent l'Orénoque.

Direction ouest, une voie express vous conduit en une heure de Ciudad Guayana à **Ciudad Bolívar** ㉔, capitale de l'État. Fondée en 1764 au bord de l'Orénoque sous le nom d'Angostura, cette place forte des indépendantistes, et base d'opérations de Simón Bolívar, devient la capitale du Venezuela durant la IIIe République (1817-1821). Le commerce de l'or et une position fluviale stratégique conforteront son importance.

L'ouverture de la route reliant San Fernando de Apure au littoral central signe son déclin. Mais la cité a conservé maints témoignages de son riche passé colonial – notamment la Catedral, le Museo Etnográfico de Guayana, la Casa del Congreso de Angostura, ou le Museo Manuel Piar. Si vous en avez le temps, arrêtez-vous au **Museo de Arte Moderno Jesús Soto** – qui célèbre l'un des plus éminents artistes vénézuéliens contemporains – et à la **Quinta de San Isidro** – demeure où Bolívar séjourna fréquemment, aujourd'hui convertie en Museo Casa San Isidro. Des berges du fleuve, vous apercevrez le **Puente Angostura**, seul ouvrage à enjamber l'Orénoque tout au long de ses 2 140 km. Le reste de l'État n'est accessible que par avion privé ; quelques prospecteurs y côtoient – ou évitent – une population indigène éparpillée à travers de vastes zones inexplorées.

Achevée en 1991, la route goudronnée qui relie Ciudad Guayana à **Santa Elena de Uairén** – à la frontière brésilienne – vous permettra de traverser sans encombre le Parque Nacional Canaima et La Gran Sabana. Des palmiers *moriche* parsèment cette vaste savane dont les collines ondulent telle une mer calme ; vous y reconnaîtrez les villages indigènes pemón à leurs maisons en adobe, coiffées de chaume ; et, à l'horizon, la silhouette majestueuse des *tepuyes*, dont le **Roraima**, sommet de la région du Guayana. De nombreuses et impressionnantes cascades jalonnent cette route, notamment celles de **Kama Merú** et de la **Quebrada de Jaspe**. En revanche, il vous faudra un 4x4 pour pouvoir gagner le mission de **Kavanayén** et admirer les chutes spectaculaires de Chinak-Merú.

Ci-dessous : végétation ombrophile noyée par les brouillards du Roraima.

Au nord-ouest du Parque Nacional Canaima (30 000 km^2), **Canaima** ㉕, ville posée au bord d'un lac aux rives de sable rose frangées de palmiers, a fait figure de pionnière en matière de tourisme d'aventure au Venezuela. Ce secteur du parc n'est accessible qu'en avion ; vous pourrez y faire une excursion d'une journée au départ de Maiquetía, de Porlamar ou de Ciudad Bolívar – ou bien passer la nuit sur place. Le principal atout de Canaima, c'est la proximité du **Salto Angel**, qui tient son nom d'un pilote américain, Jimmie Angel, qui le "découvrit" en 1935. Le Salto Angel est la plus haute chute du monde (979 m, dont 807 m en continu) : elle se précipite du bord de l'**Auyantepui**, immense *tepuy* de 700 km^2 de superficie. Si le temps le permet, vous pourrez survoler les chutes en avion. Des excursions partent de Canaima durant la saison des pluies (mai-nov.).

En 2000, un vaste mouvement de protestation ne put empêcher le gouvernement d'implanter des pylônes à haute tension à travers le Parque Nacional Canaima et La Gran Sabana pour acheminer son énergie hydroélectrique jusqu'au Brésil voisin. Ce chantier a mis en danger des écosystèmes fragiles, défiguré des paysages sublimes et favorisé l'ouverture de grosses exploitations minières aux franges de la réserve.

Les méandres du Río Caroní, près du Salto Angel.

Jungles vulnérables

Un survol de l'État d'Amazonas, de ses jungles tropicales à peine entrecoupées par les veines noires des fleuves et des rivières, gravera à tout jamais dans votre mémoire cette vision d'immensité et de beauté surnaturelle. Couvrant une superficie égale à celle du tiers de la France, l'Amazonas vénézuélien ne compte que 45 000 habitants, pour la plupart indigènes. Partant de la capitale **Puerto Ayacucho** ㉖ – à l'extrême nord-ouest –, les routes goudronnées rendent l'âme au bout d'une centaine de kilomètres. Les rapides de l'Orénoque ont longtemps interdit toute incursion dans ces extraordinaires territoires vierges, aujourd'hui accessibles par l'intermédiaire de quelques campements touristiques d'aventure. De Caracas, un trajet en voiture ou en bus vous prendra environ 10 heures pour rejoindre Puerto Ayacucho via Caicara del Orinoco. Vous découvrirez en chemin des paysages dominés par d'immenses formations de grès, les *lajas*, ainsi qu'une poignée de villages indigènes panare et guahibo. À Puerto Ayacucho, ne manquez pas le très remarquable **Museo Etnológico de Amazonas** et, aux environs, guahibo. Des excursions plus lointaines – et plus onéreuses –, par bateau ou par avion charter, vous conduisent notamment à **Autana**, montagne sacrée des Piaroa, et jusqu'aux territoires des légendaires Yanomami *(voir p. 52)*. ❑

CI-DESSOUS : entre écume et azur, le Salto Angel.

GUYANA

Exotique, luxuriante et sauvage, cette ancienne colonie britannique ne dévoile ses merveilles naturelles qu'au compte-gouttes.

Ne manquez pas
GEORGETOWN
KAIETEUR FALLS
ROCK VIEW LODGE

Terre sans nom", "Terre des eaux" ou "Grande Forêt", les maintes, et hasardeuses, interprétations ethnolinguistiques du terme "Guyana" décrivent un pays cousu sur l'épaule nord-est de l'Amérique du Sud et sillonné par un réseau de vastes fleuves – Essequibo, Demerara et Berbice. Seuls ces fils d'Ariane permettent de se frayer un chemin à travers un dédale de forêts humides, de montagnes et de savanes, à leur tour irriguées par un écheveau d'affluents. Colonisés par les Hollandais au 17e siècle, les territoires qui forment le Guyana actuel sont passés entre les mains des Britanniques en 1814 pour y demeurer jusqu'à leur indépendance en 1966. La population se compose pour l'essentiel de descendants d'esclaves africains et de ressortissants de l'ex-empire des Indes, auxquels il faut ajouter quelques Chinois et Portugais venus travailler dans les plantations littorales de canne à sucre, de café et de bananes. Quant aux indigènes amérindiens, ils atteignent à peine la barre des 5 %.

Le passé colonial a fait du Guyana le seul pays anglophone d'Amérique du Sud. Caraïbe de culture et d'aspect, il se distingue de ses voisins par son absence de plages festonnées de palmiers. Son étroit ruban côtier se résume à une série de marécages noyés par de vastes deltas dont les riches alluvions favorisent une agriculture intensive. Pratique introduite par les Hollandais, barrages et digues protègent de la mer cette zone et ses petites villes comme **New Amsterdam** ❶ et **Charity** ❷. Environ 90 % des 768 000 habitants de ce pays aussi vaste que la Grande-Bretagne vivent sur sa marge littorale.

Georgetown ❸ borde la rive orientale de la Demerara River. La capitale adopte un plan en damier dont les perspectives aérées rehaussent une architecture coloniale où le bois tropical est roi. **St George's Cathedral** domine les toits de la ville – ce serait la plus haute église en bois du monde. À peine moins majestueuse, une autre

PAGES PRÉCÉDENTES : *vaquero* en action. **CI-CONTRE** : au bord du gouffre, Kaieteur Falls. **CI-DESSOUS** : cathédrale anglicane St George.

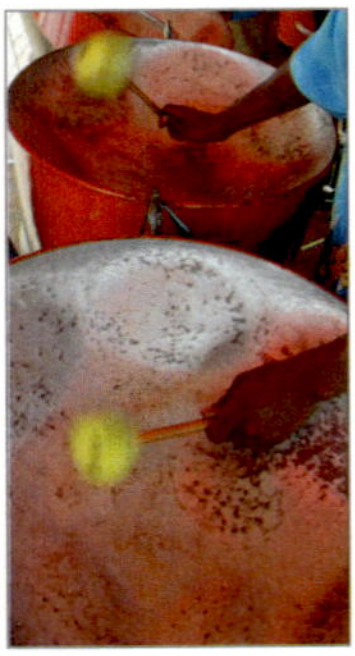

Steelband en répétition pour le carnaval, Georgetown.

tour coiffe Stabroek Market, immense halle où tout l'éventail ethnique guyanais déploie un invraisemblable assortiment de produits – des articles en or à la farine de manioc. Autres emblèmes d'une identité caraïbe fièrement assumée : le **Georgetown Cricket Club** – le plus vieux des Antilles –, et les *panyards* (terrains délimités par des chaînes) où les *steelband* répètent pour le carnaval. Par ailleurs, Georgetown ne manque pas d'hôtels confortables et ses nuits n'ont rien à envier à celles de plus grandes villes.

Forêts vierges et cataractes

Vous pourrez vous rendre aux **Kaieteur Falls** – l'une des grandes merveilles naturelles du monde – par la route, en passant par **Linden** ❹, ville minière de bauxite, puis en empruntant une piste à travers la forêt humide jusqu'au Potaro ; il ne vous restera plus qu'à remonter péniblement le courant du fleuve pendant 2 jours. À certaines périodes de l'année, vous pourrez même pousser jusqu'à **Kangaruma** ❺, près de Kaieteur. Mais il est nettement plus facile de prendre un avion léger au départ de Georgetown. Durant près d'une heure et demie, vous n'aurez sous les yeux qu'une sphère couverte de forêts, effilochée çà et là de rivières étincelantes. Par instants, vous distinguerez les petits campements où quelques prospecteurs d'or et de diamants cherchent fortune dans le lit du courant.

Puis, brusquement, 2 plis de croûte terrestre se chevauchent, et la forêt s'élève de 300 m. Le Potaro plonge d'un seul coup d'une hauteur de 250 m (226 m en continu). L'avion vous offrira certainement une fabuleuse vue frontale des chutes de Kaieteur, avant de piquer à son tour, frôlant ce chaudron neigeux pour atterrir sur une clairière aménagée en pleine jungle. Là, une piste forestière vous conduira jusqu'aux chutes, qui vous assourdiront de tous côtés, faisant vibrer le sol sous vos pieds. Le promontoire d'observation s'avance à quelques mètres des eaux noires qui basculent comme au ralenti, virent au cuivre, à l'ocre jaune, puis tournent à l'avalanche de neige.

Un vol de 30 min supplémentaires permet d'atteindre les **Orinduik Falls**, où l'Ireng River vomit ses cataractes sur un pli rocheux marquant la frontière entre le Guyana et le Brésil. Moins théâtrales que celles de Kaieteur, les chutes d'Orinduik s'inscrivent en revanche dans un site magnifique, dont les perspectives s'étendent vers les vastes pentes herbeuses des Pakaraima Mountains.

Aux confins de la savane, de la forêt humide et des Pakariama Mountains vit le caïman noir.

Éden protégé

Proche de Georgetown, **Timberhead** est accessible par la Demerara River, dont un bateau à moteur vous fera remonter les eaux chocolatées avant de vous glisser dans son affluent, le Kamuni Creek, noirci par les végétaux en décomposition – un manteau luxuriant de lianes s'accrochant aux racines aériennes qui s'élèvent des berges. D'énormes papillons morpho volètent capricieusement, tandis qu'au-dessus de votre tête des bandes de singes font craquer les branches. Hôtes plus discrets, jaguars, pumas, ocelots et pécaris se montreront plus volontiers au sud, dans l'Iwokrama Rainforest Reserve, au cœur du pays. À **Annai** ❻, où la savane rencontre les Pakaraima Mountains, des excursions en bateau vous feront découvrir – à l'aube ou au crépuscule – des myriades de papillons et d'oiseaux, des caïmans noirs *(Melanosuchus niger)*, des pumas, des ocelots, des pécaries et les énormes nénuphars *Victoria amazonica*. Vous pourrez loger au Rock View Lodge *(voir Carnet pratique, p. 395)*.

Le long du haut Rupununi, les paysages se métamorphosent en savanes, tandis qu'une chaîne montagneuse dentelle l'horizon. Pieds nus dans leurs étriers, les *vaqueros* (cowboys) rassemblent les troupeaux éparpillés à travers les plaines.

Un avion vous déposera sur la piste de **Lethem** ❼, près de la frontière brésilienne. Traversant la savane, des 4x4 vous conduiront à Dadanawa Ranch. Vous pourrez ensuite partir à cheval sillonner les premières pentes des montagnes, et passer la nuit à la belle étoile après une grillade au feu de bois. Les passionnés de faune, et d'oiseaux en particulier, connaissent bien cette zone, où le rare chardonneret rouge *(Carduelis cucullata)* a été récemment découvert. ❑

CI-DESSOUS : centre communautaire Umana Yana de Georgetown, construit par les Wai-Wai dans le style benab.

Les Wai-Wai

Dans les années 1960, le monde occidental découvre une tribu de chasseurs-cueilleurs, les Wai-Wai, qui vivent entre les bassins de l'Amazone et de l'Essequibo. Leur nombre est estimé à 2000 personnes, dont l'essentiel au Brésil, et 10% au-delà de la frontière guyanaise. Ils pratiquent un artisanat de qualité, entre poteries, colliers, flûtes en os, arcs et flèches. Comme d'autres tribus de la forêt pluviale, ils combinent la chasse et la cueillette avec une forme réduite de culture sur brûlis. En dépit de leur isolement, ce mode de vie est menacé par les compagnies forestières et minières. Pour minimiser l'impact sur leur culture, très peu d'expéditions sont autorisées dans leur territoire, et chaque participant éventuel doit se soumettre à un entretien préliminaire.

SURINAM

Peu connue, cette ancienne colonie hollandaise a réussi un étonnant brassage ethnique tout en préservant ses vastes forêts vierges.

Ne manquez pas
PARAMARIBO
LES SARAMACAN ET LA CENTRAL SURINAME NATURE RESERVE

Ancienne Guyane hollandaise, le Surinam est pris en étau entre le Guyana et le département français de Guyane. Les navigateurs anglais et hollandais se sont implantés sur le littoral dès 1613, suivis par des négociants juifs des Pays-Bas, d'Italie et du Brésil. Importés des Antilles, des esclaves africains travaillent dans les plantations de canne à sucre et de coton. La traite des Noirs est interdite en 1818, mais l'abolition de l'esclavage ne prend effet qu'en 1863. Entre-temps, des travailleurs immigrés arrivent des Indes, du Pakistan, de Chine et de l'Indonésie néerlandaise – un cocktail ethnique pimenté par une poignée d'indigènes amérindiens.

En 1975, le Surinam arrache son indépendance aux Pays-Bas. Depuis lors, les relations entre les 2 pays ont connu quelques refroidissements. En 1982, le colonel Désiré Delano Bouterse fait exécuter 15 dirigeants de l'opposition : les Pays-Bas rompent les relations diplomatiques avec leur ancienne colonie pendant 5 ans, jusqu'à l'organisation d'élections démocratiques. Durant cette période, les Pays-Bas doivent faire face à une déferlante d'immigrants surinamais, laissant sur place une population réduite à moins de 500000 habitants. Si la langue officielle est le néerlandais, la plupart des gens parlent un dialecte créole à base d'anglais, le sranan tongo. Sous la présidence de Runaldo Ronald Venetiaan (2000-2010), l'économie s'est redressée et des prêts internationaux ont permis de financer santé et éducation. Cependant, le pays doit faire face à la contrebande de l'or, à une dispute frontalière avec le Guyana sur des gisements de pétrole et, depuis août 2010, au retour au pouvoir de Dési Bouterse qui, dès son élection, rompt à nouveau les relations avec les Pays-Bas.

CI-DESSOUS : la mosquée de Paramaribo.

Une capitale somnolente

Près de 90% de la population résident dans des villes échelonnées le long d'un littoral noyé d'immenses vasières. La capitale, **Paramaribo** ❽, séduit par son atmosphère coloniale vieillotte, ses maisons en bois décrépites s'alignant sur un plan en damier au bord du Surinam. On imagine mal les violentes émeutes qui enflammèrent dans les années 1980 ces places ensommeillées, ponctuées de statues de Simón Bolívar et du Mahatma Gandhi – l'histoire locale semblant manquer singulièrement de figures illustres. Le Surinam ignore tout des tensions raciales. La synagogue campe sans complexe à côté de la mosquée. Plus bas, on achève lentement la restauration de la **cathédrale Sint Petrus-en-Paulus**. Un modeste **musée** occupe le **Fort Zeelandia.** Le **grand marché** offre plus d'animation, lorsque les arômes des épices indiennes se mêlent aux effluves des crevettes vendues par les pêcheurs africains.

De Paramaribo, vous pourrez traverser le fleuve en bateau jusqu'au fort hollandais de **Nieuw Amsterdam**, poursuivre vers l'est en voiture le long de la côte, au nord de **Jodensavanne** ❾, vieille colonie juive, puis passer par **Moengo**, ville minière de bauxite. La route s'achève à **Albina** ❿, bourg prospère posté sur les rives du Marowijne, qui marque la frontière avec la Guyane française. Une autre route, vers l'ouest, vous fera traverser le village de **Totness** ⓫, dont le nom évoque une colonie écossaise depuis longtemps disparue. Une seule agglomération lui succède, **Wageningen**, avant **Nieuw Nickerie** ⓬, ville séparée du Guyana par l'embouchure du Corantijn.

Marché central, Paramaribo.

Chez les Saramaccan

Comme ses voisins, le Surinam se résume pour l'essentiel à une épaisse forêt vierge sillonnée de grands fleuves aux eaux noirâtres. Lors d'un grand chantier lancé par le gouvernement dans les années 1950, quelques petites pistes d'atterrissage furent taillées en plein cœur de la jungle. À proximité de 3 d'entre elles, le METS (Mouvement pour l'écotourisme au Surinam, géré par Surinam Airways) a fait aménager des lodges dans ou autour de la **Central Surinam Nature Reserve**.

Le premier, l'**Awarradam Lodge**, se trouve sur une île du **Gran Rio**, au cœur de la région des Saramaccan. Cette tribu de Noirs marrons descend d'esclaves africains qui fuyèrent les plantations littorales pour se réfugier dans les jungles. Ils parlent une langue d'origine ouest-africaine émaillée de mots anglais, hollandais et portugais. Leurs croyances animistes témoignent de racines africaines encore bien vivaces. Les Saramaccan doivent aux amérindiens une partie de leurs techniques de survie en forêt. Ils pratiquent notamment la culture du manioc sur brûlis, et vivent dans des cases aux toits de palmes tressées.

CI-DESSOUS : pirogue amarrée au Awarradam Lodge.

Pour vous y rendre, prenez un petit avion jusqu'à la **piste de Kajana**, puis embarquez dans une pirogue à moteur qui vous conduira au lodge, en aval de rapides infranchissables. Au-dessus de votre tête, les hululements des *piauhaus* hurleurs *(Lipaugus vociferans)* percent une cacophonie de coassements et de stridences, entrecoupée par les grognements d'un singe hurleur. Vous aurez du mal à apercevoir d'autres animaux, hormis les caïmans noirs se prélassant sur les berges du fleuve qui mène aux **rapides de Grandam** (une journée d'excursion). Sur les lieux, le "Kapiteni" (chef) vous fera bon accueil ; les villageois filent le coton ou râpent le manioc en chantant.

Plus avant dans l'intérieur, le **Palumeu Jungle Resort** s'est installé près d'un village amérindien sur les rives du Tapanahony, un affluent du Marowijne. ❑

GUYANE

Ancienne colonie pénitentiaire de triste mémoire, célèbre pour son site de lancement des fusées Ariane, ce département français séduira les amoureux d'une nature authentique.

Ne manquez pas

- CENTRE SPATIAL GUYANAIS DE KOUROU ET SON MUSÉE
- LES ANCIENS BAGNES DES ÎLES DU SALUT
- PLAGE DES HATTES
- PARC AMAZONIEN DE LA GUYANE

À l'est du Surinam, la Guyane française couvre une superficie presque égale au cinquième de la métropole. Comme chez son voisin, 80 % de la population se concentrent sur la côte, qui court sur quelque 350 km, en lisière de la forêt amazonienne.

Près du village de Kaw, des pétroglyphes attestent une occupation humaine remontant à plusieurs milliers d'années, mais, à partir du 17e siècle, la colonisation a bouleversé le visage ethnographique de la région.

Succédant à des colonies peu motivées de Britanniques, de Hollandais, puis de Portugais brésiliens, les Français vont parvenir à garder la main, important comme les autres des Africains sur leurs plantations, puis, après l'abolition de l'esclavage, les remplaçant par des immigrés venus de leur empire colonial, notamment d'Indochine. Le territoire connaît une petite ruée vers l'or dans les années 1850, puis se reconvertit en une colonie pénitentiaire impitoyable, immortalisée par l'ouvrage *Papillon*, écrit par un ancien bagnard, Henri Charrière.

CI-DESSOUS : de 1895 à 1899, la tristement célèbre île du Diable "hébergea" le capitaine Alfred Deyfus, détenu pour haute trahaison.

La Guyane devient un département d'outre-mer en 1946. Dans les années 1960, un centre spatial voit le jour à Kourou. Les lancements réussis des fusées *Ariane* donnent un coup de fouet à l'emploi et au développement urbain, mais le reste du territoire demeure gravement handicapé par le chômage et le marasme économique. La population brasse une grande variété d'origines, avec des apports d'Afrique, d'Europe, de Chine, du Vietnam et du reste de l'Amérique du Sud. De nombreuses tribus amérindiennes s'éparpillent en forêt, tandis que les communautés de Noirs marrons, descendants d'esclaves africains, se sont installées sur les berges du Maroni et mènent un mode de vie à l'africaine teinté d'influences amérindiennes.

Région française et département d'Outre-Mer (DOM), la Guyane est le plus grand département français et, avec 96 % de territoire couvert de forêt équatoriale, le plus boisé. La monnaie locale est l'euro.

La capitale, **Cayenne** ⓭, a conservé quelques témoignages évocateurs de son passé colonial. Le **Musée départemental** présente un ensemble de pièces historiques et archéologiques, mais aussi une exposition sur les bagnes. Un marché aux fruits et aux fleurs quotidien ainsi qu'un marché aux poissons (les mer., ven. et sam.) animent cette ville par ailleurs relativement chère.

À 55 km au nord-ouest de Cayenne, la ville de **Kourou** ⓮ n'existe que par son Centre spatial guyanais, spécialisé dans le lancement de satellites géostationnaires. Vous pourrez visionner un lancement au **musée de l'Espace** (ouv. du lun. au ven. de 8h à 18h et le sam. de 14h à 18h). Surnommé "ville blanche" en raison de sa forte population d'expatriés français, le secteur moderne de Kourou tranche sur le village traditionnel qui borde l'embouchure du fleuve homonyme. De là, vous embarquerez pour les **îles du Salut** ⓯, 15 km plus au nord. Dépourvue d'atterrages praticables, l'**île du Diable** demeure inaccessible, mais vous trouverez à vous loger sur l'**île Royale**.

À 250 km au nord-ouest de Cayenne, le Camp de la transportation de **Saint-Laurent-du-Maroni** ⓰ est la plus vaste prison du territoire. En ville, des pirogues se louent pour descendre le fleuve. À 40 km au nord de Saint-Laurent, à l'embouchure du Maroni et de la Mana, les tortues-luth ont élu la **plage des Hattes** pour y pondre leurs œufs. La saison dure d'avril à juillet, et l'éclosion intervient entre juillet et septembre. À proximité, des Amérindiens habitent le village d'**Awala Yalimapo.**

L'intérieur de la Guyane française passionnera les amateurs de nature et d'aventure. À 60 km au sud-est de Cayenne s'étendent les **marais de Kaw**, dont la mangrove offre un habitat idéal à quantité d'oiseaux, ainsi qu'au caïman noir. Au village de **Kaw** ⓱, des bateaux vous offriront un toit. À **Montsinéry**, 43 km au sud-ouest de Cayenne, une piste de randonnée botanique conduit à la colonie pénitentiaire annamite, bagne réservé aux déportés d'Indochine. D'autres pistes mènent à des cascades où la vie sauvage pullule. Mais la pirogue reste encore le meilleur mode d'exploration.

En vous rendant dans le **Parc amazonien de Guyane**, vous traverserez le village de **Cacao**, une communauté hmong, d'origine laotienne, où vous goûterez leur cuisine traditionnelle. Le parc englobe la moitié du territoire. Des expéditions en jungle explorent les environs de **Saül** ⓲, ancienne mine d'or. Plus à l'ouest, la ville de **Maripasoula** ⓳ et sa communauté de Noirs marrons fait également l'objet d'expéditions intéressantes. ❑

CI-DESSOUS : Maquette à échelle 1 d'Ariane 5, musée de l'Espace.

LES ANDES

Ancien cœur culturel du sous-continent, cette région d'altitude continue à fasciner par son histoire, ses vestiges architecturaux, et des traditions indigènes solidement préservées

Le Pérou, la Bolivie et l'Équateur occupent tous trois l'un des territoires les plus inhospitaliers du sous-continent : l'Altiplano andin. Cette région a vu naître quelques très grandes civilisations avant d'être unifiée par l'Empire inca au 14e siècle. Malgré leur puissance, les Incas ne connurent pourtant qu'une brève apogée avant d'être écrasés par les Conquistadores espagnols (*voir p. 30*). Par la suite, les colons garderont leurs distances, et aujourd'hui encore, les anciennes terres inca hébergent deux sociétés profondément divisées : les indigènes, pauvres et attachés aux traditions ; et les *mestizos* ou les Blancs, qui puisent leur patrimoine culturel du côté de l'Europe ou de l'Amérique du Nord.

Après avoir été au cœur du riche empire espagnol, ces pays ont tout trois accumulé un retard considérable, dès la fin du 19e siècle, par rapport aux nations du Cône Sud. En revanche, ils éclipsent leurs voisins par un héritage architectural incomparable – la plus spectaculaire cité antique d'Amérique du Sud, Machu Picchu (*voir p. 162*), les mystérieuses lignes Nazca (*voir p. 154*) et la ville en adobe de Chan Chan (*voir p. 169*) au Pérou, ou celle de Tiahuanaco (*voir p. 185*) en Bolivie. D'importantes communautés indigènes ont farouchement entretenu traditions andines et amazoniennes, comme en témoigne le marché équatorien d'Otavalo (*voir p. 208*). Plusieurs trésors architecturaux baroques sont inscrits au Patrimoine Mondial, de l'Équateur avec Quito (*voir p. 205*) au nord, puis Cuenca au sud, jusqu'au Pérou avec Cusco, l'ancienne capitale inca, Arequipa, puis Potosí, ville minière qui fournissait l'Espagne en argent.

Ces trois pays présentent également des paysages spectaculaires, des étincelants sommets andins aux brumeuses forêts amazoniennes, ainsi qu'une biodiversité inégalable. Tandis que les gorges les plus profondes de la planète s'ouvrent près d'Arequipa (*voir p. 163*), le Pérou et la Bolivie se partagent le plus haut lac navigable du monde, le Titicaca (*voir p. 172*). À l'ouest, au large des plages équatoriennes (*voir p. 215*), l'un des joyaux naturels du sous-continent étincelle en plein Pacifique – les îles Galápagos (*voir p. 217*). ❑

PAGES PRÉCÉDENTES : masque précolombien ; troupeau de lamas, Pérou.
À GAUCHE : en route pour le marché, Pérou. **EN HAUT, À DROITE** : Machu Picchu.
À GAUCHE : mur d'enceinte en adobe, Chan Chan. **À DROITE** : attroupement à Otavalo.

Carte p. 148
et plan p. 150

PÉROU

Cordillères majestueuses et jungles tropicales, sites grandioses et musées de rêve. L'ancienne terre des Incas réserve autant de trésors aux passionnés de culture qu'aux mordus d'aventure.

Ne manquez pas
- Centre historique de Lima
- Lignes de Nazca et Paracas
- Cusco, la vallée Sacrée et Machu Picchu
- Lac Titicaca
- Arequipa et le Cañon del Colca
- Manu Wildlife Center
- Chan Chan et le Museo Brüning de Lambayeque

PAGES PRÉCÉDENTES : amitié péruvienne, Cusco. **À GAUCHE** : El Señor de Sipan. **CI-DESSOUS** : sur le chemin des Incas.

On ne présente plus Machu Picchu, citadelle inca monumentale qui attire toujours plus de touristes, ni les célèbres lignes de Nazca, ces étonnantes figures géométriques et animales, uniquement visibles d'avion, qui ont inspiré autant de livres que les pyramides d'Égypte ou les temples d'Angkor. Le Pérou ne se résume pourtant pas à ces seuls lieux mythiques.

Cités et pyramides en ruine, villes coloniales admirables, telles que Cusco ou Arequipa, fabuleux musées exposant les vestiges des civilisations précolombiennes : le pays possède un patrimoine incomparable, au point que vous ne saurez par où commencer votre périple tant les merveilles abondent. Quant à la capitale, Lima, elle conserve l'empreinte de son passé de ville phare de l'empire colonial. Malgré les séismes et une planification urbaine aveugle, cette ville contemporaine au rythme de vie frénétique recèle quelques superbes témoignages architecturaux et une myriade de musées à découvrir.

Terre des extrêmes

Outre ses richesses historiques et archéologiques, le Pérou s'avère, du point de vue de son patrimoine naturel, tout simplement exceptionnel ! Un désert aride au sud, un littoral pacifique de toute beauté – apprécié par les surfeurs du monde entier – se heurtent à la barrière des Andes qui borde le cordon littoral sur toute sa longueur. Au-delà, vous basculerez en pleine Amazonie, au cœur d'une jungle fourmillant d'oiseaux, de plantes, d'insectes et d'animaux sauvages.

Dans ce pays qui a compris à quel point il est important de préserver son immense trésor naturel et historique, le tourisme se développe à grands pas. Toutes ses splendeurs n'empêchent cependant pas le Pérou d'être confronté à une pauvreté endémique – comme celle qui touche les communautés indigènes de l'Altiplano, ou les habitants de la côte – aux fréquents séismes comme

Équateur
Santo Domingo de los Colorados
Otavalo
Quito
Lago Agrio
Tarapoa
Güeppi
Coca
Nuevo Rocafuerte
Parque Nacional Yasuní
Napo
Bahía de Caráquez
Chone
Latacunga
Cotopaxi 5897
Manta
Quevedo
Ambato
Tena
Jipijapa
Portoviejo
6310 Chimborazo
Baños
Puyo
Puerto López
Guaranda
Riobamba
Daule
Babahoyo
Milagro
ÉQUATEUR
Salinas
Guayaquil
Pastaza
La Libertad
Posorja
Golfo de Guayaquil
Azogues
Cuenca
Machala
Huaquillas
Gualaquiza
Tumbes
Santa Rosa
Zaruma
Loja
Zamora
Máncora
Macará
Talara
Sullana
Zumba
Paita
Chulucanas
Piura
Huancabamba
Sechura
Jaén
Bayóvar
Olmos
Pucara
Lambayeque
Chiclayo
Bambamarca
S. Cirilo 4183
Cutervo
Balsea
Guadalupe
Pacasmayo
Chilete
Cajamarca
Cajabamba
Paiján
Chan Chan
Otuzco
Trujillo
Viru
Chimbote
Casma
Huarmey
Chasquitambo
Barranca
Huacho
Punta Salinas
Chancay
Callao
Lima
Chilca
San Vicente de Cañete
Chincha Alta
Bahía de Paracas
Pisco
Punta Paracas
Reserva Nacional de Paracas
Ica
Palpa
Nazca
Bahía San Nicolás
San Juan
Punta San Juan
Yauca
OCÉAN PACIFIQUE
Atico
Ocoña
Camaná
Mollendo
Ilo
Punta Coles
Los Baños
Arica
CHILI
Tacna
Moquegua
Tarata
Omate
Arequipa
Aplao
Caraveli
Chuquibambilla
Cañon del Colca
Nev. Ampato 6314
Cordillera de Chilca
R.N. Salinas y Aguada Blanca
Nev. Mina Punta 5640
Juliaca
Puno
Ilave
Lago Titicaca
P.N. Titicaca
BOLIVIE
Ancohuma 6428
Copacabana
La Paz
Mazo Cruz
Calacoto
Charaña
Putre
P.N. Lauca
Sajama 6520
Totora
Sabaya
Altiplano
Ayaviri
Azangaro
Huancane
Santa Rosa
Macusani
Nev. de Ausandate 6384
Nev. de Sunipani 5159
Sandia
Belem
Coasa
Lanza
Ixiamas
Puerto Leguia
Inambari
Puerto Maldonado
Chive
Mavila
Iberia
Iñapari
Cobija
Porvenir
Brasiléia
Xapuri
Esperanza
Manú
Parque Nacional Manú
page 158
page 184
Shintuya
Paucartambo
Urcos
Calca
Cusco
Machu Picchu
Quellouno
Lucma
Abancay
Andahuaylas
Chungui
Huanta
Ayacucho
Lircay
Co. Chocca 5231
Huancavelica
Huancano
Nev. Chicllaraza 5168
Carhuanca
Colcabamba
Chalhuanca
Antabamba
Sicuani
Yauri
Hector Tejada
Puquio
Pullo
Cotahuasi
Cahuacho
Sibayo
Cordillera Vilcabamba
Apurímac
Huancayo
Yauyos
Surcubamba
Pampas
Concepción
Puerto Rico
Matucana
La Oroya
Monobamba
Satipo
Tarma
San Ramón
Junín
P.N. Junín
Sayan
Canta
Huayllay
Mantaro
Cerro de Pasco
Pozuzo
Oxapampa
Parque Nacional Yanachaga-Chemillén
Huánuco
Chiquian
Nev. Yerupajá 6634
Huaraz
Huari
P.N. Huascarán
Nev. Huascarán 6768
Pomabamba
Sihuas
Pallasca
Huacrachuco
Aricapampa
Polvora
P.N. Abiseo
Campanilla
Bellavista
Tarapoto
Moyobamba
Chachapoyas
Cordillera Central
Cordillera Oriental
Ocalli
Bagua Grande
Chiriacu
Orellana
Delfus
Barranca
Canuapanas
Yurimaguas
Huallaga
Pampas de Sacramento
Lagunas
Reserva Nacional Pacaya-Samiria
Marañón
Santiago
Maynas
Andoas
Tigre
Corrientes
Intuto
Santa Clotilde
Curaray
Putumayo
Napo
Iquitos
Nauta
Amazonas
Ucayali
Requena
Bretana
Santa Isabel
Tapiche
Contamana
Sierra Cuntamana
Tiruntan
Pucallpa
Masisea
Tamaya
Aguaytia
Tingo María
Puerto Inca
Bolognes
Atalaya
Urubamba
Tambo
Sepahua
Las Piedras
Purus
PÉROU
ANDES
Cordillera Occidental
Serra de Divisor
Caballococha
Río Yavarí
Leticia
Tabatinga
Benjamin Constant
Parque Nacional Amacayacu
Tarapaca
Pucauro
El Encanto
La Pedrera
Bitencourt
COLOMBIE
Caquetá
Yari
Apaporis
Cahuihari
Japurá
Puruí
Içá
Solimões (Amazonas)
Palmeiras do Javari
Curaçá
Itui
Itaquai
Eirunepé
Juruá
BRÉSIL
Ipixuna
Japiim
Cruzeiro do Sul
Gregório
Envira
Tarauacá
Feijó
Taumaturgo
Embira
Manuel Urbano
Boca do Iaco
Macauá
Jurua
Pérou
0 100 km
N

celui de 2007 qui fit plus de 500 victimes, la sécheresse et les inondations provoqués par El Niño.

Si la plupart des sites touristiques ne présentent aucun risque, des cas de vols ont cependant été signalés dans les villes de Cusco et de Lima – pour éviter tout désagrément, évitez d'exhiber vos biens de valeur.

En 2003, le gouvernement péruvien débloque 800 millions de dollars pour dédommager les victimes de la guérilla qui, dans les années 1980, a fait, selon les estimations officielles, plus de 69 000 victimes, généralement des paysans.

Après l'indépendance

Le 28 juillet 1821, José de San Martín proclame l'indépendance à Lima. Les loyalistes tiennent encore presque tout le pays, mais Simón Bolívar vient fort heureusement à la rescousse, et les dernières troupes espagnoles se rendent en 1826. Si les premières années d'indépendance n'influent guère sur le mode de vie des Péruviens, sous les présidences du maréchal Ramón Castilla (1845-1851 et 1855-1862), une vague de modernisation balaye le pays. L'eau et l'électricité font leur apparition à Lima et le premier chemin de fer du continent relie la capitale au port de Callao. En 1854, Castilla abolit l'esclavage et, en 1860, fait voter une Constitution. Mais la sanglante guerre du Pacifique (1879-1883) plonge le pays dans le marasme. Pour une grande partie de la population, la vie n'a pas beaucoup changé depuis le 17e siècle, le fossé continuant de se creuser entre les indigènes et la société "européenne".

Une nation divisée

Parmi toutes les nations sud-américaines, c'est au Pérou que les 2 cultures, indigène et européenne, se sont le plus violemment confrontées. Il n'y a pas si longtemps, le terrorisme fermentait encore sur ce terreau. Le Pérou a connu plusieurs dictatures militaires, parfois excentriques, comme celle du général Juan Velasco Alvarado qui, dans les années 1970, offre aux syndicats paysans la direction temporaire du plus grand quotidien national, *El Comercio*, et rebaptise toutes les rues de Lima du nom de personnages historiques du pays.

Quelque 30 présidents élus se sont glissés entre ces potentats militaires, tous conservateurs, jusqu'à la victoire en 1985 d'Alan García Pérez, personnalité de centre gauche. Ouvriers et paysans ovationnent sa décision de ne pas rembourser la dette extérieure contractée par les gouvernements précédents. Mais les États-Unis coupent le robinet, les investisseurs étrangers se retirent, le gouvernement péruvien gère mal le pays et, après 2 années de croissance, la crise économique éclate.

Les divisions et autres manœuvres politiciennes qui ont empoisonné la présidence de García ouvrent toute grande la voie à un candidat indépendant, Alberto Fujimori. Son gouvernement va livrer une lutte sans merci contre le Sendero Luminoso (Sentier lumineux), mouvement de guérilla qui contrôle une grande partie des régions rurales et dont les activités ont non seulement coûté un grand nombre de vies mais ont aussi lourdement handicapé le tourisme dans les années 1980; la capture en 1992 de son dirigeant, Abimaël Guzmán, décapite le groupe. En décembre 1996, le

CI-DESSOUS : *Ara macao*, Amazonie péruvienne.

Relève de la garde, Palacio de Gobierno, Lima.

Movimiento Revolucionario Tupac Amaru (MRTA) prend en otage 500 personnes lors d'une occupation de l'ambassade du Japon qui va durer jusqu'en avril 1997.

Fujimori remporte un troisième mandat en 2000, mais des vidéos l'impliquant dans une affaire de corruption le jettent dans le premier avion pour le Japon. Dirigeant du parti Perú Posible et premier président péruvien d'origine andine, Alejandro Toledo forme ensuite un gouvernement marqué par les mouvements sociaux, les grèves de fonctionnaires et le marasme économique. En 2005, le Congrès, quoique convaincu de ses fraudes électorales, aide Toledo à rester en poste. Porté à ses débuts par une vague de popularité, il achève son mandat sur des sondages catastrophiques. Les élections de 2006 voient le retour triomphal d'Alan García Pérez; le jour de son investiture, le 28 juillet 2006, Toledo et son épouse Elaine Karp doivent répondre à des accusations de fraude fiscale. Depuis cette date, le pays goûte un calme relatif grâce à une stabilité sociale et une croissance économique régulière.

LIMA, CAPITALE DU NOUVEAU MONDE

Pour le conquistador Francisco Pizarro, la colonie qu'il fonde à **Lima** ❶ le 18 janvier 1535 n'a rien de particulièrement hospitalier: les tremblements de terre y sont plus fréquents encore que les pluies, et l'hiver étouffe tout d'un brouillard opaque. Mais ses soldats voient les choses différemment: en cas d'attaque indigène, ils peuvent embarquer au plus vite et larguer les amarres. Aucun d'entre eux n'imagine alors que cette plaine désertique sera le centre politique et militaire du Nouveau Monde, et vivra sous la férule de 40 vice-rois successifs avant de devenir capitale du Pérou indépendant en 1821.

Pendant des siècles, le pouvoir de la nouvelle colonie se concentre autour de la **Plaza Mayor** qui, aujourd'hui encore, a conservé toute son animation. Des roseraies, une fontaine et des bancs attirent dans ce centre historique, classé au Patrimoine mondial, jeunes couples, cireurs de chaussures et familles au grand complet posant pour la photo du dimanche. Si les fondations du **Palacio de Gobierno** datent de l'époque de Pizarro, la façade a été refaite au début du 20e siècle. Chaque jour à midi,

vous pourrez assister à la relève de la garde et écouter la fanfare, mais il vous faudra contacter l'Oficina de Turismo de la Municipalidad pour visiter le palais. Le grand balcon du **Palacio Municipal** offre une excellente perspective sur la parade. L'hôtel de ville originel a disparu lors d'un incendie en 1923, remplacé par un majestueux édifice néoclassique. Dans la bibliothèque, d'énormes fauteuils en cuir, des tables non moins colossales et le parfum des livres anciens vous couperont du tohu-bohu extérieur. Remarquez l'escalier en colimaçon, sculpté dans une pièce unique de cèdre nicaraguayen.

De l'autre côté de la *plaza*, un sublime balcon ajouré de style mudéjar perce le **Palacio del Arzobispo** (palais de l'Archevêché). Jetez un coup d'œil dans le patio avant de poursuivre jusqu'à la **Catedral** voisine (ouv. du lun. au sam. de 10h à 16h30), où repose la dépouille de Pizarro. Une rue plus loin, le **Museo del Banco Central de Reserva** (ouv. les mar., jeu. et ven. de 10h à 16h30, le mer. de 10h à 19h, les sam.-dim. de 10h à 13h) présente une petite mais inestimable collection d'art précolombien. À proximité, le splendide **Palacio de Torre Tagle** (1735) héberge le ministère des Affaires étrangères. Passez encore quelques rues en direction du nord-ouest pour découvrir la perle des édifices religieux de Lima, le **Monasterio de San Francisco** (ouv. du lun. au ven. de 9h à 18h). Amoureusement restauré au fil des siècles et des tremblements de terre, ce cloître a conservé de merveilleux azulejos importés de Séville, des fresques redécouvertes après qu'un séisme eut détruit une partie des murs, une collection d'art religieux à damner un saint, et des catacombes remplies de crânes et d'ossements remontant à l'ère coloniale.

Saints et pécheresses

Derrière le Palacio de Gobierno, l'**Estación Desamparados** dresse sa structure en acier – une première à l'époque. Acheminée d'Angleterre en pièces détachées, cette gare, construite en 1908, aujourd'hui hors service, a longtemps abrité tous les trains au départ de la capitale. Dans le même secteur, un pont conduit à **Rimac** Ⓐ, du nom de la rivière qui borde ce *barrio* ouvrier. Dans ce très ancien quartier de Lima, les femmes

CI-DESSOUS : Plaza Mayor, Lima.

PAUSE GOURMANDE

La cuisine péruvienne, issue d'une heureuse union de parfums multiples, a séduit nombre de Sud-Américains. Aujourd'hui, la cuisine traditionnelle des Andes cède la pas à la *novoandina*, sur la côte, les produits de la mer se déclinent en *ceviches* délicieux et rafraîchissants, tandis que les saveurs espagnoles fusent avec les épices chinoises, japonaises et italiennes.

bavardent sur le seuil de leur porte avec leurs voisines, tandis que les enfants jouent au foot dans la rue. Rimac était jadis un lieu de promenade très en vogue, où l'on croisait les *tapadas* : ces dames laissaient outrageusement dépasser leurs pieds de leurs jupons, leurs décolletés descendaient à des profondeurs inconvenantes et leurs *mantillas* ne masquaient qu'un œil. L'après-midi, les messieurs pouvaient les rencontrer sur l'**Alameda de los Descalzos**, flirtant malicieusement – mais jamais à visage découvert. Des pelouses, des parterres fleuris et des statues symbolisant les mois de l'année longent cette promenade aménagée en 1611 qui mène au passionnant **Monasterio de los Descalzos** (monastère des Moines déchaussés ; ouv. du mar. au dim.).

Lima a donné naissance à 2 saints particulièrement vénérés en Amérique du Sud : Rosa de Lima (1586-1617) et Martín de Porres. Emportée à 31 ans par la tuberculose, la première connut la célébrité de son vivant, guérissant des milliers de malades, réalisant un nombre incommensurable de miracles et sauvant même la ville d'attaques de pirates. Le second dut attendre un peu plus longtemps. Il vivait au monastère de **Santo Domingo**, à Jirón Camaná, mais, étant Noir, il ne put se faire ordonner prêtre et demeura cantonné à des tâches subalternes : statues et peintures le représentent souvent un balai à la main. Tous deux sont inhumés à Santo Domingo, ouvert aux visites.

Dévots, les habitants de Lima le devinrent plus encore sous l'Inquisition. Les profondeurs du **Museo de la Inquisición**, Plaza Bolívar (ouv. tlj. de 9h à 17h), vous donneront un aperçu effarant des tortures infligées aux malheureux suspectés d'hérésie, de judaïsme ou de sorcellerie. Les "coupables", après s'être vu confisquer leurs biens, étaient conduits jusqu'à la Plaza de Armas – actuelle Plaza Mayor – pour y subir tout un éventail de supplices, allant de la flagellation au bûcher.

Reliée à la Plaza Mayor par la passerelle piétonne **Jirón de la Unión**, la **Plaza San Martín** déborde d'animation – et concentre la plupart des bureaux de change, accolés à l'hôtel Gran Bolívar. À quelques centaines de mètres au sud, le **Museo de Arte** Ⓑ (ouv. du lun. au sam. de 8h à 20h, le dim. de 8h à 17h) renferme une importante collection d'art péruvien, de la Conquête à nos jours. Un parc encadre

CI-DESSOUS : les *tapadas*, cachées sous leur mantille.

Scandaleuses *tapadas*

Réagissant à la frénésie religieuse du 17e siècle, le siècle suivant insuffle à Lima le goût du romantisme. Ainsi naissent les *tapadas*, femmes *mestizos* de la bonne société, à la sensualité provocante. Le torchon brûle bientôt entre ces *tapadas* et les Européennes. Tandis que les Espagnoles soulignent leur taille de guêpe et agitent leurs éventails sous le nez de leurs admirateurs, les *mestizos* resserrent le bas de leurs jupes pour mettre en relief leurs hanches généreuses. Mais elles gardent toujours leur visage voilé – à l'exception d'un œil. Méconnaissables, elles provoquent quelques quiproquos notoires : certains hommes flirtent sans le savoir avec leur propre femme, quand ils ne la trompent pas. Les autorités tentent en vain à mettre un terme à cette pratique qui s'éteindra d'elle-même dans les années 1850.

la Filmoteca et ses 2 auditoriums, aubaine pour les cinéphiles et les amateurs de concerts.

Un artisan orfèvre.

Hors du centre-ville

Une bonne partie des musées, des boutiques et des plages de Lima se trouvent en banlieue – mais aisément accessibles en taxi ou en bus. Au sud du centre-ville, Avenida Javier Prado Este, l'excellent **Museo de la Nación** Ⓒ (ouv. du mar. au dim. de 10h à 17h) présente des pièces datant de la préhistoire à nos jours. Jadis très couru, le **Museo de Oro** (musée de l'Or, Avenida Alonso de Molina, Monterrico) ; ouv. du mar. au sam. de 9h à 19h, le dim. de 10h à 17h) a vu son blason brusquement terni en 1998, lorsque le public apprit avec stupeur qu'une importante proportion des pièces exposées étaient des faux. Rouvert, après une courte période de fermeture, le musée assure aujourd'hui ne conserver que des objets absolument authentiques. Vous pourrez également y admirer des tissages, des sculptures et des poteries.

Au sud-ouest du centre, à Pueblo Libre, le **Museo Arqueológico Rafael Larco Herrera** Ⓓ (ouv. tlj. de 9h à 18h) détient un fabuleux trésor de poteries couvrant quelque 3 millénaires, dont une énorme collection de pièces d'origine moche, sican et chimú. Un nouveau pavillon s'est ouvert en 2002, consacré à l'or et à l'argent du Pérou ancien. Une ligne bleue peinte sur le trottoir vous guidera jusqu'au **Museo Nacional de Arqueología, Antropología y Historia** Ⓔ (ouv. du mar. au sam. de 9h à 17h, le dim. de 9h à 16h), riche en art précolombien et colonial.

À San Isidro, des bougainvillées signalent le site funéraire pré-inca de **Huallamarca** (ouv. du mar. au dim. de 9h à 17h) ; son petit musée abrite momies et pièces archéologiques.

À **Miraflores** Ⓕ, chasse gardée des grandes familles péruviennes, installez-vous à la terrasse d'un café, faites du lèche-vitrine ou offrez-vous un bon dîner en musique. Les romans de Mario Vargas Llosa reflètent à merveille le caractère volontiers arrogant de la jeunesse dorée locale – les *miraflorinõs*. Ici se concentrent les théâtres de Lima, ses boutiques de luxe et ses night-clubs. À proximité, une célèbre valse péruvienne a immortalisé **Barranco** Ⓖ, quartier des bars de jazz et repaire d'artistes. D'enivrants buissons de jasmins grimpants et de jacinthes bordent le **Puente de los Suspiros** (pont des Soupirs) ; cette promenade chère aux amoureux vous mènera à un superbe point de vue sur le Pacifique, puis à la plage, par un escalier abrupt. Venez flâner ici au crépuscule et vous entendrez peut-être les échos d'une flûte péruvienne ou d'un tango argentin s'échapper des fenêtres ouvertes.

Le site archéologique le plus important des environs de Lima vous entraînera à **Pachacámac**, 31 km au sud de la capitale – accessible en bus ou en car d'excursion au départ du centre-ville. Ce sanctuaire connut son apogée vers 700 apr. J.-C., mais les Incas le réutilisèrent bien plus tard pour y adorer leur dieu Soleil ; un Templo de las Virgenes – temple des Vierges, ou Femmes élues (les *Mamacunas*) – a été reconstitué sur les lieux.

CI-DESSOUS : une *miraflorena*.

Au sud de Lima

À 220 km au sud de Lima, sur la route de Nazca, vignobles et Fête du vin (en mars) ont fait la réputation d'**Ica** ❷, mais ne manquez surtout pas son **Museo Regional** (ouv. du lun. au sam. de 8h à 18h), l'un des plus passionnants des petits musées péruviens. Crânes et momies y côtoient des poteries paracas, nazca et incas, un magnifique ensemble de textiles et de tissages de plumes paracas, et une collection de *quipus*, cordelettes à nœuds sans doute employées par les Incas pour leurs comptes et archives.

NOTEZ-LE

À moins de prendre l'avion de Lima, il ne vous reste que le bus pour gagner Nazca – et il faut bien compter 8 heures de route. Les survols des lignes sont souvent annulés pour mauvaise visibilité – la lumière du petit matin étant la plus favorable.

À quelques kilomètres au nord-ouest d'Ica, le village côtier de Pisco a donné son nom à l'eau de vie utilisée pour concocter le fameux *pisco sour*. En fait, les Paracas, de renommés *piskos* (potiers, en quechua) à l'époque de l'Empire Inca, habitent ce village. Depuis cette époque, les poteries servant à stocker des boissons, y compris alcoolisées, se nomment aussi *piskos*. Juste au sud de Pisco, la plus grande zone désertique du Pérou abrite la Reserva Nacional de Paracas, vouée à la protection de la faune marine, dont les pingouins et les oiseaux migrateurs, se prête merveilleusement bien aux promenades solitaires sur les grandes plages au sable mordoré ou à la pratique le sandboarding sur les dunes environantes. Selon la légende, l'Inca Capac Yupanqui aurait fait construire un aqueduc dans ce désert afin de l'irriguer.

À 14 km de Nazca, vous découvrirez le **Cerro Blanco**, peut-être la plus haute dune de la planète. À proximité, les eaux vertes et sulfureuses de la **Laguna de Huacachina** auraient dit-on des vertus médicinales.

Énigmatiques lignes nazca

Jusque dans les années 1930, **Nazca** ❸ était une petite ville péruvienne anonyme, sans autre particularité que le désert qui la séparait de Lima – l'un des plus arides du globe. Depuis, la pampa déployée au nord de la ville est devenue le lieu d'un mystère presque aussi universellement connu que l'Atlantide. Les lignes nazca dessinent une série d'animaux, d'oiseaux notamment, et de motifs géométriques mesurant jusqu'à 300 m – et seulement identifiables vus d'avion. Creusées dans la croûte du désert,

Ci-dessous : vue aérienne de l'Araignée, une des énigmatiques lignes de Nazca.

Carte p. 148 et plan p. 150

elles ont subsisté durant 2 millénaires grâce à l'absence totale de pluies, et aux vents qui nettoient, mais n'érodent pas la plaine.

En 1939, l'archéologue américain Paul Kosok survole la côte à basse altitude lorsqu'il remarque ces lignes; on pense à l'époque qu'elles font partie d'un réseau d'irrigation pré-inca. Mais Kosok, qui connaît bien l'irrigation, rejette aussitôt cette hypothèse. Par le plus grand des hasards, le jour de la découverte coïncide précisément avec le solstice d'été; lors d'un second vol, Kosok constate que les lignes et les rayons du soleil courent parallèlement à l'axe d'un dessin d'oiseau: l'archéologue est certain d'avoir découvert "le plus grand guide d'astronomie de la planète". Mais les lignes de Nazca devront surtout leur gloire à une jeune mathématicienne et astronome allemande. Maria Reiche a 35 ans lorsqu'elle rencontre Kosok, lequel l'encourage à poursuivre ses recherches. Elle va y consacrer toute sa vie – elle meurt en 1998 –, analysant scrupuleusement ces lignes, qu'elle mesure, nettoie et cartographie chaque jour, en avion ou d'une plate-forme de 15 m de haut. Elle élabore les théories les plus généralement acceptées sur ces centaines de géoglyphes, déployés sur un couloir de 50 km entre Nazca et Palpa, qui constitueraient un "calendrier astronomique". Ainsi, le motif du singe aurait symbolisé la constellation de la Grande Cuillère, liée à la pluie. Lorsque les pluies tardaient, les Nazca dessinaient le singe pour rappeler aux dieux que la terre avait soif. Ces figures n'étant interprétables qu'à vol d'oiseau, certains rejettent les théories de Maria Reiche, estimant les Nazca incapables de dessiner quelque chose qu'ils ne pouvaient voir.

Les lignes de Nazca vont susciter un engouement dont elles se seraient bien passées lorsque Erich von Däniken publie *Chariots des dieux*, en 1968. Le romancier suisse y prétend que la pampa nazca aurait servi de piste d'atterrissage à des extraterrestres. Maria Reiche a beau s'insurger, ce best-seller attire sur les lieux des milliers de touristes, qui se lancent à travers la pampa en 4x4 ou à moto, labourant le sol de sillons indélébiles. Il est désormais interdit de rouler, et même de marcher sur le site, sur lequel 4 rangers patrouillent, payés avec les droits tirés du livre *Mystère sur le désert* de Maria Reiche. En 1998, elle meurt à Lima et est enterrée non loin des lignes ; sa maison a été depuis convertie en un petit musée.

Une échelle métallique et une plateforme d'observation s'élèvent au bord de la route, mais seul l'avion vous permettra vraiment d'appréhender les lignes nazca dans toute leur amplitude. Vous pourrez réserver votre forfait excursion, comprenant le survol des lignes, soit à Lima soit auprès d'une petite agence locale. Les vols en petit avion durent de 30 à 45 min, trous d'air inclus. Les plus entreprenants prendront contact directement avec les pilotes de l'aérodrome, parfois très ouverts à toutes propositions.

Cusco, cœur de l'Empire inca

Faites un tour au marché de **Cusco** ❹ : vous constaterez que les vendeurs parlent espagnol avec les touristes mais quechua entre eux. Coloniale, l'architecture de la ville, la mieux préservée d'Amérique du Sud, repose sur des fondations incas. Les façades sculptées des églises

PAUSE GOURMANDE

L'eau de vie pisco apparaît vers la fin du 16e siècle et, à ce jour encore, elle demeure la boisson la plus populaire au Pérou et au Chili – même si le Pérou en revendique officiellement sa paternité. Au Pérou, vous trouverez plusieurs variétés, notamment le *mosto verde*, distillé avec du moût fermenté, et le *puro*, un mono cépage. Les distilleries autour d'Ica et de Moquegua sont ouvertes à la visite.

CI-DESSOUS : tissage paracas ancien, détail.

En quechua, Cusco signifie "nombril". Les Incas considéré le site de leur ville comme étant le centre ou la source de leur univers.

arborent certes des saints et des anges, mais leurs traits sont typiquement amérindiens. Cusco offre ainsi le vivant – et vibrant – témoignage de la résistance de la civilisation inca, l'une des plus grandes de l'histoire, aux siècles et à l'oppression.

Bien sûr, la ville actuelle n'a plus grand-chose à voir avec la capitale fabuleuse qui éblouit Francisco Pizarro et ses conquistadors – vaste cour de nobles, de prêtres et de serviteurs. Au 15e siècle, environ 15 000 personnes vivent dans son enceinte, reliées au reste de l'Empire par les *chasquis* – courriers marathoniens qui rapportent nouvelles et messages des 4 coins du Tahuantinsuyo. Cusco est aujourd'hui une ville andine de 200 000 habitants, connectée quotidiennement à Lima par bus et par avion.

Arrivant de Cajamarca (*voir p. 30*), où ils ont exécuté l'Inca Atahualpa, les Espagnols découvrent une vallée fertile, couverte de champs de maïs, de *kiwicha* et de quinoa – une variété d'amarante, aux graines très riches en protéines. Le maïs constitue la principale richesse de l'Empire. Il sert de monnaie d'échange, mais aussi de ressource alimentaire, sous forme de régime de base ou d'alcool – la *chicha*, concoctée par les jeunes femmes qui en mâchent les grains puis les recrachent dans des jarres où leur salive fait office de ferment. L'amarante, de culture facile en dépit d'un climat extrême, a bien failli succomber aux efforts "civilisateurs" des Espagnols. Les conquistadors la traitent de "graine subsersive", sans doute pour ses vertus roboratives, qui rendent les Amérindiens plus rétifs à l'esclavage. Cédant à la pression de Madrid, le Vatican en interdit la culture et la consommation. Quatre siècles plus tard, la *kiwicha* comme le quinoa prospèrent dans la Vallée sacrée, où vous pourrez les goûter à toutes les sauces, de la soupe aux galettes.

À l'époque précolombienne, quiconque pénètre dans Cusco est accueilli par ce mot d'ordre : *"Ama sua, ama quella, ama lulla"* ("Ne mens pas, ne vole pas, ne reste pas oisif"), résumé lapidaire des fondements d'une société coopérative. L'oisiveté notamment est considérée comme une faute passible de la peine de mort. Tout membre de la société inca – hormis les parents de l'Inca (empereur) et les prêtres – doit travailler, participer à l'aménagement de routes, canaux d'ir-

CI-DESSOUS : heure de pointe dans l'Avenida del Sol, Cusco.
À DROITE : dans les coulisses du Teatro Kusikay.

rigation ou aqueducs : ainsi, chacun contribuant aux chantiers, tous prendront soin de l'ouvrage réalisé. Les Espagnols vont introduire une philosophie bien différente, remplaçant ces *mingas* (travaux communautaires) par les travaux forcés. Mais, une fois encore, la tradition s'est perpétuée dans les Andes péruviennes : le jour de la *minga*, les femmes préparent le repas pour les villageois venus en renfort accomplir une tâche – généralement agricole – nécessitant l'aide de toute la collectivité.

Rues pavées et canalisations quadrillent Cusco à son apogée, et les Cusqueños ne connaissent pas la pauvreté. Mais ses dirigeants manquent parfois de sagesse et de compétences. Ainsi, selon la légende, l'Inca Urco perpétra de telles atrocités durant son règne que la mention même de son nom sera interdite après sa mort. Un autre Inca fait pendre ses ennemis au bord des routes ; un autre encore exterminer toute la population d'une cité après le viol d'une vierge vouée au culte du Soleil. Mais de tels excès ne peuvent occulter la magnificence d'une civilisation qui survécut aux tremblements de terre comme aux séismes de l'histoire.

NOTEZ-LE

Pour 20 $US, le *boleto turístico* vous donnera accès à de nombreux sites de Cusco et de la Vallée sacrée, dont Qenko, Sacsayhuamán, Ollantaytambo et Pisac.

Strates de pierres

Au premier coup d'œil, l'architecture de Cusco frappe le visiteur. D'énormes murs aux pierres rigoureusement imbriquées témoignent avec force de cette civilisation qui contrôla presque tout le continent voici 5 siècles. Les Espagnols feront tout leur possible pour détruire toute trace de cette culture "païenne" – une tâche bien ambitieuse : ils devront se résoudre à édifier leurs propres bâtiments sur les indestructibles fondations incas, réemployant souvent les blocs cyclopéens taillés par leurs prédécesseurs. La cathédrale de Cusco a ainsi été en partie construite avec des pierres acheminées de Sacsayhuamán, forteresse inca située à 2 km de la cité.

Excellent point de départ pour une exploration de la ville, la **Catedral** (ouv. tlj.) se dresse côté nord-est de la **Plaza de Armas**, appelée Huacaypata au temps des Incas : les principales cérémonies militaires et religieuses se déroulaient dans ce cœur géographique de l'Empire. L'intérieur de la cathédrale ne se visite que de jour, mais, pour admirer la façade d'influence baroque, revenez le soir, lorsque ses lumières métamorphosent la *plaza* en féerie. Fondé sur l'ancien palais de l'Inca Viracocha, l'édifice mêle le style de la Renaissance espagnole aux techniques de l'appareil inca ; il fallut un siècle pour achever sa construction en 1654. Dans la tour nord, la cloche de María Angola s'entend jusqu'à 40 km à la ronde. Vieille de plus de 300 ans, lourde d'une tonne d'or, d'argent et de bronze, elle serait la plus grande d'Amérique du Sud.

À droite de la cathédrale, **El Triunfo** (ouv. du lun. au sam., horaires variables) commémore la victoire des Espagnols contre les Amérindiens qui tentèrent d'incendier le toit de chaume de la chapelle d'origine. De l'autre côté de la cathédrale, l'**Iglesia de Jesús y María** (horaires d'ouverture variables) fait ici figure d'édifice moderne : elle fut inaugurée en... 1733.

CI-DESSOUS : les ors et argents du maître-autel de la cathédrale de Cusco.

Étal de pigments, Pisac.

Brassage de cultures

Tournez à gauche d'El Triunfo et marchez jusqu'au coin de la Calle Hatunrumiyoc (la "rue aux Grandes Pierres") et de la Calle Palacio pour découvrir le **Museo de Arte Religioso del Arzobispado** (ouv. du lun. au sam. de 9h à 12h et de 14h à 17h). Cet édifice mauresque aux portes et aux balcons richement sculptés repose sur les fondations du palais de l'Inca Roca. Vous y admirerez une belle collection de toiles appartenant à l'école dite de Cusco (16e-18e siècle), mélange de cultures indigène et espagnole où des chérubins aux visages amérindiens entourent des archanges habillés en *conquistadores*, tandis que la Cène montre un Christ et des apôtres aux pommettes saillantes qui se partagent un cochon d'Inde rôti et du fromage péruvien. À l'extérieur, ne manquez pas la **pierre aux Douze Angles**, stupéfiant puzzle en blocs de granite assemblés sans mortier.

La **Compañía de Jesús** (ouv. du lun. au ven.) est souvent qualifiée de plus belle église de Cusco – un titre chèrement disputé dans une ville aussi riche en la matière. Ce somptueux édifice campe sur les fondations du palais de l'Inca Huayna Cápac, à l'angle sud-est de la Plaza de Armas. Là encore, il fallut près d'un siècle pour achever ce haut témoignage de l'art baroque andin, dont l'intérieur éblouit par ses galeries délicatement sculptées et ses autels dorés à la feuille. De nuit, la façade resplendit lorsqu'elle est illuminée.

Au flanc de l'église, une rue vous conduit à l'Iglesia Santo Domingo (ouv. tlj.) et au **Templo Coricancha** (ou Q'urikancha, "cour dorée" en quechua). Le fameux temple du Soleil était le plus important site sacré de l'Empire – et le plus splendide complexe de la capitale : ses murs étaient recouverts d'or et ses fenêtres avaient été conçues pour que le soleil ricoche sur leurs parois, renvoyant à l'extérieur les reflets aveuglants du métal. Les chroniqueurs espagnols relatent la stupeur des *conquistadores* quand il découvrent le patio du Coricancha parsemé de sculptures grandeur nature de lamas, d'arbres, de fleurs et de papillons en or et en argent. Les fouilles en cours devraient nous en apprendre un peu plus sur les mystères de ce temple.

CI-DESSOUS : marché dominical de Pisac, près de Cusco.

 Cartes p. 148 et ci-dessous et plan p. 150

Rebroussant chemin vers la Plaza de Armas jusqu'à la Calle Arequipa, vous découvrirez un nouvel exemple d'édifice catholique élevé sur un ancien site sacré inca : des religieuses occupent aujourd'hui le **Convento y Museo de Santa Catalina** (ouv. tlj. de 9h à 16h), autrefois maison des Femmes élues (les *mamacunas*), vierges éduquées pour servir leur époux céleste, le Soleil, et son fils terrestre l'Inca. Le musée présente une belle collection de peintures de l'école de Cusco.

Vallée des ruines

La forteresse mégalithique de **Sacsayhuamán** ❺ offre un témoignage saisissant du niveau de maîtrise architecturale atteint par les Incas. Construit en blocs massifs, ce complexe militaire domine Cusco de sa double enceinte en zigzag. C'est ici que la rivière souterraine qui alimentait les canalisations de la capitale prend sa source. Selon les archéologues, des dizaines de milliers d'ouvriers auraient participé pendant plus de 70 ans à l'édification de cet ouvrage, tractant les immenses blocs de pierre qui constituent des remparts et des bâtiments quasi indestructibles. Le 24 juin de chaque année, Sacsayhuamán célèbre l'Inti Raymi, fête inca du solstice d'été : un spectacle plein d'animation et de couleur.

À 7 km de Sacsayhuamán, le sanctuaire de **Qenko** ❻ dresse un bloc de pierre de 5 m de haut – les Cusqueños prétendent qu'il symbolise un puma. Qenko signifie "labyrinthe", et son centre cérémoniel, dédié à la Terre Mère, recèle un entrelacs de canalisations creusées dans la roche ainsi qu'une chambre souterraine. Un peu plus loin vers Pisac (ou Pisaq), la forteresse de **Puca Pucara** ❼, qui semble veiller sur la route de Cusco et de la Vallée sacrée, déploie un complexe de terrasses, d'escaliers, de tunnels et de tours de guet. Au nord, les bains sacrés de **Tambo Machay** ❽ étaient réservés aux rois incas et à leurs épouses. Merveille d'ingénierie hydraulique, leur système d'aqueducs alimente toujours une série de douches.

La route plonge alors sur 400 m en lacet jusqu'à **Pisac** ❾, charmant village réputé pour sa pêche, son marché dominical et les ruines qui le surplombent. Pour accéder à celles-ci, il vous faudra grimper au flanc des pentes en terrasses – les enfants du coin

NOTEZ-LE

De Cusco, une petite balade vous mènera aux hauteurs de Sacsayhuamán. Vous pourrez également vous y rendre dans un minibus d'excursion, ou prendre un taxi qui vous attendra sur place. Ne manquez pas de photographier le lever du jour sur cette vue fabuleuse, mais surveillez vos effets personnels.

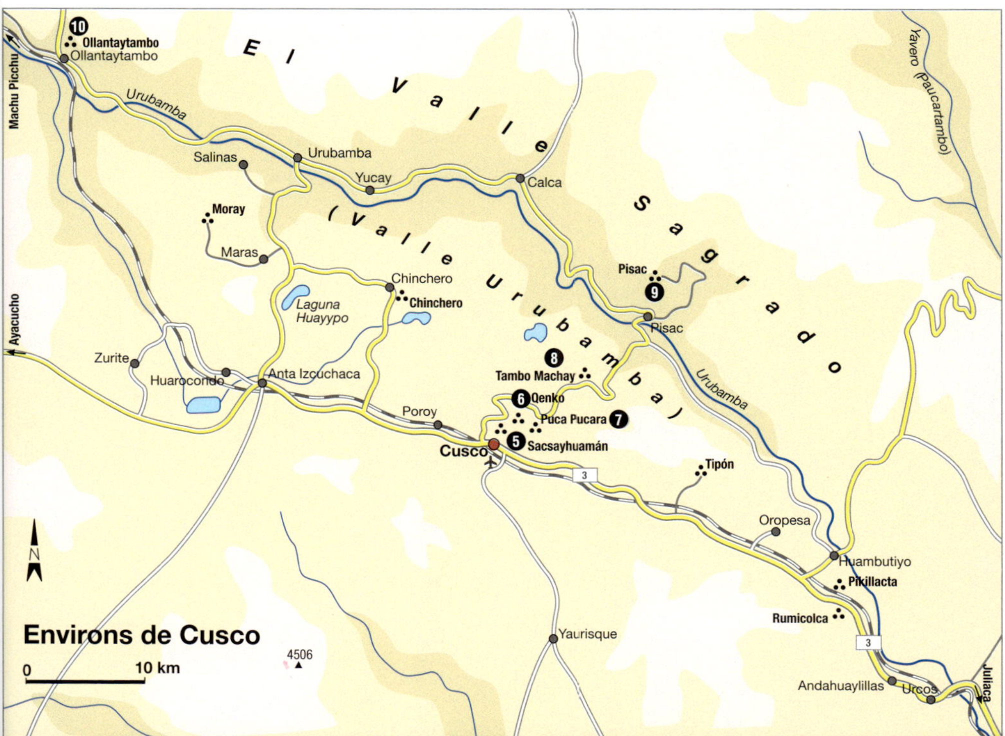

Remparts colossaux, Sacsayhuamán.

vous guideront volontiers si vous leur donnez une pièce. À cette altitude, mesurez vos pas, ou le souffle vous fera vite défaut. Plus petites que celles de Sacsayhuamán, les pierres des bâtiments de Pisac n'ont rien à leur envier pour la précision de leur taille et de leur appareillage. Si vous souhaitez faire le circuit complet de la vallée, poursuivez jusqu'à la grande forteresse d'**Ollantaytambo** ⑩, à 72 km de Cusco. Cet ensemble en granite, très élaboré, englobe des temples, des bains, et des installations militaires impressionnantes. Le *boleto* (ticket) *turístico* de Cusco vous donne également accès à Ollantaytambo et à Pisac.

Les Andes

La plus longue chaîne de montagnes du globe (7 200 km) forme l'épine dorsale du continent sud-américain. Réparties en plusieurs dizaines de cordillères distinctes, les Andes s'étirent du Venezuela à la Tierra del Fuego. Au Pérou, les cordillères se joignent étroitement, offrant aux randonneurs et aux alpinistes un accès rapide à quelques-uns des plus hauts sommets de la planète après l'Himalaya. À l'exception de certaines zones très isolées, les Andes péruviennes ne constituent pas vraiment une étendue sauvage. Les *campesinos* (paysans) y cultivent le moindre lopin de terre arable, même inaccessible, pour subvenir à leurs besoins.

Les Incas étaient déjà solidement implantés dans la *sierra* péruvienne, où leur système d'agriculture en terrasses permit l'exploitation de vastes régions, abruptes mais fertiles. Ce principe millénaire s'est perpétué dans certaines zones, et d'innombrables vestiges de terrasses témoignent du degré de productivité atteint par les Incas. Voyager à travers ces terres reculées, mais peuplées, équivaut à remonter le temps. Les cabanes de 1 ou 2 pièces construites en grossières briques d'adobe et couvertes d'herbes ichu n'ont guère changé depuis la période inca. Pas d'électricité, et l'eau se puise directement dans les torrents. Dans de petites basses-cours se mêlent poulets et *cuyos* – cochons d'Inde, très appréciés dans la *sierra* –, tandis que maïs et autres céréales sèchent au soleil.

Ci-dessous : site archéologique d'Ollantaytambo.

Le Chemin inca

Le plus connu des grands treks sud-américains (45 km) emprunte durant 3 ou 5 jours le Camino Inca (ancienne route pavée inca) pour rejoindre Machu Picchu. Au départ de Cusco, l'aventure commence par un trajet de 4 heures dans un train bondé qui longe le Río Urubamba, au cœur d'une vallée considérée comme sacrée par les Incas. Il n'est malheureusement plus possible de s'y lancer en solo : vous devrez réserver – et le plus tôt sera le mieux car le nombre de randonneurs sur le chemin est limité – avant votre départ pour l'Amérique du Sud ou à Cusco même. La piste n'ayant rien d'une promenade de santé, vous pouvez également poursuivre en train (très cher) jusqu'à Aguas Calientes, à 8 km de la "Cité perdue" – mais vous aurez manqué quelques paysages d'anthologie. Sachez qu'il vous faudra acheter les billets à l'avance, la dernière possibilité étant à Ollantaytambo, dernier arrêt avant Aguas Calientes.

Pendant 12 km, le chemin serpente à travers un terrain assez facile de collines basses parsemées de cabanes et de broussailles poussiéreuses. Le **Huarmihuañusqa** se profile ensuite, à 4200 m d'altitude : vous comprendrez vite son surnom de "col de la Femme morte". Une fois cette épreuve surmontée, première récompense avec l'ancien poste de garde inca de **Runkuraqay**, souvent noyé dans le brouillard. Un peu plus loin apparaissent les ruines plus consistantes de **Sayajmarka** ("ville dominante"), perchées sur l'arête d'une falaise. On distingue très bien le remarquable appareil de pierres propre aux Incas. Une extraordinaire voie pavée serpente dans la vallée en contrebas, ouvrage titanesque réalisé par un peuple que les Espagnols tenaient pour barbare. **Puyapatamarka** ("ville à hauteur de nuages") fascine par son enceinte circulaire et son système d'aqueducs très élaboré, qui alimente encore les anciens bains en eau de source. Sur la route de **Wiñay Wayna**, un interminable escalier de pierre vous plongera peu à peu dans une jungle épaisse. Accrochée à une pente abrupte, à l'aplomb presque vertical d'un profond ravin, une dernière et complexe série de ruines défie l'imagination.

Une heure de marche vous sépare désormais de **Machu Picchu** ⓫. Pour découvrir le site au lever du soleil, la plupart des randonneurs font étape au campement aménagé après Wiñay Wayna – nuit mouvementée en perspective, en raison de l'eau glacée qui transperce la toile des tentes. Le col d'altitude d'**Intipunku** – ou porte du Soleil – entrouvre le voile qui drape la mystérieuse et solitaire cité. Empruntant le même chemin que les Incas, vous entamerez alors la descente finale vers Machu Picchu. L'accès au site risque de changer à l'avenir : inquiètes du nombre croissant de randonneurs qui pilonnent la piste (jusqu'à 1000 par jour), les autorités touristiques péruviennes envisagent d'augmenter les tarifs d'accès et de construire un téléphérique d'Aguas Calientes à Machu Picchu.

Le quinoa, base de l'alimentation des civilisations précolombiennes, n'a jamais cessé d'être cultivé et consommé.

Arequipa, la "ville blanche"

Éloignée de Lima, perdue entre désert et montagnes, **Arequipa** ⓬ occupait néanmoins une position stratégique sur la route qui reliait les mines d'argent boliviennes

CI-DESSOUS : découverte de Machu Picchu.

Trekking dans les Andes

Pour partir en trek en haute altitude, prévoyez parka, vêtements très chauds, et les indispensables tente et sac de couchage si vous passez la nuit au-dessus de 4000 m. Vous pourrez louer votre équipement dans les grands centres andins, mais vérifiez-en l'état, parfois douteux. Prenez au moins 2 jours pour vous acclimater à l'air raréfié de Cusco et de Huaraz, sans quoi l'épuisement viendra très vite. Si vous effectuez votre randonnée en solo – option interdite sur le Chemin inca –, faites le plein de provisions, car vous ne trouverez rien en cours de route. N'oubliez pas un réchaud, car il n'y a pas de bois en altitude, et, plus bas, en ramasser aggrave une érosion déjà inquiétante. Bien entendu, ne laissez aucun déchet sur place. Un guide connaissant bien le secteur peut s'avérer précieux – renseignez-vous, tous ne se valent pas.

Machu Picchu

Le plus grand site archéologique du Pérou, Machu Picchu, devait être en construction lorsque les Conquistadors entrent au Pérou.

En 1911, l'archéologue américain Hiram Bingham tombe presque par hasard sur une citadelle perchée au sommet d'une montagne, masquée par un enchevêtrement d'arbres et de lianes infestés de serpents. Il surnomme "Cité perdue" ce sanctuaire interdit au commun du peuple inca, qui surplombe les rapides du Río Urubamba. Avant lui, l'archéologue français Nicolas Wiener, ainsi que d'autres chercheurs, avaient été informés dès 1875 d'un site de ruines.

Le Machu Picchu ("vieux sommet", en quechua) sommeille sous la garde plus hautaine de son jumeau, le Huayna Picchu ("jeune sommet"). Pour l'atteindre, vous aurez le choix entre 4 heures de bus et de train au départ de Cusco, et la randonnée du Chemin inca *(voir encadré p. 161)*. Un dénivelé de 900 m sépare Cusco de cette zone semi-tropicale.

Machu Picchu hébergeait les prêtres, les hauts dignitaires, les artisans et les *mamacunas*, ces vierges élues pour consacrer leur vie au dieu Soleil.

Rues, passerelles, fontaines liturgiques et aqueducs encore alimentés d'une eau limpide quadrillaient la cité. Machu Picchu demeura inaccessible 30 ans après la découverte de Bingham, jusque dans les années 1940, où une expédition archéologique découvrit le Chemin inca qui traversait la vallée.

On ne sait rien du destin des habitants de la Cité perdue. Les chroniques espagnoles ne le mentionne pas. Certains supposent qu'ils furent décimés par une épidémie, d'autres que la ville fut frappée d'ostracisme, puis oubliée durant le chaos sanglant qui démembra l'Empire avant sa chute.

Loin d'en fournir les réponses, les fouilles n'ont fait qu'épaissir le mystère. Les squelettes de 173 personnes – dont 150 femmes – ont été exhumés, mais pas le moindre objet en or. Seuls quelques pièces en céramique, 2 broches et des tissus en laine ont été découverts dans le tombeau de la "grande prêtresse" – comme l'appela Bingham –, à côté de la dépouille d'une femme atteinte de syphilis.

Aujourd'hui, l'accès au site se fait à proximité de l'hôtel mais, à l'époque, on ne pouvait y pénétrer que par un porche étroit, au sud-ouest de la citadelle. Les pentes abruptes de la montagne étaient cultivées en terrasses et les milliers de marches qui les reliaient ont subsisté.

La ville se divise en quartiers : le cimetière, les prisons, les habitations et les temples. À l'entrée se trouve le Templo de las Tres Ventanas, dont les 3 fenêtres servaient à renvoyer les rayons solaires pour illuminer la Plaza Sagrada (place Sacrée). En remontant, vous arriverez à l'observatoire et à l'Intiwatana (parfois traduit par "lieu où l'on s'amarre au soleil") –, étonnant monolithe dont certains supposent qu'il servait de cadran solaire : l'ombre portée par les rayons solaires aurait rythmé les activités agricoles et les cérémonies religieuses.

Certaines constructions de Machu Picchu s'élevaient sur un étage coiffé d'un toit de chaume à forte pente. Encore aujourd'hui, le travail de taille et d'assemblage des pierres étonne par sa précision.

Un sentier de marches vertigineuses – cardiaques s'abstenir ! – relie le site au Huayna Picchu ; à mi-chemin de l'ascension, un chemin part sur la droite rejoindre le temple de la Lune. N'hésitez pas à l'emprunter : le sommet de la montagne offre une vue saisissante sur la citadelle et les gorges de l'Urubamba. Quelque 2 500 personnes visitent chaque jour le site, listé au Patrimoine mondial. L'Unesco, inquiet pour sa conservation, recommande aux autorités de réduire le nombre à 800 visiteurs. ❑

À gauche : Machu Picchu.

à la côte. Ainsi l'oasis blottie au pied du volcan Misti a-t-elle accueilli la plus forte population espagnole, et les plus solides traditions européennes de toutes les cités péruviennes. Aujourd'hui, ses bâtiments en pierre volcanique ont valu le surnom de "ville blanche" à la seconde agglomération du pays.

La **Plaza de Armas** offre un exemple particulièrement éblouissant d'urbanisme colonial espagnol. Ravagée par les séismes et les incendies, 2 fois reconstruite au 19e siècle, l'immense **Catedral** (ouv. tlj.) en occupe tout un côté à elle seule, scandant les heures de son horloge illuminée le soir. Ses grandes orgues furent importées de Belgique, tandis que le Français Rigot réalisa en 1879 sa chaire en bois richement sculptée. Un majestueux alignement d'arcades superposées borde les 3 autres côtés de la *plaza*, agrémenté de palmiers, de vieux lampadaires à gaz, d'une fontaine et d'un jardin à l'anglaise.

Errance du lama sur les pentes du Machu Picchu.

La ville regorge de demeures aristocratiques construites au 18e siècle et ayant survécu à d'innombrables séismes. Ces grandes maisons basses se distinguent par leurs énormes portes sculptées, leurs hautes fenêtres barrées de grilles et leurs pièces à haut plafond qui encadrent de vastes patios. Ne manquez pas en particulier la **Casa Ricketts** (ouv. tlj.), séminaire datant de 1738 reconverti en banque ; la **Casa de la Moneda**, ancienne Monnaie ; et la **Casa del Moral** (ouv. du lun. au sam. de 9h à 17h), également occupée par une banque et dont un vénérable mûrier ombrage le patio.

Dans la sacristie de **La Compañía**, vous découvrirez un plafond couvert de peintures miniatures et de sculptures rouge et or. Du haut de la flèche de cette église, la vue est fabuleuse, surtout au crépuscule, lorsque la lumière faiblissante nacre de rose les façades immaculées d'Arequipa.

Il vous reste encore une étape incontournable : le **Monasterio de Santa Catalina** (ouv. le mer. et du ven. au lun. de 8h à 15h, les mar.-jeu. de 8h à 20h) a ouvert ses portes au public en 1970 après 400 ans de claustration. Mais si les nonnes vivaient derrière des portes bien hermétiques, elles ne respectaient que très négligemment leurs vœux de pauvreté et de silence. Ainsi, à son apogée, le couvent abritait quelque 500 religieuses dont les cellules se paraient de tapis anglais, de rideaux en soie, de tabourets capitonnés, de draps en batiste et en dentelle. Chaque sœur cloîtrée avait sa femme de chambre particulière, son service en porcelaine et ses couverts en argent.

CI-DESSOUS : Monasterio de Santa Catalina.

Lorsque le couvent s'ouvrit au monde, anecdotes et scandales ressurgirent, grossies par la rumeur. Ainsi, l'histoire de sœur Dominga, qui entra au couvent lorsque son fiancé l'abandonna pour une riche veuve, puis mit en scène sa propre mort pour s'en échapper. De fait, la belle Dominga, âgée de 16 ans, plaça bien le cadavre d'une Amérindienne dans son lit avant de mettre le feu à sa chambre, mais ce fut au **Convento de Santa Rosa** (toujours cloîtré).

À proximité, le **Museo Histórico Municipal** (ouv. du lun. au ven.) intéressera ceux qui veulent en savoir plus sur l'histoire de la ville. Quelques mètres seulement vous séparent alors de l'**Iglesia de San Francisco** (ouv. tlj.), particulièrement animée lors de la fête

Condor survolant le Cañon del Colca.

de l'Immaculée Conception (8 décembre), quand un char transportant la statue de la Vierge défile dans les rues – une procession haute en couleur. Le musée le plus intéressant de la ville occupe le **Monasterio de la Recoleta** (ouv. du lun. au sam. de 9h à 12 et de 15h à 17h), sur la rive opposée du Río Chili – accessible par le Puente Grau ou le Puente Bolognesi. La bibliothèque du monastère conserve plus de 20 000 ouvrages, dont certains très anciens.

À vol de condor

Aux environs d'Arequipa, **Sabandía** et son moulin méticuleusement restauré en 1973 s'inscrivent dans un cadre superbe. À 3 heures de route, un site attire presque autant de touristes qu'Arequipa : le **Cañon del Colca**. Du Río Colca qui se fraie un passage à sa base aux montagnes en surplomb, ce gouffre impressionnant atteint des profondeurs de 3 400 m. Plus isolé encore, le **Cañon de Cotahuasi** surpasse le Colca dans le gigantisme : ses 3 535 m de hauteur en font le plus profond des Amériques. Cette région d'une beauté sauvage et authentique envoûtera les passionnés d'aventure et de nature.

À la Cruz del Cóndor, vous apercevrez peut-être le roi des rapaces s'élevant dans les airs, porté par les courants thermiques générés au petit matin ou en début de soirée. Le site est inclus dans un éventail d'excursions de 2 ou 3 jours que vous pourrez réserver à Arequipa. En chemin, de nombreux circuits font halte à la **Reserva Nacional Salinas y Aguada Blanca**. À cette altitude (3 900 m), l'air se raréfie, ce qui n'empêche pas les farouches *vicuñas* (vigognes) de galoper à l'horizon. Vous pourrez également rejoindre cette région en prenant le bus à Arequipa, pour terminer à dos de *burro* (âne).

Un moment de détente pour vos jambes fourbues après une journée d'exploration dans Arequipa et ses alentours ? Faites comme tout le monde, gagnez la première *picantería* venue, installez-vous tranquillement pour siroter une *arequipeña* (bière) glacée, en picorant poivrons farcis et marinades de lapin ou de porc.

CI-DESSOUS : Cañon Colca, vu du Cruz del Cóndor.

Puno et le lac Titicaca

Son aura légendaire, le Titicaca (*voir p. 172*) la doit à son immensité, à sa situation – à une altitude à couper le souffle –, à ses origines lointaines, et même à ses bateaux à vapeur… Déployé sur 174 km de longueur et 64 km dans sa plus grand largeur, c'est le plus vaste lac d'Amérique du Sud. Une telle étendue d'eau tempère le climat et facilite les cultures, malgré les gelées nocturnes et des "printemps" très courts. De nos jours, le Pérou et la Bolivie se partagent pacifiquement cette mer intérieure, mais ce ne fut pas toujours le cas. Voici quelque 1 500 ans, la puissante culture Tihuanaku construisit une vaste cité côté bolivien. Son effondrement marqua le début de conflits sans fin. Les hautes tombes des rois colla – l'une des 12 chefferies aymara –, qui luttèrent contre les Incas, s'élèvent à Sillustani. Aujourd'hui, des villages quechua et aymara occupent des zones distinctes des rives du lac.

C'est têtu, un lama !

Le lac même héberge 2 communautés très différentes que vous pourrez visiter. Les Uros vivent sur leurs îles de roseaux *(totora)* flottantes, dans la baie de **Puno**. Cette ville aussi vieille que glaciale a profité du tourisme pour renaître – dans un certain sens : bon choix d'hôtels confortables, bars animés et restaurants corrects.

Sur l'île de **Taquile**, en revanche, les indigènes ont préservé leur mode de vie traditionnel et continuent à parler le quechua, malgré un afflux régulier de touristes étrangers. L'île est célèbre pour ses tissages, et les 2 coopératives campées sur la place centrale du village vendent des produits artisanaux de grande qualité. Si vous y passez la nuit, vous aurez amplement le temps de gravir le point culminant de l'île. Suivez le sentier en pente qui bifurque entre le village et le porche principal, et comptez environ 30 min pour arriver au sommet. Un peu avant, vous découvrirez quelques tombes datant de l'époque pré-inca. De quoi vous préparer à la vue sur le lac Titicaca, et sur l'île d'Amantaní au nord. Par beau temps, vous distinguerez une ligne éblouissante à l'horizon – les sommets enneigés de la Cordillera Real, côté bolivien.

En retrait du lac s'étend un immense plateau ponctué de montagnes – l'Altiplano. Cette "haute plaine" a même sa capitale, **Juliana**, réputée pour ses textiles et articles en cuir, tandis que le charme de Lampa fait le bonheur des touristes.

CI-DESSOUS : chullpas (tours funéraires) de Sillustani, sur les rives d'Umayo.

L'AMAZONIE PÉRUVIENNE

Vous l'ignoriez peut-être, mais la jungle amazonienne submerge les trois cinquièmes du Pérou. La "civilisation" moderne a beau y déployer quelques menus tentacules, l'aventure vous y attend. Oubliez les routes, et même les 4x4: seules les pirogues ont droit d'accès en ce territoire longtemps redouté, dont la faune et la flore pourraient sans doute guérir toutes les maladies du monde. L'Amazonie est la seule région que les Incas n'ont jamais pénétrée – et encore moins colonisée. Dès leur arrivée, les *conquistadores* espagnols entendirent parler d'une cité d'or cachée au cœur de la jungle – l'Eldorado. Ils n'y récolteront que maladies et flèches indigènes, mais la légende a survécu.

On attribue à Francisco de Orellana la découverte de l'Amazone en 1545-1546. Il aurait baptisé le fleuve du nom

Bateau touristique sur le lac Titicaca.

des farouches guerrières de la mythologie grecque, prenant pour des femmes les Yaguas aux longs cheveux et vêtus de pagnes. Le film de Werner Herzog, *Aguirre, la colère de Dieu* (1972), où Klaus Kinski impressionne dans le rôle titre, illustre une expédition espagnole plus tardive (1560) et nettement plus sanglante. Les missionnaires emboîteront le pas des conquistadors, sans plus de succès, tandis qu'entre la fin du 17e siècle et le milieu du 18e siècle, un soulèvement mené par Juan Santos Atahualpa débarrasse la jungle de tout Européen. Mais les missionnaires reviendront, catholiques et protestants se livrant à une fiévreuse rivalité au fin fond des forêts amazoniennes.

Les barons du caoutchouc

À la fin du 19e siècle, le boom du caoutchouc va donner une tout autre ampleur à la colonisation de l'Amazonie. Du jour au lendemain, c'est la fortune pour les barons du caoutchouc européens et américains – et l'esclavage pour les peuples de la forêt. Le plus célèbre de ces nababs, Carlos Fermín Fitzcarrald, est le fils d'un immigrant britannique et d'une Péruvienne. Accusé d'espionnage au profit du Chili durant la guerre de 1879, "Fitzcarraldo" – qui inspira un autre film d'Herzog, toujours avec Kinski – s'enfuit en Amazonie, où il se bâtit une immense fortune et caresse un rêve digne du canal de Panamá : relier par bateau à vapeur le bassin du Madre de Dios avec celui de l'Urubamba et de l'Amazone. Fitzcarrald finit par se noyer, mais d'autres poursuivent son projet, et, sur l'isthme qu'il a découvert, des milliers d'Amérindiens tractent bientôt des navires qui remontent de l'Atlantique au Pacifique. Les barons du caoutchouc dépensent leurs richesses pour vivre à l'européenne. Meubles, pianos, costumes taillés à Londres, vêtements à la dernière mode de Paris, vins de Bordeaux ou champagne : ils importent tout du Vieux Continent, et les plus grandes stars du théâtre ou de l'opéra viennent se produire au cœur de cette jungle si exotique. Cet âge d'or s'arrêtera en 1920, quand apparaît sur le marché un caoutchouc produit à plus bas coût en Asie et en Afrique.

CI-DESSOUS : l'arbre à caoutchouc de Pará, ou *seringueira*, doit son nom à l'État brésilien éponyme.

Splendeur passée et exotisme

Iquitos ⓭ est la plus importante des villes nées du caoutchouc – et la plus grande agglomération de l'Amazonie péruvienne. Sa splendeur passée s'affiche encore dans ses demeures couvertes d'azulejos, ou dans la maison métallique conçue par Gustave Eiffel en 1881 pour l'Exposition universelle de Paris et transportée en pièces détachées jusqu'à Iquitos par le baron du caoutchouc Jules Toth. Des habitations flottantes sont amarrées aux quais du port de **Belén**, d'où des bateaux (irréguliers) partent pour Leticia en Colombie, puis Manaus au Brésil : de quoi retrouver le parfum d'une époque où, l'avion n'existant pas, le voyage à Iquitos nécessitait des semaines de transport terrestre et fluvial. Iquitos est une ville dynamique de 400 000 âmes, mais il suffit de s'éloigner un peu au fil de l'Amazone, du Río Yanamono ou du Manatí pour se retrouver plongé au cœur de la forêt vierge. Le long des berges, s'égrènent des maisons en bois et en palme construites sur pilotis ; leurs habitants, les Ribereños, parlent un espagnol chantant qui évoque le portugais brésilien. Papillons et oiseaux exotiques volètent parmi les arbres drapés de lianes, des singes surgissent puis disparaissent, des tapirs froissent les taillis, un dauphin rose, ou *boto (Inia geoffrensis)*, frôle votre pirogue. À 100 km d'Iquitos, l'immense **Reserva Nacional Pacaya-Samiria** protège 2 millions d'hectares de jungle uniquement accessibles en bateau et avec un guide, au départ d'Iquitos ou du village de Lagunas.

Quelques lodges de jungle offrent aux voyageurs un hébergement plus ou moins luxueux, notamment dans les 3 complexes Explorama *(voir Carnet pratique p. 393)* : de l'Explorama Inn, doté d'électricité 24h/24 et de salles de bains privées, au rustique campement d'Explornapo, dont les lampes à pétrole, les excursions nocturnes et les tentes à moustiquaires raviront les amateurs d'aventure.

Les habitants de cette région d'Amazonie mènent une existence très isolée, sauf lorsqu'ils partent en pirogue ou montent à bord des bateaux-bus qui sillonnent le fleuve, embarquant à destination d'Iquitos leurs passagers chargés de paniers de bananes, de yucca, de maïs, de poissons séchés ou de poulets.

Les singes de nuit à tête noire (Aotus nigriceps) *vivent dans les forêts du Pérou, Brésil, Paraguay et Bolivie.*

À GAUCHE : jeune puma surpris par l'objectif, une rareté.
À DROITE : les Amérindiens d'Amazonie utilisent encore la sarbacane pour chasser.

Pause détente au Museo de Arqueología de Trujillo.

Pucallpa ⓮, dernier port navigable pour les navires maritimes qui remontent l'Amazone, vit de sa situation stratégique et de son industrie forestière. À 9 km de là, le **Lago Yarinacocha** reflète couchers et levers de soleil sur 22 km, nourrissant de ses eaux poissonneuses une série de villages indigènes – notamment ceux des placides Shipibo installés le long des berges. Dans la forêt, cèdres, pins, acajous et bambous offrent un refuge à près de 1 000 espèces d'oiseaux, et à d'infinies variétés de papillons et de mammifères – des paresseux, notamment. Sur place, vous pourrez louer un *pekepeke*, embarcation qui vous emmènera en excursion dans des villages isolés, ou découvrir les Shipibo, leurs poteries peintes et leurs tissages. À **Puerto Callao**, la remarquable coopérative artisanale Maroti Shobo expose, vend et expédie dans les musées du monde entier les objets confectionnés par les Shipibo des villages environnants. Plus au sud, en rejoignant la capitale de la moins peuplée – et la mieux préservée – des provinces péruviennes, **Puerto Maldonado** ⓯, vous n'êtes qu'à quelques heures de bateau de l'une des plus grandes réserves sauvages de la planète.

Classé Réserve de biosphère en 1977 et Patrimoine naturel mondial en 1997, le **Parque Nacional Manú** ⓰ couvre 1,8 million d'hectares. Certains secteurs du parc ne sont ouverts qu'aux biologistes et anthropologues munis d'une autorisation spéciale ; une zone est réservée à 2 tribus indigènes, une autre se consacre à l'écotourisme. L'excellent **Manú Wildlife Center** offre aux visiteurs une occasion unique de rencontrer chercheurs et spécialistes sur le terrain. Plus proche de Puerto Maldonado, la **Reserva Nacional Tambopata Candamo**, créée en 1989, combine sur 1,5 million d'hectares l'écotourisme et l'exploitation de produits comme le caoutchouc ou la noix du Brésil. Ses frontières englobent tout le bassin du **Río Tambopata**, l'une des plus belles régions sauvages du Pérou, ainsi que la plus grande falaise à aras d'Amérique du Sud, la **Colpa de Guacamayos**, où des centaines de perroquets se rassemblent chaque jour pour en lécher les sels minéraux.

Ci-dessous : balcon de style mudéjar, Trujillo.

Le Nord historique

Halte pour les Espagnols qui faisaient route entre Lima et Quito, **Trujillo** ⓱ fut fondée en 1535, et baptisée du nom de la ville natale de Francisco Pizarro. C'est la première ville péruvienne à déclarer son indépendance en 1820, et, en 1920, Víctor Raúl Haya de la Torre y fonde le mouvement et parti politique APRA (Alianza Popular Revolucionaria Americana). Bénéficiant d'un climat tempéré par la proximité du Pacifique, la "Ciudad de la Eterna Primavera" (cité de l'Éternel Printemps), aux façades soulignées de balcons de style mudéjar, a conservé son charme colonial.

Une promenade à travers Trujillo débute tout naturellement sur la **Plaza de Armas**, bordée par l'hôtel de ville, l'évêché et une cathédrale aux piliers en marbre et aux autels dorés richement sculptés. À côté de la cathédrale, un édifice colonial abrite aujourd'hui l'**hôtel Libertador Trujillo**. Tout autour de la place, les demeures coloniales ont été particulièrement bien préservées et restaurées, généralement par des banques nationales ou des sociétés privées (la plupart ouvrent du lun. au ven. et le sam. a.-m). La **Casa de la Emancipación** offre un exemple typique de ces maisons construites aux 16e et 17e siècles et qui recèlent en grande partie leur mobilier d'origine. Les **Casa de Mayorazgo**, **Casa Urquiaga**, **Casa Bracamonte**, ou **Casa de los Leones** (également appelée Casa Ganoza Chopitea et convertie en galerie d'art), rivalisent de charme. Dans le **Palacio Iturregui**, le Club Central présente une exposition de céramiques. Le **Museo de Arqueología** (horaires d'ouverture variables ; se renseigner à l'office de tourisme) de la Universidad de Trujillo se consacre au passé précolombien de la cité. Malgré son cadre surréaliste – le sous-sol d'une station-service –, le **Museo Cassinelli** (ouv. tlj. de 9h30 à 13h et de 15h à 19h) détient une fabuleuse collection de poteries moche et chimú.

Malgré le durcissement des lois sur la vente d'objets archéologiques, de nombreuses pièces arrivent à sortir du pays en contrebande. Par ailleurs, les sites sont périodiquement démantelées par des pilleurs qui cherchent à récupérer des matériaux pour construire leur propre maison.

Cité royale en adobe

Au nord-est de Trujillo, les colons espagnols découvrirent une immense ville en adobe (brique crue). Composée de 7 citadelles déployées sur 28 km², et entourée de remparts colossaux, **Chan Chan** était la capitale des Chimú – une civilisation de pêcheurs et d'agriculteurs qui adoraient la Lune, disparue sans laisser de trace écrite. Sur les murs d'enceinte, des frises gravées représentent des poissons, des oiseaux marins, des otaries, des filets de pêche et des lunes. Les Chimú avaient développé un extraordinaire système d'irrigation et d'aqueducs qui leur permit de métamorphoser un désert aride en sol fertile, apte à recevoir des cultures de céréales diverses, de légumes et d'arbres fruitiers.

À environ 10 km de Trujillo, un minibus ou un circuit guidé vous conduira à **Las Huacas del Sol y de la Luna** (tombes du Soleil et de la Lune), ces temples pyramidaux construits par les Moche (100 av. J.-C.-850 apr. J.-C.). Le chantier de fouilles interdit l'accès à la **Huaca del Sol** – sans doute le plus grand édifice précolombien d'Amérique –, mais dans la **Huaca de la Luna**, plus petite, plus de 15 ans

CI-DESSOUS : défilé de chars sur la Plaza de Armas lors du Festival Nacional de la Marinera, Trujillo.

Située à 3 000 m d'altitude dans la région d'Amazonas, la forteresse de Kuélap, unique en son genre, fut édifiée par les Chachapoyas. Construite entre 800 et 1300, elle est constituée de 420 gigantesques édifices hauts de 20 m, les plus remarquables étant El Tintero et El Castillo. La disparition de cette civilisation pré-inca coïncide avec l'avènement des Incas et l'arrivée sur leur territoire des Conquistadors.

de recherches ont mis au jour une série de temples superposés qui forment une pyramide couverte de fresques aux couleurs éclatantes. Les passionnés de vieilles pierres ne manqueront pas de visiter également la Huaca el Brujo, site récemment découvert à quelques heures de Trujillo, dans la vallée du Río Chicama (informations détaillées auprès de l'office de tourisme).

La fin du dernier Inca

Théâtre de l'ultime confrontation entre les conquistadors et les Incas, **Cajamarca** ⓲ a joué un rôle majeur dans l'histoire du Pérou. Selon les chroniqueurs espagnols, l'Inca Atahualpa *(voir p. 30)* aurait été fait prisonnier pour avoir jeté au sol la bible que lui avait tendue un prêtre espagnol. Les conquistadors exigent une énorme rançon contre la libération de l'Inca : des dignitaires de tout l'Empire font entasser l'or et l'argent collectés dans l'**El Cuarto del Rescate** (salle de la Rançon ; ouv. les lun., mer.-ven. de 9h à 13h, de 15h à 17h45, les sam.-dim. de 9h à 12h45), à deux rues de la Plaza de Armas ; peu respectueux de la parole donnée, les conquistadors conservent la fabuleuse fortune et exécutent au garrot et en public le dernier empereur des Incas.

Entourée d'édifices et d'églises de la période coloniale, la **Plaza de Armas** demeure le centre nerveux de cette cité paisible de 120 000 habitants. Derrière une façade en roche volcanique richement sculptée, la **Catedral** abrite plusieurs autels en bois rehaussé à la feuille d'or. Plus ancienne, et plus somptueuse encore, l'**Iglesia San Francisco** vous ouvre les portes de son **Museo de Arte Colonial** (ouv. du lun. au sam. de 14h30 à 19h) et de ses inquiétantes catacombes. Sur la *plaza* toujours, le Restaurante Salas sert la meilleure cuisine familiale de la ville. Cajamarca vous offre une excellente base de départ pour rayonner dans la province d'**Amazonas**. Les Chachapoyan y édifièrent plusieurs villes pré-incas, dont **Kuélap**, magnifique cité fortifiée perchée en surplomb du Río Utcubamba. En matinée, des minibus relient Cajamarca au village de **Tingo**, d'où une route vous conduira à 15 min de marche des ruines.

Ci-dessous : enceinte en adobe de la citadelle de Chan Chan.

Trésors funéraires

À environ 30 km de **Chiclayo** ⓳, le site funéraire moche de **Sipán** (ouv. tlj. de 8h à 17h; visites guidées possibles) fut découvert à la fin des années 1980 par des *guaqueros* (pilleurs de tombes). L'archéologue péruvien Walter Alva, directeur du Museo Brüning *(voir plus loin)*, remarquant que certaines pièces inhabituelles avaient fait surface sur le marché parallèle, en conclut qu'elles provenaient d'un site jusqu'alors inconnu – qui s'avérera unique par sa richesse. D'une profondeur de 15 m, ce tombeau contenait la dépouille d'un grand prêtre ou d'un dignitaire revêtu d'un éblouissant masque en or aux yeux émeraude. Le mausolée d'El Señor de Sipán devient bientôt le plus important site funéraire fouillé en Amérique. Outre de nombreux objets en or ou en cuivre, des tissus en coton doré, les archéologues découvriront dans les 14 tombes du site les squelettes de 24 femmes et 50 kg d'or. Les fouilles, toujours en cours, devraient apporter des indices essentiels sur la vie des Moche, une civilisation qui disparut mystérieusement vers le 8e siècle. Mais, pour avoir un aperçu des merveilles de Sipán – quand elles ne courent pas les musées du monde entier –, mieux vaut vous rendre au bourg voisin de **Lambayeque** et y visiter le **Museo Brüning** (ouv. tlj. de 9h à 17h), où sont conservées quelques-unes des plus belles poteries et pièces en or et en argent de l'Amérique précolombienne.

Non loin de Sipán, les fouilles engagées sur le site de **Sicán** ont permis de dévoiler – grâce à la technique du radar – des trésors qui datent d'une période intermédiaire entre les cultures Moche et Chimú (9e-10e siècle). Les vestiges découverts sont d'une importance comparable à ceux trouvés dans la tombe de Toutankhamon.

L'un des chantiers archéologiques les plus intrigants de la région est né de l'initiative du Norvégien Thor Heyerdahl (1914-2002). Le célèbre navigateur et anthropologue *(voir encadré)* a entrepris des fouilles à **Túcume**, près de Sipán, où ses premières trouvailles ont attiré chercheurs péruviens et européens. Partant de Chiclayo, des circuits guidés vous conduiront vers la plaine de Túcume, où les 27 collines qui occupent les lieux ne sont autres que des pyramides recouvertes par plusieurs siècles de terre et de poussière. ❑

NOTEZ-LE

Les surfeurs ont adopté la plage de Máncora, au nord du Pérou, pour ses belles et régulières vagues gauches de 2 m, l'ambiance décontractée de la ville et ses petits hôtels bon marché frangeant la plage de palmiers. Les accros du tubes se rendront à Cabo Blanco, 35 km au sud de Máncora, où les vagues atteignent les 3 m. Attention, toutefois, aux récifs.

CI-DESSOUS : pirogues en roseaux sur la plage de Pimentel, près de Chiclayo.

Un radeau historique

En 1948, un équipage norvégien dirigé par Thor Heyerdahl embarque à Callao sur un radeau en balsa, le *Kon-Tiki*. But de l'expédition : rallier la Polynésie française et prouver ainsi que les Amérindiens ont pu coloniser les îles du Pacifique sur leurs frêles esquifs. Malgré son immense retentissement, la théorie de Heyerdahl a fait long feu – son livre est un best-seller –, mais elle a déclenché une vague d'intérêt pour la science maritime des Précolombiens d'Amérique du Sud et des îliens du Pacifique. De nombreux passionnés se feront construire des radeaux par les Boliviens du lac Titicaca, considérés comme les meilleurs spécialistes au monde du balsa. L'embarcation de Heyerdahl est à présent conservée au Kon-Tiki Museum d'Oslo.

Dès leur arrivée en Amérique, les Espagnols en ont décrit les embarcations – des radeaux faits de bottes de roseaux tressés *(totora)*, encore utilisés aujourd'hui par les pêcheurs de Huanchaco (près de Trujillo, au Pérou), aux énormes transporteurs de marchandises. Le chroniqueur Agustín de Zárate parle de radeaux capables d'embarquer 50 personnes et 3 chevaux. Au 17e siècle, les navigateurs européens découvrent la *guara*, dérive en usage depuis des siècles chez les Amérindiens. Au Pérou, vous pourrez voir des artisans travailler à l'ancienne sur les rives du Titicaca ou à Huanchaco.

Légendes et traditions du Titicaca

Encadrée par les sommets enneigés des Andes, cette mer intérieure d'eau douce et limpide n'a jamais cessé d'intriguer et fasciner.

Reliant le Pérou à la Bolivie, le plus haut lac navigable de la planète couvre de ses eaux cristallines plus de 8 000 km^2, parsemés de quelque 30 îles. Les inconscients qui envisageraient de s'y plonger réaliseront vite qu'à 4 000 m d'altitude, et peu importe la saison, ce lac a tout d'une glacière. Le Titicaca déborde d'histoire, d'antiques légendes, de sites sacrés – et de vie, car ses traditions ancestrales se perpétuent encore aujourd'hui, tout au long de ses rives.

Au milieu du lac, Isla del Sol est à la base de la genèse inca telle que la rapportent les chroniqueurs espagnols du 16e siècle. Un mythe raconte que 4 sœurs et 4 frères émergèrent sur cette île par une porte en pierre ; parmi eux, les Incas Manco Capac et Mama Ocllo (ou Huaca). Selon une autre légende, c'est ici que le soleil aurait surgi, pour la première fois, d'une roche sacrée. Vous pourrez visiter les ruines de temples incas et autres sites sacrés sur Isla del Sol et sa voisine, Isla de Luna. On raconte également que, lorsque les *conquistadores* s'emparèrent de Cusco, les Incas auraient pris la chaîne de leur roi Huascar – 2 t d'or ! –, entreposée à Qoricancha, pour la jeter dans le lac.

En 1996, le plus ancien temple connu d'Amérique du Sud a été découvert non loin des rives. Sa construction daterait de 1500-1000 av. J.-C. Un mystère de plus à mettre au crédit de cette région captivante.

Ci-dessus : le costume traditionnel d'Isla Taquile se pare de différents attributs plus ou moins colorés pour marquer une célébration, une fête, voire une situation matrimoniale.

Ci-dessus : les îles flottantes des Uros sont devenues une attraction touristique très courue. Les îliens fabriquent des *totoras* en modèle réduit pour vendre aux touristes.

Ci-dessous : les peuples du lac Titicaca construisent toujours leurs *totoras* (pirogues) en roseau.

TISSERANDS D'ISLA TAQUILE

Côté péruvien du lac, une hacienda occupait Isla Taquile du temps des Espagnols, puis elle servit de prison. Mais les Taquile ont fini par regagner leurs droits de propriété. Depuis 1970, ils gèrent eux-mêmes le tourisme afin de préserver leurs traditions ancestrales.

Vous ne trouverez pas d'hôtel sur l'île, mais les Taquile ouvrent leurs portes aux hôtes de passage pour la nuit, et quelques petits restaurants vous serviront la truite locale.

La pauvreté a donné naissance à un mode de vie communautaire, et les Taquile sont réputés pour leur hospitalité. Vous pourrez acheter, dans une coopérative, leurs tissages en laine de mouton délicatement filée.

Teints en rouge vif et en bleu, leurs motifs reflètent l'âge, la position sociale et familiale de la personne qui les porte. D'autres tissages sont en vente sur Amantaní, une île paisible dotée de temples et d'un trône sculpté en pierre.

CI-DESSUS : la tenue traditionnelle portée par ce jeune tisserand fut importée d'Andalousie et imposée par le propriétaire espagnol de l'île, Rodrigo de Taquila.

À GAUCHE : les mystérieuses statues du site pré-inca de Tiahuanaco, remontent à plus de 2 000 ans.

CI-DESSOUS : Depuis la disparition du dernier Uros en 1959, les Aymaras perpétuent leur tradition d'utiliser le roseau pour leurs maisons, outils, bateaux, filets…

CI-DESSUS : À l'occasion de la Fiesta de la Virgen, les rues de Copacabana se parent de décorations florales multicolores.

RECUER

Cartes p. 178 & 184

BOLIVIE

Enclavée, habitée par une population en majorité amérindienne, la Bolivie offre un visage homogène marqué par la pauvreté, mais aussi par un héritage culturel inestimable et des montagnes splendides.

Géographiquement, la Bolivie relie les hauteurs de l'Altiplano, vaste plateau andin qui couvre le nord-est du pays, aux vallées des Yungas et aux pampas fertiles de l'Oriente. Entre ces 3 régions très contrastées, des routes courent en lacet au flanc de pentes vertigineuses. Plus au sud, le plateau s'abaisse plus doucement pour rejoindre la région des Valles.

Des hauts et des bas, la Bolivie en connaît dans d'autres domaines, comme l'insondable fossé qui y sépare les riches et les pauvres. La misère est visible partout – il vous suffit de flâner dans La Paz, de lire au-delà des sourires affichés par les vendeurs et les *campesinos* (paysans) aux vêtements bariolés, ou bien, roulant à travers la campagne, d'observer les familles qui, dès l'aube, s'échinent sur leur lopin de terre. La richesse ne s'étale pas, mais elle se devine dans certain cafés huppés de La Paz. Pour une grande part, les trésors extraits des mines d'argent et d'étain ont toujours appartenu aux mêmes dynasties, pour s'évanouir outre-Atlantique.

Quant aux richesses territoriales du pays, elles lui ont été arrachées par ses voisins au fil d'une série de guerres désastreuses. Aujourd'hui, la Bolivie est le pays le plus pauvre du continent; elle détient le plus fort taux de mortalité infantile, et les deux tiers de sa population, essentiellement paysanne, vivent sous le seuil de la pauvreté. Une bonne partie des ressources de la Bolivie sort des champs de coca de l'Oriente pour se métamorphoser en dollars dans les villes nord-américaines.

La ruée vers l'argent

En 1544, l'Amérindien Diego Huallpa découvre de l'argent sur le Cerro Rico, à Potosí. Le destin du pays est scellé. Durant les 2 siècles suivants, toute la Bolivie ne vivra que par et pour l'exploitation du précieux filon – le plus abondant jamais connu. Des villes naissent dans le seul but de fournir à Potosí les marchandises importées

Ne manquez pas
- Lac Titicaca et Tihuanaco
- Vallées des Yungas
- Sucre la coloniale
- Nord amazonien
- Potosí
- Salar de Uyuni

PAGES PRÉCÉDENTES : musiciens de La Paz. **À GAUCHE** : La Paz vue de l'Altiplano. **CI-DESSOUS** : Aymara jouant de la *zampoña*.

Deux tiers des Boliviens sont d'origine indigène, une proportion unique en Amérique du Sud.

d'autres régions de l'empire colonial, et de transférer l'argent vers Séville. Rien d'autre n'intéresse les Espagnols que le minerai et son acheminement à travers des étendues glacées – rien, et surtout pas le sort de la population locale. Le magnifique réseau inca de terrasses et d'irrigation tombe à l'abandon, le christianisme fait force de loi, même si les conversions demeurent superficielles. Plus durable sera l'imposition d'un nouvel attirail vestimentaire aux femmes indigènes, ces jupes et jupons, chapeaux melon et cheveux nattés si caractéristique des Boliviennes que les touristes photographient aujourd'hui – ce costume est né au 18e siècle d'un décret espagnol. Si les indigènes sont théoriquement sujets libres de la couronne espagnole, écrasés par les impôts, à la merci de grands propriétaires brutaux, ils doivent régulièrement abandonner leurs fermes pour travailler dans les mines de Potosí. Ils y périssent par milliers, tandis que Potosí égale en splendeur bien des cités du Vieux Continent.

La quantité d'argent extraite des mines est stupéfiante : 16 000 t débarquent à Séville entre 1545 et 1660, soit 3 fois et demie les réserves de l'Europe à l'époque. Cette richesse finance les guerres et les folies de l'aristocratie et du clergé, pour finir dans les coffres des banquiers flamands, allemands ou anglais, provoquant une inflation dans toute l'Europe.

La naissance de la Bolivie en 1825 *(voir p. 36)* va plonger le pays dans une interminable succession de gouvernements militaires et de coups d'État fomen-

tés dans les palais de La Paz, richesses et pouvoir demeurant entre les mains d'une oligarchie d'origine espagnole. Durant cette période, le pays livre avec ses voisins des guerres qui lui coûtent d'énormes parties de son territoire. Seul point positif de ces décennies troublées, la découverte de riches filons d'étain à Oruro et à Potosí par un certain Simón Patiño. Ce prospecteur chanceux amasse une fortune colossale, qui lui vaut de devenir l'un des 10 hommes les plus riches de la planète au début du 20e siècle. Il laissera son emprunte sur la ville de Cochabamba en commanditant, entre 1915 et 1925, la construction du Palacio de Portales. Mais si Patiño mène grand train, il paye des salaires de misère à ses mineurs et réprime les grèves en organisant de véritables massacres, pendant qu'il prend ses vacances en Europe.

Croix au sommet de Chacaltaya, avec le Huayna Potosí en toile de fond.

Vers un changement

Dans les années 1930, une période de profonde remise en question suit la fin de la guerre du Chaco; en naîtra le Movimiento Nacionalista Revolucionario (MNR) emmené par Victor Paz Estenssoro. Le parti remporte les élections de 1951, mais un coup d'État contraint Paz Estenssoro à s'exiler à Buenos Aires. Les mineurs prennent alors les armes et, après de lourdes pertes, parviennent à chasser la junte. Son dirigeant de retour à La Paz, le MNR peut commencer à mettre en œuvre ses projets: nationalisation des mines d'étain, droit de vote pour les Amérindiens et réforme agraire. Mais les mines dépendent toujours de capitaux étrangers et les parcelles accordées aux indigènes s'avèrent trop petites pour être productives. L'économie s'effondre doucement, et un nouveau putsch renverse le MNR.

Les dictateurs se suivent dès lors avec une régularité métronomique. Le plus tristement célèbre monte au pouvoir en 1980 dans un bain de sang: le général Luis García Meza envoie ses chars dans les rues de La Paz, fait fusiller les dirigeants de gauche, bombarde les campements de mineurs d'Oruro. Le régime qui s'instaure brille par une corruption hallucinante. García Meza brade les richesses nationales pour remplir ses propres poches et invite l'ex-officier nazi Klaus Barbie

Ci-dessous : cimetière haut en couleur près de La Paz.

De nombreuses mélodies boliviennes ont traversé les Andes pour finir dans les Top 50 des pays occidentaux, notamment El Condor Pasa, *repris par Simon et Garfunkel dans les années 1970, et, plus récemment, la* Lambada.

(*alias* Klaus Altman) à réorganiser les forces de police. En 1982, le général plie bagages et la démocratie reprend ses droits sous la présidence du Dr Hernán Siles Zuazo, lequel mène rapidement son pays au triste record de l'un des taux d'inflation les plus élevés du globe, avec le chiffre vertigineux de 35 000 % par an.

L'étain s'effondre

En 1985, l'économie est au bord du gouffre, la cocaïne en tête des exportations. De retour au pouvoir pour la 4e fois, Paz Estenssoro applique la politique prônée par le FMI, et, devant l'effondrement des cours de l'étain, met à pied 20 000 mineurs employés par la comibol, société d'État. L'inflation est stoppée net, le chômage explose. Les élections de 1989 ne donnant aucun résultat tangible, le Congrès décide d'élire lui-même le Président ; un homme de centre gauche, Jaime Paz Zamora, arrive au pouvoir à la faveur d'une alliance improbable avec l'ex-dictateur Hugo Banzer Suárez. Lourdement frappés par le chômage, les Boliviens cherchent de nouvelles sources de revenus : la production de cocaïne monte en flèche. Au début des années 1990, l'administration Bush s'engage dans un plan anti-narcotiques en Bolivie, l'"*Operation Support Justice*", en échange d'une aide de 78 millions de $US. Mais quelques raids très médiatisés sur des laboratoires clandestins ne changent pas grand-chose à la situation, et les Américains sont poliment invités à rentrer chez eux. Les *cocateros* (planteurs de coca) s'opposent violemment à toute politique de substitution. Beaucoup défendent leurs droits ancestraux à cultiver la coca pour d'autres usages que la production de narcotiques. D'autres, confrontés à la misère, voient dans la coca une plante plus durable que le riz ou la pomme de terre et infiniment plus lucrative.

La relative stabilité sociale sous les dirigeants Gonzálo Sánchez de Lozada, l'ex-dictateur Hugo Banzer et Jorge Quiroga s'achève brutalement en début d'année 2003 lorsque le second gouvernement de Sánchez de Lozada tente d'instaurer l'impôt sur le revenu ce qui déclenche les plus violentes manifestations qu'ait connues le pays depuis des décennies. Même la police se met en grève… Appelée

CI-DESSOUS : du haut de ses 6 462 m, le Nevado Illimani domine La Paz.

en renfort, l'armée tire sur la foule et fait 33 victimes. Les projets fiscaux rentrent dans leurs tiroirs et le gouvernement se déleste de 5 ministères.

Les manifestations se poursuivent contre la montée des prix des carburants, exigeant la nationalisation des ressources en hydrocarbures, tandis que les provinces les plus riches demandent l'autonomie. Sánchez de Lozada doit démissionner en 2003. Carlos Mesa lui succède, mais, incapable de faire mieux, il jette l'éponge à son tour en 2005. Pendant ce temps, un leader charismatique émerge de cette tourmente sociale : le dirigeant paysan socialiste Evo Morales, un producteur de coca. Son succès lors des élections de 2005 a une portée considérable pour les indigènes – la Bolivie possède enfin un président qui représente la majorité de la population. Morales s'est vigoureusement opposé à l'influence américaine dans la région, nationalisant les réserves de gaz naturel et de pétrole du pays, les deuxièmes du continent. En 2009, il remporte avec triomphe (64% des voix) son second mandat et son parti détient depuis 2010 la majorité absolu dans les 2 Chambres.

Éclairage colonial à La Paz.

Une capitale dans les nuages

Si vous choisissez d'arriver par avion à **La Paz ❶**, capitale officieuse de la Bolivie – Sucre étant l'officielle –, essayez de réserver un siège côté fenêtre. La vue est fabuleuse : l'avion survole les plus hautes cordillères du pays, puis descend vers la ville, campée dans son vaste canyon. Un inconvénient cependant : dès qu'ils posent le pied sur le tarmac, à près de 4 000 m d'altitude, certains passagers sont immédiatement terrassés par la nausée et les maux de tête du *soroche* (mal des montagnes). Mais la ville s'étire 400 m plus bas et 1 ou 2 jours de repos vous remettront d'aplomb. Dans ce cadre extraordinaire – dominé par les neiges éternelles du **Nevado Illimani** culminant à plus de 6 000 m – La Paz fait quelque peu tache : son centre-ville moderne regroupe un ensemble de gratte-ciel miteux et d'avenues souvent embouteillées. Mais en prenant le temps vous découvrirez une ville singulièrement vivante et originale.

Evo Morales

Evo Morales n'est pas le premier président indigène de l'histoire du subcontinent, privilège détenu par le Péruvien Alejandro Toledo. Mais la politique socialiste du président bolivien a quelque peu éclipsé la renommée de Toledo, pur produit de l'élite et revenu des États-Unis avec un diplôme en économie de l'université de Stanford. Certes, Morales détient aujourd'hui 2 doctorats honoraires, mais ses origines l'identifient bien plus nettement aux millions de Sud-Américains défavorisés, indigènes ou non. Issu de l'ethnie Uru-Aymara, il n'a reçu qu'une éducation très rudimentaire, pour se hisser à la tête du syndicat des planteurs de coca, les *cocaleros*, auquel il adhéra très jeune après avoir été élevé dans un masure en adobe, près d'Oruro, en plein altiplano.

CI-DESSOUS : Evo Morales lors d'une conférnce de presse à La Paz.

Les nuits de la *Peña*

Qui n'associe pas le son de la flûte de pan au vol du condor au-dessus des Andes ? Ce cliché, toutefois, est une réalité : jugez par vous-même en vous rendant dans une *peña*.

Après une longue journée de balades, rien de tel qu'une *peña* pour aller vous délasser en tendant l'oreille aux mélodies envoûtantes de l'Altiplano devant une bière bien fraîche, un verre de vin ou un *pisco sour*.

Les *peñas* – sorte de bars décontractés – commencent à s'animer aux alentours de 22h. Une dizaine de groupes peuvent s'y produire en une soirée et vous offrir un bel aperçu de la variété des musiques andines : si les rythmes de l'Altiplano affichent tous une parenté indéniable, chaque région produit un son bien caractéristique. Tel groupe de Potosí ne ressemble pas du tout à tel autre venu du lac Titicaca, et se différencie encore plus nettement des groupes *cusqueños*. Les musiciens cabotinent volontiers, et leur spectacle prend souvent des tours irrésistiblement comiques, compréhensibles même si vous ne parlez pas la langue. À La Paz, essayez la Naira (Sagárnaga 161), aussi sombre qu'intime, mais qui attire les meilleurs groupes de passage. Autres célèbres *peñas*, celles des restaurants Los Escudos (M. Santa Cruz) et La Casa del Corregidor (Murrillo 1040).

Les instruments de base utilisés comprennent la *quena* (flûte à encoche), la *zampoña* (flûte de pan), des tambours (*bombos*, *cabasas*, etc.) et des maracas, sans oublier le *charango*, mandoline dont les 5 cordes doublées résonnent sur une carapace de tatou. À l'instar de la *arpa* (harpe andine) et autres instruments à cordes, le *charango* atteste l'adoption de certains apports espagnols – de plein gré, une fois n'est pas coutume. Cette musique produit un effet presque hypnotique, évoquant la solitude et l'âpreté de l'Altiplano. Elle se joue sans accompagnement vocal, quoique une nouvelle forme soit apparue, le *huayno*, ballade chantée en quechua, en aymara, ou dans un patois de langues indigènes et espagnol. On y retrouve tout l'humour mélancolique des *campesinos* :

Tu veux que je te dise
D'où je viens ?
Je viens de derrière cette colline,
Parmi les œillets,
Parmi les lis,
Mon lance-pierre est de Castille,
Et mon lasso en laine de mérinos :
Très résistant,
Très solide.
D'autres sont bien plus modernes :
Le prêtre d'Andahuaylas
Veut toujours que je me marie.
Peut-être sait-il, peut-être pas,
Où je suis allé la nuit dernière.

Expression de la culture amérindienne, cette musique n'a pas toujours trouvé une oreille favorable chez les classes dominantes. À la radio, elle doit batailler contre la pop moderne, la salsa et la samba. Elle s'est parfois égarée en quelques désastreux *cross-over* européens. Aujourd'hui les cultures indigènes gagnent du terrain, et les mélodies de l'Altiplano se font entendre par-delà les frontières. Dans les années 1980, le groupe Los Kjarkas, régulièrement en tournée aux Amériques et en Europe, écrit une chanson, *Llorando se fué*, qui, plagiée sous le nom de *Lambada*, se classe n°1 au hit parade. Plus tard la justice leur donnera raison. Mais la célébrité de Los Kjarkas a permis à chaque région andine de singulariser sa musique, tel le Chili avec sa *Nueva Canción*. Même les musiciens de rock boliviens, comme Octavia, sont fiers d'intégrer des instruments traditionnels dans leur groupe. ❑

CI-CONTRE : musicien en pleine action.

Carte p. 178

Sur la **Plaza Murillo**, cœur historique de la ville, le **Palacio de Gobierno** (palais du gouvernement) arbore une façade de style italianisant ; cette cible privilégiée des foules en colère doit son surnom de “Palacio Quemado” (Palais brûlé) aux incendies qui la ravagèrent à 2 reprises depuis sa construction dans les années 1850. À proximité se dresse la **cathédrale**, d’époque moderne. Les rues environnantes rivalisent d’atmosphère. Des demeures coloniales bien préservées bordent les pavés de la **Calle Jaén**, interdite à la circulation. L’**Iglesia y Monasterio de San Francisco**, vers le haut de l’Avenida Mariscal Santa Cruz, arbore des sculptures (1549) d’une grande richesse d’invention.

À l’angle des Avenidas Camacho et Colón campe l’un des hauts lieux culturels de la ville, le café **Club de La Paz**. Les antiques boiseries de ce repaire discret ont vu se conclure bien des marchés politiques ou financiers, sans parler de quelques coups d’État. Klaus Barbie hanta bien souvent ces murs avant d’être arrêté en 1983, extradé en France et condamné à la perpétuité pour crime contre l’humanité en 1987.

PAUSE GOURMANDE

Milshakes à la papaye, poulet épicé au riz, truite grillée du lac Titicaca, brochette de cœur de mouton accompagnée d’une sauce rélevée aux noix pilées… Voici quelques mets que vous pourrez savourer sans crainte sur les marchés de La Paz, en particulier ceux autour de Plaza San Francisco.

Marchés et sorcières

La réalité, la vie et l’authenticité de La Paz, vous les trouverez dans ses rues. D’étroites allées remontent les pentes derrière la Plaza San Francisco, généralement encombrée d’une foule de *campesinas* parées de couleurs éclatantes qui vendent couvertures, noix, herbes – et, pour les gringos, des pulls à motifs de lamas. À quelques pas, déploie ses couleurs le **Mercado de Hechicería**, le fameux marché des sorcières où de vieilles femmes vendent grigris et potions magiques dignes des contes de fées. Selon les cas, certaines petites fioles emplies d’huile et de bois colorés vous apporteront l’amour, la fortune ou la santé.

Les musées de La Paz ont aussi leur originalité : le **Museo Murillo**, Calle Jaén, occupe la demeure de l’une des grandes figures historiques boliviennes, Pedro Domingo Murillo, qui mena un soulèvement avorté contre les Espagnols en 1809 et fut pendu pour sa peine. Vous y découvrirez un bel ensemble de meubles

CI-DESSOUS : *cholas* (femmes indigènes de la ville) vendant leurs légumes.

La flûte, fond sonore des Andes.

coloniaux, ainsi qu'une pièce consacrée à la médecine et à la magie. Dans la même rue, le **Museo de Litoral** rassemble des souvenirs de la guerre du Pacifique, qui priva le pays de son seul accès à la mer. Au-dessus de la caisse, vous pourrez lire cette formule de défi : "La Bolivie n'a pas perdu et ne perdra jamais son droit au Pacifique." Près de la cathédrale, Calle Socabaya 432, le palais baroque (18e siècle) du comte d'Arana héberge le **Museo Nacional de Arte**, riche en peintures coloniales et locales. Quant au **Museo Nacional de Etnografía y Folklore**, Calle Ingavi 915, il expose un bel ensemble de pièces ayoreo et chipaya dans l'ancien palais du marquis de Villaverde.

Environs de La Paz

La Paz vous offre la meilleure base possible pour partir à la découverte des montagnes boliviennes. L'excursion la plus simple vous conduira au **Valle de la Luna** Ⓐ. À 11 km seulement de La Paz, mais à des années-lumière par leur aspect, ces pentes hérissées de pinacles et labourées de ravines composent un paysage irréel et désertique, toujours en mouvement, où vous pourriez vous perdre pendant des heures. À une heure et demie du centre-ville par le bus, la station de ski de **Chacaltaya** Ⓑ n'est plus qu'un lointain souvenir. Jusqu'en 2009, elle détenait le record mondial d'altitude, mais la fonte totale du glacier sur lequel elle reposait l'a rayée des listes. Toutefois, elle demeure toujours accessible aux randonneurs amateurs qui se contenteront pleinement des vues spectaculaires sur la cordillère Royale, l'altiplano bolivien et le lac Titicaca.

Il serait dommage de ne pas profiter de votre séjour à La Paz pour aller explorer les rives boliviennes du **lac Titicaca** *(voir p. 165)*, l'immense mer intérieure partagée avec le Pérou voisin. Une petite excursion vous mènera à **Copacabana** Ⓒ, village célèbre pour sa miraculeuse *Virgen Morena* (Vierge brune), ou *Virgen de Copacabana*, sainte patronne de la Bolivie. Au 19e siècle, une statue de la Vierge fut acheminée jusqu'à Rio de Janeiro, où elle prêta son nom à la célèbre plage. Le Copacabana bolivien n'a rien emprunté, en revanche, au rythme

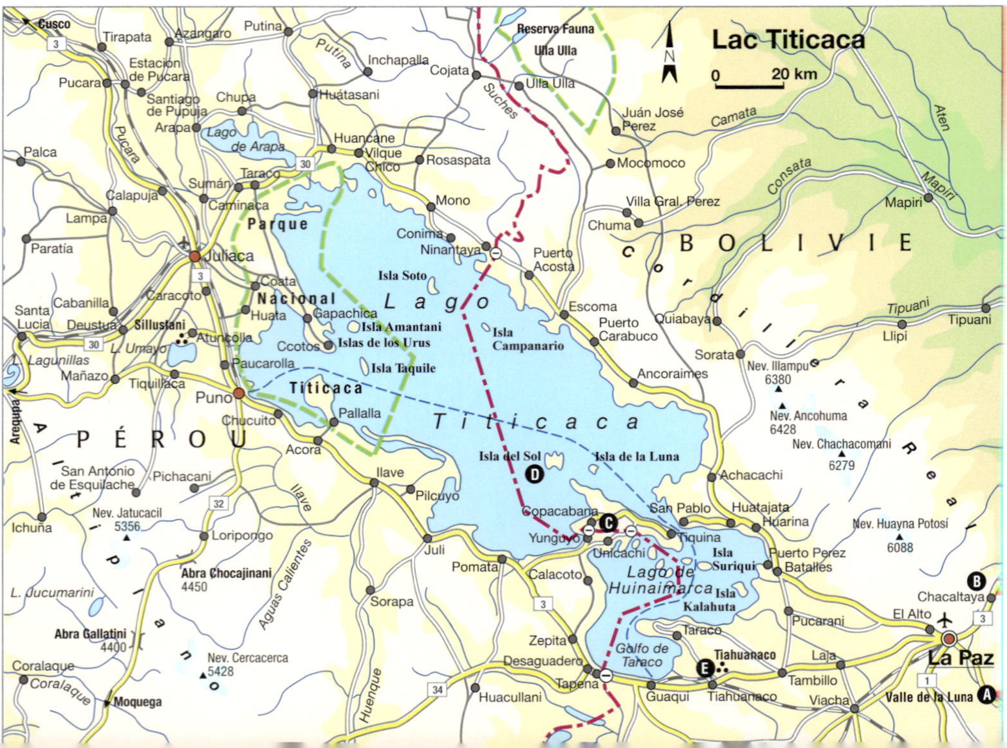

brésilien, et vous pourrez flâner en toute quiétude le long du lac, ou savourer la truite locale dans un petit restaurant. La population s'éveille à l'occasion des fiestas, lorsque la Vierge défile dans les rues : la bière coule alors à flots et baptise solennellement bus ou camions fraîchement repeints de couleurs vives.

Une excursion en bateau vous débarquera sur l'idyllique **Isla del Sol** **D**, où, dans la mythologie des Incas, le dieu Soleil aurait fait émerger des flots leurs ancêtres, Manco Cápac et Mama Ocllo. Sur les rives du lac, à Huatajata, Inca Utama Hotel & Spa et l'**éco-village Andean Roots** proposent une excellente initiation à la culture, au mode de vie et aux valeurs des peuples andins.

Vestiges antiques

Situées à l'extrémité sud du lac Titicaca, les ruines grandioses de **Tiahuanaco** **E** (*Tiwanaku* en aymara, *voir p. 26*) sont facilement accessibles de La Paz. Ce site est en passe de devenir l'un des plus importants du continent. Il le doit à sa porte du Soleil magistralement sculptée, à sa pyramide d'Acapana, et à ses niches taillées dans la pierre, dont les visages vous fixent mystérieusement. Une grande partie des pièces découvertes au cours des fouilles sont exposées au **Museo Nacional de Arqueología** (angle de Calle Federico Zuazo et Calle Tiwanaku) de La Paz.

Plongée verte

Entre les hauteurs de La Paz et les torrides vapeurs amazoniennes, les **Yungas** occupent une zone de transition subtropicale et luxuriante. La relative proximité de la capitale, un climat agréablement chaud et de sublimes perspectives montagneuses y attirent un nombre croissant de randonneurs.

Les Yungas ("vallées chaudes") forment une zone climatique totalement différente de celle de La Paz, à seulement 100 km du glacial Altiplano. La route qui y mène en descendant de la capitale réserve bien des merveilles, de cols de haute altitude en vallées fertiles amenagées en terrasses par les Incas, empanachées de brumes tropicales et plantées de vergers.

NOTEZ-LE

À 3 heures en bus de La Paz, vous pourrez assister, à Copacabana, aux fêtes de la Vierge Marie qui se déroulent du 1 au 3 février, le 23 mai et la première semaine d'août. Vous trouverez sur place des hôtels et des auberges à petits prix.

Ci-dessous : vente d'objets de baptême, Copacabana.

Vue des Yungas depuis Coroico.

Située à 1 500 m d'altitude, **Coroico** ❷ se résume à une place centrale encadrée de quelques restaurants et hôtels bon marché. Mais la campagne environnante invite à maintes virées bien agréables, au-delà des plantations de café, de coca et de bananes. Au cours de ces balades, vous verrez les sommets enneigés des cordillères se profiler à l'horizon et plonger en des vallées noyées de jungle, tandis que plusieurs rivières vous rafraîchiront d'une baignade providentielle. Au-dessus du bourg, la petite église perchée au sommet du Cerro Uchumachi dévoile une vue unique sur la Cordillera Real. Vous pouvez aussi faire halte au **couvent des sœurs clarisses**: les religieuses y vendent du beurre de cacahuète, des biscuits – et un vin acceptable…

Les villes voisines de **Sorata** et de **Chulumani** ❸ baignent dans une atmosphère tout aussi reposante, avec leurs petites guest-houses et leurs promenades. Les routes qui y conduisent sont d'une beauté saisissante – Sorata en particulier bénéficie d'un cadre fabuleux. Une journée de randonnée au départ de Sorata vous conduira à la **grotte de San Pedro** et à ses milliers de chauves-souris. Les marcheurs infatigables ne manqueront pas l'exigeante piste de Mapiri – comptez une expédition de 8 jours. Les âmes plus contemplatives se satisferont amplement de flâneries au fil de ces vallées fleuries, dont les habitants soutiennent qu'elles abritèrent le jardin d'Éden.

Le Chemin inca bolivien

Trois grands treks partent de Coroico, aucun n'exigeant une expérience particulière. Une randonnée de 4 jours quitte **La Cumbre**, point le plus élevé de la route qui mène de La Paz aux Yungas, pour emprunter une ancienne voie inca en meilleur état que celle de Machu Picchu, mais dépourvue des ruines splendides qui jalonnent la piste péruvienne.

Partant de hauteurs froides et désertiques, le sentier s'enfonce rapidement dans les Yungas, nettement plus verdoyantes et hospitalières. Vous devrez d'abord progresser lentement, à votre rythme, cherchant votre souffle dans l'air glacial et

Ci-dessous : convoi de lamas dans les Yungas.

raréfié au passage du col. À cette altitude, vous n'apercevrez aucun signe d'habitation. Mais un peu plus bas dans les vallées, de petits villages font leur apparition – où les chiens se manifesteront plus volontiers que les humains. Enfin, vous commencerez à croiser quelques villageois, des Boliviennes surtout, chargées de fagots ou de sacs de pommes de terre. Puis la piste inca s'arrête, des camions passent en cahotant sur la route de Coroico, parfois coupée par les glissements de terrain.

La seconde randonnée, réservée aux vététistes amateurs de sensations fortes, relie de La Cumbre à Coroico. Cet itinéraire de 64 km plonge sur 5 000 m de dénivelé, dont 5 km exigent un vélo tout suspendu.

Les mines d'or de la vallée de Tipuani ont des effets néfastes sur l'environnement. La déforestation, provoquée par l'activité minière, menace la biodiversité et occasionne glissements de terrain et inondations.

La piste des Chercheurs d'or

Le troisième trek commence là où le précédent s'arrête, à Coroico. Remontant dans les montagnes par la route, la "piste des Chercheurs d'or" bascule ensuite dans la **jungle du Beni**, suivant la **vallée du Río Tipuani**, région déjà exploitée du temps des Incas ; ils y épuisèrent tous les filons de surface, utilisant l'or dans leurs monuments et pièces d'orfèvrerie. Aujourd'hui, des milliers de Boliviens tentent leur chance en pleine jungle, creusant d'interminables galeries dans l'espoir d'y découvrir la fortune.

Une fois de plus, la piste emprunte une ancienne route inca ; couverte de mousse et très endommagée, elle traverse un paysage de gorges spectaculaires et de montagnes tapissées de jungle. Les gens de la région utilisent toujours cette piste comme voie de communication. Vous les verrez redescendre les pentes haletant sous le fardeau des radio-cassettes et des poêles anti-adhérentes glanées à la capitale. Ils rejoignent les nombreux petits villages miniers des environs, uniquement accessibles à pied, comme **Fátima**, assemblage de murs en bambou et de tôles né il y a tout juste quelques années.

La piste s'arrête à **Guanay** ❹, bourg amazonien poussiéreux et insalubre. Des bus en partent, qui vous ramèneront à Coroico et à La Paz.

Fiesta endiablée

Ancienne grande ville minière – l'exploitation est aujourd'hui abandonnée – à 230 km au sud de La Paz, **Oruro** ❺ fait revivre son passé à travers le **Museo Etnográfico Minero**, la **Casa de la Cultura**, une ancienne résidence du baron de l'étain Simón Patiño, le **Museo Antropológico**, une collection hétéroclite de pétroglyphes, momies et masques de carnaval, et le **Museo Mineralógico**.

Mais Oruro n'a rien d'une ville fantôme, et surtout pas lors de sa grande fiesta annuelle, la **Diablada**, qui débute la semaine précédant le mercredi des Cendres. À l'aube du jour J, les spectateurs se pressent très tôt afin de s'assurer les meilleurs places, serrés les uns contre les autres pour se protéger du vent glacé des cimes. Les vendeurs de rue ne tardent pas à arriver en nombre, dûment pourvus en canettes de bière.

Ci-dessous : danse du diable lors de la parade de la Diablada, Oruro.

Cochabamba dérive du quechua khocha pampa, *qui signifie "une plaine constellée de petits lacs".*

Les anciens les toisent avec dédain, préférant quant à eux la *chicha*, bière locale au maïs. Vers 10h, la foule est prête pour la Diablada.

Satan et Lucifer mènent un cortège dansant de diables costumés qui accumulent pirouettes et cabrioles le long des rues en pente. D'autres danseurs sont déguisés en pumas, en singes ou en insectes. Puis c'est au tour de China Supay, la femme du diable, de conduire la procession, en cherchant à séduire l'archange saint Michel par toutes sortes de sortilèges.

Certains danseurs apparaissent vêtus en Incas, coiffés comme des condors, d'autres jouent le rôle des esclaves noirs et font sonner leurs chaînes sur les pavés. De jeunes Boliviennes en mini-jupes roses et noires dansent avec des hommes costumés en ours blanc. Le défilé entre alors sur le stade de football. Une première mascarade rejoue l'histoire de la conquête espagnole, sur un ton évidemment tragique ; dans la seconde, l'archange saint Michel, armé de son épée flamboyante, défait les forces du Mal – les démons et les sept péchés mortels. La Virgen del Socavón, patronne des mineurs, proclame la victoire, et les danseurs pénètrent dans une chapelle pour y chanter un hymne en quechua.

En dépit du vernis chrétien qui recouvre ces pratiques, la Diablada demeure bel et bien une cérémonie païenne dédiée à Pachamama, la "Terre Mère", pour commémorer la lutte entre les forces du Bien et du Mal. Les Espagnols n'ont réussi à convertir les Amérindiens qu'en surface, changeant les noms des divinités locales pour les adapter aux rites catholiques. La Diablada a survécu et s'est développée durant l'époque coloniale, exprimant la souffrance des indigènes, tandis que, de leurs superbes balcons, les Européens contemplaient le spectacle de ce peuple aliéné auquel ils accordaient sa dose annuelle de liberté.

Cochabamba

Située à 160 km à l'est d'Oruro, **Cochabamba** ❻ occupe une région fertile – le "grenier" de la Bolivie – à 2 400 m d'altitude. La quatrième ville de Bolivie affiche un curieux mélange de dynamisme naissant et de traditions bien ancrées. Le

Ci-dessous : préparation du défilé lors de la Fiesta de Jesús, La Paz.

cœur de Cochabamba bat **Plaza de Septiembre**, typique avec son métissage d'édifices élégants ou pompeux, de vendeurs des rues, d'employés affairés, et de personnages plus huppés, bravant imperturbablement la chaleur dans leur veste en tweed. En dehors de la **cathédrale**, la ville compte 2 belles églises coloniales, **Santo Domingo** et **San Francisco.** En soirée, les bars branchés et les pizzerias de l'**Avenida España** s'emplissent de jeunes aux poches bien fournies. Et si vous poussez vers les riches faubourgs nord, vous découvrirez des immeubles de bureaux flambant neufs, des restaurants, des galeries commerciales, à mille lieues du centre-ville et de sa poussière hors d'âge. Le **Museo Arqueológico** renferme un remarquable ensemble de pièces précolombiennes remontant jusqu'à 15 000 ans av. J.-C.

Fœtus de lamas et autres fétiches sont en vente sur les marchés dans toute la Bolivie.

Au sud du centre-ville, perché sur une colline, l'impressionnant monument des **Heroínas de la Coronilla** honore la mémoire des femmes indépendantistes qui défendirent la ville contre les Espagnols en 1812. À l'est du centre, au bout de l'Avenida de las Heroínas, une statue du Christ couronne le **Cerro San Pedro**.

Plusieurs ruines incas émaillent les environs de Cochabamba. Sans rivaliser, bien sûr, avec Machu Picchu ou Tiahuanaco, elles ne manquent pas d'intérêt. Le vaste site d'**Inkallajta**, surnommé le "poste-frontière de l'Empire inca", s'étend à un embranchement de la vieille route Cochabamba-Santa Cruz. Si vous n'avez pas de véhicule, sachez que certains circuits guidés s'y rendent. Quant à **Inka Rakay**, à 27 km à l'ouest de la ville, il vaut plus pour son fabuleux panorama sur la vallée de Cochabamba que pour ses ruines.

En barge sur le Río Mamoré

Les bateaux qui descendent le Río Mamoré vers le nord, en direction de Guayaramerín, partent de **Puerto Villaroel** ❼ *(voir encadré, p. 191)*. Dans ce village nonchalant, tout le monde semble connaître tout le monde, et à partir d'**Ivirgazama** (dernière chance de pouvoir acheter moustiquaire et hamac), la route se

CI-DESSOUS : encore en panne !

INSTANT SHOPPING

Sur de nombreux marchés, vous apercevrez des figurines en plâtre d'Ekeko, divinité indigène grimaçante au gros nez rouge, supposée apporter la prospérité.

transforme en piste. Au cœur de l'Amazonie bolivienne, **Trinidad** ❽ est la capitale de la province du Beni, et son aéroport la relie à Cochabamba et à La Paz. À 5 km, les amateurs de faune sauvage ou de simple détente apprécieront la **Laguna Suárez**. Un peu plus loin, à **Chuchini** (17 km), la faune locale se montre également volontiers. Le musée archéologique de la ville expose des vestiges de l'ancienne culture Beni. Pour rejoindre **Guayaramerín** ❾ (300 km) en bateau par le Río Mamoré, comptez 3 ou 4 jours. Le fleuve sépare cette ville-frontière postée à l'extrémité nord du pays. Côté brésilien, la ville prend le nom de Guajará-Mirim. La rive bolivienne offre le contraste incongru de ruelles poussiéreuses et de luxueuses boutiques vendant parfums, jeans et gadgets électroniques en duty-free.

À 3 heures de bus, **Riberalta** ❿ – port fluvial jadis important – a décliné avec la construction de la route de La Paz. Sa poignée de petits restaurants blottis autour de sa *plaza*, ses jeunes qui font pétarader leurs motos au crépuscule vous donneront un aperçu de la vie sociale locale.

Vous pouvez encore trouver un bateau qui vous emmène sur le Río Beni jusqu'à **Rurrenabaque** ⓫, mais la route ayant raréfié le trafic fluvial, l'attente risque d'être longue. Cela dit, ladite route n'étant pas goudronnée, elle a quelque peu tendance, durant la saison des pluies, à se transformer en bourbier. Rurrenabaque n'a rien d'une mégalopole, mais ce bourg animé s'avère la base idéale pour partir en expédition terrestre à travers jungle et pampa, ou fluviale au fil des Ríos Beni et Tuichi. De ce fait, elle connaît un véritable boom touristique : vous y dénicherez quelques bons restaurants et toutes sortes d'hébergements très bon marché.

L'Oriente et la capitale officielle

À 600 km au sud-est de La Paz, **Sucre** ⓬ revendique son statut de capitale officielle (“constitutionnelle”), même si les ministères se regroupent dans la grande cité (“gouvernementale”) de l'Altiplano. Petite ville d'une élégance suprême,

Ci-dessous : deux élégantes campesinas.
À droite : Casa de la Libertad, Sucre.

Sucre revêt une importance historique, à vrai dire, capitale… La déclaration d'indépendance de la Bolivie fut signée à la **Casa de la Libertad** (ouv. tlj.), près du **Museo de la Catedral** (ouv. du lun. au sam.), tous deux sur la **Plaza 25 de Mayo**. La cité ne manque pas d'édifices religieux intéressants, comme les Iglesias San Miguel, San Francisco, de la Merced et le Convento de San Felipe Neri. Perché sur le Cerro Dalence, au sud-est, le monastère franciscain de La Recoleta et son musée vous réservent une très belle vue sur la ville. Les amateurs iront découvrir le passionnant **Museo de Arte Indígena ASUR** (San Alberto 413 ; ouv. du lun. au sam.) et ses tissages en laine d'alpaca ou de lama. À 5 km de la ville, les Argandoña édifièrent le **Castillo de la Glorieta** dans un méli-mélo de styles à l'européenne.

Site archéologique précolombien d'El Fuerte.

Vous pourrez acheter des textiles traditionnels à **Tarabuco** (80 km à l'est de Sucre), village typiquement andin réputé pour la qualité de son artisanat. Au sud de Sucre, la Cordillera de los Frailes comblera les randonneurs, les amateurs de peintures rupestres et de sources chaudes. Des ossements de dinosaures ont été mis au jour à **Cal Orko** (certains circuits guidés sont proposés au départ de Sucre, 7 km).

À 500 km à l'est de Cochabamba, **Santa Cruz** ⓭ a connu 2 booms successifs. Le premier – et le plus éphémère – naquit du caoutchouc à la fin du 19e siècle. Le second résulta d'un plan gouvernemental mis en œuvre dans les années 1950 : la "marche vers l'Est", alimentée par les forages pétrolifères et des cultures tropicales comme le soja, le sucre, le coton et la coca. Santa Cruz ne figure généralement pas sur l'agenda des touristes, malgré ses musées et le brassage ethnique d'une population – près de 1 million d'habitants – aimantée par le succès économique de la ville.

Si vous êtes passionné de pétroglyphes, ne manquez pas de vous rendre à **Samaipata**, pittoresque village à 2 h de route à l'ouest de Santa Cruz, pour découvrir le site précolombien d'**El Fuerte** (la Forteresse). Il s'agit, en réalité, de la plus grande roche taillée au monde, commencée vers 300 av. J.-C. par les Chané (ou

Au fil du Río Mamoré

Une façon inoubliable de vivre à la bolivienne consiste à descendre le Río Mamoré à bord d'une des barges qui font du ravitaillement d'essence et de fruits en cabotant entre Puerto Villaroel et Guayaramerín, le long de la frontière brésilienne. Attention toutefois ! Ne vous attendez pas à une croisière organisée. Le confort est plus que rudimentaire – un seau pour unique WC ! – et il vous faudra trouver des activités pour occuper vos journées. Pour trouver un embarquement, demandez dans le village s'il y a un bateau en partance. Avec un peu de chance, il restera une place. N'oubliez pas de prendre avec vous une moustiquaire, une paire de jumelles, un hamac, des victuailles et de l'eau en quantité suffisante. Selon l'humeur du capitaine, vous aurez peut-être l'autorisation de participer aux livraisons dans les villages reculés de la jungle.

CI-DESSOUS : barges sur le Río Mamoré.

La coca

Certains peuples amériendiens vénéraient Mama Coca comme la fille de Pachamama. Cette plante sacrée aux vertus stimulantes était utilisée dans les cérémonies religieuses ou officielles.

À l'étranger, le mot "coca" évoque aussitôt la cocaïne. Mais, dans les hautes terres des Andes, cette plante fait partie de la culture amérindienne depuis plus de 4 millénaires. Les feuilles de coca sont vendues sur tous les marchés. Au café, demandez un *mate de coca*, et l'on vous servira un thé à la fois chaud et rafraîchissant, excellent remède, paraît-il, contre le *soroche*, le mal des montagnes.

Quelque 3 millions d'Amérindiens mâchent régulièrement de la coca, y ajoutant un peu de bicarbonate de sodium pour aider à saliver. La coca est à la fois énergisante et anesthésiante contre le froid ou la faim. Les mineurs en consomment jusqu'à 1 kg par jour.

Avant d'accoucher, les femmes en prennent pour accélérer le travail et atténuer la douleur. On célèbre une naissance en mâchant ses feuilles.

Lorsqu'un jeune homme fait sa demande en mariage, il en offre à son futur beau-père. On boit du *mate de coca* pendant la veillée mortuaire, et une botte de feuilles de coca est placée dans le cercueil. Les *yatiris* (les "sages") en dispersent des feuilles sur une couverture et récitent une prière pour prédire l'avenir.

La culture de la coca apparaît dans les Andes vers 2000 av. J.-C. Trois millénaires plus tard, les Incas monopolisent sa production – l'une de leurs nombreuses stratégies pour contrôler les populations. Son usage est réservé à la royauté, aux prêtres, aux médecins et aux courriers impériaux, qui pouvaient couvrir 250 km par jour, dopés par cette "potion magique".

À l'arrivée des Européens, le monopole inca a vécu et la coca s'est étendue au-delà de l'Empire. Débarquant aux Caraïbes en 1499, Amerigo Vespucci remarque que les îliens "ont leurs joues gonflées d'une certaine herbe verte qu'ils ruminent comme du bétail". Mais à Cusco, en 1533, Pizarro découvre que certains de ses hommes prennent de la coca en cachette.

L'Église tente d'abord d'interdire ce "piège du démon". Puis les prêtres comprennent que, sans coca, les Amérindiens ne pourraient survivre aux conditions de travail sauvages imposées dans les mines et les plantations. Et pour garder cette main-d'œuvre captive sous son contrôle, l'Église se lance elle-même dans le commerce de la feuille verte.

En Europe comme aux États-Unis, on n'en a pratiquement jamais entendu parler jusqu'au milieu du 19e siècle, lorsque le pharmacien français Angelo Mariani élabore un vin à base de coca. Un succès commercial qui va pousser plusieurs sociétés américaines à produire leur propre boisson à la coca.

La cocaïne naît vers la même époque. Quelques personnages illustres l'adoptent, tel Sigmund Freud, qui en parle comme d'une "substance magique". Sherlock Holmes, le héros de Sir Arthur Conan Doyle, en use et en abuse, au grand dam de son "cher Watson".

Selon les scientifiques, mâcher de la coca ne présente aucun danger, ni risque de dépendance, mais, en raison de son association avec la cocaïne, la consommation de coca est interdite dans la plupart des pays. Ramener un simple chewing-gum ou un sachet de thé à la coca pourrait vous causer de sérieux ennuis avec les douanes. ❑

Ci-contre : feuilles de coca emballées, telles que vous les trouverez sur les marchés en Bolivie.

Izoceños) : toute une colline de grès a été entièrement sculptée de motifs géométriques et zoomorphes. Le centre cérémoniel, de 250 m de longueur par 60 m de largeur, s'orne des motifs d'influence inca, tel le puma, le jaguar et le serpent. Au sommet des 2 grandes saignées rectilignes, quelque 48 énigmatiques sièges ont été taillés dans la roche. Un peu plus au nord du site archéologique, la forêt du **Parque Nacional Amboró** dénombre pas moins de 830 espèces d'oiseaux.

La vaste région au nord-est de Santa Cruz, connue sous le nom de **Chiquitos**, offre une tout autre facette de la Bolivie. Lors de la colonisation espagnole en Bolovie – grandement influencée par la recherche de la mythique Eldorado –, les jésuites et les franciscains ont créé sur ce territoire du Beni 10 Misiones, ou Reducciones, entre 1696 et 1760. Contrairement aux jésuites d'Argentine, du Paraguay et du Brésil, expulsés en 1767 sur ordre du roi d'Espagne Charles III, ceux de Bolivie purent rester et continuer leur œuvre. C'est ainsi que 6 de ces missions ont survécu et sont à présent classées au Patrimoine de l'Unesco en raison notamment de leur style architectural original, le baroque métis. Toutes furent édifiées sur le principe de **San Xavier** (1691), composées de 3 nefs et d'un toit soutenu par des piliers en bois de *cuchi* (*Astronium urundeuva*) superbement ouvragés. Vous y admirerez les très beaux *Bañados de Oro*, autels de couleur dorée, les nombreuses statues de saints et les peintures *al fresco*.

La mission **San Ignacio de Velasco**, à 476 km au nord-est de Santa Cruz, se trouve être la seule ville à proximité du **Parque Nacional Noel Kempff Mercado.** Cette réserve biologique se distingue par ses divers écosystèmes – forêts subhumides, forêts-galeries et savanes –, en excellent état de conservation, et par la richesse de sa faune et de sa flore. Parmi les 139 espèces de mammifères recensées en 2006, vous croiserez sans doute le tapir, l'atèle belzebuth ou *marimono*, le chien des bois, le boto ou encore la loutre géante (*Pteronura brasilensis*).

Jour de marché à Tupiza, près de Potosí.

Potosí, la ville de l'argent

Un trajet de 550 km vers le sud-ouest sépare La Paz de **Potosí** ⓮, perchée à

CI-DESSOUS : imposante porte d'entrée de la Casa Real de Moneda, l'hôtel de la Monnaie de l'Espagne coloniale, Potosí.

La Ruta del Che

En constante croissance, le culte de l'icône révolutionnaire Ernesto "Che" Guevara a suscité la création, en 2004, de la Ruta del Che, située dans les contreforts des Andes orientales à 150 km au sud-ouest de Santa Cruz. Cette piste vous conduira à La Higuera, village où le Che, âgé de 39 ans, fut exécuté alors qu'il tentait de soulever une ultime révolution. Le 7 octobre 1967, traqué par l'armée bolivienne, il est acculé avec ses compagnons au fond du ravin Quebrada del Churro. À cours de munitions, il se rend, est amené à La Higuera et abattu le lendemain. Son corps sera transporté par hélicoptère à Valle Grande et exposé aux médias. Outre les monuments édifiés à sa mémoire, vous pourrez visiter l'école qui servit de prison, la buanderie de l'hôpital où fut exposé son corps et le terrain où il fut enterré pendant 30 ans avant d'être rapatrié à Cuba.

Demeure coloniale décatie de Potosí.

4200 m au pied d'une montagne maudite. La ville la plus haute de la planète doit sa naissance en un lieu si hostile aux *conquistadores* et à un seul objectif: les mines d'argent. De nos jours, Potosí n'est plus que l'ombre d'une cité qui, au 17e siècle, égalait Londres en superficie, et la dépassait largement par son opulence. Pourtant, un voyage en Bolivie ne peut se concevoir sans visiter cette cité andine – non seulement la mieux conservée des villes espagnoles du continent, qui lui vaut d'être classée au Patrimoine mondial de l'Unesco, mais aussi, pour beaucoup, le symbole d'une Amérique du Sud dont les plus riches régions coloniales sont aujourd'hui devenues les plus pauvres.

"Aussi riche que Potosí"

Baptisé fort à propos, le **Cerro Rico** ("montagne riche") est visible de toutes les rues de la ville. Les Incas savaient que cette montagne rouge et aride recelait de l'argent, mais ils ne firent rien pour l'exploiter. Les Espagnols, en revanche, ne tardent pas à découvrir dans ses flancs les plus riches gisements d'argent du monde. Une ville naît bientôt sur ces pentes désolées, conquistadors et missionnaires accourant d'Espagne pour s'approprier une part du gâteau. Les Amérindiens locaux sont mis aux travaux forcés dans les mines, et périssent par milliers dans des conditions abominables.

Aujourd'hui encore, les Espagnols utilisent la métaphore "aussi riche que Potosí" pour évoquer une fortune inimaginable. On prétend qu'à Potosí, même les chevaux étaient ferrés en argent. Les filons épuisés, les Espagnols partiront chercher fortune ailleurs, et la ville survécut grâce à ses mines d'étain. De nos jours, l'étain ne vaut pratiquement plus rien, et Potosí fait figure de relique – une relique à bien des égards intriguante.

Témoins de fortunes oubliées, villas décrépites et porches sculptés voisinent avec d'imposantes abbayes. D'antiques demeures s'inclinent à se toucher au milieu de ruelles sinueuses, les chef-d'œuvres de l'architecture coloniale côtoient d'innombrables objets d'art mêlant Siglo de Oro et précolombien.

Ci-dessous : fête de Tarabuco.

Pour ne citer qu'un édifice, considéré comme une merveille de l'art colonial espagnol, la **Casa Real de Moneda** (Monnaie ; ouv. du mar. au sam. de 9h à 12h et de 14h30 à 18h30, le dim. de 9h à 12h) fut édifiée en 1542 et reconstruite en 1759. Convertie en musée, elle regorge d'œuvres d'art religieux, de pièces de monnaie coloniales, avec leurs presses originelles en bois, jadis manœuvrées par des esclaves africains. Comptez 3 heures pour parcourir, en visite guidée, toutes ces salles aux thèmes multiples, des autels sauvés d'églises effondrées aux souvenirs des guerres boliviennes. Fleurons du musée : les 2 coffres-forts en fer utilisés pour transporter l'argent de Potosí vers l'Espagne, fermés par 15 cadenas. Une immense galerie tente vaillamment, mais vainement, d'aligner la série complète des présidents qui se sont succédé à la tête du pays. Prévoyez des vêtements chauds, climat intérieur polaire.

NOTEZ-LE

Potosí se trouvant à plus de 4 200 m, il est vivement conseillé de vous acclimater à l'altitude en vous reposant en ville pendant 2 ou 3 jours avant de partir en excursion au fond des mines. Asthmatiques s'abstenir.

De nombreuses églises de Potosí sont pratiquement à l'abandon – dont certaines dangereusement prêtes à s'effondrer. Au fil de vos flâneries, vous verrez sans doute **San Francisco**, **La Compañía**, **San Lorenzo**, ainsi que la **Catedral** et le **Cabildo** (hôtel de ville) – mais aussi d'antiques demeures comme la **Casa de las Tres Portadas** (Calle Bolívar 19-21) ou le **Palacio de Cristal** (Calle Sucre 148-56).

Une ville maudite

Potosí ne se résume heureusement pas à un ensemble de bâtiments coloniaux plus ou moins fatigués. De nombreux Amérindiens de la région vivent d'une manière qui a bien peu évolué au fil des siècles. Le **marché municipal** présente à ce titre au moins autant d'intérêt qu'un musée – femmes venues vendre les produits de leur campagne, bouchers portant sur leurs épaules des carcasses d'animaux entiers, couverts de mouches, la queue encore attachée à la viande. Mais vous verrez peu de vestiges de l'ancienne gloire de Potosí. Les quartiers les plus pauvres de la ville, vers le Cerro Rico, étaient traditionnellement occupés par les mineurs et leurs familles. Un monument au mineur bolivien se dresse sur l'une des places. Jadis l'une des forces politiques les plus puissantes du pays, les

CI-DESSOUS : le Cerro Rico, Potosí.

Mineurs faisant une offrande sur l'autel voué à El Tío, Potosí.

syndicats de mineurs de Potosí et d'Oruro ont pratiquement disparu avec l'effondrement des cours de l'étain dans les années 1980. Il reste désormais peu de mines en exploitation, et le chômage hante les rues. Pour les populations indigènes, la richesse de Potosí aura été une malédiction qui, aujourd'hui encore, leur colle à la peau. La ville tapageuse qui a permis de financer le développement économique de l'Europe de la Renaissance et des Lumières s'enfonce dans la misère discrète du tiers-monde.

Chez Lucifer

En plein cœur du Cerro Rico, des mineurs couverts de poussière trinquent avec le diable. Mâchant leurs feuilles de coca dans un recoin asphyxiant éclairé à la bougie, il rendent hommage à une petite statue coiffée de cornes, propriétaire symbolique de l'argent enfoui sous terre. Chaque jour, ils viennent saluer El Tío ("L'Oncle"), lui laissent une boisson ou lui allument une cigarette porte-bonheur. "El Tío a toujours aimé le tabac, mais aujourd'hui, il préfère les bouts filtres", plaisantent-ils. La première statuette du diable apparut dans la mine d'Incarnación il y a 300 ans, réalisée par des Amérindiens enrôlés de force par les Espagnols.

Les conditions de travail n'ont, hélas, pas beaucoup changé. Ils opèrent de manière si primitive et dangereuse que, pour beaucoup, creuser dans ces galeries équivaut à un suicide accepté. Chaque matin à l'aube, ils se rassemblent devant les mines du Cerro Rico. La montagne qui recélait jadis le plus riche gisement d'argent au monde n'est plus aujourd'hui qu'un gigantesque amas de terre, étrangement symétrique, grêlé par plus de 5 000 galeries.

Ci-dessous : dans la mine, les conditions de travail n'ont pas changé depuis le 18e siècle.

Au fond de la mine

Contre une petite rémunération, des guides vous conduiront dans plusieurs mines privées en exploitation. Apportez quelques paquets de cigarettes à distribuer aux mineurs, qui passent la première heure de la journée assis, se chauffant aux rayons d'un soleil glacé, bavardant et mâchant leurs feuilles de coca.

La visite d'une mine est strictement déconseillée si vous n'êtes pas acclimaté à l'altitude, ou si vous souffrez de l'asthme. Les claustrophobes n'apprécieront pas non plus : on pénètre accroupi et de nombreuses galeries ne peuvent s'explorer qu'à 4 pattes et les antiques loupiotes à acétylène n'éclairent pas à 3 m. Tout aussi antiques, les étais ploient dangeureusement.

Si, près de l'entrée, des stalactites pendent encore des parois, à mesure que l'on s'enfonce dans les profondeurs de la terre, une chaleur tropicale chasse l'air polaire du dehors, l'atmosphère devient épaisse, fétide. Les mineurs de la dernière équipe apparaissent au fond des failles, torse nu, taillant la roche à coups de pic. Aucun outil motorisé, pas le moindre ingénieur. Un magasin spécialisé de Potosí fournit la dynamite : les mineurs placent la charge, puis se retirent dans un coin, attendant qu'elle explose. Chacun garde pour lui le minerai qu'il a trouvé. Ceux qui travaillent tout en bas doivent escalader de longues échelles, chargés de sacs de pierres, pour regagner la surface.

Après quelques années passées dans la mine, beaucoup mourront en crachant du sang : c'est la silicose, une terrible affection due à la fine poussière qui encrasse leurs poumons. L'argent du Potosí est donc bel et bien la propriété du diable, et la cigarette quotidienne offerte à El Tío reflète avec justesse l'humour noir et désespéré des Andinos.

Des guides officiels organisent des visites de 4 à 5 heures. Mettez des vêtements qui ne craignent pas d'être salis et prenez un mouchoir pour vous protéger de la poussière. On vous prêtera un casque et une lampe. Une donation à la coopérative des mineurs sera vivement appréciée.

NOTEZ-LE

À Uyuni et dans les environs, attendez-vous à des conditions de vie des plus simples. Rares sont les hébergements qui disposent de chauffage, d'électricité, d'eau chaude, voire d'eau courante. Mais la vue spectaculaire sur le lac de sel compense largement ces désagréments.

Un lac sans eau

À l'ouest, vers la frontière chilienne, le **Salar de Uyuni** – le plus grand lac salé de la planète – couvre 10 500 km². Étrange et désertique : le spectacle est saisissant ! N'oubliez surtout pas vos lunettes de soleil, le sel réfléchit la lumière avec une intensité pernicieuse. Et pensez à prendre des vêtements chauds, car, à 3 653 m d'altitude, les températures enregistrent des écarts impressionnants.

Vous trouverez à vous loger à **Uyuni** ⓯, ainsi que sur les bords du lac, au Palacio de Sal, étonnant hôtel construit entièrement en briques de sel. Des circuits organisés partent également de Potosí ou de Sucre ; la plupart incluent la possibilité de découvrir la **Laguna Colorada** (346 km au sud-ouest d'Uyuni), merveille naturelle d'un rouge éclatant fréquentée par des flamants roses, et la Laguna Verde, dont les eaux aigue-marine étincellent à une altitude glaciale de 5 000 m. Toujours à proximité de la frontière chilienne, admirez les geysers de Sol de Mañane et les sources chaudes d'Aguas Termales Chalviri. Des transports vous offriront ensuite la possibilité de passer la frontière à San Pedro d'Atacama. ❑

Ci-dessous : exploitation saunière, bassin d'Uyuni.

 Cartes p. 202, 204, & 219

ÉQUATEUR

De ses volcans majestueux à ses forêts vierges, en passant par les célèbres îles Galápagos, ce "petit" pays concentre un kaléidoscope de richesses naturelles hors pair.

Sa petite taille (283 000 km²) fait de l'Équateur un pays particulièrement facile à explorer, tandis que sa variété géographique et son extraordinaire biodiversité charment amoureux de la nature et chercheurs du monde entier. On y recense plus d'espèces de plantes (25 000) et d'oiseaux (plus de 1 500) que sur tout le territoire des États-Unis, 34 fois plus étendu. Malheureusement, ces écosystèmes inestimables se dégradent au rythme d'un déboisement plus rapide que dans tout autre pays sud-américain (280 000 ha/an). Pour tenter de parer à la catastrophe, les parcs et réserves de l'INEFAN (Instituto Nacional Ecuatoriano Forestal y de Áreas Naturales), soutenu notamment par le Fonds pour l'environnement mondial, sauvegardent actuellement 40 % de la superficie du pays. Quelque 97 % des îles Galápagos sont également protégées ainsi que leurs eaux environnantes. Pour un pays en voie de développement, de tels efforts méritent d'être salués.

Quoi de plus logique, donc, que le tourisme en Équateur se concentre sur des activités de plein air? À une journée de voiture de Quito – bien moins par avion –, vous pourrez découvrir forêt vierge amazonienne, sommets enneigés, plages tropicales – et, bien sûr, les îles Galápagos. Des opérateurs spécialisés vous loueront tout le matériel nécessaire, que vous soyez intéressé par l'alpinisme, les randonnées à pied ou à cheval, les expéditions en pirogue, le VTT, le rafting, le para-ski ou la plongée.

Ne manquez pas
- OLD QUITO
- OTAVALO
- COTOPAXI
- CUENCA
- VILCABAMBA
- PARQUE NACIONAL YASUNI
- GALÁPAGOS

PAGES PRÉCÉDENTES : marché de Zumbahua. **CI-CONTRE** : fumées du Volcán Sangay. **CI-DESSOUS** : Fiesta de la Mamá Negra, Latacunga.

Une nation en mouvement

Quatre régions divisent le pays – Sierra, Costa, Oriente et Galápagos –, formant une riche mosaïque. Symbole le plus frappant peut-être de l'identité équatorienne: le mouvement des marchandises et des personnes entre ces régions. Chaque jour, des camions chargés de *plátanos* (bananes plantain) escaladent les forêts du versant ouest de la Sierra pour approvisionner les marchés de Quito, tandis que des sacs pleins de pommes de terre transitent vers les *barrios* chauds et humides de Guayaquil.

Inti, le dieu-soleil inca, apparaît souvent habilement représenté dans l'art religieux colonial ; quant à la fête catholique de la Saint-Pierre, elle est associée à la fête de l'Inti Raymi (solstice d'hiver).

L'Oriente pompe un pétrole vital pour l'exportation et l'achemine via 2 pipe-lines qui franchit les Andes avant de remplir les tankers amarrés au port d'Esmeraldas. Un Otavaleño des sierras peut parfaitement vendre ses tissages sur la côte, tout comme un *moreno* (Afro-Équatorien) du littoral proposer la traditionnelle *cocada* (sucrerie à la noix de coco) dans les bus qui empruntent la Panamericana.

La majorité des Équatoriens est catholique, mais le protestantisme a connu une forte impulsion – plus de 10 % – depuis l'avènement de la liberté de culte en 1945. Les religions indigènes précoloniales sont rarement pratiquées sous leur forme d'origine, sauf dans certaines poches isolées de l'Oriente.

Civilisations pré-incas

L'histoire préhispanique du pays remonte à plusieurs milliers d'années dont seules les dernières décennies se déroulent sous la loi inca avant la conquête espagnole. À Valdivia, sur la côte, les archéologues ont découvert les plus anciennes poteries des Amériques, datant de 3000 ans av. J.-C. Au 10e siècle apr. J.-C., les Cara, ancêtres des Otavaleño actuels, s'installent dans la région de Quito. Ils y construisent un observatoire pour indiquer les solstices, identifient l'équateur comme "la voie du Soleil", leur divinité principale, et croient la lune habitée par des êtres humains. Leur économie repose sur le tissage et leur loi exige des femmes qu'elles filent la laine à tout moment, même en marchant sur les sentiers montagneux.

À leur suite, la dynastie Duchicela fonde le puissant royaume de Quitu, qui tombe finalement sous les coups de l'Inca Tupac Yupanqui. La région va jouer un rôle majeur dans l'effondrement de l'empire inca *(voir p. 30)* avec l'exécution de l'Inca Atahualpa par les conquistadores. Laissant Pizarro piller les trésors incas, son lieutenant Sebastián de Benalcázar part guerroyer au nord. Lorsqu'il arrive à Quito, fin 1534, il découvre une cité en ruine : Rumiñahui, général d'Atahualpa, a préféré l'incendier et la faire évacuer plutôt que de l'abandonner intacte aux Espagnols. Le 6 décembre 1534, Benalcázar décrète la refondation de la ville. En janvier de l'année suivante, Rumiñahui est fait prisonnier, torturé et exécuté.

Femme de la Sierra du Sud.

Les Espagnols intègrent la province d'Équateur dans la vice-royauté du Pérou : ils y introduisent les premières cultures de blé et de bananes en Amérique du Sud. L'administration coloniale est fondée sur le principe de l'*encomienda*, qui survivra à l'indépendance sous la forme d'immenses exploitations, les latifundia, concentrées entre quelques-unes des plus riches familles *criollos* du pays. L'injustice de ce système provoque de nombreuses révoltes, dont celle des *alcabalas* (1592-1593) : la population, soutenue par le bas clergé, se rebelle contre la hausse des taxes sur la nourriture et les tissus. Les représailles sont impitoyables.

Il faudra attendre 1964 pour voir une réforme agraire mise en œuvre, libérant la paysannerie du travail agricole obligatoire. Mais ce sont les terres les moins productives qui sont redistribuées en priorité, les gouvernements successifs hésitant à s'attaquer au pouvoir des grands propriétaires.

Dans la tourmente

L'Équateur proclame son indépendance en 1830. Son premier président, Juan José Flores, conclut un accord d'alternance avec son successeur annoncé, Rocafuerte ; mais il revient sur sa parole, prend le contrôle de l'armée, et offre un exil doré à Rocafuerte. Déposé en 1845, il fomente une invasion espagnole, évitée de justesse grâce à l'intervention des Britanniques. Par la suite, le pays connaîtra bien des turbulences : 2 de ses présidents les plus illustres, Moreno et Alfaro, seront assassinés.

CI-DESSOUS : les *conquistadores* en marche, gravure espagnole.

L'Équateur reste la première "république bananière". Pendant de nombreuses années, la banane est le premier produit à l'exportation.

Au cours du 20e siècle, l'Équateur enchaîne les dictatures militaires, la dernière en date durant de 1972 à 1979. En 1978, l'armée met sur pied une nouvelle Constitution et des élections se tiennent l'année suivante. L'Équateur est le premier pays d'Amérique du Sud à renouer avec la démocratie après la marée militaire qui a submergé tout le continent durant les années 1970; la corruption, en revanche, règne sans partage.

Élu président en 1984, le conservateur León Febres Cordero est kidnappé par les fidèles d'un général emprisonné pour avoir tenté 2 putschs; après avoir garanti l'amnistie audit général, Febres obtient sa libération en 11 heures. Les élections de 1988 portent au pouvoir Rodrigo Borja Cevallos, un social-démocrate qui parvient à doper le tourisme et à faire chuter l'inflation. Une tendance poursuivie par son successeur, le social-chrétien Sixto Durán Ballén, qui engage un programme de privatisations très impopulaire. En 1996, l'élection d'Abdala Bucaram, "El Loco" (le "Fou") crée la surprise. Corrompu jusqu'à la moelle, Bucaram doit démissionner devant la foule des manifestants qui envahit les rues en 1997. Élu l'année suivante, Jamil Mahuad, dirigeant de la Democracia Popular met en œuvre une nouvelle Constitution. Il signe un traité de paix avec le Pérou en octobre, mais sa cote de popularité ne résiste pas à la dépression économique en 2000, il doit prendre la fuite, tandis que des milliers de manifestants envahissent le Congrès. Le vice-président Gustavo Noboa se retrouve confronté à une situation plus critique encore, et le sucre, monnaie nationale, est remplacé par le dollar US.

L'économie bénéficie depuis d'un taux d'inflation modéré et de l'apport d'investissements étrangers dans l'exploration et la production pétrolière. Mais ce relèvement ne profite pas à la majorité de la population. Ainsi, en 2005, l'état d'urgence était décrété dans 2 provinces, des manifestants exigeant l'investissement des revenus pétroliers dans le développement local. Au cours de ces 20 dernières années, de nombreux Équatoriens ont émigré, tentant leur chance aux États-Unis ou en Europe. Ils envoient régulièrement de l'argent à leurs familles

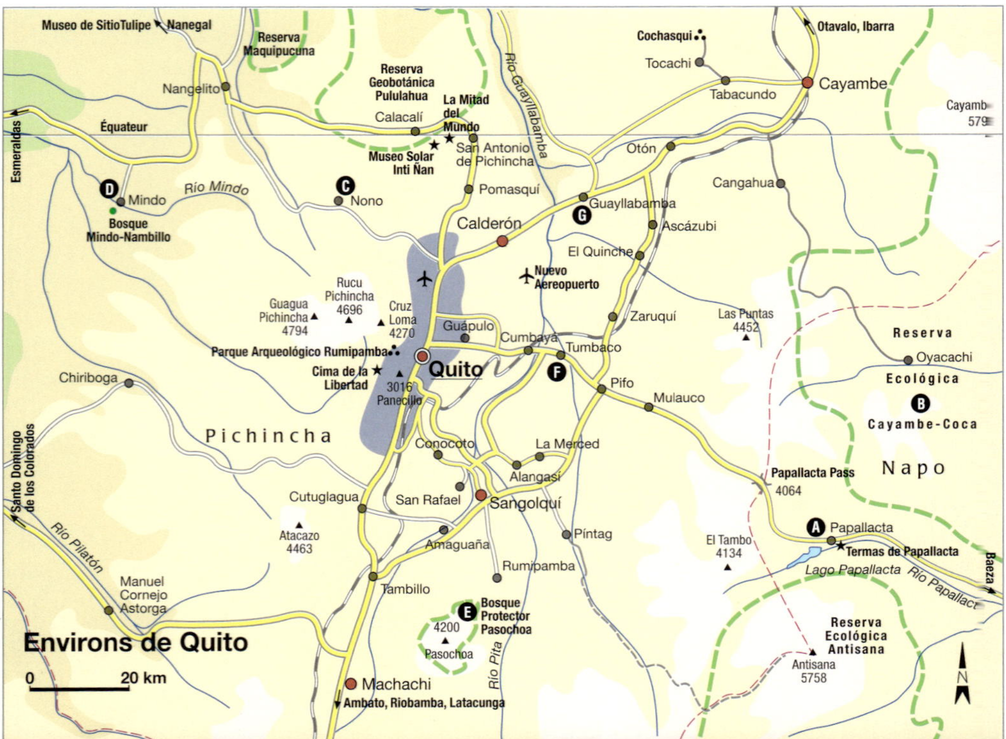

– une source importante de devises pour le pays. En 2002, un ancien putschiste, Lucio Gutiérrez, remportait les élections présidentielles ; en 2005, le climat de corruption généralisée déclenche une telle tempête qu'il doit s'exiler.

L'économiste de gauche, Rafael Correa, prend le pouvoir en 2007 après le bref passage aux commandes du pays d'Alfredo Palacio. Suivant les traces du Vénézuélien Hugo Chávez, Correa instaure une nouvelle Constitution – la vingtième ! –, et promet une radicalisation de sa "Révolution citoyenne" jusqu'en 2013.

Sculpture métallique ornant la façade de la Capilla del Hombre (Museo Fundación Guayasamín), conçue par l'artiste équatorien Oswald Guayasamín.

Quito : une capitale en expansion

Chaque année, **Quito** ❶ s'étale un peu plus vers le nord et vers le sud dans sa vallée andine, avalant des hectares de campagne. La plupart des voyageurs séjournent dans le quartier **Mariscal**, au nord du **Parque El Ejido**, où la ville ancienne se télescope avec la moderne – le vieux centre colonial présentant évidemment plus d'intérêt que les faubourgs tentaculaires et pollués. Hôtels, restaurants et boutiques se pressent Avenida Amazonas et dans les rues voisines.

Donnant sur le Parque El Ejido, la **Casa de la Cultura** abrite le plus important musée du pays : le **Museo del Banco Central** (ouv. du mar. au ven. de 9h à 17h, les sam.-dim. de 10h à 16h) conserve un vaste ensemble de trésors précolombiens, ainsi que des œuvres d'art d'époque coloniale, républicaine et moderne. Plus modeste, le **Museo Fundación Guayasamín** (ouv. du lun. au ven. de 9h30 à 13h et de 15h à 18h), dans le quartier de Bellavista, entretient la mémoire d'Oswaldo Guayasamín, le peintre le plus célèbre du pays *(voir p. 68)* ; outre ses portraits d'indigènes hauts en couleur, vous y découvrirez sa belle collection d'art précolombien.

En descendant les rues, fast-foods, galeries commerciales et portables à tout-va affichent la fascination exercée par la culture nord-américaine sur les classes moyennes équatoriennes. Mais Quito sait aussi distraire ses touristes avec un grand choix de restaurants à l'européenne, spectacles de ballets folkloriques et bars à salsa.

À gauche : statue pré-colobienne, Museo del Banco. **Ci-dessous** : cathédrale de Quito.

La Virgen de Quito, El Panecillo.

La vieille ville

Rarement l'architecture coloniale espagnole ne s'est aussi superbement illustrée que dans le vieux Quito. Murs d'une blancheur immaculée, balustrades bleu sombre, toitures de tuiles vertes éblouissent et rappellent l'ancien statut de la ville, paisible capitale provinciale. Si les tremblements de terre de 1587, 1768 et 1859 ont gravement endommagé de nombreuses églises, pas moins de 87 ont résisté. Classée au Patrimoine mondial de l'Unesco en 1987, la vieille ville a été récemment rénovée, offrant un magnifique espace de promenades, particulièrement séduisant la nuit, lorsque s'illuminent églises et *plazas*.

Avec l'ère moderne, le passé espagnol s'est fondu en un melting-pot culturel, absorbant de nombreux groupes ethniques. La **Calle Cuenca**, notamment, contraste avec la relative aisance des environs. Des femmes noires y proposent des fruits tropicaux, tandis qu'une vendeuse de journaux indigène, bébé au sein, répète inlassablement *"Comercio, hoy !"*. Régnant sur les lieux, l'**Iglesia San Francisco** fut le premier grand édifice religieux du Nouveau Monde. Ses planchers grinçants rendent encore plus spectaculaire l'explosion baroque des sculptures et la statue de la Virgen de Quito qu'elle recèle est une parfaite illustration de l'école de Quito, où techniques espagnoles et mauresques se teintent de culture indigène.

De San Francisco, une brève flânerie vous entraînera jusqu'à **La Merced**, dont les peintures évoquent le passé du pays : l'illustre Antonio José de Sucre, des volcans en éruption, ou un baptême d'Amérindiens. Deux rues plus loin, la **Plaza de Independencia**, ou Plaza Grande, immortalise les héros de 1809. Les Quiteños y prennent le soleil, lisent les journaux et donnent de l'ouvrage aux nuées de cireurs de chaussures.

Des soldats en uniforme rouge, bleu et or montent la garde devant le **Palacio de Gobierno** (ou Carondelet, palais du gouvernement), où une fresque de Guayasamín rappelle la descente de l'Amazone par Francisco de Orellana.

CI-DESSOUS : Plaza Foch à Mariscal.
À DROITE : jeunesse Quiteña.

 Carte p. 204

Dans la **cathédrale** attenante, achevée en 1706, reposent Sucre et autres grandes figures de la nation. Entre autres tableaux, le peintre et sculpteur indigène Bernardo de Legarda Caspicara a laissé une superbe *Sábana Santa* (*Descente de Croix*, 18e siècle).

Une rue au sud de l'**Iglesia San Agustín**, où fut signée la première déclaration d'indépendance, la **Calle Eugenio Espejo** vous ouvre sa voie piétonne. À 2 pas, il fallut plus de 150 ans (1605-1768) aux jésuites pour édifier leur somptueuse **Compañía de Jesús** (ouv. tlj. de 10h à 13h et de 14h à 17h), dont le décor intérieur contiendrait 7 t d'or. La dépouille de la *quinteña* (sainte locale), Mariana de Jesús, repose sous le maître-autel en or massif. Remarquez la fresque du *Jugement dernier* représentant les châtiments réservés aux pécheurs – en particulier le sort promis aux adultères et aux fornicateurs.

De 1828 à son assassinat en Colombie 2 ans plus tard, Sucre vécut une rue plus loin: sa maison, le **Museo Casa de Sucre** (ouv. du mar. au jeu. de 8h30 à 16h3à, les ven.-sam. de 9h à 13h), offre un aperçu de la vie aristocratique à cette époque. La statue du grand homme campe sur la Plaza Santo Domingo, face à l'église du même nom – superbe spectacle lorsqu'elle s'illumine la nuit. À l'intérieur, sur l'autel de San Judas, patron des "causes désespérées", les fidèles apposent des cartes de remerciements. Au sud de la Plaza Santo Domingo, balcons et portes grillagées jalonnent les maisons du 16e siècle qui bordent la **Calle La Ronda**, paisible ruelle très bien conservée.

Vues sur la Sierra

Franchissez ensuite le **pont des Vautours noirs**, pour monter jusqu'au sommet d'**El Panecillo** (Petit Pain), que coiffe une statue imposante de la Virgen de Quito. Vous aurez une belle perspective sur la vallée et, par temps dégagé, sur les montagnes de **Pichincha** et **Cayambe**, respectivement à l'est et à l'ouest.

La **Sierra**, qui se déploie devant vos yeux, se compose de 2 cordillères (orientale et occidentale), séparées par une série de vallées centrales orientées nord-sud.

NOTEZ-LE

Prenez un taxi jusqu'au sommet d'El Panecillo – mais n'y allez pas seul, de nombreux voleurs opèrent sur ses pentes.

CI-DESSOUS : vue sur Quito de la Cima de la Libertad.

En 1917, un tisserand local entreprend de copier le tweed écossais. Sa réussite commerciale contribuera à bâtir la réputation internationale des artisans otavaleño.

La plupart des villes de la sierra s'échelonnent le long de la Panamericana, à 2 000 ou 3 000 m d'altitude, et bénéficient d'un climat divinement tempéré. Aux environs, des sols volcaniques fertiles et de faibles écarts climatiques ont favorisé une superbe mosaïque de cultures.

Si dans les plaines on cultive de façon intensive les fleurs destinées à l'export, des coopératives indigènes quichua exploitent les pentes abruptes qui s'élèvent des vallées, travaillant manuellement des parcelles inaccessibles aux tracteurs. Leurs récoltes de pommes de terre, carottes, haricots, blé ou maïs comblent 75 % des besoins alimentaires du pays. Plus haut s'étend le *páramo* (prairie alpine), où chevaux, bovins et ovins se sont adaptés à un vent glacial. Enfin, les glaciers et les sommets volcaniques qui hérissent le ciel partagent leurs arêtes déchiquetées entre les alpinistes et quelques-uns des derniers condors.

ENVIRONS DE QUITO

La principale route menant à l'Oriente se hisse jusqu'au partage des eaux, origines du bassin amazonien. Un peu en contrebas du col, des sources thermales et une luxuriante forêt de brouillard entourent le village de **Papallacta** Ⓐ, où l'on pêche une truite de toute beauté, d'importation nord-américaine. Les Quiteños vont volontiers y passer le week-end, et se promener à pied ou à cheval à proximité, dans la **Reserva Ecológica Cayambe-Coca** Ⓑ.

Vers la côte, à 2 heures de bus de Quito, les amoureux de nature et d'oiseaux apprécieront les villages de **Nono** Ⓒ, **Tandayapa** et **Mindo** Ⓓ. Réserves et lodges permettent d'explorer les forêts alentour. Au sud-est de Quito, le **Bosque Protector Pasochoa** Ⓔ (Fundación Natura, República 481 ; excursions : Almagro, Quito, tél. 01-503 385) protège quelques-unes des dernières forêts de brouillard andines sur les flancs du volcan Pasochoa. Sur ces terres riches, arbres et plantes s'épanouissent, hébergeant plus de 120 espèces d'oiseaux. Une excursion d'une demi-journée au Volcán Ilaló, près de **Tumbaco** Ⓕ, vous dévoilera un panorama unique sur les principaux sommets du nord de l'Équateur.

CI-DESSOUS : le marché de Plaza de Ponchos, à Otavalo.

Au nord de Quito

À 24 km au nord de Quito, un obélisque baptisé **"Mitad del Mundo"** (Centre du Monde) marque – mais malheureusement avec inexactitude – le passage de l'équateur. Vous pourrez y chevaucher sa ligne, un pied posé dans chaque hémisphère – une irrésistible occasion de photo-souvenir. Le musée présente une exposition sur les différentes cultures ethniques du pays.

Direction nord toujours, la Panamericana traverse **Guayllabamba** Ⓖ. Située à une plus basse altitude que Quito, et donc bien plus chaude, cette ville se consacre à la production d'avocats et de *chirimoyas* (anones). Le week-end, les Quiteños envahissent ses restaurants pour goûter le *locro* – la spécialité du cru –, une solide fondue au fromage et à la pomme de terre, éventuellement agrémentée d'avocat et de lard. Son **Zoológico Metropolitano** (ouv. du mar. au dim.) héberge tortues des Galápagos, jaguars, singes et ours à lunettes des Andes *(Tremarctos ornatus)*.

Plus au nord, le monument marquant plus justement l'Équateur se trouve à proximité de la Panamericana avant d'atteindre **Cayambe** ❷. Traditionnellement réputée pour ses fromages, la région mise aujourd'hui sur la production florale intensive. Vous pourrez visiter ces vastes plantations, où une douzaine de roses ne vous coûtera guère plus d'un euro. De Cayambe, des excursions conduisent à un refuge de montagne sur les flancs du **Nevado Cayambe** (5790 m), ainsi qu'à **Oyacachi**, village indigène de sculpteurs sur bois, aux sources chaudes ou encore aux ruines incas de **Quitoloma**.

Posée sur l'équateur, tout près de Cayambe, **Guachalá**, la plus ancienne hacienda du pays, date de 1580 ; dans le passé, elle produisait des tweeds en laine de style écossais. Dans la région d'**Otavalo** ❸, plusieurs autres grandes haciendas ouvrent leurs portes au public – **Cusin** ou **Pisanqui**, notamment, vous donneront un aperçu du luxueux train de vie mené par leurs propriétaires. La ville d'Otavalo est réputée pour ses tissages, vendus sur le marché le samedi matin *(voir p. 69)*.

À 5 km d'Otavalo, la **Casa Mojanda** s'est inspirée de principes écologiques pour imaginer ses lodges de montagne en adobe, offrant une vue saisissante sur le Volcán **Cotocachi** (4940 m) tout proche. En contrebas, une caldera affaissée a donné naissance à la **Laguna Cuicocha**, d'un bleu irréel.

Aux abords d'Otavalo, les coopératives artisanales prospèrent : **Cotacachi** est particulièrement réputée pour ses articles en cuir, **Peguche** et **Agato** doivent leur célébrité à leurs tissages, **Iluman** attire avec ses ponchos et ses couvre-chefs en feutre. Au nord, hôtels et restaurants bon marché se succèdent à **Ilbarra**, surnommée la "Ciudad Blanca" (Ville Blanche) pour ses demeures coloniales crépies à la chaux. Au sud de la ville, le **Cerro Imbabura** (4610 m) se gagne avec plus de difficulté, mais vous récompense par une vue magnifique sur les villages environnants. Les Amérindiens montaient jadis y récolter de la glace. Ses pentes aujourd'hui dénudées ont vu fondre leurs glaciers dès le début du 20e siècle. À

Jeune fille d'Imbabura.

CI-DESSOUS : l'un des joyaux des Lagunas de Mojanda, près de Tabacunda.

En février, lorsque pommes, poires et pêches arrivent à maturité, des jeunes venus de partout, même de la côte, passent plusieurs jours et nuits à danser et à défiler dans les rues d'Ambato, célébrant la plus grande fête du pays, la Fiesta de la Fruta y de las Flores.

quelques heures de bus en direction du nord, des Afro-Équatoriens peuplent la vallée subtropicale du **Río Chota**, une exception dans la sierra.

La route de San Lorenzo donne accès à la **Reserva Cerro Golondrinas.** Lors d'un trek de 4 jours, vous quitterez le *páramo* pour traverser une forêt de brouillard sauvage et quelques cultures. Fermes d'orchidées, pépinières et programmes de reboisement témoignent des efforts écologiques mis en œuvre dans le secteur. À la frontière colombienne, **Tulcán** ❹, capitale de la province de Carchi, se signale surtout par les cyprès de son cimetière, taillés en forme d'animaux, de maisons ou de motifs géométriques. La **Reserva Ecológica El Ángel** vous permet d'admirer, dans un décor naturel surréaliste, les *frailejón (Espeletia grandiflora)*, de la famille des pâquerettes, qui jalonnent le *páramo* du haut de leur 2 m.

Au sud de Quito

En direction du sud, au départ de Quito, empruntez l'"Avenida de los Volcanes" qui déroule de remarquables panoramas sur tous les principaux sommets. Plusieurs haciendas ont été converties en hôtels, notamment **La Ciénega**, vieille de 4 siècles, et **San Agustín de Callo.** Celle-ci s'élève sur les ruines d'un palais inca dont quelques murs ont subsisté. À partir de **Lasso**, une piste monte vers le **Parque Nacional Cotopaxi**, qui englobe les volcans Cotopaxi, Rumiñahui et Sincholagua. Le Cotopaxi, l'un des plus hauts du monde (5 897 m), attire chaque année des milliers d'alpinistes. À sa base, la **Laguna Limpiopungo** héberge mouettes *(Larus serranus)*, vanneaux *(Vanellus resplendens)* et renards *(Pseudalopex culpæus)* des Andes. Le parc vous offre également un point de vue idéal sur la végétation du *páramo* et les traces d'activité volcanique récente.

À 2 pas de la Panamericana, le bourg de **Saquisilí** s'éveille tous les jeudis à l'aube pour accueillir le plus grand marché indigène du pays. Un peu plus au sud, **Latacunga** ❺ fut détruite à 3 reprises par les coulées de boue du Cotopaxi, aux 18e et 19e siècles. En septembre, danses, processions et feux d'artifice célèbrent la Vierge noire lors de la **Fiesta de la Mamá Negra**. À l'ouest, **Zumbahua** héberge, le samedi, un marché aux fruits et légumes très coloré. À 1 heure de route de là partent les chemins qui mènent au **Quilotoa**, impressionnant lac volcanique aux eaux bleutées. Avec un peu de chance vous apercevrez des lamas, qui, dans cette région, sont encore employés comme bêtes de somme.

CI-DESSOUS : le Cotopaxi, l'un des majestueux volcans qui jalonnent l'Avenida de los Volcanes.

En 1949, un tremblement de terre rasa **Ambato** ; sa reconstruction en béton n'ajoute rien au charme tout relatif de cette capitale de la province de Tungurahua, centre d'une région d'industries et de cultures fruitières. Entre Baños et Ambato, le village quichua de **Salasaca** est connu pour ses tapisseries vendues dans tout le pays. Le week-end, Salasaca organise un petit marché en plein air où vous pourrez voir les artisans au travail.

LES ANDES SUR LES RAILS

Les Équatoriens découvrent le chemin de fer en 1910 lors de l'inauguration de la ligne Quito-Guayaquil, réduisant à 2 jours un périple qui nécessitait auparavant 9 jours à dos de mulet. Aujourd'hui, seuls quelques tronçons touristiques sont encore exploités.

Les 3 heures de train qui mènent de Quito à la gare d'El Boliche, près du Parque Nacional Cotopaxi, réservent une belle vue sur les sommets andins et les verdoyantes cultures environnantes avant de gagner les hauteurs du *páramo*. Autre possibilité plus fiable, le Chiva Express, opéré par Metropolitan Express (www.metropolitan-touring.com), un extraodinaire bus monté sur des rails qui dessert le Cotopoxi les mardis, jeudis et samedis (déjeuner inclus avant le retour à Quito). Prenez place sur le toit: vue et ventilation garanties!

Quant à l'Autoferro Riobamba-Sibambe, il franchit El Nariz del Diablo ("nez du Diable") en une succession d'épingles à cheveux qui fait le bonheur des fous du rail. Ici aussi vous aurez droit à un coussin pour voyager sur le toit – si vous ne souffrez pas du vertige! Départs –aléatoires– les mercredis, vendredis et dimanches: comptez 6 heures aller-retour. Un nouveau tronçon d'El Tambo, au sud des ruines d'Ingapica, vient d'être remis en service. Dans le nord, vous pourrez également faire des voyages entre Ibarra et El Primer Paso.

Les piscines thermales de Baños dans leur superbe cadre naturel.

Éruptions et sources chaudes

Très courue par les touristes équatoriens et étrangers, Baños doit son nom et sa réputation à ses sources thermales, agrémentées par un climat semi-tropical. En août 2006, l'éruption du **Volcán Tungurahua** (5 020 m) recouvrit de cendres brûlantes plusieurs villages. La ville fut épargnée, mais elle demeure placée depuis en "alerte jaune". Une statue de **Nuestra Señora de Agua Santa** trône à l'intérieur de la Basílica. Baños s'avère un excellent point de départ pour des randonnées à pied, à cheval ou à VTT, pour des sorties en rafting ou des expéditions dans la jungle. Vous y trouverez également de quoi combler vos envies de shopping artisanal.

Plus au sud, au pied du **Chimborazo** – plus haut sommet d'Équateur (6 310 m) –, s'étale **Riobamba** ❻. C'est de ce point que Pedro Vincente Maldonado, natif de

Forces de la nature

Les volcans entrent périodiquement en éruption, éructant des colonnes de cendres et déstabilisant leurs glaciers, dont les coulées de boue menacent alors des villages entiers. Lorsque les Andes se soulèvent le long des failles côtières, de puissants séismes secouent leurs pentes. En 1987, un tremblement de terre a rompu le pipe-line pétrolier transandin en plusieurs endroits, handicapant l'économie nationale pendant 6 mois. Durant la saison des pluies, des glissements de terrain coupent fréquemment les routes. En 1982-1983 et en 1997-1998, les inondations provoquées par El Niño ont paralysé presque tout le littoral. Mais les Équatoriens ont cette faculté exceptionnelle de rebondir. Héritée des Incas, la tradition de la *minga* (travail communautaire) continue à rassembler les gens, unis face aux défis de la nature et aux tourmentes économiques.

CI-DESSOUS : le Chimborazo domine le Parque 21 Abril et Riobamba.

En 1547, le chroniqueur espagnol Cieza de León découvre Cuenca pratiquement en ruine avec ses entrepôts remplis, ses casernes, et ses demeures abandonnées par "plus de 200 vierges, qui étaient très belles, et consacrées au service du soleil".

la ville et scientifique, participe, au 18e siècle, avec le français Charles de la Condamine à la mesure de la terre à l'équateur. De Riobamba une voie ferrée rallie la côte en passant par **Alausí** ❼. Les Incas repoussèrent les Puruhua, habitants originels de la région, obligeant les populations du nord du Pérou à s'installer à leur place. De nos jours, les indigènes dominent encore, composant un kaléidoscope de cultures, comme en témoigne la panoplie bigarrée de leurs chapeaux et costumes traditionnels.

À l'ouest de Riobamba s'étend le vaste **Parque Nacional Sangay**. Peu perturbées par les éruptions quotidiennes du **Sangay**, des espèces en danger comme le tapir andin *(Tapirus pinchaque)* et l'ours à lunettes, grands amateurs de bambous, y ont élu domicile. En lisière du parc court un tronçon de l'ancienne route inca qui reliait Quito à Cusco. Une piste de randonnée mène d'**Achupallas** aux ruines d'**Ingapirca**, forteresse inca érigée pour contrôler les Cañari, indigènes locaux.

La Panamericana se poursuit jusqu'à **Cuenca** ❽, troisième ville d'Équateur. De l'ancienne Tomebamba, les Espagnols ont effacé presque tout vestige inca, lui substituant leur architecture coloniale et leurs rues pavées. Aujourd'hui encore, Cuenca peut prétendre au titre de plus belle ville d'Équateur avec ses patios, ses *plazas* et ses demeures blanchies à la chaux.

Pêcheur à la ligne ou randonneur invétéré, le **Parque Nacional Cajas** voisin vous promet de beaux moments, entre ses ruines incas et ses quelque 200 lacs. Alimentant Cuenca en eau potable, Cajas demeure à l'abri d'éventuels impacts environnementaux. Au sud de Cuenca, **Saraguro** ❾ et sa population indigène préservent farouchement d'autres sources – culturelles celles-là. La ville est au cœur du mouvement politique indigène Pachakutik (Nouveau Pays). Les hommes portent le pantalon court et noir, les femmes un châle hautement décoratif, épinglé par le tupus. Ville coloniale plus que paisible, **Loja** garde les portes sud de l'Oriente et de la frontière péruvienne. La quinine fut exploitée pour la première fois au 18e siècle dans les forêts qui dominaient la ville, provoquant leur destruction.

Plus bas dans la vallée, **Vilcabamba** ❿ devint célèbre vers les années 1960 quand on découvrit qu'une bonne proportion de ses habitants dépassaient l'âge de 100 ans. Alertés, les chercheurs expliquèrent le phénomène par la douceur et la stabilité du climat, le peu de stress, un régime alimentaire sain et des travaux agricoles revigorants. Attirés par cet élixir de jouvence, de nombreux étrangers se sont implantés dans le village, ainsi que des auberges "écolo-hygiénistes".

Non loin, le **Parque Nacional Podocarpus** vous ouvre ses pistes d'accès à **Cajanuma**, côté hauts plateaux, et à **Bombascara**, côté forêt humide – vous pourrez y camper pour la nuit. Un mouvement écologiste a empêché des multinationales minières d'y déboiser à tout-va et d'empoisonner ses cours d'eaux. Une route de montagne spectaculaire monte jusqu'à la ville de **Macará**, à la frontière péruvienne – un itinéraire plus sûr et bien plus beau que le trajet littoral via Huaquillas.

CI-DESSOUS : Cuenca, classée au Patrimoine de l'Unesco.

L'ORIENTE ET L'AMAZONE

Tête réduite d'un Shuar (tribu jadis surnommée "Jivaro").

L'**Oriente** équatorien – appelé aussi la "province du futur" – occupe le haut bassin de l'Amazone, à l'est des Andes. Des fleuves au cours tumultueux ont entaillé cette immense forêt vierge où vivent jaguars, anacondas, singes, tapirs, chauves-souris piscivores, piranhas et plus de 450 espèces d'oiseaux. Vous vous déplacerez dans cette portion d'Amazonie de façon plus aisée que dans les pays voisins, car les distances y sont plus courtes et les transports relativement simples.

D'importantes populations indigènes habitent l'Oriente : au nord, les Siona, les Cofán, les Quichua, les Quijo et les Huaorani des bassins des Ríos Napo, Aguarico et Pastaza ; au sud, les Shuar, les Ashuar et les Saraguros. La colonisation puis le pétrole ont affecté le mode de vie de ces communautés, et de nombreuses traditions se sont évanouies – comme celles des redoutables Shuar (anciennement Jivaro), réducteurs de têtes qui comptaient 2 fois plus de femmes que d'hommes, du fait de leurs guerres incessantes.

Au plus profond des jungles qui bordent le Pérou, près du **Río Napo**, des Huaorani – dont le nom même fait trembler de peur un Shuar – ont préservé leur culture ancestrale. Ils chassent à la sagaie, à la sarbacane et aux flèches empoisonnées, domestiquent les harpies pour en faire des chiens de garde, et allument le feu en frottant des bâtons. La plupart n'accueillent pas les visiteurs à bras ouverts ; mais certains se lancent dans l'écotourisme afin de protéger leur culture.

Plusieurs missionnaires, dont l'évêque de Coca en 1987, ont trouvé la mort pour avoir tenté d'interférer avec la culture Huaorani. Ces initiatives malheureuses remontent à l'an 1541, lorsque l'expédition de Francisco de Orellana, partie de Quito, tomba sur les sources du Río Napo. Les villes d'Archidona et de **Macas** ⓫ naquirent bientôt, bases avouées de conquête et de conversion. Beaucoup ne laissèrent aucune trace, balayées par les flèches indigènes, mais les prospecteurs d'or, les franciscains et les jésuites, aiguillonnés par leur dieu ou leurs démons, parvinrent à repousser peu à peu les frontières de la "civilisation".

CI-DESSOUS : orage en perspective, Río Napo.

Boom pétrolier et touristique

Passiflore, ou fleur de la passion, à la réserve de Caymbe Coca, Équateur oriental.

À la suite de la guerre frontalière de 1941, la perte d'une grande partie de l'Oriente au profit du Pérou éveille l'attention de l'État équatorien – une vigilance récompensée en 1967 par la découverte d'énormes gisements pétrolifères près de **Lago Agrio** ⓬. Le visage de la région s'est radicalement métamorphosé depuis, des villes surgissant de terre du jour au lendemain pour répondre aux demandes d'une industrie en plein boom. En 1989, Lago Agrio devient la capitale de Sucumbios, la 21e province d'Équateur, tandis que 1998 voit la naissance d'une nouvelle province au sud, Orellana.

Cet afflux de population a repoussé la vie sauvage au plus profond des forêts. Dans les zones bordant le bassin amazonien, la faune a pratiquement disparu, en dehors des oiseaux et des insectes. Si le temps vous est compté, joignez-vous à des excursions qui partent de **Misahuallí**. Vous observerez ainsi comment les tribus de l'Oriente se sont adaptées, tant bien que mal, à ce bouleversement.

Entre Misahuallí et **Coca** ⓭ – officiellement baptisée Puerto Francisco de Orellana –, le Río Napo longe des cabanes sur pilotis, leurs ménageries exotiques et leurs lopins de bananeraies. Les cultivateurs chargent les fruits dans une pirogue qui les conduit ensuite en équilibre précaire jusqu'au marché. La ville pétrolière de Coca sent un peu le Far West, et les sociétés d'exploitation pétrolière se multiplient dans le secteur. Mais il suffit de s'éloigner un peu pour retrouver d'importantes étendues de forêt vierge. Coca reste une ville sûre, agréable avec ses cafés accueillants le long des berges, et un meilleur camp de base que Lago Agrio.

Puis le Río Napo s'élargit, bordé de chaque côté par une barrière végétale qui se fait plus dense, sous une canopée qui s'élève à 30 m de haut ; dans cette pénombre pousse un invraisemblable entrelacs de fougères et de citronniers sauvages dont les troncs hébergent de petites fourmis comestibles ; crevant la canopée, le kapokier *(Ceiba pentandra)*, géant de la flore amazonienne, peut atteindre 60 m de haut et 40 m de circonférence à sa base. La nuit, les Indiens qui se déplacent dans la forêt se réfugient entre ses racines. Broméliacées, figuiers étrangleurs et belladone se lovent autour de ses branches.

Ci-dessous : le Río Napo.

Au cœur de la jungle, à 3 heures en aval de Coca par le Río Napo, se cache le Sacha Lodge, d'où une passerelle en planches vous conduit jusqu'à une lagune infestée de piranhas. Des biologistes en résidence et des guides indigènes vous ammèneront pour des randonnées à pied, à bord de pirogues ou au sommet d'une plateforme de 40 m de haut pour contempler la canopée – et peut-être surprendre un paresseux accroché aux cimes. À proximité du Sacha Lodge, La Selva propose le même type d'activités.

Si vous embarquez assez tôt pour gagner la lisière du **Parque Nacional Yasuni**, vous serez récompensé par le spectacle d'aras macao et autres perroquets descendant les parois de la falaise pour se nourrir de sels minéraux. Le Yasuni a été créé dans le but de protéger et de surveiller l'extraordinaire biodiversité de cette forêt humide. Au sein de la réserve, la communauté anangu gère un confortable "Napo Wildlife Center". Si les oiseaux s'y montrent volontiers, le caïman noir et la loutre géante *(Pteronura brasiliensis)* demeurent plus discrets. Affluent du Río Napo, le Tiputini mène à l'Estación de Biodiversidad Tiputini (EBT), où chercheurs et écotouristes, postés à la fenêtre de leur cabane, guettent groupes de singes, oiseaux exotiques et, pourquoi pas, l'apparition miraculeuse d'un jaguar rôdant à travers le campement. Autre conception du voyage, le luxueux *Manatee Amazon Explorer* sillonne le Río Napo avec 30 passagers à son bord. Et un petit avion conduit les visiteurs au Kapawi Lodge, construit sur le Rió Capahuari en partenariat avec la tribu achuar.

Esmeraldas doit son nom aux émeraudes découvertes dans le fleuve côtier.

Le littoral, ou Costa

Les peuples des montagnes ont longtemps considéré comme sauvages les terres basses tropicales étirées à l'ouest des Andes, ainsi que leurs habitants – la moitié de la nation. Elles fournissent pourtant une source traditionnelle de richesses cruciales pour le pays avec leurs cultures de bananes, de café et de cacao. Fin 1997 et début 1998, El Niño a provoqué de vastes inondations et des dégâts considérables sur le littoral.

La Costa commence, au nord, à **San Lorenzo** ⓮ ; les villages voisins forment de petits groupes de cabanes sur pilotis, isolés et dispersés au fil de la mangrove, reliés par des chenaux noyés dans des vapeurs irréelles. San Lorenzo a conservé l'atmosphère nonchalante des Caraïbes, vivant au son de la salsa colombienne. À **La Tola**, au bord de l'**Arquipelago de San Lorenzo**, une piste file à travers des marais inhabités, envahis par une végétation exubérante – le début de la route littorale.

Accrochée au *río* homonyme, **Esmeraldas** ⓯ offre une image typique de la culture littorale, avec tout le bruit et la fureur de ses nuits. Au milieu d'une population essentiellement *mestiza* et noire, des *campesinos* montagnards à chapeau melon vendent leurs fruits, des flûtes andines entrecoupent les rythmes des danses et autres technos caraïbes, dans les effluves doux-amers exhalés par les restaurants chinois locaux.

Ci-dessous : Résidence hôtelière Casa Blanca à Same, Esmeraldas.

Tout l'art d'un beau panama réside dans le savoir-faire.

Les plus belles plages du pays s'étendent au sud-ouest d'Esmeraldas. La route traverse **Atacames**, petite station balnéaire gonflée par le succès en une tonitruante ville de fêtards, puis continue vers **Sua**, charmant village de pêcheurs au cadre magnifique, pour s'achever à **Muisne** ⑯, sur des plages solitaires et magiques.

La route principale suit le fleuve en direction du sud, traverse d'abord des prairies à bovins et des plantations de bananes, de palmiers à huile et d'hévéas, puis grimpe jusqu'à **Santo Domingo de los Colorados** ⑰ à une altitude de 650 m. Les Colorado, également appelés Tsatchila, vivent surtout au sud de la ville ; ils maquillent leur visage de lignes noires et utilisent une plante, l'*achiote*, ou achiotl ou encore roucou *(Bixa orellana)*, pour teindre de rouge leurs cheveux coupés au bol. Ils ont conservé leur science des médecines naturelles, mais ne revêtent le costume traditionnel que lors d'occasions particulières.

La plus belle, peut-être, des routes littorales relie Santo Domingo à **Manta** ⑱, sans conteste la plus paisible et la plus ravissante des villes côtières. Sur la **Playa de Tarqui**, les pêcheurs débarquent leur cargaison de requins, de *dorados*, d'anguilles – et parfois une tortue, qu'ils nettoient à même le sable sous une frénétique nuée de goélands et de vautours.

Manta vous ouvre l'accès aux villages voisins, spécialisés dans la production de chapeaux de Panamá *(voir ci-dessous)*, de mobilier en osier et de hamacs en sisal. Au sud de Manta, le **Parque Nacional Machalilla** tente d'assurer la survie de l'une des dernières forêts tropicales sèches de la planète – et de ses arbres-bouteille *(Beaucarnea recurvata)*, de ses immenses kapokiers et de ses 200 espèces d'oiseaux. L'entrée du parc est au nord de **Puerto López** ⑲, petit port de pêche aux plages sauvages ; une bonne base également pour explorer Machalilla et Isla de La Plata, abondamment pourvues en oiseaux. Des baleines à bosse, ou jubartes *(Megaptera novæangliæ)*, viennent s'ébattre au large, entre juin et octobre. De belles plages égrènent le littoral de Cojimínes à Salinas, le cap Finistère équatorien.

Du littoral, en direction du sud, toutes les routes mènent à **Guayaquil** ⑳, ancien centre de construction navale devenu la plus grande et la plus vivante des villes

CI-DESSOUS : quartier de Las Peñas.

Ces fameux couvre-chefs

Montecristi et à Cuenca demeurent les centres de l'industrie du Panama, fabriqué avec la *Carludovica palmata*, une variété de roseau locale. Un "superfino" peut valoir jusqu'à 1 000 euros. Mis à l'envers, il doit pouvoir retenir l'eau, et, placé dans une poche, il est censé ne pas prendre de plis. Ces chapeaux ont toujours été confectionnés en Équateur, mais ils étaient exportés dans le monde entier via Panama, d'où leur nom d'emprunt. Portés dès l'époque précolombienne, ils conquièrent les conquistadors… Les soldats qui participent à la guerre hispano-américaine de 1898 s'en coiffent et le marché américain leur ouvre aussitôt ses portes. En Europe, c'est l'Exposition universelle de Paris qui les met à la mode, comme en témoignent les toiles de Renoir. Puis, au temps de la prohibition, il fait un tabac auprès des gangsters.

équatoriennes avec ses 2,8 millions d'habitants. Idées et technologies nouvelles ont toujours touché Guayaquil avant Quito – des trolleys à l'éclairage public – et ce bastion de la pensée libérale déclara son indépendance dès 1821. Une plaisante flânerie vous conduira irrésistiblement du **Malecón Simón Bolívar**, célèbre quai aménagé le long du Río Guayas, via La Rotunda, monument commémorant la rencontre entre Bolívar et San Martín, jusqu'à **Las Peñas**, seul quartier colonial préservé, avant d'atteindre les hauteurs du **Cerro El Carmen.**

Têtes réduites de l'Oriente, poteries pré-incas, peintures religieuses coloniales et expositions modernes temporaires emplissent les salles du **Museo Municipal.** Le **Parque del Centenario** coupe l'Avenida 9 de Octubre, cœur commerçant de la ville. Pour profiter de quelques moments de sérénité, échappez-vous dans les jardins botaniques du **Parque Bolívar**.

NOTEZ-LE

Les îles Galápagos sont toutes protégées en parc national, et les voyageurs étrangers doivent acquitter un droit d'entrée de 100 $US (réductions pour les enfants de moins de 12 ans et les étudiants porteurs d'une carte).

Îles Galápagos

Les Européens découvrent les Galápagos en 1535, mais il est possible que les Mantaños, les Incas, voire les Polynésiens aient visité ces îles dispersées à 1 000 km au large des côtes équatoriennes. Entre 1535 et leur intégration à l'Équateur en 1832, elles serviront de refuge aux pirates européens et américains, aux baleiniers et aux phoquiers – ils y reconstituent leurs réserves d'eau, de combustible et, pour la viande, de tortues géantes (pouvant survivre un an dans les cales d'un navire).

Une colonie s'y implante lorsque le *Beagle* jette l'ancre en 1835 à **San Cristóbal** ㉑ ; Charles Darwin, 26 ans, en débarque. Ce n'est pas la première expédition scientifique à s'y rendre, mais la visite de Darwin va donner tout son sens au patrimoine biologique et géologique des Galápagos. En seulement 5 semaines, le jeune naturaliste effectue nombre d'observations – inventoriant notamment 13 espèces de géospizes (famille des pinsons), chacune dotée d'un bec différent, adapté à sa nourriture – bases sur lesquelles s'appuieront ses théories de l'évolution.

Sur la plage de San Cristóbal, Darwin enregistre une "étrange scène cyclopéenne": 2 tortues qui mastiquent un cactus. Lorsque Darwin s'approche, l'une

CI-DESSOUS : l'aquarelle de Conrad Martens, réalisée lors du recensement de la Tierra del Fuego, illustre le *HMS Beagle* approché par les Fuégiens.

“

Prenez vingt-cinq amas de cendres disséminés çà et là sur un terrain vague de banlieue, prêtez à quelques-uns des proportions de montagnes et faites du terrain vague une mer…

VISION PEU ROMANESQUE DES ÎLES GALÁPAGOS PAR HERMAN MELVILLE DANS *LES ENCANTADAS, OU ÎLES ENCHANTÉES*

”

“sifflat profondément en tirant sur son long cou”, tandis que l'autre “rebroussa hâtivement chemin”. Fasciné par ces bestioles, Darwin commence à les cataloguer.

Le siècle suivant verra l'installation sur **Isla Floreana** d'une colonie pénitentiaire aux pratiques particulièrement cruelles. Les premiers colons, 80 militaires insurgés, ayant obtenu leur grâce, s'empressent de quitter l'île. En 1944, une nouvelle colonie s'établit sur Isla Isabela, où l'on envoie les criminels endurcis. Une émeute suivie d'une évasion en masse provoque sa dissolution. En 1959, les îles acquièrent enfin le statut de parc national.

L'archipel est déclaré Patrimoine naturel de l'humanité en 1979, puis Réserve mondiale de biosphère en 1985. Pour mettre fin à la pêche illégale et autres menaces qui pèsent sur leurs eaux côtières, l'Unesco classe la réserve marine des îles au Patrimoine mondial en 2001. En juin 2007, les îles ont été inscrites sur la liste du Patrimoine mondial en péril.

Les Galápagos comptent 13 îles principales, 6 plus petites et 42 îlots dispersés sur une superficie de 80000 km². Leurs terres sont constituées de laves reposant sur un socle basaltique, déjections volcaniques produites par une série d'éruptions sous-marines qui se poursuivent encore. Les îles n'ont jamais été reliées au continent, émergeant l'une après l'autre sur une durée de 1 million d'années. Ce passé géologique se manifeste le plus nettement sur **Isla Isabela** – dont la chaîne de 5 volcans culmine à 1700 m. Et notamment dans la **Sierra Negra**, qui, avec ses 10 km de diamètre, est le second plus grand cratère de la planète.

Les graines ont été transportées sur ces îles par les oiseaux et les navires, donnant naissance à environ 900 plantes, dont le très précieux *palo santo*, abondant sur **Isla Rábida** ㉒. On distingue 6 zones de végétation, des plaines désertiques aux pampas d'altitude ; une promenade jusqu'au vieux moulin à sucre de San Cristóbal vous en livrera un panorama quasi exhaustif.

Sur **Bartolomé**, un étroit ruban de forêt semi-tropicale sépare 2 plages en fer à cheval. Du sommet de cet îlot, vous verrez s'étendre à l'ouest les terres volcaniques inhabitées de l'île de **Santiago**. Au cœur de ce désert, une source d'eau douce s'est

CI-DESSOUS : lions de mer, Galápagos. **À DROITE** : Charles Darwin.

frayé un chemin. Des flamants valsent lentement autour de la lagune voisine, ou s'enterrent jusqu'au cou dans le sable couleur café de **Playa Espumilla** ; près de **Puerto Egas** ㉓, des otaries à fourrure plongent dans un tunnel sous-marin qui relie le large à 2 bassins d'eaux claires.

Les Galapágos hébergent plusieurs variétés d'iguanes, ici un iguane terrestre (Conolophus subcristatus).

Créatures marines

Certains des meilleurs sites de plongée en apnée s'égrènent sur des îles éloignées comme **Española** ㉔, seul endroit au monde où se reproduit l'endémique albatros des Galápagos *(Diomedea irrorata)*. Devant **Bahía Gardner**, d'immenses raies mantas vous prendront peut-être pour une otarie. Les otaries, en revanche, savent faire la différence entre les 290 variétés de poissons présentes, si bien que 2 palmes, un masque et un tuba attireront fatalement leur curiosité. Les femelles et leurs petits sont joueurs, mais, si vous croisez un mâle, cédez le passage…

Les Galápagos hébergent les seuls iguanes marins de la planète, et c'est **Isla Fernandina** ㉕ qui en accueille la majorité. Aussi peu farouches que leurs cousins terrestres, ils ressemblent à des dragons avec leurs épines dorsales et leurs écailles passant du noir au bleu et rouge durant la saison des amours. Ils peuvent rester submergés quelques minutes, en quête d'algues, et refont surface en expulsant un nuage d'eau salée. Pour remonter à la préhistoire, observez leur manège au pied du volcan **La Cumbre**, dont la dernière éruption ne date que d'avril 2009.

L'un des rares récifs coralliens de l'archipel occupe **Bahía Urbina**, sur Isabela, en face de Fernandina. Des poissons de toutes les couleurs y naviguent, évitant les manchots des Galápagos *(Spheniscus mendiculus)*, les plus septentrionaux de la famille. Des pélicans partagent avec eux le groupe d'îles qui barre l'entrée de **Bahía Elizabeth**. Croisant vers Floreana, des bancs d'orques et de cachalots *(Physeter macrocephalus)* explorent les grands fonds, tandis que les grands dauphins *(Tursiops truncatus)* surfent sur la vague d'étrave des navires. À **Corona del Diablo**, cône volcanique déchiqueté et tronqué surgissant de l'Océan, les otaries se laissent glisser au fil de courants violents, réservés aux plongeurs expérimentés.

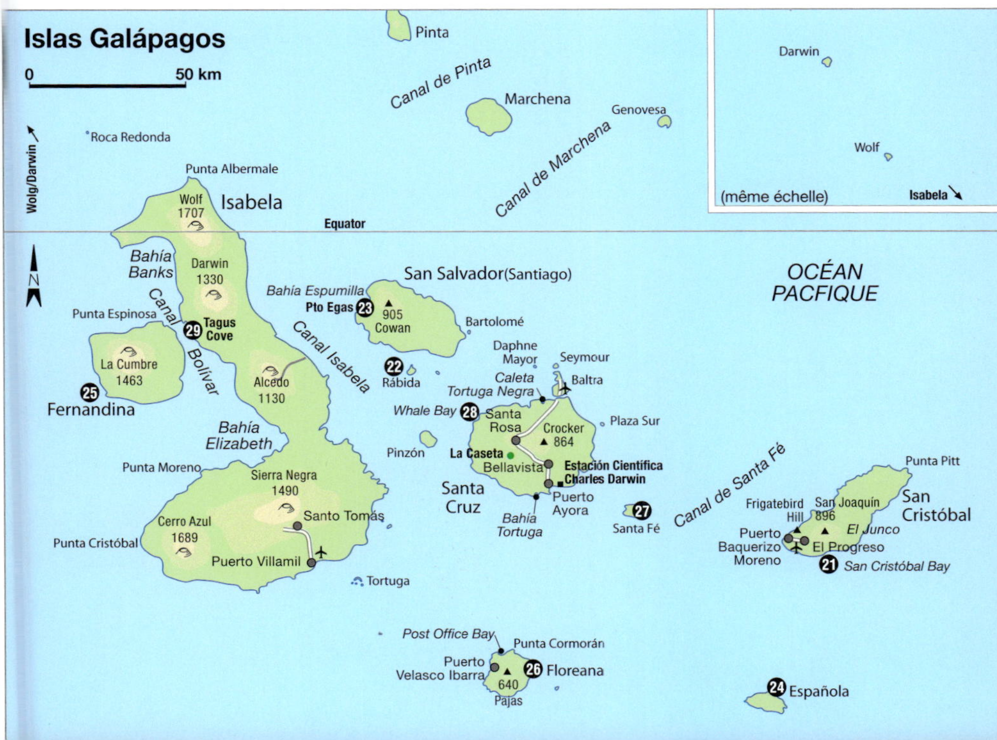

Tortue géante à la Estacíon Científica Charles Darwin.

Des cristaux d'olivine parsèment la plage de Punta Cormorán dans **Floreana** ㉖, une merveille avec ses lagons envahis par les flamants. Les tortues également apprécient, qui viennent pondre sur les sables immaculés de **Playa Carolina**, devant une baie fréquentée par d'inoffensifs requins à pointes blanches *(Carcharinus albimarginatus)*, présents ici comme au large de San Bartolomé. Ils sont d'ailleurs seuls de leur espèce dans ces eaux, en dehors du gigantesque et tout aussi paisible requin baleine *(Rhincodon typus)*. Sur terre, la reine incontestée des îles demeure la tortue géante *(Geochelone elephantopus)*, qui peut vivre jusqu'à 200 ans et peser jusqu'à 300 kg. Sur des îles rocheuses à la végétation rare comme Isabela ou Española, elle a développé un cou et des pattes allongées, ainsi qu'une carapace en forme de selle, qui lui permettent de cueillir plus haut sa nourriture, caractéristiques absentes chez les espèces habitant des îles fertiles comme **Santa Cruz**.

La **Estación Científica Charles Darwin** fut fondée sur Santa Cruz en 1959, 100 ans après la publication de *L'Origine des espèces*. Ce centre se consacre tout particulièrement au contrôle de la ponte des tortues, devenu indispensable depuis l'introduction par les premiers colons de chiens, chats, rats, chèvres et cochons. Sur **Pinzón**, par exemple, on n'a pas vu le moindre bébé tortue depuis près de 50 ans. Les prédateurs s'attaquent également à la végétation, mais ils auront au moins participé à leur manière au miracle évolutif des îles : privées d'eau douce, les chèvres de **Santa Fe** ㉗ se sont adaptées à l'eau de mer et s'en portent fort bien.

Sur Santa Cruz, à **Bahía Ballenas** ㉘, des tessons de céramique ressuscitent l'image du flibustier Henry Morgan, un fou à pieds bleus perché sur son épaule. Pirates et baleiniers ont laissé des traces de leur passage à Isabela, sur les falaises de **Tagus Cove** ㉙ – graffitis aujourd'hui uniquement visibles par les cormorans aptères *(Phalacrocorax harrisi)*. Témoignages d'un passé plus récent, les ruines d'une mine de sel abandonnée dans les années 1960 subsistent sur Isla Santiago.

Les Galápagos comptent parmi les très rares endroits de la planète où les animaux vivent dans une relative quiétude, et où les forces de l'évolution se manifestent avec une aveuglante évidence. Veillez à n'y laisser aucun souvenir…

CI-DESSOUS : entrée du Parque Nacional Galápagos.

Les tribus cachées

En dépit des lois de protection, les dernières authentiques tribus amazoniennes d'Équateur sont confrontées à un futur menaçant.

Quelque 400 tribus vivraient encore dans le nord-est de l'Amazonie équatorienne, refusant tout contact avec la civilisation. L'histoire connue de ces guerriers de la jungle, attachés à un mode de vie millénaire, se limite à des rencontres sanglantes. En 1987, alors que les compagnies pétrolières rognent sur le territoire des Tagaeri, sous-groupe de Huaroani, Alejandro Labaka, évêque de Coca, cherche à entrer en contact avec eux pour leur offrir une chance de survie. Il y laisse la sienne, avec celle d'Inés Arango, une sœur colombienne. La couverture des médias fera pourtant reculer l'industrie pétrolière.

Les conflits se rallument régulièrement. Tandis que de nombreux Huaroani travaillent dans l'industrie pétrolière, forestière ou touristique, en 2008, des bûcherons illégaux de bois dur ont été retrouvés morts, transpercés par les javelots huaroani. En 2003, encouragés par les exploitants forestiers, un groupe de Huaroani s'est vengé de supposés kidnappeurs tagaeri en massacrant quelque trente personnes, femmes et enfants compris, brûlés vifs à l'intérieur d'une maison commune. Les autorités judiciaires se sont bien gardées de trop fouiller dans cet imbroglio sanglant.

Les membres des 2 tribus sont si peu nombreux qu'ils tiennent dans quelques habitations, chacune hébergeant jusqu'à 60 personnes. Même si elles peuvent aisément se disperser dans la jungle, le monde extérieur fait peser une pression intenable à long terme, de l'Équateur comme du Pérou de l'autre côté de la frontière.

Est-il trop tard ?

Le gouvernement Correa s'est lancé dans une véritable course contre la montre pour sauver les tribus récemment "découvertes". Policiers et chercheurs gèrent une demi-douzaine de postes de contrôle chargés d'empêcher l'accès à une "zone intangible" – cordon sanitaire créé autour de la partie sud du Parque Nacional Yasuní. Le gouvernement assure par ailleurs qu'il intensifie ses efforts pour freiner le boom des exportations illégales de bois durs vers la Colombie et les États-Unis.

La plupart des compagnies pétrolières exigent des visiteurs des preuves de vaccination et une autorisation spéciale afin de protéger ces tribus des maladies qui les ont décimées depuis l'arrivée des premiers Européens. Un seul contact entre un touriste et un indigène peut provoquer une épidémie dévastatrice. Mais cette zone "intangible" ne signifie pas grand chose pour les Tagaeri et les Taromenani, habitués à se déplacer pour chasser et assez proches des avant-postes de la société occidentale pour pouvoir dérober haches et machettes dans les lodges touristiques ou les campements de forestiers illégaux. Le monde moderne influence déjà les Taromenani qui utilisent fils de nylon ou capsules pour décorer leurs colliers et javelots.

Les écologistes estiment que les mesures de protection actuelles arrivent trop tard. Certains prônent une action plus coercitive pour vacciner les tribus avant qu'une épidémie n'éclate. Mais ce serait la fin de leur isolement, avec pour conséquence la même désintégration culturelle qui a frappé notamment les Cofan et les Huaroani, mis en contact avec l'Occident, il y a tout juste quelques décennies. Dans tous les cas, la pression extérieure est telle que leur mode de vie traditionnel semble condamné à court terme, même s'ils parviennent à survivre. ❑

CI-CONTRE : un des chefs de la tribu Huorani.

Une faune aviaire vraiment huppée !

Barges marbrées ou échasses d'Amérique, albatros ou manchots, l'avifaune des Galápagos n'en finit pas d'enrichir nos connaissances et de nous fasciner par sa rareté.

Connaissez-vous un autre endroit sur terre où des oiseaux viennent à vous par simple curiosité ? L'absence de prédateurs indigènes explique ce phénomène. Les îles hébergent 58 espèces résidentes, dont 28 endémiques, et une trentaine d'espèces migratrices. Les oiseaux marins sont les plus commus : sur les zones littorales arides, vous pourrez croiser l'albatros des Galápagos *(Diomedea irrorata)* – mais uniquement sur Isla Española – et deux oiseaux inaptes au vol, le manchot des Galápagos *(Spheniscus mendiculus)* et le cormoran aptère *(Phalacrocorax harrisi)*.

Venez plutôt en hiver (octobre-février), lorsque les migrateurs sont de passage et que les oiseaux se reproduisent. Un bon ornithologue peut observer 50 espèces en une semaine, et même un néophyte devrait en apercevoir une bonne vingtaine.

L'introduction d'animaux domestiques s'est avérée désastreuse pour les oiseaux, qu'ils les chassent ou leur disputent un même territoire. Sur les îles inhabitées, les cultures ont également détruit certains habitants. Quant à El Niño, il véhicule des moustiques porteurs d'épidémies et bouleverse la chaîne alimentaire.

Ci-dessus : La buse femelle des Galápagos *(Buteo galapagœnsis)* est plus grande que le mâle. Celui-ci est monogame, tandis que la femelle peut s'accoupler avec jusqu'à 7 mâles par saison, assurant ainsi le succès de sa fécondation. Elle garde le nid en alternance avec son harem masculin.

Ci-dessus : Durant son extraordinaire parade nuptiale, le fou à pieds bleus *(Sula nebouxii excisa)* montre ostensiblement ses palmes, superbement colorées, pour attirer une partenaire. Les parents se partagent la tâche, couvant à tour de rôle leurs 2 ou 3 œufs.

Ci-dessus : L'énorme pélican brun des Galápagos *(Pelecanus occidentalis urinator)* suit fréquemment les bateaux de pêche en quête de nourriture.

À droite : Ravissant petit volatile, la moucherolle vermillon *(Pyrocephalus rubinus)* ne ressemble à aucun autre oiseau des îles Galápagos. Elle se signale par son chant mélodieux, haut perché, et par un nid en forme de bol où la femelle couve seule ses œufs.

CI-DESSOUS : La mouette obscure *(Larus fuliginosus)* serait l'espèce la plus rare au monde. Elle se regroupe sur les rives des lagons salés et construit des nids solitaires le long de la côte.

Les pinsons de Darwin

Les géospizes des Galápagos ont profondément influencé la réflexion de Charles Darwin sur l'origine et l'évolution des espèces.

Lorsqu'il embarque sur le Beagle pour un voyage autour du monde, il croit dur comme fer à la permanence des espèces – comme presque tout le monde à l'époque. Mais, sur les Galápagos, il remarque que 13 espèces de géospizes (famille des pinsons) ont évolué à partir d'un groupe ancestral unique ; associant ces observations avec l'étude des tortues, il en vient à envisager que les espèces peuvent évoluer avec le temps, et que seules les mieux adaptées à leur environnement survivent et transmettent leurs caractéristiques aux générations suivantes.

Darwin note ainsi que les géospizes se différencient par la forme et la taille de leur bec, et il en conclut que seules ont subsisté les espèces dotées de becs aptes à récolter la nourriture disponible.

Les géospizes se répartissent en 2 groupes : géospizes terrestres – ci-dessus, un géospize à gros bec *(Geospiza magnirostris)* –, et géospizes arboricoles, dont le géospize des mangroves *(Camarynchus heliobates)*, uniquement présent dans les marais d'Isabela. Vous ne pourrez sans doute pas tous les observer, mais ne boudez pas le bonheur d'en découvrir quelques-uns.

À DROITE : La frégate superbe *(Fregata magnificens)* et sa cousine la frégate du Pacifique *(Fregata minor)* fréquentent les côtes de nombreuses îles. Mâles et femelles arborent une longue queue fourchue, le mâle gonflant sa célèbre poche gulaire rouge durant la saison des amours.

LE GÉANT DES TROPIQUES

Paradis de la nonchalance, miracle économique, cœur battant de tous les carnavals, le Brésil continue de faire tourner les têtes et les sens.

La moitié ou presque du continent sud-américain peut se résumer en un seul mot : Brésil. Presque aussi vaste que les États-Unis, peuplé par 200 millions d'individus, le Brésil est un univers à lui seul, un géant affectueux qui vous prend dans son étreinte et ne quittera plus jamais votre cœur. Car ce colosse incarne également un état d'esprit, une atmosphère qui pénètre et bouleverse les âmes, même les moins aventureuses. C'est le *jeito* brésilien, tout un mode de vie : détendez-vous, laissez-vous aller, improvisez, et *"nao esquente a cabeça"* – "ne vous prenez pas la tête", quoi qu'il advienne…

Le Brésil brûle d'une fièvre sans équivalent chez ses voisins ; son goût pour les innovations dernier cri et les modes éphémères lui ont valu le surnom de "Californie d'Amérique du Sud". Car, en dépit de son apparente nonchalance, le pays dégage une vitalité électrisante : la cinquième population du monde se situe au 9e rang économique mondial. Les voitures produites à São Paulo roulent à l'essence de sucre de canne sans plomb – et produite localement, bien sûr –, tandis que les lecteurs de CD assemblés au port franc de Manaus ressassent les tubes enregistrés dans les studios de Rio de Janeiro.

Principale porte d'accès du pays, Rio *(voir p. 237)* éblouit d'entrée avec ses plages superbes, ses hauteurs verdoyantes et sensuelles, et un carnaval à tout casser. Mais Rio n'est que la minuscule pointe émergée d'un immense iceberg tropical. À proximité s'active la plus grande ville de l'hémisphère Sud, São Paulo *(voir p. 243)*. Onze millions de personnes vivent sous les gratte-ciel de cette énorme dynamo commerciale et industrielle. Au nord-ouest, dans les années 1960, une merveille architecturale a surgi de nulle part pour devenir la capitale du pays : Brasília *(voir p. 245)*. Au-delà, se dispersent des joyaux plus délicats : les magnifiques cités coloniales du Minas Gerais *(voir p. 247)* ; les plages de rêve et les riches cultures afro-brésiliennes du Nordeste *(voir p. 249)* ; les immenses forêts humides du bassin amazonien *(voir p. 258)* ; les infinis marais du Pantanal, paradis de vie sauvage *(voir p. 255)* ; et les gigantesques, merveilleuses chutes d'Iguaçu *(voir p. 257)*. ❑

PAGES PRÉCÉDENTES : Costa Verde ; Pão de Açúcar. **CI-CONTRE** : Cristo Redentor, Rio de Janeiro. **CENTRE** : à l'heure du carnaval. **EN HAUT ET CI-DESSUS** : plage d'Ipanema.

Bucaramanga
Bogotá
COLOMBIE
Armenia
Buenaventura
Cali
Popayán
Río Magdalena
Río Guaviare
Pitalito
Tumaco
Pasto
Esmeraldas
Ibarra
Équateur
Quito
ÉQUATEUR
Manta
Chimborazo
6310
Riobamba
Guayaquil
Salinas
Machala
Cuenca
Río Napo
Iquitos
Talara
Punta Parinas
Loja
Río Marañón
Sullana
Piura
PÉROU
ANDES
Chiclayo
Tarapoto
Río Ucayali
Trujillo
Chimbote
Pucallpa
Huánuco
Callao
Lima
Huancayo
Huancavelica
Ayacucho
Pisco
Ica
Cusco
Ampato
6314
Juliaca
Arequipa
Mollendo
Lago Titicaca
Ancohuma
6428
La Paz
Puerto Ayacucho
VENEZUELA
Santa Elena de Uairén
Roraima
Rio Branco
Rio Negro
Uaupés
Río Uaupés
Río Japurá
Río Amazonas
Tefé
Manaus
Amazonas
Leticia
Tabatinga
Rio Jurua
Rio Purus
Cruzeiro do Sul
Acre
Pôrto Velho
13
Ariquemes
Rio Branco
Guajará-Mirim
Rondônia
Puerto Maldonado
Trinidad
BOLIVIE
Cochabamba
Santa Cruz
Oruro
Sucre
Potosí
Uyuní
Tacna
Arica
Sajama
6520
Iquique
OCÉAN PACIFIQUE
Tarija
PARAGU
Calama
Antofagasta
Cerro Rincón
5594
Salta
CHILI
ARGENTINE
San Félix (Chili)
San Ambrosio (Chili)
Ojos del Salado
6862
Copiapó
Santiago del Estero
Vallenar
6880
6250
La Serena
Coquimbo
6252
San Juan
Córdoba
Santa Fé
Cerro Aconcagua
6962
Viña del Mar
Valparaíso
Santiago
Mendoza
Rosario
Buenos Aires
Islas Juan Fernandez (Chili)
Alejandro Selkirk
Róbinson Crusoe

OCÉAN
ATLANTIQUE
Équateur
Paramaribo
Sinnamary
Cayenne
SURINAM
GUYANE
Amapá
Amapá
Rio Jari
Macapá
Ilha de
Marajó
Pará
Santarém
Altamira
Rio Tapajós
Rio Iriri
Rio Xingu
Rio Tocantins
Baião
Belém
Viseu
São Luís
Parnaiba
Rio Parnaiba
Fortaleza
Aracati
Rio Grande
do Norte
Touros
Cabo de Sao Roque
Natal
Ceará
Quixadá
Maranhão
Imperatriz
Teresina
Marabá
Araguaína
Juazeiro
do Norte
Paraíba
João Pessoa
Campina Grande
Picos
Olinda
Recife
Piauí
Pernambuco
Petrolina
Paulo Afonso
Alagoas
Maceió
Sergipe
Aracaju
Palmas
Tocantins
Pôrto
Nacional
Bahia
Feira de
Santana
Lençóis
Salvador
P.N. Chapada
Diamantina
Bom Jesus
da Lapa
Valença
Camamu
Ilhéus
Vitória da
Conquista
Belmonte
Pôrto Seguro
Caravelas
BRÉSIL
Mato Grosso
Cuiabá
Chapada de
Guimarães
Santo Antônio
de Leverger
Porto Jofre
Pantanal
Corumbá
Caiman Fazenda
Brasília
Januária
Minas Gerais
Montes Claros
Goiânia
Goiás
Diamantina
Uberlândia
Belo
Horizonte
Sabará
Ouro Preto
Mariana
Uberaba
Congonhas do Campo
São João del Rei
Juiz
de Fora
Espírito Santo
Vitória
Campos
Macaé
Mato Grosso
do Sul
Campo
Grande
R. Grande
S. José
do Rio Preto
São Paulo
Rio Paraná
Marília
Volta
Redonda
São José
dos Campos
Rio de Janeiro
Niterói
Rio de Janeiro
Campinas
Sorocaba
São Paulo
Santos
Guarujá
Ponta
Porã
Paraná
Ponta
Grossa
Foz do
Iguaçu
Curitiba
Paranaguá
São Francisco do Sul
Itajaí
Santa
Catarina
Florianópolis
Posadas
Rio Grande
do Sul
Laguna
Uruguaiana
Santa
Maria
Porto Alegre
Santana do
Livramento
Bagé
Pelotas
Rio Grande
OCÉAN
ATLANTIQUE
N
Brésil
0
200 km

BRÉSIL

De la fertilité exubérante de l'Amazonie jusqu'aux plaisirs sensuels de Rio, en passant par la sophistication moderne de São Paulo et de Brasília, ce pays incarne la démesure !

Le voyageur ne peut espérer qu'effleurer la surface de ce territoire immense qui recèle encore de vastes régions désertes, et ne dévoile ses secrets que par bribes. Mais l'effort en vaut la peine, tant il y a à découvrir, de la fièvre de Rio aux délices gastronomiques de São Paulo ; de la faune exubérante du Pantanal aux solitudes arides du Nordeste ou aux majestueuses jungles d'Amazonie, scarifiées de rouge par leurs fleuves sinueux. Sans oublier les cités de l'or du sud du Minas Gerais au passé toujours vivant – Ouro Preto, Tiradentes, Congonhas – ou l'État de Bahia, avec ses plateaux difficiles d'accès et ses plaines embrumées par les chutes de la Chapada Diamantina.

Près de 4 500 km séparent les Andes de l'Atlantique, et bien des sites éblouissants s'égrènent très loin les uns des autres et très loin des grands centres urbains. Au sud, les chutes d'Iguaçu tonnent à des milliers de kilomètres de la douce Belém, au nord. Mais, bonne nouvelle, voyager au Brésil est devenu plus facile et moins cher grâce à la concurrence que se livrent les compagnies aériennes nationales, dont certaines lignes charter à très bas prix. Quant à ceux qui recherchent avant tout les eaux limpides, les sables blancs et la magie des tropiques, ils ne pourront que tomber à genoux devant le littoral brésilien – le plus beau, peut-être, du monde.

À la conquête de l'intérieur

Il faut attendre la fin du 17e siècle pour voir les premiers Européens se risquer dans l'intérieur du Brésil – des jésuites envoyés convertir les indigènes guaraní. Des immigrants portugais, trop pauvres pour acquérir les terres proches des côtes où domine la canne à sucre, leur emboîtent le pas. Ces colons progressent jusqu'à l'actuel État de São Paulo, où ils pratiquent l'élevage du bétail et une culture de subsistance. Imitant les grands propriétaires de la côte, dont la main-d'œuvre est essentiellement composée d'esclaves africains, ces petits fermiers en quête de paysans "bon marché" organisent des expéditions pour

Ne manquez pas

- Rio de Janeiro
- Costa Verde & Paratí
- São Paulo
- Villes coloniales du Minas Gerais
- Salvador de Bahía
- Les plages du Nordeste
- Olinda
- Manaus, Belém & l'Amazon
- Les chutes d'Iguazú

Ci-contre : palette de peintre, Salvador.
Ci-dessous : Igreja São Francisco de Assis, Ouro Preto.

Dès le 17e siècle, la société brésilienne manifeste son penchant pour la fête. Exaspéré, le père jésuite José de Anchieta note que le pays "se détend, paresse et se noie dans la mélancolie, passant le plus clair de son temps en fêtes, chansons et autres joyeusetés".

capturer les Guaraní de la région. Les indigènes trouvent refuge dans les missions jésuites, où ils vivent au sein de communautés agricoles et artisanales et reçoivent une éducation.

En dépit de leurs mœurs barbares, ces colons portugais, appelés *bandeirantes* en raison des bannières chrétiennes qu'ils arboraient en s'enfonçant à l'intérieur des terres, figurent dans le folklore brésilien comme d'héroïques pionniers ayant ouvert la voie à la région la plus prospère du Brésil.

Cascade de booms économiques

Vers 1700, alors que les cours mondiaux du sucre fléchissent, le pays connaît une ruée vers un nouvel Eldorado : il s'agit cette fois des fabuleux gisements d'or et de diamants découverts dans les collines du futur Minas Gerais. Pour l'essentiel, l'or est envoyé au Portugal, mais il en reste assez pour édifier les cités baroques d'Ouro Preto, São João del Rei et Sabará. Petit port anonyme, Rio de Janeiro joue désormais un rôle majeur dans le transport des précieuses cargaisons. En 1763, la ville prend le statut de capitale, au détriment de Salvador, plaque tournante de la canne à sucre et de la traite des esclaves.

D'autres poussées de fièvre vont suivre, comme celle du coton. Mais le boom du café, à la fin du 18e siècle, sera le plus important et le plus durable. L'État de São Paulo se couvre de caféiers, tandis que l'engouement pour la fève noire se propage à travers le monde. En 1930, la chute des cours entraîne celle du gouvernement. Gouverneur du Rio Grande do Sul, Getulio Vargas prend le pouvoir ayant gagné le cœur des Brésiliens par sa rhétorique populiste et sa campagne en faveur d'une réglementation du travail. Il fonde un État corporatiste et totalitaire très inspiré du fascisme mussolinien. Après la chute d'Hitler et de Mussolini en 1945, Vargas démissionne ; il refait surface en 1951, pour se suicider en 1954.

Le pays connaît alors 18 ans de régime constitutionnel et de croissance constante. Mais, au début des années 1960, le nombre de paysans sans terre a pris des proportions insupportables, et la réforme agraire devient un sujet explosif. Répliquant à une agitation croissante, les militaires s'emparent du pouvoir en avril 1964.

CI-DESSOUS : palais d'été de l'empereur Dom Pedro II, Petrópolis.

Le "miracle brésilien"

La *junte* manie à la fois le bâton et la carotte, bâillonnant, torturant ou exécutant l'opposition de gauche, tout en multipliant les incitations fiscales qui font affluer les investisseurs étrangers. L'économie enregistre une croissance sans précédent, qui bénéficie avant tout aux riches, plus riches que jamais. Mais, en 1980, l'économie titube, puis plonge en piqué, ruinée par l'ardoise gigantesque du pétrole importé et des grands chantiers comme la Transamazonienne – qui se révèle quasi impraticable. Le régime vacille. Le dernier d'une longue galerie de présidents-dictateurs doit se démettre en mars 1985.

Quand José Sarney arrive au pouvoir, son gouvernement hérite d'une dette extérieure de plus de 100 milliards de dollars. Très proche des militaires, le

Président perd rapidement toute crédibilité, incapable de maîtriser l'inflation, qui atteint les 1 000 % en 1988, ravageant une économie déjà exsangue.

Enfant de la crise, la criminalité ne cesse de croître : un phénomène récent, né en même temps que l'exode rural massif entamé dans les années 1960, qui voit les paysans s'amasser dans les mégalopoles à la cherche de travail ou fuyant les sécheresses du Nordeste. Le manque d'emploi et la pénurie de logements forcent les nouveaux arrivants à se regrouper dans des quartiers insalubres, les *favelas*, en limites des villes où ils recréent leurs propres communautés.

La discrimination raciale n'arrange pas les choses, réduisant à presque rien la marge de manœuvre des pauvres. Le Brésil a toujours offert le visage d'un paradis racial consensuel ; mais négritude équivaut presque systématiquement à misère, et 40 % de la population est noire et misérable. D'ailleurs, quelle que soit sa couleur de peau, un Brésilien a peu de chance de devenir riche – sauf s'il marque des buts.

Monument à Juscelino Kubitschek, père fondateur de Brasília.

De la faillite au jackpot

Peu de pays ont changé aussi radicalement que le Brésil depuis 1994 et l'élection à la présidence de Fernando Enrique Cardoso. Ses mesures draconiennes stoppent l'inflation, qui tournait auparavant aux environs de 3 000 % par an ; une nouvelle monnaie est créée, le real, précipitant une série d'événements en chaîne qui vont profondément moderniser le pays. Le crédit, inexistant depuis 30 ans, redevient accessible. Entre 12 et 15 millions de Brésiliens font leur entrée dans la société de consommation : le commerce alimentaire et la consommation intérieure explosent, et des millions de ménages déferlent dans les magasins, achetant notamment des voitures, qui viennent congestionner un réseau routier embryonnaire. En 2002, un ancien ouvrier métallo, Luis Inácio da Silva, dit Lula, est le premier président de gauche du Brésil élu depuis 40 ans. Il poursuit la politique économique raisonnable de son prédécesseur, et persiste à honorer la dette du pays, qui s'élève à 250 milliards de dollars. Tout en permettant à 15 millions de miséreux de satisfaire leurs besoins alimentaires, il se soumet aux exigences du FMI, s'assurant ainsi une série de prêts

CI-DESSOUS : favela accrochée aux collines de Rio.

Le nom de toucan dérive de son appellation par les indiens Tupi, tucano.

de plusieurs centaines de milliards de dollars. Réélu en 2006, Lula arrive, au cours de son dernier mandat, à maintenir une croissance annuelle de 5 %, tout en contrôlant l'inflation et les dépenses publiques. Après 8 ans de pouvoir, il quitte la scène politique laissant la place à sa dauphine, Dilma Roussef, élue fin octobre 2010. Candidate du Parti des Travailleurs (PT-gauche), elle est la première femme brésilienne à diriger ce pays de 193 millions d'habitants, mais la huitième en Amérique latine.

Le Nordeste connaît une croissance rapide, nombre d'usines se délocalisant vers ce bassin de main-d'œuvre bon marché. Des capitales provinciales endormies comme Fortaleza, Recife ou Salvador retrouvent un second souffle ; des chantiers de restauration révèlent leurs trésors architecturaux longtemps négligés.

Si ses immenses ressources naturelles garantissent l'avenir du pays, elles posent le problème crucial de l'environnement, surtout en Amazonie, où les ravages ont pris une dimension planétaire. Né en 2001, le projet "Avança Brazil" ne va pas précisément dans le bon sens. Déjà sur pied, ce plan d'industrialisation de la région, d'un montant de 40 milliards de dollars, prévoit la construction de 10 000 km de routes, de barrages hydroélectriques et de lignes à haute tension. Les indigènes d'Amazonie voient leurs territoires quotidiennement rognés par le feu, le déboisement et l'arrivée de colons qui fuient les favelas du Sud. Exception faite des 4 nouvelles réserves nationales, couvrant 400 000 ha de forêts menacées, dont il a annoncé la création en 2004, Lula ne s'est pas montré particulièrement convaincant en matière de protection de la forêt amazonienne.

Alerte rouge en Amazonie

La question des terres amazoniennes provoque d'âpres conflits d'intérêts, comme au Rondônia *(voir p. 255)*, région très isolée où les colons repoussent chaque jour un peu plus les frontières de la forêt humide – et des peuples qui l'habitent depuis des siècles. Premier facteur à l'origine de cette ruée, la hausse des cours mondiaux du soja durant les années 1970, qui entraîne la modernisation de l'agriculture dans le Sud. À l'époque, la flambée de cette papilionacée persuade de nombreux grands

CI-DESSOUS : Igreja e Jardim da Nossa Senhora da Glória, centre de Rio.

propriétaires d'arracher leurs plants de caféiers pour les remplacer par du soja. Cette culture, dont la moisson est rapidement mécanisée, sonne la ruine d'une multitude de petits paysans qui cultivaient leurs lopins en bordure des plantations de café, assurant aux grands planteurs une main-d'œuvre stable pour la récolte. Devenus inutiles, privés de travail, ils doivent abandonner leurs parcelles.

Second facteur, l'extension de la BR 364 reliant les plantations de café de São Paulo au Rondônia permet aux futurs colons d'appliquer la devise des militaires au pouvoir – "une terre sans peuple pour un peuple sans terre". La voie est désormais libre pour les spéculateurs, qui affluent pour faire main basse sur d'immenses domaines qu'ils destinent à l'élevage du bétail.

Aujourd'hui, le Brésil affiche un PNB flatteur de 1 300 milliards de dollars, plaçant le pays à la 10e place des grandes économies émergentes, et les produits manufacturés constituent 70 % de ses exportations. Mais le gouffre qui sépare les riches des pauvres demeure encore l'un des plus vertigineux de la planète. Dans les grandes villes, le chômage dope la criminalité. Les touristes font une cible de choix, et, sans croire pour autant tout ce que l'on raconte, vous devrez faire preuve de prudence. Une police touristique veille sur de nombreuses plages.

En dépit des bouleversements que connaît leur pays, les Brésiliens continuent à prendre les choses du bon côté, accordant toujours autant de valeur aux relations humaines et à la fête. À travers le carnaval, la musique, la danse et le football, ils exorcisent leurs démons, et savent allier courtoisie et cordialité à une bonne humeur inaltérable – le plus irrésistible des cocktails.

NOTEZ-LE

Les touristes offrant une cible tentante aux pickpokets, le mieux est de vous fondre dans la population. Habillez-vous à la brésilienne ; n'exhibez ni appareil photo ni objets de valeur.

Rio de Janeiro, la fête éternelle

Rio de Janeiro ❶, pour les Brésiliens, c'est la *"cidade maravilhosa"* (la ville merveilleuse), et seul un esprit très chagrin oserait les contredire. Le cadre, déjà, se suffit à lui-même : flanqué à l'est par l'immense **Baía de Guanabara** et au sud par les flots de l'Atlantique, Rio s'étend au pied et jusque sur les pentes d'énormes pics granitiques pour venir franger de vastes plages de sable. Résultat de cette topographie spectaculaire, une ville sculptée, moulée selon les caprices de la nature, et un paysage qui épuise les qualificatifs.

Six millions de Cariocas habitent à Rio et aux alentours – incarnant à eux seuls la gaieté chaleureuse généralement associée au tempérament brésilien. Cette attitude s'explique sans doute par leur conscience de vivre dans un endroit dont la plupart des humains se contentent de rêver, et où un ticket de bus suffit pour se "téléporter" sur des plages idylliques. Mais c'est probablement leur vie sociale ouverte et débordante qui épanouit les Cariocas : contrairement à d'autres métropoles, où l'on cultive l'exclusivité dans les soirées et les loisirs, à Rio, les gens envahissent les lieux publics toutes classes confondues, dans le seul but de s'amuser – sur la plage, au stade de foot comme au carnaval. Ici, la vie se déguste au grand jour, au milieu des autres, en vidant sa *chopp* (bière pression) sur le trottoir en bavardant avec des amis.

Ci-dessous : les Cariocas n'attendent pas le carnaval pour s'amuser.

Dans les stations balnéaires brésiliennes, les enseignes des boutiques rivalisent d'imagination.

Les Cariocas ont la réputation d'ignorer les inhibitions et de manger comme des ogres – un cliché que ne démentent pas une certaine obstination à ne rien porter ou presque sur la plage ni les grandes bacchanales carnavalesques. À Rio, pas besoin d'être beau pour se mettre en valeur – vous pouvez jeter vos complexes aux orties. Les Cariocas sont remarquablement tolérants – les homosexuels affluent de tout le Brésil pour y chercher l'âme sœur d'un soir –, et un soupçon d'exhibitionnisme ne choquera personne. Le culte du plaisir fait les bonnes affaires de Rio depuis 1960, date du déménagement du gouvernement pour Brasília.

De l'aéroport au centre-ville

Votre première prise de contact avec Rio se fera sans doute à l'Aeropuerto Internacional Antonio Carlos Jobim. Également surnommé Galeão, cet élégant complexe moderne occupe une île au nord de Rio, bordée à l'ouest par les Baixada Fluminense (plaines fluviales), zone marécageuse morne et déshéritée où vivent les deux tiers des Cariocas. Sur la route de Rio, vous découvrirez le port et l'**Espaço Cultural da Marinha** Ⓐ (Avenida Alfredo Agache ; ouv. du mar. au dim. de 12h à 17h), réputé pour ses très belles maquettes de navires. Toujours sur le littoral, le **Museu Histórico Nacional** Ⓑ (Praça Marechal Ancora ; ouv. du mar. au ven. de 10h à 17h30, les sam.-dim. de 14h à 18h) conserve les archives nationales, couvrant une période allant de 1500 à 1889 (proclamation de la République).

Principale artère du centre-ville, l'**Avenida Rio Branco** écoule son trafic entre gratte-ciel, banques, agences de voyages et le **Teatro Municipal** Ⓒ, flamboyant édifice du 19e siècle – admirez les splendides dalles en mosaïque du café du rez-de-chaussée. En face, la **Biblioteca Nacional** expose des peintures néoclassiques et Art nouveau, tandis que le **Museu Nacional de Belas Artes** Ⓓ (ouv. du mar. au en. de 10h à 18h, les sam-dim. de 10h à 17h) recèle un fonds particulièrement riche en art brésilien classique et contemporain, représenté par quelque 16 000 œuvres.

Aux portes du Teatro Municipal, dès la nuit tombée, le quartier de **Cinalândia** bat au rythme de sa *plaza*, territoire chèrement disputé entre hommes politiques

CI-DESSOUS : l'incontournable plage de Copacabana, Rio de Janeiro.

en campagne, théâtre de rue, travestis ou professionnels de la capoeira *(voir p. 248)*. De l'autre côté du théâtre, une large allée piétonne, **Largo da Carioca**, attire toutes sortes de petits commerces et d'artisans du cuir.

Vous aimeriez savoir à quoi ressemblait Rio avant que se dresse cette barrière de gratte-ciel ? Il vous suffit de flâner dans le voisinage du Largo da Carioca et d'entrer dans l'imposante **Confeiteria Colombo** (Rua Gonçalves Dias 32) – salon de thé tapissé de miroirs au rez-de-chaussée, et salle à manger grand style à l'étage, dans un décor Belle Époque où l'intelligentsia carioca se réunissait à la fin du 19e siècle. Si vous descendez la Rua da Carioca, une solide cuisine allemande arrosée de *chopp* vous attend au Bar Luiz, une institution qui fait salle comble depuis un bon siècle. À l'ouest s'élève le splendide édifice baroque de l'**Igreja e Convento de Santo Antônio** Ⓔ (ouv. du mer. au ven. de 10h à 16h), érigée entre 1608 et 1780. La ravissante chapelle São Francisco de Penitência se blottit contre son flanc. Au sud, de l'autre côté de l'Avenida República de Chile, le cône futuriste de la **Catedral de São Sebastião** (1976) aimante les regards.

NOTEZ-LE

Pour admirer de près les élégantes maisons de Santa Teresa, prenez l'un des *bondes* jaunes qui partent de la cathédrale.Mais n'emportez aucun objet de valeur : les voleurs à la tire affectionnent particulièrement ces trolleys ouverts à tous vents.

Au-delà de la plage

Non loin, un immense aqueduc construit au 18e siècle, **Arcos da Lapa**, achemine aujourd'hui les fort sympathiques *bondes* (trolleybus) – prononcez "bondjiz" –, ainsi nommés car le réseau fut financé par des placements *(bonds)* étrangers. Les *bondes* font la navette entre une gare voisine de la cathédrale et les abrupts escaliers de **Santa Teresa** Ⓕ, à l'ouest du centre-ville. Topographie verticale, panorama sublime, Santa Teresa attire depuis longtemps les artistes de Rio. Rua Martinho Nobre, n'hésitez pas à franchir le seuil de la **Chácara do Ceu** (La Petite Maison dans les Nuages ; ouv. du mer. au lun. de 12h à 17h). Entouré d'un adorable jardin, ce petit musée réserve des vues splendides sur la ville, ainsi qu'une remarquable collection de peintures brésilienne et européenne, et non des moindres – Braque, Picasso, Matisse… En redescendant, vous arriverez à l'Aqueduto da Carioca, quartier plus connu sous le nom de Lapa, animé de nombreux pubs, bars et nightclubs.

CI-DESSOUS : vente d'ail sur un marché de Rio.

Le carnaval !

Rien ne révèle aussi bien la passion des Brésiliens pour la musique, la danse et la fête en général que cette immense fête.

Rien n'exige plus de préparation, d'attention de tous les instants, d'efforts financiers disproportionnés par rapport aux ressources de chacun que le carnaval. Mais cette énorme explosion annuelle, qu'on le veuille ou non, a fini par symboliser le Brésil. L'extravagance, l'exhibitionnisme et une sorte d'innocence joyeuse s'y libèrent, couleurs déjà présentes dans la vie brésilienne le reste de l'année, mais qui atteignent là leur paroxysme. Dans les rues, les embouteillages cèdent le pas aux piétons en liesse ; les plus *machistos* paradent travestis en drag-queens ; les ouvriers se costument en marquis coloniaux ; les mères se déguisent en poupons ; les riches regardent les pauvres ; personne ne dort de la nuit, et le silence règne pendant la journée.

La paternité du carnaval revient aux Portugais, qui l'importèrent d'Europe. La période marque la dernière occasion de fête avant les 40 jours de jeûne qui précèdent Pâques (le terme dériverait de l'italien *carne vale* – "adieu à la viande"). Au Brésil, le carnaval commença par des aspersions d'eau, de boue et de farine sur les passants. Un rien sauvage, cette pratique s'est perpétuée en Bolivie et en Argentine, mais elle a été interdite ici au 19e siècle.

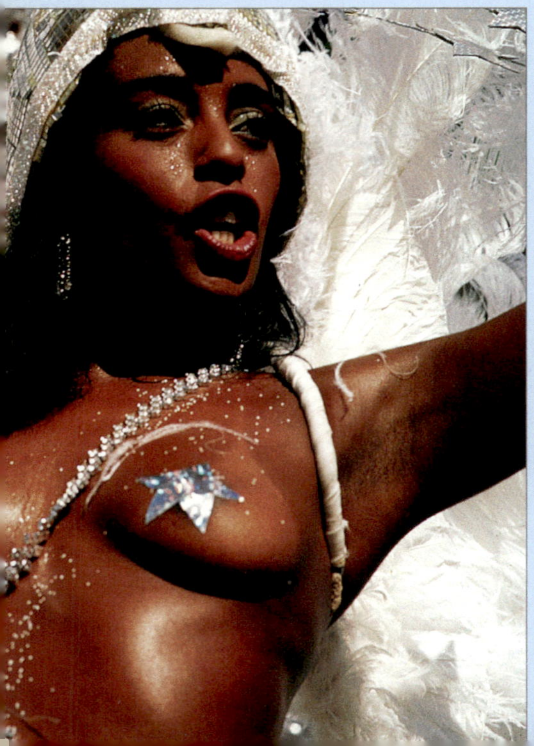

Le carnaval brésilien n'a pris sa forme traditionnelle que dans les années 1930, avec les premières compétitions entre quartiers. La samba *(voir p. 61)* est devenue son indélébile signature musicale. Aujourd'hui, la rivalité des écoles de samba n'est pas sans évoquer les championnats de football. La plupart des participants proviennent des quartiers les plus modestes de Rio. Les écoles de samba répètent des mois avant les festivités, et ces répétitions sont souvent ouvertes au public.

L'heure H sonne aux portes du Sambódromo, gigantesque stade signé Oscar Niemeyer, inauguré en 1984. Plus de 88 500 spectateurs peuvent prendre place sur les gradins aménagés de part et d'autre de ce champ de manœuvres de 1 km pour admirer les écoles de samba, qui défilent l'une à la suite de l'autre. Si vous n'arrivez pas à obtenir un billet, postez-vous dehors, dans l'Avenida Presidente Vargas, où les écoles se regroupent.

En matière de danses de rue, aucune ville ne peut rivaliser avec Salvador, ses meutes de danseurs et ses chars aux sonos assourdissantes. Comme partout ailleurs pendant le carnaval, mieux vaut porter le strict minimum – short ou maillot de bain – pour se fondre dans la foule et ne pas attirer les pickpockets.

Les carnavals du Nordeste ont souvent la préférence des voyageurs. À Salvador, *blocos* et autres *trios elétricos* font trembler les rues, tandis qu'à Recife la fièvre du *frevo* enflamme le sang. Les carnavals de villes comme Olinda et Ouro Preto vibrent sur un rythme moins frénétique, tout comme dans les banlieues excentrées de Rio. Néanmoins, là comme ailleurs, pendant cette parenthèse d'euphorie et d'excès, les barrières sociales s'effacent et les relations se nouent spontanément dans les rues, facilitées par l'absorption immodérée de bière et de *cachaca*. Outre la rue, le carnaval s'empare aussi des night-clubs, où exhibitionnisme et franche orgie ne connaissent plus de freins.

Bien des intellectuels brésiliens méprisent ce pot-pourri de kitsch, de beuveries et de sexe à tout-va. Mais, pour un étranger, c'est la période rêvée pour découvrir le Brésil. ❑

À gauche : habit de lumière réduit au strict minimum.

Faites le détour par la banlieue nord de São Cristóvão et le parc Quinta da Boa Vista, pour visiter le **Museu Nacional** **G** (ouv. du mar. au dim. de 10h à 16h), résidence de la famille impériale de 1808 à l'avènement de la république en 1889. Quelque peu incongrus, la salle du trône et les salons d'honneur ont subsisté parmi d'hétéroclites ensembles d'histoire naturelle et d'ethnographie.

Baía de Guanabara, vue du Pão de Açúcar.

Plages de légende

Les Cariocas appellent *aterro* (remblai) la partie du littoral gagnée sur la mer, entre le centre-ville et la *praia* (plage) de Botafogo, y compris l'Aeroporto Santos Dumont qui dessert São Paulo. Vers l'aéroport, dans l'Avenida Infante Dom Henrique, d'excellentes collections d'art moderne, brésilien et international, vous attendent au **Museu de Arte Moderna** **H** (ouv. du mar. à ven. de 12h à 18h, et les sam.-dim. de 12h à 19h). Au sud du musée s'étend le Parque do Flamengo, où un grand monument honore les morts de la Seconde Guerre mondiale. Évitez la plage locale et les eaux polluées de Baía de Guanabara en général. De l'autre côté de la route, la baroque **Igreja de Nossa Senhora da Glória** **I** et son musée dominent une falaise.

Tel un gigantesque genou en granite, le **Pão de Açúcar** (Pain de Sucre) surplombe Baía de Guanabara du haut de ses 400 m. Toutes les 30 min, un téléphérique quitte la station de **Praia Vermelha** pour vous hisser à son sommet via le Morro da Urca – restaurant et amphithéâtre couvert. À l'ouest du Pão de Açúcar débutent les mythiques plages de Rio. Un premier arc de cercle borde le quartier résidentiel de **Leme**, puis Copacabana et son fort, à l'extrême ouest. Séparant Leme de Copacabana, la Rua Princesa Isabel attire les prostituées, et l'ambiance nocturne des parages n'a rien de reluisant. Quartier le plus densément peuplé de Rio (350 000 hab.), **Copacabana** concentre encore bien plus de monde pendant le carnaval et le Nouvel An. La **Praia de Copacabana** conserve une vraie magie, ne serait-ce que par son ampleur. Elle est éclairée la nuit, mais mieux vaut vous en tenir à la foule des trottoirs, par mesure de précaution. Les voleurs à la tire surnomment "papayes au sucre" les touristes trop romantiques qui s'aventurent en soirée au bord de l'eau.

CI-DESSOUS : un tout autre point de vue sur Rio.

Parati, joyau colonial de la Costa Verde, entre São Paulo et Rio de Janeiro.

Suivant Copacabana, **Praia de Ipanema** rejoint une troisième plage à son extrémité occidentale, **Leblon**. Les quartiers d'Ipanema et de Leblon offrent bien plus d'agréments que Copacabana, à plus forte raison si vous séjournez sur place. À l'arrière-plan vers le nord, une enceinte de tours, de bars et de restaurants frange la **Lagoa Rodrigo de Freitas**, lagune naturelle d'eau douce, très fréquentée par les Cariocas qui viennent faire du vélo ou du jogging sur les pistes aménagées autour.

Vers le sud, la magie des tropiques

Le vert domine sur la rive ouest de la lagune, occupée par le champ de courses du **Jockey Club** et le **Jardim Botánico** (rue homonyme), créé par Dom João VI au début du 19e siècle. Quelque 7000 espèces de plantes brésiliennes disputent aux mauvaises herbes les 100 ha de ce jardin d'Éden peuplé d'une grande variété d'oiseaux. Autre excursion réservée aux amoureux de la nature, l'ascension du **Morro do Corcovado** (le Bossu) à bord de l'impressionnant train à crémaillère qui part de Cosme Velho. Un escalator vous conduira de la gare d'arrivée au sommet où un café vous remettra de vos émotions: vous voici perché à 710 m au-dessus de l'Atlantique, au pied du célèbre **Cristo Redentor** (Christ rédempteur), récemment classé parmi les 7 Nouvelles Merveilles du monde. Si vous attendez que le ciel se dégage pour embarquer à bord du petit train qui vous transportera au sommet, prenez le temps d'aller au **Museu Internacional de Arte Naïf do Brasil** (MIAN, Rua Cosme Velho 561; ouv. du mar. au ven. de 10h à 18h, les sam.-dim. de 12h à 18h) pour admirer une immense collection d'art naïf. Une route redescend à travers le **Parque Nacional da Tijuca**, réserve de forêt tropicale sillonnée par 100 km de petites routes qui se frayent un passage au milieu d'une végétation exubérante, livrant quelques fabuleux points de vue.

À l'ouest des sables de Leblon, deux favelas (bidonvilles) lancent leurs tentacules à l'assaut des pentes granitiques – **Vidigal** et **Rocinha**, la plus grande favela du continent. Des centaines de milliers d'habitants y mènent une existence précaire pour demeurer à proximité de leurs emplois, au sud de la ville. Rocinha se déverse jusqu'en lisière de **São Conrado**, moderne banlieue balnéaire; les parapentistes en apprécient les conditions thermiques, et les golfeurs le superbe parcours de Gávea. En poursuivant le long du littoral, vous roulez désormais sur une route à double niveau, pénétrant dans le "Novo Rio".

Énorme banlieue, **Barra de Tijuca**, ou tout simplement Barra, symbolise l'avenir de Rio – un tantinet trop américanisé pour certains. Vous y trouverez les plus vastes galeries commerciales de la ville et des complexes de loisirs dûment inscrits au cœur de futuropoles dignes de Miami Beach, voire de Las Vegas. Étirée sur plus de 18 km – partant pour un jogging? –, Praia da Barra accueille sans bousculade les foules du week-end. Au-delà de Barra se succèdent un groupe de plages, dont Prianha et Grumari, plus sauvages et porteuses de cette magie qui fait l'éternelle grandeur de Rio.

Ci-dessous : São Paulo.

Aux environs de Rio

Vous n'avez aucune raison d'aller à São Paulo? Dommage: les 660 km de route qui relient les 2 métropoles longent l'une des côtes les plus somptueuses du globe. Quelques purs joyaux jalonnent la Costa Verde, comme on l'appelle, à commencer par **Angra dos Reis** (anse du Roi), et sa baie saupoudrée d'une centaine d'îles, dont la paradisiaque Ilha Grande. Puis surgit **Parati**, petite merveille d'architecture coloniale fondée au 17e siècle et à présent classée au Patrimoine de l'Unesco, où la littérature a droit chaque année à son festival. Enfin, plus proches de São Paulo, s'égrènent les perles balnéaires d'Ubatuba, de Caraguatatuba, São Sebastião, Guarujá et Ilhabela.

À l'est de Rio, la Costa del Sol ne se défend pas mal non plus, surtout si vous poussez jusqu'à **Búzios** (200 km de Rio) et sa péninsule ourlée de 23 plages, ses restaurants gastronomiques, ses auberges de charme et sa vie nocturne endiablée.

Une excursion d'une journée vous arrachera aux plages de Rio pour vous hisser dans les montagnes du nord où vous attend **Petrópolis**, charmante villégiature impériale, véritable monument à la mémoire de Dom Pedro II, empereur du Brésil de 1831 à 1889, qui lança la mode de cette station climatique estivale. Vous apprécierez une balade en calèche à travers ses ruelles ou une visite au Museu Imperial (ouv. du mar. au dim. de 11h à 17h30), logé dans l'ancienne résidence d'été royale.

Quant aux promeneurs, randonneurs ou tout simplement amateurs de grande nature, le **Parque Nacional da Serra dos Orgãos** leur offre une bienfaisante bouffée d'oxygène et de chlorophylle.

L'impressionnante silhouette de l'Agulha do Diabo (l'Aiguille du Diable) culmine à 2050 m dans le Parque Nacional da Sera dos Orãos.

SÃO PAULO, DYNAMO DE LA NATION

Comment ne pas être saisi, d'emblée, par le gigantisme de **São Paulo** ❷? Onze millions de Paulistas vivent dans cette mégalopole dont la croissance ne manifeste pas le moindre signe de faiblesse. Elle couvre déjà 2600 km^2, et ses banlieues se multiplient. Les usines de São Paulo réalisent les deux tiers de la production nationale et les neuf dixièmes de l'industrie automobile. "São Paulo travaille pour que le

CI-DESSOUS : Instituto Butantan.

Pour certains esprits malicieux, Brasília offre 3 avantages : son climat, ses nuits étoilées, et… sa navette aérienne pour Rio.

reste du Brésil puisse s'amuser", vous expliqueront mi-figue, mi-raisin les Paulistas. Depuis sa fondation en 1554, cet ancien Far West a toujours attiré les entrepreneurs et conserve l'esprit de ses pionniers, les *bandeirantes*. Leurs successeurs sont arrivés des 4 coins de la planète, au 19e siècle notamment, apportant avec eux le culte de l'effort. Plus récemment, des immigrants ont afflué d'un Nordeste frappé par la sécheresse. Peu éduqués, peu qualifiés, ils échouent bien souvent dans les bidonvilles qui absorbent une part conséquente de la population.

Personne ne songerait à passer ses vacances à São Paulo, mais un bref séjour dans cette ville dynamique se justifie amplement. Ses restaurants reflètent un kaléidoscope ethnique incroyable – et sa vie nocturne est aussi fiévreuse que dans n'importe quelle autre grande ville de la planète. Quant aux arts, ils tiennent ici une place privilégiée, à commencer par le **Museu de Arte de São Paulo** (MASP, Avenida Paulista 1578 ; ouv. du mar. au dim. de 11h à 17h) dont les 1 000 pièces, outre ses expositions temporaires, couvrent aussi bien la Grèce antique que le Brésil contemporain.

Sous le chaos

La meilleure façon d'explorer São Paulo ? Sans doute par le métro, propre et rapide. Sortez à **Liberdade**, quartier de la plus forte communauté japonaise au monde en dehors du Japon. Ses innombrables bars à sushis ne vous ruineront pas et le dimanche, un marché déploie ses étals **Praça Liberdade**. Dans des quartiers comme **Jardim Paulista** ou **Jardim America**, rues bordées d'arbres et augustes demeures offrent un peu de répit à la fièvre du centre-ville. Autre oasis appréciable, le charmant **Parque do Ibirapuera** et ses pavillons aux courbes typiques d'Oscar Niemeyer : chaque année paire, la Biennale de São Paulo y accueille d'octobre à novembre l'une des plus importantes manifestations artistiques au monde. Une passerelle ondoyante relie le pavillon de la Biennale au **Museu de Arte Moderna** (ouv. du mar. au dim. de 10h à 18h), consacré aux peintres et sculpteurs brésiliens du 21e siècle. Non loin de l'entrée du parc, remarquez l'impressionnant monument Bandeirantes, dédié aux pionniers du 17e siècle, ainsi qu'un mausolée à la mémoire des héros de la guerre civile de 1932.

Non loin de là, Rua do Horto, le **Horto Florestal** (ouv. tlj. de 6h à 18h) a ouvert ses portes en 1896 ; jalonnés d'aires de jeux et de pique-nique, ses kilomètres de sentiers nature vous conduiront à Pedra Grande – très belle perspective sur le nord de la ville. Dans le parc, le **Museu Florestal Octávio Vecchi** présente un remarquable éventail des arbres tropicaux brésiliens.

Comme tout le monde ou presque, vous n'aimez pas les serpents. Mais le **Museu Butantan** (Avenida Dr Vital Brasil 1500, quartier Pinheiros ; ouv. du mar. au dim. de 9h à 16h30) pourrait bien vous faire changer d'avis. À la "ferme aux serpents" de l'Instituto Butantan, on recueille en effet le venin de quelque 54 000 serpents pour en tirer des sérums antivenimeux distribués au Brésil et dans le monde entier.

Ville des arts et du business, São Paulo aime aussi faire la fête. De night-clubs en

CI-DESSOUS : Palácio Itamaratí (ministère des Affaires étrangères), Brasília.

 Carte p. 230

cafés, les nuits paraissent ici étonnamment courtes. Plus de groupes s'y produisent qu'à Rio. Et la contre-culture s'est solidement implantée Rua 13 de Maio, à **Bela Vista** (dites : **Bixiga**). Quant au **Teatro Municipal**, rare fleuron architectural de cette ville au patrimoine assez limité, il rappelle l'âge d'or des barons du café et accueille les compagnies d'opéra et de danse en résidence, ainsi que de grandes têtes d'affiches internationales – les Paulistas sont peut-être des bourreaux de travail, mais quand ils s'amusent… ils ne plaisantent pas.

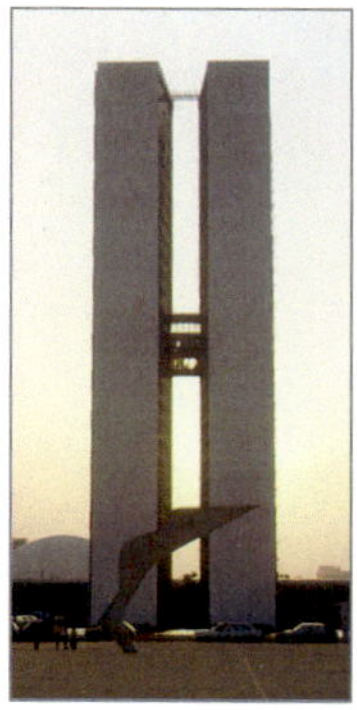

Profil du Congresso Nacional, Brasília.

BRASÍLIA, CAPITALE FUTURISTE

Surgissant des vastes steppes broussailleuses du *cerrado* central, **Brasília** ❸ ressemble plus à une colonie d'extraterrestres qu'à une capitale. Oubliez les toits de tuiles, les venelles au tracé aléatoire et les teintes pastel caractéristiques des villes brésiliennes. Brasília offre le visage théâtral d'une merveille architecturale strictement agencée, une "cité du futur" que les Brésiliens ont longtemps eu du mal à conjuguer au présent. À 1 150 m d'altitude et à plus de 800 km de la côte, le site de Brasília a été précisément choisi pour son éloignement des grandes villes côtières. Lorsque Juscelino Kubitschek accède à la présidence, en 1955, il promet qu'avant de quitter son poste, une nouvelle capitale sera née au cœur des terres arides et dépeuplées du pays, et il est convaincu qu'elle aura le pouvoir d'arracher les Brésiliens à leurs plages bien-aimées.

En 1956, le grand œuvre est déjà en chantier. Conçu par l'urbaniste Lucio Costa, le plan de la ville s'organise le long d'un axe central de bâtiments officiels barré par un arc de constructions résidentielles – comme une sorte d'oiseau ou d'avion. L'architecte choisi, Oscar Niemeyer, est un disciple de Le Corbusier, avec lequel il a travaillé à la conception du siège de l'ONU à New York (1952). Brasília innove dans tous les domaines – technique, esthétique, philosophique – et les travaux sont menés tambour battant : en 1960, à peine inaugurée, la ville compte déjà 100 000 habitants. À cette époque, l'industrie automobile brésilienne connaît un essor fulgurant. Brasília a donc été conçue pour la voiture. De larges artères filent à

CI-DESSOUS : le Congresso Nacional et ses coupoles alternées, Brasília.

Il s'en passe des choses, à Ouro Preto.

travers la ville, oubliant trottoirs et passages piétons – lesquels piétons détiennent le record de mortalité au Brésil. Au fil des ans, ils ont obstinément tracé des sentiers de poussière rouge à travers talus et tertres en pelouse.

Féerie moderne

Personne ne peut pourtant demeurer insensible à la grâce intemporelle de l'architecture mise en œuvre à Brasília. Au bas de la colline, passé la gare routière, l'Eixo Monumental (axe monumental) s'ouvre sur l'**Esplanada dos Ministérios.** Au bout de l'esplanade surgissent 2 sublimes créations de Niemeyer : le **Palácio Itamaratí** (ministère des Affaires étrangères), flotte dans son splendide isolement au milieu d'un bassin miroitant; quant au **Palácio da Justiça**, les 6 rideaux de cascades drapant sa façade répercutent l'écho des chutes naturelles qui environnent la capitale. À l'extrémité est de l'esplanade, la **Praça dos Três Poderes** (place des Trois-Pouvoirs) affirme avec force la trinité de la démocratie – le **Palácio do Planalto** (palais présidentiel), le **Supremo Tribunal Federal** (Cour suprême), et les tours jumelles du **Congresso Nacional**, signature emblématique de Brasília, flanquées de leurs coupoles alternées. Sur la place, le petit **Museu Histórico de Brasília** (ouv. du mar. au ven. de 9h à 13h, de 14h à 17h, les sam.-dim. de 11h à 17h) retrace l'histoire de la capitale, émaillée de citations du président Kubitschek, lequel maniait l'hyperbole avec un aplomb digne du Père Ubu.

Face au Supremo Tribunal trône une *Justice aux yeux bandés*, œuvre du sculpteur Alfredo Ceschiatti. Devant le Palácio do Planalto, Bruno Giorgi a campé ses *Candangos* (Guerriers), hommage aux milliers d'ouvriers qui bâtirent Brasília. Dans cette dramaturgie quelque peu rigide, Niemeyer a pu glisser une subtile note de fantaisie avec son **Pombal** (pigeonnier).

Ajout plus récent à la place, le **Panteão Tancredo Neves** salue la mémoire du père fondateur de la nouvelle République, décédé en 1985 juste avant son investiture. Une très étonnante fresque de João Camara s'y déploie dans la pénombre : 7 panneaux blanc et noir, chargés de symboles maçonniques, relatent l'histoire du

CI-DESSOUS : l'un des *Douze Prophètes* d'Aleijadinho, Congonhas do Campo.

Aleijadinho

Atteint d'une maladie invalidante, le sculpteur et architecte Antônio Francisco Lisboa (1730-1814), plus connu sous le sobriquet d'Aleijadinho (littéralement "petit estropié"), créa nombre des plus grands chefs-d'œuvre brésiliens, maillet et ciseau attachés à ses moignons.

Fils naturel d'un charpentier portugais et d'une esclave noire, cet artiste autodidacte fit évoluer presque à lui seul le maniérisme en vogue vers les lignes d'un baroque mystique et violent. Grâce à son style unique, sa région natale, le Minas Gerais, est devenue célèbre pour son *barocco mineiro.* L'œuvre majeure d'Aleijadinho inclut les *Douze Prophètes* du sanctuaire de Bom Jesus de Matosinhos, à Congonhas, et la ravissante église São Francisco de Assis et son magnifique bas-relief circulaire d'Ouro Preto (*voir photo p. 233*).

soulèvement conduit au 18e siècle par le plus célèbre des révolutionnaires brésiliens, Tiradentes (Joaquim José da Silva Xavier).

À l'extrémité ouest de l'Esplanada, la **Catedral Metropolitana da Nossa Senhora Aparecida** tend ses lignes de béton sous une spectaculaire coupole en vitrail. À 300 m, côté nord de l'Eixo Monumental, près de la Rodoviária (gare routière), la pyramide du **Teatro Nacional Claudio Santoro** (ouv. du mar. au ven. de 12h à 20h) accueille des manifestations artistiques.

église coloniale, Minas Gerais.

Le Minas Gerais et ses villes joyaux

Au nord de Rio, l'État du **Minas Gerais** et ses collines abruptes abritent quelques-unes des plus fabuleuses villes coloniales brésiliennes. Au 18e siècle, la région produisait presque tout l'or du monde, et aujourd'hui encore, on y extrait plus de la moitié des minerais du pays et presque la totalité de son minerai de fer.

Belo Horizonte ❹, capitale du Minas Gerais, offre une bonne base pour découvrir la région. Une centaine de kilomètres au sud vous attend le plus précieux joyau de l'âge d'or brésilien : **Ouro Preto** ("Or Noir") ville admirablement préservée qui tire son nom des pépites que les *bandeirantes* découvrirent dans les environs au 18e siècle, incrustées dans leur gangue d'oxyde de fer.

La nouvelle déclencha une ruée vers l'or dans toute la région propulsant Ouro Preto au rang de capitale coloniale du Minas Gerais. Le filon durera plus d'un siècle – soit 1 200 t d'or qui laisseront pour héritage les somptueuses églises d'Ouro Preto et de plusieurs villes voisines. En 1933, l'État brésilien classe la ville Monument historique, protégeant ainsi une grande part de ses trésors coloniaux, aujourd'hui inscrits au Patrimoine mondial de l'humanité. Des demeures parfaitement restaurées bordent ses rues pavées qui serpentent au flanc des collines. Treize églises baroques jalonnent cette cité de 25 000 âmes, dont beaucoup illustrent le génie du sculpteur et architecte Antônio Francisco Lisboa (1730-1814), plus connu sous le sobriquet d'Aleijadinho, le "petit estropié" *(voir encadré p. 246)*. Vous découvrirez un exemple saisissant sur la façade de l'église **Nossa Senhora do Rosario dos Prêtos**, construite

Ci-dessous : Ouro Preto la blanche sous un manteau d'orage.

Petite Baiana.

par des esclaves noirs – qui ne purent achever l'intérieur, faute d'argent. À proximité, les murs intérieurs dorés de **Nossa Senhora do Pilar** croulent sous une myriade d'anges baroques.

Au centre de la ville, la **Praça Tiradentes** est dominée par l'imposant **Museu da Inconfidência** (ouv. du mar. au dim. de 12h à 17h30) qui conserve une partie de la potence utilisée lors de l'exécution de Tiradentes –"arracheur de dents", surnom donné à l'indépendentiste Joaquim José da Silva Xavier–, ainsi que l'ordre de son exécution. À deux pas, Aleijadinho a laissé un éclatant témoignage de son art avec l'**Igreja São Francisco de Assis** et ses statues en bois ou en stéatite. Sur la place encore, vous pourrez admirer d'autres œuvres d'Aleijadinho dans l'église **Nossa Senhora do Carmo** (ouv. du mar. au ven. de 9h à 11h, de 13h à 16h45, le sam. de 9h à 16h45, le dim. de 10h à 16h45) et, à proximité, au fil de la collection d'art sacré du **Museu do Oratório** (ouv. du mar. au dim. de 9h30 à 17h30).

L'imposant **Palácio de los Gobernadores** héberge l'**Escola das Minas** (École des mines) et son **Museu de Mineralogia et das Pedras** (ouv. du mar. au dim. de 12h à 17h).

Testaments de pierre

Une fois de plus, les magnats de l'or ont exprimé leur gratitude en faisant bâtir d'extravagants trésors d'architecture à **Mariana**, à l'est d'Ouro Preto. Vous y retrouverez des œuvres d'Aleijadinho et de Manuel da Costa Athayde (1762-1830). Un monument à la Justice signale le site du *pelourinho* (pilori) réservé aux esclaves.

À 30 km d'Ouro Preto, **Congonhas do Campo** nous a légué le chef-d'œuvre d'Aleijadinho : les statues en stéatite des *Douze Prophètes* de l'Ancien Testament campées sur le parvis du **Santuário Bom Jesus de Matosinhos**. Jalonnant l'itinéraire, 66 statues en bois sculptées par Lisboa et ses élèves retracent la Passion.

Une centaine de kilomètres plus au sud, 3 superbes églises du 18e siècle dominent les toits de São João del Rei, ville coloniale de 60 000 habitants. Près de la gare routière, une fabrique d'étain expose et vend ses produits. Mais ne manquez surtout

CI-DESSOUS : démonstration de capoeira sur la plage de Boa Viagem, à Recife.

Capoeira

À mi-chemin entre la danse et l'art martial, la capoeira est surtout répandue à Salvador, mais vous la retrouverez également à Rio et ailleurs. Selon certains, cette chorégraphie au caractère très athlétique aurait été importée par les esclaves venus d'Angola. Elle s'accompagne au rythme d'un tambourin et au son du *berimbau*, dont la corde en acier, tendue sur un arc en bois, résonne dans une calebasse. À l'intérieur de la *roda* (cercle) les deux danseurs se livrent à d'impressionnantes figures, dont les plus acrobatiques sont des créations récentes. Les Capoeiristas se produisent dans la rue, et demandent une participation, mais ils donnent également des spectacles en soirée à Salvador, au restaurant de l'École de cuisine Senac (Largo do Pelourinho ; tlj.) – une excellente occasion de goûter les plats locaux.

pas le **Museu Ferroviário** (ouv. du mar. au sam. de 12h à 17h30) installé dans l'ancienne gare, ses locomotives, dont une Baldwin de 1880, et leur dépôt. À 15 km, le charmant bourg colonial de **Tiradentes** tient son nom du héros national, Joaquin José da Silva Xavier, qui mena le mouvement indépendantiste et fut pendu à Rio de Janeiro le 21 avril 1792 – jour férié au Brésil. **Sabará**, 22 km à l'est de Belo Horizonte, affiche des traces d'influences extrême-orientales importées par les jésuites ; son église recèle quelques belles œuvres d'Aleijadinho.

À 284 km au nord de Belo Horizonte, **Diamantina** ❺, quoique classée au Patrimoine mondial, se révèle la moins touristique des villes coloniales. L'église **Nossa Senhora do Rosário** est l'œuvre d'esclaves, comme en témoignent les visages noirs de ses saints. L'excellent **Museu do Diamante** (ouv. du mar. au sam. de 12h à 17h30, le dim. de 9h à 12h) évoque le boom du diamant et présente dans une arrière-salle quelques-uns des instruments de torture utilisés contre les esclaves.

PAUSE GOURMANDE

Infiniment plus épicée que dans toute autre région du Brésil, la cuisine baiana use généreusement de la *dendê* (huile de noix de coco). Poissons et fruits de mer dominent, mitonnés en de savoureuses *moquecas*.

Salvador, l'âme du Brésil

Tout oppose le Sud prospère et le Nordeste. Les gens parlent et se comportent différemment, leur cuisine vous emporte le palais, et l'aride *sertão* ressemble plus à un désert africain qu'aux tropiques brésiliens. Mais, pour remonter aux origines mêmes de la mythologie brésilienne, il n'est qu'un seul endroit : l'actuel État de **Bahia**, où le navigateur portugais Pedro Álvarez Cabral établit le contact avec les indigènes en l'an 1500. Première capitale du Brésil, **São Salvador da Bahia de Todos os Santos** ❻, communément appelée Salvador, demeure aujourd'hui encore la source la plus authentique et la plus riche de l'identité brésilienne. Ici sont nés, pour une grande part, cuisines, religions, danses et musiques brésiliennes ; ici se sont télescopées, puis mêlées la culture catholique portugaise et les croyances, l'expression artistique d'une population d'esclaves importée d'Afrique occidentale.

Salvador compte 2,6 millions d'habitants, les Baianos, doués d'un penchant proverbial pour la fête et le farniente. Il ne se passe guère un mois dans l'année sans que la ville ne se jette corps et âme dans une quelconque célébration. Ici, le plus

Ci-dessous : robes de dentelle *baianas*, Salvador.

Resplendissants costumes de carnaval, Salvador.

grand carnaval du monde commence un jour avant les autres – qui n'ont qu'à bien se tenir : toute la ville participe, des hordes de danseurs frénétiques entourant *trios elétricos*, *afro-blocos* et autres *blocos alternativos* – ces chars qui transportent chanteurs et batteurs au son tétanisant –, et mieux vaut garder son sang-froid quand la foule se déchaîne.

Patrimoine vivant

Derrière cette liesse tapageuse se cache une ville riche d'un héritage précieux et d'un cadre naturel de toute beauté. Salvador perche pour l'essentiel sur un escarpement qui domine la baie. Presque tous les bâtiments anciens se concentrent dans la **Cidade Alta** (ville haute). Trois églises célèbres se disputent le **Terreiro de Jesus**, dont la grande **Basílica**. Érigée sur la **Praça Anchieta** voisine, **São Francisco** déploie ses fastes baroques somptuaires, mais ne manquez pas l'occasion d'admirer son intérieur entièrement sculpté et doré à la feuille. Côté nord du Terreiro, l'ancienne faculté de médecine héberge un **Museu Afro-Brasileiro** (ouv. du lun. au ven. de 9h à 17h) axé sur les influences africaines dans la culture *baiana*.

L'unesco a classé au Patrimoine mondial le quartier du **Pelourinho** et ses maisons pastel des 17e et 18e siècles, considérées comme les plus remarquables exemples du genre. Des danseurs-lutteurs de capoeira – art martial inventé par les esclaves angolais – évoluent au son obsédant du *berimbau*, corde d'acier tendue en arc sur une gourde. Les *capoeiristas* se produisent en pleine rue pour quelques pièces, et donnent des spectacles en soirée au **Teatro SESC/SENAC** (ouv. du mar. au dim.), théâtre, école de cuisine et – excellent – restaurant ouverts sur le Largo do Pelourinho. Dans la rue toujours, vous remarquerez des Baianas vêtues d'amples dentelles blanches qui vendent les spécialités locales, suaves ou épicées.

Bel exemple de style Art déco industriel, l'Elevador Lacerda vous descend des abords de la Praça Municipal à la **Cidade Baixa** (ville basse) et à son **Mercado Modelo**, grand marché d'artisanat. Vous pourrez y acheter les fameuses dentelles blanches, et le marché lui-même vous offrira un concentré de vie *baiana*. À gau-

CI-DESSOUS : baptême au sang de poulet sur la tête d'un initié, rite macumba.

Esprits d'ailleurs

À certains carrefours ou dans des salles de réunion, vous assisterez peut-être à des rites macumba, pratiqués avec des variantes à travers tout le pays. Les carrefours formant une croix, les initiés les considèrent comme une source de pouvoir. En général, votre présence sera tolérée lors de ces rites, mais vous ne pourrez pas prendre de photos. La macumba fut importée par les esclaves d'Afrique de l'Ouest, et son panthéon appartient aux peuples de langue yoruba. Le christianisme a eu pour seul effet d'associer chaque saint catholique à une divinité yoruba.

Le candomblé est une forme de macumba adoptée dans la région de Salvador, premier port de débarquement des esclaves. Élément essentiel des rituels, les percussions et leur rythme hypnotique peuvent plonger les participants dans des transes giratoires. Dans les *terreiros*, lieux de réunion sacrés, les fidèles habillés de blanc honorent Oxalá, équivalent du Christ.

Dans le sud du Brésil, une autre variante de la macumba a vu le jour, l'*umbanda*. Cette magie blanche, qui demande aux dieux bonnes actions et générosité, opère une alchimie entre le catholicisme, le candomblé et le spiritisme né en France au 19e siècle. Durant les séances d'*umbanda*, les esprits sont supposés communiquer avec les participants.

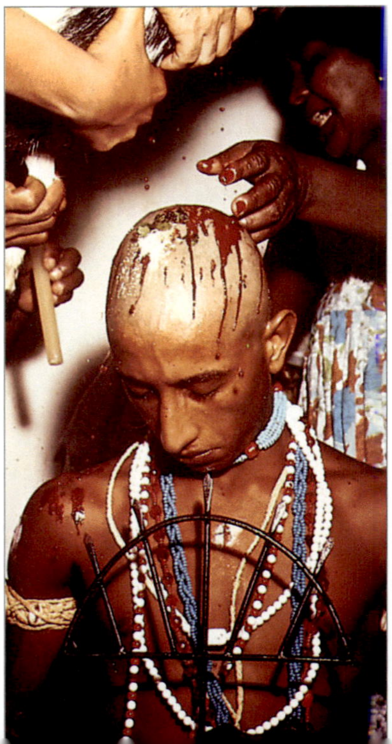

che du marché, l'église **Nossa Senhora de Conceição de Praia** abrite une statue du saint patron de Bahia, Senhor do Bonfim; le 8 décembre, jour d'une fête très importante à Salvador, une grande procession part de l'église. À 10 km de là, l'**Igreja Nosso Senhor do Bonfim** domine le merveilleux **Mercado São Joaquim**.

De Cidade Baixa, des voiliers de croisière emmènent les visiteurs faire le tour de la baie, tandis que des bateaux embarquent leurs passagers à destination des îles et bourgades voisines, ainsi que sur **Ilha Itaparica**. La plupart des 20000 habitants de cette grande île vivent de la pêche, et quantité de petits restaurants sans prétention y servent une savoureuse cuisine de la mer – notamment les huîtres marinées, spécialité locale. D'autres bateaux proposent des excursions au **Morro de São Paulo**, étincelant archipel parsemé de plages immaculées et de villages visant une clientèle plutôt aisée, comme en témoigne une poignée de *pousadas* (auberges) aussi chic que charmantes.

Espace hamacs sur le pont d'un vapeur amazonien.

LE NORDESTE, ENTRE PLAGES ET STEPPE

Comme les Cariocas, les Baianos vivent sur et par leurs plages. La plus proche du centre-ville, **Barra**, n'est pas immense et la foule s'y bouscule. Les bars débordent sur le sable, la fête se poursuivant bien après la tombée de la nuit. Barra campe à la pointe d'un littoral festonné de plages, presque toutes frangées de palmiers et de parties herbeuses. Leur beauté s'accentue au fur et à mesure que l'on s'éloigne de la ville, culminant à **Itapoán** et **Piatã**. Mais mieux vaut limiter vos promenades aux week-ends: il y a du monde – un bon point pour votre sécurité, et vous profiterez des concerts live donnés devant les bars locaux.

À 80 km au nord de Salvador, les touristes ne résistent pas à **Praia do Forte** et à ses 11 km de sable blanc. Dans le même secteur, fleuron du tourisme balnéaire haut de gamme, le luxueux complexe hôtelier et le terrain de golf de **Costa do Sauipe** ont coûté la bagatelle de 100 millions de dollars.

À 390 km au sud de Salvador, architectures ancienne et moderne se marient à **Ilhéus**. Bien connue pour son carnaval et ses superbes plages, Ilhéus produit 95 %

CI-DESSOUS : coucher de soleil sur l'Amazone.

Née à Porto Seguro, la très lascive lambada vous sera volontiers enseignée par des dames aux galbes généreux, devant les bars qui se pressent sur le front de mer.

du cacao brésilien. Plus au sud encore, **Porto Seguro** accueillit son premier touriste en 1500 : il avait pour nom Pedro Álvarez Cabral. Beaucoup l'ont imité depuis, ici comme ailleurs sur la côte – à Itacaré et Trancoso, par exemple.

L'arrière-pays de Salvador s'ouvre sur le *sertão*, immense steppe régulièrement frappée par la sécheresse et hantée par une misère endémique. Fuyant la famine, bien des *sertajenos* ont quitté les lieux pour échouer dans les favelas du Sud.

Une merveille naturelle occupe pourtant le cœur de l'État : la **Chapada Diamantina**, magnifique parc national offrant de glorieuses randonnées aux amateurs. Fondée en 1844 après la découverte de diamants dans les environs, c'est un autre joyau, la très coloniale **Lençóis**, qui vous ouvre les portes de la Chapada.

Au nord de Salvador

Bahia est l'État le plus au sud du Nordeste, région qui en compte 8 autres et englobe le tiers de la population du Brésil. Ceux qui vivent sur la côte sont généralement d'origine africaine, tandis que les habitants de l'intérieur et du nord mêlent ascendances portugaises et amérindiennes. Jusqu'à une époque très récente, les Nordestinos n'ont guère profité des progrès économiques du pays.

Le Nordeste s'ourle de plages de sable blanc où vous verrez encore des pêcheurs utiliser leur *jangada*, ancêtre de la planche à voile. La ville de **Maceió** est bordée de quelques plages notoirement sublimes. Au nord de Maceió, **Recife** ❼ (1,4 million d'habitants) bénéficie de plages protégées par des récifs coralliens – notamment celle de **Boa Viagem**, quartier le plus résidentiel de la ville. Cependant, leur état de malpropreté et la présence de requins rendent ces plages actuellement peu attractives. Un peu plus au nord, les perles architecturales d'**Olinda** sont classées au Patrimoine mondial de l'humanité ; au sud, Porto de Galinhas vit fort bien de son tourisme balnéaire.

En remontant le littoral, vous atteindrez la ville la plus orientale d'Amérique, **João Pessoa**, élégamment parée de couleurs pimpantes et d'églises baroques. D'immenses dunes surplombent les plages de **Natal** ❽, capitale du Rio Grande do

Ci-dessous : le Teatro Amazonas, orgueil de Manaus.

Norte. Dans les environs, d'autres stations se tournent vers les rouleaux de l'Atlantique, comme la ravissante **Touros** (95 km au nord), et **Praia da Pippa**, au sud.

Capitale du Ceará, **Fortaleza** ❾ a profité des énormes apports de capitaux qui affluent dans la région depuis quelques années, troquant sa mine grise et dépenaillée contre un habit de fête et de lumière, notamment en front de mer. Le tourisme s'y est beaucoup développé, tout comme à Canoa Quebrada, au sud, et à Jericoacoara, au nord.

En pirogue le long de la côte de Recife.

De Manaus à Belém

Comment imaginer un port en pleine expansion au beau milieu de la jungle amazonienne, à 1 600 km de l'Océan? **Manaus** ❿ est pourtant sortie de son isolement dès le 19e siècle. Là où les *conquistadores* avaient fébrilement cherché un or mythique, les Brésiliens découvrirent un Eldorado en caoutchouc. De nos jours, cet avant-poste exotique connaît un nouveau boom grâce au tourisme et aux nouvelles technologies venues exploiter les avantages fiscaux d'un port franc. Si vous abordez Manaus en bateau, la ville en elle-même ne vous semblera guère remarquable – contrairement à l'Encontro das Águas, confluent large de 8 km où, pendant 6 km, le Rio Negro, dont les bateaux brassent les flots noirâtres, côtoie les eaux jaunâtres du Rio Solimões sans s'y mélanger.

L'effervescence chaotique de la ville moderne n'offre qu'un terne reflet de sa gloire évanouie. En 1888, est inventé le pneumatique : la valeur du caoutchouc amazonien s'envole. Durant une période aussi éblouissante qu'éphémère, Manaus est la ville la plus riche du monde. Aventuriers et pionniers envahissent la jungle, et la fortune, l'extravagance de personnages comme Fitzcarraldo *(voir p. 166)* gravent la légende de Manaus dans la mémoire collective.

Mais l'épuisement et la malaria attendent les *seringueiros*, esclaves du latex récolté au plus profond de la forêt, le long des innombrables et sinueux chenaux de l'Amazone, tandis que les barons du caoutchouc dînent au champagne et allument leurs cigares avec des billets de 100 dollars. L'effondrement des cours

CI-DESSOUS : coucher de soleil sur les quais de Manaus.

En descendant l'Amazone

Peu d'expériences marquent autant l'esprit qu'une lente descente au fil du plus grand fleuve de la planète. Les embarcations sillonnent l'Amazone par centaines, des pirogues aux cargos océaniques. Une excursion d'une demi-journée, au départ de Manaus ou de Belém, vaut mieux qu'un long périple, que peuvent néanmoins tenter les téméraires. Ces bateaux n'étant pas aménagés pour la croisière, soyez bien équipé et préparé à passer plus d'une semaine à bord si vous souhaitez rallier Belém ou Manaus. On appelle ici *gaiolas* (volières) les bateaux en bois où les passagers entrecroisent leurs hamacs sur le pont ; ils empruntent les affluents de l'Amazone, remontant de Manaus à Benjamin Constant, à la frontière bolivienne, puis jusqu'à Iquitos au Pérou – et retour.

Mais ces petites compagnies n'obéissent à aucun calendrier précis, et votre seul moyen de vous informer sera de flâner sur le port, de bavarder avec les gens, ou de vous renseigner à bord. Capitaines ou intermédiaires vous aborderont probablement pour vous proposer une place. Oubliez confort, hygiène, tranquillité – ou gastronomie ! – sur ces ponts bondés, et emportez des bouteilles d'eau. Mais le spectacle d'une escale vaut son pesant de piranhas, quand toute la population du village se rassemble, guettant le déchargement des caisses de bière et de quelques lettres, avant l'embarquement d'une cargaison de bananes.

Le grand boom du caoutchouc brésilien s'achève aussi soudainement qu'il a commencé. La légende raconte qu'un gentleman britannique quitte le pays avec quelques graines d'hévéa en poche, prétendant qu'elles sont destinées à la serre d'orchidées de la reine Victoria. Puis, peu de temps après, les plantations malaises produisent un caoutchouc meilleur marché que le brésilien.

mondiaux plonge Manaus dans une torpeur moite dont elle ne s'éveillera qu'en 1967, dopée par son statut de port franc.

Le plus célèbre témoignage de cet âge d'or demeure le grandiose **Teatro Amazonas** (visites guidées du lun. au sam. de 9h à 17h). Ce temple de l'art lyrique fut érigé en pleine jungle avec des matériaux importés d'Europe – marbre de Carrare, piliers en fonte anglaise et chênes des forêts… françaises. Le rideau de scène a subsisté, avec ses nymphes grecques batifolant dans les eaux de l'Amazone. À son apogée, l'Opéra accueillera des célébrités comme Caruso ; aujourd'hui entièrement restauré, il attire encore des stars internationales.

L'imposante **Alfândega** (Douanes, 1906), autre emblème de l'ancienne puissance de la ville, est également très bien préservée, de même que les vieux **quais de Manaus**, qui ont retrouvé toute leur animation depuis le regain d'activité du port, où les bateaux en bois débarquent régulièrement leurs cargaisons tandis que des urubus planent lourdement dans le crépuscule.

Les cultures amérindiennes locales ont hélas disparu, mais le **Museu do Homem do Norte** (Avenida Sete de Setembro 1385 ; ouv. le lun. de 8h à 12h, du mar. au ven. de 8h à 12h et de 13h à 17h) vous présente un bon aperçu de leur mode de vie. Quant à la "plage" qui borde le **Tropical Hotel**, il faut avoir du cran pour s'y baigner – et prouver ainsi que piranhas et anguilles électriques ont pris leurs vacances ailleurs.

Mais, avant toute chose, Manaus donne accès à la jungle amazonienne. Plusieurs lodges se sont implantés dans les forêts environnantes ; les tour operators de la ville vous proposeront le transfert, 2 ou 3 nuits sur place et, entre autres, la découverte de la flore et de la faune – une aventure mémorable.

Descente de l'Amazone

Descendant l'Amazone, vous arriverez en vue de **Santarém** ⓫, port établi au confluent du Rio Tapajós. Cette ancienne forteresse coloniale regroupe aujourd'hui un demi-million de *garimpeiros* – prospecteurs égaillés dans la jungle à la recherche d'hypothétiques pépites d'or.

CI-DESSOUS : paré à toute éventualité, Rondônia.

Plus en aval, l'imposante et fière **Belém** ⓬ se dresse côté sud du delta, à 145 km de l'Océan. Forte de son million d'habitants, elle a conservé cette touche d'élégance compassée qui remonte à l'âge d'or du caoutchouc. Dans la vieille ville, demeures opulentes et églises de l'ère coloniale se côtoient, et l'ancien fort héberge aujourd'hui le restaurant du Círculo Militar.

Achevée en 1617, l'éblouissante **Catedral de Nossa Senhora da Graça** renferme sculptures en marbre de Carrare et peintures de l'Italien De Angelis. Non loin, sur les quais, les pêcheurs débarquent leurs prises du jour au **Mercado Ver-o-Peso** ("voir le poids"). Le **Museu Paraense Emilío Goeldi** présente des pièces indigènes en provenance d'**Ilha de Marajó**, la grande île du delta. Enfin, l'Estação das Docas aligne entrepôts rénovés, restaurants et autres attractions touristiques.

RONDÔNIA, LE FAR WEST BRÉSILIEN

Non, le Far West n'est pas mort: il s'est simplement déplacé vers le sud, et dans une région nettement plus verte – l'État du **Rondônia**. Au début des années 1970, quelques milliers de *seringueros* au moral d'acier hantaient cette inextricable, impénétrable jungle en lisière de l'Amazone, aux portes de la Bolivie – un territoire plus vaste que la moitié de l'Hexagone. Aujourd'hui, les colons se sont taillé un chemin à la serpe dans ses moindres recoins, affirmant leurs droits de propriété à coups de revolver. Quinze ans plus tard, près d'un quart de la forêt avait disparu, incendié pour laisser place aux cultures et au bétail. Entre mai et octobre, un brouillard fumeux plane au-dessus du Rondônia: c'est la saison sèche – celle des incendies. Depuis l'extension de la BR 364 qui relie São Paulo à **Porto Velho** ⓭, capitale et grand port fluvial de l'État, des cars long-courrier y transportent directement leur moisson d'immigrants paysans. Montez dans un bus local, et vous saurez ce que recouvrent les mots colonisation et dévastation.

Des lois ont tenté de stopper le déboisement, mais trop tard: il ne reste pratiquement plus de caoutchouc à récolter, faute d'arbres. Quelque 300 000 Brésiliens vivent pourtant de la forêt – récoltant latex des derniers hévéas sauvages, noix du Brésil, résine. Ils ont presque tous gagné l'État voisin, l'Acre, aux confins de la Bolivie et du Pérou. Leur survie repose avant tout sur leur isolement et les pressions internationales qui ont permis la création de *"reservas extrativistas"* protégeant à la fois l'homme et son habitat forestier. Mais, à l'échelle nationale, croissance démographique et chômage exponentiel continuent d'alimenter cette irrésistible et incontrôlable poussée vers l'ouest.

Ara bleu (Ara ararauna) d'Amazonie.

PANTANAL, AU PARADIS DES OISEAUX

Pour observer la faune brésilienne, il n'existe guère de lieu plus idyllique que le **Pantanal**. Couvrant 210 000 km² de terres inondées de façon récurrente, cette immense zone marécageuse située à l'est du Rio Paraguay, à la frontière bolivienne, héberge quantité d'animaux et de reptiles, 3 500 espèces végétales, 400 espèces de

À GAUCHE : le *tuiuiú*, jabiru d'Amérique.
À DROITE : *jacarés* à la plage.

Triste fin pour des piranhas, Pantanal.

poissons et 650 espèces d'oiseaux dont l'ibis blanc *(Eudocimus albus)*, l'aigrette blanche *(Egretta novæhollandiæ)*, l'aigrette bleue *(Egretta cærulea)*, la conure verte *(Aratinga holochlora)*, le faisan et l'imposant jabiru, ou *tuiuiú* *(Jabiru mycteria)*, cigogne haute de 2 m.

Durant la saison des pluies – d'octobre à avril –, lorsque les eaux montent dans le nord du Pantanal, les oiseaux viennent pêcher dans la zone sud. De mai à septembre, ils se déplacent vers les marais moins profonds du nord. Si possible, venez en hiver, de juin à août – en janvier et février, la chaleur et l'humidité se font insupportables. Lorsque les eaux baissent au nord, elles révèlent de vastes bancs de sable où se prélassent les *jacarés* *(Caiman crocodilus yacare)*. Ocelots, jaguars, pumas, sangliers, cerfs des marais *(Blastocerus dichotomus)*, tapirs et capivaras *(Hydrochaeris hydrochaeris)* fréquentent également les lieux.

À la découverte des marais

Si l'on accède sans peine aux lisières du Pantanal, se déplacer à l'intérieur de cette vaste zone de marais demande une réelle organisation. Capitale du Mato Grosso, **Cuiabá** ⓮ a jadis profité d'une ruée vers l'or pour se faire une beauté, appréciable malgré la chaleur. Pour vous rafraîchir, gagnez, à 70 km au nord-est, les chutes de la **Chapada dos Guimarães**, réservoir principal des eaux qui inondent les zones humides du nord. Au sud de Cuiabá, **Santo Antônio de Leverger** borde le Pantanal. Partant de Cuiabá, vous pourrez rejoindre les lodges et les *fazendas* du Pantanal. Pour observer la vie sauvage, vous seront proposés transports en camionnette 4x4, en bateau, en avion et même en montgolfière. La pêche est autorisée – on vous vantera les pouvoirs aphrodisiaques du piranha –, mais la chasse rigoureusement interdite. De vastes troupes de spatules rosées *(Platalea ajaja)* pataugent dans **Baía Chacororé**, immense bassin aux berges cuirassées de *jacarés*.

Pour pénétrer dans le Pantanal, vous pourrez louer un véhicule à **Poconé**, petite ville située à 102 km de Cuiabá et point de départ de la **Transpantaneira**, en cours d'achèvement. Avant de programmer votre voyage, renseignez-vous d'abord sur le

CI-DESSOUS : au contact de la vie sauvage, Refúgio Ecológico Caimà, Pantanal.

niveau des eaux : n'espérez pas rouler sur un billard, mais vous traverserez de nombreuses rivières – 126 ponts au total – qui vous offriront un excellent contact avec la vie sauvage. La route s'arrête au bout de 145 km, à Porto Jofre – hébergement possible sur le trajet et au port.

Postée sur le flanc sud-ouest du Pantanal, à la frontière avec la Bolivie, **Corumbá** ⓯ et ses excursions ne présentent qu'un intérêt limité, la faune s'étant retirée vers des zones plus éloignées. Mieux vaut embarquer sur l'un des bacs à bétail qui pénètrent au cœur des marais, ou vous offrir un séjour dans un lodge.

L'armadillo (tatou) n'apprécie pas la pose photo.

CHUTES D'IGUAÇU ET BARRAGE D'ITAIPÚ

Vous trouverez dans le chapitre "Argentine" *(voir p. 339)* une description détaillée des célèbres chutes qui enjambent le Brésil, le Paraguay et l'Argentine. Ville brésilienne la plus proche des cataractes, **Foz do Iguaçu** ⓰ campe au confluent des Rios Paraná et Iguaçu. Cette ville frontière a pris un essor phénoménal au cours des dernières décennies avec la construction du barrage d'Itaipu ("Rocher chantant" en guaraní), la plus grande centrale hydroélectrique au monde après celle des Trois Gorges, en Chine. Des visites guidées permettent de découvrir ce gigantesque ouvrage. Projet conjoint du Brésil et du Paraguay, la centrale exploite les eaux du Rio Paraná qui sépare les deux pays.

LE SUD

Les chutes d'Iguaçu constituent évidemment la principale attraction de cette région, mais il en existe néanmoins bien d'autres. À commencer par les stations balnéaires voisines de **Florianópolis** – la capitale de l'État de Santa Caterina –, côte visitée par les baleines franches australes de juin à novembre ; Gramado et Canela, villégiatures montagneuses proches de Porto Alegre ; ou encore, à l'intérieur du Santa Catarina, les villes de culture germanique, Blumenau et son Oktoberfest ; sans oublier le chemin de fer qui relie le port de Paranaguá et Curitiba, authentique modèle d'une métropole écologique. ❑

CI-DESSOUS : vol d'ibis et coucher de soleil, Pantanal.

Amazonie, royaume de l'Êxtrème

Le plus grand fleuve et la plus grande forêt humide de la planète recèlent environ un dixième des espèces de plantes et d'insectes du globe.

L'Amazone participe, et avec quelle puissance, à la magie diffusée par le Brésil. Le fleuve prend sa source dans les neiges des Andes péruviennes, non loin du Pacifique. Il traverse ensuite le cœur de l'Amérique du Sud, s'étirant sur 6 570 km avant de s'écouler dans l'Atlantique, à hauteur de l'équateur. Quelque 15 000 affluents l'alimentent, dont certains, comme l'Araguaia ou le Madeira, sont de véritables fleuves. Passé Manaus, c'est l'Encontro das Águas, la spectaculaire rencontre des eaux "noires" du Rio Negro avec les eaux "blanches" du Solimões. Le débit de l'Amazone dépasse largement celui de tout autre fleuve au monde, vomissant dans l'Océan environ un cinquième des eaux douces de la planète.

Large de 300 km, son delta dessine un immense labyrinthe de chenaux et d'îles dont l'Ilha de Marajó, plus vaste que la Suisse. Les eaux du fleuve se déversent avec une telle force dans l'Atlantique qu'elles en adoucissent les flots jusqu'à 180 km au large.

Plongés au cœur ténébreux de l'Amazonie, les Espagnols ont vite troqué le qualificatif d'Eldorado pour celui d'Enfer vert. Aujourd'hui encore, vous pouvez survoler l'ouest du bassin et ne distinguer qu'un tapis de forêts, veiné çà et là par les méandres rougeâtres des fleuves. L'Amazonie n'a pratiquement pas évolué depuis 100 millions d'années, échappant aux âges glaciaires qui ont bouleversé les paysages d'autres parties du globe. Certaines zones demeurent habitées par des groupes indigènes présents depuis plusieurs siècles et qui n'ont jamais eu de contact avec le monde en dehors de leur jungle.

Ci dessus : le nénuphar indigène *(Victoria amazonica)* déploie d'énormes feuilles circulaires qui peuvent atteindre 2 m de diamètre. Il en existe 2 espèces en Amérique du Sud

Ci-contre : ce bébé singe-araignée, ou atèle, utilise sa queue pour se balancer de branche en branche.

Ci-dessous : l'Ariau Hotel, lodge écologique, permet aux résidents de vivre une véritable expérience tropicale

Ci-contre: les Amérindiens enduisaient la pointe de leurs flèches avec le poison de cette minuscule grenouille vénéneuse, le dendrobate doré.

DÉBOISEMENT DE L'AMAZONIE

Ces 15 dernières années, 245 000 km² de forêts ont disparu, soit 5 % de l'Amazonie brésilienne. Le taux de croissance excède encore le rythme de déboisement, mais l'écart se réduit, en dépit de programmes de reboisement. Dans les années 1960 et 1970, à l'est du bassin, l'État brésilien a fait construire un vaste réseau routier, et de grands éleveurs se sont implantés, brûlant la forêt pour y semer des pâturages. Un échec, car ces sols pauvres, privés de leur couvert forestier, se sont rapidement dénudés.

Les forêts d'essences nobles ayant été détruites ailleurs sur la planète, une forte pression s'exerce sur l'Amazonie, tandis que les sociétés agricoles qui cultivent un soja OGM délaissent le sud du pays pour venir exploiter des terres bon marché.

CI-DESSOUS : affluent majeur de l'Amazone, le rio Madeira, parcourt une distance de plus de 1 600 km. Les environnementalistes s'opposent au projet de la construction d'une immense centrale hydroélectrique.

-DESSUS : des milliers de familles habitant la forêt tropicale erpétuent la récolte du latex des hévéas.

GAUCHE : aucune noix ne résiste au bec impressionnant de splendide volatile, le toucan toco, emblématique de la forêt mazonienne.

LE CÔNE SUD

Modelée par diverses influences européennes, cette région combine les villes les plus cosmopolites avec des paysages d'une beauté sans concessions.

Paraguay, Argentine, Uruguay et Chili forment *El Cono Sur*, entité géologique et culturelle nettement distincte du reste du continent. Faiblement peuplées à l'époque précolombienne par des tribus nomades, ces pays offrent aujourd'hui un aspect climatique et ethnique plus proche de l'Europe que de leurs voisins du Nord.

Isolé, le **Paraguay** *(voir p. 269)* ne dispose d'aucun accès à la mer, mais sa capitale, Asunción, bénéficie d'un commerce détaxé. Des carrioles à cheval brinquebalent encore dans ses rues, sous le regard statufié de généraux oubliés. Les plaines du Chaco *(voir p. 278)*, immenses et quasi-désertes, couvrent une grande part du pays.

Étranglé entre l'océan Pacifique et les Andes, le **Chili** *(voir p. 283)* étire son ruban au fil des latitudes. Partant du désert d'Atacama, l'un des plus arides de la planète, vous rencontrerez un climat plus tempéré dans la capitale, Santiago *(voir p. 286)*, la région des vignobles *(p. 288)*, avant de gagner les sommets enneigées de la région des lacs *(voir p. 296)*. Au-delà vous attendent les glaciers, les sommets déchiquetés, les ports de pêche et les traîtres courants de la Patagonie chilienne *(voir p. 300)*.

Parfois surnommé la "Suisse de l'Amérique du Sud" pour ses traditions démocratiques solides, l'**Uruguay** *(voir p. 313)* a longtemps tiré assez d'argent de son bœuf pour mettre en œuvre une politique sociale modèle. Mais le pays semble s'être pétrifié dans les années 1920. À Montevideo, de vieilles guimbardes grincent et fument à travers les rues, tandis que les superbes plages réservent leurs sables à des fortunes étrangères.

Deuxième pays du continent par la taille, l'**Argentine** *(voir p. 323)* en était le plus riche, et de loin, au début du 20e siècle. Depuis, l'histoire en a décidé autrement. Ancienne capitale de l'élégance, la parisienne Buenos Aires n'est plus que l'ombre de ce qu'elle était à son âge d'or. Le pays se déploie à travers toutes les zones climatiques – des pampas du Nord où galopent des gauchos fatigués *(voir p. 340)* aux parfums subtropicaux de Misiones *(voir p. 338)*, des forêts verdoyantes de Bariloche *(voir p. 341)* aux *mesetas* arides de Patagonie *(voir p. 343)* jusqu'à l'extrême pointe du continent, où soufflent les vents glacés de la Tierra del Fuego *(voir p. 346)*. ❑

PAGES PRÉCÉDENTES : blocs arrachés au glacier Perito Moreno, Canal de los Témpanos, Parque Nacional Los Glaciares, Argentine ; chevaux dans les Andes. **CI-CONTRE** : gauchos en tenue traditionnelle, estancia argentine. **EN HAUT, À DROITE** : cathédrale d'Asunción, Paraguay. **AU CENTRE** : Valle de la Luna, Chili. **EN BAS, À DROITE** : Lago Moreno, Patagonie.

BRÉSIL
BOLIVIA
PARAGUAY
URUGUAY
CHILI
PÉROU
OCÉAN PACIFIQUE
Pantanal
P.N. do Pantanal Matogrossense
Gran Chaco
P.N. Defensores del Chaco
Pampas
Mesopotamia
Atacama
Andes
Río Paraguay
Río Paraná
Río Uruguay
Río Bermejo
Río de la Plata
Represa de Itaipu
Lagoa dos Patos
Lagoa Mirim
Salar de Uyuni
Salar de Atacama
Lago Poopó
Laguna Mar Chiquita
Salinas Grandes
Sierras de Córdoba
Rio de Janeiro
São Paulo
Campinas
Guarujá
Ribeirão Prêto
Franca
Uberaba
Uberlândia
Goiânia
Rio Verde
Campo Grande
Corumbá
São José do Rio Preto
Araraquara
Jaú
Bauru
Marília
Araçatuba
Presidente Prudente
Londrina
Maringá
Umuarama
Dourados
Ponta Porã
Ponta Grossa
Curitiba
Paranaguá
Joinville
Itajaí
Blumenau
Florianópolis
Lages
Guarapuava
Cascavel
Foz do Iguaçu
Cataratas del Iguazú
Chapecó
Passo Fundo
Caxias do Sul
P.N. Aparados da Serra
Torres
Porto Alegre
Rio Grande
Pelotas
Santa Maria
Ijuí
Uruguaiana
Chuy
Parque Nacional Santa Teresa 26
Rocha
Punta del Este 25
Montevideo 24
Maldonado
Minas
P.N. San Miguel 27
Durazno
Rivera
Tacuarembó
Salto
Paysandú 29
La Agraciada
Colonia del Sacramento 28
Asunción 1
San Bernardino
Caacupé 2
Ciudad del Este 3
Puerto Iguazú 41
Villa Hayes
Yaguarón
San Ignacio Guazú 4
Trinidad 5
Encarnación
Posadas 39
San Ignacio Mini 40
Pilar
Humaitá
Concepción
Pedro Juan Caballero 6
Filadelfia 7
Mariscal Estigarribia
General Eugenio A. Garay
Pozo Colorado
Formosa
Corrientes
Resistencia
Goya
Concordia
Paraná
Santa Fe
Rosario
Buenos Aires 30
La Plata
San Antonio de Areco
Junín
Pergamino
San Francisco
Córdoba 32
Villa Carlos Paz
Cosquín
Río Ceballos
Río Cuarto
Santiago del Estero
Tucumán 34
Tafí del Valle
Amaicha del Valle
Cafayate
P.N. Los Cardones
Salta 35
San Antonio de los Cobres
Jujuy 37
Humahuaca 38
Uquía
La Quiaca
Bermejo
Tarija
Potosí
Sucre
Uyuni
Oruro
Cochabamba
Caracollo
Santa Cruz
Samaipata
Montero
San José de Chiquitos
La Paz
Sajama 6520
Ollagüe 5865
Laguna Colorada
Licancábur 5921
Géiser del Tatio
San Pedro de Atacama 12
Valle de la Luna
Socompa 36
Antofagasta de la Sierra
Ojos del Salado 6862
San Fernando de Valle de Catamarca
La Rioja
Villa Unión
San Juan
San Luis
Mendoza 33
San Rafael
Malargüe
Río Salado
Aconcagua 6962
Portillo
Maipo 5323
Las Leñas
Los Andes
Santiago 8
Viña del Mar
Valparaíso 9
San Antonio
Pomaire
Rancagua
Talca
Constitución
Monte Grande
Valle del Elqui 15
La Serena
Coquimbo 14
Tongoy
Ovalle
Vallenar
Copiapó 13
Caldera
Bahía Inglesa
Chañaral
Antofagasta
Calama 11
Chuquicamata
Iquique
Salar de Surire
P.N. Lauca
Chungará
Arica 10
Tacna

Cône sud
0
200 km
N
OCÉAN ATLANTIQUE
OCÉAN PACIFIQUE
ARGENTINE
ANDES
Patagonie
Mar del Plata 31
Necochea
Bahía Blanca
Neuquén
Río Colorado
Río Negro
Viedma
Golfo San Matías
Península Valdés 46
Puerto Pirámides
Puerto Madryn
Trelew 45
Rawson
Gaiman
Río Chubut
Camarones
Comodoro Rivadavia 47
Golfo San Jorge
Puerto Deseado
R. Deseado
Puerto Santa Cruz
Bahía Grande
Río Gallegos 48
R. Santa Cruz
El Calafate
Puerto Natales 21
Punta Arenas 22
Porvenir 23
Estrecho de Magallanes
Isla Grande de Tierra del Fuego
Río Grande
Ushuaia 51
P.N. Tierra del Fuego
Estancia Harberton
Puerto Williams
Cabo de Hornos
Isla de los Estados
Falkland Islands (Islas Malvinas) (UK)
West Falkland
East Falkland
Port Stanley
Concepción 10
Los Ángeles
Temuco
P.N. Conguillío
Llaima 3100
R. Bío Bío
Lanín 3747
Pucón
Valdivia
Osorno
Puerto Montt
Tronador 3554
San Carlos de Bariloche 42
P.N. Nahuel Huapi
San Martín de los Andes 43
page 296
Ingeniero Jacobacci
El Bolsón
Esquel 44
P.N. Los Alerces 18
Chaitén
Ancud
Isla Grande de Chiloé 17
Castro
Quemchi
Queilen
Chonchi
Quellón
La Junta
Puyuhuapi
P.N. Queulat
Puerto Cisnes
Coyhaique 19
Puerto Aisén 20
Puerto Ibáñez
Lago Gral. Carrera
Chile Chico
Perito Moreno 50
Lago Buenos Aires
Sarmiento
Península de Taitao
Golfo de Penas
Cochrane
Tortel
Isla Wellington
Campo de Hielo Sur
P.N. Los Glaciares
Lago Argentino 49
P.N. Torres del Paine
Fitz Roy 3375
El Chaltén

PARAGUAY

Ce pays d'utopies est l'un des plus surprenants du continent. Ici, le métissage est roi et la langue des premiers habitants partage la prééminence avec celle des colons.

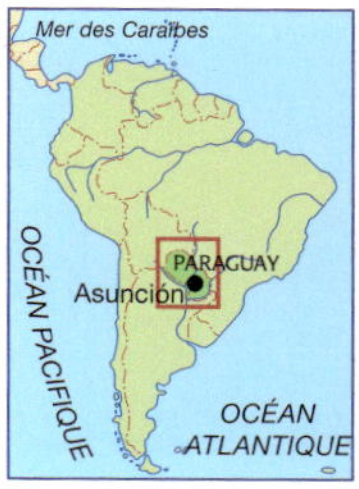

Ne manquez pas
- Asunción & le Circuito de Oro
- Missions jésuites
- Parque Nacional Cerro Corá & le Pantanal
- Le Gran Chaco

"Une île entourée de terre", telle est la définition que le romancier paraguayen exilé Augusto Roa Bastos (1917-2005) donnait de son pays. Encerclé par deux géants, le Brésil et l'Argentine, et par la Bolivie, le "petit" Paraguay est une enclave nichée au cœur de l'Amérique du Sud subtropicale. Le grand fleuve Paraguay divise ce pays sans ouverture sur la mer en 2 moitiés distinctes : l'est fertile et verdoyant, principal bassin de population, et les plateaux dénudés du Chaco, à l'ouest, où se dispersent de rares agglomérations, des communautés de fermiers mennonites et des Amérindiens nomades. Le fleuve mêle ses eaux à celles du Rio Paraná, qui se déverse à son tour dans le Río de La Plata, trait d'union entre les 2 autres nations de La Plata – l'Uruguay et l'Argentine.

Mais l'image poétique d'Augusto Roa Bastos ne se réfère pas uniquement à la situation physique du Paraguay ; elle reflète aussi une solitude de l'âme forgée par les guerres, les dictatures, et un sens profond d'unité ethnique. En débarquant à Asunción, la capitale, vous remarquerez aussitôt la profusion de monuments saluant la mémoire de potentats militaires, de défaites écrasantes et de victoires douteuses. Vous serez tout autant frappé par la séduction de cette ville coloniale et tropicale que par le comportement aimable, doux et souriant des Paraguayens, vous rappelant que les premiers colons espagnols n'étaient pas venus piller cette terre mais y trouver le paradis.

Dans un pays où presque tout le monde conserve des origines guaraní, les manuels scolaires consacrent beaucoup de place à la période précolombienne – époque où les Guaraní vivaient déjà sur le site d'Asunción ; agriculteurs avant tout, ils pouvaient se montrer farouches au combat et stoïques devant la souffrance. Les premiers chroniqueurs, notamment le jésuite Martin Dobrizhoffer, les décrivent avec horreur comme des cannibales – une pratique qui se limitait cependant à la consommation rituelle des prisonniers

CI-CONTRE : gardes au Panteón Nacional de los Héroes, Asunción.
CI-DESSOUS : jeunesse paraguayenne.

Train à vapeur au départ de la gare d'Asunción.

de guerre. Selon un prêtre espagnol, leur langue était "l'une des plus riches et des plus élégantes de la planète", et elle s'était imposée à travers toute la région.

Nation en péril

Asunción est fondée le 15 août 1537 par Domingo de Irala, homme de lettres espagnol fuyant les conditions misérables de la colonie de Buenos Aires et les barbaries de la Conquête. Intéressés par l'or inca, les Guaraní concluent une alliance avec Irala, et offrent leurs filles en mariage aux Espagnols pour sceller ce pacte. Lorsqu'ils apprennent que Pizarro a déjà conquis et pillé les trésors incas, Irala et ses hommes décident de rester à Asunción – séduits par son climat, son éloignement de la mer et des regards inquisiteurs de la couronne espagnole. Les fermes que les colons bâtissent s'inspirent du féodalisme, mais les mariages mixtes ne tardent pas à niveler les hiérarchies sociales.

Le 14 mai 1811, Fulgencio Yegros proclame l'indépendance du Paraguay, qu'il dirige avec un avocat, José Gaspar Rodríguez de Francia. Peu de temps après, Francia prend le pouvoir ; en 1816, il se fait nommer dictateur à vie par le Congrès. Pour protéger le Paraguay de tout risque d'annexion par l'Argentine ou le Brésil, Francia ferme les frontières : personne ne pourra les franchir, ni dans un sens ni dans l'autre, durant les 24 années de son règne.

"El Supremo" ne gouverne que par décrets. Le pouvoir va tourner la tête de cet homme pourtant probe et cultivé. Entre autres folies, il ordonne de tuer tous les chiens du pays et interdit à quiconque de porter les yeux sur lui dans la rue. Lorsqu'il meurt en 1840, aucune instance religieuse n'accepte de dire une messe pour lui ; il faudra faire venir un prêtre d'Argentine. Le pays plonge dans un chaos interrompu en 1844 par l'investiture d'un autre dictateur, Carlos Antonio López.

Despote éclairé, López ouvre le pays au progrès et fait envoyer les étudiants paraguayens en Europe. Son fils et successeur désigné, le jeune Francisco Solano López, n'a pas la même envergure, alors que le pays devient une puissance industrielle jalousée par ses voisins et que les conflits larvés se multiplient dans la région.

Ci-dessous : Palacio San José, résidence du général Urquiza, gravure du 19e siècle.

Porté par une aveugle volonté de puissance, il intervient dans les luttes fratricides qui déchirent l'Uruguay et déclenche la guerre de la Triple Alliance (1865-1870). L'Urugay, le Brésil et l'Argentine font front contre le pays. En plus de la déroute de l'armée, à laquelle s'ajoute le fléau du choléra, "El Mariscal" doit faire face à une opposition à la guerre de plus en plus vive. Sérieusement dérangé, il ordonne l'exécution de centaines de personnes, dont ses 2 frères et une brochette d'officiers. Envoûté par sa maîtresse irlandaise, Elisa Lynch, il fait exécuter son amie d'enfance et d'autres grandes dames qui se sont permis de snober "Lady Lynch". Le 1er mars 1870, refusant de se rendre, il est abattu par l'un de ses généraux. Ses dernières paroles – "Je meurs avec ma patrie !" – ont le mérite de la lucidité : la moitié de la population (525 000 hab.) a péri des suites de la guerre ; parmi les survivants, on ne compte que 29 000 mâles – bébés compris. Le Paraguay va ressusciter grâce à la polygamie, l'Église détournant pudiquement le regard.

Dans Voyages avec ma tante *(1969), le romancier Graham Greene a remarquablement traduit l'atmosphère glauque des années Stroessner.*

Entre la mort de Solano López et la sanglante guerre du Chaco, le pays change 32 fois de président – dont 2 seront assassinés –, et est marqué par 6 coups d'État, 2 révolutions et 8 soulèvements. Le Paraguay remporte la guerre du Chaco (1932-1935), arrachant à la Bolivie un territoire désertique supposé détenir des gisements de pétrole et de minerais *(voir p. 42)*. Mais, une fois de plus, la population mâle est décimée. Une galerie de dictateurs se succède alors, jusqu'en 1954, date de la prise de pouvoir d'Alfredo Stroessner. Pendant près de 35 ans, ce fils d'un brasseur allemand va étrangler le pays avec une main de fer.

Le souffle du renouveau

Stroessner dresse une faction politique contre l'autre et, tout en offrant un sanctuaire à des nazis notoires, il exile, emprisonne, torture et exécute ses opposants. Dans un climat de corruption généralisée, le Paraguay se transforme en paradis de la contrebande et des narcotrafiquants. Des militants des droits de l'homme, quelques artistes comme le peintre Carlos Colombino ou l'écrivain Augusto Roa Bastos tentent de créer un noyau de résistance morale. Dans les années 1970, un accord entre le Brésil et le Paraguay lance la construction du barrage d'Itaipú, stimulant les investissements et créant des milliers d'emplois. Nouveau projet hydroélectrique signé en 1973 avec l'Argentine, le barrage géant de Yacyreta voit le jour en 1997.

Le 3 février 1989, Stroessner est renversé par le général Andrés Rodríguez, son bras droit – et le père de sa belle-fille. Rodríguez promet la liberté de la presse et la démocratie, menant son Partido Colorado au pouvoir lors des élections de 1991. Stroessner s'enfuit au Brésil ; les Paraguayens en liesse arrachent ses photos des vitrines, décapitent ses statues, rebaptisent les rues et les villes. Depuis, le Paraguay vit un processus de transition démocratique marquée par une nouvelle Constitution, la liberté d'opinion et des élections en règle. Le pays rejoint le Mercosur qui permet d'ouvrir le marché intérieur aux investisseurs étrangers.

CI-DESSOUS : Harpe traditionnelle guaraní.

Un pays bilingue

Les enfants paraguayens parlent à la fois l'espagnol et le guaraní faisant de ce pays le plus bilingue d'Amérique du Sud.

Contrairement à leurs autres colonies, les Espagnols n'ont pas mis le Paraguay à sac, mais se sont mêlés aux populations indigènes pour former une société homogène et bilingue. Une bonne raison explique ce comportement inhabituel: les Guaraní n'avaient rien à piller, rien d'autre à offrir qu'une vie paisible dans une contrée fertile.

Il est bien difficile aujourd'hui de faire la part des choses entre réalité et fiction dans la légende des "harems" guaraní entretenus par les colons, mais un fait demeure incontestable: la flexibilité sociale introduite par les nombreux mariages mixtes, et le fait que leurs descendants *mestizos* ne furent en aucun cas marginalisés.

Les sociologues notent également que le statut de la femme dans la société guaraní a permis de garantir la pérennité de la langue maternelle. Mais un autre facteur déterminant fut l'œuvre des jésuites. Certes, les missionnaires imposent l'espagnol aux Amérindiens, mais la richesse et la musicalité du guaraní les impressionnent, et ils éditent des catéchismes et des hymnes en langue indigène. Paradoxe des paradoxes, les Guaraní perdront l'essentiel de leur musique ancestrale. Il en reste tout de même, aujourd'hui encore, un son nettement identifiable.

En 1624, le père jésuite Antonio Ruiz de Montoya rédige un dictionnaire et une grammaire guaraní, offrant à cette langue désormais écrite une meilleure chance de survie.

Durant sa dictature (1814-1840), Francia, cherchant à diluer le pouvoir des classes dominantes, bannit tout mariage entre Paraguayens de pure souche espagnole; les contacts entre les 2 cultures et leurs langues s'en trouvent renforcés. Mais les gens éduqués dédaignent encore le guaraní, lorsque la guerre de la Triple Alliance en fait un symbole de patriotisme et d'union nationale. Et, sur les champs de bataille de la guerre du Chaco (1932-1935), l'espagnol est interdit au profit du guaraní, incompréhensible pour l'ennemi. Aujourd'hui encore, de nombreux Paraguayens pratiquement dépourvus de toute origine indigène parlent mieux le guaraní que l'espagnol.

En zones urbanisées, plus de 70 % des habitants sont totalement bilingues, et moins de 12 % ne parlent que l'espagnol. Dans les zones rurales, 60 % de la population ne parlent que le guaraní. Mais la réalité est plus complexe qu'il n'y paraît: les Paraguayens plus aisés et mieux éduqués parlent un espagnol fortement influencé par Buenos Aires, émaillé d'idiotismes guaraní; à l'inverse, en zones rurales, ils parlent un guaraní parsemé d'expressions espagnoles.

Si, avant les années 1970, les instituteurs utilisaient rarement le guaraní, l'évolution des mentalités a poussé les nouvelles générations à le parler, voire à le lire et à l'écrire. Il y a actuellement entre 4 et 5 millions de personnes qui parlent couramment le guaraní, plaçant cette langue en 2e position des langues indigènes d'Amérique latine après le quechua. Par ailleurs, de nombreux mots et termes guaraní et tupí, décrivant plantes et animaux, ont infiltré les langues occidentales, tels que tapir, jaguar, piranha, capybara et même le très espagnol maracas.

Des traductions en guaraní de romans et de poésies ont vu le jour, parallèlement à certaines productions théâtrales, programmes radio et télévision. Mais, en dépit de mélodies guaraní omniprésentes et de l'adoption de la loi sur le statut des communautés indigènes, garantissant leurs droits sur leurs terres et leurs cultures, les Guaraní de pure souche n'ont pas décollé du bas de l'échelle sociale. ❑

À gauche : femme guaraní vendant des articles artisanaux, Asunción.

Ces progrès ne doivent pas masquer les inégalités sociales et l'absence de réforme agraire, sans parler du rôle occulte joué par les militaires dans la vie politique : en 1996, le putsch avorté du très populaire général Lino Oviedo ne fait que révéler une situation latente. Mais la démocratie s'affirme peu à peu. Luis González Macchi est élu en 1999, porté à la présidence par une coalition – une première ou presque au Paraguay –, avant de céder le pouvoir en 2003 à l'inusable Partido Colorado et à son candidat Nicanor Duarte Frutos. Les présidentielles suivantes, en avril 2008, voient l'élection d'un président non-membre du Partido Colorado. Surnommé "l'évêque des pauvres", Fernando Lugo, a renoncé à son sacerdoce pour se lancer dans le combat politique.

Pince-sans-rire, les Paraguayens prétendent que toute phrase commence en espagnol et se termine en guaraní. Selon un autre dicton, l'espagnol est la langue de la tête, et le guaraní celle du cœur.

Asunción, néons d'hier et d'aujourd'hui

Asunción ❶ rivalise de dynamisme avec bien des villes sud-américaines, tout en conservant son élégante nonchalance : demeures coloniales côtoyant vitrines luxueuses, duty-free shops et néons fluo. Sur la **Plaza de los Héroes**, papillons et paradisiers scintillent, et les passants ont des allures de figurants : vendeurs de fruits portant leur panier sur la tête, furtifs changeurs de dollars au marché noir, escouade casquée de police militaire inspectant une canalisation défectueuse.

Disparus les tramways jaune citron que Stroessner avait ressuscités après la crise pétrolière des années 1970. Évanouies les lettres de néons qui dominaient la *plaza* : "Stroessner : paix, travail et bien-être." Se dresse toujours cependant le pompeux **Pantéon Nacional de los Héroes**, réplique de l'hôtel des Invalides de Paris, où reposent les 2 présidents López, père et fils, 2 soldats inconnus, et une urne renfermant les restes de Francia, le dictateur fou.

Mais les Paraguayens peuvent bien haïr leurs dictateurs militaires, ils continuent de vénérer leurs soldats. Ne soyez donc pas surpris de voir un passant s'arrêter devant ce sanctuaire et se signer devant la crypte de ses héros. De l'autre côté du Panthéon, des souvenirs de la guerre du Chaco s'exposent encore aux vitrines. À l'ouest de la *plaza*, Calle Presidente Franco, la **Casa de la Independencia**, lieu de

CI-DESSOUS : ciel d'orage sur Asunción.

Le Palacio de Gobierno est l'œuvre d'un architecte britannique, Alonso Taylor. Tombé en disgrâce, Taylor sera torturé et enfermé dans les caves du palais, mais il aura au moins la vie sauve, contrairement aux innombrables victimes d'El Mariscal López.

la déclaration d'indépendance en 1811, héberge un musée consacré à la révolution (ouv. du lun. au ven. de 7h30 à 17h30, le sam. de 8h à 12h).

La vieille ville

En descendant la Calle Chile vers le Río Paraguay, vous rejoindrez la vieille ville. Juché légèrement en hauteur, le **Palacio de Gobierno** déploie ses teintes pastel. Francisco Solano López avait fait construire l'édifice dans le style du Louvre important de Paris mobilier et décors intérieurs. Mais il n'eut guère le loisir d'en profiter, la guerre de la Triple Alliance ayant interrompu sa construction. Poursuivant le long d'El Paraguayo Independiente, vous pénétrerez sous les ombrages de la **Plaza Constitución**, bordée par le **Palacio Legislativo** et la **cathédrale**, riche d'un excellent musée d'art sacré. Face au Palacio, vous apercevrez la **Manzana de la Rivera**, ou Casa Viola (18e siècle). Ancien quartier général des forces spéciales de Stroessner, le bâtiment s'est converti en centre culturel, avec musée historique de la ville, galerie d'art, bibliothèque et bar. En poussant un peu plus loin, vous atteindrez l'**Aduana** (Douanes), les bâtiments portuaires et les casernes, l'Amirauté et les fortifications, qui témoignent de l'ancien statut d'Asunción, ville frontière postée sur les berges du Río Paraguay, face aux étendues sauvages du Chaco. Un ferry amarré à l'embarcadère du palais mène ses passagers jusqu'à l'île de **Chaco-i**.

Parcs et plazas

À l'est de la Plaza de los Héroes s'ouvre la vaste **Plaza Uruguaya**, ancien site d'un couvent célèbre et rebaptisée après que l'Uruguay eut restitué les drapeaux paraguayens capturés durant la funeste guerre de la Triple Alliance. Des kiosques y abritent d'intéressantes librairies, mêlées à des échoppes d'articles en cuir, de peintures et autres produits artisanaux, notamment ceux réalisés par les Macá qui vivent aux environs de la capitale.

À quelques pas, la période López a légué un joyau victorien, l'**Estación San Francisco.** Le bois domine dans cette œuvre d'Alonso Taylor, mais l'armature est en fonte, ainsi que la tour, ancien logement du chef de gare. Les Anglais géraient cette voie ferrée qui ralliait Encarnación, au sud du pays, à Buenos Aires. Aujourd'hui, des locomotives alimentées au bois font occasionnellement la navette jusqu'à Areguá, sur le Lago Ypacaraí.

Le barrage d'Itaipú fournit au Paraguay une électricité à très faible coût. Les prêts de la Banque mondiale ont enrichi certains Paraguayens au-delà de toute mesure, comme en témoignent les villas palatiales qui s'égrenent le long de l'Avenida España. Elles voisinent avec de superbes demeures coloniales aux larges vérandas égayées par les palmes des bananiers et les fleurs des rince-bouteilles (*callistemon*), entre l'ambassade des États-Unis, la bibliothèque municipale et l'ancienne résidence de Stroessner, à présent reconvertie en musée.

Le **Parque Carlos Antonio López**, dans l'avenue homonyme, offre une excellente perspective sur la ville à partir du

CI-DESSOUS : une Guaraní vend ses *chipas* (petits gâteaux au maïs) sur un marché d'Asunción.

carrefour d'Antonio López et de Río Gallegos. À 7 km de la ville, le **Jardín Botánico** et son zoo méritent une petite excursion, tout comme le **Museo de Historia Natural** et le **Museo Indigenista** voisins, anciennes résidences des López père et fils.

Venus du Chaco, des Macá ont été installés de l'autre côté du fleuve, formant une sorte de réserve "touristique" où ils survivent plutôt mal que bien. Paradoxalement, c'est dans la banlieue bourgeoise de **San Lorenzo** (Cnel. Bogado 888) que la boutique du **Museo Boggiani** propose les pièces artisanales les plus belles et les plus authentiques de ces peuples indigènes.

La construction du barrage d'Itaipú donne lieu en 1960 à l'Ata do Iguaçu (Accord d'Iguaçu), qui a pour objectif le partage entre le Brésil et le Paraguay des ressources hydrauliques. Mais, le traité donne la part du lion au Brésil qui restera longtemps hostile aux négociations. En 2009, Lula accepte un paiement de l'électricité au Paraguay plus équitable, triplant ainsi la part paraguayenne.

Direction est

La route de Mariscal Estigarribia traverse le Paraguay pour rejoindre la ville frontière de Ciudad del Este, ex-Ciudad Presidente Stroessner. Le voyage dure 4 heures en car express, entrecoupées de quelques étapes intéressantes sur la première moitié du trajet. Si vous souhaitez visiter les environs d'Asunción, optez pour le **Circuito de Oro** qui vous permettra de découvrir les missions, les églises baroques et l'artisanat, le tout agrémenté de temps de pause et de loisirs. À 20 km à l'est d'Asunción, les jésuites fondèrent **Capiatá** en 1640. L'église abrite une statue réalisée par les Guaraní selon les directives des pères jésuites. **Itaguá**, 10 km plus loin, est réputée pour sa production de *ñandutí*, dentelles artisanales en "toile d'araignée" d'une finesse remarquable ; les tisserands exposent mouchoirs, napperons et hamacs le long de la Ruta 2 (musée et fiesta annuelle en juillet).

Bordant le **Lago Ypacaraí**, à 55 km d'Asunción, **San Bernardino** attire une clientèle résidentielle paraguayenne aisée, à laquelle se joignent les amateurs de sports nautiques. Une belle et mélancolique chanson guaraní a immortalisé ce lac long de 24 km sur 5 km de large, site paradisiaque encadré par une végétation tropicale. Au départ d'Asunción, un train à vapeur vous déposera à **Areguá**, sur la rive sud. Vous y trouverez quantité de boutiques et d'échoppes spécialisées en poterie. À 24 km de San Bernardino, **Caacupé** ❷ offre le même attrait touristique, ainsi qu'un sanctuaire religieux. Le 8 décembre, les pèlerins affluent de tout le pays, portant de grosses pierres sur leurs têtes en signe de pénitence. À proximité, les sculptures sur bois et les poteries du village de **Tobatí** rivalisent avec le musée et la charmante église de **Piribebuy**. Entre Piribebuy et Paraguari, aux abords de **Chololó**, plusieurs petites villégiatures s'égrènent entre collines verdoyantes et rivières aux baignades rafraîchissantes.

Postée sur la frontière brésilienne, l'anonyme **Ciudad del Este** ❸ semble sortie du néant ; elle y retournerait sans doute très vite si elle ne constituait le vaste centre commercial nocturne du continent. Les Brésiliens y débarquent par cars entiers pour faire leurs emplettes – électronique, montres et autres gadgets d'importation – dans d'immenses galeries climatisées. Les faux et les arnaques en tout genre pullulent, du parfum Dior version locale aux préservatifs musicaux. À proximité, le gigantesque **barrage d'Itaipú** peut atteindre une production record de 14000 MW.

CI-DESSOUS : à Ciudad del Este, tout s'achète et tout se vend.

L'utopie jésuite

Faute d'entente entre les jésuites et la couronne espagnole, les missions, alors à leur apogée, seront supprimées et les prêtres expulsés en 1767 par les Portugais.

Durant l'ère coloniale, le Paraguay englobe certaines régions de la Bolivie, de l'Argentine et du Brésil actuels. À l'intérieur de cette immense région, l'ordre des Jésuites crée une province au statut quasi autonome. Comme les franciscains qui les ont précédés, les jésuites visent avant tout la conversion des indigènes. Mais ne souhaitant pas réitérer les erreurs des première et seconde générations de conquistadors, ils mettent l'accent sur les valeurs humaines et la dignité des populations locales, offrant une alternative à l'*encomienda* *(voir p. 33)*, système espagnol d'exploitation de type féodal.

Les premières tentatives de conversion datent de 1587, et sont menées par le père Thomas Fields, missionnaire originaire de Limerick en Irlande. La décision de regrouper les Amérindiens dans des *reducciones* (missions) est prise lors d'un synode tenu en 1603, et confirmée par Philippe II d'Espagne en 1609. L'année suivante, de petits groupes de jésuites se lancent à travers des territoires encore presque inconnus des Européens. Dans les espaces sauvages du Chaco, ils n'auront guère plus de succès que les expéditions militaires montées à partir d'Asunción. Au sud et à l'est de la ville, en revanche, ils parviendront à leurs fins avec les Guaraní.

Durant leurs premières années d'existence, les *reducciones* jésuites se trouvent constamment menacées par les *bandeirantes*, encore appelés *mamelucos* (chasseurs d'esclaves), venus du Brésil pour capturer les indigènes. Ces derniers comprennent rapidement la sécurité offerte par ces missions et des tribus entières s'y réfugient. En 1629, des milliers de Guaraní doivent fuir le haut Paraná. Mais, 12 ans plus tard, une armée indigène conduite par les jésuites met les *mamelucos* en déroute. Les missions prospèrent, formant un véritable rempart contre les avancées portugaises. À leur apogée, elles seront une trentaine à rassembler 150 000 Guaraní dans une large ceinture bordant les 2 rives du Río Paraná. Entre 1610 et 1768, plus de 700 000 Guaraní seront baptisés.

Au début du 18e siècle, les missions diffusent leur lumière spirituelle jusqu'en Europe, où leurs principes théocratiques et socialistes font florès. Les Guaraní élèvent bétail et moutons, cultivent la *yerba mate* (herbe à maté, *voir p. 316*), deviennent des artisans et des sculpteurs accomplis. Les pères jésuites exploitent également leurs talents musicaux, leur apprennent la harpe et la guitare.

Mais cette expérience communautaire à grande échelle ne va pas durer. Les jésuites se sont fait des ennemis farouches, notamment à la cour de Madrid. En 1767, le couperet tombe : ils sont expulsés du pays, et les Guaraní abandonnés à leur sort, à la merci des *bandeirantes* et des grands propriétaires qui les embrigadent dans le système tentaculaire de l'*encomienda*. Pour la plupart, les plus belles églises jésuites sont rasées ou tombent en ruine ; mais les vestiges des missions – certaines partiellement restaurées – témoignent du grand-œuvre réalisé par les missionnaires. Le film *Mission* de Roland Joffé, avec Jeremy Irons et Robert De Niro, présente une reconstitution romancée, mais poignante, de la tragédie finale. Huit des *reducciones* se concentrent dans le sud du Paraguay, les autres se dispersant dans la province argentine de Misiones *(voir p. 338)*, en Bolivie et au Brésil. Partant d'Asunción, ces ruines sont accessibles via la Ruta 1, direction Encarnación. ❑

À GAUCHE : vestiges d'une mission jésuite, sud du Paraguay.

Le **Puente de la Amistad** (pont de l'Amitié) relie Ciudad del Este à sa jumelle brésilienne, **Foz do Iguaçu** *(voir p. 257)*, donnant accès aux célèbres chutes d'Iguazú, ou Iguaçu en portugais *(voir p. 339)*. Excursions et transports en commun vous conduisent à Iguazú et Itaipú ; mais, pour les chutes de Salto Monday, situées à 10 km de la ville, il vous faudra prendre un taxi.

Dans les pas des jésuites

Les jésuites fondèrent presque toutes leurs *reducciones* (vastes missions indigènes) dans les zones fertiles du haut Paraná, au sud-est d'Asunción par la Ruta 1. À 48 km au sud de la capitale, **Yaguarón** a conservé sa mission franciscaine bâtie en 1640. L'église offre un exemple saisissant de baroque hispano-guaraní. Non loin, un musée se consacre à la dictature de Francia. Les premières ruines jésuites apparaissent à **San Ignacio Guazú** ❹, au Km 226. Le **Museo Jesuítico** expose une belle collection d'art indigène de la période des missions. La Ruta 4 se dirige, elle, vers l'est et **Pilar** pour rejoindre **Humaitá**, près du confluent des Ríos Paraná et Paraguay ; sur ce site fortifié, la garnison résista pendant 3 ans au cours de la guerre de la Triple Alliance.

Au nord-est de San Ignacio, **Santa María de Fe** date de 1669. L'église est d'époque moderne, mais son musée présente un ensemble de saints et d'apôtres sculptés par les Guaraní. À 16 km au sud, **Santa Rosa** fut fondée en 1698. Un incendie détruisit l'église en 1883, mais des sculptures en bois, une tour et des fresques ont survécu – notamment une *Annonciation*, chef-d'œuvre du baroque hispano-américain. Pour rejoindre les ruines de la mission de **Cosmé y Damián**, quittez la Ruta 1 au Km 306 et poursuivez sur 30 km en direction du sud. Construit par le père Buenaventura Suarez et ses aides guaraní, l'observatoire astronomique, alors réputé dans le monde entier, n'a laissé pour seul vestige qu'un remarquable cadran solaire.

Les jésuites établirent la ville d'**Encarnación** ❺ sur l'actuelle rive argentine du Río Paraná, avant de la transférer sur la rive nord en 1621. Il ne reste rien de la mission d'Itapúa. Mais la ville, proche du **barrage de Yacyretá**, permet de partir à la découverte des missions de Trinidad et de Jesús de Tavarangue. Dans les environs, champs de soja, de maté et de coton, sylviculture et légumes ont fait la prospérité des communautés japonaises locales. À 30 km au nord d'Encarnación, les jésuites du Paraguay ont livré leur plus splendide témoignage avec les ruines de **Trinidad.** La seule taille de cette mission, classée au Patrimoine mondial par l'Unesco, reflète bien l'ambition du projet jésuite dans le Nouveau Monde. Fondée relativement tard, en 1706, son église ne fut achevée qu'en 1760, quelques années seulement avant l'expulsion de l'Ordre. L'édifice a conservé plusieurs éléments remarquables, dont sa chaire sculptée, chef-d'œuvre du genre. Les ruines englobent plusieurs églises, des maisons amérindiennes, des cryptes et une imposante statuaire de la Sainte Trinité, évidée à l'arrière : un prêtre pouvait s'y cacher et y entonner la parole du Tout-Puissant. Au nord de la Ruta 6,

> *Celui qui peut conquérir les Indiens du Paraná en faisant parler la poudre ne le doit pas ; il doit les soumettre purement par la force des sermons et des préceptes de la religion, ce pourquoi il a été missionné.*
>
> PHILIPPE II D'ESPAGNE, SUR LA FONDATION DES MISSIONS JÉSUITES

CI-DESSOUS : visages guaraní, architecture jésuite.

La guerre du Chaco (1932-1935) oppose le Paraguay, contraint par les compagnies pétrolières de trouver de nouveaux gisements, à la Bolivie en quête d'un accès à la mer par le fleuve Paraguay. Le conflit coûte la vie à plus de 100 000 soldats, la plupart morts de déshydratation ou de maladies, et n'atteint aucun des objectifs, si ce n'est que le Paraguay remporte les trois-quarts du territoire disputé. Le traité de frontière ne sera signé que le 28 avril 2009.

une route de 10 km vous conduira à **Jesús de Tavarangue**, fondée en 1685. Le site donne une impression d'inachevé, les jésuites s'étant lancés dans cet énorme projet 7 ans avant leur expulsion. Vestiges particulièrement frappants, les 3 porches voûtés ont été construits par des architectes catalans dans le style mudéjar.

Cap au nord-est

Moins touristique et moins peuplé que les régions orientales, le nord-est du pays n'en recèle pas moins plusieurs sites remarquables. En quittant Asunción par la Ruta 2 jusqu'à Coronel Oviedo, si vous prenez la direction nord par les Rutas 3 et 5, vous arriverez à **Pedro Juan Caballero** ❻, ville collée à la frontière brésilienne. Vous aurez alors le choix entre passer au Brésil ou poursuivre en direction du sud-ouest jusqu'au **Parque Nacional Cerro Corá**, théâtre de l'ultime bataille de la guerre de la Triple Alliance – et de la mort d'El Mariscal López. Des monuments glorifient sa mémoire çà et là dans le parc, nettement plus intéressant pour ses grottes gravées de pétroglyphes précolombiens.

Le Río Paraguay ouvre une voie d'accès primordiale vers le nord. À 300 km en amont d'Asunción, le port de **Concepción** et son marché bénéficient de leur liaison commerciale avec le Brésil. Les bateaux remontent plus haut sur le fleuve et, selon le niveau des eaux, pourront vous conduire en certains lieux reculés, parfois accessibles en 4x4 en venant du Chaco. Petits avions ou bateaux rallient les petits ports qui jalonnent cette partie du fleuve, comme Puerto Casado ou Fuerte Olimpo ; un bateau de croisière, le *Paraguay Cruise*, permet d'explorer le **Pantanal** et sa symphonie ornithologique, ou les **marais de Nembucu**.

Ciels immenses du Chaco

Torride en été, privée d'eau pendant plusieurs mois d'affilée, cette région désolée couvre 60 % du territoire paraguayen mais n'héberge que 4 % de sa population. Longtemps peuplé pour l'essentiel de groupes indigènes tels les Nivaclé et les Lengua, le Chaco accueille désormais quelques camps militaires et des colons

Un monde à part

Comme il arrive souvent dans les régions isolées, le Chaco a attiré quelques communautés d'immigrants très spéciales, tels les mennonites, une secte protestante anabaptiste aux règles particulièrement strictes dont les premiers colons arrivèrent en 1927. La secte gère ses banques, ses écoles et ses hôpitaux, fonctionnant selon un système de coopérative agricole. Vous en verrez, sur les marchés d'Asunción, habillés encore à la mode du 19e siècle. Presque tous parlent le Platt Deutsch, un dialecte bas-allemand. Néanmoins, cette secte est le plus grand fournisseur de produits laitiers du pays.

Moins connue, la communauté de Nueva Germania s'est implantée au nord de Coronel Oviedo. Elle fut créée en 1886 par Elisabeth Förster-Nietzsche, sœur exaltée du philosophe Friedrich Nietzsche, et femme d'un antisémite plus exalté encore, Bernhard Förster. Leur objectif avoué – fonder une colonie purement aryenne – se heurta aux lois de la nature : dense végétation, chaleur torride et pluies torrentielles combinées avec une absence totale d'eau de source. Ni la rage des colons dupés, ni le suicide de son mari ne vinrent à bout d'Elisabeth, qui rentrera en Allemagne pour saluer en Hitler son maître. En 1992, Ben McIntyre retrace cette étrange histoire dans son livre *Elisabeth Nietzsche ou la folie aryenne*.

CI-DESSOUS : dans un magasin d'ameublement, chez les mennonites.

Carte p. 266

mennonites *(voir l'encadré p. 278)*. Plusieurs missions catholiques y côtoient de vastes estancias dédiées à l'élevage du bétail. Contrairement au reste de la région, les zones mennonites disposent d'infrastructures routières et hôtelières de qualité. Vous pourrez camper dans le Chaco, mais en totale autonomie – à commencer par l'eau. Avis aux amateurs d'oiseaux : ce désert se métamorphose en paradis lorsque d'immenses colonies s'y rassemblent après les pluies.

Dans le **Bajo Chaco** (bas Chaco), le plus proche d'Asunción, le bétail pâture entre marécages et forêts primaires de palmiers. Vous y accéderez en franchissant le fleuve puis en empruntant les premiers kilomètres de la Ruta Transchaco, jusqu'à **Villa Hayes.** Cette petite ville doit son nom au président américain Rutherford B. Hayes, qui prit la défense du Paraguay après la guerre de la Triple Alliance.

À 250 km, **Pirahu** sera l'occasion de faire halte et de se renseigner sur l'état des routes. Vous trouverez l'embranchement pour Concepción 20 km plus loin, à **Pozo Colorado**, puis, au Km 415, **Cruce de los Pioneros**. Comme les autres étapes, Cruce dispose de restaurants et de stations-service, mais elle offre en prime un supermarché et un hôtel dont la cuisine est excellente.

Continuez sur 50 km par la nationale ; sur la droite, vous rejoindrez **Loma Plata**, la plus importante ville mennonite. Un peu plus loin, toujours sur la droite – et toujours mennonite –, **Filadelfia** ❼ assume le statut de capitale du **Chaco Central**. Plus au nord sur la Ruta Transchaco, au Km 540, vous pourrez refaire plein et provisions au poste militaire de **Mariscal Estigarribia.** Ici s'arrête la route goudronnée. Après quoi les choses se compliquent, même si la piste – à patiquer de préference en hiver – file jusqu'à Santa Cruz, en Bolivie.

Plus au nord s'étend l'**Alto Chaco**, dont les steppes épineuses et les avant-postes militaires semblent tout droit sortis du *Désert des Tartares*. Les routes n'y connaissent pas l'asphalte, mais la faune apprécie ces espaces vierges : y abondent jaguars, pumas, tapirs, serpents venimeux, et une espèce de sanglier découverte en 1975 que l'on croyait éteinte depuis le Pléistocène. Aussi vaste qu'isolé, le **Parque Nacional Defensores del Chaco** se mérite, pour y accéder comme pour le traverser. ❑

De même que l'Amazonie, le Gran Chaco, l'une des dernières régions sauvages d'Amérique du Sud, se trouve aujourd'hui menacée de déforestation afin de répondre à la demande croissante mondiale de la culture du soja. Si elle n'est pas contrôlée, la forêt pourrait disparaître vers 2030.

CI-DESSOUS : puma en chasse dans l'Alto Chaco.

SECURITY SAT
111

 Cartes p. 266 & 296

CHILI

Des chaleurs torrides du désert d'Atacama aux vents glacés de Patagonie, ce pays étiré comme un ruban le long du Pacifique se pare de plages sauvages, de lacs glaciaires et de volcans enneigés.

Serpentin déroulé sur la côte Pacifique sud-américaine entre le 18e et le 56e parallèle sud, le Chili couvre un large spectre de climats et de paysages. Coincé entre les Andes et le Pacifique sur plus de 4300 km de littoral, sa largeur maximum ne dépasse pas 355 km. Le désert le plus sec du globe, des étendues de forêts luxuriantes, une frange éblouissante de glaciers et de fjords bordent les frontières de ce long "spaghetti". Chevauchant l'"anneau de feu" du Pacifique, le pays compte 2085 volcans, dont 50 actifs. Si l'hyperactivité géologique produit un grand nombre de sources chaudes bénéfiques, la terre, toutefois, tremble presque chaque semaine. Le dernier séisme conséquent remonte à février 2010 : d'une magnitude de 8,8 sur l'échelle, il frappe le centre littoral du pays de Concepción à Santiago, faisant 521 victimes et plus de 2 millions de sinistrés.

Au nord, l'aride et mystérieux désert d'Atacama s'élève à plus de 4500 m pour rejoindre l'Altiplano bolivien. Plages et stations balnéaires huppées jalonnent la côte nord-ouest. La frontière orientale longe la cordillère des Andes, cadre montagneux choisi par la capitale, Santiago, située juste au milieu de ce ruban. Au sud, le climat se rafraîchit, les paysages se font montagneux et verdoyants. La Región de los Lagos regroupe 12 grands lacs et plus de la moitié des volcans actifs du pays. Plus au sud, la côte s'éparpille en îles ; pluies et folklore imprègnent la plus grande, Chiloé. À l'extrême sud, les steppes hostiles de Patagonie viennent buter sur les glaciers et les sommets du Parque Nacional Torres del Paine, et se prolongent jusqu'en Terre de Feu, face aux tempêtes glacées des eaux subantarctiques.

Cette géographie en apparence hostile n'a pas empêché le Chili de se hisser à la tête des nations les plus développées du continent. Vous serez surpris par le modernisme de son système bancaire, de ses transports publics et autres services, vernis flatteur couvrant des inégalités sociales et économiques profondes.

Ne manquez pas
- SANTIAGO
- VALPARAÍSO
- DÉSERT D'ATACAMA
- STATION DE SKI DE PORTILLO
- VOLCAN DE VILLARRICA
- CHILOÉ
- TORRES DEL PAINE

PAGES PRÉCÉDENTES : Parque Nacional Torres del Paine. **À GAUCHE** : personnel en pause, Santiago. **CI-DESSOUS** : Valle de la Luna, Atacama.

Museo de Bellas Artes, Santiago.

Les Chiliens sont renommés pour leurs dons artistiques : musiciens, poètes, peintres, troupes de théâtre se sont bâti une solide réputation à travers tout le continent. Ils ont également pour manie de légiférer au moindre prétexte – dans les rues de Santiago, l'on vend les nouvelles lois avec la presse quotidienne et les chocolats – et un sens commercial redoutable leur a valu le sobriquet d'"Anglais d'Amérique du Sud".

Déjà remarquée par les voyageurs du 18e siècle, l'hospitalité chilienne est plus évidente encore aujourd'hui. Après des années de dictature, les Chiliens saluent l'essor du tourisme comme un soutien apporté à une démocratie chèrement reconquise.

Du socialisme au fascisme

L'opinion internationale ne s'est guère intéressée au Chili avant 1970, année où les socialistes gagnent les élections pour la première fois dans l'histoire du pays : malgré les pressions exercées par la droite et l'administration des États-Unis, Salvador Allende accède à la présidence. Une victoire fragile, qui limite la marge de manœuvre du nouvel occupant de la Moneda. Dans un premier temps, il parvient néanmoins à engager des réformes visant à relever le niveau de vie des pauvres : les salaires augmentent, les terres sont redistribuées et des emplois sont créés. Mais les classes moyennes et supérieures redoutent une révolution marxiste, tandis que l'extrême gauche se sent flouée par les compromis auxquels Allende doit bien se résoudre. Craignant les nationalisations, les capitaux nationaux et étrangers fuient le pays. La production baisse et la demande intérieure croît, alimentant une inflation galopante. Allende perd le contrôle des marxistes radicaux qui réclament l'introduction immédiate du communisme. Secrètement, la droite et la Maison Blanche financent une grève des routiers, bientôt rejoints par les petits commerçants et les cadres. Ce qui n'empêche pas l'Unidad Popular, le parti d'Allende, de remporter 44 % des sièges lors des élections législatives de mars 1973.

CI-DESSOUS : l'ex-présidente du Chili Michelle Bachelet et le maire de Mexico, Marcelo Ebrard. **À DROITE** : Palacio de la Moneda, Santiago.

À l'aube du 11 septembre 1973, l'armée encercle le Palacio de La Moneda (palais présidentiel), le Congreso Nacional (Assemblée nationale), le siège des grands journaux et de l'Unidad Popular ; l'aviation ouvre le feu sur plusieurs *barrios* ouvriers et bombarde La Moneda où, après une allocution désespérée à la radio, Allende se suicide d'une rafale de kalachnikov. Une junte prend le pouvoir, proclame l'état de siège et promet l'éradication du marxisme. Des milliers de citoyens désignés comme "subversifs" sont raflés et déportés dans des camps de concentration. Environ 3 000 personnes trouveront la mort.

Leader de la junte, le général Augusto Pinochet Ugarte écrase brutalement toute opposition. Des milliers de dissidents, réels ou supposés, sont emprisonnés, torturés, exilés ou assassinés. Mais la fin de la guerre froide met fin au soutien du régime par les États-Unis. Le 5 octobre 1988, Pinochet soumet sa présidence à un référendum. Les exilés sont amnistiés et l'état d'urgence maintenu depuis 1973 est levé. La grande majorité des 7 millions d'électeurs – sur 16 millions d'habitants – votent "non". Pinochet s'incline, annonçant la tenue d'élections législatives en 1989.

Un nouveau gouvernement est mis en place le 11 mars 1990, mais Pinochet a conservé 8 de ses hommes au Sénat, et il reste à la tête de l'armée. Peu à peu, la confiance et la démocratie gagnent pourtant du terrain, soutenues par un miracle économique qui renvoie la dette et l'hyperinflation aux oubliettes. Et l'histoire semble se répéter lorsque, en 1993, une coalition de centre gauche porte à la présidence Eduardo Frei, fils d'un président des années 1960, Eduardo Frei Montalvo. En mars 1998, Pinochet se démet de toute fonction militaire, mais, en tant qu'ancien président, se voit offrir un siège de sénateur à vie, au milieu d'une tempête de manifestations. En octobre de la même année, accusé de crime contre l'humanité par la justice espagnole, il se retrouve placé en résidence surveillée à Londres, dans l'attente de son extradition. Libéré en 2000 pour raisons de santé et autorisé à rentrer au Chili, il meurt en 2006 sans avoir jamais comparu devant un tribunal.

En 2000, le socialiste Ricardo Lagos est élu président, à la tête de la coalition de centre gauche. Lagos chercher à concilier la croissance économique avec une plus

L'industrie du saumon aura connu une existence courte mais intense. En partant de zéro, cette industrie s'est retrouvée propulsée, en à peine 15 ans, au deuxième rang mondial avant que le virus de l'anémie infectieuse du saumon ne l'anéantisse. En 2009, la production de saumon d'élevage chute de 90 %. Cette expérience devrait inciter le Chili à réviser sa réglementation s'il souhaite rejoindre le premier monde.

Ci-dessous : jeunes héros de la guitare Xbox, Santiago.

Rafting sur la Maipo.

grande justice sociale. L'année 2004 est marquée par la légalisation du divorce, malgré l'opposition farouche de l'Église catholique et, en 2005, le président recouvre le droit de révoquer des chefs militaires.

En 2006, le Chili donne au continent sa première présidente, Michelle Bachelet. Son mandat débute sous des auspices orageux, paradoxalement dus à la hausse des cours du cuivre, principale exportation du pays : les syndicats font le forcing pour obtenir une augmentation des salaires et des dépenses publiques. Le Chili demeure confronté à un problème chronique, l'inégalité des revenus – l'une des plus criantes d'Amérique du Sud, malgré 2 décennies de croissance ininterrompue. La constitution chilienne n'autorisant qu'un seul mandat, Michelle Bachelet cède sa place, en mars 2010, au milliardaire et homme d'affaires Sebastián Piñera, candidat de la Coalition de la droite. C'est la première fois depuis la chute de Pinochet que la droite gouverne le pays.

Santiago, épicentre de la vie intellectuelle

Selon la légende, le conquistador Pedro de Valdivia aurait oublié les rigueurs de son périple – il venait du Pérou – lorsqu'il découvrit la vallée où les Ríos Mapocho et Maipo se rejoignent avant de gagner le Pacifique. Encerclé par des collines et des montagnes, l'emplacement lui parut idéal pour fonder une colonie. Aujourd'hui, **Santiago** ❽, qui noie ses 6 millions de Santiaguinos dans un brouillard de pollution, n'a sans doute plus rien d'idyllique, mais son charme – en particulier lorsqu'une tempête hivernale balaie ce voile pour laisser apparaître les cîmes enneigées des Andes – reste indéniable.

Valdivia marqua le centre de Santiago par la **Plaza de Armas** (1541), où se tenaient le marché et le gibet. Sous ses ombrages, vous croiserez aujourd'hui vieillards, cireurs de chaussures, clochards et amoureux. Une audacieuse verrière illumine le passage central du **Correo Central** (1882), bureau de poste le plus efficace du continent. Logé dans le Palacio de la Real Audiencia voisin, le **Museo Histórico Nacional** retrace avec brio l'histoire du pays, de ses racines précolombiennes à nos jours. Côté ouest de la *plaza*, la grande **Catedral** (1748-1830) présente un somptueux décor intérieur baroque. Deux rues plus loin, dans la Calle Catedral, le néoclassique **Congreso Nacional** (1876) abrita l'Assemblée législative jusqu'à sa fermeture en 1973 pour relocalisation à Valparaíso. Le majestueux **Palacio de La Moneda** (1805) se dresse 4 rues au sud, Calle Morandé. Originellement conçu pour accueillir la Monnaie, il devint la résidence du chef d'État ; Salvador Allende s'y donna la mort durant le coup d'État de 1973.

Au sud du palais, la **Plaza de la Ciudadanía**, nouvellement restaurée, cache dans ses entrailles le **Centro Cultural Palacio la Moneda** (ouv. tlj. de 9h à 19h30), un centre artistique richement bétonné.

Véritable cœur de la ville, le **Paseo Ahumada**, un passage piétonné reliant Plaza de Armas à **Avenida Libertador**

Ci-dessous : campagne électorale aux présidentielles de 2010 du sénateur Alejandro Navarro.

 Carte p. 266

Bernardo O'Higgins, voit défiler toute une galerie de personnages – hommes d'affaires, vendeurs des rues, changeurs d'argent. De l'autre côté d'Alameda, principale artère est-ouest, l'imposante façade ocre rouge de l'**Iglesia San Francisco** (1612) trahit des influences nettement mudéjar. Un musée adjacent conserve une collection de peintures coloniales. Vous longez maintenant le **Barrio París-Londres**, ses belles demeures des années 1920 et ses rues tortueuses. Remontant d'Ahumada, si vous empruntez la Calle Augustinas, vous découvrez l'Iglesia San Agustín (17ᵉ siècle), puis le **Teatro Municipal.** Inaugurée en 1854, cette scène réputée accueille productions théâtrales, opéras et concerts autour de la petite et ténébreuse **Plaza Mulato Gil**.

Le Venezuela dispose de pétrole, le Brésil cultive le soja et le Chili, quant à lui, extrait du cuivre, un matériau qui a le vent en poupe depuis le début du millénaire. Cette matière première représente 36 % du marché mondial et 49 % du montant des exportations chiliennes (soit 32 milliards de dollars en 2008).

Espaces verts haut perchés

Lorsqu'il fonda la cité, Valdivia se tenait à l'emplacement de l'un des parcs actuels, **Santa Lucía**, petite colline couronnée de terrasses et d'un château miniature qui surplombe tout le centre. Quant au **Parque Forestal**, son étroit périmètre épouse le cours du Río Mapocho – de la station de métro Puente Cal y Canto (ligne 2) à celle de Baquedano (ligne 5). Profitez de votre halte à Puente Cal y Canto pour vous imprégner de l'ambiance gourmande et colorée du **Mercado Central**, et pour voir une exposition, un foire ou un concert à l'**Estación Mapocho**, l'ancienne gare centrale récemment transformée en centre culturel. Suivez ensuite les sentiers sinueux ombragés de vénérables arbres avant d'atteindre le **Museo de Bellas Artes.** Cette copie du Petit Palais de Paris expose une remarquable collection d'artistes chiliens.

Beaucoup plus vaste, le **Parque Metropolitano** couvre 4 collines culminant à 800 m. Un funiculaire vous conduira jusqu'à la terrasse aménagée au sommet, d'où l'on contemple toute la ville – si le brouillard le permet. Une statue de la Vierge domine un zoo, un jardin botanique, 2 piscines et un centre de dégustation proposant les meilleurs crus chiliens. Un téléphérique vous redescendra jusqu'à mi-pente dans le *barrio alto*, Calle Pedro de Valdivia.

CI-DESSOUS : à l'instar du muasée d'Orsay, l'ancienne Estación Mapocho a été reconvertie en centre d'expositions et d'événements.

Chili con vino

Le Chili produit du vin depuis plus de 4 siècles mais il faudra attendre les années 1980 pour que le reste du monde puisse le déguster.

Au 16e siècle, les *conquistadores* introduisent des cépages espagnols au Chili : il faut du vin de messe pour les missionnaires. Durant la période coloniale, les haciendas du Valle del Maipo cultivent ainsi quelques petits vignobles à usage religieux. Aujourd'hui, Bacchus chaperonne un produit d'exportation aux vertus moins spirituelles, mais nettement plus fructueuses – gagnant jusqu'aux restaurants les plus étoilés de France et de Navarre.

La première exploitation viticole chilienne remonte à 1851, date à laquelle un certain Silvestre Ochagavía importe des cépages français dans le Valle del Maipo. Les magnats des mines entreprennent ensuite de vastes chantiers d'irrigation, et les vignobles peuvent alors s'éloigner des bords du fleuve. La richesse des sols de la vallée en limon, leur altitude, leur climat sec et leur ensoleillement ne tardent pas à donner des vins de qualité. Et à la fin du 19e siècle, lorsque le phylloxéra dévaste les vignobles français, les viticultureurs chiliens n'hésitent pas à renvoyer l'ascenseur à leurs pairs de l'Hexagone en leur envoyant leurs plants. Seul le carmenère, un vieux cépage bordelais, résistera à la maladie.

Au début du 20e siècle, les gros producteurs débordent les confins de la vallée, et de nouveaux vignobles voient le jour aux environs de Los Andes et de Rancagua. Mais il faut attendre les années 1980 pour que les viticulteurs chiliens se lancent dans un processus de modernisation, adaptant leurs vins corsés, charpentés et très riches en tanin aux crus plus fruités et plus légers auxquels les Européens et les Nord-Américains sont habitués. Les exportations s'envolent aussitôt, et les vignobles s'étendent aujourd'hui de Copiapó, en lisière sud du désert d'Atacama jusqu'à Los Angeles, près du *río* Biobio. Région vinicole exploitée depuis 30 ans seulement, le Valle de Casablanca (entre Santiago et Valparaíso) produit quelques-uns des meilleurs blancs du Chili.

La *vendimia* (vendanges) a lieu entre le début mars (au nord) et la mi-avril (au sud). Celle de Santa Cruz, dans le Valle de Colchagua, donne lieu à des dégustations et à des festivités particulièrement réputées, mais d'autres vendanges de la région offrent prétexte à maintes réjouissances. De nombreux domaines sont ouverts au public ; hors saison, il faudra cependant vous limiter aux chais. Certains, comme ceux de Santa Rita, ont été construits par les Espagnols au 18e siècle. Cerise sur le gâteau, plusieurs d'entre eux, et notamment dans le Valle de Casablanca, s'agrémentent d'excellents restaurants.

Parmi les domaines proches de Santiago, le plus grand producteur du pays, Concha y Toro, déploie ses rangs de vigne à Pirque (1 heure de route de la capitale ou par le métro jusqu'à Puente Alto). Lors d'un week-end, vous pouvez inclure une visite guidée du vignoble et de son ancienne demeure familiale lors d'une excursion au Cajón del Maipo voisin (réservation par tél. 476 5269 ou www.conchaytoro.cl). Tout aussi intéressant, le superbe vignoble de Santa Rita, à 35 km au sud de Santiago, via la Panamericana, se visite également (réservations par tél. 362 2520 ou www.santarita.cl). Havre de sérénité niché au pied des Andes, le domaine Cousiño Macul, l'un des plus vieux du Chili, n'est qu'à 45 min du centre-ville (réservations par tél. 351 4175 ou www.cousinomacul.cl). ❑

Ci-contre : domaine viticole de la Valle Casa Blanca, à l'ouest de Santiago.

Fief nocturne des artistes, des écrivains et de ceux qui veulent voir et être vus, les rues de **Bellavista** alignent bars branchés, restaurants et galeries, tandis que des troupes de comédiens et de musiciens itinérantes disputent aux hippies des trottoirs faiblement éclairés. Les tables des cafés débordent sur les trottoirs de la **Calle Pío Nono**, principale artère du quartier. Dans les rues voisines, chaque demeure rivalise d'excentricité et de jardins fleuris, ornements et balcons sculptés déroulant leur mosaïque architecturale. Le prix Nobel de littérature Pablo Neruda créa nombre de ses œuvres dans une maison située Calle Fernando Márquez de la Plata (au n° 0192), La Chascona. D'autres centres d'activités nocturnes bordent l'Avenida Manuel Montt, à Providencia, et dans le barrio Brasil.

Chaque week-end, le **Mercado Franklin**, aussi appelé **Bío Bío**, (4 rues à l'est de la station Franklin) déploie son marché aux puces tout au long d'immenses abattoirs abandonnés. La mode se taille une belle place à Santiago, et pour un coût abordable. Dans le *barrio alto*, le quartier chic d'**Alonso de Córdova** (donnant Avenida Vitacura) s'émaille de boutiques et de grands magasins de luxe. Galeries marchandes dédiées aux vêtements, **Parque Arauco** (Avenida Kennedy 5413) et **Alto Las Condes** (Avenida Kennedy 9001) se sont implantés côté est du *barrio*.

À l'est de la ville, **El Pueblito de los Dominicos** se blottit au pied des Andes. Un ruisseau serpente à travers le village, cernant des chaumières en adobe. Dans leurs ateliers, les artisans produisent poteries, articles en cuir ou en métal.

Randonnée équestre dans le Maipo Canyon dans les Andes.

ENVIRONS DE SANTIAGO

Quelques heures de route, en voiture ou en car, et l'air pollué de la capitale n'est plus qu'un souvenir, balayé par la brise fraîche de la côte, le climat montagneux des Andes ou la sérénité des petits villages des vallées.

Le week-end, les Santiaguinos s'aventurent dans le **Cajón del Maipo** pour y prendre le thé, grignoter *empanadas* et *küchen*, se détendre au fil des bourgades qui émaillent ces gorges de 60 km de long. Quittant **Puente Alto** (sud-est de la

À GAUCHE : moment de détente dans les sources chaudes de Colina. **CI-DESSSOUS** : trek dans le Parque Nacional El Morado, Andes.

Vue sur Santiago de la station de ski El Colorado.

vallée), une route remonte le Río Maipo et ses affluents pour rejoindre sa source près d'**El Morado**, volcan éteint sommeillant à 5 000 m d'altitude. Sommets arides, la **Punta Negra**, le **Peladero**, le **Lomo del Diablo** ou la **Yerba Buena** se métamorphosent avec la course du soleil, passant du vert et du brun au bleu, du rose à l'orange puis au rouge avant de se fondre dans le crépuscule. Vignobles et pâturages occupent le fond de cette vallée fertile. Randonnées, andinisme, baignades et camping, vous aurez l'embarras du choix, et plusieurs aires de pique-nique jalonnent la route.

La naissance de **San José de Maipo**, à 25 km de Puente Alto, remonte à 1791, lorsque des mineurs découvrirent un filon d'argent dans les collines environnantes. Le bourg a conservé ses maisons en adobe et sa *plaza* centrale. À **San Alfonso** (Km 40), vous pourrez partir en randonnée et camper à la **Cascada de las Ánimas**, face à la falaise du canyon. La route se divise à **San Gabriel** (Km 46), où l'air commence à se raréfier. Si vous prenez la route sud, vous découvrirez **Lo Valdés** au Km 70, oasis miraculeusement nichée sur les pentes semi-arides du volcan Morado. Auberge accueillante, le Refugio Alemán est une base idéale pour explorer les pistes qui rejoignent les sommets voisins, couronnés de neige. À proximité, les sources thermales de **Baños de Colina** s'écoulent dans une petite vallée déroulant un panorama superbe sur les Andes et les pentes en contrebas.

Au sud de Puente Alto, de l'autre côté du Cajón del Maipo, se tient **Pirque**, terre des premiers vignobles chiliens *(voir p. 288)*. La **Reserva Nacional Río Clarillo** occupe le cœur d'une zone semi-aride où s'épanouissent cactées et plantes indigènes. À l'époque coloniale, les aristocrates espagnols venaient prendre leurs vacances sur les rives sablonneuses de la **Laguna de Aculeo**. Ses eaux irriguent une vallée située à 60 km de la capitale dans un cadre de montagnes. Campings, hôtels et restaurants bordent les berges, mais l'abus d'engins nautiques motorisés pollue le lac. Un barrage construit voici une vingtaine d'années a donné naissance au **Lago Rapel**, au confluent des *ríos* **Tinguiririca** et **Cachapoal** ; ses eaux limpides combleront baigneurs, pêcheurs et amateurs de ski nautique.

CI-DESSOUS : village de San Juan Bautista ouvrant sur la baie de Cumberland, Isla Robinson Crusoe.

Islas Juan Fernández

Robinson Crusoë a bel et bien existé : il était Ecossais, s'appelait Alexander Selkirk et fut abandonné dans les Juan Fernández, 677 km à l'ouest de Valparaíso. L'archipel a été classé Réserve de la Biosphère Mondiale en 1977. Les 2 plus grandes îles du groupe portent respectivement les noms respectif d'Alexander Selkirk et de Robinson Crusoe (la troisième étant baptisée Santa Clara). Environ 500 personnes y habitent, bien loin du monde chilien moderne, où ils exportent leurs célèbres *langostas*, une spécialité des îles. Les jeunes lycéens doivent aller en pension à Valparaíso. Durant la Première Guerre mondiale, le croiseur allemand *Dresden*, seul rescapé de la bataille des Malouines, fut coulé ici par 2 unités de la Royal Navy et son épave repose au fond de Bahía Cumberland.

 Carte p. 266

Skier dans les Andes

L'altière omniprésence des sommets andins offre au Chili l'un des meilleurs domaines skiables au monde, avec des pistes d'excellent niveau, exploitables de juin à septembre. Quatre stations se trouvent à distance raisonnable de Santiago. Les villages de **El Colorado** et de **La Parva** surplombent El Arrayán, à 50 km de la capitale, au bout d'une route hérissée d'une succession d'épingles à cheveux – en hiver, son accès est contrôlé : la montée se fait uniquement le matin et la descente, en fin de journée. Station huppée construite en 1988 par le groupe français des 2 Deux-Alpes, **Valle Nevado** se niche dans une vallée au-dessus de Farellones. Trois hôtels de luxe y côtoient des immeubles résidentiels, et 10 télésièges hissent les skieurs jusqu'à 3 670 m pour certaines pistes.

Au nord-ouest de Santiago, vous découvrirez la station de **Portillo**, station mondialement réputée, perchée à 2 850 m d'altitude, à 7 km de la frontière argentine et de Mendoza. Quant à **El Arpa**, au nord de la ville de Los Andes, ses pentes poudreuses ouvrent sur le sommet d'Aconcagua, en Argentine.

Côte pacifique

Réputé pour ses eaux calmes et ses élégantes résidences, **Algarrobo**, 140 km à l'ouest de Santiago, s'est développé à la fin du 19e siècle. Aujourd'hui, cet important centre de plaisance accueille des régates internationales. À proximité, le paisible **El Quisco** associe son petit port de pêche et son yacht-club à de vastes plages. Quatre kilomètres plus au sud, une pinède masque **Isla Negra** et ses rochers battus par la houle. Pablo Neruda écrivit nombre de ses poèmes dans une maison perchée sur la falaise. Transformée en **musée**, elle accueille les groupes en visite guidée (ouv. du mar. au dim. : de mars à déc. de 10h à 18h, de jan. à fév. de 10h à 19h ; visitées guidées : Fundación Pablo Neruda, Santiago, tél. 777 8741, ou à Isla Negra, tél. 354 612 84), mais vous pouvez très bien y aller seul.

À 120 km à l'ouest de la capitale, **Valparaíso** ❾ lui vole sans peine la vedette en matière de séduction. Ici, flâner au hasard des rues réserve un bonheur tel

Ci-dessous : vue sur Valparaíso du Cerro Alegre.

NOTEZ-LE

Le Festival Internacional de la Canción de Viña del Mar se déroule tous les ans en février dans le Quinta Vergara, l'un des plus beaux parcs du Chili.

que regarder un plan équivaudrait à un crime de lèse-majesté. La ville, en cours de restauration, se partage entre sa zone portuaire et les 17 *cerros* (collines) qui surplombent sa célèbre baie. Sur le port, marins en bordée, prostituées, clochards et touristes se côtoient sans complexes. Quant aux *cerros*, ils déploient leur kaléidoscope de maisons colorées dans un dédale de rues tortueuses, d'*ascensores* (funiculaires) brinquebalants, de *plazas* bien cachées et d'escaliers traîtres aux marches taillées à pic. Sur **Muelle** (quai) **Prat**, vous explorerez la partie la plus ancienne (16e siècle) du port. À l'ouest, les pêcheurs débarquent leur prise à la **Caleta El Membrillo** devant les *picadas*, cabanons délabrés où l'on vous servira des produits de la mer d'une fraîcheur étourdissante. En 2003, l'Unesco a classé la vieille ville au Patrimoine mondial.

À l'assaut des *cerros*

Rien de tel que les *ascensores* pour explorer les hauteurs de Valparaíso. Contre quelques pesos, ces wagons en bois d'un autre âge vous hisseront vaille que vaille jusqu'aux quartiers perchés dans les *cerros*. À l'origine, l'Ascensor Artillería (1893) fonctionnait à la vapeur ; il dépose ses passagers sur le Paseo 21 de Mayo, qui offre une vue fabuleuse sur la baie. Quant à l'Ascensor El Peral, il permet de flâner sur la promenade sinueuse du **Paseo Yugoslavo**, au flanc du Cerro Allegre, longeant maisons et jardins du début du 20e siècle.

Doyen des funiculaires, l'Ascensor Concepción (1833) rejoint un quartier datant du 19e siècle ; les humbles bicoques en bois et en zinc du **Paseo Atkinson** se cramponnent aux pentes, où des immigrants britanniques firent édifier l'**Iglesia Anglicana San Pablo** (1858). Côté est de l'Avenida Argentina, un étroit tunnel accède à l'**Ascensor Polanco** (1915, classé Monument historique), merveille d'ingénierie qui s'élève verticalement pour émerger en haut d'une tourelle reliée par une passerelle au sommet d'une colline. Poussez jusqu'au bout de l'avancée du Muelle Barón, installez-vous au bar et profitez des beaux panoramas sur le Pacifique.

Ci-dessous : femme mapuche sur le marché d'Achao, dans la petite île de Quinchao, près de Chiloé.

Tradition protectionniste

Le désert d'Atacama et la cordillère des Andes constituent des barrières presque infranchissables entre le Chili et le reste du sous-continent. Ainsi le pays héberge-t-il une flore très remarquable, dont quelques espèces uniques, sans oublier le cépage carnemère, disparu de France lors de l'épidémie de phylloxera qui ravagea les vignobles à la fin du 19e siècle. Les Chiliens en ont conservé une sainte horreur des plants importés et protègent jalousement leurs frontières. Leur isolement historique a également favorisé l'évolution d'une identité très éloignée de celles de leurs voisins, créant une culture étonnamment homogène sur de telles distances. Mais d'importantes minorités se maintiennent, comme les Mapuche dans le sud, les Quechua et les Aymara dans l'extrême nord et les Rapa Nui sur l'île de Pâques.

Viña del mar

Viña del Mar vous réserve un cocktail épicé de plages, de jardins verdoyants et de vie nocturne. En été, Chiliens et Argentins se pressent dans ses night-clubs à la mode ou se dorent au soleil de plages plus dorées encore, mais passablement embouteillées. Voici un siècle, les riches Porteños (habitants du port) de Valparaíso avaient élu Viña pour retraite. Ils lui ont légué d'imposantes demeures et de vastes jardins aujourd'hui reconvertis en parcs publics.

La palme revient sans doute à la **Quinta Vergara**, agrémentée de plantes et d'essences exotiques importées du monde entier. Construit par les fondateurs de Viña, le **Palacio Vergara** (1908) abrite le **Museo de Bellas Artes** (ouv. du mar. au dim. de 10h à 13h30 et de 15h à 17h30). En février, l'**Anfiteatro** organise un Festival Internacional de la Canción (Festival international de chant). Cœur du vieux Viña, la **Plaza José Francisco Vergara** et ses palmiers prête son cadre superbe au néoclassique **Club de Viña** (1910), au **Teatro Municipal** (1930), à l'**Hotel O'Higgins** (1935) et à la **Casa Subercaseaux**, transformée en hôtel.

En été, le quartier **Avenida Valparaíso** attire les badauds avec ses cafés, ses galeries marchandes et sa foire artisanale. À son extrémité se dresse le **Cerro Castillo**, colline émaillée de riches demeures et de terrasses du 19e siècle donnant sur la baie. La Calle Alamos serpente sur ses pentes, longeant le Castillo Brunet et le Palacio Presidencial. La brume enveloppe volontiers l'Avenida Peru, promenade épousant le littoral, au nord du Cerro – tenue correcte exigée pour côtoyer les milliardaires venus jouer gros au **Casino Municipal**. À sa suite, l'Avenida San Martín borde de longues plages prises d'assaut par les touristes en période estivale.

Reñaca, 8 km au nord, réserve sa plage de 2 km, en bord de falaise, à des résidences cossues et à quelques hôtels de luxe où seuls de petits trams et des escaliers peuvent vous conduire. Le luxe vous pèse? Rejoignez **Horcón**, centre de la contre-culture chilienne. Ce petit port de pêche situé sur une péninsule rocheuse à 40 km au nord de Viña del Mar sommeille dans son bois dormant d'eucalyptus; sur le quai, des attelages de chevaux sortent ou mettent à l'eau des embarcations colorées,

Vous pourrez acheter du thé à la feuille de coca et des poupées de chiffon à San Pedro de Atacama.

CI-DESSOUS : l'étonnante formation géologique Tres Marias (Trois Maries) dans la Valle de la Luna, désert d'Atacama.

Scène de crucifixion où les conquistadors prennent la place des centurions romains, fresque d'église, Parinacota, Parque Nacional Lauca.

un spectacle fascinant notamment lorsque les pêcheurs ramènent leur prises du jour sous le regard intéressé des pélicans.

DÉSERTS DU NORD

Les 2074 km de routes qui conduisent de Santiago à Arica traversent un paysage lunaire, jalonné ici ou là de villages en adobe blanchi à la chaux, perdus dans le **désert d'Atacama.** Ici, les croyances ancestrales l'emportent sur le catholicisme, et le folklore mêle allégrement figures mystiques et extraterrestres.

À l'extrême nord, **Arica** ⑩ frôle le seuil du Pérou. Dans ses rues, contrebandiers péruviens ou boliviens font les affaires des marchés et des magasins. Mais Arica subjugue aussi par ses superbes plages et sa vie nocturne. La **Plaza Aduana** offre un répit aux ardeurs solaires du désert environnant. À proximité, la **Catedral de San Marco** (1876) élève une structure en fer forgé signée… Gustave Eiffel. L'altier **Morro de Arica** ménage un panorama unique sur la ville, le Pacifique et le désert. À son sommet, logé dans une ancienne forteresse, un musée commémore la bataille d'Arica, livrée durant la guerre du Pacifique (1879-1883) contre une armée péruvienne victorieuse.

Plusieurs agences de voyages proposent des excursions au **Lago Chungará** (4400 m), classé Réserve de biosphère par l'Unesco, près de la frontière bolivienne. Ce trajet harassant – mais magnifique –, au cours duquel il vous sera possible de voir les immenses géoglyphes sculptés dans le fond de la vallée, vous mènera aux eaux émeraude du lac, encadré par des sommets enneigés qui s'élèvent dès les berges. Ces dernières sont peuplées de flamants roses et de *tagua-tagua* qui nidifie sur des îlots de roseau. Afin d'éviter le *soroche* (mal des montagnes), préférez passer une nuit dans un hôtel à Putre, le temps de vous acclimater à l'altitude.

Les villages de Chungará et de Parinacota s'inscrivent dans le **Parque Nacional Lauca**, où *vicuñas* (vigognes), **vizcachas** *(Lagidium viscacia*, famille des chinchillidés) et oies des neiges aux ailes cernées de noir *(Anser cærulescens)* se promènent placidement le long de la route. Plus au sud, d'adorables chapelles en adobe

CI-DESSUS : adorable église en adobe, San Pedro de Atacama.

ponctuent les paysages montagneux arides jusqu'au Parque Nacional Isluga en lisière de la frontière argentine.

À 300 km au sud d'Arica, vous traverserez l'ancien centre industriel de salpêtre du Chili (nitrate de soude), à présent métamorphosé en station balnéaire, avant d'atteindre 300 km au sud-est, **Calama** ⓫ qui dessert la plus grande mine au monde de cuivre à ciel ouvert de Chuquicamata (à 16 km, visite possible). Des effluves de soufre imprègnent ses bars et ses modestes hôtels. En poursuivant vers le sud, vous arriverez à Antofagasta, principal port à l'exportation du cuivre. Au nord de la ville, une arche naturelle, La Portada, se dresse au large de ses hautes falaises.

De Calama, 3 heures de route tortueuse vers la Bolivie vous conduisent ensuite à **Géiseres del Tatio**, champ de geysers bouillonnant à 4300 m d'altitude – un spectacle plus fabuleux encore au lever du soleil.

Petite oasis perdue à 93 km au sud-est de Calama, **San Pedro de Atacama** ⓬ était la ville la plus peuplée du désert à l'époque précolombienne. Les Incas s'en emparèrent en 1450, et Pedro de Valdivia la conquit en 1540. La ravissante **Iglesia de San Pedro** (1641) est construite en adobe blanc, comme presque toutes les maisons du bourg. À côté, le **Museo Arqueológico Padre Le Paige** (ouv. du lun. au ven. de 9h à 18h, les sam.-dim de 10h à 18h), fondé par le père jésuite belge, renferme une fascinante collection de poteries, de momies et de vêtements amérindiens anciens. En 1958, Gustavo Le Paige avait également mis au jour les vestiges de **Tulor**, site qui, à ce jour, renferme encore ses secrets car 4% seulement de l'ensemble ont été fouillés. À proximité, vous apercevez **Pukara de Quitor**, forteresse de pierre érigée à flanc de montagne par les Atacamans pour résister aux Incas.

Plusieurs volcans coiffés de neige déchirent l'horizon, notamment le **Licancábur**, le plus haut du continent (5916 m). Non loin du bourg s'étendent l'immense **Salar** (saline) **de Atacama** ainsi que le **Valle de la Luna** (20 km d'une route éprouvante), désert mystérieux dont les teintes ocre contrastent violemment avec les sommets déchiquetés alentour. Le crépuscule diapre de couleurs éblouissantes cette vallée, source "surnaturelle" d'élucubrations en tout genre.

NOTEZ-LE

Si vous allez voir les geysers d'El Tatio, pensez à ne pas marcher sur un sol creux et à prendre de l'aspirine et beaucoup d'eau afin de contrecarrer les effets de l'altitude – maux de tête et nausées.

CI-DESSOUS : Géiser del Tatio, désert d'Atacama.

NOTEZ-LE

Vous pouvez vous lancer à l'assaut du Volcán Villarica (2 840 m) et admirer son cratère fumant, mais, avant de partir, attention à la météo, elle peut virer à la tempête sans crier gare.

Les environs abritent plusieurs villages pittoresques dont notamment Caspana et Chiu Chiu, dépositaire de la plus vieille église du pays, Ayquina. Vers le nord, la ville frontalière Ollagüe s'élève non loin d'un superbe désert salé.

À l'ouest de la ville minière de **Copiapó** ⓭, **Caldera** et **Bahía Inglesa** découpent leurs 3 baies successives aux longues plages sauvages baignées d'eaux tièdes toute l'année. Par contre, à l'est de Copiapó, la région longeant la frontière argentine vaut le détour ne serait-ce pour voir l'Ojos del Salado, le plus haut sommet du pays culminant à 6 862 m, et la Laguna Verde. Une grande partie de cette zone s'inscrit dans le **Parque Nacional Nevado Tres Cruces**, mais sachez qu'elle est vraiment reculée, sans énormément de stations-service en route.

Fondée en 1543, **La Serena** ⓮ occupait un poste stratégique sur la route commerciale qui reliait Santiago à Lima. Rénovée dans les années 1950, cette ville coloniale a retrouvé un charme irrésistible. Vous n'êtes pas obligé de visiter ses 30 églises, mais orientez tout de même vos pas vers la Calle Balmaceda, où l'**Iglesia San Francisco** (1627) dresse sa belle façade baroque de style mudéjar. L'artisanat local présente d'intéressants produits locaux sur le **Mercado La Recova**. La pureté du ciel dans cette contrée à favoriser la construction d'observatoires astronomiques, dont certains peuvent être visités sur rendez-vous.

De vastes plages immaculées ont favorisé l'essor de **Tongoy** (48 km au sud de La Serena), station estivale perchée sur une péninsule rocheuse qui domine le Pacifique. Baigné par le Río Elqui, l'étroit et serpentin **Valle del Elqui** séduit par sa végétation, ses pâturages, son ciel pur, l'air de ses montagnes abruptes et arides – et ses vignobles, qui ont donné naissance au *pisco*, la liqueur nationale. La poétesse Gabriela Mistral (1889-1957), prix Nobel de littérature en 1945, passa son enfance à **Monte Grande** ⓯, village qui borde la rivière. Vous trouverez sa tombe sur la route de Cochiguaz, tandis que sa maison natale de **Vicuña** a été transformée en **musée** (ouv. du lun. au sam. de 10h à 17h45, le dim. de 10h à 13h). Plusieurs communautés adeptes de la méditation se sont implantées dans cette région supposée concentrer des pouvoirs mystiques.

Ci-dessous : Frutillar, fondée sur les rives du Lago Llanquihue et réputée pour son architecture germanique du 19e siècle.

Cartes p. 266 & ci-contre

LA RÉGION DES LACS

Terre d'une beauté exceptionnelle, la **Región de los Lagos** déroule ses vallées, ses douces collines et ses volcans chapeautés de neige. Creusée par le recul des glaciers qui couvraient jadis tout ce territoire, une série de lacs offre un miroir à ce grandiose théâtre naturel. Deux facteurs expliquent la préservation d'un tel paradis : l'extermination des colonies étrangères établies au sud du **Río Bío Bío** à la fin du 16e siècle par les Mapuche, qui restèrent invaincus jusque dans les années 1880, et la concentration actuelle de la population locale dans les villes.

Campée sur les rives du large Río Bío Bío, **Concepción** ⓰, deuxième agglomération du pays (396 000 hab.), n'était guère qu'un poste de garnison lorsque Bernardo O'Higgins proclama l'indépendance du Chili le 12 février 1818. Une promenade à pied vous permettra d'explorer au mieux les rues du centre-ville, près de la *plaza*. Quatre rues au sud, le **Parque Ecuador** escalade les pentes du **Cerro Caracol** (mont Escargot), livrant une belle perspective sur la cité. Plus au nord, l'**Universidad de Concepción** date de 1919.

À 15 km au nord de Los Angeles, cachée dans les bois d'une vallée andine, la ville de **Salto del Laja** vous ouvre les portes de la Región de los Lagos. Les eaux glacées du Río Laja se ruent à travers un paysage fabuleux avant de basculer en une chute de 35 m dans un canyon rocheux, empanaché de brumes. De la vallée, vous apercevez 4 volcans dont les hauts sommets surplombent la forêt.

En direction de l'est, les virages s'enchaînent au fil d'une gigantesque forêt de pins, approchant les montagnes, tandis que la vallée se fait plus étroite et le terrain plus aride. Vous apercevez d'immenses champs de lave bordés par des cyprès. Le **Parque Nacional Laguna del Laja** occupe une longue vallée : au centre, un cône volcanique de 200 m de haut enferme la **Laguna del Laja** ; à droite se dressent les pentes désolées du **Volcán Laja**. Le **Parque Nacional Conguillío** (110 km au nord-est de Temuco) englobe 4 lacs, dont 3 se lovent dans les champs de lave vomis par le **Volcán Llaima** (3 125 m) au cours des 50 dernières années. Des chênes, des cyprès et des araucarias de 1 200 ans et plus ombragent la vallée.

NOTEZ-LE

L'intense activité géologique a offert au Chili un nombre considérable de sources chaudes. Exploitées pour le plaisir de tous, vous trouverez des installations thermiques allant du rustique et élégant centre au complexe ultra-moderne, situées dans des sites arides, montagneux, maritimes, en vallée et même en Patagonie. Les stations de Chillán, Pucón ou Malalcahuello, vous permettront de faire à la fois une cure et du ski.

CI-DESSOUS : la petite ville touristique de Pucón, installée sur les rives du Lago Villarrica.

NOTEZ-LE

Si vous partez pour la Región de los Lagos, pensez à vous équiper de vêtements chauds et imperméables. La région ne doit son aspect verdoyant qu'à ses pluies abondantes et à la fraîcheur de sa température.

Au pied des volcans

Villarica Ⓐ borde les rives du **Lago Villarica**. D'une superficie de 176 km^2, ses eaux bleues changent de teinte avec le coucher du soleil, reflétant le cône parfait du volcan du même nom. Les bords du lac portent les cicatrices causées par les éruptions de ce géant ombrageux, qui rougit dans la nuit. En 1598, la première colonie européenne de Villarica se retrouva assiégée par les Mapuche, et elle disparut corps et biens en 1602. Il faudra attendre 1882 pour revoir des colons sur le site. Près de l'office du tourisme, un musée se consacre aux Mapuche. Plus à l'est sur les berges, la petite station de **Pucón** Ⓑ réserve ses charmes estivaux aux Chiliens les plus fortunés. Couvrant les pentes abruptes du volcan, le **Parque Nacional Villarica** protège des forêts saignées ici et là par des couloirs de lave.

L'étroit **Lago Caburga** Ⓒ, 24 km au nord-est, doit sa naissance à des coulées de lave bloquées par une vallée à pic, densément boisée. Trois petits lacs étincelants s'y cachent, et plusieurs sources chaudes jaillissent du sol, alimentées par les volcans.

Les lacs Calafquén, Panguipulli, Pellaifa, Neltume, Riñihue, Pirihueico, et, en Argentine, le Lácar, répondent à l'appellation collective de **Siete Lagos** (Sept Lacs). Peu connue, cette région ne fut colonisée qu'à la fin du 19e siècle en raison de son éloignement et de ses hivers rigoureux. Aménagée sur une péninsule boisée, baignée par les eaux du Lago Calafquén, **Lican-Ray** Ⓓ et sa plage idyllique attirent sans peine les Chiliens en vacances. Charmante bourgade campée sur les rives du lac homonyme, **Panguipulli** Ⓔ se signale par sa mission et son église. Une route conduit à l'extrémité d'une presqu'île boisée, frangée de plages de sable. À proximité, la chute du **Salto del Huilo Huilo** plonge au fond d'une gorge drapée de lianes, rejoignant le Río Fuy en un continuel arc-en-ciel.

Colonies allemandes

Les Espagnols fondèrent l'une de leurs premières colonies chiliennes à **Valdivia** Ⓕ, position stratégique au confluent de plusieurs rivières et du Río Valdivia, 15 km avant son estuaire. Les rues serpentent, épousant divers méandres ; la **Calle**

Ci-dessous : déconcertante, la très germanique brasserie Kunstmann, environs de Valdivia.

General Lagos, près des berges, tout comme le port, très actif, ont conservé des vestiges de l'architecture introduite par les immigrants allemands au 19e siècle. Sur **Isla Teja**, le **Museo Histórico y Antropológico Mauricio Van de Maele** (ouv. de mars à mi-déc.: du mar. au dim. de 10h à 13h et de 14h à 18h, de mi-déc. à fév.: tlj. de 10h à 13h et de 14h à 18h) retrace leur histoire. À proximité, l'**Universidad Austral** déploie son vaste campus. Dès 1600, les Espagnols se protégèrent des attaques mapuche par de puissantes fortifications. Des circuits guidés invitent à découvrir les forts qui jalonnent le fleuve.

Centre d'une région d'élevage, la ville voisine d'**Osorno** **G** (990 km au sud de Santiago) enjambe le Río Rahue, encerclée par l'océan bleu-vert de pâturages qu'alimentent des précipitations abondantes. Les fermiers allemands fondateurs de la ville lui ont légué ses maisons couvertes de bardeaux en bois et ses rues Buschman, Amthauer ou Francke. La **Calle Bulnes** offre une vue imprenable sur le fleuve. Les lève-tôt pourront explorer la **Feria Ganadera**, immense marché aux bestiaux où de robustes *campesinos* marchandent d'une voix de stentor.

Pêcheurs et campeurs apprécieront le **Lago Puyehue** **H** (60 km à l'est d'Osorno), ainsi que son superbe panorama sur les volcans **Casablanca**, **Puyehue**, **Puntiagudo** – et le colossal **Osorno.** Près de la rive orientale, les curistes fréquentent **Puyehue** et ses *baños* (thermes). La route du Volcán Casablanca traverse une forêt vierge luxuriante pour rejoindre **Aguas Calientes** – sources thermales, encore.

Plusieurs charmantes bourgades se hissent jusqu'aux berges du **Lago Llanquihue**, dont les eaux glacées réfléchissent le cône enneigé du Volcán Osorno. À la pointe sud du lac, **Puerto Varas** **I** fut fondé en 1854 pour convoyer les productions locales jusqu'à Puerto Montt. Aujourd'hui, cette ravissante petite ville prospère surtout grâce aux touristes venus jouer leur va-tout au **Gran Hotel Puerto Varas.** Sur la rive ouest, maisons et jardins au style et à l'ordonnance impeccablement germaniques caractérisent **Frutillar** **J**, qui s'honore d'abriter le palmier le plus méridional de la planète. En février, la ville accueille un festival de musique classique réputé, les **Semanas Musicales de Frutillar**.

PAUSE GOURMANDE

Au cœur des Andes, vivez un instant des plus décalés : installez-vous dans un café de Frutillar ou d'une autre ville lacustre au chaleureux décor, et commandez auprès d'une serveuse en costume traditionnel un *küchen*, un strudel ou une autre spécialisté bavaroise…

CI-DESSOUS : Parque Nacional Puyehue.

Bateau en devenir et maisons de pêcheurs, Puerto Montt.

Une épaisse forêt éventrée par des coulées de lave encercle **Ensenada** Ⓚ, village blotti sur la rive orientale, à l'ombre du Volcán Osorno. À 12 km vers l'est, les rapides du **Río Petrohué** se brisent sur d'étranges formations de lave – un amoncellement de milliers de pierres volcaniques, vestiges d'une éruption ancienne. Plus à l'est, des excursions en bateau (tlj.) vous mèneront tout au long du **Lago Todos los Santos** pour vous débarquer à **Peulla** Ⓛ – magnifique traversée au pied de montagnes drapées de forêts vierges. Vous pourrez ensuite passer la frontière argentine à Bariloche. Étrangement, vous pourrez ainsi traverser les Andes en bateau – avec quelques passages en car pour rallier un lac à l'autre –, mais en été austral (déc.-jan.), attendez-vous à voyager avec beaucoup de monde.

En direction du sud, une route vous conduit d'Ensenada à Cochamó, pénétrant au cœur d'une région aussi sauvage qu'envoûtante. Le village de **Cochamó** Ⓜ campe sur l'estuaire, coupé du Pacifique par des fjords impressionnants dont les parois s'élèvent jusqu'à 1 500 m d'altitude. Demandez à un pêcheur local de vous emmener faire un tour sur son embarcation ; vous apercevrez sûrement des phoques, d'énormes mérous de 30 kg, et peut-être même des baleines.

Accompagné par un groupe d'immigrants allemands, l'aventurier Vicente Pérez Rosales fonda **Puerto Montt** Ⓝ en 1853. Cette région de Llanquihue prit son essor avec l'arrivée du chemin de fer, 60 ans plus tard. Centre de l'industrie saumonière du pays, le port actuel ne cherche pas à séduire, et se contente de livrer accès à Chiloé et à la frontière patagonienne. Mais, en dépit de sa taille, la ville conserve un parfum provincial que rehaussent ses maisons de style germanique : toits pentus en bois, balcons sculptés, galets patinés par l'éternel crachin qui noie la région. Doyenne des lieux, une cathédrale en bois de cèdre domine la *plaza* centrale. Pour un bel aperçu de la ville, longez le front de mer qui longe le Seno (fjord) Reloncaví.

Accolé à Puerto Montt, **Angelmó** vous plongera dans une tout autre atmosphère. Sur ce merveilleux port de pêche, les cafés proposent *erizos* (oursins), *locos* (ormeaux), et autres produits de la mer, tandis que les marins réparent leurs filets devant leurs bateaux. Sur le quai toujours, des boutiques d'artisanat vendent lai-

À GAUCHE : nouveaux lotissements, Puerto Montt. **À DROITE** : port de pêche d'Ancud, Chiloé.

nages et autres sculptures sur bois. De jeunes garçons vous mèneront à la rame jusqu'à **Isla Tenglo** ⓿, où vous pourrez flâner parmi les hameaux de pêcheurs.

CAP AU SUD : PATAGONIE

Passé Puerto Montt, terre et mer se fondent en un seul et même univers, dédale d'îles, de fjords, de fleuves et d'innombrables affluents, de lacs et de montagnes aux forêts millénaires. La Patagonie rayonne d'une beauté implacable, violente, indifférente aux assauts de la civilisation.

Puerto Montt effacé dans le brouillard, **Isla Grande de Chiloé** ⓱ émerge, romantique à l'extrême avec ses centaines d'îlots, ses chenaux brumeux, ses villages aux cabanons de bois. À Chiloé, la pêche demeure reine, culture ancestrale dont la magie ensorcelle à travers ses coutumes, son folklore et l'hospitalité de ses habitants. Vous y découvrirez des danses comme la *cueca* et le *vals*, des plats comme le *curanto*, des boissons comme la *chicha de manzana*, et des myriades de légendes, de fêtes et de traditions restées imperméables au monde moderne.

L'île se démarque également par ses 16 *capillas* (chapelles) en bois, aux clochers et frontons en lauze. L'Unesco a classé au Patrimoine mondial de l'humanité 16 de ces exemples uniques d'architecture religieuse en Amérique du Sud. Nombre d'entre elles, tombant en décrépitude, font actuellement peine à voir, mais l'aide internationale commence à produire ses effets.

Le port d'**Ancud** n'a rien perdu de son animation depuis l'âge d'or qui vit fleurir quantité d'entrepôts en bois au fil de ses ruelles. Le **Museo Azul de las Islas de Chiloé** (ouv. jan.-fév.: du mar. au ven. de 10h30 à 19h30, les sam.-dim. de 10h à 19h30; de mars à déc.: du mar. au ven. de 10h30 à 17h30, les sam.-dim. de 10h à 14h) se consacre à la culture et à la mythologie chilotes; dernière garnison espagnole à capituler devant l'armée républicaine en 1826, le **Fuerte San Antonio** vous réserve une vue magnifique par temps dégagé.

La très ancienne **Castro**, fondée en 1567, borde les rives d'un fjord aujourd'hui protégé. Sur sa *plaza* se dresse l'étonnante cathédrale en bois, Iglesia de San Fran-

Église couverte de bardeaux de bois typique de Chiloé.

CI-DESSOUS : *palafitos* (maisons sur pilotis) de Castro, Chiloé.

Les ponchos gris de Quellón sont réputés pour la douceur et l'imperméabilité de leur laine brute, naturellement huilée.

cisco de Castro, achevée en 1912. Dans les faubourgs, le **Museo de Arte Moderno** (ouv. de mi-jan. à mi-mars : du mar. au dim. de 10h à 18h ; hors saison, téléphonez pour prendre rendez-vous : tél. 65-635 454) expose une excellente collection d'art chilien contemporain mise en valeur par une architecture novatrice aux résonances locales traditionnelles. En février, le **Festival Costumbrista Chilote** présente un merveilleux éventail de la culture insulaire. Sur le rivage, les pêcheurs remontent leurs barques devant un alignement de *palafitos* – maisons sur pilotis.

À quelques kilomètres, vous trouverez de beaux pulls en laine sur le marché artisanal de **Dalcahue** (tous les dim.). **Chonchi** (26 km au sud de Castro) regarde la mer du haut de sa falaise. Une ravissante église y domine plusieurs grandes maisons colorées et leurs sympathiques jardins. Plus au sud, **Queilén** campe sur une étroite presqu'île flanquée d'un chapelet de plages ; ses élégantes demeures remontent aux années 1900, période de sa fondation par des immigrants. Des ferries desservent l'embarcadère de **Quellón** – ne pas confondre avec Queilén –, port le plus méridional de l'île d'où vous pourrez embarquer sur un bateau à la journée pour observer les baleines. Plus au sud, la réserve naturelle privée, **Tantauco**, a été créée pour protéger la forêt vierge qui couvre pratiquement 25 % de l'île.

Au bout du monde

Au sud de Chiloé s'étend la région d'Aisén (ou Aysén), un territoire grandiose qui vous donnera le sentiment de pénétrer dans un autre univers. Sur près de 1 000 km, la Carretera Austral serpente à travers un archipel pratiquement inhabité. Le paysage est fantastique, falaises abruptes plongeant au fond de vallées verdoyantes et glaciers rongeant d'impénétrables jungles. Depuis l'éruption du volcan éponyme en 2008, **Chaitén** ⓲ n'est plus qu'une ville fantôme, étouffée par les cendres. Selon les autorités, le Nuevo Chaitén devrait voir le jour dès 2012, relocalisé à une quarantaine de kilomètres en direction de Caleta Gonzalo.

La route rejoint ensuite le **Lago Risopatrón**, puis les **Termas de Puyuhuapi**. À proximité, le **Parque Nacional Queulat** dévoile quelques points de vue mémora-

CI-DESSOUS : approche par mer du glacier Balmaceda, Parque Nacional Torres del Paine.

oles sur les *ventisqueros* (glaciers). Plus au sud encore, une plage borde le village de **Puerto Cisnes**, fondé au 19e siècle par des colons allemands et italiens. Située en retrait dans l'intérieur des terres, **Coyhaique** ⓳ se révèle une excellente base pour explorer la région. Fondée en 1929, cette grande agglomération a conservé son statut administratif et militaire. Son **Museo Regional de la Patagonia** (ouv. du lun. au ven. de 9h à 13h et de 15h à 17h30) jette quelques lumières sur cette mystérieuse contrée.

De **Puerto Aisén** ⓴, né en 1914 du commerce de la laine, vous pourrez embarquer pour rejoindre la **Laguna San Rafael**, une baie magnifique uniquement accessible après une journée de navigation dans les fjords et archipels. Ce joyau s'inscrit au cœur du **Glaciar San Rafael**, qui précipite des blocs vieux de 20 000 ans dans ses eaux, tout en poursuivant sa route vers l'Océan. Plusieurs tour operators proposent aussi des croisières au départ de Puerto Montt. L'immense **Lago General Carrera**, deuxième lac du continent après le Titicaca, s'étend à 120 km au sud de Coyhaique. Ses eaux se prolongent jusqu'en Argentine, dont les pampas se déploient vers l'est. Côté chilien, les rives du lac butent contre des montagnes r ues, érodées par les glaciers. Vous trouverez à vous loger dans plusieurs bourgades échelonnées le long du rivage, notamment **Puerto Ibáñez** et **Chile Chico**.

Un festin de roi, le crabe antarctique.

Torres del Paine

Pointe extrême de la cordillère des Andes, le **Parque Nacional Torres del Paine**, classé Réserve de biosphère par l'Unesco, couvre 2 400 km² d'étendues particulièrement sauvages. Pour les connaisseurs, la géologie unique de ce parc peuplé de glaciers, de lacs, d'arbres noueux et d'animaux endémiques déroule l'un des plus somptueux cadres de randonnées au monde (meilleure période : de déc. à avr.).

Base de départ idéale, **Puerto Natales** ㉑ borde le Seno Ultima Esperanza. Ce petit port somnolent ne manque pourtant pas d'hôtels, ni de restaurants où vous pourrez goûter une fabuleuse spécialité locale, le crabe royal antarctique *(Lithodes antarcticus)*. Des bateaux de croisière vous conduiront jusqu'aux glaciers voisins.

CI-DESSOUS : promenade solitaire d'un guanaco autour du lac Nordenskjöld, Parque Nacional Torres del Paine.

Après votre visite du parc, n'oubliez pas d'acheter le badge en souvenir.

Non loin de Puerto Natales, on visite la Cueva del Milodon, où furent découverts les ossements d'un paresseux géant remontant à la préhistoire.

Mais Puerto Natales vous facilite surtout l'accès aux **Torres del Paine**. Plusieurs fois par semaine – tous les matins en été –, cars et minibus empruntent la piste – redoutable – qui mène au parc en 3 heures. Une myriade de lacets montent à l'assaut de plusieurs cols avant de redescendre au pied des Andes pour vous offrir un premier et saisissant aperçu des Cuernos del Paine : piliers en granite gris plâtrés de neige, perpétuellement écharpés de nuages tourbillonnants. À cette latitude, le temps demeure imprévisible, même en été. Vent, grêle et neige obscurcissent souvent les célèbres Torres del Paine, encore plus spectaculaires. Vous pourrez passer la nuit à l'Hostería Pehoe, sur le Lago Pehoe, ainsi qu'à la Posada Río Serrano.

À partir de là, plusieurs possibilités s'ouvrent à vous, dont quelques exigeantes randonnées : 250 km de pistes sillonnent le parc, et, si le cœur vous en dit, une boucle de 7 jours. Vous trouverez abris et *refugios* en chemin – cabanons en bois et tôle ondulée qui ne vous protègeront guère des intempéries : prévoyez sacs de couchage et réchauds. En supposant que le temps vous soit favorable, le circuit de 7 jours vous réserve le grand jeu : sommets enneigés, lacs turquoise et vallées émeraude. Des Topa Topa, aussi appelées *zapatito de la virgen* ("pantoufle de la Vierge"), et de nombreuses espèces d'orchidées bordent la piste. Une épiphytie a décimé une partie du parc dans les années 1990, puis, plus récemment un incendie, mais les zones boisées demeurent très importantes. Certaines pistes permettent de franchir les **glaciers Grey** et **Dickson**. Au fil de ces itinéraires, vous apercevrez sans doute nombre d'animaux, à commencer par les guanacos. Gare à la météo, qui peut virer du bleu pur à la furie la plus noire en l'espace de quelques minutes ; mais vos vêtements auront tôt fait de sécher, tandis que vous n'êtes pas prêt d'oublier des paysages aussi grandioses.

CI-DESSOUS : la Topa Topa, ou Capachito (*Calceolaria uniflora*), prolifère dans les Torres del Paine.

Magallanes, la limite des terres

Au cas où vous en douteriez, la région de Magallanes vous rappellera volontiers que vous avez atteint le bout du monde au fil de toponymes paradoxaux comme

Sauver la Patagonie

Ses 1 240 km de gravier, l'étroite Carretera Austral les doit à la dictature Pinochet, soucieuse de resserrer les liens entre le Chili central et les steppes patagoniennes. La route serpente au fil de villages authentiques, de fleuves couleur jade et de lacs aux éblouissants reflets de saphir, encadrés par les cîmes enneigés des Andes. Malheureusement, la colonisation du début du 20e siècle, en brûlant la forêt primaire sans compter, a laissé de profondes cicatrices encore visibles en certaines parties de ce paysage, qui a ainsi perdu quelque peu de sa virginité originelle. Heureusement, plusieurs projets de réserves privées ou publiques reflètent aujourd'hui l'intérêt suscité par la protection de ces terres, des forêts de Pumalín aux immenses glaciers patagoniens.

Porvenir (Avenir), Ultima Esperanza (Sans commentaire!), voire plus définitifs comme Madre de Dios ou Desolación. Ici, la pointe de l'Amérique du Sud s'effrite en une constellation d'îles et d'îlots où terre, mer et glaces se confondent.

De vagues collines soutiennent **Punta Arenas** ㉒ face aux steppes dénudées du détroit de Magellan. Le ciel y paraît d'un coup plus vaste et les gens moins ouverts aux étrangers, tandis que le soleil, quand il se montre, brille d'un éclat plus aveuglant qu'ailleurs. Plusieurs monuments saluent la mémoire des pionniers yougoslaves qui colonisèrent la région. Le **Museo Regional de Magallanes** (ouv. de mai à sept.: tlj. de 10h30 à 14h; d'oct. à avr.: du lun. au sam. de 10h30 à 17h, le dim. de 10h30 à 14h) vous propose un captivant retour dans le temps, avant l'ouverture du canal de Panamá, quand les navires qui doublaient le Cabo de Hornos (cap Horn) faisaient escale dans ce port alors florissant. Le **Cerro La Cruz** dégage un beau point de vue sur la ville et, de l'autre côté du détroit, vers la Terre de Feu. L'inhospitalière Tierra del Fuego fut découverte en 1520 par Fernão de Magalhães (Magellan) alors qu'il bataillait pour rejoindre le Pacifique. Vers la fin du 19e siècle, quelques immigrants yougoslaves et anglais s'y installèrent pour élever du bétail et profiter de la ruée vers l'or de 1881. Côté ouest, un hiver long et enneigé noie tourbières et montagnes boisées; sur les pampas dénudées qui font face à Punta Arenas, il ne relâche jamais son étreinte; moins froides, les forêts occidentales recueillent plus de précipitations.

La plus grande agglomération de l'île, fondée par des Yougoslaves, porte un nom désarmant: **Porvenir** ㉓. Son **Museo Provincial de Porvenir** (ouv. du mar. au jeu. de 9h à 17h, le ven. de 9h à 16h, les sam.-dim. de 10h30 à 13h30 et de 15h à 17h) expose des photographies anciennes et une momie découverte dans les environs. De Punta Arenas, un ferry vous transportera jusqu'au débarcadère de Porvenir.

La ville n'a guère changé depuis le 19e siècle, et s'est assoupie au fil des décennies. Une route conduit jusqu'à la partie argentine de l'île *(voir p. 346)*, vers les eaux glacées du Cabo de Hornos, frôlant la limite habitée de l'hémisphère Sud et longeant la côte australe du territoire chilien. ❑

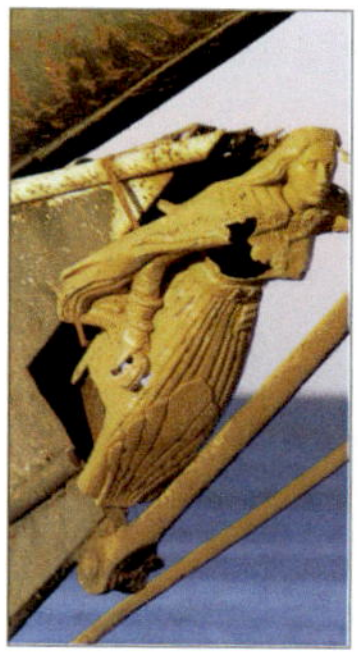

Figure de proue du Lonsdale, *naufragé près de Punta Arenas.*

À GAUCHE : monument à Ferdinand Magellan, Plaza Munoz Gamero à Punta Arenas.
CI-DESSOUS : le détroit de Magellan vu de Punta Arenas.

ÎLE DE PÂQUES

Rallier cette minuscule île du Pacifique exige plusieurs heures de vol au départ du Chili – un effort largement compensé par le spectacle de ses mythiques géants de pierre alignés devant l'Océan.

Ne manquez pas
- VOLCAN RANO RARAKU
- VOLCAN RANO KAU
- ORONGO

Perdu dans les immensités du Pacifique, à 4000 km des côtes chiliennes, ce tout petit vestige d'une éruption volcanique est la terre habitée la plus isolée du globe. En dépit de cela, depuis plusieurs décennies, les colossales et mystérieuses statues léguées par une culture polynésienne ont attiré l'attention des archéologues, puis des touristes. Jadis, un navire par an faisait escale à l'île de Pâques ; aujourd'hui, des vols réguliers en provenance de Santiago y atterrissent. Cet avant-poste des mers australes ne mesure que 24 km de long, pour une population de 4500 habitants, mais vous n'aurez guère le temps de vous y ennuyer, entre ses côtes sauvages balayées par le vent, ses douces collines dépourvues d'arbres et ses paysages verdoyants. Plages dorées et cocotiers, en revanche, ne sont pas légion.

Selon les chercheurs, l'île de Pâques serait peuplée dès le 5e siècle apr. J.-C. Dans son livre *Aku-Aku* (1958), le célèbre navigateur et archéologue norvégien Thor Heyerdahl avança l'hypothèse que ses habitants étaient originaires d'Amérique du Sud, relevant certains points communs avec la culture de Tiahuanaco en Bolivie *(voir p. 185)*. Mais, aujourd'hui, les scientifiques penchent plutôt pour une colonisation par des hommes venus de Polynésie avec dans leurs bagages patates douces, canne à sucre et bananes, qu'ils cultivèrent sur les terres fertiles de l'île. Livrée à un total isolement pendant des siècles, la colonie prospère et se développe. Ses habitants créent les remarquables *moai*, mais aussi le *rongo rongo*, seule écriture connue propre à la Polynésie ou aux Amériques.

Les premiers Européens débarquent sur l'île un certain dimanche de Pâques de 1722, ce qui lui vaut son nom actuel. L'amiral néerlandais Jacob Roggeveen passe une journée à terre, notant que les statues se tiennent debout, que les terres sont parfaitement cultivées, laissant visibles des "pans entiers de forêts". L'île compte peut-être alors jusqu'à 12000 habitants.

À GAUCHE : sculpteur local et l'une de ses œuvres, Ahu Tahai. **CI-DESSOUS** : *moai*.

Dans les années 1860, les nagivateurs tahitiens nomme l'île de Pâques "Rapa Nui", Grand Rapa, car elle leur rappelle une de leurs îles aussi appelée Rapa. Cette dernière porte aujourd'hui le nom de Rapa Iti (Petit Rapa).

De l'Éden à l'esclavage

Ce tableau idyllique va changer avec les descriptions ultérieures. Les navigateurs européens du 18e siècle, dont Cook et La Pérouse, remarquent que de nombreuses statues gisent à terre, que les friches l'emportent largement sur les cultures; en outre, ils ne dénombrent qu'un millier d'habitants. L'explication la plus courante de ce déclin tient au déséquilibre entre la population de l'île et ses ressources. La nourriture a manqué, le déboisement a décimé les forêts, puis érodé les sols. Privés de bois pour construire leurs pirogues, les îliens s'entre-déchirent, recourent au cannibalisme et renversent leurs idoles de pierre – une thèse que d'aucuns contestent.

Mais ces malheurs paraissent presque supportables comparés à ceux qui les attendent au 19e siècle, lorsque baleiniers et négriers choisissent l'île pour escale. En 1862, 1 000 esclaves sont embarqués jusqu'aux exploitations de guano du Pérou. De la centaine qui sont relâchés vivants, seuls 15 supportent le voyage de retour, introduisant la petite vérole dans l'île, pour faire bonne mesure. En 1871, l'île de Pâques ne compte plus que 175 habitants. La population de ce parc national classé au Patrimoine mondial atteint aujourd'hui 4 500 personnes, mais beaucoup sont d'origine chilienne. En 1967, l'ouverture de l'aérodrome donne un coup de pouce au tourisme, et, en 1988, son extension en vue d'en faire une piste d'atterrissage d'urgence pour les navettes spatiales américaines propulse l'île dans l'ère technologique. En 1993, Kevin Costner débarque avec une équipe de production hollywoodienne pour tourner son *Rapa Nui*, nom indigène de l'île. Ce film historique très romancé fera un flop monumental, mais il attirera quantité de touristes dans son sillage.

La puissance des moai

Si personne ne connaît la véritable histoire des *moai*, nul ne met en doute le fait qu'ils symbolisent divinités et ancêtres. Ils ont été façonnés autour du 10e siècle dans la roche tendre du cratère du volcan **Rano Raraku**, où quelque 400 pièces incomplètes, mesurant jusqu'à 5,50 m – le plus grand *moai* atteint 21 m –, jonchent encore le sol. Chacun d'entre eux demandait environ un an de travail.

CI-DESSOUS : les *moai* d'Ahu Akiví.

 Carte p. 266

Une fois sculpté, le *moai* était détaché de la carrière et acheminé jusqu'à une plate-forme funéraire clanique appelée *ahu*, où d'autres statues monolithiques pouvaient être érigées, le plus souvent dos à la mer, parfois coiffées d'une sorte de chignon en pierre rouge. Les morts étaient enterrés dans un caveau sous le *moai*, supposé transmettre le *mana* (pouvoir) au chef du clan. Tous les *moai* que vous verrez aujourd'hui ont été redressés au 20e siècle. Du temps des guerres tribales, ces *moai* ont sans doute été renversés pour réduire à néant le *mana* du chef qu'ils protégeaient. Pour les mêmes raisons, les yeux de corail blanc et d'obsidienne, attributs de leur essence divine, ont été brisés ; ces statues demeurent à présent aveugles.

Les plus célèbres *moai* s'alignent comme des sentinelles plantées dans les pentes sud du Rano Raraku. La plupart de ces sites extraordinaires sont accessibles à vélo ou à cheval, mais n'oubliez pas d'emporter de l'eau avec vous.

NOTEZ-LE

Vous pouvez louer motos, véhicules tout-terrain ou chevaux. Si les circuits guidés d'une journée en 4x4 ne permettent pas de tout voir, vous aurez au moins un aperçu des sites les plus importants.

Le culte de l'homme oiseau

Le volcan **Rano Kau**, son abrupt cratère et son lac multicolore composent un paysage géologique des plus spectaculaires. Perché sur une falaise face à l'Océan et à 3 îlots blanchis par l'écume, le village abandonné d'**Orongo** s'inscrit parmi ces rochers portant le dessin du *tangata manu* (l'homme oiseau) : un homme à tête d'oiseau au long bec tenant un œuf dans la main. Le culte du *tangata manu* remonte sans doute à la période des guerres tribales et se perpétua jusqu'en 1862.

Tous les printemps, il fallait trouver l'œuf pondu par le *manu tara* (oiseau sacré). Le chef de chaque clan envoyait alors un *hopu* (serviteur) jusqu'à Moto Nui, le plus grand des îlots situés à 2 km, en quête de l'œuf sacré. Les *hopu* passaient un mois à Moto Nui. Le chanceux qui trouvait l'œuf le plaçait dans un bandeau noué sur son front, puis nageait jusqu'à la falaise, qu'il escaladait pour rejoindre Orongo. Il remettait alors l'œuf intact à son maître, sacré *tangata manu* pour une année, et doté de pouvoirs et de privilèges particuliers. Symboles de fertilité, 150 pétroglyphes de l'homme oiseau parsèment le site d'Orongo. À proximité, des pierres semblent constituer un observatoire : au solstice d'été, le soleil se lève sur la presqu'île de Poike. ❑

CI-DESSOUS : famille à Ahu Akahanga.

Carte p. 266

URUGUAY

Parenthèse entre le Brésil et l'Argentine, ce petit pays pionnier dans le domaine social conserve l'atmosphère de son ancienne opulence, son mode de vie teinté de ruralité et des plages de toute beauté.

Ne manquez pas

- MONTEVIDEO
- PUNTA DEL ESTE ET LES PLAGES
- COLONIA DEL SACRAMENTO

Sa petite taille, ses traditions démocratiques et un secteur bancaire omniprésent ont longtemps valu à l'Uruguay le surnom de "Suisse de l'Amérique du Sud". Le pays semble ne faire qu'un avec sa capitale, Montevideo. Une superficie lilliputienne au regard du continent – 177 500 km² – et le fait que la moitié de ses 3,5 millions d'habitants se concentrent dans la métropole expliquent sans doute l'ignorance où l'on tient le reste de l'Uruguay, qui s'éparpille entre quelques villes balnéaires et un intérieur agricole, essentiellement voué à l'élevage, à la riziculture et à la production fruitière.

Décimé par les guerres coloniales, le peuple indigène du pays, les Charrúa, a totalement disparu. La population actuelle est essentiellement composée de descendants d'immigrants espagnols et italiens arrivés à la fin du 19e et au début du 20e siècle, ainsi que d'une minorité noire ou métisse issue d'unions entre anciens esclaves et immigrants brésiliens. Réputés plus décontractés que les Argentins, les Uruguayens partagent avec leurs voisins des origines communes ; mais leur structure sociale, très familiale, se montre moins ouverte, aux étrangers notamment.

En outre, les Uruguayens se considèrent comme des Orientales – de l'ancien nom de l'Uruguay, "Banda oriental" –, par opposition aux Argentins de l'Ouest. Et il ne faudrait pas confondre Montevideo et Buenos Aires. Ainsi, à Montevideo, le melting-pot racial né au 19e siècle tire son origine particulière de l'afflux d'esclaves du Brésil et d'Argentine attirés par les rumeurs d'un traitement égalitaire au sein de l'armée uruguayienne ; beaucoup rejoindront l'infanterie et périront dans les guerres successives.

Société laïque

Autre différence avec l'Argentine, l'Uruguay est marqué par une solide tradition laïque. L'Église catholique n'y joue aucun rôle politique, et les jours fériés portent des noms bien particuliers : Día de la Familia pour Noël, et Semana de Turismo pour Pâques –

PAGES PRÉCÉDENTES : maison du peintre Carlos Paez Vilaró, Punta del Este.
CI-CONTRE : gaucho à l'heure du maté.
CI-DESSOUS : un bar local.

Montevideo tiendrait son nom d'un marin galicien qui aurait crié du haut de son nid-de-pie : "Monte vi eu !" (J'ai vu une colline).

période à laquelle le pays organise le plus long carnaval du monde, moins frénétique que celui de Rio, mais intéressant par sa version d'un candomblé importé d'Afrique par les esclaves. La Semana del Tango, en octobre, témoigne également d'une tradition vivace, et nombre de stars du tango sont nées en Uruguay.

Émergence d'une nation

Premiers Européens à poser le pied dans la région, les Portugais fondent la ville de Colonia del Sacramento en 1680. En 1726, les Espagnols s'implantent à Montevideo. Les 2 couronnes se disputent le pays jusqu'au traité de Madrid (1750), par lequel les Portugais renoncent à l'Uruguay. En 1815, José Gervasio Artigas conduit le pays à l'indépendance et prend la tête de la nation. Mais la guerre contre le Brésil retarde le processus pendant 10 ans *(voir p. 36)*. Artigas s'exile au Paraguay. De 1839 à 1851, une guerre fratricide – la Guerra Grande – oppose les Blancos du parti national aux Colorados du parti libéral. Des intérêts économiques convergents aboutiront à un accord, partageant le pouvoir entre zones rurales pour les Blancos et villes pour les Colorados, division encore manifeste aujourd'hui.

À la pointe du progrès social

Si le pays s'est affirmé comme modèle civique durant la première moitié du 20e siècle, il le doit en grande partie à José Batlle y Ordóñez. Batlle fait ses études à Paris et retourne en Uruguay plein d'idées et de projets. Devenu journaliste, il attaque courageusement les dictateurs de son pays, crée son propre journal, *El Día*, en 1886 et fait son chemin dans la vie politique. En 1903, il est élu à la présidence.

Au terme de son mandat, Batlle voyage 4 ans en Europe. Il s'intéresse à la législation sociale suisse et aux grandes entreprises publiques. Réélu en 1911, il fait légaliser le divorce, abolir la peine de mort et réforme le code du travail, instaurant la semaine de 48 heures et la retraite à 65 ans. Il élabore une nouvelle Constitution (votée en 1918) qui garantit la liberté de la presse, interdit les arrestations arbitraires et assigne à la prison la mission d'amender et non de punir.

Ci-dessous : le port de Montevideo, gravure du début du 19e siècle.

 Carte p. 266

Batlle meurt en 1929, mais ses réformes auront un effet durable, notamment au sein de la classe politique. Une paix et une prospérité sans nuages pendant plus de 30 ans ont permis d'imposer toutes ces avancées sociales aux conservateurs. En 1933, un coup d'État met temporairement fin à l'idylle. Mais, en 1942, une nouvelle Constitution garantit explicitement la santé pour tous, l'assurance-chômage et reconnaît aux enfants illégitimes leur droit à l'héritage.

Le gouvernement du président Vázquez, cancérologue réputé, a décrété l'interdiction de fumer dans les lieux publics, une première en Amérique latine – et une initiative pour le moins courageuse dans un pays dont la population compte un tiers de fumeurs.

Fin de l'État-providence

À la fin des années 1950, l'effondrement d'une économie fondée sur la viande de bœuf et la laine provoque la crise du système de santé, parallèlement à l'explosion de la pauvreté et du chômage. Dans le chaos ambiant, un mouvement de guérilla urbaine – les Tupamaros – émerge dans les années 1960, et en 1973, une dictature militaire s'installe au pouvoir. Douze années de répression s'ensuivent: une personne sur 50 est arrêtée, une sur 500 condamnée à une peine d'emprisonnement de 6 ans ou plus, tandis que 400000 Uruguayens prennent le chemin de l'exil. Avec le retour d'un gouvernement civil en 1985, l'Uruguay bénéficie d'un niveau de vie assez élevé et d'une répartition relativement équitable des richesses. Mais, pris en étau entre les 2 géants que sont l'Argentine et le Brésil, le pays et son système bancaire perdent de leur compétitivité face aux crises de leurs voisins, et aucune industrie, telle que la pulpe de papier, ne vient compenser la baisse à l'exportation de la laine et de la viande.

Leader du Partido Colorado (centre droit), Jorge Batlle accède à la présidence en 2000. Par plusieurs mesures, dont l'augmentation des impôts, il va tenter de faire barrage à la crise financière qui met l'Argentine à genoux. Les élections de fin 2004 renvoient dos à dos les 2 partis traditionnels pour la première fois de leur histoire. Une coalition de gauche élargie porte au pouvoir le maire de Montevideo, Tabaré Vázquez, qui souhaite renouer avec les traditions sociales du pays. Sur le plan international, Tabaré Vázquez adopte une ligne commune avec le Brésilien Lula da Silva et la Chilienne Michelle Bachelet.

Les rois du ballon rond

Des années 1920 aux années 1950, le football uruguayen a connu son apogée, remportant même 2 Coupes du Monde, la seconde contre le Brésil et à Rio, et dans le célèbre stade de Maracaná. Les 2 grands clubs historiques du pays, Peñarol et Nacional, ont été fondés au 19e siècle. En 1925, à l'occasion d'une tournée de 190 jours sur le Vieux Continent, le Nacional humilia les équipes européennes, marquant 130 buts pour seulement 30 encaissés en 38 matches. L'Estadio Centenario de Montevideo fut construit pour accueillir la Coupe de Monde de 1930. Depuis la fin des années 1990, le football sud-américain devient de plus en plus disputé, entre les colosses brésilien et argentin, et le Paraguay, le Chili ou l'Uruguay, brillant demi-finaliste de la Coupe du Monde 2010.

CI-DESSOUS : il n'est rien qui ne se répare à Montevideo.

Paysage et tissage uruguayens.

Montevideo et la côte

En Uruguay, tous les chemins semblent mener, sinon à Montevideo, du moins à la plage. Personne ne songerait à s'en plaindre après avoir découvert les beautés du littoral. Même **Montevideo** ㉔ ne déroge pas à la règle, qui déroule de superbes tapis de sable, et presque toutes les destinations touristiques du pays jalonnent la côte, reliées par la Ruta Interbalnearia qui remonte jusqu'à Chuy, à la frontière brésilienne. Si vous êtes lassé de plage et de farniente, l'intérieur et ses estancias vous réservent quelques belles tranches de vie locale – sans parler d'un bœuf hors pair et de vins plus qu'honorables. Quant aux sportifs, ils pourront se défouler lors de longues randonnées à cheval ou de parties de chasse au sanglier.

L'itinéraire le plus agréable pour se rendre en Uruguay est de traverser le Río de La Plata à Buenos Aires. Hydroglisseur, catamaran ou ferry, c'est à votre guise, mais comptez dans tous les cas entre 3 et 4 heures de voyage. Du pont, vous verrez peu à peu se dessiner la basse colline qui valut à la capitale son nom de Montevideo. Débarquez sur les quais, traversez les douanes, comme ouvertes à regret, et leurs effluves de cave – vous voilà replongé un siècle en arrière : dans les rues pavées, scooters, cyclistes et piétons se bousculent. Qu'est-ce qui a bien pu arrêter ainsi la marche du progrès ? Sans doute les lourdes taxes d'importation sur les véhicules qui remplissent Montevideo d'antiquités dignes de La Havane. Fort heureusement, les mécaniciens *montevideanos* font preuve d'un savoir-faire hors pair… En été, la foire agricole du **Parque Prado** exhale encore ce parfum étrangement rural.

Peuplée de 1,5 million d'habitants, Montevideo est la seule grande ville du pays. Des temps économiques troublés ont drapé son élégance d'une robe quelque peu rapiécée, mais on y sacrifie au rituel de l'heure du thé avec autant de sérieux qu'à Buenos Aires ; quant à celui du maté *(voir p. 317)*, il se perpétue sans faiblir, dans les bus comme au long des files d'attente devant les guichets de banque, où les Montevideanos ne s'aventurent jamais sans leur gourde et leur Thermos.

Meilleur endroit pour entamer votre exploration de la capitale, la **Plaza Cagancha** –également appelée Plaza Libertad– donne sur l'artère principale, l'Avenida 18 de

Ci-dessous : statue de José Gervasio Artigas sur la Plaza Independencia, à Montevideo.

Julio – qui célèbre ce jour de 1829 où l'Uruguay se libéra de la mainmise argentino-brésilienne. Arrêtez-vous au siège de l'office du tourisme, qui vous délivrera brochures et plans gratuits. L'Avenida 18 de Julio descend ensuite vers le **Museo del Gaucho** (n° 988; ouv. du lun. au ven. de 10h à 17h), doté d'une collection assez pittoresque. Plus bas s'ouvre la grande **Plaza Independencia**, reconnaissable à son **Palacio Salvo** (1925), mi-gratte-ciel, mi-pièce montée réalisé par l'architecte Mario Palani (1885-1979) dont les Montevideanos ne sont pas peu fiers. À sa droite s'élève le **Victoria Plaza Hotel**, de style Art déco. Au centre de la *plaza*, le général José Artigas repose dans un caveau surmonté de sa statue équestre. Le néoclassique **Palacio Estévez**, ancien palais présidentiel, n'est plus utilisé que pour les cérémonies. Copie du Teatro María Guerrero de Madrid, le **Teatro Solis** fut achevé en 1856; toujours en activité, cet édifice néoclassique compte parmi les plus vieux théâtres du Nouveau Monde.

Chineurs en quête d'une affaire en or à la Feria de Tristán Narvaja.

La Ciudad Vieja

À l'ouest de la Plaza Independencia, la Puerta de la Cidadela s'intègre aux anciens remparts de la ville. Elle marque l'entrée de la **Ciudad Vieja**, la vieille ville, ensemble de ruelles sinueuses et de bâtiments du début du 19e siècle. Au centre, sur la **Plaza Constitución**, le *Cabildo* (hôtel de ville) et la **Catedral**, tous deux restaurés, ont conservé leur allure coloniale. À l'intérieur du *Cabildo*, les salles du **Museo de Historia** retracent le passé de la ville à grand renfort de pendules, meubles anciens et portraits. La **Bolsa** (Bourse), le **Banco de la República** et l'imposante **Aduana** (Douanes) s'alignent au nord de la place. Sur la Plaza Zabala, le Palacio Taranco, construit pour un marchand, se pare d'un mobilier et de marbre venus de France.

La Calle Piedras vous mènera au front de mer et à son **Mercado Puerto**, bordé à son extrémité par des restaurants en plein air. Le marché n'ouvre que l'après-midi, mais son ambiance en fait l'un des principaux centres d'intérêt de la capitale.

La Ciudad Vieja dévoile une belle vue sur le port et le **Cerro** (139 m) couronné d'un phare et d'un fortin, que contemplèrent peut-être en leur temps les poètes Lautréamont, Jules Laforgue et Jules Supervielle, tous trois natifs de Montevideo.

À GAUCHE : le seule et vraie manière de boire son maté : dans une *culha*, plantée d'une *bombilla*.

Matémania

Les Uruguayens cessent toute activité à l'heure du sacro-saint maté, au point qu'ils emportent partout leur nécessaire : la gourde, appelée *culha* ou maté, parfois incrustée d'argent, qui contient la *yerba* (feuilles séchées) ; la *bombilla*, sorte de paille, souvent en argent, dotée d'un filtre ; et un Thermos d'eau chaude.

Le maté – ou *yerba mate* – se concocte en faisant infuser les feuilles d'une plante persistante, *Ilex paraguariensis*, apparentée au houx, qui pousse à l'état sauvage au Paraguay et au sud du Brésil. Les Guaraní en buvaient déjà à l'époque précolombienne, et sa culture à grande échelle remonte au temps des jésuites.

Le maté fait aujourd'hui partie intégrante des cultures uruguayenne, paraguayenne, argentine et brésilienne. On partage souvent sa gourde entre parents ou amis, chacun aspirant une gorgée avant de rendre la *culha* à son propriétaire, qui la remplit à nouveau.

Le maté se boit généralement pur, mais on peut y ajouter du sucre, du jus de citron ou du lait. Le maté glacé a ses adeptes. Les propriétés diurétiques et antirhumatismales du maté sont reconnues, aussi pourrez-vous le trouverez vendu en sachets dans les magasins de diététique de l'hémisphère Nord.

En été, bien des gros titres de la presse de Buenos Aires proviennent de Punta del Este : people et décideurs argentins sont tous à la plage.

À la ville comme à la plage

Par beau temps, un petit tour des plages de la ville s'impose : vous serez surpris par la propreté virginale de leur sable blanc. Deux parcs sympathiques justifient également une promenade. Le **Prado** s'épanouit au nord-ouest du centre-ville (partant de 18 de Julio, suivez Agraciada direction nord), dans un quartier qui a conservé quelques-unes des plus somptueuses demeures du pays. Au 19e siècle, le financier José Buschental se fit aménager un domaine de 40 ha en ces lieux ; il épousa la nièce de l'empereur du Brésil, Dom Pedro II, et importa des poissons d'Extrême-Orient et des animaux du monde entier. La roseraie compte quelque 800 variétés. Derrière la **Playa Ramírez**, le **Parque Rodó** déploie un feu d'artifice de palmiers, d'eucalyptus et d'*ombú (Phytolacca dioica)*. Le nom du parc évoque l'écrivain José Enrique Rodó, dont le roman, *Ariel* (1900), vibrante apologie d'une Amérique du Sud idéaliste inspirée des traditions de l'Europe latine, influença toute une génération d'intellectuels sud-américains.

Palaces et promenades

Les plages de Montevideo s'étirent vers l'est jusqu'à **Carrasco**, banlieue chic aux rues ombragées de grands arbres et dont les demeures hébergent les rares familles uruguayennes encore aisées. Au-delà de Carrasco, la Ruta Interbalnearia oblique vers l'intérieur, mais des routes secondaires vous ramèneront aux plages. Au Km 42, le **Fortín de Santa Rosa** (18e siècle) a été transformé en hôtel (plage pratiquement privée et excellente table). À 45 km de Montevideo, une barrière de cyprès et d'eucalyptus protège **Atlántida** des vents de l'Atlantique. Un peu plus loin, la charmante **Piriápolis** occupe une baie en croissant ; dominant la promenade, l'imposant Hotel Argentino exhibe sa façade et ses vitraux, ses thermes des années 1920 et son élégant solarium où vous pourrez goûter ses curatives eaux sulfureuses.

Vous voici maintenant à **Punta del Este** ㉕, presqu'île glamour qui attire non seulement les Argentins fortunés, mais aussi une belle brochette de célébrités internationales et autres têtes plus ou moins couronnées. Les prix pratiqués à Punta ont d'ailleurs de quoi décourager le commun des mortels. Deux longues et belles plages ourlent la péninsule, plus ventée côté Atlantique. Un site à découvrir de préférence hors saison, lorsque les brises automnales font tomber les tarifs hôteliers et fuire la jet set vers d'autres contrées.

CI-DESSOUS : vue aérienne de la péninsule de Punta del Este, séparant le Río de la Plate et l'océan Atlantique.

Au nord de Punta del Este, changement radical : toujours aussi splendides, plages et paysages se font pratiquement déserts. Sur la Ruta Interbalnearia, offrez-vous une halte à **Santa Teresa** ㉖ et à **San Miguel** ㉗, forts portugais du 18e siècle implantés dans de superbes parcs nationaux et sanctuaires d'oiseaux ; et, pour vous rassasier en produits de la mer, essayez l'un des modestes restaurants de **Punta del Diablo**, un petit port de pêche – vous ne serez pas déçu.

Omniprésence européenne

Plusieurs communautés européennes ont façonné l'histoire du pays, à l'ouest de Montevideo. **Colonia Valdense** fut

 Carte p. 266

fondée par des Piémontais et des Suisses du canton de Vaud, lesquels créèrent également l'enclave de **Colonia Suiza**, ou **Nueva Helvecia**. À 50 km à l'est de Colonia Valdense, **Colonia del Sacramento** ㉘ doit sa naissance en 1680 à des colons portugais qui rêvaient d'en faire la rivale de Buenos Aires. Depuis lors, peu de choses ont changé à Colonia, et surtout pas son atmosphère d'origine, même si de nombreux Argentins commencent à racheter terrains et maisons.

Une promenade dans la vielle ville vous fera découvrir le **Museo Español** (ouv. du ven. au mer. de 11h30 à 17h), qui occupe l'ancienne résidence du vice-roi (18e siècle) ; l'**Iglesia Parroquial** ; et le **Museo Portugués** (ouv. du jeu. au mar. de 11h30 à 17h), doté d'un bel ensemble d'uniformes et de mobilier de style cordouan. Des ruelles pavées vous mèneront au fleuve, que vous pourrez longer jusqu'aux vestiges des fortifications coloniales. Quelques kilomètres plus loin s'étendent de gigantesques arènes, abandonnées depuis que le gouvernement a interdit la tauromachie dans le pays, au début du 20e siècle. Un hydroglisseur relie Colonia à Buenos Aires.

Phare de Colonia de Sacramento.

EN REMONTANT LE RÍO URUGUAY

Pour les Uruguayens, remonter le cours de leur fleuve équivaut un peu à un pèlerinage. Ces villages propres que rien ne semble devoir troubler ont pourtant été à l'origine de l'indépendance du pays. À 30 km en amont de Colonia, les Treinta y Tres Orientales (les Trente-Trois Orientaux) débarquèrent d'Argentine à **La Agraciada** pour bouter les Portugais hors du sol uruguayen. Une statue de leur chef, le général Lavalleja, campe fièrement devant la plage.

Le port de Fray Bentos commémore une tout autre révolution, dans son **Museo de la Revolución Industrial** : en 1866, la société anglaise Liebig y implanta sa première usine de concentré de viande. Plus en amont, **Paysandú** ㉙ accueillit Artigas et ses partisans alors qu'ils fuyaient le régime espagnol de Montevideo. De nos jours, on vient surtout y pêcher un savoureux *pez dorado*. Le **Puente Internacional José Artigas** rejoint la rive argentine du fleuve. Au nord de Paysandú, les eaux de **Termas de Daymán** et d'**Arapey** attirent les curistes. ❑

CI-DESSOUS : le luxueux Parque Hotel, Montevideo, vers 1920.

GUARDIA VIEJA
TANGO
ISRAEL HOFFMANN
1896 - 1971

AÑO DE 1882
NCISCO DIVO
DACO DI

ARGENTINE

Des prix modérés et une stabilité retrouvée font de l'Argentine une destination idéale pour s'abandonner au charme vibrant de Buenos Aires ou s'enivrer des grands espaces des pampas patagoniennes.

Grandiose, l'Argentine ne l'est pas seulement par sa superficie – deuxième d'Amérique du Sud, huitième de la planète. Car en Argentine tout est grand, voire immense : villes, estancias, étendues sauvages ou pampas. Même les steaks sont énormes. Au début du 20e siècle, l'Argentine comptait parmi les plus riches nations du monde. Elle semblait appelée à devenir le Texas de l'Amérique du Sud. En lieu et place, bouleversements politiques et dictatures militaires alimentent les colonnes de la presse internationale.

L'Argentine s'est toujours fortement polarisée sur sa capitale, Buenos Aires, que l'on décrit parfois comme une tête de géant greffée sur un corps de nain. De fait, l'économie, la politique, les finances et l'industrie se concentrent avant tout dans la capitale et ses environs, étranglant la répartition des ressources et des richesses. Malgré cela, et en dépit des épisodiques séismes politiques et économiques qu'ils ont eu à affronter, les Argentins ont préservé un niveau de vie qui leur permet d'emplir restaurants, cinémas ou théâtres. Championnes de la qualité de vie, les classes moyennes citadines bénéficient en outre à travers tout le pays d'une plage, d'un lac ou d'une station de ski à proximité pour leur agrément.

De la jungle aux glaciers

L'Argentine couvre plusieurs degrés de latitude. Le Nord-Est subtropical est célèbre pour les ruines de ses missions jésuites et les chutes d'Iguazú ; au nord-ouest, basculant soudain de montagnes arides en forêts luxuriantes, les Andes se caractérisent par l'architecture coloniale de Salta et les plantations de canne à sucre de Tucumán. Au centre du pays, des paysages andins spectaculaires côtoient les vignobles et l'urbanisme modèle de Mendoza ; les lacs et les vertes montagnes de Córdoba ; puis les séduisantes stations balnéaires de la province de Buenos Aires. Dans le Sud, des villes nées du pétrole voisinent avec des communautés galloises et de charmantes bourgades néotyroliennes, lacs et sommets ennei-

Ne manquez pas

- **Buenos Aires**
- **Salta & Humahuaca**
- **Chutes d'Iguazú**
- **Région des lacs**
- **Península Valdés**
- **Glaciers patagoniens**

PAGES PRÉCÉDENTES : guitariste, Buenos Aires. **À GAUCHE** : église San Francisco, Salta. **CI-DESSOUS** : mont Fitzroy.

NOTEZ-LE

Grands amateurs de sport devant l'Éternel, les Argentins supportent leurs équipes de rugby, de basket-ball, de polo mais surtout et avant celles de foot. Les plus grandes équipes demeurent les Boca Juniors et les River Plate, toutes 2 de Buenos Aires. Assister à un rencontre vous donnera un bel aperçu de l'esprit argentin. La sécurité s'est améliorée mais évitez toutefois des tenues trop ostentatoires.

gés cédant le pas à la splendeur des glaciers de Patagonie. Dans toutes ces régions, le tourisme a développé un hébergement et une restauration de qualité, favorisés par de bonnes communications routières et aériennes.

Les Argentins

Réputés pour leur caractère chauvin et une nette tendance à mépriser les autres nations du continent, les Argentins se rattrapent par une hospitalité sincère et chaleureuse. Détenteurs de la palme du dédain, les habitants de Buenos Aires, appelés Porteños (littéralement, les "habitants du port"), considèrent leur ville comme infiniment plus raffinée et cosmopolite que le reste du pays – mais c'est faire peu de cas de centres comme Tucumán, Mendoza ou Córdoba, établis suffisamment loin de la capitale pour avoir développé une authentique vie artistique et intellectuelle.

À l'origine déjà très dispersées, les populations indigènes ont été décimées par les guerres coloniales. Quelques petits groupes subsistent néanmoins tant bien que mal – Guaraní, Colla, Toba et Wichi dans le Nord, Mapuche dans le Sud – marginalisés par une culture viscéralement "européenne".

Porteños, gauchos et caudillos

Au 18e siècle, la contrebande fait la fortune de Buenos Aires, centre du cuir et de l'élevage des mules, tandis que les Amérindiens sont expulsés de leurs pampas. Une poignée de familles espagnoles s'arroge d'immenses domaines, et leurs noms dominent encore dans les sphères du pouvoir argentin. Après l'indépendance (1816), les guerres civiles s'enchaînent pendant 70 ans: Buenos Aires tente d'imposer sa loi aux potentats locaux, les caudillos, et à leurs armées de gauchos – cavaliers *mestizos* des pampas *(voir p. 340)*. Le plus célèbre de ces caudillos, Juan Manuel de Rosas, émerge du chaos en 1829 pour devenir gouverneur de la province de Buenos Aires et régner de facto sur l'Argentine. Rosas se distingue par son régime de terreur, sa police secrète et des mesures protectionnistes qui permettent aux produits argentins de concurrencer le commerce étranger. Au bout de

CI-DESSOUS : un gaucho et sa *china*, 19e siècle.

Un lourd héritage

Loin de s'éteindre après avoir plongé l'Argentine dans le marasme, l'étoile de Juan Domingo Perón a repris du lustre depuis les années 1980 et continue à influencer toute la classe politique argentine. Son idéologie de justice sociale, aussi vague que flexible, ne peut que séduire des millions d'Argentins appauvris et déclassés, et des présidents aussi différents que Carlos Menem et Néstor Kirchner en ont allégrement adopté le discours. Plusieurs mouvements politiques revendiquent leur appartenance au péronisme, et s'entre-déchirent sur ce thème éculé, de Kirchner à Eduardo Duhalde, Carlos Reutemann ou Francisco de Narváez. Fort heureusement, ces conflits ne déclenchent plus les violences qui présidèrent au retour d'exil Perón, en 1972, provoquant la mort de 13 personnes.

23 ans, l'opposition parvient à le renverser, massacrant ses partisans. Les barrières douanières sont levées, les marchandises importées inondent le pays et la guerre civile reprend de plus belle.

Les dirigeants du pays tiennent désormais à se montrer cultivés et policés, notamment Domingo Sarmiento, président de 1868 à 1874, qui divise le monde en 2 : la civilisation, représentée par les Européens, et la barbarie incarnée par les caudillos, leurs gauchos, et les Amérindiens. De nouvelles lois visent à contrôler les gauchos, qui vivent à la marge de la société. Dans les années 1870, le général Julio Roca lance sa "conquête du Désert" (1879-1884) afin d'ouvrir les pampas et la Patagonie aux pionniers. Il fait exterminer tout indigène opposant résistance et regroupe les autres dans des réserves. La nation argentine doit attendre 1886 pour voir véritablement le jour, Buenos Aires se sépare alors de sa province et prend le statut de capitale. Aiguillonnée par la demande internationale en viande, l'exploitation des pampas se développe à grands pas. Des voies ferrées sillonnent le pays, et la production agricole argentine dépasse bientôt celle de ses rivaux, le Canada et l'Australie.

Au grand dam de la haute bourgeoisie argentine, le plus célèbre locataire du Cementerio de la Recoleta de Buenos Aires n'est autre que la fille d'un petit ouvrier provincial, Eva Perón. Des milliers de personnes viennent chaque année se recueillir sur son tombeau de marbre noir, orné d'une unique rose.

Raz de marée d'immigrants

Pour maintenir cette progression, il faut une main-d'œuvre énorme. Avant 1880, rares sont les travailleurs étrangers qui s'installent en Argentine. Du jour au lendemain, une marée humaine va submerger le pays. Pour la plupart, des paysans d'Italie du Nord, suivis par des Espagnols. Mais ses nouvelles richesses, l'Argentine les garde pour elle, ou plus exactement pour son *oligarquía* – les 200 grandes familles qui se partagent terres et pouvoir. Cette disparité va longtemps paralyser tout progrès, social ou politique.

Avec l'expansion économique, Buenos Aires délaisse sa parure coloniale hispanique pour embrasser avec ferveur tout ce qui vient de France. La planification urbaine du 16e siècle vole en éclats au profit de vastes avenues bordées d'allées pavées en marbre, de cafés et de jacarandas. Mais les inégalités soulèvent peu à peu

CI-DESSOUS : Eva et Juan Perón.

Phare du port de Buenos Aires.

le couvercle de la marmite. Au sein des classes moyennes, des mouvements naissent pour lutter contre l'oligarchie, notamment l'Unión Cívica Radical (UCR), ancêtre du parti actuel. Dans les années 1920, les tensions s'exacerbent, tandis que Buenos Aires s'affirme comme la Mecque intellectuelle de l'Amérique du Sud. Le sort des plus pauvres intéresse bien moins les riches que les bals et le tango. Cette situation perdure jusqu'à la Grande Dépression : le 6 septembre 1930, l'armée marche sur la Casa Rosada (palais présidentiel) et le général José Uriburu prend le pouvoir.

L'ère Perón

Durant les années 1930, les militaires remettent les rênes de l'État à une série de gouvernements conservateurs, permettant à l'*oligarquía* de régner sur le pays comme si rien n'avait changé depuis la fin du 19e siècle. En 1943, un groupe de jeunes officiers tente et réussit un putsch. Parmi eux, un homme va fonder un mouvement qui domine toujours la vie politique argentine : Juan Domingo Perón. À l'âge de 16 ans, Perón s'est engagé dans l'armée ; attaché militaire en Italie, il est devenu un fervent admirateur de Mussolini. D'abord sous-secrétaire au Travail, avant de s'adjuger le portefeuille de ministre de la Guerre, il met en place les syndicats et se fait le champion des ouvriers jetés à la rue sans protection. Il bénéficie d'un soutien sans faille en la personne d'une belle actrice, Eva Duarte, qu'il épouse en 1945. D'humble condition, Evita choque la bonne société mais conquiert les classes ouvrières par ses discours enflammés. Grâce à elle, les femmes obtiennent le droit de vote et un régime de santé publique est instauré dans le pays.

Élu à la présidence en 1946, Perón nationalise les industries et se lance dans un programme de protection sociale tandis qu'Evita voyage en Europe, vêtue et parée comme une reine. Elle meurt d'un cancer en 1952, âgée de 33 ans. Le Vatican refuse de canoniser l'idole de tout un pays. Privée du charisme d'Eva, la magie Perón montre des signes de faiblesse ; le coût de la vie augmente, les dépenses publiques s'envolent et la corruption ne connaît aucune limite. Quand le bruit court que Perón va faire distribuer des armes aux syndicats, l'armée réplique en

Ci-dessous : ballet aquatique, Plaza Lavalle, Buenos Aires.

bombardant la Casa Rosada. Perón prend la fuite à bord d'une canonnière paraguayenne. Une vaste purge élimine ses partisans à tous les niveaux de l'État, et la loi va jusqu'à interdire la mention même de son nom en public.

Très sensible aux fluctuations de ses exportations agricoles, l'économie argentine fait du yo-yo depuis 1950. Les années 1980 sont frappées par une forte inflation, vite oubliée par une fulgurante reprise dans les années 1990, mais que mettra aux oubliettes la grave crise de 2001. Cette dernière décennie semble marquer une certaine stabilité économique, mais pour combien de temps ?

Sale guerre et guerre éclair

En dépit de la répression, le péronisme va survivre à 18 ans d'incurie militaire et civile. En 1973, des élections démocratiques ramènent sans difficulté les candidats péronistes au pouvoir – et le vieux Perón quitte l'Espagne où il s'était exilé pour regagner son trône présidentiel. Un retour triomphal, mais Perón décède peu de temps après, abandonnant la présidence à sa troisième épouse, Isabel, une ancienne danseuse de cabaret. L'économie argentine replonge dans les abysses, la guérilla s'implante dans les montagnes de Tucumán, attentats terroristes et enlèvements deviennent monnaie courante. L'armée laisse la situation pourrir, exploitant le soutien populaire pour opérer son coup d'État en 1976. La junte se lance alors dans une sale guerre, purgeant la société argentine de tout individu suspecté de sympathies "gauchistes". On estime à 30 000 le nombre de personnes enlevées, torturées et secrètement exécutées durant cette période noire.

En 1982, l'inflation atteint des taux record et la pauvreté s'étend. Le général président Galtieri décide alors de détourner l'attention du pays en envahissant les Islas Malvinas (les îles Malouines, ou Falkland en anglais, *voir p. 352*). Réfrigérés par les tempêtes australes, ces rochers constituent une indigeste pomme de discorde pour les Argentins depuis que les Britanniques les ont annexés en 1833. Après une sanglante guerre éclair, durant laquelle Margaret Thatcher regagne sa popularité électorale par son zèle à contre-attaquer, alors que les Nations unies cherchent un règlement pacifique du conflit, l'Argentine est vaincue. Humiliée, l'armée se voit contrainte d'accepter la tenue d'élections en 1983.

Porté à la présidence, Raúl Alfonsín (UCR) engage le pays sur une voie démocratique nouvelle. En 1989, le péroniste Carlos Menem remporte triomphalement les élections, imposant dans la foulée une série de réformes économiques draconiennes – et une modification de la Constitution pour rafler un second mandat.

CI-DESSOUS : zone industrielle du port de Buenos Aires.

Récession et pauvreté

En 1998, malgré des accusations de corruption, Menem espère une troisième reconduction. Mais ses 10 années de présidence s'achèvent en 1999 avec l'élection du candidat de l'UCR (Unión Cívica Radical), Fernando De la Rúa. La récession ne fait qu'empirer, et le chômage touche désormais 25 % des Argentins, dont la moitié vit en dessous du seuil de pauvreté. Un enfant sur quatre souffre de malnutrition – dans un pays capable de nourrir 10 fois sa propre population.

Le pays est au bord de l'implosion – financière, politique et sociale. Le gouvernement gèle les comptes bancaires ; en 2001, 27 personnes trouvent la mort au cours d'émeutes de la faim. Le président De la Rúa démissionne. Nommé président par intérim 3 jours plus tard,

Le bœuf et le vin

Mondialement réputée pour l'excellence de sa viande bovine, l'Argentine s'avère à présent un redoutable concurrent sur le marché international du vin.

Le bœuf argentin, vous en avez sûrement déjà entendu parler. Mais vous avez fort bien fait de traverser l'Atlantique. Car les Argentins gardent le meilleur pour eux, et ils le consomment avec une passion jalouse, quasi religieuse. Quant à leur vin, bien qu'ils soient les cinquièmes producteurs de la planète, ils l'ont très longtemps tenu au secret. Aujourd'hui, les grands crus argentins figurent sur les cartes de tous les meilleurs restaurants du globe. En Argentine, une tranche de bœuf arrosée d'une bonne bouteille relève à la fois du quotidien et d'un rite gastronomique remontant au cœur des traditions nationales.

La cuisson d'un steak est ici considérée comme un art, et les *parrillas* (steak-houses) qui flanquent le moindre coin de rue de Buenos Aires prennent volontiers l'allure de temples érigés à la gloire du dieu bœuf. Les plus étonnantes étalent en vitrine la cuisson traditionnelle gaucho – carcasses entières crucifiées sur leurs braises. D'autres exposent fièrement leur vache empaillée en guise d'enseigne, et des posters aux murs vous détaillent leurs morceaux par le menu. Le *bife de lomo*, pièce la plus chère – et la moins grasse – du bœuf, équivaut plus ou moins à notre aloyau. Mais certains lui préfèrent le *bife de chorizo* (rumsteak), ou le *bife de costilla* (T-bone).

La *tira de asado* (côte-de-bœuf) devrait raisonnablement pouvoir sustenter 2 affamés, tandis que la *parrillada*, assortiment de viandes, de tripes et de saucisses, comblera les plus acharnés carnivores. Combinant aloyau, chateaubriand et rumsteak, le *vacío* devrait délecter les plus blasés des palais. Quant au *matambre*, il se déguste en rouleau fourré aux légumes et œuf dur. Excellent apéritif servi froid, il s'apprécie également en sandwich.

Si vous aimez la viande bleue, commandez-la *jugoso*; saignante, c'est *a punto*; et, pour "à point", dites bien *hecho*.

Les cuistots argentins se soucient peu de légumes ou de sauces. L'accompagnement varie de la salade toute simple, tomate et laitue, à d'énormes platées d'artichauts mêlées d'œufs. Pour ajouter un peu de piment à votre viande, commandez une *salsa chimichuri*: le plus ténébreux des serveurs vous jettera aussitôt un coup d'œil respectueux, les Porteños considérant comme un concentré de dynamite cette mixture d'origan pilé et d'épices typiquement gaucho, mais bien éloignée des diableries indiennes ou pakistanaises.

Les Argentins sont les sixièmes consommateurs de vin au monde, leurs traditions viticoles remontant à plus de 5 siècles. Élevés dans les vignobles de la région de Mendoza et plus au nord près de Salta, leurs crus sont extrêmement bon marché, souvent honorables et quelquefois exceptionnels. Vous aurez le choix entre le *vino común*, vin de table servi en carafe, et les bouteilles de *vino fino*, qui figurent sur la carte des restaurants. Une cinquantaine de variétés coexistent sur le territoire, le plus souvent développées à base de cépages européens, à l'exception de deux endémiques, le malbec et le torrontés. D'aucuns font l'éloge des crus de torrontés produits à Cafayate, dans la province de Salta. La crise économique aura eu au moins un effet bénéfique en dopant les exportations des principales régions viticoles du pays: Mendoza, qui peut se targuer de ses 145 000ha de vignes, et San Juan, dans le nord du pays. Les États-Unis figurent parmi les plus grands amateurs de vin argentin. ❑

Ci-contre: foudres dans une cave vinicole argentine.

Adolfo Rodríguez Saá plie bagages la semaine suivante. Le 1er janvier 2002, le Congrès élit un président de transition, le sénateur péroniste Eduardo Duhalde. Dix jours après, le gouvernement dévalue le peso, mettant fin à 10 ans de parité avec le dollar US. Trois mois plus tard, les opérations bancaires et de change sont suspendues. L'Argentine n'a jamais été si proche de la faillite.

En novembre, le FMI lui refusant un nouveau prêt, l'État argentin décide de ne pas honorer l'échéance de sa dette envers la Banque mondiale (800 millions de dollars). En 2003, Carlos Menem se retire de la course à la présidence au profit de son rival, Néstor Kirchner. Soupçonné de fraude fiscale, Menem s'enfuit au Chili, pour rentrer au pays une fois l'accusation levée. Sous le régime du président Kirchner, le pays retrouve peu à peu une stabilité politique et économique. L'Argentine rembourse les prêts à court terme du FMI, ainsi que plusieurs créanciers étrangers. Adoptant une ligne péroniste traditionnelle, Kirchner renationalise plusieurs secteurs industriels vitaux. Fin 2007, Nestór Kirchner passe la main et présente sa femme, Cristina Fernández de Kirchner, comme candidate péroniste aux élections présidentielles. Elle remporte largement les élections dès le premier tour, devenant ainsi la première femme élue à la présidence d'Argentine. Mais sa popularité s'estompe rapidement en raison de l'inflation galopante et du conflit avec le monde rural, né de l'augmentation de la taxe à l'exportation sur le soja. Aux législatives de mi-mandat en juin 2009, son parti souffrira une débâcle électorale, perdant ainsi la majorité dans les 2 chambres. Le 10 octobre 2010, Nestór Kirchner décède des suites d'une crise cardiaque, laissant le mouvement péroniste sans leader.

La demande mondiale pour le soja a modifié les habitudes agricoles de l'Argentine. En 10 ans, la surface exploitée pour la culture du soja a plus que doublée, passant de 26 % en 1997 à 53 % en 2007, tandis que sa production de son fameux blé a chuté de 30 à 18 % dans le même laps de temps.

BUENOS AIRES LA THÉÂTRALE

Peu de pays dépendent autant que l'Argentine de leur capitale. Tout ce qui pense ou bouge dans le pays doit, à un moment ou à un autre, passer par le "Paris de l'Amérique du Sud". Étalant ses tentacules à travers la pampa, bordant les rives boueuses du Río de La Plata, **Buenos Aires** ㉚ fait fièrement miroiter son héritage européen. Car c'est une ville que ses immigrants venus d'Europe ont toujours cru pouvoir quitter pour rentrer chez eux, et où ils sont restés, étrangers à jamais; une ville dont le dynamisme créateur ferait rougir New York elle-même; une ville enfin où quel que soit l'âge ou le temps, personne ne reste en place, dînant au restaurant, discutant au café, ou faisant la queue devant les cinémas.

Les Porteños sont une espèce à part, pétrie de contradictions. Obsédés par leur apparence, ils font de leurs avenues des défilés de mode à ciel ouvert. Ils ont la passion du théâtre, des débats publics, des joutes politiques, et, dans le privé, les drames de leur psychisme exercent sur eux une vraie fascination: leur addiction à la psychanalyse ne fait pas de mystère et Buenos Aires compte plus de psychiatres par habitant que Manhattan.

Une tranche d'Europe

Fondée voici plus de 400 ans, Buenos Aires s'est métamorphosée à la fin du 19e siècle. Avec le boom économique

CI-DESSOUS : *Monumento a los Dos Congresos*, majestueuse fontaine de la Plaza del Congreso, conçue en 1914 par le Belge Eugène Dhuicque.

Lampadaire colonial.

du bœuf, dans les années 1880, les bâtiments hispaniques de l'ère coloniale ont été rasés, remplacés par un étrange miroir du Paris de l'époque – une époque où les richesses coulaient à flots d'un pactole apparemment inépuisable. Phare culturel et artistique, Buenos Aires projetait alors ses lumières sur le monde entier. Mais, à peine construite, la capitale dut faire face à son propre déclin. Cette atmosphère de fastes évaporés rend la ville encore plus fascinante aujourd'hui. Car, plus qu'une succession de prestigieux monuments, Buenos Aires est avant tout une ambiance que l'on savoure par le simple plaisir de flâner dans ses quartiers, d'y prendre un café, de repartir et de s'imprégner d'un parfum unique et insaisissable.

El Centro

Tels des fleuves, les larges avenues de Buenos Aires filent à travers le centre, ombragées par des jacarandas, bordées d'immeubles splendides et décrépits que personne n'a pu ni démolir ni restaurer, faute d'argent. Des dômes coiffent les toitures, des statues de divinités grecques encadrent les fenêtres, tandis qu'à l'intérieur se cachent escaliers en marbre et lustres éteints.

Par où commencer? Sans doute par la piétonne **Calle Florida** envahie à toute heure du jour par des Porteños essayant de capter au passage leur reflet dans les vitrines des magasins d'articles en cuir. Remontez-la vers l'**Avenida Santa Fe**, en passant par la **Plaza San Martín**, où la théâtrale statue équestre de José de San Martín commémore l'une des rares figures héroïques de l'histoire argentine *(voir p. 31)*. Les meilleures boutiques de Florida se groupent à cette extrémité, entre les Avenidas Córdoba et Santa Fe. Coupant Florida, et piétonne également, la **Calle Lavalle** concentre cinémas, salles de bingo et de jeux vidéo, restaurants et magasins à prix bradés – de quoi agglutiner les foules en soirée.

La **Casa Rosada** Ⓐ (palais présidentiel), ainsi nommée pour la teinte rose de sa façade, ferme le flanc est de la **Plaza de Mayo** Ⓑ, où des gardes en uniforme paradent, imperturbables, au milieu d'écoliers surexcités. Les foulards blancs peints sur le sol rendent hommage aux Madres de la Plaza de Mayo qui, chaque jeudi

Ci-dessous : les voix de son maître, San Telmo.

pendant les années de dictature, manifestèrent ici pour réclamer des informations sur leurs enfants "disparus".

Derrière la Casa Rosada s'élèvent les entrepôts en brique du 19e siècle du vieux port de Buenos Aires, aujourd'hui rénové et converti en quartier chic pour noctambules. En lisière du quartier des banques, les quais aménagés de **Puerto Madero** **C** offrent une oasis de soleil et de calme idéale pour prendre un verre au bord de l'eau. L'indépendance de la ville fut proclamée en 1810, à l'autre bout de la Plaza de Mayo, dans l'immaculé **Cabildo** **D** (hôtel de ville, devenu un musée), l'un des rares édifices coloniaux conservés par la capitale. Non loin, la **Catedral Metropolitana** **E** héberge la dépouille du général José San Martín. La majestueuse **Avenida de Mayo** déroule une longue perspective sur le **Palacio del Congreso** **F**, copie presque conforme de la Maison Blanche. En chemin, elle coupe l'**Avenida 9 de Julio**, plus large que les Champs-Élysées parisiens et bien plus embouteillée encore, de jour comme de nuit – une performance dignement couronnée par un **Obelisco** **G**, inesthétique et colossal phallus autour duquel la capitale tourbillonne.

À proximité, l'âme de Buenos Aires brille de tous ses feux, néons et paillettes dans l'**Avenida Corrientes**, où s'égrènent théâtres Art déco et palais cinématographiques des années 1920. Les Argentins dînent tard, et les restaurants de l'avenue demeurent bondés parfois jusqu'à 2h du matin, tandis que le samedi soir la dernière séance de cinéma ne commence pas avant 1h30. Corrientes est aussi remarquable par ses dizaines de librairies, envahies jusqu'aux premières heures de l'aube par d'insatiables papivores. Haut lieu artistique de l'avenue, le **Centro Cultural San Martín** **H** accueille des expositions de peinture, de photographie et des festivals de cinéma.

Quelques *cuadras* au nord-est, Plaza Lavalle, vous voici devant l'un des plus beaux Opéras du monde, le **Teatro Colón** **I**. Offrez-vous le luxe d'une représentation, ne serait-ce que pour jeter un regard circulaire sur ses sièges en velours, ses 6 étages de loges et de balcons dorés. Des visites guidées (tlj.) vous feront découvrir

NOTEZ-LE

Sur de nombreux plans de Buenos Aires, sachez que la rose des vents indique l'Ouest et non le Nord. Pour vous repérer, rappelez-vous que le río de la Plata coule vers le sud-est. Alors, ne perdez pas le Nord !

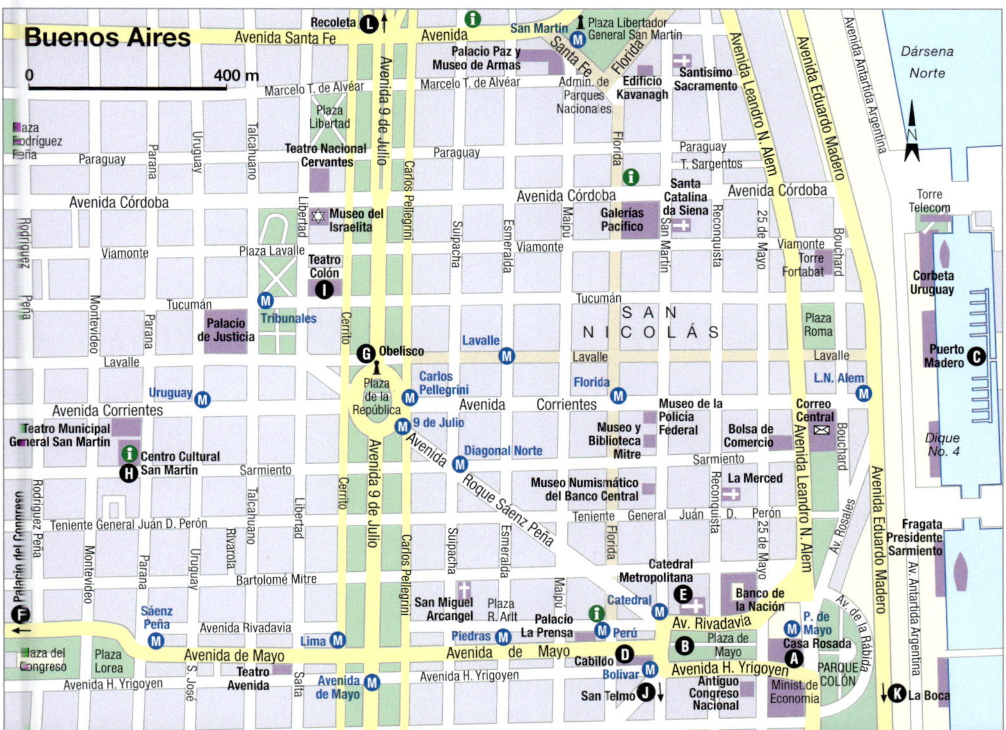

Le tango passion

La fusion des sons traditionnels aux sons pop-rock a donné à cette musique des marins et des émigrés, un véritable coup de jeune.

Solitude et désespoir, jalousie et nostalgie alimentent les sombres rengaines du tango, la plus célèbre tradition musicale de l'Argentine et de l'Uruguay. La danse flamboyante qui l'accompagne, érotique et violente, machiste et passionnée, offre un miroir dramatisé du caractère argentin et uruguayen, dont elle semble distiller ombres et reflets. Aux *Cariocas* leur exubérante samba, aux *Porteños* leur mélancolique tango. Authentique cliché ou vérité profonde, sa musique envoûtante imprègne les rues de Buenos Aires comme le parfum d'un autre âge.

Le tango plonge ses racines dans les bidonvilles de Buenos Aires, à la fin du 19e siècle. Toutes les cultures du monde s'y télescopent alors – soldats démobilisés après les guerres civiles, descendants d'esclaves africains, immigrants italiens et espagnols. Des hommes, pour l'essentiel, qui se retrouvent dans les bars et les bordels. Ils y partagent la solitude des exilés et fusionnent leurs musiques nationales pour créer le son du tango. La danse naît avant les chansons, exécutée par des couples d'hommes qui attendent leur tour au bordel local.

Le tango ne tarde pas à gagner les classes ouvrières *porteños*. Au début du 20e siècle, le son plaintif du bandonéon rejoint la guitare, la flûte, le violon et le piano des groupes de tango. Des écrivains commencent à lui donner ses premiers titres de noblesse. Seules les classes supérieures snobent cette danse jugée indécente, lui préférant leurs valses et leurs polkas.

Lorsque le tango gagne l'Europe, les dames de la bonne société puritaine tentent d'endiguer cette vague sensuelle aux déhanchements et enlacements provocants. Guillaume II en interdit même la pratique à son état-major. Qu'importe, le tango fait fureur. Et une fois conquis les salons huppés de Paris, le haut du panier argentin ne peut que se réapproprier "son" tango. Il faudra attendre 1921 et Rudolph Valentino pour les États-Unis l'adoptent.

En 1917, un chanteur peu connu, Carlos Gardel, enregistre *Mi Noche Triste*. Du jour au lendemain, cet élégant personnage va incarner le tango et faire entendre sa voix à travers le monde entier. Aujourd'hui encore, la France et l'Uruguay se disputent le lieu de naissance de Gardel, tandis qu'en Argentine on l'appelle *El Pibe del Abasto* – le gamin d'Abasto, un quartier de Buenos Aires. Devenu une star de cinéma adulée, celui que l'on nommait encore Zorza (la grive) périt dans un accident d'avion en 1935 – vivant son tango jusqu'à la mort, et s'assurant ainsi une place éternelle dans le Panthéon national. Sa tombe est aujourd'hui un lieu de pèlerinage où, de tous les coins du pays, on vient déposer des fleurs ou glisser une cigarette allumée entre les doigts de la statue du célèbre artiste. Désormais, de nouvelles techniques permettent d'améliorer les vieux enregistrements de Gardel et, selon un dicton *porteño*, "De jour en jour il chante mieux".

Le tango a connu une traversée du désert dans les années 1950, jusqu'à l'arrivée d'Astor Piazzolla, ce compositeur formé à l'école du classique et du jazz qui a su renouveler le genre avec un génie indéniable. Mais dans le Buenos Aires des années 1990, seuls quelques vieux couples font craquer les parquets de salles plus ou moins désertes. Puis aujourd'hui, des groupes comme Gotan Project et Bajofondo Tango Club ont pris le relais, mêlant aux sons traditionnels les rythmes et les tempos d'une musique électro, transportant le genre à l'âge de la post-techno, chauffant à nouveau les salles. ❑

CI-CONTRE : démonstration concluante !

Cartes p. 266 & plan p. 331

les ateliers en sous-sol et le petit musée qui commémore les prestations d'étoiles éternelles comme la Melba, la Pavlova, Nijinski ou encore Caruso.

Tous au café

Pour vous imprégner de Buenos Aires, faites comme les Argentins : passez autant de temps qu'il vous est humainement possible dans les *confiterías* ou les cafés à regarder vivre les Porteños. Un Porteño ne s'identifie pas selon ses rues, ses monuments ou ses *barrios* de prédilection, mais en fonction des cafés qu'il fréquente pour écrire, méditer et observer ou simplement s'asseoir un moment.

Deux des plus vénérables *confiterías* de la capitale voisinent dans le même quartier. Une communauté britannique jadis conséquente se retrouvait pour prendre le thé à l'Ideal, dans Suipacha, près de Corrientes. Vous pourrez encore y savourer thé et gâteaux, dans un décor de bois verni, de cuivres et de colonnes en marbre. Plus célèbre encore, Tortoni siège à l'angle de l'Avenida de Mayo et de la Calle Piedras. Dans les années 1920, bien des artistes ont hanté ce lieu culte, tel l'écrivain Jorge Luis Borges, sniffant leur cocaïne et discutant politique sur fond de tangos mélancoliques. Sièges en cuir rouge, miroirs et lustres étincelants n'ont pas changé et, le vendredi soir, quelques vieux habitués se réunissent dans une arrière-salle pour écouter encore ces impérissables rengaines.

NOTEZ-LE

La grande affaire de San Telmo, c'est son marché à la brocante du dimanche. Des centaines d'étals y déploient témoignages touchants ou précieux du passé argentin ; des groupes de jazz jouent dans les cafés, tandis que chanteurs et danseurs de tango animent les trottoirs.

Vestiges de la ville coloniale

Pour vous plonger dans un passé plus lointain, rendez-vous *barrio* **San Telmo** **J**, au sud de la Plaza de Mayo. Ce cœur de la ville coloniale bordant le fleuve comptait un tiers de Noirs au 18e siècle. Aujourd'hui petites maisons, bars à tango et antiquaires s'alignent le long des ruelles de ce fief des artistes et des bobos.

Impossible de confondre le *barrio* ouvrier de **La Boca** **K** avec un autre : ses tonalités flamboyantes se remarquent sans peine dans une ville par ailleurs plutôt discrète en la matière. Nouvelle patrie des dockers génois arrivés au milieu du 19e siècle, ses maisons en tôle ondulée jalonnent le fleuve, toutes peintes de coloris aussi divers qu'éblouissants. Le peintre argentin Benito Quinquela Martín (1890-1977) a joué un rôle déterminant dans le développement de cette mosaïque ; transformée en musée, sa maison expose les peintures des dockers. La nuit, bars et restaurants bariolés scintillent comme des lucioles au son des standards les plus kitsch joués par des orchestres itinérants.

Dans les années 1870, lorsque la fièvre jaune fit son apparition, la bonne société prit le chemin du **Barrio Norte**. Ce faubourg a conservé son atmosphère huppée : de vieilles dames en vison occupent des terrasses de café ombragées de chênes, où des hommes d'affaires vêtus à l'européenne interpellent les serveurs avec morgue. Au centre du *barrio* s'étend un immense cimetière, **La Recoleta** **L**. S'y côtoient les plus riches familles de la ville, les dirigeants du pays et leurs pires ennemis, dans des centaines de mausolées en marbre sur-

Ci-dessous : bar dans Calle de Tango.

NOTEZ-LE

Les innombrables magasins, boutiques, cafés, restaurants, galeries d'art et parcs verdoyants qui animent le Palermo Viejo et la Plaza Serrano font de Palermo, l'un des plus importants *barrios* de Buenos Aires, un quartier extrêment plaisant à visiter.

montés d'anges géants et de harpies du plus bel effet gothique. Y repose Eva Perón, décédée le 26 juillet 1952, au côté de l'homme dont elle disait qu'elle mourrait pour lui. Nombre d'*albergues transitorios* (hôtels de passe) prospèrent dans les parages, offrant à leur clientèle éphémère une vue imprenable sur la nécropole.

La cohue citadine commence à vous peser? Prenez la route de la **Costanera Norte.** Une promenade longe le Río de La Plata et, par temps dégagé, vous distinguerez peut-être la côte uruguayenne à l'horizon. Des *parrillas* (steak-houses) de qualité bordent les trottoirs au cas où cette marche vous aurait creusé l'appétit. En octobre ou en novembre, les Porteños aiment bien passer la journée à **Palermo** pour y assister aux matchs de polo.

Autre excursion possible, le **delta du Tigre**, lieu très apprécié par les Porteños le week-end depuis plus d'un siècle. Au départ du centre-ville, trains et bus vous conduiront en une heure jusqu'à ses cours d'eaux et chenaux ombragés. Des bateaux en bois vous emmèneront plus loin dans le delta, où restaurants français et guest-houses cultivent l'ambiance aristocratique des années 1930.

Plages urbaines et plages au vert

Pour gagner les stations balnéaires de Mar del Plata, Villa Gesell et Pinamar, il faut compter environ 5 heures de route. Reliée à la capitale par avion (30 minutes), **Mar del Plata** ㉛ se distingue par sa taille gigantesque comme celle de son parc hôtelier, pratiquement complet de la mi-décembre à la mi-février.

Partant du casino, une longue *rambla* (promenade) borde le littoral de cette station populaire entre toutes, et passablement embouteillée en été – les faubourgs vous réserveront un peu plus de calme. Les *confiterías* jouent du coude-à-coude avec les restaurants – où l'on sert d'excellents produits de la mer –, les cinémas et les night-clubs. En remontant vers le nord, vous arriverez à **Villa Gesell** puis à **Pinamar**, stations beaucoup plus petites et infiniment plus tranquilles. Outre leurs plages, toutes deux se sont dotées d'espaces verts et boisés, Pinamar se voulant plus chic, et plus animée la nuit.

CI-DESSOUS : la campagne près de Córdoba.

CÓRDOBA ET SES ENVIRONS

Córdoba ㉜ (700 km au nord-ouest de Buenos Aires) détient un record : entre séminaristes et avocats, peu de villes comptent autant d'hommes en robe. Sa vénérable et ancestrale université bénéficie d'une solide réputation, et Córdoba allie une architecture coloniale bien préservée – en particulier son patrimoine religieux – et un dynamisme moderne.

Ancienne enclave allemande aux allures de bourgade bavaroise, **Villa Carlos Paz** (36 km à l'ouest) campe au bord de son lac, dans le cadre verdoyant de la Sierra de Córdoba. En été, les touristes emplissent ses hôtels, restaurants et boîtes de nuit. Vous pourrez profiter des paysages environnants, ou vous aventurer dans la sierra. Plus au nord, **Cosquín** organise un festival de folklore en janvier, tandis que **Río Ceballos** vous réserve ses montagnes et ses rivières, ou des randonnées dans la Sierra de Córdoba, moins exigeante que les cordillères andines. Des excursions au départ de Córdoba vous conduiront sans problème dans toutes ces petites villes.

Vers des terres gorgées de soleil et de vins

Au sud-ouest de Córdoba, à la frontière chilienne, **Mendoza** ❸❸ frappe moins par sa beauté que par le travail et l'inventivité de ses habitants. Bâtie dans une zone aride déployée au pied des Andes, Mendoza attira des colons italiens et français à la fin du 19e siècle ; encouragés par le gouvernement local, ils mirent au point un réseau d'irrigation qui fit de Mendoza et de sa région l'une des plus riches provinces agricoles d'Argentine. Le "pays du soleil et du bon vin" assure effectivement une grande part de la production viticole nationale, mais il doit également sa prospérité à d'importants gisements pétroliers.

Les tremblements de terre ont fait des ravages à Mendoza, architecturalement bien moins intéressante que Córdoba. L'étonnante propreté de ses rues plantées d'arbres vous donnera l'impression étrange d'être en Suisse, et non en plein désert sud-américain. À l'ouest, des promenades en carriole à cheval vous feront découvrir l'immense **Parque San Martín** – avec en prime un beau panorama sur la ville –, son lac, l'université locale et un monument au héro national José San Martín, dont l'épique traversée des Andes partit de Mendoza. Des bus et des circuits organisés vous permettent également de visiter les *bodegas* (chais).

De la Plaza Independencia, un *paseo* piétonnier longe la Legislatura Provincial jusqu'à l'**Avenida San Martín**, principale artère de la ville. Financée dans les années 1940 par la dictature franquiste, la **Plaza España** combine d'exotiques azulejos avec des pelouses, des fontaines et des jardins ombragés – une obsession locale. Mendoza sait aussi combler les sportifs avec ses randonnées à cheval ou à VTT, et quelques pistes de ski – mais la principale et la plus huppée des stations argentines, **Las Leñas**, se trouve à 400 km au sud-ouest. Quant aux alpinistes purs et durs, ils prennent volontiers Mendoza pour base avant d'attaquer l'Aconcagua (6962 m), toit du continent, ou d'autres sommets moins mythiques.

Dôme d'une église jésuite, Alta Gracia, Córdoba.

CI-DESSOUS : nouveau quartier résidentiel de Mendoza.

PAUSE GOURMANDE

Si vous souhaitez passer une excellente soirée à Salta, rendez-vous dans une *peña* où vous savourez des spécialités locales tout en écoutant des musiciens venus jouer une musique des Andes. Choisissez-en une parmi les meilleures : El Boliche de Balderrama et La Casona del Molino.

Le Nord et ses traditions

Seule partie du pays où les indigènes parviennent encore à survivre en nombre, le Nord fascine, car il déchire un voile sur le passé colonial argentin et les nations andines frontalières. C'est dans ces paysages arides que les premiers moines franciscains, remontant du Pérou pour évangéliser la population locale, fondèrent leurs missions, érigeant en plein désert des chapelles blanchies à la chaux.

Tucumán ❸❹ (à 1h30 d'avion de Buenos Aires, ou 16 heures de bus) est historique à plus d'un titre : c'est dans sa **Casa de la Independencia**, régulièrement mise en valeur par des spectacles son et lumière, que fut proclamée l'indépendance en 1816. **Plaza Independencia**, une Casa de Gobierno de style "néo-français" jouxte la **Catedral**. À côté se dresse l'**Iglesia y Convento de San Francisco** et l'**Iglesia de la Virgen del Rosario**. Avenida 24 de Septiembre, des boutiques d'artisanat côtoient l'office de tourisme, le **Museo Folklórico** (ouv. du mar. au dim. de 9h à 13h et de 16h à 20h) et divers restaurants de spécialités régionales.

En route pour Tafí del Valle, en voiture ou en bus, vous traverserez un relief montagneux semé d'arbres subtropicaux, de rivières, de cascades, jusqu'à El Cadillal, lac de barrage proche de Tafí ; les Tucumanos montent volontiers prendre leurs vacances dans ce charmant village. Au nord de Tafí, sur la route de Cafayate, les paysages se font arides, voire lunaires, avant d'atteindre, à environ 2 000 m d'altitude, le site de **Quilmes** (ouv. tlj. de 8h à 18h). Les vestiges du 11e siècle bien préservés de l'ancienne cité quilmes témoignent de l'importance historique et stratégique du lieu. Les Quilmes résistèrent aux Espagnols pendant plus de 130 ans.

À 20 km au nord, Amaícha del Valle est le seul village argentin encore habité par sa population indigène, qui y célèbre chaque année en février La Fiesta de la Pachamama. À 10 km, la charmante Santa María doit son dynamisme à la proximité des mines d'or et de cuivre de Bajo La Alumbrera. Une heure de voiture encore, et vous voici à Cafayate, séduisante agglomération entourée de *bodegas*. Entre Tucumán et Cafayate, le paysage, magnifique, transforme ces quelque 6 heures de route en un seul et unique moment de rêve.

Ci-dessous : Museo de Arqueología de Alta Montaña, Salta.

Salta la colonniale

À **Salta** ❸❺, rien ne presse, et depuis longtemps : des bâtiments néocoloniaux bordent ses rues orientées vers les montagnes qui se perdent dans une brume poussiéreuse. Sa *plaza* verdoyante, encadrée d'édifices hispanisants ou italianisants, en paraît d'autant plus inattendue et rafraîchissante. Les plus belles demeures coloniales s'alignent le long des Calles La Florida et Caseros : la **Casa Uriburu** et son musée de la période coloniale (ouv. du mar. au ven. de 9h à 18h, le sam. de 9h à 13h30) ; l'Iglesia de San Francisco ; le Convento de San Bernardo et le **Cabildo** (hôtel de ville), dont le **Museo Histórico del Norte** (ouv. du mar. au ven. de 9h à 18h, les sam.-dim. de 9h à 1h30) honore les héros de l'indépendance avec force tableaux, médailles et uniformes. Si vous souhaitez en savoir plus sur la préhistoire et l'art préhispanique, rendez-vous au nouveau **Museo**

de Arquología de Alta Montaña (Mitre 77 ; ouv. du mar. au dim. de 11h à 20h). Une vision plus distanciée de la ville vous sera offerte par le téléphérique qui vous monte au sommet du Cerro San Bernardo.

Salta sidère par la quantité de ses églises dédiées à San Francisco, à la seule exception de sa **cathédrale**. Cette dernière abrite un sujet de vénération entre tous : *El Señor* et *La Virgen del Milagro*, statues datant du 16e siècle et créditées de pouvoirs miraculeux, retrouvées échouées sur la côte péruvienne après le naufrage du galion qui les amenait d'Espagne. En 1692, un tremblement de terre cessa comme par enchantement lorsque les bonnes gens de Salta les sortirent dans la rue. Leurs visages, d'une simplicité presque enfantine, se noient dans un immense retable baroque. De l'autre côté de la nef, les fidèles prient devant une Descente de Croix grandeur nature, le Christ baignant dans une rivière de sang. Ces représentations de la souffrance, caractéristiques de l'art religieux colonial, semblent avoir tendu aux indigènes le miroir de leur propre condition.

Morceaux de choix pour un asado traditionnel.

Voyage dans les nuages

Mais vous n'allez pas quitter Salta sans avoir pris ***El tren a las nubes*** (le train des nuages), qualificatif poétique que vous pourrez vérifier en observant les nuages qui s'effilochent plus bas. Doté d'une voiture-restaurant, il vous emportera parmi les montagnes de Salta, franchissant la **Quebrada del Toro** pour gagner **San Antonio de los Cobres**, bourgade perchée à 4 000 m d'altitude, puis **Abra Chorillos**, à 4 475 m, point culminant de la ligne, avant de rejoindre la frontière chilienne à **Socompa** ㊱. Ce périple d'anthologie dure presque 15 heures, jalonnées par quelque 29 ponts et 13 viaducs.

VERS LA FRONTIÈRE BOLIVIENNE

Une nationale vous conduira sans encombre de Salta à **Jujuy** ㊲. À l'approche de la frontière bolivienne, la population se fait plus indigène, la route plus bosselée, l'habitat plus misérable et l'imagerie religieuse plus étrange. De minuscules cha-

CI-DESSOUS : ruines jésuites, mission de San Ignacio Miní.

Estancia jésuite Santa Catalina, province de Córdoba.

pelles campent dans les villages les plus reculés. Celle d'**Uquaia** abrite la fresque des *Ángeles Arcabuceros* – anges costumés en arquebusiers du 17e siècle.

La route dépasse les 3000 m et le paysage se dessèche complètement le long de la **Quebrada del Río Grande**. Des reliefs surprenants surgissent : certaines montagnes se dressent en lame de couteau, d'autres évoquent des coulées de lave, d'autres encore prennent l'allure de fourmilières effondrées. Les teintes des parois varient du jaune au violet : le Cerro de los Siete Colores (montagne aux 7 Couleurs) déploie son arc-en-ciel près du village de Purmamarca. Non loin, Tilcara a conservé sa forteresse précolombienne, ainsi qu'une belle tradition artisanale de poteries et de tisserands. À **Humahuaca** ㊳, vous avez pratiquement un pied en Bolivie. L'après-midi, le vent qui descend des vallées enterre la ville sous une fine poussière orange et le tintement de la cloche de l'église (16e siècle) sera le seul son que vous entendrez. Vous dénicherez quand même dans la ville plusieurs guest-houses et restaurants. N'hésitez pas à pousser jusqu'à **Coctaca**, vaste site archéologique dont les secrets demeurent encore impénétrables.

Commémorant la guerre d'indépendance argentine, un gigantesque monument en fer domine Humahuaca. Troublant paradoxe, ses personnages grandiloquents présentent des traits nettement amérindiens.

MISIONES ET SES RUINES JÉSUITES

Pointant comme un doigt replié au nord-est de l'Argentine, la province subtropicale de **Misiones** a toujours enflammé l'imaginaire occidental. Dans son roman *Le Consul honoraire* (1973), Graham Greene prit pour cadre ses villes moites et torrides où se rencontraient révolutionnaires sud-américains et expatriés britanniques. Palme d'or 1986 au Festival de Cannes, *Mission* de Roland Joffé, tourné dans la région avec le concours d'une tribu amérindienne, fit connaître au grand public l'histoire de l'influence jésuite en Amérique du Sud.

CI-DESSOUS : vestiges de la Misone San Ignacio Mini, classée au Patrimoine mondial.

De Buenos Aires, des vols réguliers rallient **Posadas** ㊴, capitale provinciale dotée d'un marché d'artisanat paraguayen et de plusieurs musées. Quittant la ville par le nord, une nationale file à travers des paysages verdoyants, abondamment arrosés, voire inondés par les crues du **Río Paraná**.

Au 17e siècle, les pères jésuites fondèrent leurs premières missions dans cette région (*voir p. 276*). À leur apogée, au 18e siècle, elles accueillaient quelque 100000 Guaraní qui étudiaient, cultivaient la terre et sculptaient des instruments réputés jusque dans les cours royales européennes. Aujourd'hui, les ruines de **San Ignacio Miní** ㊵ (1 heure de route de Posadas ; ouv. du lun. au ven. de 7h à 19h ; spectacle son et lumière en nocturne) se signalent par la monstrueuse mésalliance d'un élément d'art jésuite emprisonné dans un pont militaire en béton dessiné par un ancien gouverneur de la province. Fort heureusement, le site de l'ancienne mission bénéficie d'un meilleur traitement. Les cars y débarquent leurs passagers, qui flânent entre les anciens quartiers d'ha-

 Carte p. 266

bitation et la cathédrale, ornée de sculptures indigènes représentant étoiles et figures célestes. À l'extérieur, les pierres tombales des missionnaires portent des épigraphes lapidaires comme “Ci-gît le Padre Juan, un homme bon”.

D'autres ruines jésuites s'éparpillent à proximité, enfouies dans la jungle. À contempler ces reliques, on a peine à imaginer la puissance et la prospérité de l'empire religieux qui s'est épanoui ici pendant plus de 150 ans. Quand les peuples indigènes du reste du continent ne connaissaient que la barbarie et le travail forcé des plantations, les pères jésuites distribuaient les récoltes selon les besoins de leurs protégés, levant des troupes armées pour tenir en respect les marchands d'esclaves. Les indigènes travaillaient et étudiaient selon des règles qui ont inspiré bien des penseurs modernes.

Seule l'expulsion des jésuites, en 1767, révéla au grand jour la faille de leur système. Les missionnaires avaient mis sur pied un régime paternaliste, oubliant d'apprendre aux Amérindiens comment s'organiser par eux-mêmes. Une fois les jésuites exilés, *bandeirantes* et autres marchands d'esclaves purent rafler leur butin, et les champs retournèrent en friches, tandis que les Guaraní trouvaient un refuge dans la jungle. Aujourd'hui, leurs descendants sont revenus sur place. Ils vendent des plumes et des flûtes en plastique aux touristes.

En guaraní, Iguazú signifie “grandes eaux” – un euphémisme pour qualifier les chutes les plus spectaculaires du monde. Plus hautes de 20 m que celles du Niagara et 2 fois plus larges, elles se divisent en 275 cascades réparties sur un arc de près de 3 km.

CHUTES D'IGUAZÚ

Quelques heures de nationale en direction de la frontière brésilienne, via **Puerto Iguazú**, plaque tournante commerciale, et vous voilà devant l'autre grande attraction des Misiones : les **Cataratas del Iguazú** ㊶. Les mots manquent pour décrire ce spectacle, l'un des plus extraordinaires de la planète. D'énormes volumes d'eau tonnent au fil de multiples cascades avec une telle violence qu'un blouson imperméable suffit tout juste à vous protéger de leurs embruns. Les chutes se partagent entre le Brésil et l'Argentine, et si la rive brésilienne offre un spectacle plus impressionnant, l'exploration du côté argentin s'avère plus agréable – idéalement, bien sûr, il faudrait parcourir les deux. Si vous tentez l'expérience en une journée – pas

CI-DESSOUS : chutes d'Iguazú.

Le gaucho

Le gaucho, centaure des pampas, poursuit son rôle de vacher sur les vastes estancias de la frontière brésilienne à la Patagonie.

Au cœur des immenses estancias argentines, des cavaliers surgissent, vêtus d'un costume étrangement anachronique : chapeaux noirs espagnols, châles tissés à l'amérindienne, *bombachas* (pantalons larges) et *facones* (coutelas) effilés. Ce sont les derniers descendants d'une "race" bien particulière : les gauchos.

Dès les premiers temps de la colonisation espagnole, des hommes s'évanouissent dans l'arrière-pays, mêlant leur sang à celui des populations indigènes. Criminels ou esclaves en fuite, soldats déserteurs et autres marginaux, on les surnomme alors la *gente perdida*. Dans les pampas, ils développent leur propre style de vie – âpres et durs au mal, matant les chevaux sauvages qu'ils montent, abattant le bétail errant, et maniant avec une dextérité sidérante le lasso et les *boleadoras* ou *bolas* : 3 boules reliées par des cordes qui vont s'entortiller autour des pattes de la cible visée. Cette arme, inventée par les Tehuelches, servait à capturer les guanacos. Bientôt appelés gauchos – nom qui dériverait selon la légende du quechua *huacho*, signifiant orphelin, ou du machupe *cauchu*, vagabond –, ces cousins des cow-boy texans sont réputés pour leur passion du jeu, leur maestria équestre et leur goût immodéré pour les bagarres au couteau. Dans cette société machiste, la *china* (femme) ne joue qu'un rôle effacé. Souvent kidnappée dans les colonies de pionniers, elle élève ses enfants dans des cabanes identiques à celles de la population indigène.

Au cours des guerres d'indépendance, les gauchos se battent à chaque fois contre les Espagnols. Mais, à la fin du 18e siècle, les riches Porteños reçoivent de vastes parcelles de pampa. Des clôtures sillonnent les prairies, et les gauchos font figure de simples voleurs de bétail. Beaucoup rejoignent à contrecœur la main-d'œuvre des estancias, vivant d'un salaire de misère sur une terre qu'ils parcouraient jadis librement.

Lorsque les Britanniques s'emparent de Buenos Aires en 1806, beaucoup sont enrôlés de force dans l'armée. Après l'indépendance, ils rejoignent les milices privées des caudillos locaux qui les laissent boire de tout leur saoul, jouer leur paye et se battre au couteau pendant plusieurs décennies. Mais, avec la fin des guerres civiles, les jours des gauchos sont comptés. De nouvelles lois viennent réglementer leur mode de vie – déplacements, costume ou boisson.

Pour les politiciens de Buenos Aires, les gauchos incarnent une Argentine arriérée et chaotique. Le président Sarmiento les considère comme "des animaux bipèdes de la pire espèce" dont les carcasses ne sont bonnes qu'à engraisser la terre. Les fils barbelés entravent encore un peu plus leur liberté de mouvement, et signent la disparition du gaucho en tant que groupe social distinct.

Dans les années 1870, le poète José Hernández compose une épopée, *El Gaucho Martín Fierro*, chantant la gloire d'une race en voie de disparition.

En 1926, lorsque paraît *Don Segundo Sombra* de Ricardo Güiraldes, le gaucho n'est effectivement plus qu'une source d'inspiration littéraire. Mais sa culture n'a pas totalement disparu de l'Argentine moderne. Dans les coins les plus reculés du pays, dans les estancias de Salta et de Patagonie, l'habit traditionnel gaucho, se porte encore, même si la 4X4 remplace bien souvent le cheval; et les rodéos attirent toujours autant d'aficionados. ❑

Ci-contre : gauchos rassemblant des chevaux criollos.

impossible, mais fatigant –, veillez à ne pas oublier votre passeport, et sachez que mieux vaut commencer par le côté brésilien : quoique plus éloigné des chutes, il ménage une vue plus panoramique de ce gigantesque théâtre aquatique.

Si possible, préférez l'automne ou le printemps pour découvrir le site, plus exceptionnel à ces 2 saisons : beaucoup de monde en été, sans parler de la chaleur, tandis qu'en hiver le débit des eaux accuse une baisse considérable. Vous trouverez des hôtels sur les 2 rives. Près des cataractes, un panneau indique le point de rencontre des frontières brésilienne, argentine et paraguayenne. Pour prendre des photos, tâchez d'arriver le matin.

Le spectacle de la **Garganta del Diablo** (gorge du Diable), sur la rive brésilienne, est éblouissant : 14 cascades unissant leurs forces en haut d'une cataracte de 100 m, écrasant l'eau en contrebas avec une telle puissance qu'un arc-en-ciel diapre continuellement ce brouillard d'embruns. Une piste sinueuse et un ascenseur donnent accès à une passerelle qui permet de se rapprocher. Évitez les survols en hélicoptère ; certes captivants, ils perturbent la faune locale.

Côté argentin, le Centro de Interpretación vous fournira quantité d'informations utiles sur les chutes et la vie sauvage environnante. Un train vous laissera au départ de 2 pistes de randonnée qui parcourent la rive argentine, dont l'une vous fera passer au-dessus de la Garganta del Diablo. Vous pourrez également descendre une série de chemins et de marches jusqu'au fleuve, où une petite excursion en bateau – très mouvementée, mais vivement recommandée – vous conduira à Isla San Martín, passant au ras des cascades. Mieux vaut tenir la forme quand même pour remonter la pente au retour.

Les Argentins ont créé un parc attenant aux chutes. Une piste balisée et informative – comptez une bonne journée de marche – traverse jungle et marais, avec affût ornithologique. En soirée, prenez le bus de **Puerto Canoas**, où la lumière du crépuscule rehausse la splendeur de la Garganta del Diablo, dans laquelle les hirondelles plongent pour rejoindre leurs nids derrière un rideau d'écume rugissante.

Seul spectacle à même de couronner cette expérience, le Río Paraguay bascule dans une faille de 1 km de long, les **Saltos del Moconá**, non loin de la ville brésilienne de **Tenente Portela**. Vous jouirez encore d'une vue panoramique des chutes en prenant le ferry qui relie **El Soberbio**, côté argentin, à la rive brésilienne. Des excursions en bateau vous approchent également au plus près des rapides.

BARILOCHE : LA SUISSE ANDINE

Stratégiquement postée entre les Andes et les pampas patagoniennes, **San Carlos de Bariloche** ❹❷ accueille son flux de touristes 6 mois par an tout en préservant une atmosphère alpestre bien personnelle. L'été amène son lot de promeneurs, attirés par d'épaisses forêts, des glaciers de toute beauté et les montagnes qui entourent le Parque Nacional Nahuel Huapi. En hiver, la neige des pistes andines aimante une jet-set cosmopolite qui remplit les restaurants de ses fiestas autour d'un feu de bois.

NOTEZ-LE

De Mendoza, au cœur du pays, au Cerro Castor, près d'Ushuaia en Tierra del Fuego, les Andes argentines regorgent de stations de ski, la majorité se concentrant néanmoins autour de Bariloche. La saison va de début juillet à fin septembre.

CI-DESSOUS : famille de saint-bernard devant le Centro Cívico, Bariloche.

Enseigne d'une école de ski, Bariloche.

Les 2 autres saisons, plus paisibles, vous réservent plus de bonheur encore : au printemps, les vallées du parc s'émaillent de fleurs et de verdure, tandis que l'automne pare les forêts de safran, d'or jaune et de cuivre rouge.

Dès la fin du 19e siècle, cette tonalité alpine attira colons suisses, allemands et autrichiens. La ville actuelle ressemble étrangement à une station de ski tyrolienne. De nombreuses maisons adoptent le style chalet, les chocolatiers voisinent avec les restaurants – fondue, truite et gibier rôti au menu. Mais, à Bariloche, c'est d'abord le cadre qui fascine – les rives du **Lago Nahuel Huapi**, ceinturé de crêtes déchiquetées. Au loin s'impose le **Cerro Tronador**, point culminant de la région (3 554 m).

Près du **Centro Cívico**, le **Museo de la Patagonia** (ouv. du mar. au ven. de 10h à 12h30 et de 14h à 19h, le sam. de 10h à 17h) retrace l'histoire de la région de la période indigène – des nomades qui se déplaçaient entièrement couverts de graisse pour se protéger du froid – à l'arrivée des premiers pionniers blancs. Sur la *plaza*, une statue du général Roca rappelle, avec un humour noir involontaire, que sa glorieuse conquête du Désert extermina la presque totalité des tribus amérindiennes locales.

De nombreux tour operators proposent des circuits dans les environs, mais vous pouvez aussi louer une voiture à Bariloche pour partir à la découverte des pistes qui sillonnent ces paysages splendides. Le *circuito chico* (circuit court) longe le Lago Nahuel Huapi jusqu'à l'Hotel Llao Llao. Rénové de pied en cap après des années de décrépitude, ce palace a retrouvé les fastes de son âge d'or des années 1940. Des bateaux quittent les quais de Bariloche pour gagner **Isla Victoria**, dont les forêts d'*arrayanes (Myrtus apiculata)* auraient inspiré les décors du *Bambi* de Walt Disney. Si vous continuez le tour du lac, un sentier vous mènera au **Cerro López**. En été, vous pourrez le gravir jusqu'à un refuge du Club Andino, et y passer la nuit. Par temps clair, le sommet dévoile un panorama unique sur les lacs et les montagnes environnantes, jusqu'au Chili. De Bariloche, des excursions d'une journée conduisant également au **Cerro Tronador**, au **Cerro Catedral**, au **Cerro Otto** et aux cascades de **Los Cesares**. La région est mondialement réputée pour sa

CI-DESSOUS : Centro Civico, Bariloche.

truite, pêchée de novembre à mars, tandis qu'en été, dériveurs et planches à voile fendent les eaux des lacs.

À la découverte d'un monde vierge

Autre itinéraire somptueux, la Ruta de los Siete Lagos serpente le long de la frontière chilienne. Elle vous mènera à **San Martín de los Andes** (43), lieu de villégiature plus haut de gamme que Bariloche et souvent utilisé comme base par les randonneurs et les skieurs. Le trajet de retour, par le col de Córdoba, traverse la province Neuquén, plus basse, bien plus aride et plus proche des steppes patagoniennes. Des colonnes de pierre émergent des broussailles et des épineux qui tapissent cette zone parfois comparée au *Monde perdu* de Conan Doyle. Dans les estancias, encore tenues par des descendants de colons étrangers, travaillent des *peones* (paysans) chiliens ou des gauchos aux visages burinés par le vent et le soleil, et dont coutelas, ponchos et *bombachas* ne servent pas juste à impressionner le touriste.

Une excursion plus longue vous fera passer la nuit à **El Bolsón**, un ancien refuge de hippies très apprécié aujourd'hui des pêcheurs et des amateurs d'artisanat (marché 2 fois par semaine). Plus au sud, une route coupe le paisible **Valle de Río Cholila** pour rejoindre **Esquel** (44). Colonisée par des Gallois, cette bourgade vous permet d'accéder au **Valle del Río Chubut** et au **Parque Nacional Los Alerces**. Des pistes de randonnée à pied ou à cheval sillonnent ce parc national émaillé de lacs et de rivières. Bordant le **Lago Nahuel Huapi**, l'estancia homonyme fut fondée en 1889 par Jared Jones, un cow-boy texan. Recherchés par la police argentine, Butch Cassidy et le Sundance Kid y trouvèrent refuge, important les mœurs du Far West en lisière de la Patagonie.

Les immenses champs de glace des Andes patagoniennes se prolongent en de nombreux glaciers qui finissent leur course dans de superbes lacs azur. Plusieurs s'inscrivent dans le programme de protection du Parque Nacional Los Glaciares (24 280 ha), mais le plus remarquable de tous demeure le glacier Perito Moreno, qui continue de pousser.

MAJESTUEUSE PATAGONIE

Perdue aux confins glacés de l'Amérique du Sud, la Patagonie exerce toujours son pouvoir de fascination sur les esprits aventureux. Aujourd'hui, pourtant, des vols réguliers relient la région à Buenos Aires, sans parler des bus, réservés à ceux qui

CI-DESSOUS : salon de thé gallois, Gaiman.

NOTEZ-LE

De récentes découvertes ont transformé l'Argentine en centre mondial de paléontologie. Trelew, à proximité du Parque Nacional de Peninsula Valdez, expose au Museo Paleontológico Egidio Feruglio les dernières découvertes dont notamment l'Argentinosaurus, l'un des plus grands dinosaures jamais mis au jour. Cet édifice moderne gère aussi un site de fouilles où vous pourrez observer les fossiles de mammifères marins. L'autre musée de paléontologie qui mérite votre attention est le Museo Municipal Carmen Funes sur Plaza Huincul, à Neuquén.

disposent d'un temps suffisant pour apprécier cette immensité – le tiers du pays. Au fil des kilomètres, les riches élevages bovins se raréfient et font place aux estancias à moutons. Au 19e siècle, certaines dépassaient la superficie du Luxembourg ou de la Belgique, et leurs propriétaires y régnaient sans partage.

Première étape, **Trelew** ㊺ se niche parmi des reliefs arides et des broussailles poussiéreuses. À partir de 1865, des milliers de colons gallois s'y installent, fuyant une patrie opprimée par les Anglais pour fonder ce "Petit Pays de Galles" au milieu de nulle part. En dépit des obstacles, considérables, la colonie prospéra. Les Gallois mettent à profit leurs techniques d'irrigation pour reverdir le désert, et le blé patagonien remporte bientôt quelques lauriers dans les concours internationaux. On parle le gallois, on l'enseigne à l'école. Mais, au début du 20e siècle, le vent tourne. L'État argentin impose son administration, et de nombreux immigrants hispanophones, attirés par le succès des Gallois, débarquent à Trelew avec femmes et enfants. Des inondations dévastent les récoltes, et nombre de colons gallois choisissent alors de s'exiler au Canada ou en Australie. Mais le noyau de la communauté préfère rester, tandis que l'identité galloise se dilue lentement au fil des mariages avec des hispanophones.

De nos jours, Trelew ne se distingue guère d'autres villes argentines, exception faite des plaques de rue, écrites en gallois. Vous retrouverez un écho de ses origines au vieux Touring Club Hotel, entre ses vitres fissurées et les boiseries de son bar empli d'anciens qui jouent aux échecs tout l'après-midi. Beaucoup se parlent encore en gallois, n'utilisant l'espagnol que si nécessaire. Les férus d'histoire naturelle ne manqueront pas de visiter le **Museo Paleontológico Egidio Feruglio** (ouv. de sept. à mars : tlj. de 9h à 20h ; d'avr. à août : du lun. au ven. de 10h à 18h, les sam.-dim. de 10h à 20h), le meilleur de toute l'Argentine. Une demi-heure de bus vous conduira ensuite à **Gaiman**, village à l'ambiance farouchement héritée du pays de Galles. Bordant les canaux d'irrigation qui muèrent le désert en oasis, ses salons de thé gallois servent des gâteaux on ne peut plus… gallois. Ne manquez pas le charmant petit musée logé dans l'ancienne gare.

CI-DESSOUS : rassemblement des moutons, Patagonie.

Carte p. 266

Baleines et villes australes

Aisément accessible de Trelew, la **Península Valdés** ❹❻ déploie un éventail de vie sauvage unique au monde. Lors de sa circumnavigation à bord du *Beagle*, Charles Darwin y passa des semaines entières. Aujourd'hui, les touristes y affluent de plus en plus nombreux pour voir les otaries et les lions de mer bâiller sur ses rives rocheuses, et les centaines de manchots qui culbutent en file indienne dans l'Océan. En septembre-octobre, les baleines franches australes *(Eubalæna australis)* exhibent leurs nageoires au large durant leurs parades amoureuses, tandis que les orques chassent le phoque en bord de plage. Dans les terres, les hordes de *guanacos* traversent tranquillement les plaines sous le regard inquiet des *maras* (lièvres de Patagonie). Punta Tombo, au sud de la station balnéaire de Puerto Madryn, est le lieu privilégié de nidification pour quelque 250 000 manchots. À Puerto Madryn, vous trouverez l'**Ecocentro**, un édifice moderne donnant sur la baie, qui présente des expositions sur la mer, et le **Museo Oceanográfico y de Ciencias Naturales** (ouv. du lun. au ven. de 9h à 18h, le sam. de 15h à 20h).

Vue d'avion, la Patagonie prend un aspect de plus en plus désolé à mesure que l'on file cap au sud. Éphémère centre d'un boom pétrolier, **Comodoro Rivadavia** ❹❼ ne risque guère de vous laisser le moindre souvenir, pas plus que **Río Gallegos** ❹❽ (3 000 km au sud de Buenos Aires), sauf à vous replonger dans l'épopée de Butch Cassidy et de Sundance Kid, qui soulagèrent sa banque de quelques liasses en 1905 – et vous aurez probablement à y passer la nuit.

Au départ de Río Gallegos, un petit avion vous conduira jusqu'au pied des Andes, survolant un paysage fabuleux. Des sommets enneigés encadrent **El Calafate** ❹❾, au bord du **Lago Argentino**, dont les eaux laiteuses se teintent de reflets turquoise. Le tourisme a métamorphosé ce village isolé en base d'exploration vers les forêts et les immenses glaciers bleutés des environs.

Le plus célèbre d'entre eux, le **Perito Moreno** ❺⓿ (Parque Nacional Perito Moreno), dresse sa muraille de 50 m en travers d'un lac. Jour et nuit, d'énormes blocs de glace se détachent de son flanc, projetant des vagues jusqu'au rivage. Le Perito Moreno progresse selon un cycle de 4 ans : les blocs s'amassent jusqu'à provoquer la montée des eaux du lac, le mur glaciaire finit par se rompre – un impressionnant spectacle de plusieurs heures – et un nouveau cycle s'enclenche.

Partant de Calafate, vous pouvez vous lancer plus au sud, à la découverte d'estancias où le gaucho traditionnel survit envers et contre toute modernité. L'élevage des ovins constitue pratiquement l'unique ressource de la Patagonie : entre octobre et janvier, des groupes itinérants de tondeurs passent d'une estancia à la suivante. En 1921, **La Anita** se rendit célèbre lorsqu'une grève des *peones* paralysa toute la Patagonie. À la tête du mouvement, un jeune anarchiste espagnol venu de Buenos Aires, Antonio Soto ; les *estancieros*, britanniques pour la plupart, firent appel au gouvernement, qui envoya l'armée mitrailler ou fusiller les grévistes. Les

NOTEZ-LE

L'esprit unique de la culture rurale argentine se transmet de générations en générations depuis des siècles. Des régions subtropicales à la Tierra del Fuego, de nombreuses estancias vous invitent à venir vivre une expérience gaucho à dos de cheval dans les vastes espaces des pampas.

CI-DESSOUS : falaises de la côte orientale de la Península Valdés.

Il fut un temps où l'Argentine, l'un des premiers pays producteurs mondiaux de laine, détenait 80 millions d'ovins. Son cheptel s'est désormais réduit à 30 millions de têtes.

militaires se montrèrent particulièrement efficaces à La Anita – mais vous aurez bien du mal à dénicher quelqu'un qui vous indique la fosse commune où sont inhumés 200 *peones*.

À quelques heures de Calafate, le **Parque Nacional Fitz Roy** réunit pampas ventées, forêts humides et neiges andines. Une randonnée à travers ces reliefs sillonnés de ruisseaux n'est pas sans évoquer les landes écossaises. Un plafond bas de nuages s'enroule et se déroule continuellement autour des sommets, mais, par temps dégagé, vous aurez peut-être la chance d'apercevoir le Cerro Fitz Roy (ou Cerro Chaltén), fier éperon de granite réservé aux alpinistes les plus chevronnés.

Tierra del Fuego : dernier arrêt avant l'Antarctique

Paradoxalement, c'est le caractère inquiétant et désolé de la Terre de Feu qui aimante l'imagination vers cet archipel, pointe extrême de l'Amérique du Sud. Son nom, elle le doit à Magellan, qui aperçut des feux mystérieux alors qu'il doublait le cap.

Durant les siècles qui suivirent, tous les marins du monde redouteront comme l'enfer les vents glacés de l'Antarctique qui drossaient leurs navires vers cette côte déchiquetée. Bien peu virent un refuge en la baie d'**Ushuaia** ⓑ, ville la plus au sud du globe. Au fil des ans, ce port de baleiniers se transforma en une colonie pénitentiaire peuplée de dangereux récidivistes qui édifèrent routes et chemins de fer, et d'anarchistes russes qui y finirent misérablement leur existence. Aujourd'hui rattachée à la capitale par une liaison régulière, Ushuaia est un centre touristique moderne en plein boom, porte de la dernière grande étendue sauvage de la planète.

La partie nord d'Isla Granda ne se distingue guère du reste de la Patagonie, avec ses immenses plaines à moutons. Le sud en revanche présente un aspect plus tourmenté sous son épais couvert forestier. Entouré de cîmes enneigées, le grand Lago Fagnano étire ses eaux sur 100 km de Tolhuin, à l'est, jusqu'au delà de la frontière chilienne, à l'ouest. L'approche d'Ushuaia en avion offre une vision spectaculaire,

Ci-dessous : colonie de manchots, Punto Tombo, près de Trelew.

la ville s'adossant à d'impressionnantes crêtes de granite enneigées. Sommet empanaché de brumes menaçantes, le **Cerro Olivia** pourrait tout aussi bien dominer les Carpates de Dracula. Quant à la météo, sa réputation n'a rien d'usurpé : même durant les quelque 20 heures de jour en été, elle passe capricieusement d'une bruine froide à un azur parfaitement bleu, avec pour seule constante le vent antarctique qui souffle en bourrasques glacées.

Ushuaia, seule ville argentine à l'ouest de la cordillère des Andes, fait figure de pittoresque ville pionnière du début du 20e siècle offrant un panorama unique sur les montagnes, la mer et les îles inhabitées au sud. Ushuaia n'a rien d'une bourgade pittoresque. Une grande base navale y côtoie bâtiments administratifs et entrepôts. Construites par les bagnards, quelques maisons aux corniches décoratives donnent à la vieille ville un vague air de Russie tsariste. Mais elles doivent s'accommoder de constructions en béton, de préfabriqués importés de Suède et de centaines de cabanons en bois. L'espace se fait rare en cette zone circonscrite par les montagnes et l'Océan : bien des habitants vivent là dans des conditions proches de la misère. La situation évolue cependant, et des immeubles à loyer modéré émergent ici ou là. La grand-rue a des allures de grand magasin à ciel ouvert, débordant de produits électroniques en duty-free. Jetez un coup d'œil au Banco de Tierra del Fuego : c'est la seule institution de la planète à avoir un pied en Antarctique !

Une ancienne prison, édifiée elle aussi par les bagnards, héberge le **Museo Marítimo y Presidio de Ushuaia** (ouv. tlj. de 8h à 20h) consacré aux pionniers de la colonisation et à son rôle en tant qu'ancienne colonie pénitentiaire. Le canal de Beagle, sur les rives duquel repose la ville, porte le nom du navire de recherche anglais qui amena, lors de sa seconde mission (1831-1836), Charles Darwin dans pour étudier ces contrées sauvages. Ses travaux sont consignés dans son ouvrage *Le Voyage du Beagle* (1839). Des croisières vous mèneront au fil du canal du Beagle, au ras des montagnes qui plongent à pic dans les flots, longeant des îles peuplées de manchots ou de lions de mer. Sans vous mouillez, vous pourrez observer la faune marine du canal à l'**aquarium** (ouv. tlj. de 12h à 20h), situé à l'est du centre-ville.

NOTEZ-LE

Ushuaia se trouve être la ville la plus proche de l'antarctique, aussi sert-il de port d'escale aux nombreux navires de croisière qui naviguent à la belle saison, entre oct. et avr., vers le continent le plus austral. D'autres croisières vous seront proposées, notamment pour le célèbre Cabo Hornos (Cap Horn), situé à l'extrémité sud de l'archipel chilien.

CI-DESSOUS : Ushuaia, la ville la plus australe du globe.

Dans son journal de bord, l'Italien Antonio Pigafetta, chroniqueur de la circumnavigation de Magellan, décrit la Patagonie comme une terre peuplée de monstres à tête de chien et d'indigènes aux crânes fumants…

Vents de l'histoire

Ushuaia vous ouvre les portes du **Parque Nacional Tierra del Fuego**. Un paradis pour les randonneurs, et un spectacle continuel entre littoral, lacs et glaciers. Vous êtes bien au bout du monde, sur ces pistes qui serpentent parmi les mousses imbibées d'eau glacée, les arbustes et les buissons épineux couchés à l'horizontale par le vent. L'itinéraire menant à **Bahía Ensenada** passe devant un autel dédié à la Virgen de Luján, sainte patronne des voyageurs – encourageant… Un terrain de camping vous attend sur cette plage rocheuse, où vous pourrez agrémenter votre petit déjeuner de baies de calafate. Une promenade de planches mène jusqu'à **Bahía Lapatia** et à ses colonies de moules. Un petit train peut également vous conduire dans le parc; les bagnards empruntaient le même chemin, abattant les arbres utilisés pour la construction des maisons.

À 26 km d'Ushuaia sur la Ruta 3, dans une large vallée couverte de forêts, s'élève le Cerro Castor (1 057 m), la toute dernière station de ski du pays. De juin à septembre, vous pourrez pratiquer toutes les glisses sur les 24 pistes ou en hors-piste sur une neige stable et poudreuse. Si vous continuez sur Ruta 3, la piste sinueuse chemine jusqu'à **Estancia Harberton** *(voir ci-dessous)*, la plus ancienne estancia de la Terre de Feu. Fondée par le révérend Thomas Bridges en 1888, elle est ouverte au public, et organise des visites guidées en anglais et en espagnol. Noyé sous les arbres et les fleurs, perché au-dessus du canal du Beagle et de ses flots bleus, le domaine est d'un calme presque irréel; on imagine mal trouver un endroit plus paisible sur terre.

Retour à Ushuaia: les librairies sont pleines d'ouvrages sur les ethnies patagoniennes – Yaganes, Ona, Haush et Kawéskar – qui peuplaient la région. Ces textes anthropologiques vous éclaireront sur la vie de ces nomades marins-chasseurs de *guanaco* et sur leur disparition causée par la main des colonisateurs Européens, pour la plupart Britanniques, Argentins et Chiliens au tout début du 20e siècle. Preuve ultime de l'extermination de ces tribus? Les seules flammes qui rougeoient encore en Terre de Feu sont celles des forages pétroliers offshore. ❑

CI-DESSOUS : Ona de Patagonie, avant leur disparition, photographie de la fin du 19e siècle.
CI-CONTRE : colonie de cormorans impériaux *(Phalacrocorax atriceps).*

Un passé accablant

À la fin du 19e siècle, le pasteur Thomas Bridges passa une bonne partie de sa vie à Harberton. Il fréquenta longuement les Ona et rédigea un dictionnaire de leur langue complexe, le yaghan. Il eut le temps, avant sa mort, de comprendre que ce lexique serait le seul vestige laissé par ceux qui l'utilisaient. Comme le fera remarquer plus tard l'écrivain britannique Bruce Chatwin, la théorie de Darwin sur "la lutte pour l'existence" allait s'illustrer avec une implacable évidence au cours des années 1890. Les indigènes qui avaient allumé les feux aperçus par Magellan tuaient et consommaient à l'occasion les moutons importés par les Européens. Les colons décidèrent alors de se débarrasser de ce "fléau". Selon les archives officielles, la plupart des Ona moururent de maladie, mais la mémoire populaire persiste à évoquer combats et massacres.

Elle parle également de ces chasseurs blancs qui recevaient une livre sterling par paire d'oreilles amérindiennes. Les anciens transmettent encore l'histoire de personnages comme Alex MacLennan, le "Cochon rouge", célèbre pour ses tueries et beuveries. Quant à Sam Hyslop, supposé avoir abattu 80 Ona, il se fit prendre par les indigènes qui le balancèrent du haut d'une falaise.

Falkland Islands

Balayée par les tempêtes, cette poignée de rochers a fait l'objet d'une guerre sanglante en 1982. La paix revenue, ses habitants, les Kelpers, cohabitent désormais tranquillement avec moutons et manchots.

Ne manquez pas
Port Stanley
Otaries et manchots

À 500 km au large des côtes argentines, les Falkland – Las Malvinas pour les Argentins, les Malouines pour les Français – offrent des reliefs dénudés par le vent, assez comparables à ceux des Orcades ou des Shetland écossaises. On a essayé d'y planter des arbres, mais sans grand succès. Et comme en Écosse, ces îles austères déroulent leurs 4 saisons au fil d'une même journée, soleil, vent et pluie se succédant en quelques minutes – écossaises toujours, ces collines et vallées des pampas patagoniennes. Les paysages prennent volontiers l'allure de déserts, puis de prairies semées d'herbes hautes et de fleurs sauvages, spectacle quelque peu gâché ici ou là par les panneaux qui signalent des champs de mines – il en subsisterait 17 000, cachées sous le sable de certaines plages.

Couvrant une superficie de 12 000 km², les Falkland hébergent une population de 3 500 Kelpers – tous d'origine britannique –, auxquels s'ajoutent fraternellement oies sauvages, manchots, baleines, éléphants de mer et otaries. Près de la moitié des humains habite la capitale, **Port Stanley** – Puerto Argentino pour les Argentins. Une poignée de jeunes qui vivent en dehors de la capitale suivent leurs cours par radio ; les enseignants se rendent sur place 2 semaines par an. Pour envoyer ou recevoir du courrier d'Angleterre, mieux vaut ne pas manquer la levée – une fois par mois.

Pages précédentes : la beauté austère des îles Falkland. **Ci-dessous** : renconte du troisième type !

Un territoire disputé

Les Falkland, comme la Géorgie-du-Sud, sont entre les mains des Britanniques depuis 1833, mais les Argentins leur contestent cette souveraineté depuis plus d'un siècle : les Britanniques ont pris les îles à l'Espagne avant l'indépendance argentine, et elles auraient donc dû, théoriquement, retourner dans le berceau argentin. D'autres puissances européennes, à commencer par la France, tenteront de s'approprier les Malouines dès leur découverte à la fin du 16e siècle, mais l'Argentine persistera à proclamer que *"Las Malvinas son argentinas"*. Cette zone prend seulement de la valeur vers la fin du 20e siècle, quand on comprend qu'elles permettent de revendiquer une part de l'Antarctique, ainsi que l'exploitation de gisements offshore devenue envisageable grâce aux technologies modernes.

En 1982, l'invasion de la Géorgie-du-Sud, puis des Falkland par les troupes du dictateur argentin Leopoldo Galtieri déclenche la guerre anglo-argentine. Le conflit coûte la vie à 655 Argentins – pour la plupart des appelés – et à 255 militaires de carrière britanniques. Par la suite, les Kelpers adopteront une attitude plus rigide encore face aux exigences argentines et à leurs politiciens. Les communications avec l'Argentine sont rompues, et il faudra attendre juillet 2000 pour qu'un accord entre les 2 gouvernements permette aux Argentins de se rendre sur ces îles. Auparavant, seules les familles de soldats tombés au front étaient autorisées à venir se recueillir au Darwin Cemetery, proche du site de la bataille de Goose Green.

Malgré le traumatisme causé par l'invasion et le rejet consécutif de toute ouverture vers l'Argentine, les îles Falkland ont connu un réel essor économique après la guerre. Les forages pétroliers ne sont pas seuls en cause. Une garnison de 2000 hommes est maintenant basée à Mount Pleasant ; un aéroport, un hôpital et une école secondaire ont vu le jour ; le revenu annuel moyen avoisine les 20000 $US, une augmentation de 700 % par rapport à l'avant-guerre. La vie économique continue à se concentrer autour de la pêche, mais le tourisme apporte également une manne non négligeable, exploitant une flore et une faune spectaculaires. Divisées et vendues après la guerre par la Falkland Islands Development Corporation, les terres agricoles appartiennent aujourd'hui aux fermiers locaux.

Les liaisons directes entre l'Argentine et les Falkland demeurent limitées, mais vous trouverez des vols au départ du Chili. Au printemps et à l'automne, des navires de croisière partent de Montevideo. Port Stanley affiche un charme typiquement britannique, avec ses 3 églises, ses maisons pimpantes, ses pelouses et parterres bien taillés. Divers types d'hébergement y sont proposés – 2 hôtels, des guest-houses et des gîtes. Vous y trouverez en outre des restaurants et des bars. Pas de salle de spectacles ici pour vous distraire – rien que la danse des arbres, importés à prix d'or et laborieusement protégés des vents qui balayent les îles. Adossé à sa colline, le port fait courageusement face aux mers australes et à quelques sinistres épaves encore bien visibles. ❑

Les îles doivent leur nom actuel à un aristocrate anglais du 17e siècle, Lord Falkland. À la même époque, les baleiniers français les baptisèrent Malouines (Malvinas en espagnol), saluant ainsi leur port d'attache, Saint-Malo.

CI-DESSOUS : sans doute l'une des dernières cabines téléphoniques traditionnelles britanniques.

AMÉRIQUE DU SUD

PRÉPARATIFS

L'AMÉRIQUE DU SUD DE A À Z

Ambassades

La France, la Belgique, la Suisse et le Canada possèdent des ambassades ou des consulats dans la grande majorité des pays d'Amérique du Sud. Pour connaître les coordonnées des représentations diplomatiques, consultez les sites suivants :
Belgique http://diplomatie.belgium.be
Canada www.international.gc.ca
France www.diplomatie.gouv.fr/fr/
Suisse www.eda.admin.ch

Argent

Travelers' Cheques Acceptés partout, ils demeurent le mode le plus pratique et le plus sûr de transporter de l'argent. Les devises étrangères ne sont d'aucun usage hormis l'euro en Guyane et la livre dans les Falkland.
Change Vous pouvez changer de l'argent dans les banques, les *casas de cambio* (bureaux de change) et les grands hôtels. Il est conseillé de partir avec des espèces en petites et grosses coupures ; les taux de change varient considérablement du jour au lendemain. Ne transportez que des billets en bon état, certains bureaux de change refusant les coupures très usagées. Une calculatrice peut s'avérer utile.
Espèces Vous aurez toujours besoin d'argent liquide, et devrez planifier la quantité nécessaire si vous voyagez hors des sentiers battus. Essayez de ne pas dépasser le montant couvert par votre police d'assurance.
Cartes de crédit Consultez la section "Argent" de chaque pays pour de plus amples détails.

Les cartes de crédit sont largement acceptées, et des distributeurs fonctionnent dans la plupart des villes. Au Brésil, la carte bancaire est plus pratique que les Travelers' Cheques. Avant de partir, vérifiez que vous êtes assuré en cas de perte ou de vol.

Climat

Les températures dépendent non seulement de la latitude où vous vous trouvez mais aussi de l'altitude. Certaines régions montagneuses éloignées des côtes jouissent d'un climat tempéré, tandis que les basses terres, surtout le long du littoral, subissent des températures beaucoup plus élevées tout au long de l'année.

Dans votre valise

Emportez des vêtements légers si vous vous rendez dans une zone

CLIMAT

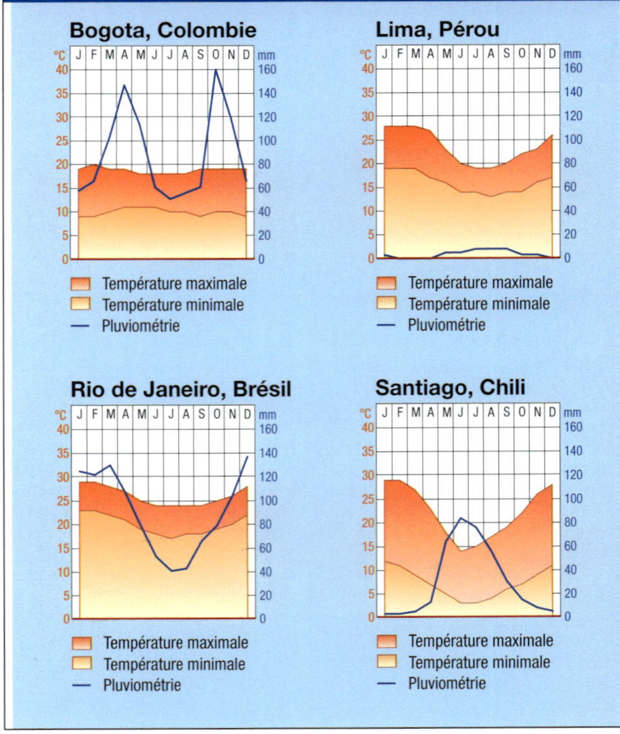

tropicale. Dans les églises, shorts et débardeurs risquent de choquer. Dans les régions montagneuses, un pull devrait suffire en soirée. Par contre, si vous montez en altitude, prévoyez plusieurs épaisseurs de vêtements chauds et imperméables. Les randonneurs doivent investir dans une bonne paire de chaussures. N'oubliez pas de prendre un chapeau, du baume à lèvres et de l'écran total. La ceinture-banane s'avère utile pour ne pas avoir à garder son argent en un seul endroit. Indispensable également, les piles, chargeurs, adaptateurs et transformateur sachant que le courant varie d'un pays à l'autre : la région andine utilise 110 V et des prises à 3 fiches de type américain, le cône du Sud, 220 V et des prises à 2 fiches de type européen, et le Brésil, quant à lui, se sert des 2 systèmes. Vous trouverez facilement des adaptateurs dans les aéroports et les grandes villes.

Femmes seules

Si la bienséance sud-américaine préconise la galanterie, le machisme et les idées reçues sur l'émancipation féminine donnent à laisser penser que les femmes occidentales – surtout celles voyageant seules – sont des femmes faciles à séduire. Aussi les hommes vous feront-ils des avances, certes lourdes et énervantes, mais rarement agressives. Si vous n'obtenez pas de résultat en restant polie, quittez tout simplement les lieux. Dans la rue, le simple refus d'entamer une conversation s'avère efficace, à l'exception de certains entêtés. En règle générale, vous pouvez, en toute sécurité, vous joindre à un groupe de voyageurs.

Formalités

Visas

En général, les ressortissants français, belges, suisses et canadiens n'ont pas besoin de visa pour voyager en Amérique du Sud. Un passeport valide 6 mois après le retour permet de séjourner 90 jours dans la majeure partie des pays latino-américains. Avant de partir, vérifiez les **formalités d'entrée** sur le site Internet du ministère des Affaires étrangères *(voir p. 356)*. Si vous envisagez de voyager dans les Andes ou dans des régions tropicales, il est fortement conseillé de se faire vacciner contre la fièvre jaune. Un certificat d'immunisation est exigé dans certains pays. La vaccination consiste en une injection au minimum 10 jours avant le départ. Pour

CI-DESSUS : couple d'équatoriens au marché d'Otavalo.

préparer votre trousse à pharmacie, consultez le guide Vidal de la santé en voyage.

Douanes

Dans de nombreux pays, les bagages sont contrôlés au rayon X. La nourriture et les plantes sont interdits d'entrée. En règle générale, vous devez déclarer toute somme dépassant 10 000 $US. Quant aux animaux domestiques, renseignez-vous sur la réglementation de chaque pays. Le trafic de drogue étant un problème majeur en Amérique du Sud, apprêtez-vous à subir de nombreux contrôles au cours de votre séjour. Si vous avez décidé de vous installer dans la région, sachez que l'importation de vos meubles et autres biens sera un véritable casse-tête !

Objets perdus

Les vols étant fréquents en ville et dans les bus, gardez un oeil sur vos affaires. Si les chances de retrouver une veste ou un appareil photo sont minces, n'hésitez pas à appeler votre hôtel ou à retourner au restaurant où vous avez dîné.

Offices de tourisme

Les aéroports et les gares routières des grandes villes disposent d'un office de tourisme : vous pourrez y glâner des informations sur les sites touristiques et les hôtels. Pratique si vous n'avez pas encore réservé votre hébergement ! Des destinations secondaires mais très fréquentées par les touristes comme Bariloche, Coyhaique ou Cuenca, peuvent également avoir un office de tourisme en centre-ville. Vous serez mieux conseillé ou renseigné dans les petits hôtels où descendent les étrangers que dans les établissements spécialisés dans le tourisme d'affaires.

Photo

Comme dans le reste du monde, la photo numérique a largement pris le pas sur l'argentique. Aussi trouverez-vous dans les grandes villes sud-américaines et dans des sites touristiques comme Aguas Calientes ou Ushuaïa, des boutiques où vous pourrez imprimer vos photos ou les faire graver sur CD. Quelques magasins vendent encore des pellicules à des prix parfois exorbitants.

Il est interdit de photographier les sites militaires et ouvrages publics (ponts, gares, ports, etc.). Renseignez-vous en cas de doute.

Beaucoup de gens, et particulièrement les Amérindiens, n'apprécient pas forcément qu'on les prenne en photo. Les enfants aiment se faire tirer le portrait moyennant un petit pourboire (*propina*).

Santé

Consultez votre médecin avant de partir pour savoir quels vaccins sont obligatoires ou conseillés selon la région visitée. Assurez-vous d'être à jour de vos vaccinations (DT-Polio) et n'oubliez pas de mettre dans la valise votre certificat de vaccination.

Eau Évitez de boire l'eau du robinet, cantonnez-vous à l'eau en bouteilles, et/ou emportez des pastilles purificatrices.

Hépatite Les vaccins sont vivement conseillés. Renseignez-vous auprès de votre médecin pour savoir laquelle est préconisée.

Paludisme Les forêts et autres zones humides présentent un risque. Un traitement préventif avant le départ est recommandé.

Fièvre jaune Transmise par les moustiques, elle touche presque tout le continent, hormis le Chili, l'Argentine et l'Uruguay. Vivement recommandé, le vaccin vous immunise durant

10 ans, mais ne prend effet qu'au bout de 10 jours.

Diarrhée Le mal le plus connu est la turista, diarrhée bénigne presque inévitable. Si vous êtes affecté, buvez beaucoup et reposez-vous. De l'eau bouillie, avec un peu de sucre et de sel, aide à prévenir la déshydratation. Un médicament comme l'Imodium peut stopper la diarrhée. Il ne va pas soigner le mal, seulement le symptôme, et n'est vraiment utile qu'en cas de long trajet en car.

Chaleur Autre fauteur de maux divers. Ne défiez pas le soleil tropical sans un chapeau ou une casquette, et buvez abondamment.

Soroche Si vous voyagez dans les Andes, vous aller entendre parler du *soroche* (mal des montagnes) et sans doute en subir les effets. Si vous arrivez par avion à La Paz, prévoyez une halte de plusieurs jours pour vous acclimater.

Puno Le *puno*, le mal aigu des montagnes (MAM) peut frapper même les plus sportifs. Une seule solution, redescendre le plus bas et le plus vite possible ; puis se reposer, et boire énormément d'eau.

Savoir-vivre

En règle générale, les Sud-Américains apprécient la politesse, aussi peuvent-ils s'offusquer si vous n'entamez pas la conversation par une formule de salutation comme "*buenos días/bom dia*" (avant midi) ou "*buenas tardes/boa tarde*" (après midi). Soyez respectueux envers les personnes que vous rencontrerez, quelle que soit leur condition sociale, mais soyez ferme et poli si vous êtes accosté dans la rue. Pour tout service proposé, demandez toujours le prix à l'avance.

Sécurité

Si le taux de criminalité est relativement élevé en Amérique du Sud, certains risques peuvent être limités en adoptant quelques précautions de base : évitez de porter des bijoux et d'exposer une montre de prix ou une liasse de dollars. Lors de vos déplacements, mettez une ceinture-banane et gardez toujours un oeil sur vos bagages. À l'hôtel, mettez vos objets de valeur dans un coffre, et faites une liste certifiée de ce que vous y avez déposé (à faire signer par un responsable). Ne laissez rien dans votre voiture. Le soir, il vaut mieux réservez un taxi par téléphone que d'en héler un dans la rue. Ne portez jamais le sac de quelqu'un sans en avoir vérifié son contenu et évitez de

CI-DESSUS : le peso chilien dans tout ses états.

vous promener seul(e) dans la journée ou à plusieurs le soir dans les rues désertes.

Il est peu recommandé de faire du stop. Pour les longs trajets, optez pour des compagnies de cars réputées. Gardez toujours votre passeport sur vous, et déposez une photocopie dans le coffre de votre hôtel. Pour tout renseignement, adressez-vous à votre ambassade. Avant le départ, consultez le site du ministère des Affaires étrangères, notamment la rubrique "Conseils aux voyageurs", mise à jour régulièrement (www.diplomatie.gouv.fr).

Se loger

Vous trouverez en Amérique du Sud tout type d'hébergement, du bouge louche et miteux au palace ultra luxueux. Dans les villages les plus reculés, vous ne trouverez sans doute pas d'établissement moyen de gamme, un hôtel ou une lodge de luxe côtoiera une gargote malfamée où vous hésiterez à amener vos enfants. En revanche, vous aurez un plus large choix dans les grandes villes, et surtout les capitales, qui disposent également d'auberges de jeunesse – très appréciées des Européens – ou d'hôtels pour voyageurs d'affaires. À l'exception du Venezuela, la qualité et les prestations hôtelières dans la majorité des pays s'améliorent nettement – même les guesthouses offrent gracieusement un accès Internet. Pour des raisons de plomberie, ne jetez pas le papier toilette dans la cuvette mais dans le panier prévu à cet usage. Attention : sachez qu'en Amérique du Sud les "motels" sont des établissements qui louent des chambres à l'heure.

Shopping

En Amérique du Sud, les meilleures affaires se font sur les marchés locaux, notamment dans les pays andins, où le choix, la qualité et les prix demeurent imbattables. Bijoux, tissus, pulls, ponchos et maroquinerie figurent parmi les produits artisanaux les plus répandus. Le marchandage est répandu mais n'en abusez pas.

Télécommunications

Devant la réticence des compagnies nationales de téléphone d'améliorer les réseaux de lignes fixes, tous les pays d'Amérique du Sud ont rallié l'engouement mondial pour le téléphone portable. Si votre mobile est débloqué, il vous sera possible d'acheter dans certains pays des cartes SIM GSM. Vérifiez qu'il fonctionne sur la même fréquence. Les téléphones quadribande sont recommandés pour l'Amérique du Sud.

Vous trouverez des cybercafés partout. Les connections sont rapides dans les grandes villes mais pas ailleurs. Dans les hôtels, le wifi est répandu et souvent gratuit.

Le coût des communications téléphoniques pouvant être élevé dans les hôtels des chaînes internationales, préférez les nombreux kiosques proposant ces services.

Tour operators

Généralistes

Belgique

Antipodes
Tél. 32 (0)2 640 23 23
www.antipodes.be

Latino Americana
Avenue Brugmann 250
1140 Bruxelles
Tél. 32 (0)340 09 09
www.pampa.be

Nouvelles Frontières
Boulevard Lemonnier 2
1000 Bruxelles
Tél. 32 (0)2 547 44 44
www.nouvelles-frontieres.com

Canada
Canadian Travel
www.canadiantravel.com
Voyages Cassis
530 A Queen Mary
Montréal, Québec H3X 1T7
Tél. (1) 800 561 1968
www.voyagescassis.com

France
Adeo
68, bd Diderot
75012 Paris
Tél. 33 (0)1 43 72 80 20
www.adeo-voyages.com
Clio
27, rue du Hameau
75015 Paris
Tél. 33 (0)1 53 68 82 82
www.clio.fr
France Amérique Latine
37, bd Saint-Jacques
75014 Paris
Tél. 33 (0)1 45 88 20 00
www.franceameriquelatine.fr
Images du Monde
14, rue Lahire, 75013 Paris
Tél. 33 (0)1 44 24 87 88
www.images-du-monde.com
La Route des Voyages
59, rue Franklin, 69002 Lyon
Tél. 33 (0)4 78 42 53 58
www.route-voyages.com
Le Monde des Amériques latines
3, rue Cassette, 75006 Paris
Tél. 33 (0)1 53 63 13 40
www.mondedesameriques.com
Nouvelles Frontières
13, av. de l'Opéra, 75001 Paris
Tél. 33 (0)1 42 61 02 62
www.nouvelles-frontieres.fr
Planète latine
4, rue de Moscou, 75008 Paris
Tél. 33 (0)1 42 94 04 80
www.planete-latine.com
Tawa
28, rue du Sauvage, 68100 Mulhouse
Tél. 33 (0)3 89 36 02 00
www.tawa.fr
Terres d'Aventure
6, rue Saint-Victor, 75005 Paris
Tél. 33 (0)1 53 73 77 73
www.terdav.com
Tirawa
2, rue Claude-Martin
73026 Chambéry
Tél. 33 (0)4 79 33 76 33
www.tirawa.com
Voyageurs du Monde
55, rue Saint-Anne, 75002 Paris
Tél. 33 (0)892 23 65 65
www.vdm.com

Suisse
Kuoni
Rue Pierre-Fatio 15, 1204 Genève
Tél. 41 (0)22 707 17 00
www.kuoni.ch
Nouvelles Frontières
Rue Chantepoulet 10
1204 Genève
Tél. 41 (0)22 906 80 80
www.nouvelles-frontieres.ch

Spécialisés

Belgique
Allibert Trekking
Rue Royale 15, 1000 Bruxelles
www.allibert-trekking.com
Continents Insolites
Rue César-Frank 44A, 1050 Bruxelles
Tél. 32 (0)2218 24 84
www.continentsinsolites.com

Canada
GAP Aventures
19 Duncan Street (suite 401)
Toronto, Ontario MSH 3H1
www.gap.ca
Voyages Lambert
2105 Chemin Sainte-Foy
Québec GIV 1R7
Tél. (1) 418 681 1703
www.voyages-lambert.com

France
Allibert Trekking
37, bd Beaumarchais, 75003 Paris
Tél. 33 (0)1 43 72 80 20
www.allibert-trekking.com
Aventure Voyages
Tél. 33 (0)821 21 20 20
www.aventure-voyages.com
Fleuves du monde
28, bd de la Bastille, 75012 Paris
Tél. 33 (0)1 44 32 12 80
www.fleuves-du-monde.com
Tamera
26, rue de Bœuf, 69005 Lyon
Tél. 33 (0)3 78 37 88 88
www.tamera.fr
Terre Entière
10, rue de Mézières, 75006 Paris
Tél. 33 (0)1 44 39 03 03
www.terreentiere.com
Vision du monde
3, route de Chambéry
38300 Bourgoin-Jallieu
Tél./fax 33 (0)4 74 43 91 82
www.visiondumonde.org

Suisse
Néos Voyages
Rue des Bains 50, 1205 Genève
Tél. 41 (0)22 320 66 35
www.neos.ch
SSR Voyages
Rue Vignier 3, 1205 Genève
Tél. 41 (0)22 329 97 34

Transports

Comment s'y rendre

En avion L'avion reste le moyen de transport le plus utilisé pour rallier l'Amérique du Sud. D'Europe, vous devrez sans doute faire escale à Madrid, qui dessert la majorité des capitales sud-américaines. Au Canada, il existe des vols au départ de Toronto.
Par bateau De nombreux navires de croisière font escale à Tierra del Fuego et aux Îles Falkland. Certains cargos embarquent des passagers, renseignez-vous.
En voiture Impossible de rallier l'Amérique du Sud en voiture : il manque à l'autoroute Pan-Américaine un tronçon long de 160 km entre le Panama et la Colombie.

Se déplacer

À l'exception de quelques lignes touristiques, l'ensemble du réseau ferroviaire sud-américain est tombé en désuétude. La grande majorité des déplacements s'effectue en avion ou en car. En revanche, dans les régions amazoniennes et les Guyanes, les transports fluviaux sont beaucoup plus développés. Depuis les années 1970, la sécurité sur les réseaux routiers s'est considérablement améliorée, malgré le problème persistant des mauvais conducteurs de bus ou de camions, en particulier dans les Andes et au Venezuela.
En voiture Découvrir l'Amérique du Sud en voiture ne pose aucun problème réel, mais il vous faudra toutefois rester très vigilant.

À lire

Artigas, Alvaro et Cauchy, Pascal *Amérique du Sud : les démocraties inachevées*, Armand Colin, 2005.
Chaliand, Gérard *Miroir d'un désastre : chronique de la conquête espagnole de l'Amérique*, L'Aube, 2005.
Dabère, Olivier et Boissière, Aurélie *Atlas de l'Amérique latine : violences, démocratie participative et promesse de développement*, Autrement, 2006.
Laissus, Yves, Amaya, José, Antonio et Bajon, Michek *Les Naturalistes français en Amérique du Sud : XVIe-XIXe siècles*, Comité des travaux historiques et scientifiques, 2006.
Lancha, Charles *Histoire de l'Amérique hispanique de Bolívar à nos jours*, L'Harmattan, 2003.
Lavaquerie-Klein, Christiane et Paix-Rusterholtz, Laurence *Huaca : trésor des peuples d'Amérique du Sud*, RMN, 2006.
Leymarie, Isabelle *La Musique sud-américaine : rythmes et danses d'un continent*, Gallimard, 1997.
Vargas Llosa, Mario *Dictionnaire amoureux de l'Amérique latine*, Plon, 2005.

Argentine

Pratiquer l'Argentine

Connaître l'Argentine

Superficie 2 780 400 km².
Capitale Buenos Aires.
Population 38 millions d'hab.
Langue Espagnol.
Devise Peso ($).
Poids et mesures Système métrique.
Électricité 220 V.
Décalage horaire GMT -3h.
Indicatif téléphonique du pays 54 (Buenos Aires 11).

Transports

Comment s'y rendre

En avion

D'Europe Aerolíneas Argentinas, Air Comet, Air France, Alitalia, British Airways, Iberia, KLM, Lufthansa.
Du Canada Aerolíneas Argentinas, Continental, Air Canada, Lan Airlines.

Se déplacer

De l'aéroport

L'**aeropuerto Ezeiza** (EZE) voit atterrir tous les vols internationaux. Il se trouve à 40 min du centre-ville de Buenos Aires. Des bus vous y conduisent toutes les 30 min. À l'arrivée, vous aurez le choix entre prendre un taxi ou la navette minibus **Manuel Tienda**.

En avion

Les compagnies **Aerolíneas Argentinas**, **LAN Argentina** (www.lan.com) et **Sol** (www.sol.com.ar) desservent le centre de l'Argentine et l'Uruguay, tandis que **Lineas Aereas del Estado** (LADE ; www.lade.com.ar), assure des vols vers la Patagonie. Situé à Buenos Aires, **El Aeroparque Jorge Newbery** dessert les destinations intérieures ainsi que l'Uruguay. En Argentine, les compagnies aériennes proposent 2 niveaux tarifaires, ce qui signifie que les voyageurs étrangers payent jusqu'à 3 fois plus que les Argentins. N'oubliez pas de reconfirmer votre vol 24h avant le départ. Attention : taxe d'aéroport de 18 $US au départ de l'Argentine.

En car

Vous pouvez rejoindre en car le Chili, la Bolivie, le Paraguay, l'Uruguay ou le Brésil. Confortables et climatisés, ils couvrent toutes les distances intérieures. Restez néanmoins vigilant et surveillez vos effets personnels.

En bateau

Les bateaux de croisière font rarement escale à Buenos Aires. Mais si vous gagnez l'Uruguay, la traversée en ferry ne manque pas de charme. Contactez :
Buquebus
Buenos Aires
Tél. (011) 4316 6500
www.buquebus.com
D'autres lignes relient l'Uruguay à l'Argentine : Tigre-Carmelo et Montevideo-Carmelo. Des ferries desservent Colonia au départ de Daraena Sur, et un hydroglisseur fait la navette entre Montevideo et Colonia plusieurs fois par jour en été.

En train

Hormis quelques circuits touristiques, le transport ferroviaire se limite au trajet Posadas-Buenos Aires (www.trenesdellitoral.com.ar) et Buenos Aires-Patagonie (www.ferrobaires.gba.gov.ar). Des trains de banlieue assurent la liaison entre Buenos Aires et ses environs. Cette dernière compte 4 gares principales : **Retiro** *(tél. 4311 8074)* dessert le delta du Tigre, Capilla del Señor et Bartolomé Mitre. **Once** *(tél. 4861 0043)* dessert l'ouest de Buenos Aires ainsi que les destinations se trouvant à l'ouest de la ville. **Constitución** *(tél. 4304 0028)* concentre les dessertes locales. **Federico Lacroze** *(tél. 4553 5213)* rallie la province de Misiones.

Le **Tren de la Costa** *(tél. 4732 6000* ; www.trendelacosta.com.ar), qui relie Olivos à Tigre, offre de magnifiques vues sur le Rio de la Plata. Le gouvernement a promis de rétablir des lignes ferroviaires, incluant une nouvelle liaison reliant Buenos Aires, Córdoba et Rosario.

En voiture

La plupart des routes sont goudronnées mais conduisez prudemment.
Cartes et informations utiles :
Automovíl Club Argentino (ACA)
Avenida Libertador 1850
Buenos Aires
Tél. (011) 802 6061
ou (011) 802 7061

Hertz, Avis, Travel Rent a Car et Localiza ont des comptoirs à l'aéroport et dans le centre de Buenos Aires. En consultant le site www.welcomeargentina.com/ciudadbuenosaires/car-rental.html, vous aurez une liste complète des agences. Votre carte bancaire servira sans doute de caution.

À Buenos Aires

En bus Rapides et pas chers, les bus permettent de se déplacer facilement à Buenos Aires. Évitez toutefois les heures de pointe. Les

arrêts sont proches les uns des autres ; les diverses destinations y sont clairement indiquées. À Retiro, une immense gare routière accueille tous les cars longues-distances, appartenant à différentes compagnies.
En taxi Facilement identifiables – noirs à toit jaune – les taxis sont équipés d'un compteur. Assurez-vous que le chauffeur vous rende bien la monnaie.
Remises Ces voitures avec chauffeur se louent à l'heure, à la journée ou pour une excursion. Une solution qui peut revenir beaucoup moins cher que des taxis ordinaires. Pour obtenir la liste des compagnies de remise, consultez l'annuaire ou demandez conseil au personnel de votre hôtel.
En métro Construit en 1913, le Subte (métro) de Buenos Aires est le plus vieux du continent. Ses trains circulent tous les jours de 5h à 22h (30 ¢ par trajet). L'attente entre 2 trains est de 15 min maximum et le trajet le plus long ne dépasse pas 25 min.

DE A À Z

Ambassades

Belgique
Defensa 113 (8e étage)
1065 Buenos Aires
Tél. (011) 433 100 66
Fax (011) 433 108 14
www.diplobel.org/argentina
Canada
Calle Tagle 2828
C1425EEH Buenos Aires
Tél. (011) 4808 1000
Fax (011) 4808 1111
www.buenosaires.gc.ca
France
Cerrito 1399
1010 Buenos Aires
Tél. (011) 4515 2930
Fax (011) 4515 2966
www.ambafrancia-argentina.org
Suisse
Avenida Santa Fe 846 (10e étage)
1059 Buenos Aires
Tél. (011) 4311 6491
Fax (011) 4313 2998
www.eda.admin.ch/buenosaires

Argent

Les *casas de cambio* (bureaux de change) prennent les Travelers' Cheques. Les distributeurs sont assez répandus et les principales cartes bancaires acceptées un peu partout. Ayez des petites coupures sur vous.

Budget

Les tarifs suivants sont fournis à titre indicatif.
Transfert de l'aéroport d'Ezeiza jusqu'au centre-ville de Buenos Aires en taxi ou en *remise*
12-15 $US ; en bus via la compagnie Manuel Tienda León : 12 $US.
Location de voitures (auprès d'une agence internationale)
25 $US/j. pour une petite voiture ; 40 $US /j. pour un 4x4 pick-up. Ces tarifs incluent l'assurance, le dépannage et la TVA.
Carburant 60-80 cents ($US) le litre.
Hébergement C'est dans le nord de l'Argentine que vous trouverez les hôtels de loin les moins chers du pays : environ 25 $US la nuit pour une chambre double dans un 3 étoiles. Dans le sud et dans la capitale, une chambre équivalente vous coûtera dans les 40 $US.
Restauration L'addition s'avère souvent très raisonnable. Un menu entrée-plat-dessert revient à quelque 40 $US pour 2 personnes, vin compris, dans un restaurant haut de gamme.
Sites et musées Les entrées sont payantes mais restent modérées. Certains musées sont libres d'accès un jour dans la semaine. Les enfants bénéficient la plupart du temps de la gratuité.

Climat

La majeure partie de l'Argentine se déploie dans la zone tempérée de l'hémisphère Sud. Dans le Nord-Est, règne un climat subtropical humide. Le Nord-Ouest, tropical, connaît des hivers doux. Les pampas jouissent d'un climat tempéré. Au sud, les températures sont plus basses et il pleut presque toute l'année.

Culture

Théâtres et salles de concerts

À Buenos Aires, la saison théâtrale débute habituellement en mars. Par les chaudes soirées d'été, des concerts en plein air animent les parcs de la capitale. Le **Teatro Colón** est sans doute l'opéra le plus connu d'Amérique latine. Les plus grandes stars internationales se sont produites dans cette salle qui accueille 3 500 spectateurs, dont environ 1 000 debout. Son acoustique est considérée comme l'une des meilleures du monde. Opéras et ballets occupent une bonne partie de la saison. Visite guidée de l'Opéra et du musée lun.-sam. 11h-16h, dim. 11h-15h *(tél. 011 4378 7100)*. Billets en vente au kiosque de Calle Tucumán. Le **Teatro San Martín** *(Sarmiento 1551, tél. 4371 0111)* présente des pièces de théâtre et des comédies musicales. Expositions et concerts gratuits dans le foyer.

Des spectacles de tango sont organisés dans toute la capitale, et ailleurs. Les principaux musées sont le **Museo de Arte Latinoamericano de Buenos Aires**, qui présente des oeuvres modernes et contemporaines latino-américaines et le **Museo Nacional de Bellas Artes**, qui abrite des peintures argentines et européennes anciennes et modernes. Les horaires des grands musées sont répertoriés dans les itinéraires ; la plupart du temps l'entrée est payante.

Enfants

L'Argentine ne manque pas de sites naturels magnifiques qui charmeront vos têtes blondes : les superbes plages de la côte atlantique, les impressionnantes chutes d'Iguazú,

CI-DESSOUS : le *bandoneón*, symbole du tango.

la Patagonie – en particulier la péninsule de Valdés où se trouve le captivant Museo Paleontológico Egidio Feruglio de Trelew –, les stations de ski des Andes et, en toutes saisons, la région des lacs.

Fêtes et festivals

Janvier

Festival Internacional de Tango À La Falda, province de Córdoba. Il attire les passionnés de tango du monde entier.
Festival Nacional del Folklore À Cosquín, province de Córdoba. Festival folklorique annuel.

Février

Carnaval Le carnaval se déroule principalement à Buenos Aires, ainsi qu'à Gualeguaychú et Corrientes, dans le nord-est. Pour mardi gras, Salta organise une procession haute en couleurs.
Festival de Tango À Buenos Aires. Concerts, démonstrations et cours de tango ont lieu dans toute la capitale.

Mars

Festival de la Vendimia À Mendoza. Ce festival des vendanges se termine en beauté par une profusion de lumières, de concerts et de danse dans un amphithéâtre installé au pied de la Cordillère des Andes.

Avril

Festival Internacional de Cine Independiente À Buenos Aires. Ce festival du film indépendant fait connaître de jeunes talents.

Mai

Arte BA À Buenos Aires. À cette occasion, les galeries exposent des œuvres d'art contemporain.

Octobre

Semana Musical À Llao Llao, Río Negro. Organisé dans le magnifique hôtel Llao Llao, ce festival rend hommage à la musique classique.

Novembre

Día de la Tradición Fête dans toute l'Argentine en l'honneur de la culture gaucho avec démonstrations équestres et énormes asados. La célébration la plus importante a lieu à San Antonio de Areco.

Décembre

Campeonato Abierto Argentino de Polo À Campo Argentino de Polo, Palermo, Buenos Aires. Championnat de polo du printemps.

Formalités

Visas

Tous les étrangers doivent se munir d'un passeport valide 6 mois après leur retour. Les citoyens de l'Union européenne, les Canadiens et les Suisses séjournant moins de 3 mois en Argentine sont dispensés de visa. Si vous souhaitez prolonger votre séjour au-delà de cette limite, vous pouvez franchir la frontière et la repasser aussitôt. Une pratique à ne pas répéter indéfiniment, sous peine de se voir refouler par les gardes-frontières.

Douanes

Vous pouvez importer librement en duty free 300 $US de cadeaux, 400 cigarettes ou 50 cigares, 2 l d'alcool et 2 flacons de parfum. Quantités à diviser par 2 pour les moins de 18 ans.

Ambassades

Belgique
Avenue Louise 225
1050 Bruxelles
Tél. 32 (0)2 647 78 12
Fax 32 (0)2 647 93 19
wwww.embargentina.be
Canada
81 Metcalfe Street (7e étage)
Ottawa, Ontario K1 6K7
Tél. 1 613 236 2351
Fax 1 613 235 2659
France
6, rue Cimarosa
75116 Paris
Tél. 33 (0)1 44 05 27 00
Fax 33 (0)1 45 53 46 33
www.ambassadeargentine.net
Suisse
Jungfraustrasse 1
3005 Berne
Tél. 41 (0)31 356 43 43
Fax 41 (0)31 356 43 40

Handicapés

En Argentine, les aéroports, les grands terminaux de bus, les musées importants et les chaînes hôtelières internationales disposent d'équipements modernes comme des portes automatiques et des rampes adaptées aux fauteuils roulants. Les principaux sites touristiques, notamment les chutes d'Iguazú, se sont dotés d'équipements spéciaux.

Urgences

Police *Tél. 101*
Ambulances *Tél. 107*
Pompiers *Tél. 100*

Homosexuels

L'Argentine passe, à juste titre, pour l'un des pays d'Amérique du Sud les plus tolérants dans ce domaine. Depuis quelque temps, Buenos Aires reçoit la visite de plus en plus d'homosexuels hommes et femmes qui y trouvent de nombreux services et activités spécialement conçus pour eux : visites guidées à thème, *milongas* et soirées tango pour les gays… Le reste du pays, notamment les petites villes et les régions rurales, montre un esprit beaucoup moins ouvert. Pour plus d'informations, visitez www.guiag.com ou www.thegayguide.com.ar.

Horaires d'ouverture

Bureaux Lun.-ven. 9h-18h.
Magasins Lun.-ven. 9h-20h (fermeture à l'heure du déjeuner).
Banques Lun.-ven. 10h-15h.

Les banques et les services administratifs sont fermés les jours fériés.

Internet

Les *cibercafés* fleurissent dans tout le pays.

Sites Internet

www.welcomeargentina.com
Infos sur tout le pays.
www.liveargentina.com
Infos touristiques en 6 langues.
www.bue.gov.ar
Site officiel du gouvernement. Infos pratiques sur la capitale.
www.museos.buenosaires.gov.ar
Guide complet des musées de la capitale.

Jours fériés

1er janvier Nouvel An.
Avril Vendredi saint.
25 mai Fête nationale commémorant le 1er gouvernement.
10 juin Jour des Malouines.
9 juillet Fête de la déclaration d'indépendance.
17 août Mort de José San Martín.
12 octobre Anniversaire de l'arrivée de Christophe Colomb.
8 décembre Annonciation.
25 décembre Noël.

Médias

La Nación et *Clarín* sont les grands quotidiens argentins. Il existe également un journal en langue anglaise, le *Buenos Aires Herald*, et un journal d'informations touristiques gratuit, le *Buenos Aires Times*. Dans toutes les grandes villes, les kiosques vendent les principaux titres argentins. À Buenos Aires, vous trouverez certains journaux étrangers.

Offices de tourisme

Toutes les grandes villes disposent d'une *casa de turismo* (office de tourisme).

Buenos Aires
Calle Santa Fe 883
Tél. (011) 4312 2232
Fax (011) 313 6834
www.turismo.gov.ar
Ouvert lun.-ven. 8h30-22h, sam. 9h-19h.

Les autres offices de tourisme se trouvent dans les avenues Diagonal Norte/Florida, les Gallerias Pacífico, à la gare de Retiro, et dans les aéroports d'Ezeiza et Jorge Newbery. Vous y trouverez des plans de la ville et le *Buenos Aires Times*, qui présente un agenda complet des manifestations en cours (anglais/espagnol). La plupart des hôtels fournissent une brochure répertoriant des magasins, des restaurants et lieux de sortie.

À Buenos Aires, chaque province dispose de son propre office de tourisme. Bien signalés, leurs bureaux se regroupent au centre-ville (numéros de téléphone dans l'annuaire). Vous y glanerez une mine d'informations sur les hôtels, les restaurants, les manifestations, etc.

Pourboire

Au restaurant, un pourboire de 10 % est de mise. Dans les régions plus touristiques, il se trouve parfois inclus directement dans l'addition. Il convient également de laisser un petit pourboire au chauffeur de taxi.

Prestations médicales

L'Argentine bénéfice d'un bon système de santé. La plupart des médecins hospitaliers ont étudié à l'étranger, et d'excellents spécialistes opèrent dans la plupart des disciplines. L'équipement hospitalier, loin d'être moderne, permet cependant de répondre efficacement à toutes les urgences.

Hôpitaux à Buenos Aires

British Hospital
Calle Perdriel 74
Tél. (011) 4309 6400
Children's Hospital Pedro Elizalde
Calle M. Oca 40
Tél. (011) 4307 5553

CI-DESSUS : café de Buenos Aires.

Ricardo Gutiérrez
Calle Gallo 1330
Tél. (011) 4962 9247
Hospital de Clínicas
Calle Córdoba 2351
Tél. (011) 5950 8579

Savoir-vivre

Dans le milieu des affaires, la poignée de main est d'usage. Entre amis, les femmes s'embrassent sur la joue et les hommes se donnent une poignée de main franche, sauf à Buenos Aires où se faire la bise est monnaie courante. Les Argentins ont une attitude relativement décontractée concernant la ponctua ité.

Sécurité

L'Argentine demeure une destination sûre. Toutefois, faites attention aux pickpockets. L'une de leurs astuces : renverser "accidentellement" du ketchup sur la chemise d'un touriste dans le but de subtiliser son portefeuille. Soyez vigilant lorsque vous retirez de l'argent à un distributeur. Ne vous aventurez pas le soir dans des quartiers inconnus. Évitez de héler un taxi dans la rue, il vaut mieux en réserver un par téléphone.

Se loger

L'Argentine n'est plus une destination touristique aussi bon marché que dans les années 2000, mais reste toutefois abordable. Outre les hôtels, les *hosterías*, *hospedajes*, et *pensiones* proposent des chambres propres mais au confort plus sommaire. Très nombreux près des gares et souvent bruyants (demandez une chambre sur cour : *en el interior*), ces établissements restent très pratiques si vous voyagez en train ou en car.

En dehors des villes, de nombreuses estancias permettent de goûter à la culture gaucho.

Durant la canicule estivale, des millions de Porteños investissent les immenses complexes hôteliers de **Pinamar**, **Villa Gesell**, et **Mar de la Plata** et se pressent dans les multiples bars et discothèques jusqu'au petit matin. Les plages sauvages se trouvent plus au sud, près de **Bahía Blanca**. Ainsi **Mar del Sur**, sous Miramar, vous accueille sur 40 km de sable fin. Réservez à l'avance, surtout l'été (de déc. à mars) et à Pâques. Les offices de tourisme disposent de brochures répertoriant les hôtels.

Se restaurer

Cuisines

Un petit déjeuner traditionnel comprend le *café con leche* (au lait), les *medias lunas* (croissants plus petits et plus consistants que les français), et autres *facturas* (viennoiseries). Le petit déjeuner est servi en général à partir de 8h.

La viande de bœuf argentin jouit d'une réputation méritée. Un repas typique débute par des empenadas (chaussons garnis de viande ou d'autres farces selon les régions), du chorizo ou de la *morcilla* (boudin) et un assortiment d'*achuras* (petits pains). Il se poursuit en général par le *bife de chorizo* (entrecôte) ou la *tira de asado* (côte de bœuf, accompagnés de salades diverses). En dessert, le flan nappé de *dulce de leche* et de crème Chantilly est un grand classique.

Nombre de restaurants servent des *parrilladas* (grillades) ; les morceaux de viande sont répartis sur des barbecues miniatures. En Patagonie, le boeuf est généralement remplacé par l'agneau, tandis que la cuisine andine est fortement influencée par Salta, plus au nord.

Restaurants

La grande majorité des villes touristiques possèdent un "quartier de restaurants" fréquentés à la fois par les touristes et les locaux. Pour tester l'*asado*, mettez le cap sur Buenos Aires. Les restaurants de la capitale ouvrent à midi pour le déjeuner, et vers 20h pour le dîner. Mais personne ici ne se met à table avant 21h, les restaurants ne se remplissant qu'à partir de 22h ou 23h. Le week-end, ils affichent complet bien après minuit. Laissez 10 % de pourboire *(voir p. 363)*.

Shopping

Vous trouverez une vaste gamme d'articles en cuir ou en argent, mais aussi de superbes ponchos en alpaca.

Buenos Aires

Talonnée de près par l'Avenida Santa Fe, **Florida** est l'artère commerçante la plus connue et la plus touristique de la capitale. **Recoleta**, le quartier le plus huppé de la ville, s'étend **Avenida Alvear**, **Quintana**, **Ayacucho**, et dans les petites rues adjacentes. Vous y trouverez une myriade d'enseignes chics. Le quartier de Palermo regorge de boutiques de créateurs.

San Telmo est réputé pour ses magasins d'antiquités. Chaque dimanche, un marché aux puces se tient sur la place, où des étals mêlent des objets hétéroclites à prix raisonnables ou exorbitants. De nombreux antiquaires sont installés sur la place.

Vous pouvez aussi tester les centres commerciaux (*shoppings*). **Patio Bullrich**, à Recoleta (*Libertador 750*), abrite des boutiques chic, tandis que les gigantesques **Paseo Alcorta** *(Salguero 3172)*, **Alto Palermo** *(Avda Santa Fe 3253)* et **Solar de la Abadía** *(Acre 940)* abritent toutes sortes de magasins.

Sortir

Buenos Aires ne dort jamais – dicton qui s'applique également aux autres grandes villes argentines. Vous pouvez fort bien dîner entre 22h et minuit. La plupart des restaurants ne ferment pas avant 2h du matin, et certains restent même ouverts jusqu'à l'aube. Les cinémas ne sont pas en reste, avec des dernières séances après minuit. Dans la capitale, les noctambules se donnent rendez-vous dans les quartiers de San Telmo, Puerto Madero et Palermo. Dans les bars et les clubs, la fête commence vers 2h du matin et dure toute la nuit. Célèbre pour ses night-clubs, Buenos Aires, attire les DJ du monde entier.

Sports & Loisirs

Pratiquement tous les sports pratiqués en hémisphère nord – foot, basket-ball, volley-ball, ski alpin… –, le sont également en Amérique du Sud. Les férus d'équitation réaliseront leur rêve dans les Andes, en Patagonie et dans les estancias des pampas. Les amateurs pourront faire le tour du pays en vélo – à faire en solo ou en circuit organisé. La région des lacs et les plages atlantiques offrent une large gamme d'activités nautiques, dont le surf, le kitesurf et le windsurf. Toute la façade orientale des Andes constitue un excellent terrain de jeu pour le trail et l'escalade. En hiver, vous pourrez dévaler les pistes en ski ou en snowboard. Un must pour les fans de foot : assister à une rencontre entre le Boca et River Plate (conditions de sécurité à vérifier).

Télécommunications

Téléphone

Les opérateurs de téléphonie mobile qui se partagent le marché – **Movistar**, **Personal** et **CTI** –, pratiquent tous les mêmes tarifs. La solution la plus économique : acheter une carte sim sur place.

Les cabines publiques acceptent les cartes téléphoniques ou les pièces. Dans les grandes villes, les **Centros de Llamadas** (ou *locutorios*) offrent services téléphoniques et fax. Pour vos appels téléphoniques et fax internationaux à Buenos Aires, rendez-vous au bureau situé Avenida Corrientes 705 (ouv. 24h/24).

Services postaux

À Buenos Aires, la poste principale *(Sarmiento 189)* ouvre du lundi au vendredi de 8h à 20h. Les *correos* (bureaux de poste) sont disséminés dans toute la ville. La plupart des hôtels vendent des timbres.

Ci-dessous : l'ancienne prison de la base navale d'Ushuaia accueille le Museo Maritimo y Presido.

Tour operators

ASATEJ
Florida 835 (3e étage, bureau 315) Buenos Aires
Tél. 54 (0)11 4311 8700
Fax 54 (0)11 4311 6150
www.asatej.com
L'une des plus grandes agences (destinée surtout aux étudiants) du pays. Informations, recherche de compagnons de route, etc.

Eurotur
Viamonte 486, Buenos Aires
Tél. 54 (0)11 4312 6077
www.eurotur.com
Circuits, transports et hébergement individuels ou en groupe. Équipe professionnelle parlant anglais.

Kallpa Tour
Roque Saenz Pena 811 (1er étage, Oficina D), Buenos Aires
Tél. 54 (0)11 4394 1830
www.kallpatour.com
Voyages culturels, treks et randonnées équestres.

Swan Turismo
Cerrito 822, Buenos Aires
Tél. 54 (0)11 4129 7926
www.swanturismo.com.ar
Très réputé.

À lire

Alcoba, Laura *Manèges : petite histoire argentine*, Gallimard, 2007.
Borges, Jorge Luis *Fictions*, Gallimard, coll. "Folio", 1974.
Mercado, Tununa *Mémoire Argentine*, Sabine Wespieser, 2004.
Micaël *Un Argentin à Paris*, Buchet-Chastel, 2010. BD.
Pichon, Anne et Jean *Argentine, de la Patagonie aux chutes d'Iguazu*, Éditions Pages du Monde, 2005.
Spencer, Joanna *Eva Peron*, Bartillat, 2007.

BOLIVIE

PRATIQUER LA BOLIVIE

CONNAÎTRE LA BOLIVIE

Superficie 1 100 000 km².
Capitale Sucre.
Population 8,6 millions d'hab.
Langues Quechua, aymara et espagnol.
Devise Boliviano.
Poids et mesures Système métrique.
Électricité 110 V à La Paz, 220 V dans le reste du pays. À vérifier au préalable.
Décalage horaire GMT -4h.
Indicatif téléphonique du pays 591 (La Paz +2).

TRANSPORTS

Comment s'y rendre

En avion

D'Europe LAN Airlines.
Du Canada Continental, LAN Airlines, Air Canada. La plupart des vols font escale à Miami.

Se déplacer

De l'aéroport

Perché sur l'Altiplano à plus de 4 000 m, au-dessus de La Paz, l'aéroport d'**El Alto** détient le record mondial d'altitude. Comptez une trentaine de minutes pour rejoindre le centre-ville en taxi (8 $US). Les minibus **Costranstur** desservent divers endroits du centre, pour 50 ¢ env. – mais prévoyez 1h de trajet.

En avion

Les lignes intérieures **LAB**, **TAM** et **AeroSur** desservent les villes principales. Les vols sont plutôt bon marché, profitez-en ! Les voyages en car sont assez éprouvants surtout le trajet La Paz-Potosí (vous pouvez prendre l'avion jusqu'à Sucre puis le car pour Potosí, 4h de route).

Crillon Tours
Avenida Camacho 1223
La Paz
Tél. 232 7533
www.titicaca.com
Confortables liaisons en minibus.

En car

C'est le principal mode de transport en commun pour la majorité des Boliviens. Le réseau est assez dense mais l'état des routes (5 % seulement sont goudronnées) et le relief limitent fortement le confort. Des cars de luxe relient La Paz, Cochabamba et Santa Cruz. Un large éventail de compagnies desservent Coroico et Copacabana. Arrêts toilettes rares et rudimentaires.

La plupart des voyageurs qui arrivent du Pérou passent par le lac Titicaca. De nombreuses compagnies proposent des liaisons en minibus entre Puno et La Paz. Crillon Tours *(voir ci-dessus)* assure la traversée par hydroglisseur de luxe (aller et retour) avec halte à l'Isla del Sol, repas à Copacabana et visite du Museo del Altiplano, qui constitue une excellente introduction à la Bolivie. Sur ce trajet, il vous faudra peut-être changer de car à la frontière.

Vous pouvez également arriver d'Argentine par la route, passer la frontière à La Quiaca et continuer en car ou en train – voyage lent, mais qui constitue une belle expérience.

En train

Des trains circulent entre Oruro, Villazón et Potosí. C'est un long voyage – il est vivement conseillé de réserver un siège pullman. Les billets peuvent s'acheter à l'avance mais les horaires changent souvent et les retards sont également fréquents.

Du Brésil, le **Tren de la Muerte** remonte de Corumbá, en lisière du Pantanal, jusqu'à Santa Cruz. Évitez les agences de voyages qui vendent les billets jusqu'à 2 fois plus cher qu'à la gare. Montez dans le train dès que possible pour réserver un siège : le trajet dure de 12 à 40 heures.

Il existe des liaisons en car et en train du Chili et d'Argentine.

À La Paz

En taxi
Pour les longs trajets dans la capitale, le taxi offre bien des avantages, soit individuellement pour environ 1,40 $US ou partagé (*collectivo*) avec d'autres passagers sur un parcours défini (25 ¢ par personne).

DE A À Z

Ambassades

Canada
Casilla
13032 La Paz
Tél. (02) 432 838
Fax (02) 430 250

France
Avenida Hernando Siles 5390
Esquina Calle 8 de Obrajes
13032 La Paz
Tél. (02) 214 99 00
Fax (02) 214 99 01
www.ambafrance-bo.org

Suisse
Calle 13, n° 455
Esquina 14 de Septiembre

13032 La Paz
Tél. (02) 275 12 25
Fax (02) 214 08 85
www.eda.admin.ch

Argent

Si possible, changez votre argent dans les banques ou les hôtels – beaucoup de fausse monnaie en circulation. Demandez des billets boliviens et ne transportez que de petites sommes sur vous. Les cartes bancaires ne sont pas toujours acceptées en dehors des grands hôtels et restaurants. Des distributeurs fonctionnent dans la plupart des villes.

Budget

Le cours du boliviano étant fixé aproximativement sur le dollar US, les tarifs suivants sont fournis à titre indicatif. Le budget moyen : environ 30 $US par jour pour 2 personnes.

Transfert de l'aéroport d'El Alto jusqu'au centre-ville de La Paz en taxi 8 $US.

Hébergement 1 à 2 $US pour une chambre dans une *posada*, 20 $US dans une *residenciale* et 80 $US dans un hôtel de luxe. Vérifiez que les prix affichés incluent la taxe de 20 % et le service.

Restauration Comptez 20 $US pour 2 personnes dans un grand restaurant. Une taxe de 23 % pour le service peut être ajoutée à la note ; taxe supplémentaire pour tout réglement par carte (3 %).

Sites et musées Coûts d'entrée relativement bas. Certains musées sont libres d'accès un jour dans la semaine, et la plupart proposent des tarifs réduits aux enfants.

Climat

Les températures moyennes en montagne – région la plus visitée – ne dépassent pas 10 °C. Les précipitations sont fortes en été (novembre-mars), précédant un hiver très sec. Températures moyennes à La Paz : entre 6 °C et 21 °C en été et entre 0 °C et 17 °C en hiver. Apportez des vêtements chauds.

Culture

La Paz est la capitale culturelle du pays. Le **Teatro Municipal Alberto Saavedra Pérez** *(à l'angle de Sanjinés et Indaburu)* et le **Teatro Municipal de Cámara** accueillent opéras, ballets et concerts. La grande majorité des expositions sont présentées à la **Casa Municipa de la Cultura Franz Tamayo** *(Plaza San Francisco)* et au **Palacio Chico** *(à l'angle d'Ayacucho et Potosí)*. Ce dernier organise également quelques concerts. Chaque année paire, un festival de musique baroque est organisé dans les missions jésuites, à l'est de la Bolivie.

Ci-dessus : festival de danses traditionnelles boliviennes.

Enfants

La Paz et l'altiplano bolivien étant situé en haute altitude, il faudra donc du temps à vos chérubins pour s'acclimater. Assurez-vous qu'ils boivent beaucoup d'eau (en bouteille) afin d'éviter la déshydratation ; enduisez-les de crème solaire, de répulsif antimoustique, et faites leur porter un chapeau. La nourriture bolivienne étant épicée, elle ne leur conviendra sans doute pas. Les plus jeunes aimeront autant les rives du lac Titicaca, le site archéologique de Tiahuanaco, la région subtropicale des *yungas* que les parcs d'attractions des grandes villes. Les plus grands apprécieront tout particulièrement les basses terres du Nord.

Fêtes et festivals

Janvier

Alacitas (24) Cette fête qui a lieu à La Paz est dédiée à Ekeko, le dieu de l'abondance. Les adorateurs achètent aux artisans l'objet de leur rêve en miniature – maisons, diplômes, billet d'avion. Ils doivent ensuite le faire bénir par le Yatiri (prêtre) afin que leur souhait se réalise.

Février

Virgen de la Candelaria (2) Ce festival se déroule dans tout le pays, mais les plus belles fêtes se tiennent à Copacabana, sur le lac Titicaca, avec force de danses, de corridas, de processions et de feux d'artifice.

Février-mars

Carnaval Le plus célèbre de Bolivie est le somptueux spectacle traditionnel de La Diablada, qui se tient à Oruro. Pendant plusieurs jours, des milliers d'indigènes affublés de masques défilent et dansent en costumes. À Santa Cruz, le carnaval prend des allures brésiliennes.

Mai-juin

Festividad del Señor del Gran Poder Cette fête religieuse donne l'occasion à des milliers de danseurs de parader dans les rues de La Paz.

Juin-août

Fiesta de la Virgen de Urkupiña (date variable) Les rues de Quillacolla, près de Cochabamba, se remplissent de danseurs costumés pendant 4 jours.

Septembre

Équinoxe de printemps (21) Des groupes ethniques célèbrent l'équinoxe à Tiahuanaco ; les rayons du soleil éclairent alors le grand portail du temple de Kalasasaya.

Octobre

Festival international d'Arts (date variable) À Potosí et Sucre se réunissent tous les ans musiciens, comédiens, peintres, écrivains et cinéastes venus du monde entier pour participer à ce grand festival d'art.

Formalités

Visas

Les ressortissants de l'Union européenne, ainsi que les Suisses et les Canadiens, sont dispensés de visa.

Aux frontières, les gardes délivrent une autorisation de séjour variant entre 30 et 90 jours. Prolongation de séjour/visas à La Paz : Avenida González 240.

Douanes

Vous pouvez importer en duty free : 400 cigarettes et 50 cigares (ou 500 g de tabac), 3 l de boissons alcoolisées, ainsi que des biens personnels d'un montant maximal de 1 000 $US.

Ambassades

Belgique
Avenue Louise 176
1050 Bruxelles
Tél. 32 (0)2 627 00 10
Fax 32 (0)2 647 47 82
www.embolrus.be
Canada
130 rue Albert (bureau 416)
Ottawa, Ontario K1P 5G4
Tél. (1) 647 27 18
Fax (1) 647 47 82
France
12, av. du Président-Kennedy
75116 Paris
Tél. 33 (0)1 42 24 93 44
Fax 33 (0)1 45 25 86 23
www.amb-bolivie.fr/web/Bienvenue.html

Handicapés

La Bolivie ne dispose pas de moyens pour investir dans les équipements nécessaires aux personnes à mobilité réduite. Les établissements offrant une assistance étant rares, il est vivement recommandé à toute personne en fauteuil roulant de contacter une agence de voyages spécialisée.

Homosexuels

La Bolivie est l'un des pays d'Amérique du Sud les moins tolérants dans ce domaine. Même à La Paz et Santa Cruz les esprits sont peu ouverts, moins encore dans les zones rurales. Faites preuve de discrétion.

Horaires d'ouverture

Bureaux Lun.-ven. 9h-12h, 14h-18h.
Banques Elles ferment à 16h30.

Internet

Accès Internet largement répandu, mais pas toujours fiable.

Sites Internet

www.bolivia.com
Infos complètes (en espagnol).
www.boliviaweb.com
Infos touristiques en anglais.
www.titicaca.com
Site en 4 langues.

Jours fériés

1er janvier Nouvel an.
Février-mars Carnaval.
Mars-avril Vendredi saint.
1er mai Fête du Travail.
Mai-juin Corpus Christi.
6 août Fête de l'Indépendance.
2 novembre Toussaint.
25 décembre Noël.

Médias

À La Paz, on trouve les quotidiens *El Diario*, *Hoy*, *Los Tiempos*, *Ultima Hora* et *La Razón*, ainsi que l'hebdomadaire en anglais *Bolivia Times*.

Pourboire

Au restaurant, laissez 15 % de pourboire. Partout ailleurs, le pourboire n'est pas d'usage, mais les chauffeurs de taxi apprécieront une petite rétribution.

Santé et prestations médicales

Les problèmes gastriques et intestinaux touchent fréquemment les voyageurs, contaminés par une nourriture avariée, mal lavée ou une eau impropre. Préférez boire de l'eau en bouteille ou bouillie ; les plus fragiles éviteront de se sustenter dans la rue.

La norme qualitative des prestations médicales ne correspond pas à celles des Occidentaux, aussi assurez-vous d'avoir contracté une assurance médicale qui couvrira vos frais dans les centres privés. Le plus grand danger en Bolivie demeure le mal de l'altitude : n'hésitez pas à faire une cure de *mate de coca* (thé aux feuilles de coca), un très bon remède naturel. Depuis 2009, la dengue a fait son apparition et devient un problème majeur. La vaccination contre la fièvre jaune étant vivement recommandée, consultez votre médecin.

Les grands hôtels ont souvent leur médecin de garde. Deux établissements compétents à La Paz :

Clínica Alemana
Calle 6 de Agosto 2821
Tél. 243 3676
Clínica Americana
Avenida 14 de Septiembre
Obrajes
Tél. 278 3510

Urgences

Police *Tél. 110* / **Ambulance** *Tél. 118*
Police touristique (La Paz)
Tél. 222 5016
Pompiers *Tél. 119*

Sécurité

En règle générale, la Bolivie est un pays relativement sûr pour les voyageurs étrangers. Toutefois, sur les marchés et les lieux très fréquentés par les touristes, méfiez-vous des pickpockets qui débordent d'imagination pour détourner votre attention pendant qu'ils tentent de subtiliser votre sac ou portefeuille. Soyer vigilant lorsque vous retirez de l'argent à un distributeur. Évitez d'avoir l'air perdu ou apeuré, cela augmente les risques de vous attirer des ennuis. Ne faites jamais du stop tout seul(e). À Santa Cruz, ne vous promenez pas le soir dans des quartiers inconnus et préférez commander un taxi que de le héler dans la rue. Des grèves impromptues peuvent être organisées à tout moment, en particulier dans la région orientale située entre Beni et Tarija. Si vous décidez de voyager lors d'une grève, sachez que vous serez peut-être obligé de vous arrêter ou de faire demi-tour.

Dans les grandes villes, les officiers – certains parlent un peu anglais – de la **police nationale touristique** restent à votre disposition pour tout renseignement ou papier à remplir en cas d'urgence.

Se loger

Si la Bolivie demeure la destination la moins onéreuse d'Amérique du Sud, sachez toutefois que la qualité des prestations hôtelières est aussi la moins bien développée : l'eau courante reste un problème quotidien, même dans les zones touristiques comme Uyuni, aussi renseignez-vous à l'avance sur la possibilité d'avoir de l'eau chaude. Les chambres les moins chères sont rarement chauffées et, dans les petites villes ou les villages, certains établissements vous obligent à rentrer à 21h30, heure de fermeture des portes.

Quelle que soit leur catégorie – *hoteles* (luxe), *residenciales* (moyen de gamme), *alojamientos* ou *posadas* (bon marché) –, tous les hôtels doivent afficher leurs tarifs. Vous trouverez au moins un hôtel 2-3 étoiles dans les grandes villes ; à La Paz, Cochbamba, Potosí ou Sucre certains se sont installés dans d'anciens édifices coloniaux. Dans la partie amazonienne du nord du pays, de bons jungle-lodges ont vu le jour ; les rives du lac Titicaca sont aujourd'hui bordées d'hôtels. Dans les vallées *yungas*, les meilleurs établissements sont équipés d'une piscine. Pensez à réserver longtemps à l'avance si votre voyage coïncide avec une fête religieuse ou le carnaval d'Oruro. Les hôtels se remplissent rapidement : à vous de vous y présentez le plus tôt possible.

Se restaurer

Cuisines

La cuisine locale varie selon les régions. Le déjeuner, pris entre 12h et 14h, constitue le principal repas de la journée. Le soir, les restaurants ouvrent à partir de 20h/21h. Nombre d'entre eux proposent un *almuerzo completo* (repas complet). Dans les sierras, la pomme de terre, le pain et le riz constituent les ingrédients de base. Les viandes sont souvent très épicées, notamment le *picante de pollo* (poulet épicé). Ne manquez pas la truite du lac Titicaca, savoureuse, et le *fritanga*, un ragoût de porc. Au dessert, testez la délicieuse *helado de canela* (glace à la cannelle). Surtout vendus dans la rue, les *salteñas* sont de petits chaussons garnis de viande et de pommes de terre.

Boissons

Les cafés et les restaurants servent du thé, du café et des boissons non alcoolisées, dont du *mate de coca*.

La bière bolivienne, brassée selon les méthodes allemandes, surprend par sa qualité. Les Boliviens lui préfèrent toutefois la *chicha*, eau-de-vie de maïs distillée près de Cochabamba. À base de *singari*, une liqueur locale, le *chuflay* se boit noyé dans la limonade. Sachez que l'altitude intensifie les effets de l'alcool – pendant et après.

Shopping

La Bolivie produit un éventail artisanal large – tapisseries, lainages, sculptures en bois.

Où acheter ?

À La Paz, l'essentiel du shopping se fait sur les marchés. Vous pourrez bien entendu négocier les prix, mais faites-le avec le sourire et n'abusez pas en allant au-delà d'un certain point. Vous trouverez le grand **marché artisanal** dans Calle Sagarnaga, entre Mariscal Santa Cruz et Isaac Tamaio.

Sortir

Si vous appréciez la musique traditionnelle andine, rendez-vous dans les *peñas* (bars qui accueillent des groupes folkloriques) de La Paz ou toute autre ville de l'altiplano. Si vous préférez danser sur une musique plus actuelle, sachez que les clubs et les bars fréquentés par la jeunesse bolivienne se situent dans **20 de Octubre**, à La Paz, ou autour du jardin zoologique, à Santa Cruz. Avis aux noctambules, les festivités démarrent rarement avant minuit.

Sports & Loisirs

L'altitude ne favorise guère la pratique de sports intenses. Cependant, vous pourrez participer à des randonnées en VTT autour de La Paz – vérifiez attentivement votre équipement avant de partir. Avec ses nombreux sommets à conquérir, la Bolivie est un véritable paradis pour les amateurs de trekking et d'escalade.

Les moins sportifs iront voir un match de foot, sport national très populaire.

Télécommunications

Téléphone

Il existe des liaisons satellite vers l'Europe et l'Amérique du Nord. Vous pouvez appeler de votre hôtel, option la plus chère, des bureaux **Entel** de La Paz *(Edificio Libertad, Calle Potosí et Ayacucho 267)*, ou bien des cabines téléphoniques, à pièces ou à carte, présentes dans tout le pays. Les 3 opérateurs de téléphonie mobile sont Entel, Nuevatel (Viva) et Tigo. Les modems sans fil peuvent être utilisés dans les grandes villes.

Services postaux

À La Paz, le bureau central *(Avda Mariscal Santa Cruz y Oruro)* est ouvert du lundi au samedi de 8h à 22h, et le dimanche de 9h à 12h. La poste restante (*lista de correos*) conserve le courrier durant 3 mois. N'oubliez pas votre passeport.

Tour operators

La plupart des tour operators organisent des circuits dans tout le pays. Pour obtenir des informations sur le trekking ou pour avoir les coordonnées de guides de montagne fiables, contactez :

Andes Expediciones
Avenida Camacho 1377
Edificio Saenz
(2e étage, Oficina 1)
La Paz
Tél. 591 (0)2 319 655
ou 220 2983
Trekking et circuits aventure.

Club Andino Boliviano
Calle México 1638
La Paz
Tél. 591 (0)2 312 875

À lire

Dehau, Étienne *Bolivie : vision de lumière et d'espace*, Hermé, 2002.

Garcia Linera, Alvaro *Pour une politique de l'égalité : communauté et autonomie dans la Bolivie contemporaine*, Les Prairies Ordinaires, 2008.

Hylton, Forrest et Thomson, Sinclair *Horizons révolutionnaires : histoire et actualité politiques de la Bolivie*, IMHO, 2010.

Rolland, Denis *Pour comprendre la Bolivie d'Evo Morales*, L'Harmattan, 2007.

Wicky, Jean-Claude *Mineros : mineurs de Bolivie*, Actes Sud, 2002.

Ci-dessous : église jésuite de Concepción, inscrite au patrimoine mondial de l'Unesco.

Brésil

Pratiquer le Brésil

Connaître le Brésil

Superficie 8 512 000 km^2.
Capitale Brasília.
Population 192 millions d'hab.
Langue Portugais.
Devise Real (reais au pluriel).
Poids et mesures Système métrique.
Électricité Généralement 127 V ; 220 V à Brasília, Florianópolis, Fortaleza, Recife et São Luis ; 110 V à Manaus.
Décalage horaire GMT -3h pour les grandes villes et l'est du pays ; Mato Grosso et le Nord GMT -4h ; Acre et Amazonas ouest GMT -5h.
Indicatif téléphonique du pays 55 (Brasília +61, Rio de Janeiro +21).

Transports

Comment s'y rendre

En avion

D'Europe Aerolíneas Argentinas, Air France, Alitalia, Avianca, British Airways, Iberia, KLM, LAN, Lufthansa, TAM, TAP, Varig.
Du Canada Air Canada (vol direct pour São Paulo), United, Continental Airlines.

En bateau

Les plus grandes lignes internationales sillonnent les eaux brésiliennes. En haute saison (déc.-mars), ces navires de croisière font principalement escale à Rio de Janeiro, Manaus, Recife, Salvador et Búzios. Vous pouvez rejoindre le Brésil au départ de l'Europe, une fois ces navires revenus à leur port d'attache.

Se déplacer

De l'aéroport

La grande majorité des vols internationaux atterissent soit à São Paulo soit à Rio. À l'aéroport, réservez un taxi au guichet spécial et payez la course selon le tarif affiché, vous pouvez régler en espèces ou avec une carte de crédit. Ces taxis sont souvent climatisés, plus vastes et plus confortables que les taxis urbains. Si vous prenez un taxi ordinaire, consultez les tarifs des taxis officiels, afin de vous faire une idée du prix normal. Si vous arrivez à l'heure de pointe, un taxi d'aéroport vous reviendra sans doute moins cher. Des navettes de bus relient régulièrement l'aéroport au centre-ville.

En avion

D'excellentes compagnies aériennes desservent l'intérieur du pays – **Varig** (www.varig.com) et **TAM** (www.tam.com.br) –, ainsi que des petites compagnies qui pratiquent des tarifs plus économiques comme **Gol** (www.voegol.com.br), **Azul** (www.voeazul.com.br), **Ocean Air** (www.oceanair.com.br), **Trip** (www.voetrip.com.br), et **Web Jet** (www.webjet.com.br). Les principales compagnies desservent tout le pays, et disposent d'un solide réseau de vente avec des guichets dans les aéroports et des agences dans la plupart des villes.

Une navette aérienne relie Rio à São Paulo (toutes les 30 min), Rio à Brasília (toutes les heures) et Rio à Belo Horizonte (environ 10 vols par jour) ; mais pensez tout de même à réserver.

En car

Des cars confortables et ponctuels relient les villes principales entre elles et plusieurs autres grandes villes sud-américaines. C'est un excellent moyen de visiter le pays, mais n'oubliez pas que les distances sont énormes : vous allez sans doute rester assis des jours et des nuits (en dehors des étapes restaurant), et le paysage n'est pas toujours captivant. Des compagnies de luxe (*leito*) relient les grandes villes de nuit (couvertures à bord). Certains trajets comme Rio-Belém (52h) se limitent à un seul car par jour, voire à un ou 2 par semaine.

En bus

Dans les grandes métropoles, des bus climatisés relient les zones résidentielles au centre-ville, à l'aéroport, aux gares routières et aux grands hôtels. Prenez un ticket en montant, puis payez le contrôleur une fois assis.

Dans les bus urbains, montez par l'arrière (marche souvent haute), payez le *cobradore* (qui rend la monnaie) et franchissez le tourniquet.

Dans les bus bondés, surtout à Rio et São Paulo, faites attention aux voleurs qui opèrent même en plein jour. Évitez les heures de pointe. Ne portez aucun objet de valeur, tenez votre sac devant vous, dissimulez votre appareil-photo. N'attirez pas l'attention en parlant fort dans une langue étrangère.

En bateau

Les excursions sur l'Amazone peuvent prendre d'une journée à une semaine, voire plus – du palace flottant au bateau-bus le plus rudimentaire. Vous pouvez aussi explorer le Río São Francisco, dans le Nordeste, ou les marais du Pantanal, dans le Mato Grosso, paradis des amateurs de faune sauvage ou de pêche.

En train

Dans le Paraná, la ligne Curitiba–Paranaguá traverse des paysages de montagnes fabuleux (par beau temps). Aller-retour possible dans la journée.

Dans le Minas Gerais, d'antiques locomotives vous mènent de São João del Rei à Tiradentes les vendredis, les week-ends et les jours fériés. Dans l'État de Rio de Janeiro, le Trem Azul et sa locomotive à vapeur circulent chaque dimanche entre Miguel Pereira et Conrado.

En taxi

Les taxis permettent de se déplacer facilement en ville. Les radio-taxis sont un peu plus chers, mais plus sûrs et plus confortables. Dans les grandes villes, le tarif n° 2, plus cher, s'applique après 21h et le week-end. Vérifiez que le chauffeur remet son compteur à zéro et applique le bon tarif. Certains refuseront peut-être de mettre leur compteur en marche. D'autres négocieront un forfait, probablement plus cher qu'au compteur.

En voiture

Avis (*tél. 011 2155 2846* ; www.avis.com.br) et **Hertz** (*tél. 0800 701 7300* ; www.hertz.com.br) sont bien implantés dans tout le pays. Ils sont concurrencés par le plus gros loueur national, **Localiza** (*tél. 0800 979 2000* ; www.localiza.com.br). Il est possible de louer une voiture avec un permis national. Sachez aussi que la différence de prix entre une location sans chauffeur et avec reste assez modeste.

Si vous comptez faire de longs trajets, procurez-vous l'excellent guide *Quatro Rodas Guia Brasil*, vendu dans les kiosques à journaux. Très complet, il contient un atlas routier et une sélection (en portugais) d'hôtels et de retaurants.

Les amendes pour excès de vitesse peuvent atteindre plusieurs centaines d'euros.

En métro

Rio et São Paulo disposent d'un bon réseau de métro. Les lignes rayonnent depuis le centre-ville et se prolongent au-delà des terminus par des lignes de bus.

De A à Z

Ambassades

Belgique
Avenida das Nações, Lote 32
70422-900 Brasília
Tél. (061) 3443 1133
Fax (061) 3443 1219
www.diplomatie.be/brasilia

Canada
Avenida das Nações
Quadra 803, Lote 16
70410-900 Brasília
Tél. (061) 3424 5400
Fax (061) 3424 5490
www.dfait-maeci.gc.ca/brazil

France
Avenida das Nações
Quadra 801, Lote 04
70404-900 Brasília
Tél. (061) 3222 39 99
Fax (061) 3222 39 07
www.ambafrance-br.org/france_bresil

Suisse
Avenida das Nações, Lote 41
70448-900 Brasília
Tél. (061) 3443 5500
Fax (061) 3443 5711
www.eda.admin.ch

Argent

Des distributeurs fonctionnent dans tout le pays. Vous pouvez changer de l'argent dans les banques, les hôtels et les offices de tourisme. À défaut, certaines agences de voyages peuvent vous dépanner, bien qu'il s'agisse, au sens strict, d'une transaction illégale. Les quelques hôtels qui changent les Travelers' Cheques pratiquent un taux peu intéressant.

Dans les banques, vous ne pouvez pas changer les Travelers' Cheques ni les reais contre des devises étrangères, à l'exception de la Banco do Brasil.

Les magasins des grands centres commerciaux et la plupart des hôtels prennent les cartes Visa et MasterCard/Cirrus. Les hôtels acceptent également en général les Travelers' Cheques.

Budget

Depuis 2002, le taux de change du real fluctue selon le prix du baril. Lorsque le baril de pétrole augmente, le coût de la vie au Brésil flambe aussi.

Hébergement Comptez au minimum 80 $US la nuit pour 2 personnes dans une auberge de jeunesse ou dans un petit hôtel bon marché.

Restauration Prévoyez au moins 20 $US par personne pour un repas simple, sans alcool, dans un café ou un restaurant pas cher ; bien entendu, l'addition sera beaucoup plus salée dans un grand restaurant, surtout si vous commandez une bouteille de vin.

Transports urbains Pour 15 $US par jour et par personne, vous pourrez vous déplacer à Rio ou à São Paulo en bus ou en métro et vous payer une course en taxi.

Sites et musées Tarifs d'entrée relativement bas ; dans certains lieux de visite, tarifs réduits pour les étudiants et les enfants.

Ci-dessous : balade en tramway dans le quartier de Santa Teresa, à Rio de Janeiro.

Climat

Dans les forêts équatoriales règne un climat très chaud et humide, caractérisé par de fortes précipitations toute l'année. Une grande partie de la côte atlantique, du Rio Grande do Norte à l'État de São Paulo, connaît un climat tropical chaud et humide, mais moins pluvieux dans le Nord, marqué par un hiver et un été. L'intérieur du pays connaît un climat tropical semi-humide, avec un été chaud et pluvieux de décembre à mars, et un hiver plus sec et plus frais de juin à août.

Une partie des terres du Nordeste sont soumises à un climat tropical semi-aride, chaud avec de faibles précipitations, la pluie se concentrant sur 3 mois, en général de mars à mai. Températures moyennes entre 24 °C et 27 °C.

Au-delà du tropique du Capricorne, le Sud et Rio de Janeiro bénéficient d'un climat semi-tropical humide. Les précipitations se répartissent sur toute l'année et les températures varient entre 0 °C et 10 °C en hiver – quelques gelées et de rares chutes de neige – et entre 21 °C et 32 °C en été.

Culture

Musique et danse

Sans la musique, le Brésil n'existerait pas. Chaque région a donné naissance à des formes musicales originales, souvent accompagnées de leurs danses. Entre la bossa nova, la samba, le *choro* et la *seresta*, si appréciés à Rio et à São Paulo, vous n'aurez que l'embarras du choix. L'influence brésilienne, en particulier dans le jazz, est indéniable. Si vous venez pour le carnaval, vous vivrez dans un tourbillon de musique et de danse en pleine rue, entre la samba de Rio et le *frevo* du Nordeste. Toute l'année, vous pourrez assister à des spectacles de musique folklorique brésilienne et de danse.

La saison de musique et de danse classiques se déroule du carnaval à mi-décembre. Un des plus importants festivals de musique classique d'Amérique du Sud se déroule chaque année en juillet à **Campos do Jordáo**, dans l'État de São Paulo.

Enfants

Lorque vous plannifiez vos déplacements, rappelez-vous que les distances entre les destinations peuvent être très grandes, donnant à vos enfants l'impression d'un voyage long et fastidieux. N'oubliez pas de les enduire d'écran solaire, de répulsif antimoustique et obligez-les à porter un chapeau. Si vous louez une voiture et que vous avez un enfant en bas âge, emportez votre siège enfant car il n'y en a pas de disponible au Brésil.

Pour leur faire plaisir, faites leur visiter Rio, admirer les chutes d'Iguaçú, observer la faune en Amazonie et dans le Pantanal, et découvrir l'une des plages incontournables de Rio, de Bahia ou du Nordeste.

Fêtes et festivals

Outre les jours fériés nationaux, le Brésil connaît bien d'autres jours fériés locaux. Ainsi, chaque ville commémore sa fondation et son saint patron. Les dates de certaines fêtes folkloriques régionales peuvent varier, chaque village organisant ses propres festivités, souvent un festival de musique et de danses (parfois en costumes), où l'assistance peut goûter aux plats et aux boissons préparés pour la circonstance. Le calendrier qui suit reprend quelques-unes des principales fêtes.

Janvier

Bom Jesus dos Navegantes À Salvador. La fête dure 4 jours et débute par une spectaculaire parade de bateaux.

Février

Iemanjá (2) Salvador fête la déesse afro-brésilienne de la Mer, assimilée, en syncrétisme avec le catholicisme, avec la Vierge Marie.

Février-mars

Carnaval Célébré dans tout le pays pendant 4 jours fériés, jusqu'au mercredi des Cendres inclus. La date, mobile, se situe toujours en février ou en mars. Particulièrement spectaculaire à Rio, Salvador et Recife/Olinda.

Mars-avril

Vendredi saint Procession de la Descente de croix à Ouro Preto ; représentation de la Passion à Nova Jerusalem.

Juin

Festival do Amazonas (15-30) À Manaus.
Festas Juninas Fêtes de rue en juin et début juillet en l'honneur des saints Jean, Pierre et Antoine, avec feux de joie, danses et mariages grotesques.

Juin-juillet

Bumba-Meu-Boi Processions et danses dans les rues de Maranhão, 2e quinzaine de juin et début juillet.

Août

Festa do Peão Boiadeiro À Barretos, dans l'État de São Paulo. Le plus grand rodéo annuel du monde, accompagné de musique country.
Festival Literaria Internacional Parati (FLIP) Festival international de littérature, à Parati (parfois en juillet).

Octobre

Oktoberfest À Blumenau, fête organisée par les descendants des immigrants allemands.
Ciriό Procession religieuse à Belém.

Décembre

Saint-Sylvestre (31) Des millions de personnes se rassemblent sur les plages de Rio de Janeiro pour assister aux feux d'artifice et faire des offrandes à Iemanjá.

Formalités

Visas

Contrairement aux Canadiens, les ressortissants de l'Union européenne n'ont pas besoin de visa ; un passeport valide permet de séjourner 90 jours dans le pays.

Douanes

Vous pouvez faire entrer pour 500 $US de marchandise achetée dans les boutiques duty-free de l'aéroport. Également : 400 cigarettes ou 25 cigares, et 2 l d'alcool maximum.

Ambassades

Belgique
Avenue Louise 350
1050 Bruxelles
Tél. 32 (02) 640 2015
Fax 32 (02) 640 8134
wwww.brasbruxelas.be

Canada
450 Wilbrod Street
Ottawa, Ontario K1P 6A8
Tél. (1) 237 1090
Fax (1) 237 6144

France
34, cours Albert-Ier
75008 Paris
Tél. 33 (0)1 45 61 63 00
Fax 33 (0)1 42 89 03 45
www.bresil.org

Suisse
Monbijoustrasse 68
3000 Berne 23
Tél. 41 (0)31 371 8515
Fax 41 (0)31 371 0525
www.brasbern.ch

Handicapés

Même si les Brésiliens seront toujours prêts à vous venir en aide, vous rencontrerez sans doute des difficultés pendant votre périple. Certaines compagnies aériennes prennent en charge les personnes à mobilité réduite au décollage et à l'atterrissage (sur demande préalable). La loi brésilienne oblige les lieux publics à se conformer aux normes, mais rares sont ceux qui y répondent. Dans les centre-villes des grandes villes, les infrastructures publiques tels les trottoirs et les bus sont réaménagées progressivement. Dans certains grands hôtels, les ascenseurs disposent de boutons d'appel inscrits en braille.

Homosexuels

Le Brésil est un pays très tolérant dans ce domaine comme en témoignent les gay prides de Rio et de São Paulo qui figurent, à l'instar du carnaval, parmi les grandes fêtes nationales. Dans les villes principales, vous ne ressentirez aucune discrimination, contrairement aux zones rurales, plus conservatrices.

Horaires d'ouverture

Bureaux Lun.-ven 9h-18h ; attention, l'heure du déjeuner peut durer des heures.
Banques Lun.-ven. 10h-15h.
Bureaux de change 9h-17h30.

Internet

Le Brésil est très bien connecté à la toile. Si les cafés Internet fleurissent dans tout le pays, les connections sont plus lentes et plus chères dans les zones rurales.

Sites Internet

www.brazil.gov.br/ingles
Site du gouvernement brésilien.
www.estado.com.br
Site portugais de l'*Estado de Sâo Paulo* (quotidien/liens).
http://oglobo.globo.com
Site du quotidien *O Globo*, le journal le plus lu au Brésil.
www.ipanema.com
Informations sur les attractions touristiques de Rio de Janeiro.

Jours fériés

1er janvier Nouvel an.
Février-mars (variable) Carnaval.
Mars-avril (variable) Pâques.
21 avril Dia de Tiradentes.
1er mai Fête du Travail.
7 septembre Fête de l'Indépendance.
12 octobre Nossa Senhora de Aparecida (fête de la sainte patronne du Brésil).
2 novembre Toussaint.
15 novembre Dia da Proclamaçao da Republica.
25 décembre Noël.

Médias

Le *Miami Herald*, édition latino-américaine de l'*International Herald Tribune*, et le *Wall Street Journal* sont disponibles dans les kiosques des grandes villes, ainsi que *Time* et *Newsweek*. Si vous connaissez assez de portugais pour lire les journaux brésiliens, l'hebdomadaire *Epoca*, ainsi que *Veja* et *Isto E* sont de bonnes sources d'information.

Offices de tourisme

Branche internationale du ministère du Tourisme, **Embratur** n'est accessible que via son site Internet (www.braziltour.com).

Chaque État et grande ville possède son propre office de tourisme. La plupart du temps le personnel vous répondra dans un anglais très correct.

Ci-dessous : le charmant quartier de Santa Teresa, à Rio.

Pourboire

Hôtels et restaurants Les plus chics ajoutent 10 % de service à la note, mais cet argent ne revient pas forcément à ceux qui vous ont servi. Soyez large, le personel, très mal payé, compte beaucoup sur la générosité des touristes.
Taxi Pourboire facultatif, en général les Brésiliens ne donnent rien. Si le chauffeur s'est montré serviable ou vous a attendu, ne l'oubliez pas.
Porteurs À l'aéroport, donnez votre pourboire au dernier porteur à vous avoir aidé, l'argent va dans une cagnotte.
Coiffeur / Barbier Laissez 10 à 20 %.
Cireurs / Pompiste Entre 30 et 50 % de ce que vous donneriez dans votre pays.

Santé

En cas de problème de santé, demandez à votre hôtel de vous indiquer un médecin compétent. Les grands hôtels disposent souvent d'un médecin de garde parlant anglais. Vous pouvez aussi demander à votre consulat une liste de praticiens parlant français. Souscrivez une assurance santé avant de partir et vérifiez que les clauses du contrat incluent toutes les prestations médicales pratiquées à l'étranger.

Si aucun vaccin ou certificat médical n'est requis à l'entrée dans le pays, sachez néanmoins que si vous envisagez de voyager en Amazonie ou dans le Pantanal, il est préférable d'être vacciné contre la fièvre jaune. Consultez votre médecin préalablement.

Les petits désagréments des voyages à l'étranger – tourista et insolation – peuvent survenir au Brésil. Aussi, buvez beaucoup d'eau – en bouteille –, ne vous exposez pas trop longtemps au soleil et portez un chapeau à toute heure de la journée.

Sécurité

La réputation de violence et de crime organisé au Brésil n'est malheureusement plus à faire. Pourtant, elle implique beaucoup plus les gangs et trafiquants de drogue locaux que les touristes. Toutefois, si des dizaines de milliers de voyageurs visitent chaque année le pays sans

Urgences

Numéros nationaux (gratuits)

Ambulance *Tél. 192*
Police *Tél. 190*
Pompiers *Tél. 193*
Défense civile *Tél. 199*

São Paulo

Poste de police pour femmes (spécialisé dans les violences faites aux femmes ; personnel féminin) *Tél. (011) 3976 2908*
Police de la route *Tél. (011) 3327 2727*

Rio de Janeiro

Poste de police pour femmes *Tél. (021) 3399 3690*
Gardes-Côtes (Salvamar) *Tél. (021) 2253 6572*
Police de la route *Tél. (021) 3399 4857 ou 2625 1530*

encombre, il faut rester vigilant. Les pickpockets sévissent dans les marchés et les sites touristiques. À la plage, ne laissez aucun objet de valeur sur votre serviette. Il est conseillé de déposer votre passeport dans le coffre de l'hôtel et de vous déplacer avec une photocopie. Comme partout ailleurs, restez sur vos gardes lorsque vous retirez de l'argent à un distributeur ou quand vous vous promenez dans un quartier inconnu le soir. En voiture, évitez la nuit de marquer l'arrêt aux feux rouges afin de ne pas être attaqué – dans certaines grandes villes comme Recife, le feu orange clignotant remplace le feu rouge pendant la nuit. À Salvador de Bahia, les mendiants sont très insistants mais rarement aggressifs.

Se loger

Le Brésil ne manque pas d'excellents hôtels, surtout dans les grandes villes et les régions les plus touristiques, où les établissements, aux normes internationales, engagent du personnel polyglotte. Dans toutes les catégories, les chambres sont en général propres et l'accueil courtois. Le prix comprend presque toujours un petit déjeuner continental.

Dans le quartier Santa Teresa de Rio, une association nommée Cama e Café propose un hébergement de style B&B dans de jolies demeures. Environ 30 hôtels et pousadas de grand luxe, souvent installés dans des demeures historiques, se sont associés sous le label Roteiros de Charme. Équivalent de nos 5-étoiles, aussi séduisants par leur confort raffiné que par leur cuisine, ils vous laisseront des souvenirs impérissables. Pour plus d'informations, appelez le 021 2287 1592 (www.roteirosdecharme.com.br).

Réservez longtemps à l'avance, surtout en période de carnaval ou aux grandes vacances, où les hôtels sont pris d'assaut à la fois par les touristes et les Brésiliens. En effet, les voyageurs en provenance de pays tempérés profitent souvent de leur hiver pour venir ici, tandis que les Brésiliens se déplacent en masse pendant leurs vacances scolaires (janvier et février l'été, juillet l'hiver). À ces périodes, tous les hébergements peuvent être complets même dans des régions a priori peu touristiques. N'oubliez pas non plus qu'une fête locale peut remplir les hôtels à n'importe quel moment de l'année.

Si vous avez l'attention de camper, contactez le siège du :

Camping Clube do Brasil
Rua Senador Dantas 75, 29e étage
Rio de Janeiro
Tél. (021) 3479 4200
ou 0800 227 050
www.campingclube.com.br

Se restaurer

Cuisines

La variété des cuisines témoigne de l'immensité du pays et des origines multiples de sa population. Au sud, certaines cuisines reflètent l'influence de l'immigration allemande, tandis qu'Italiens et Japonais ont importé leurs saveurs à São Paulo. Certains plats typiques du Brésil s'inspirent en fait de recettes portugaises ou africaines.

Les Brésiliens utilisent surtout des ingrédients simples : riz, haricots et manioc. La variété d'herbes est assez limitée, mais suffit à relever les plats. Ici tout le monde apprécie les piments (*pimenta* et *malagueta*), du plus brûlant au moins piquant.

À Bahia, les influences africaines sont très présentes. La cuisine se prépare à l'huile de palme (*dendê*) et au lait de noix de coco. Les Baianos adorent poivrer leurs plats mêlés de cacahuètes fraîches, noix de cajou ou crevettes séchées. Deux spécialités à goûter en priorité : la *vatapá* (poisson et crevettes fraîches et séchées, cacahuètes fraîches râpées, lait de noix de coco, huile de *dendê* et sauce en crème) ; et la *moqueca* (produits de la mer à l'huile de *dendê* et au lait de coco).

Le *churrasco*, barbecue brésilien, figure au menu de tous les restaurants. Les *churrascarias* proposent souvent l'option *rodizio* : à prix fixe, dégustation à volonté de viandes à la broche.

En Amazonie, certains plats s'accompagnent de *tucupi* (feuilles de manioc ayant un effet un peu anesthésiant sur la langue), notamment le *pato no tucupi* (canard) et le bouillon au *tacacá*. La forêt voit prospérer certaines espèces de fruits uniques au monde et les rivières regorgent de poissons comme le piranha.

Boissons

Ici, le café, vraiment délicieux, se prépare fort et très sucré. Le café *com leite* (avec du lait chaud) se boit au petit déjeuner.

Les bières brésiliennes sont plutôt bonnes (*cerveja* signifie bière en bouteille et *chope*, bière pression). L'eau-de-vie nationale, la *cachaça*, à base de canne à sucre, ressemble au rhum blanc, avec un parfum très particulier. Elle se décline selon chaque région : *pinga*, *cana* ou *aguardente*. La plupart des délicieux cocktails brésiliens sont à base de *cachaça*, à commencer par la boisson nationale, la *caipirinha* – simple mélange de citron vert écrasé (avec la peau), de sucre et de *cachaça*, avec beaucoup de glace.

Nombre de fruits tropicaux servent à élaborer des jus rafraîchissants.

Restaurants

On déjeune entre 12h et 15h, mais certains restaurants restent ouverts tout l'après-midi. Plus léger, le dîner se prend entre 19h et minuit, mais plus souvent à partir de 22h – quelques restaurants sont ouverts jusqu'à 1h ou 2h du matin. La plupart ferment le dimanche soir et/ou le lundi. Il mieux vaut réserver dans les restaurants chic. Les plats sont servis pour 2 personnes. Personne de se formalisera si vous demandez un *doggy bag*.

Les restaurants *comidas a kilo* ("repas au poids") sont idéals pour

Plat national

La *feijoada*, ragoût de haricots noirs longuement mijotés avec de la viande de porc séchée, salée ou fumée (en ajoutant souvent les oreilles, la queue et les pieds de l'animal), était à l'origine réservée aux esclaves. Aujourd'hui devenue plat national brésilien, la *feijoada* du samedi midi a pris rang d'institution à Rio de Janeiro, chez soi comme dans les meilleurs restaurants, où elle est servie complète avez riz, *couve* (chou chinois), *farofa* (râpé de manioc rôti au beurre) et tranches d'oranges.

savourer une grande variété de spécialités à prix imbattables.

Shopping

Au Brésil, le prix des bijoux est très attractif. À moins d'être expert, adressez-vous à un bijoutier réputé, notamment H. Stern et Amsterdam Sauer. Vous trouverez les principales enseignes dans les aéroports, les centres commerciaux et la plupart des hôtels. Les Brésiliens produisent des sacs et des chaussures en cuir d'excellente qualité, surtout dans le Sud.

Sortir

Au Brésil, l'âge légal pour consommer de l'alcool est de 18 ans ; aussi ne vous étonnez pas si l'on vous demande votre carte d'identité – rappelez-vous qu'une photocopie est préférable à l'originale. Nombre de nightclubs vous refuseront l'entrée si vous portez un short. Sachez que dans les bars et boîtes fréquentés par les touristes, les prostituées sont nombreuses. Les Brésiliens adorant faire la fête, vous trouverez même dans les villages les plus reculés des lieux de sortie restant ouvert tard le week-end.

Les bars proposant des concerts imposent souvent un droit d'entrée (entre 5 et 10 $US), tandis que d'autres préfèrent faire payer une *consumçao mínima* (consommation minimale). La musique que vous y écouterez sera sans doute brésilienne – samba, *choro*, *frevo*, *pagode*, *sertanejo* (country music), MPB (Musica Popular do Brazil) – ou du rock "tropicalisé". N'oubliez pas que les modes changent très vite au Brésil : un club branché peut devenir "has been" en quelques jours seulement.

Sports & Loisirs

Dans un pays aussi riche en côtes maritimes et en fleuves majeurs, il n'est pas surprenant que les sports de plage et nautiques connaissent un développement considérable. Vous pourrez y pratiquer votre sport préféré : du foot au kitesurfing en passant par le beach-volley, la natation, le surf et le windsurfing. Les amateurs de plongée metteront le cap sur l'île Fernando de Noronha, réserve naturelle réputée pour ses eaux cristallines. Les parcs nationaux de l'intérieur du pays, notamment Chapada Diamantina, se prêtent aux longues randonnées pédestres ou équestres.

Quant aux sports les plus regardés, le foot, bien entendu, tient le haut du pavé, talonné par la Formule 1. À Rio, de nombreux hôtels et agences de voyages peuvent vous procurer un billet pour un match de foot ou vous organiser une visite guidée du célèbre stade de Maracaná.

Télécommunications

Téléphone

Au Brésil, les cabines publiques fonctionnent avec des cartes (*cartão de telefone*) vendues dans les bars, les kiosques ou les boutiques. Les cabines orange sont réservées aux appels locaux ou en PCV ; les bleues aux appels nationaux longues distances.

L'essor du téléphone mobile a réduit le nombre de cabines publiques. Dans les aéroports, plusieurs opérateurs proposent aux voyageurs des forfaits courts. Un téphone cellulaire Tri Bande ou de préférence Quadri Bande doit pouvoir fonctionner au Brésil. Claro, Oi, TIM, CTBC et Brasil Telecom utilisent le réseau GSM.

Ci-dessous : le carnaval et ses costumes sompteux.

Services postaux

Les bureaux ouvrent en général de 9h à 17h du lundi au vendredi, de 9h à 13h le samedi. Dans les grandes villes, certains ferment plus tard. Celui de l'aéroport intenational de Rio de Janeiro est ouvert de 7h à 19h.

À lire

Amado, Jorge *Bahia de tous les saints*, Gallimard, coll. "Folio", 1981 ; *Les Terres du bout du monde*, Gallimard, coll. "Folio", 1991.
Bennassar, Bartolomé et Marin, Richard *Histoire du Brésil (1500-2000)*, Fayard, 2000.
Bernanos, Georges *Brésil, terre d'amitié*, Éditions de La Table Ronde, 2009.
Blake, Peter *La Dernière aventure de Sir Peter Blake, Journal de bord, Expéditions en Antarctique et en Amazonie*, Gallimard, 2004.
Buarque, Chico *Embrouille*, Gallimard, coll. "Folio", 1996.
Carelli, Mario *Brésil, épopée métisse*, Gallimard, coll. "Découvertes Gallimard", 1988.
Cendrars, Blaise *Le Brésil : des hommes sont venus*, Gallimard, coll. "Folio", 2010.
Coelho, Paulo *Onze minutes*, Livre de Poche, 2005 ; *L'Alchimiste*, J'ai Lu, 2007.
Collectif *Brésil Indien : les arts des Amérindiens du Brésil*, RMN, 2005.
Corrêa do Lago, Pedro *Brésil : les premiers photographes d'un empire sous les Tropiques*, Gallimard, 2005.
Delfino, Jean-Paul *Corcovado*, Points, 2006 ; *Samba Triste*, Points, 2009.
Enders, Armelle *Nouvelle histoire du Brésil*, Éditions Chandeigne, coll. "Lusitane", 2008.
Fabre, Daniel *Carnaval ou la fête à l'envers*, Gallimard, coll. "Découvertes Gallimard", 1992.
Lamazou, Titouan *Mulheres : femmes du Brésil*, Gallimard, 2008.
Léry de, Jean *Les Indiens du Brésil*, Mille et Une Nuits, 2002.
Mainoli, Anna *Brésil : architectures contemporaines*, Actes Sud, 2009.
Montigné, Michel *Mauritanie, Maroc, Brésil : carnets de voyages*, Sepia, 2007.
Oualalou, Lamia *Brésil : histoire, société, culture*, Éditions La Découverte, 2009.
Rufin, Jean-Christophe *Rouge Brésil*, Gallimard, 2003 ; *La Salamandre*, Gallimard, 2005.
Updike, John *Brésil*, Seuil, coll. "Points", 1997.
Zweig, Stefan *Brésil, terre d'avenir*, LGF, 2001.

CHILI

PRATIQUER LE CHILI

CONNAÎTRE LE CHILI

Superficie 756626 km^2.
Capitale Santiago de Chile.
Population 16 millions d'hab.
Langue Espagnol.
Devise Peso.
Poids et mesures Système métrique.
Électricité 220 V.
Décalage horaire GMT -4h.
Indicatif téléphonique du pays 56 (Santiago +2).

TRANSPORTS

Comment s'y rendre

En avion

D'Europe Aerolíneas Argentinas, Air France, Air Comet, Avianca, Iberia, KLM, LAN.
Du Canada Air Canada (vols directs) ; LAN et Continental (avec escale).

Se déplacer

De l'aéroport

Principal aéroport de Santiago pour les vols internationaux et intérieurs, l'**Aeropuerto Arturo Merino Benítez** se trouve à 26 km de la ville. Fréquents départs de bus (1,30 $US) et de navettes (environ 12 $US). Pour rejoindre le centre-ville en taxi, comptez environ 20 $US, mais négociez le tarif avant de monter.

En avion

Les vols longues distances coûtent relativement cher. Les liaisons intérieures sont desservies par **LAN** (*tél. 600 526 2000*, www.lan.com) et 2 autres compagnies plus petites, **Sky** (*tél. 600 600 2828*) et **Aeolíneas del Sur** (*tél. 800 710 300*).

En car

Les routes sont bien entretenues et les cars en bon état, confortables et ponctuels. À Santiago, vérifiez de quelles gares routières vous partez. Elles se trouvent toutes sur la principale ligne de métro. En dehors des périodes de pointe, le tarif est négociable ; renseignez-vous avant de payer le tarif plein. Réservez longtemps à l'avance si votre voyage coïncide avec un week-end prolongé ou des vacances ; les prix peuvent alors doubler.

En train

Seules les villes situées entre Santiago et Puerto Montt sont desservies. Il n'existe aucune liaison vers le Nord ou la côte. Tous les trains partent de Santiago (Estación Central).

Pour connaître les horaires et faire vos réservations, vous pouvez appeler le 600 585 5000. Sinon, rendez-vous directement à l'Estación Central *(Av. B. O'Higgins 3170 ; lun.-sam. 7h-23h45, dim. 8h-23h45)*, ou à l'agence de la station de métro Universidad de Chile *(tél. 600 688 3297 ; lun.-ven. 9h-20h, sam. 9h-14h)*.

À Santiago

En bus et métro
Depuis peu, des bus circulent sur les itinéraires annexes qui se connectent aux grandes artères ; elles sont desservies par des bus articulés et le métro. Le paiement se fait par une carte prépayée, vendue dans les stations de métro et de nombreuses boutiques. Actuellement, vous pouvez faire 3 correspondances (dont une seulement pour le métro) dans un délai de 2 heures maximum. Tarif : 0,80 $US. Évitez les heures de pointe.

En taxi
Vous pouvez héler au passage ces taxis noirs au toit jaune qui stationnent également en file. Quant aux femmes seules, elles appeleront plutôt un radio taxi. Les véhicules sont tous équipés d'un compteur. Le pourboire n'est pas de règle. Les taxis *colectivos* empruntent le même itinéraire que les bus et peuvent prendre jusqu'à 5 passagers. Leurs tarifs sont affichés sur le pare-brise.

DE A À Z

Ambassades

À Santiago

Belgique
Avenida Providencia, 2653
Bureau 1103, Providencia
Tél. 56 (0)2 232 10 70
Fax 56 (0)2 232 10 73
www.diplomatie.be/santiagofr/

Canada
Nueva Tajamar 481, Torre Norte (piso 12)
Tél. 56 (0)2 652 38 00
Fax 56 (0)2 652 39 12
www.canadainternational.gc.ca

France
Condell 65, Providencia
Tél. 56 (0)2 470 80 00
Fax 56 (0)2 470 80 50
www.france.cl

Suisse
Américo Vespucio Sur 100 (piso 14)
Tél. 56 (0)2 928 01 00
Fax 56 (0)2 928 01 35
www.eda.admin.ch

Argent

Ne changez pas d'argent dans la rue. Vous trouverez des distributeurs (*Redbanc*) à peu près partout, même dans les villages. Les cartes bancaires sont acceptées dans la plupart des hôtels, restaurants et boutiques, sauf dans les zones les plus reculées. Les grandes banques, les bureaux de change et les hôtels changent également les Travelers' Cheques en dollars, et certains magasins et restaurants les acceptent (forte commission).

Budget

Même si les prix suivants sont fournis à titre indicatif – le peso est lié aux fluctuations du dollar –, sachez que le Chili reste une destination relativement chère comparée à ses voisins.

Hébergement Comptez de 18 à 25 $US la nuit dans un hôtel basique ou une auberge de jeunesse, 40 $US dans un hôtel moyen de gamme. Les étrangers n'ont pas à payer la TVA de 18 % dans les hôtels moyen et haut de gamme.

Restauration Un déjeuner simple dans le centre-ville de Santagio vous coûtera 5 $US par personne, 25 $US dans un bon restaurant. Une bière revient à 2 $US, un *pisco sour* ou un verre de vin à 5 $US.

Transports urbains 20 $US pour une course en taxi entre l'aéroport et le centre-ville, 30 $US pour rallier l'est de la ville. Prendre le bus ou une navette revient 2 fois moins cher mais le temps de trajet est multiplié par 2.

Location de voiture Les prix varient énormément : comptez environ 300 $US par semaine pour une petite voiture. En ville, l'essence est vendue 1 $US/l, prix qui a tendance à augmenter en zone rurale.

Sites et musées Environ 2 $US par personne ; certains sites sont gratuits.

Climat

La vallée centrale (Santiago, Valparaíso, Viña del Mar) bénéficie d'un climat méditerranéen avec 30 °C en moyenne l'été (jan.-fév.), et 10 °C l'hiver. Santiago est souvent enveloppée de brouillard, notamment en hiver, tandis que les Andes se couvrent de neige.

Dans le désert d'Atacama, les journées sont torrides et les nuits extrêmement froides. En mars, l'hiver "bolivien" est parfois marqué par des pluies torrentielles.

Ci-dessus : fresque murale à Cerro Alegre, Valparaiso.

La Región de los Lagos, qui connaît un climat tempéré, est balayée par des vents parfois glacés. Il fait froid en montagne et il pleut beaucoup. La Patagonie est caractérisée par des vents violents, même en été. Le temps y est très changeant.

Culture

Santiago

Les grands théâtres de la ville sont le **Teatro Municipal** – qui ne possède pas d'orchestre symphonique mais accueille parfois des artistes de renommée internationale –, le **Centro Cultural Matucana 100**, le **Teatro La Comedia** et le **Teatro Antonio Varas**. Les principaux musées se trouvent dans le Parque Forestal et près de la Moneda. Vous trouverez quelques galeries intéressantes dans le quartier huppé de Vitacura, sur Alonso de Córvada et Nueva Costenera.

Enfants

Vos jeunes enfants apprécieront la région des lacs et les plages de la côte Pacifique. Santiago possède plusieurs parcs, dont le Parque Intercomunal, situé dans le quartier de la Reina, et le Parque Metropolitano, qui domine la ville. Cet énorme espace vert dispose d'un funiculaire, d'un téléphérique, d'un zoo et de 2 piscines extérieures. Un conseil : réservez un hôtel avec piscine. Si vous louez une voiture, sachez que votre enfant doit être assis dans un siège auto. C'est la loi !

Fêtes et festivals

Janvier

Semanas Musicales de Frutillar Festival de musique classique sur les rives du Lago Llanquihue.

Février

Festival International de la Canción À Viña del Mar.

Semana Valdiviana Festival d'une semaine sur le río Calle-Calle, à Valdivia.

Regata de las Mil Millas Course de bateaux de 1 000 milles, départ de Viña del Mar.

Avril

Campeonato Nacional de Rodeo À Rancagua.

Fiesta de Cuasimodo (Pâques) Fête religieuse et folklorique, à Santiago.

Juillet

La Tirana (16) Fête de la Vierge du Carmel à La Tirana, village situé à 40 km d'Iquique.

Septembre

Día de la Independencia (18) Jour férié.

Fête de l'armée (19) Défilés militaires à Santiago.

Décembre

Fiesta de la Virgén de Andacollo (23-27) Fête religieuse près de La Serena.

Formalités

Visas

Si une carte d'identité suffit pour les résidents des pays limitrophes du Chili, les autres voyageurs doivent présenter un passeport, et certains un visa. Renseignez-vous sur les formalités en cours avant votre départ. Tout étranger souhaitant travailler au Chili doit faire une demande de visa.

Une fiche d'entrée vous sera délivrée à votre arrivée. Les ressortissants de certains pays doivent acquitter une taxe (Canada : 132 US$). Généralement valable 90 jours, la fiche d'entrée peut être renouvelée pour 90 jours supplémentaires. Si vous souhaitez séjourner plus de 6 mois au Chili, il est plus simple de faire un bref passage dans un pays voisin, Bolivie, Pérou ou Argentine, et vous obtiendrez une nouvelle fiche d'entrée à votre retour.

Douanes

Il est possible que vos bagages soient fouillés : n'importez aucune denrée périssable ou pouvant véhiculer un virus. Vous avez le droit d'importer 400 cigarettes, 50 cigares, 2,5 l d'alcool, ainsi que tous vos articles à usage personnel.

Ambassades

Belgique
Rue des Aduatiques, 106
1040 Bruxelles
Tél. 32 (0)2 743 36 60
www.embachile.be
Canada
50 O'Connor Street, Suite 1413
Ottawa, Ontario K1P 6L2
Tél. (613) 235 4402
www.chile.ca
France
2, av. de la Motte-Picquet
75007 Paris
Tél. 33 (0)1 44 18 59 60
www.chileabroad.gov.cl/francia
Suisse
Eigerplatz 5, 3007 Berne
Tél. 41 (0)31 370 00 58
embajada@embachile.ch

Handicapés

Malgré quelques progrès récents, le Chili est un pays difficile à visiter pour les personnes handicapées, surtout en dehors de Santiago. La plupart des grands hôtels sont accessibles, contrairement à beaucoup d'édifices publics. Dans la capitale, seuls les bus les plus récents et quelques stations de métro sont aménagés.

Renseignez-vous avant de réserver votre billet d'avion : des voyageurs handicapés n'ont pu embarquer, refoulés pour manque de mobilité ou d'autonomie.

Homosexuels

Le Chili est encore plus arriéré que ses voisins dans ce domaine. Les comportements changent (vite) chez les jeunes, mais les anciennes générations font toujours preuve d'une homophobie féroce. Ce qui n'empêche pas les bars, restaurants et discothèques gay ou gay-friendly de se multiplier à Santiago, surtout dans le quartier de Bellavista.

Horaires d'ouverture

À Santiago :
Services administratifs
Lun.-ven. 9h-13h30, 14h30-18h30.
Banques Lun.-ven. 9h-14h.
Bureaux de change Lun.-ven. 9h-18h et sam. matin.

Internet

À Santiago, de nombreux cafés et de petits hôtels offrent gratuitement un accès Wifi. Renseignez-vous avant d'utiliser une carte pré-payée permettant d'accéder à Internet via une connection Wifi.

Sites Internet

www.sernatur.cl
www.visit-chile.org
www.turismochile.com
www.gochile.cl
www.chilecontact.com
www.chipsites.com

Jours fériés

1er janvier Año Nuevo.
Mars-avril Pâques.
1er mai Fête du Travail.
21 mai Combate Naval de Iquique.
Juin Lundi le plus proche de San Pablo y San Pedro.
16 juillet Virgen del Carmen (sainte patronne du Chili).
15 août Asunción de la Virgen.
18-19 septembre Día de la Independencia.
12 octobre Día de la Raza.
31 octobre Día de las Iglesias Evangélicas y Protestantes.
1er novembre Todos los Santos.
8 décembre Immaculada Concepción.
25 décembre Navidad (Noël).

Médias

La Tercera et *El Mercurio* (plus conservateur) intéresseront les voyageurs lisant l'espagnol. Publié en anglais, le *Santiago Times* est un quotidien de qualité (édition en ligne : www.santiagotimes.cl/santiagotimes).

Offices de tourisme

Le bureau central du **Sernatur** se trouve Avenida Providencia 1550 *(tél. 731 8336)*. Bureau également à l'aéroport *(tél. 601 9320)*. Toutes les grandes villes du pays possèdent un office de tourisme.

Pourboire

Au restaurant, le service n'est, en général, pas inclus dans l'addition – laissez 10 % en sus de la note. Si les chauffeurs de taxi n'attendent pas de pourboire, il est d'usage de leur laisser quelques pièces.

Santé et prestations médicales

Bien des pays latino-américains peuvent envier la situation sanitaire du Chili. Le centre du pays bénéficie des meilleures prestations médicales. Les **pharmacies** sont bien fournies et délivrent la plupart des médicaments sans ordonnance. Beaucoup restent ouvertes jusqu'à minuit, et certaines fonctionnent 24h/24.

Comme toujours, évitez les salades non lavées et les fast food à l'hygiène douteuse. L'eau de Santiago est en revanche potable. Dans le désert d'Atacama ou sur l'île de Pâques, la chaleur peut provoquer déshydratation et insolation graves. Ne surestimez pas votre résistance. Emportez de l'eau en quantité, de la crème solaire, un chapeau et des lunettes de soleil.

Cliniques privées à Santiago
Clínica Alemana
Avenida Vitacura 5951
Tél. (02) 210 1111
Clinica Arauco
Avenida Kennedy 541-B
Parque Arauco, Las Condes
Tél. (02) 299 0000

Sécurité

Malgré une récente recrudescence de la petite criminalité à Santiago, le Chili reste un pays relativement sûr pour les voyageurs étrangers. En revanche, il est vivement déconseillé de se rendre dans les *campamentos* (bidonvilles) de la capitale ou de se promener le soir dans des villes minières comme Antofagasta et Calama. Ne laissez aucun objet dans votre voiture et garez-la dans une zone bien éclairée ou, si possible, dans le parking de votre hôtel. Si vous comptez traverser les champs de mines situés dans le désert d'Atacama et le sud de la Patagonie, renseignez-vous auprès des locaux.

Se loger

Les hôtels chiliens sont relativement chers comparés à ceux des pays voisins. La haute saison s'étend durant l'été austral (déc.-mars), et la semaine du 18 septembre, fête de l'Indépendance. Vous trouverez des

Urgences

Police *Tél. 133*
Ambulance *Tél. 131*
Pompiers *Tél. 132*

établissements appelés *hosterias*, *hospejades* et *residenciales*. *Hosterías* et hôtels ne se différencient guère. Les *residenciales*, quant à elles, offrent des prestations modestes. L'*hospedaje* répond au même principe que le B&B (confort très variable, donc). Les hôtels situés sur l'île de Pâques sont chers et médiocres. De nombreuses familles proposent des *cabañas* ou des chambres à louer.

Se restaurer

Cuisines

Le déjeuner constitue le principal repas. Certains restaurants proposent des menus pour 4 $US : salade, bol de *cazuela* (bouillon de viande, de poulet ou de poisson) ou *empenadas* (chaussons farcis de viande hachée, oignons, œuf dur et olives). En été, savourez les *humitas* (purée de maïs dans des feuilles de maïs) ou le *pastel de choclo*, pâté de viande et de maïs. Les produits de la mer sont rois dans une grande partie du pays. Le *jaiva* (crabe) et les *locos* (abalone) sont particulièrement savoureux. Le plat principal se compose généralement de poule, de viande ou de poisson frit accompagnés de riz. Avis aux végétariens : le *vegetariano* est une salade composée servie avec, au choix, du poulet, du jambon ou du thon. Les menus proposés au déjeuner sont plus avantageux qu'en soirée. Dans le centre de Santiago, une myriade de restaurants pas chers servent des plats copieux. Les établissements les plus branchés se concentrent dans les quartiers de Bellavista, Providencia et dans le complexe de Borderío, à Vitacura.

Boissons

La réputation du Chili en matière de vins n'a rien d'usurpé. Concha y Toro, Carmen, Santa Rita et San Pedro comptent parmi les plus vénérables crus du pays. Le *pisco* est l'eau-de-vie nationale : elle se boit habituellement avec de la glace, du citron, du sucre... et un blanc d'oeuf ! Les producteurs les plus connus sont Alto del Carmen et Artesanos de Cochiguaz.

Shopping

Au Chili, les artisans créent de superbes parures en cuivre et des bijoux en lapis-lazuli.

L'artère commerçante la plus chic du pays : **Alonso de Córdova**, donnant sur Avenida Vitacura. Vaste choix de produits locaux dans les centres commerciaux **Alto Las Condes** et **Parque Arauco** *(tous 2 Avda Kennedy, ouv. lun.-ven. 10h30-19h30, sam. 9h30-13h30)*.

Alba Pueblito de los Dominicos *(Avda Apoquindo 9085)* hébergent près de 200 boutiques dans de vieilles demeures.

Sortir

Les Chiliens sont de véritables oiseaux de nuit : les bars ne commencent à se remplir qu'à partir de 22h et il est impensable de pousser la porte d'un night-club avant minuit. Il est interdit de consommer de l'alcool sur la voie plublique, sous peine d'amende. Les bars les plus populaires de Santiago – dont le célèbre **Liguria** – se trouvent dans **Manuel Montt** et **Santa Beatriz**, à Providencia. Repaire jadis branché, la calle Suecia est devenue potentiellement dangereuse. La jeunesse santaguina aime se donner rendez-vous dans les bars de **Plaza Ñuñoa**, où les boissons sont bon marché. Les quartiers de **Bellavista** et **Barrio Brasil** regorgent de bars où jouent de jeunes musiciens. À Valparaíso, les bars se trouvent surtout autour de Cerro Concepción et Cerro Alegre jusqu'à la Plaza Aníbal Pinto.

Sports & Loisirs

Tout comme en hémisphère nord, de nombreux sports sont pratiqués au Chili. Le foot reste néanmoins le sport d'équipe le plus populaire, tandis que le rugby et le polo sont plébiscités par l'élite locale.

Les mordus de randonnée équestre mettront le cap sur les Andes, la Patagonie ou les *haciendas* du centre du pays. Les disciples de la petite reine pourront traverser le pays en vélo ou participer à un circuit organisé. Les amateurs de surf, kitesurf ou windsurf se rendront dans la région des lacs ou sur les plages du Pacifique, comme Pichilemu, le meilleur spot de surf chilien. Les adeptes du trail et de l'escalade trouveront leur bonheur dans les Andes, et ceux, férus de la marche, apprécieront les paysages de Torres del Paine jusqu'au désert du Nord. Enfin, les fans d'eaux vives pourront dévaler en raft le Futaleufú, en Patagonie. Durant l'hiver austral, les neiges andines raviront les skieurs et autres snowboarders.

Télécommunications

Téléphone

Vous pouvez appeler à l'étranger directement d'une cabine téléphonique ou d'un centre d'appel. Les téléphones mobiles fonctionnent sur 1900 GMHz ; la 3G et 3,5G sont accessibles dans les grandes villes. Les principales compagnies sont Claro, Entel et Movistar.

Services postaux

Les bureaux ouvrent de 9h à 18h du lun. au ven., de 9h à 12h le sam. La poste restante de Santiago se trouve à la poste centrale, Plaza de Armas.

À lire

Allende, Isabel *La Maison aux esprits*, Livre de Poche, 1986.
Bolaño, Roberto *Nocturne du Chili*, Christian Bourgois, 2007.
Kalfon, Pierre *Allende, Chili : 1970-1973*, Atlantica, 2000.
Montanyá, Xavier *Les Derniers exilés de Pinochet : des luttes clandestines à la transition démocratique (Chili 1984-1991)*, Agone, 2009.
Neruda, Pablo *Chant général*, Gallimard, 1984.
Sarget, Marie-Noëlle *Histoire du Chili de la conquête à nos jours*, L'Harmattan, 1996.

Ci-dessous : shopping au Cerro Artillería, Valparaíso.

COLOMBIE

PRATIQUER LA COLOMBIE

CONNAÎTRE LA COLOMBIE

Superficie 1 140 000 km².
Capitale Bogotá.
Population 45 millions d'hab.
Langue Espagnol.
Devise Peso colombien.
Poids et mesures Système métrique.
Électricité 110 V.
Décalage horaire GMT -5h.
Indicatif téléphonique du pays 57 (Bogotá +1).

TRANSPORTS

Comment s'y rendre

En avion

D'Europe Air France, Alitalia, Avianca, Iberia, Air Comet.
Du Canada Air Canada.

En bateau

Tous les ans, près de 100 bateaux de croisière jettent les amarres dans le port de Cartagena. L'archipel de San Andrés et Providencia est desservi régulièrement par des bateaux de croisière.

Se déplacer

De l'aéroport

L'aéroport international **El Dorado** se trouve à 12 km du centre de Bogotá. Les tarifs sont fixés au comptoir des taxis qui enregistre votre destination et la communique au chauffeur. Des bus locaux rejoignent le centre-ville en journée (espace bagages très limité).

En avion

L'avion reste le moyen le plus sûr pour se déplacer en Colombie. Le réseau aérien couvre bien le pays, même des destinations reculées comme les régions est et l'Amazonie. Les vols nationaux sont assurés par Avianca (www.avianca.com), Aerorepública (www.aerorepublica.com), Aires (www.aires.com.co), Easyfly (www.easyfly.com.co) et Satena (www.satena.com). Cette dernière assure le plus grand nombre de vols intérieurs et dessert plusieurs villes en Amazonie. En raison des contrôles de sécurité, arrivez au moins 1h30 avant votre vol.

En car

Les grandes routes sont en assez bon état, mais se détériorent dès que vous pénétrez dans des régions plus isolées. Vous pouvez aussi utiliser la *buseta* (minibus) ou le *collectivo* (plus cher mais beaucoup plus rapide).

Les cars en provenance d'Équateur passent la frontière à Tulcán/Ipiales. Du Venezuela, vous avez le choix entre la route littorale de Maracaibo à Santa Marta, ou celle des sierras, de Caracas et Mérida à Cucuta via San Cristobál. Du Brésil, un seul point de passage à Leticia dans le bassin amazonien, avant de gagner Bogotá par avion.

En taxi

Dans les grandes villes, les taxis sont bon marché et relativement fiables. Tout taxi doit être équipé d'un compteur. Mieux vaut commander par téléphone, surtout la nuit *(tél. 01 3 111 111 ou 01 4 111 111)*. L'opérateur vous donnera le numéro du véhicule et un code. Verrouillez systématiquement votre porte de l'intérieur.

Restez prudent

En raison des problèmes de sécurité, il n'est pas conseillé de louer une voiture pendant votre séjour en Colombie.

À Bogotá

Métro Aucun.
Transmelenio (www.transmilenio.gov.co) Ces bus rapides circulent sur ses propres voies de bus, ce qui en fait le moyen de transport le plus rapide en dehors des heures de pointe. Cartes à utilisation unique ou multiple.
Busetas Peu onéreux, ces taxis collectifs s'arrêtent à la demande.
Taxis Les courses ne coûtent pas trop cher mais assurez-vous que le compteur – qui indique un code tarifaire et non le montant de la course – soit mis en marche. Tous les chauffeurs doivent pouvoir vous présenter la grille tarifaire ainsi que leur carte professionnelle. Le pourboire n'est pas d'usage.

À Medellin

La 2e plus grande ville du pays dispose d'un métro. Deux lignes traversent la ville du Nord au Sud (ligne A) et d'Est en Ouest (ligne B). Un téléphérique, MetroCable, relie le Nord au Nord-Est (lignes K et S) et l'Ouest au Nord-Ouest (ligne J).

DE A À Z

Ambassades

Belgique
Calle 26 (7e étage)
110069 Bogotá
Tél. (01) 380 0370

Fax (01) 380 0340
www.diplomatie.be/bogota

Canada
Carrera 7 n° 115-33
110069 Bogotá
Tél. (01) 657 9800
Fax (01) 657 9912
www.bogota.gc.ca

France
Carrera 11 n° 93-12
110069 Bogotá
Tél. (01) 638 1400
Fax (01) 638 1430
www.ambafrance-co.org

Suisse
Cra 9a n° 74-08
Edificio Profinanzas (11e étage)
110069 Bogotá
Tél. (01) 324 1856
Fax (01) 349 7230
www.eda.admin.ch

Argent

Pour changer espèces et Travelers' Cheques en dollars, préférez les banques aux quelques *casas de cambio* légales. Faites des photocopies de votre passeport avant votre départ, on vous en demandera souvent. Ne changez pas d'argent dans la rue et évitez de transporter de grosses sommes.

Les cartes bancaires (Visa, MasterCard, American Express) sont acceptées dans les établissements haut de gamme des grandes villes. Évitez d'utiliser les distributeurs en soirée.

Budget

Les prix suivants sont donnés à titre indicatif, le peso fluctuant avec le cours du dollar.

Hébergement Pour des raisons de sécurité, il est recommandé de prendre un hôtel de standing plus élevé qu'à l'accoutumé. Comptez 20-30 $US la nuit dans un établissement moyen de gamme ; 15 $US dans un hôtel basique.

Restauration La majorité des restaurants proposent au déjeuner un menu à 4 $US. Dîner dans un établissement chic vous coûtera environ 40 $US pour 2 personnes, vin inclus.

Transports urbains Une course en taxi entre l'aéroport et le centre de Bogotá revient à env. 9 $US. En ville, il est préférable de se déplacer en taxi officiel (tarifs peu élevés).

Sites et musées Les droits d'entrée sont vraiment bon marché : au Museo del Oro, vous aurez à payer 2,80 $US par adulte (gratuit pour les enfants et les seniors) ; entrée libre le dimanche.

Ci-dessus : fleurs artificielles en quête d'un acheteur.

Climat

En général, les mois situés entre déc. et mars sont les plus secs de l'année. Les hauts plateaux des Andes colombiennes jouissent d'un climat tempéré ; aussi, préparez-vous à des soirées fraîches et à des averses intempestives. À Cali, Medellín et dans le Nord-Ouest, il fait beaucoup plus chaud qu'à Bogotá. Dans les Andes, les saisons sèches et humides varient d'une région à l'autre. Les côtes pacifique et caraïbe subissent une température tropicale et étouffante.

Culture

Bogotá

Bogotá regorge de musées et de galeries d'art, mais si votre temps est compté, ne manquez pas le **Museo Botero**, qui possède une belle collection de tableaux impressionnistes et modernes, ainsi que 120 œuvres de Fernando Botero, artiste natif de la ville ; et l'excellent **Museo del Oro** (musée de l'Or). De nombreuses galeries se regroupent dans le nord de la ville. Situé dans le quartier historique de Candelaria, le célèbre **Teatro Colón** *(Calle 10 5-32)* accueille ballets, opéras, concerts et pièces de théâtre. Au **Cinemateca Distrital** *(Carrera 7 22-79)*, il vous sera possible de voir des films en VO.

Medellín

Rejoignez le **Palacio de Bellas Artes** où sont programmés des expositions et un festival de jazz, en septembre.

Cartagena

Fin janvier, la ville organise le **Mapfre Hay Festival Cartegena de Indias** *(voir Fêtes et festivals)*.

Cali

Ne manquez pas le **Museo de Arte Moderno La Tertulia**, posé non loin des berges de la Cali, à l'ouest de la ville.

Enfants

Pour vous rendre au festival de théâtre de Bogotá, à Monserrate, vous devrez emprunter le téléphérique – une aventure en soi. Une fois sur place, vos enfants seront passionnés par les nombreux spectacles montés à leur attention. Si vous longez la côte caraïbe, des plages comme San Andrés et Providencia offriront à toute la famille un agréable moment de détente. À Medellín, le Parque Explora, centre de technologie interactive, abrite le plus grand aquarium d'Amérique latine. Vos enfants adoreront ! N'oubliez pas de les enduire d'écran total et de leur faire porter un chapeau.

Fêtes et festivals

Janvier

Carnaval Negros y Blancos (4-6) À Pasto, près de la frontière équatorienne. Cette fête remonte à la période coloniale : les Noirs peignaient alors leurs visages en blanc, et les Blancs en noir. Aujourd'hui, tous les participants arborent un visage noir le 5 jan., et blanc le jour suivant lors des parades et des défilés de chars.

Mapfre Hay Festival Cartagena de Indias (fin jan.-début fév.) Prestigieuse manifestation culturelle et artistique organisée à Cartagena.

Février-mars

Carnaval (date variable) Celui de Barranquilla est le plus beau et le plus festif du pays.

Mars-avril

Cartagena organise 2 festivals : l'un dédié à la **musique caraïbe** et l'autre au **cinéma**.

Les processions de la **Semana Santa** de Popayán sont réputées.
Bogotá accueille toutes les années paires le plus important festival de théâtre d'Amérique latine, le **Festival Iberoamericano del Teatro** (www.festivaldelteatro.com.ce).

Avril

Festival de la Leyenda Vallenata À Velledupar. La musique *vallenato*, l'un des styles musicaux les plus populaires du pays, est la reine de ce festival.

Juin

Les notes de calypso, *soca* et reggae résonnent dans les rues de **Providencia** lors du carnaval.

Août

Feria de Flores de Medellín (1re semaine) Les amateurs de compositions florales ne manqueront pas cette fête. Les porteurs défilent charriant des immenses et magnifiques bouquets sur leur dos, suivis d'une gigantesque parade équestre.

Octobre

Rock al Parque Le 2e plus grand festival de rock d'Amérique latine se tient dans le Parque Simón Bolívar, à Bogotá.

Novembre

El Piraracú de Oro Leticia accueille ce festival international de musique amazonienne Finmupa.

Décembre

Feria de Cali (25 déc.-1er jan.) Corridas, parades équestres, et concerts endiablés de grands groupes de salsa.

Formalités

Visas

Actuellement, tous les étrangers doivent se munir d'un passeport valide. Les citoyens de l'Union européenne, les Canadiens et les Suisses séjournant moins de 3 mois en Colombie sont dispensés de visa. Néanmoins, vérifiez ces informations auprès du ministère des Affaires étrangères de votre pays avant votre départ. Une amende (env. 66 $US) vous sera infligée au moment du départ si votre passeport n'a pas été visé à l'arrivée ou si votre séjour a dépassé les 60 jours autorisés par les services d'immigration (DAS, *tél. 640-8997 ou, à Bogotá, tél. 408-8000*). Une prolongation de 15 jours peut être accordée pour un séjour inférieur à 6 mois.

Taxe d'aéroport de 33 $US à régler au départ (sauf si vous effectuez une escale de moins de 24h). Pour des raisons de sécurité, arrivez à l'aéroport au moins 3h avant votre vol.

Douanes

Vous pouvez importer 200 cigarettes, 50 cigares ou 500 gr de tabac, plus 2 bouteilles d'alcool. Il est interdit d'entrer avec plus de 10 000 $US en espèces : tout excédant sera tout simplement confisqué.

Ambassades

Belgique
Avenue Franklin D. Roosevelt 95 A
Tél. 32 (0)2 2649 70 09
Fax 32 (0)2 2646 54 91
Canada
360 rue Albert (bureau 1002)
Ottawa, Ontario K1R7X7
Tél. 1 613 230 3760
Fax 1 613 230 4416
France
22, rue de l'Élysée
75008 Paris
Tél. 33 (0)1 42 65 46 08
Fax 33 (0)1 42 66 18 60
www.embcolfrancia.com
Suisse
Dufourstrasse 47
3005 Bern
Tél. 41 (0)31 351 17 00
Fax 41 (0)31 352 70 72
www.emcol.ch

Urgences

Bogotá

Police *Tél. 112*
DAS (Département administratif de sécurité) *Tél. 153*
Pompiers *Tél. 119*
Croix Rouge *Tél. 132*
Constat d'accident de la route *Tél. 127*

Cali

Police *Tél. 123*

Handicapés

Si les rampes d'accès sont obligatoires dans les bâtiments publics, seuls les édifices récents et les centres commerciaux en sont dotés. En dehors de Bogotá, Mendellín, Cali et Cartegena, les services sont limités. Le Tranmilenio (bus) de Bogotá – achetez la carte "Proprio" – et le métro de Medellín sont accessibles aux handicapés. Si vous prenez l'avion, contactez votre compagnie aérienne au moins 48h à l'avance pour demander une assistance.

Homosexuels

La Colombie est la destination la plus "gay-friendly" des Andes, et Bogotá se place au 3e rang des villes sud-américaines les plus tolérantes, après Rio et Buenos Aires. Le quartier tendance de Bogotá Norte concentre bars, nightclubs et salles de gym gay. La scène nocturne de Medellín mérite aussi le détour.

Horaires d'ouverture

À Bogotá, les bureaux sont en général ouverts du lundi au vendredi de 8h à 17h et les banques de 9h à 15h, certaines agences ouvrant aussi de 17h à 19h et le samedi.

Dans le reste du pays, les bureaux ouvrent du lundi au vendredi de 8h à 12h et de 14h à 16h, le samedi de 10h à 16h.

Internet

Sites Internet

www.colombia.travel/en
Site de l'office de tourisme (guide à télécharger sur votre téléphone portable : http://m.colombia.travel).
www.bogotaturismo.gov.co
ou www.culturayturismo.gov.co
Sites de l'office de tourisme de Bogotá.
www.cotelco.org
ou www.reservashoteleras.com.co
Réservations en ligne.
www.parquesnacionales.gov.co
Infos sur les parcs nationaux de Colombie.

Jours fériés

1er janvier Nouvel an.
6 janvier* Épiphanie.
19 mars* Fête de Saint-Joseph.
Avril Jeudi et vendredi saint.
1er mai Fête du Travail.
13 mai* Ascension.
3 juin* Corpus Christi.
30 juin* Sagrado Corazón (Sacré-Coeur).
3 juillet* Saint-Pierre et Saint-Paul.
20 juillet Fête de l'Indépendance.
7 août Bataille de Boyacá.
15 août* Assomption.
12 octobre* Jour de la découverte de l'Amérique.
1er novembre* Toussaint.
11 novembre* Indépendance de Cartagena.
8 décembre Immaculée Conception.
25 décembre Noël.

Les jours fériés signalés par une * sont déplacés au lundi suivant le plus proche s'ils tombent un samedi ou un dimanche.

Ci-dessus : Catedral Primada, Bogotá.

Médias

Si vous lisez l'espagnol, il peut être intéressant de feuilleter les principaux journaux colombiens : *El Tiempo*, *El Espectador* et *La República* (tous publiés à Bogotá). L'hebdomadaire *Latin American Post* est en anglais. Vous trouverez la presse internationale à Bogotá, à la Librería Oma *(Carrera 15 n°82-58)*.

Offices de tourisme

Bogotá

Bogotá Turismo
Carrera 8 n°9-83
Tél. (01) 327 4916
Unicentro
Avenida 15 n°123-30
(1er étage, Entrada 8)
Tél. (01) 213 8800

Vous pourrez aussi glâner quelques informations à l'Edificio Centro de Comercio Internacional (*Calle 28 n°13A-15, Local 5*). Toutes les grandes villes disposent d'un office de tourisme bien situé.

Pourboire

Parmi tous les Sud-Américains, les Colombiens sont certainement les plus radins en matière de pourboire. Dans les petits restaurants, ils laissent entre 1 000 et 2 000 pesos (0,40-0,80 euro) et dans les plus grands, environ 10 % de la note. Dans certains établissements, un service de 15 % est compris dans l'addition. En contrepartie, ils n'attendent aucun pourboire. Il est rare d'en laisser un aux chauffeurs de taxi.

Santé

Avant de partir, assurez-vous d'avoir contracté une assurance car, en cas d'urgence, les hôpitaux exigent d'être payé sur le champ. Les prestations médicales sont correctes dans les grandes villes, moins en zone rurale. À l'instar des pays voisins, méfiez-vous des maladies tropicales et du mal de l'altitude, et suivez les précautions d'usage pour l'eau et la nourriture.

Le tourisme chirurgical, notamment esthétique, attire de plus en plus de monde. Sachez, cependant, que de nombreuses personnes souffrent de complications, et que certaines en sont mortes.

Centres médicaux à Bogotá :
Cruz Roja Colombiana
Carrera/Avda 68 n°68B-31
Tél. 437 5300
ou 437 6369 (urgences)
Hospital San Ignacio
Carrera 7 n°40-62
Tél. 594 6161
ou 422 7722 (centrale d'appels)
Clínica del Country
Carrera 16 n°82-37
Tél. 530 1350

Sécurité

La Colombie demeure une plaque tournante du trafic de drogue. Quelles que soient les circonstances, n'acceptez jamais de porter le sac d'un inconnu. Avant de vous déplacer, faites-vous conseiller sur les quartiers sûrs et les zones déconseillées. Si la majorité des Colombiens sont honnêtes et amicaux, il n'empêche que de très nombreux vols sont perpétrés en ville ; restez extrêmement vigilant. En cas de vol, de perte de documents ou d'agression, appelez la **police nationale** *(tél. 112)* ou rendez-vous dans le poste de police le plus proche. À Bogotá, contactez la **police touristique** *(tél. 337-4413 ; Carrera 13 26-62 ; ouv. tlj. 8h-17h)*. Utilisez les distributeurs qui se trouvent dans des lieux sécurisés, comme les centres commerciaux. Prenez garde si 2 hommes s'avancent directement vers vous – ils peuvent s'en prendre à votre sac. Méfiez-vous des rencontres subitement "amicales". Les conditions de sécurité se sont nettement améliorées depuis 2001 dans les villes, exception faite de Cali. Soyez méfiant, mais pas paranoïaque.

Se loger

L'éventail est large en Colombie. À vous de choisir entre une *casa de huéspedes* (guesthouse), une *hosteria*, une *hospedajes* ou un établissement 5-étoiles. Pensez à réserver un hôtel recommandé par l'Asociación Hotelera de Colombia (COTELCO, *Carrera 11A 69-79, Bogotá, tél. 742-7766* ; www.reservashoteleras.com.co). Cartagena, Providencia et toutes les stations balnéaires sont bondées pendant les vacances estivales, la semaine Sainte, à Noël et au nouvel An ; pensez à réserver ! La plupart des destinations touristiques disposent d'auberges de jeunesse et de *pensiones* pour backpackers. Vous trouverez des campings dans les parcs nationaux.

Se restaurer

Cuisines

La cuisine colombienne hérite de 2 influences : andine et afrocaraïbe. Comme tous les Sud-Américains, les Colombiens adorent la viande de bœuf, et ils partagent la passion des *arepas*, galette de maïs accommodée de divers ingrédients (poulet, bœuf, légumes, sauces variées). Au petit déjeuner, testez le *chocolate santafereõ*, chocolat chaud accompagné de pain et de fromage. Dans les Andes, commandez une *bandeja paisa*, bœuf haché avec des saucisses, des haricots, du riz, des bananes plantain et de l'avocat, ou un *ajico*, soupe épicée au poulet, aux pommes de terre et aux légumes.

En dehors des grandes villes, les végétariens sont un peu oubliés, mais l'abondance des accompagnements – riz, légumes, fruits et pâtes – conviendra parfaitement à leur régime. Sur la côte, goûtez au *cazuela de mariscos* (ragoût de produits de la mer) et au *arroz con coco* (riz cuit dans de l'huile de noix de coco).

Restaurants

Pour déjeuner à moindre frais, optez pour les *comidas corrientes* ("repas ordinaires") où l'on vous servira le menu du jour, généralement de la viande poêlée accompagnée de haricots et de riz. La grande majorité des sites touristiques disposent d'un "quartier de restaurants" fréquenté tant par les visiteurs que les habitants. À **Bogotá**, vous trouverez ces quartiers dans la zone "M" de Macarena, la zone "G" du centre-ville, ainsi que dans le nord de la ville et le quartier d'Usaquén. À **Cartagena**, les meilleurs restaurants se situent dans la vieille ville et le quartier de Bocagrande. En général, les établissements ouvrent à 12h pour le déjeuner et à 19h pour le dîner. Le week-end, par contre, ils restent ouverts bien après minuit.

Shopping

Le pays est réputé pour ses articles en laine andine, ses cuirs travaillés et... ses émeraudes. Adressez-vous à un joaillier reconnu afin d'éviter d'acheter de fausses pierres *(voir ci-dessous)*. La Colombie est le porte-drapeau de la mode sud-américaine, et Medellín en est la capitale.

Où acheter ?

À Bogotá, les plus belles pièces d'artisanat se vendent chez **Artesanías de Colombia** *(Carrera 3 n° 18A-58 ou Carrera 11 n° 84-12)*. Diverses *joyeías* (joailleries) de La Candelaria Centro vendent des émeraudes, notamment le **Palacio de la Esmeralda** *(Calle 16 n° 5-24, tél. 01 283 3578)* ou l'**Emerald Center** *(angle Avenida Jiménez y Carrera 5)*. Superbe collection de bijoux colombiens chez **L. A. Cano** *(Centro Andino, Carrera 11 n° 82-51, Local 210, tél. 01 610 1175)*.

Sortir

À l'instar des pays voisins, les lieux de sortie se remplissent très tard, sauf le jeudi.
Bogotá Le quartier le plus animé demeure Bogotá Norte, notamment la **Zona Rosa**, dans les Calles 81 et 84, les Carreras 11 et 14, et autour du **Parque de la 93**, plus au nord.
Cali Si la **salsa** est dansée un peu partout en Colombie, Cali en demeure la capitale. Le soir, rendez-vous au Parque del Perro, autour duquel la vie nocturne bat son plein.
Cartagena Les bars se concentrent dans le vieux quartier de la ville, près de Santo Domingo, et les nightclubs s'alignent le long du front de mer de **Bocagrande**.
Medellín Pour sortir le soir, rejoignez **El Poblado** *(Calle 10)* ou le quartier **Laureles** *(Carrera 70)*.

Sports et Loisirs

Vélo À Bogotá, les dim. et jours fériés, plus de 120 km sont investis par les cyclistes, skaters et piétons.
VTT Le Parque Naturel Los Nevados, au cœur du pays, est l'un des meilleurs sites pour faire du VTT en montagne.
Randonnée et escalade Depuis que la sécurité s'est améliorée, vous pourrez profiter pleinement des magnifiques paysages qu'offrent les parcs nationaux des Andes. Certains parcs requièrent un permis : contactez directement le siège du parc ou l'Ufficio Ecoturismo *(Caja Agraria Building, Carrera 10 20-30, piso 4, Bogotá ; tél. 243-3095)*.
Ornithologie Avec ses 1 876 espèces, la plus forte concentration mondiale, la Colombie est le paradis des amoureux des oiseaux.
Observation des baleines De juill. à oct., vous pourrez les admirer à Bahía Solano, Nuquí et au Parque Nacional Gorgona, près de Buenavantura.
Rafting et kayak Les amateurs dévaleront les eaux du Río Guainía (Río Negro au Brésil) et du majestueux Canyon du Chicamocha.
Sports aquatiques Mettez le cap sur les plages de la côte Caraïbe, à l'exception du surf que vous pratiquerez sur la côte Pacifique.
Plongée Les eaux cristallines et poissonneuses des Islas del Rosario, du Parque Nacional Tayrona et des environs de San Andrés et de Providencia raviront tous les passionnés du grand bleu.
Salsa Cali, mecque de la salsa, abrite à présent des écoles de danse officielles.

Si vous n'êtes pas un grand sportif mais fan de foot – ou amateur de corrida, la 2e discipline nationale –, ne manquez pas d'assister à un match entre l'équipe du Santa Fe et celle du Millionarios (billets à prendre longtemps à l'avance).

Télécommunications

Téléphone

Les cabines fonctionnent avec des cartes téléphoniques. Dans la rue, on vous proposera des cartes pour téléphones mobiles donnant accès à tout numéro local, national ou cellulaire en Colombie. Dans les grandes villes, vous pourrez appeler l'étranger des bureaux de Telecom.

Les opérateurs Tigo, Movistar et Comcel proposent une couverture 3G et 3,5G. Les téléphones fonctionnent avec le réseau GSM 850/1900 MHz. Avant d'utiliser Internet sur votre mobile avec une carte pré-payée, vérifiez toutes les modalités.

Services postaux

Deux systèmes postaux coexistent. Le plus efficace regroupe des opérateurs privés comme Deprisa et Servientrega, largement représentés dans toutes les grandes villes. Le service public, moins cher mais également moins fiable, couvre les petites villes et les zones rurales. Il s'occupe aussi du courrier international.

Tour operators

Bogotá

Panamericana de Viajes
Carrera 11A n°93A-80 (oficina 104)
Tél. 57 (0)1 635 4000
Fundación Colombiana de Caminantes Sal Si Puedes
Carrera 7 N°17-01 (oficinas 640)
Tél. 57 (0)1 283 3765

Santa Marta

Reales Tours
Carrera 1A, 20-09 Santa Maria
Tél. 57 (0)54 214 418
Circuits : Ciudad Perdida, Parque Tayrona, Cabo de la Vela et Peninsula de la Guajira.

Cartagena

Il y a beaucoup d'agences de voyages à Bocagrande.

À lire

Daguerre de Hureaux, Alain *L'Or de Bogota*, Adam Biro, 2000.
Garcia Marquez, Gabriel *Vivre pour la raconter*, LGF, 2006.
Mackenzie, Eduardo *Les FARC ou l'échec d'un communisme de combat : Colombie 1925-2005*, Publibook, 2005.
Minaudier, Jean Pierre *Histoire de la Colombie : de la conquête à nos jours*, L'Harmattan, 2000.

CI-DESSOUS : église de Las Lajas, dans le sud-ouest de la Colombie.

ÉQUATEUR

Pratiquer l'Équateur

Connaître l'Équateur

Superficie 270 700 km^2.
Capitale Quito.
Population 14 millions d'hab.
Langues Espagnol et quechua.
Devise $US.
Poids et mesures Système métrique.
Électricité 110 V.
Décalage horaire GMT -5h (îles Galápagos -6h).
Indicatif téléphonique du pays 593 (Quito +2).

Transports

Comment s'y rendre

En avion

D'Europe Air Comet, Iberia, KLM, LAN.
Du Canada Air Canada, LAN.

Se déplacer

En avion

AeroGal (www.aerogal.aero), **Icaro** (www.icaro.aero), **LAN** (www.lan.com), **VIP** (www.vipec.com) et **TAME** (www.tame.com.ec) proposent des vols intérieurs. AeroGal et TAME assurent des liaisons régulières vers les Galápagos.

Aéroports internationaux à Quito et Guayaquil. De l'**aéroport Mariscal Sucre** de Quito, des bus rallient le Nuevo ou le Viejo Quito ; un taxi vous coûtera 5 $US. De l'**aéroport José Joaquin de Olmedo** de Guayaquil, une course en taxi revient à 4-5 $US. Il y a aussi des bus. Taxe d'aéroport de 42 $US pour les vols internationaux au départ de Quito ; 28 $US au départ de Guayaquil.

En car

Voyager en car reste très bon marché. Fréquents, ils desservent les destinations les plus reculées. Le confort est, certes, sommaire, certains chauffeurs pourront vous paraître suicidaires et, en montagne, les fréquents éboulements pendant la saison des pluies ne facilitent pas le voyage. Les *autobús de lujo*, climatisés, circulent uniquement sur les grands axes. Ayez toujours votre passeport sur vous.

De Quito Les cars longue distance ralliant le Sud partent de la gare routière Terrestre, à Quitumbe. Une douzaine de compagnies y ont un comptoir. Les cars qui desservent le Nord, dont Otavalo et Colombia, partent de la gare routière de Carcelén. Les cars qui rallient Mindo et sa région, au Nord-Ouest, partent de La Ofelia, au nord de Quito. Certaines compagnies proposent des liaisons plus confortables au départ des gares routières de Mariscal, dont Ormeño, pour rallier l'Argentine, le Venezuela et tous les pays traversés. Reytur assure des liaisons pour Lima et Bogotá (changement de car aux frontières).

À Quito

Les bus sont fréquents et bon marché. La destination est indiquée à l'avant des bus. Méfiez-vous des pickpockets aux heures de pointe.

De A à Z

Ambassades

Canada
Avenida 6 de Diciembre 2816 y Paul Rivet
PO133 Quito
Tél. (02) 223 2114
www.quito.gc.ca

France
Leonidas Plaza 107 y Patria Eloy Alfaro
PO133 Quito
Tél. (02) 294 3800
Fax (02) 294 3809
www.ambafrance-ec.org

Suisse
Juan Pablo Sanz y Avenida Amazonas 3617, Edificio Xerox (2e étage)
PO133 Quito
Tél. (02) 322 1891
Fax (02) 322 1894
www.eda.admin.ch

Argent

Les principales cartes bancaires sont acceptées dans les villes et les distributeurs sont répandus. Préférez toutefois les cartes Master Card et Diners Club, les Visa pouvant se bloquer sans préavis.

Les Travelers' Cheques et les cartes bancaires sont acceptés dans les villes, mais dans les zones rurales, il vaut mieux voyager avec de petites coupures. Le dimanche et jours fériés, jour de fermeture des banques et des *casas de cambio*, vous pouvez effectuer vos opérations de change dans les grands hôtels. Les Travelers' Cheques se changent presque aussi facilement que des espèces.

Budget

L'Équateur se situe dans la moyenne quand on le compare aux autres pays d'Amérique Latine.

Hébergement Dans les grandes villes et les principaux sites touristiques, comptez de 8 $US la nuit dans un hôtel basique à plusieurs

centaines de dollars pour un grand hôtel. Dans les villages, une chambre ou un lit dans une *hostería* ou une *hospedaje* coûte quelques dollars. Dans l'Oriente, les lodges ne sont pas données, comptez à partir de 50 $US par jour. En revanche, les activités et les repas sont inclus.
Restaurants Le prix de la nourriture varie considérablement. Dans les grandes villes (et à plus forte raison aux Galápagos), vous pourrez difficilement vous sustenter pour moins de 5 $US, et l'addition peut atteindre 60 $US dans un grand restaurant. Dans les régions rurales, les petits restaurants servent un menu très copieux pour à peine plus d'un dollar.
Transports Circuler en bus est très économique : comptez environ 1 $US de l'heure, selon le niveau de confort. Dans les villes, les taxis sont nombreux et pas chers ; même à Quito ou à Guayaquil, une course vous coûtera rarement plus de quelques dollars. Certains villages de l'Oriente (et les Galápagos, bien sûr) ne sont accessibles que par avion, et au prix fort. Un aller-retour aux Galápagos revient environ à 350 $US.
Sites et musées Les tarifs d'entrée des musées restent très abordables (environ 2 $US) ; la plupart des églises coloniales sont libres d'accès.

Climat

Le littoral connaît un climat plus chaud et plus humide de janvier à avril. Dans les montagnes, le climat est plus sec entre juin et septembre, ainsi qu'en décembre. Des pluies diluviennes s'abattent sur l'Oriente entre juin et août, suivies par une saison plus sèche jusqu'en décembre – mais une averse torrentielle n'est jamais exclue, comme sur la côte.

Culture

Quito, Guayaquil et Cuenca concentrent les activités culturelles du pays.
Quito Les grandes salles de spectacle sont le **Teatro Sucre**, le **Teatro de Variedades**, le **Teatro Bolívar**, situés dans la vieille ville, et le **Teatro México**, à proximité. Le **Teatro Prometeola** et la **Casa de la Cultura** se trouvent près du quartier de Mariscal. Pour écouter de la musique classique, poussez la porte de la **Casa de la Música**, au nord-est de la ville. Le quartier de Bellavista abrite le **Museo Oswaldo Guayasamín**, ainsi que la plupart des galeries d'art. La banlieue de Cumbayá abrite une scène artistique qui se développe peu à peu.
Guayaquil Vous trouverez tous les musées sur Malecón Bolívar, le front de mer de la ville.
Cuenca En lisière occidentale du centre historique se trouve le **Museo de Arte Moderno** *(Sucre 1527 y Coronel Tálbot)* qui accueille chaque année impaire la Bienal, la plus grande exposition d'art contemporain du pays.

Enfants

La petite taille du pays et la facilité des déplacements font de l'Équateur une destination idéale pour voyager avec des enfants. N'oubliez pas cependant de les protéger du soleil et de leur laisser le temps de s'acclimater à l'altitude. L'incroyable faune des Galápagos ne manquera pas d'enchanter vos chérubins. Ils apprécieront aussi le Parque Histórico de Guayaquil, le zoo de Guayallabamba, au nord de Quito, les sources chaudes de Papallacta, Chachimbira et Baños, dans les Andes, sans oublier les nombreuses plages où les plaisirs nautiques sont au rendez-vous.

CI-DESSOUS : étal d'un marché équatorien.

Fêtes et festivals

De nombreuses *fiestas* ont lieu dans tout le pays, du hameau isolé aux grandes villes.

Avril-mars

Carnaval Particulièrement célébré à Guaranda et Ambato.

Juin

Fiesta de San Juan (23-24) À Otavalo, Tabacundo et Guamote.
Corpus Christi À Cuenca.

Juillet

Fondation de Guayaquil (23-25) À Guayaquil.

Août

Dia de la Independencia (3-5) À Esmeraldas.

Septembre

Fiestas del Yamor (2-15) À Otavalo.

Octobre

Dia de la Independencia (9-12) À Guayaquil.

Novembre

Dia de la Independencia (3) À Cuenca.
Desfile de la Mama Negra À Latacunga.

Décembre

Pase del Niño (24) Procession et défilés à Cuenca.
Año Viejo (31) Dans tout le pays, on célèbre la fin de l'année en mettant le feu à des effigies grandeur nature de personnalités connues.

Formalités

Visas

Il est nécessaire de présenter un passeport valide au minimum 6 mois après votre arrivée, un billet retour et pouvoir justifier des fonds nécessaires pour la durée du séjour. Vous n'avez pas besoin de visa pour un séjour de moins de 3 mois. Si vous souhaitez séjourner plus longtrmps en Équateur (180 jours max.), il faut faire une demande de visa (250 $US).

Douanes

En duty free : 300 cigarettes, 50 cigares (ou 200 g de tabac), 1 l d'alcool, ainsi que des cadeaux. Leur valeur totale ne doit pas excéder 200 $US si vous êtes resté 7 jours ; 300 $US pour un séjour de 6 mois max.

Ambassades

Belgique
Avenue Louise 363, 1050 Bruxelles
Tél. 32 (0)2 644 30 50
Fax 32 (0)2 644 28 13
www.ecuador.be

Canada
50 O'Connor Street (bureau 113)
Ottawa, K1P 6L2 Ontario
Tél. (1) 613 563 82 06
Fax (1) 613 235 57 76

France
34, av. de Messine, 75008 Paris
Tél. 33 (0)1 45 61 10 21
Fax 33 (0)1 42 56 06 64
www.ambassade-equateur.fr
Dispose d'un service touristique.

Suisse
Helvetiastrasse 19A, 3005 Berne
Tél. 41 (0)3511 755
Fax 41 (0)351 2771

Handicapés

Dans les villes principales et les sites touristiques, la majorité des grands hôtels et des lieux de visite sont équipés de rampes ou d'escaliers mécaniques. Ailleurs, c'est un peu le désert. Les infrastructures adaptées aux personnes en fauteuil roulant font défaut aux Galápagos. Pour plus de précisions, consultez votre agence de voyages.

Homosexuels

Les communautés gay de grandes villes comme Quito gagnent du terrain, dans le quartier Mariscal Sucre en particulier, et les relations homosexuelles sont mieux tolérées. Pour plus d'informations, consultez : www.quitogay.net, www.gayecuador.com, www.gayscapre.com.

Horaires d'ouverture

Administrations Lun.-ven. 8h-16h30 à Quito ; 9h-12h, 15h30-18h à Guayaquil.
Banques Lun.-ven. 9h-18h. Certaines sont également ouvertes le sam. de 9h à 13h. Elles sont fermées les jours fériés.
Magasins Lun.-ven. 9h-13h, 15h-19h ; sam. 9h-13h30. La majorité ne ferment pas à l'heure du déjeuner. Les centres commerciaux et les petites épiceries restent ouverts jusqu'à 20h.
Farmacias Lun.-ven. 9h-20h. Celles qui assurent un service de garde sont répertoriées dans la presse locale.

Jours fériés

1er janvier Nouvel an.
Février-mars Carnaval.
Avril Vendredi saint et dimanche de Pâques (date variable).
1er mai Fête du Travail.
24 mai Bataille de Pichincha.
10 août Fête de l'Indépendance.
12 octobre Jour de Christophe Colomb.
2 novembre Toussaint.
25 décembre Noël.

Médias

Les principaux quotidiens sont *El Comercio*, *Hoy*, *Tiempo* et *Ultimas Noticias*. On peut se procurer la presse internationale dans les kiosques de Quito.

Offices de tourisme

Le site Internet du ministère du Tourisme (www.vivecuador.com) est excellent. Les bureaux **iTur** sont répartis dans tout le pays.

Quito
Eloy Alfaro N32-300, Carlos Tobar
Tél. (02) 222-4971

Pourboire

Bien qu'un service de 22 % soit compris dans l'addition de la plupart des restaurants, il est d'usage de laisser un pourboire de 10 % si vous êtes satisfait du service. À l'aéroport, laissez environ 50 cents au porteur. Les chauffeurs de taxis n'attendent pas de pourboire.

Santé et prestations médicales

Avant de partir, assurez-vous d'avoir contracté une assurance car les hôpitaux exigent d'être payé sur le champ. Les prestations médicales sont correctes dans les grandes villes, moins en zone rurale. À l'instar des pays voisins, prenez garde aux maladies tropicales (demandez conseil à votre médecin avant de partir) et au mal de l'altitude, ainsi qu'aux précautions d'usage pour l'eau et la nourriture.

Principaux hôpitaux :

Hospital Metropolitano
Avenida Mariana de Jesús
y Occidental, Quito
Tél. 243-1520
ou 226-9030

Clínica Kennedy
Avenida San Jorge y la 9na
Guayaquil
Tél. 228-9666 ou 228-6963

Urgences

Pompiers *Tél. 102* (911 à Quito)
Police *Tél. 101* (911 à Quito)
Ambulance/Croix-Rouge *Tél. 131*

Sécurité

Si l'on oublie Guayaquil, l'Équateur a longtemps été l'un des pays les plus sûrs d'Amérique du Sud. Aujourd'hui, de nombreux quartiers de Guayaquil, dont le front de mer et Las Peñas, sont moins dangereux. En revanche, la situation à Cuenca, et surtout à Quito, s'est largement détériorée malgré la rénovation de son centre historique. Évitez de vous rendre à pied à El Panecillo, belvédère dominant la vieille-ville, et soyez prudent si vous faites une randonnée jusqu'au sommet du Pichincha. Sachez que les pickpockets sévissent dans les bus et dans le quartier de Mariscal. Ne vous rendez pas à Esmeraldas, aux abords de la frontière colombienne, sans vous être préalablement renseigné sur les conditions de sécurité.

Se loger

Vous trouverez uniquement des établissements 5 étoiles à Quito, Guayaquil et Cuenca, dans les stations balnéaires d'Esmeraldas et de Santa Elena. Il existe aussi des lodges haut de gamme dans l'Oriente. Dans le reste du pays, il faudra vous contenter d'*hosterías* (auberges), *pensiones* ou *residenciales*, qui proposent des chambres simples mais bien tenues. Il est nécessaire de réserver en haute saison (juin-sept. dans la Sierra, déc. et jan. sur la côte) et durant les *fiestas*. Les hôtels sont souvent complets la veille des jours de feria (marché), à Otavalo en particulier.

Une chambre dans un hôtel de luxe coûte maximum 200 $US la nuit. Comptez entre 80 et 100 $US pour un hôtel de grand standing. Dans un *residencial* confortable, une chambre double avec sdb ne dépasse pas en général 20 $US. La nuit dans un hôtel bon marché (sdb communes) revient entre 3 et 6 $US par personne. En général, hormis pour les hôtels et les auberges très peu chers, le prix de la chambre est majoré du service (10 %) et d'une taxe de 12 à 14 %.

Vous pouvez faire des économies substantielles (et gagner du temps) en réservant un forfait hébergement via une agence de voyages.

Les terrains de camping se trouvent principalement sur la côte, et la plupart d'entre eux sont équipés de douches et de sanitaires. Il existe 3 terrains aux Galápagos (Isla Santa Cruz).

Se restaurer

Cuisines

Mariant de nombreuses influences régionales, la cuisine équatorienne explose de saveurs riches et variées. Si le pays partage une myriade de spécialités avec ses voisins andins, Esmeraldas, au Nord-Ouest, reflète l'influence africaine, utilisant la noix de coco dans ces préparations de poissons et de crustacés, tels les *encocados*. Manabí, sur la côte, est réputée pour ses plats de fruits de mer grillés et son homard à la bière. Les plats andins sont beaucoup plus roboratifs, testez les *fritadas* (porc grillé), les *llapingachos* (galettes de pommes de terre), dégustés dans le nord, et le *cuy* (cochon d'Inde), met délicat savouré dans le Sud.

Restaurants

Les meilleurs restaurants de Quito sont disséminés dans le centre historique et **Mariscal**. Vous trouverez aussi de bons restos dans les quartiers nord de la ville et les banlieues des vallées. Les grands hôtels, tels que le **Colón** ou l'**Oro Verde**, possèdent d'excellentes tables. À Cuenca, la rue **Gran Colombian** concentre les meilleurs restaurants. À Guayaquil, ils se trouvent au nord de la ville et **Via Samboronón**.

Shopping

Les Équatoriens ne sont pas seulement les créateurs du panama ; ils réalisent aussi des sculptures en bois de balsa, des tapisseries, des articles en cuir et des broderies, en vente notamment sur le marchés d'Otavalo.

Où acheter ?

Il existe plusieurs grands centres commerciaux à Quito. Les boutiques et échoppes d'**Avenida Amazonas** vendent un large choix d'articles.

Le marché d'**Otovalo** *(mer. et sam. ; tlj. juin-août)* justifie amplement le trajet de 30 min en bus de Quito : il regorge de lainages, bijoux, sculptures sur bois, tapisseries, articles en cuir.

À Quito, Guayaquil, Cuenca ou Baños, des magasins vendent aussi des produits similaires à prix très raisonnables.

Si vous souhaitez acheter des bijoux, allez à Cuenca. Les fameux panamas sont fabriqués à Montecristi mais vendus dans tout le pays.

Sortir

Dans les bars équatoriens, la musique est incroyablement forte. À Quito, le quartier de **Mariscal** concentre les clubs et les bars.

À Guayaguil, de nombreux clubs sont ouverts jusqu'à l'aube, et on peut parfois y écouter de la bonne salsa colombienne. À Cuenca, les noctambules se donnent rendez-vous **Calle Larga**. À Otavalo, une ou 2 *peñas* animées en week-end.

CI-DESSUS : panamas de Cuenca.

Sports & Loisirs

La vieille-ville de Quito est piétonnière et plusieurs rues sont réservées aux **cyclistes**. Des circuits en VTT sont organisés au départ de Quito et de Cuenca. Les Andes demeure le paradis des **randonneurs** et des **alpinistes**. Outre les Galápagos, vous pourrez **observer les oiseaux** dans la région qui s'étend autour de Mindo. Au départ de Puerto López, des sorties en mer vous permettront d'admirer les **baleines**. Les nombreux cours d'eaux, qui descendent des Andes vers le Pacifique ou l'Amazonie, offrent un terrain de jeu aux fans de **rafting** et de **kayak**. Le meilleur spot de **surf** est la plage Montañita, à Manabí. Assister à un match de **foot** en Équateur est moins risqué que dans les pays voisins.

Télécommunications

CNT, Etapa et et quelques autres opérateurs privés se partagent le réseau, et le plus économique consiste à appeler de leurs agences, présentes dans toutes les villes.

Téléphoner de l'hôtel revient plus cher (tarifs dégressifs après 19h).

Il existe de nombreux cybercafés à Quito, Guayaquil et Cuenca. La plupart d'entre eux disposent du netphone, qui permet des communications moins chères. Porta et Movistar sont des opérateurs de téléphonie mobile ; ils offrent une couverture réseau 3G et 3,5G. Renseignez-vous avant d'utiliser Internet sur votre mobile avec des cartes prépayées.

Services postaux

Il est préférable d'envoyer vos lettres en recommandé (*con certificado*).

Poste centrale à Quito
Calle Eloy Alfaro 354 y 9 de Octubre (Nuevo Quito)
Poste Restante (*Lista de Correos*)
Calle Espejo 935 y Guayaquil (Viejo Quito)

Tour operators

Pour découvrir les Galápagos à bord du *Santa Cruz*, réservez auprès de Metropolitan Touring à Quito ou Guayaquil, ou du tour operator Adventure Associates (*tél. 800 527 2500* ; www.adventure-associates.com).

Eclipse est un luxueux bateau pouvant embarquer 48 passagers (*Ocean Adventures, tél. 02 322 8337*, www.oceanadventures.com.ec). Des dizaines de bateaux de croisière plus petits (de 6 à 20 passagers) sillonnent les eaux des Galápagos. La plupart sont basés à Puerto Ayora, mais aussi à Puerto Baquerizo Morena.

Galápagos Sub-Aqua
Avenida Charles Darwin
Puerto Ayora, Isla Santa Cruz
Tél./fax (05) 526 350
www.galapagos-sub-aqua.com
Croisières et stages de plongée.

À lire

Bouchard, Jean-François *Trois millénaires de civilisation entre Colombie et Équateur*, CNRS Éditions, 2003.
Dangles, Olivier *Natura maxima : Équateur, terre de biodiversité*, Ird, 2010.
Darwin, Charles *Voyage d'un naturaliste autour du monde*, Éditions La Découverte, 2006.
Garcia, Marcela et Francou, Bernard *Andes : voyages sur les volcans d'Équateur*, Georges Naef, 2004.
Michaux, Henri *Ecuador*, Gallimard, 1990.

F alkland Islands

Pratiquer les Falkland Islands

Connaître les Falkland

Superficie 12 173 km^2.
Capitale Stanley.
Population 3 140 hab.
Langue Anglais.
Devise Falkland Islands £ (livre malaouine ; taux fixé sur la livre sterling).
Poids et mesures Système métrique, mais système impérial toujours usité.
Électricité 240 V.
Décalage horaire GMT -4h (en été GMT -3h).
Indicatif téléphonique du pays 500.

Transports

Comment s'y rendre

En avion

La Royal Air Force (RAF) relie les Falklands au départ de Brize Norton (UK) 2 fois par semaine. Quelques sièges sont disponibles pour les civils, mais il faut réserver longtemps à l'avance.

Au départ de Punta Arena (Chili), LAN assure un vol hebdomadaire tous les sam., à l'aller comme au retour. Taxe de 36 € supplémentaire.

En bateau

En saison, plus de 4 douzaines de lignes de croiséristes font escale à Stanley.

Se déplacer

En avion

Les petits avions (8 places) de Falkland Island Air Service *(tél. 27219)* assurent des liaisons quotidiennes avec les îles de l'archipel. Les heures de départs et d'arrivées sont annoncées tous les soirs à la radio. Tous les vols passent par Port Stanley Airport. Services de navettes avec Mount Plaisant Airport et Stanley.

En bateau

Vous pourrez louer les services d'un charter à Stanley ou tout autre port. Les hameaux des plus petites îles n'offrent qu'un ponton ou débarcadère pour accoster. Renseignez-vous auprès des tour operators de Stanley.

En voiture

Les infrastructures routières étant très sommaires, optez pour un 4x4. La seule route asphaltée d'East Flalkland relie Stanley et Goose Green en passant par Mount Pleasant ; sinon une piste balisée part de Mount Pleasant pour finir à San Carlos. Dans West Falkland, il n'existe qu'une seule piste balisée. Vous pouvez envisager de louer les service d'un guide à Stanley *(voir p. 389)*.

À Stanley

Il n'existe aucun service de transports urbains. Si la marche à pied n'est pas votre dada, vous pouvez réserver un taxi auprès d'un des 2 opérateurs, mais mettez-vous d'accord sur le tarif des courses : Bonners *(tél. 51126)* et Town *(tél. 52900)*.

De A à Z

Argent

La livre Falkland ne n'échange que dans l'archipel, mais la livre sterling et le dollar sont acceptés dans de nombreux endroits. À Stanley, vous pourrez échanger vos devises à la Stanley Chartered Bank (pas de distributeur) et payer avec vos cartes bancaires MasterCard et Visa, mais pas dans le reste de l'archipel. Préférez les Travellers' Cheques en livre sterling qu'en dollars.

Budget

Le coût de la vie aux Flakland est le même qu'en Angleterre, voire plus cher pour les articles importés.
Hébergement Comptez de 20 à 130 £ (24-160 €), plus 6 £ (7 €) pour la pension complète dans une pension ou une guesthouse.
Pourboire Au restaurant, laissez 10 % en sus de la note.

Climat

Climat tempéré et très venteux ; préférez les mois allant de mars à octobre. N'oubliez pas d'emporter un coupe-vent chaud et de bonnes chaussures de marche pour les excursions.

Enfants

Vos enfants seront fascinés par la richesse de la faune de ce sanctuaire vierge, l'un des derniers au monde. Pensez à les couvrir chaudement en raison du climat frais.

Formalités

Visas

Formalités identiques à l'entrée en Grande-Bretagne : passeport valide et visa si vous provenez d'un pays n'ayant pas signé d'accord avec

Urgences

Services d'urgences *Tél. 999*

les Falkland. On vous demandera peut-être de présenter votre réservation d'hôtel.

Douanes

Vous pouvez importer librement en duty free : 200 cigarettes, 100 cigarillos ou 250 g de tabac, ainsi que 1 l d'alcool supérieur à 38,8 % ou 2 l d'alcool inférieur à 22 %, plus 2 l de vins et 10 l de bière ou de cidre.

Ambassades

Royaume-Uni
Falkland House
14 Broadway
SW1H 0BH, Westminster
Londres
Tél. (44) 20 7222 2542
Fax (44) 20 7222 2375
http://falkland-islands.visahq.com/embassy/United-Kingdom/

Handicapés

Vous n'aurez aucun souci pour vous déplacer dans Stanley, par contre vous aurez besoin d'une assistance partout ailleurs dans l'archipel.

Horaires d'ouverture

Les administrations ouvrent du lun. au ven. de 8h à 16h30 ; les magasins restent ouverts jusqu'à 18h, même le sam., plus rarement le dim.

Internet

www.falklandislands.com
Site officiel de l'office du tourisme (présentation générale en français).
www.falklands.info
Site d'informations générales (en anglais).
www.falklands.net
Site écolo (en anglais).
www.falklandstravel.com
Tour operator international (en anglais).
www.falklandislandsholidays.com
Agence de voyages locale (en anglais).

Jours fériés

1er janvier Nouvel An.
Mars-avril Vendredi saint.
21 avril Anniversaire de la Reine.
14 juin Fête de la Libération.
6 octobre Fête du Printemps.
8 décembre Battle Day.
25-28 décembre Fêtes de Noël.

Médias

Journaux

Le *Penguin News* est diffusé toutes les semaines ; le *Falkland Islands Gazette* est une publication gouvernementale. Vous trouverez également toute la presse britannique.

Offices de tourisme et tour operators

À Stanley, le **Falkland Islands Tourist Board**, au Jetty Visitor Centre *(tél. 22215)*, met à la disposition des visiteurs toutes les informations nécessaires pour se déplacer dans l'archipel. **Stanley Services' Falkland Islands Holidays** s'occupe de réserver hébergement, croisières et circuits. Consultez les sites Internet.

Santé et prestations médicales

Les ressortissants de l'UE munis d'une carte européenne d'assurance maladie seront pris en charge en cas d'urgence. Sinon, une assurance médicale personnelle – à hauteur de 130 000 £ (150 000 €) pour rapatriement sanitaire – est vivement recommandée. L'unique hôpital de l'archipel est le King Edward VII Memorial.

Sécurité

Destination sans danger.

Se loger

Les offres d'hébergement se limitent aux B&B, guesthouses ou petits hôtels. Quelques lodges ont ouverts leurs portes à Pebble island, Port Howard, San Carlos et Sea Lion Island. Comparés au continent, les tarifs des chambres sont élevés et il est préférable de réserver. Même les campings sont chers. En dehors de Stanley, demandez la permission avant de planter votre tente et restez vigilant à cause des feux.

Se restaurer

La cuisine des Falklands associe la tradition culinaire britannique, comme le fish & chips, aux préparations de poissons et crustacés argentines et chiliennes. Ne manquez pas le rituel du *smoko*, sorte de *tea time* accompagné de gâteaux et de cookies. Nombre de spécialités ont pour base l'agneau, le mouton et le porc.

Shopping

Outre les produits importés de Grande-Bretagne, vous trouverez des pulls en laine des Falklands ainsi que des bijoux confectionnés avec les pierres semi-précieuses des îles.

Sortir

La vie nocturne se résume aux quelques pubs de Stanley et aux soirées dansantes organisées à la mairie.

Sports & Loisirs

Dans les clubs sportifs, les joueurs s'affrontent au foot, au cricket, au hockey et au volley-ball. Vous pourrez également vous entraîner au ball-trap ou faire du golf sur l'un des greens les plus australs de la planète. Sinon, la voile, la pêche et l'observation de la nature figurent parmi les activités incontournables de l'archipel.

Télécommunications

L'opérateur britannique Cable & Wireless propose un service GSM sur le réseau 900 MHz. Excellente couverture satellite dans tout l'archipel.

Vous trouverez des cabines téléphoniques à Stanley et Mount Pleasant. Certaines acceptent les pièces de monnaie, mais la plupart requièrent des cartes pré-payées, en vente dans les boutiques. Pour téléphoner à l'étranger, utilisez la cabine se trouvant dans les bureaux de Cable & Wireless *(ouv. lun.-jeu. 8h15-12h, 13h15-16h30 ; ven. 8h15-12h, 13h15-16h15)*.

Services postaux

La mairie de Stanley fait office de bureau de poste.

À lire

Margain, Jean-Baptiste *Les Baleiniers : au large des îles Malouines et du Chili, campagne de la Fanny (1836-1839)*, La Découvrance, 2006.
Paitel, Philippe *La Guerre des Malouines : 2 avril-14 juin 1982*, Marines Éditions, 2005.
Pernety, Antoine Joseph *Histoire d'un voyage aux Isles Malouines, fait en 1763 et 1764, avec des observations sur le détroit de Magellan*, Nabu Press, 2010.
Urville d', Jules *Flore des Iles Malouines (1825)*, Kessinger Publishing, 2010.
Vuillème, Jean-Bernard *Carnets des Malouines*, Éditions Zoé, 2005.

GUYANE

PRATIQUER LA GUYANE

CONNAÎTRE LA GUYANE

Superficie 91 000 km².
Capitale Cayenne.
Population 200 000 hab.
Langues Français (langue officielle), créole et anglais.
Devise Euro.
Poids et mesures Système métrique.
Électricité 220 V.
Décalage horaire GMT -3h.
Indicatif téléphonique du pays 594.

TRANSPORTS

Comment s'y rendre

En avion

D'Europe Air France, Air Caraïbes.
Du Canada Air Canada (correspondances avec Air France).

Se déplacer

De l'aéroport

L'aéroport de **Cayenne-Rochambeau** est à 16 km de la capitale. Pas de bus. Une course en taxi revient en journée à environ 22 $US (plus cher la nuit).

En avion

Air Guyane (www.airguyane.com) dessert régulièrement Maripasoula et Saül au départ de Cayenne. La compagnie brésilienne TAF (www.voetaf.com.br) rallie Belem (Amazone) et Macapá, située dans l'État brésilien d'Amapá. Réservez à l'avance vos vols intérieurs.

En bateau

Vous pouvez explorer l'intérieur de la Guyane française dans de grandes pirogues à moteur qui embarquent jusqu'à 14 passagers. À Cayenne et à Kourou, des tour operators organisent des excursions en général d'une demi-journée.

En car

Depuis début 2008, 30 lignes de bus desservent régulièrement toute la moitié nord du pays, de Saint-Laurent-du-Maroni à Saint-Georges-de-l'Oyapock, à la frontière brésilienne.

En voiture

Évitez de louer une voiture si vous n'avez pas l'habitude de conduire sur des pistes souvent dangereuses à la saison des pluies. Le 4x4 est fortement conseillé.

À Cayenne

Un réseau de bus sillonne Cayenne et les banlieues (pas de service le dimanche). Itinéraires et horaires :
SMTC
3, place des Palmistes
Tél. 314 566

L'office de tourisme peut vous donner des informations sur les transports, notamment les coordonnées des taxis. Assez resserré, le centre de Cayenne se visite de préférence à pied.

DE A À Z

Argent

Vous pourrez facilement changer vos dollars ou vos Travelers' Cheques en euros dans les banques et les bureaux de change de Cayenne. Les cartes bancaires sont largement acceptées ; vous pourrez retirer du liquide aux distributeurs des bureaux de poste. Vous trouverez 2 distributeurs à l'aéroport de Cayenne. Les ressortissants français pourront payer par chèque en Guyane.

Budget

Le coût de la vie, basé sur l'euro et les prix pratiqués en Europe plutôt que dans les pays sud-américains, en fait une destination onéreuse.
Hébergement Une chambre double vous coûtera au minimum 65 €, mais un simple hamac seulement 10 €.
Restauration Comptez une moyenne de 20 € par personne, voire plus. Il est difficile de faire un repas complet pour moins de 10 €, sauf dans les restaurants asiatiques.
Transports Pour une location de voiture, comptez au minimum 40 € par jour ; 260 € la semaine.
Sites et musées Les droits d'entrée varient d'un site à l'autre, mais se rapprochent plus des prix pratiqués en Europe.

Climat

La meilleure époque pour découvrir la Guyane se situe entre août et décembre, et mars et avril. Pluies continuelles le reste de l'année. Même en saison sèche, l'humidité demeure très importante.

Culture

Malgré les efforts du gouvernement pour organiser des manifestations à l'intérieur du pays, Cayenne et Kourou restent les capitales culturelles du pays. Vos visites se limiteront aux très éclectiques **Musée départemental Alexandre Franconie** et **Musée des Cultures Guyanaises**, à Cayenne. En juillet et en août, des villages ruraux, accessibles uniquement par avion ou pirogue, organisent des séances de cinéma en plein air.

Enfants

L'excellente qualité de l'alimentation et des prestations médicales du pays ne peut que rassurer les parents voyageant avec des enfants. Toutefois, ne perdez pas de vue que vous êtes dans une région tropicale, aussi rappelez-vous de respecter les règles préventives de base.

Les quelques destinations pétries d'histoire – les anciens bagnes de Cayenne et des îles du Salut – et d'aventure – le Centre spatial guyanais de Kourou –, fascineront toute la famille. Côté nature, la découverte de la faune et de la flore ne se limite pas seulement à la visite du zoo de Montsinéry (*à l'ouest de Cayenne, ouv. mer.-dim. et j. fér. 9h30-17h30*) agrémenté d'un parcours d'accrobranche. Vos enfants seront ravis d'observer la nature à bord d'une pirogue ou lors d'une randonnée dans le parc amazonien.

Si la visite du centre spatial de Kourou est gratuite, il est indispensable de réserver plusieurs jours à l'avance (*tél. 326 123*, www.cnes-csg.fr).

Fêtes et festivals

Janvier-février-mars

Le **carnaval** débute le dimanche de l'Épiphanie pour s'achever le Mardi-Gras. Les traditions diffèrent légèrement des carnavals brésiliens ou antillais. Sa majesté Vaval, personnification de l'âme diabolique du carnaval, inaugure les réjouissances sur la Place des Palmistes. Les femmes se déguisent de pied en cap – pas une once de peau ne doit paraître –, se font appeler *Touloulous* et, par tradition, invitent les hommes à danser. Après les nombreux défilés, l'éfigie de Vaval est brûlée sur la place le soir du Mardi-Gras pour clôturer les festivités. Le jour suivant, mercredi des Cendres, un cortège funèbre de femmes et d'hommes, vêtus de noir et de blanc, défilent pour marquer leur deuil.

Septembre

Biennale du Marronnage À Matoury, près de Cayenne. Cette ville organise fin septembre un festival de musique africaine. Séminaires et dégustations culinaires.

Urgences

Police/Ambulance/Pompiers
Tél. 112

Formalités

Visas

Une carte d'identité suffit pour les ressortissants français. Un passeport valide est demandé aux ressortissants de l'Union européenne. Les mêmes modalités que pour l'entrée sur le territoire en France métropolitaine seront demandées aux Suisses et aux Canadiens.

Douanes

La Guyane est un département français et fait donc partie de l'UE. Aussi, seuls les ressortissants non-européens peuvent acheter des produits détaxés : 200 cigarettes, 50 cigares, 100 cigarillos ou 250 g de tabac, plus 1 l d'alcool supérieur à 22 % ou 2 l inférieurs à 22 %, ainsi que 2 l de vin, 50 g de parfum, 500 g de café, 100 g de thé, et des biens n'excédant pas 255 € (130 € pour les moins de 15 ans).

Handicapés

Les aménagements et équipements spécialisés ne sont pas mieux qu'en France. Si la collectivité territoriale équipe les bus de Cayenne et de la côte, ainsi que les bâtiments publics, il reste encore beaucoup à faire.

Homosexuels

Il n'existe pas de "scène gay" en Guyane ; l'attitude envers les homosexuels reste plus conservatrice qu'en France métropolitaine.

Horaires d'ouverture

Magasins Lun.-ven. 8h-13h, 16h-19h, sam. 9h-12h30.
Banques Lun.-ven. 7h45-11h30, 15h-17h.
Supermarchés Ouvrent jusqu'à 20h30 en semaine ; dim. 9h-12h30.

Internet

www.tourisme-guyane.com/en.html
Site officiel du Comité du tourisme de la Guyane.
www.destination.fr/guyane/espaceamazoniegu.html
Site d'Espace Amazonie, tour operator hautement recommandé.
www.jal-voyages.com
Plus de 30 ans d'expérience.
www.guides-guyane.com
Association de guides proposant des circuits nature, dont plusieurs dans le Parc amazonien de Guyane.
www.parc-guyane.gf
Site officiel du Parc amazonien de Guyane.

Jours fériés

1er janvier Nouvel an.
Février-mars* Mardi Gras et mercredi des Cendres.
Mars* Carême.
Mars-avril Lundi de Pâques.
1er mai Fête du Travail.
8 mai Fête de la Victoire.
13 mai Ascension.
24 mai Lundi de Pentecôte.
10 juin Abolition de l'esclavage.
14 juillet Fête nationale.
15 août Assomption.
15 octobre* Festival de Cayenne.
1er novembre Toussaint.
2 novembre* Fête des Morts.
11 novembre Armistice de 1918.
25 décembre Noël.
*fête régionale

Médias

La Presse de la Guyane est un quotidien local. L'hebdomadaire *France-Guyane-Antilles* diffuse des informations touristiques à jour.
Maison de la Presse
14, av. Général-de-Gaulle
Vous y trouverez les principaux titres français.

Offices de tourisme

Neuf offices du tourisme sont à votre disposition. À Cayenne, vous pouvez faire une halte au Syndicat d'initiative *(19, rue Léon Gontrand Damas)*, au Comité du Tourisme de la Guyane *(12, rue Lallouette)* ou, à l'aéroport, au bureau de la Chambre de commerce. Consultez également les sites Internet *(voir ci-dessus)*.

Pourboire

Dans les hôtels et les restaurants, le service est inclus dans l'addition. Les chauffeurs de taxi ne perçoivent pas de pourboire.

Santé

La vaccination contre la fièvre jaune est obligatoire. Si l'eau du robinet est potable, préférez néanmoins l'eau en bouteille. Les ressortissants des pays membres de l'UE doivent présenter leur carte européenne d'assurance-maladie (disponible auprès des caisses d'assurance) pour être remboursé, mais une complémentaire est vivement conseillée. Il est recommandé aux ressortissants des autres pays de souscrire une assurance médicale. Il existe 3 hôpitaux et 21 centres médicaux dans tout le pays.

Cayenne

Centre Hospitalier André Rosemon
Rue des Flamboyants
Tél. 395 050

Kourou

Centre médico-chirurgical de Kourou - Hôpital Pierre Boursiquot
Avenue des Îles
Tél. 327 676

Sécurité

À Cayenne, la criminalité a augmenté, surtout les vols, et dans les villages, les vols à la tire deviennent plus fréquents. Ne laissez aucun objet de valeur dans votre voiture et renseignez-vous auprès de votre hôtel ou de l'office du tourisme pour savoir quels sont les quartiers à éviter.

Se loger

La qualité des prestations varie beaucoup – en Amazonie, attendez-vous à dormir dans un hamac –, et les tarifs sont très élevés comparés aux pays voisins. Le petit déjeuner est rarement inclus. Consultez les sites suivants :
B&B et location de maison
www.clevacances.com/fr
Hôtels www.monde-du-voyage.com/guyane-francaise/
Gîtes www.gites-de-france.com

Se restaurer

Cuisines

À l'origine bushinenguée, amérindienne puis créole, la cuisine guyanaise s'est enrichie des différentes cultures arrivées au fil du temps, notamment vietnamienne, chinoise et indonésienne. Le long du littoral, vous goûterez aux spécialités locales de poissons et fruits de mer, comme la crevette géante, l'acoupa, le mérou, le *machoiran* (poisson limon) qui peuvent être préparés dans un cours bouillon épicé, le célèbre blaff. Dans les terres, le gibier est à l'honneur : *taïpouri* (tapir du Brésil), *pac* et *cochon-bois* (2 espèces de pécaris) se dégustent en fricassée ou grillades, accompagnées de riz, d'haricots rouges et de couac (semoule de manioc). Le ti'punch, boisson traditionnelle, est de rigueur, tropiques obligent !

Restaurants

Cayenne
Aux abords du canal de Laussant, créoles et Javanais tiennent de nombreux cafés et échoppes, mais certains lieux sont d'une propreté douteuse, et le secteur n'est pas vraiment sûr en soirée. Un grand nombre de restaurants fleurissent dans la zone située entre la rue Malouet et le canal de l'est, au centre-ville.

Shopping

Vous trouverez principalement des objets artisanaux en bois sculpté, des broderies hmong et du rhum.

Sortir

À l'exception du Carnaval, l'activité nocturne de Cayenne est plutôt paisible. Dans la journée, vous pourrez fuir la chaleur en vous réfugiant dans l'un des nombreux cafés ombragés. Cayenne, Kourou et Saint-Laurent-du-Maroni disposent d'un nightclub et d'un cinéma où sont projetés des films récents en VF.

Sports & Loisirs

L'intérieur du pays regorge de cours d'eau, parfaits pour faire du **kayak** ou du canoë ; le fleuve Montsinéry est un terrain de jeu idéal pour le **jet-ski** ; et la base de loisirs du **Centre spatial guyanais**, à Kourou, propose un parcours de golf de 9 trous (par 72).

Les amoureux de la nature mettront le cap sur Saül, en plein cœur de la forêt tropicale, et suivront les sentiers très bien balisés pour admirer la **faune** et la **flore** – circuits organisés possibles. Un autre incontournable : rejoindre la plage Les Hattes, où viennent pondre les **tortues luths**.

Télécommunications

Téléphone

Comme en France, les cabines téléphoniques acceptent les cartes pré-payées ou bancaires. La couverture Internet et cellulaire s'étend de la frontière du Surinam à la région de Cayenne. Au-delà, les communications sont hasardeuses vers l'est et inexistantes dans les terres.

Les opérateurs Digicel et Orange Caraïbe offrent une couverture 3G à Cayenne et à Kourou uniquement. Les mobiles fonctionnent sur les réseaux 900 et 1800 MHz.

Services postaux

Il existe 5 bureaux de poste à Cayenne. Le principal se trouve route du Baduel, en dehors du centre-ville *(lun.-ven. 7h-18h15, sam. 7h-12h).*

À lire

Charrière, Henri *Papillon*, Presses Pocket, 2002.
Cherubini, Bernard *Interculturalité et créolisation en Guyane française*, L'Harmattan, 2003.
Géraud, Marie-Odile *Regards sur les Hmong de Guyane française*, L'Harmattan, 2000.
Gilabert, Philippe *Vie et survie en milieu tropical : Amazonie française, Guyane*, Ibis Rouge, 2008.
Mam Lam Fouck, Serge *Histoire générale de la Guyane française*, Ibis Rouge, 2002.
Mazière, Marlène *Art rupestre amérindien en Guyane française*, Ibis Rouge, 2008.
Piantoni, Frédéric *L'Enjeu migratoire en Guyane française : une géographie politique*, Ibis Rouge, 2009.

Ci-dessous : lancement d'Ariane V au centre spacial de Kourou.

GUYANA

PRATIQUER LE GUYANA

CONNAÎTRE LE GUYANA

Superficie 215 000 km^2.
Capitale Georgetown.
Population 800 000 hab.
Langues Anglais (langue officielle), créole, hindi, urdu et plusieurs langues amérindiennes.
Devise Dollar de Guyana.
Poids et mesures Système métrique, mais ancien système britannique encore usité.
Électricité 220 V à Georgetown ; 110 V dans le reste du pays.
Décalage horaire GMT -4h.
Indicatif téléphonique du pays 592.

TRANSPORTS

Comment s'y rendre

En avion

D'Europe Caribbean Airlines, British Airways ou Virgin Atlantic (correspondances avec LIAT).
Du Canada Air Canada, Caribbean Airlines, United Airlines.

Se déplacer

De l'aéroport

Le **Chedi Jagan International Airport** est à Timehri, à 40 km de Georgetown. Un minibus (n° 42) pour le centre-ville coûte 1 $US, et vous déposera à votre hôtel contre un petit supplément. Une course en taxi revient à 20-25 $US. Taxe d'aéroport : 4 000 $G.

En avion

Les vols intérieurs offrent le meilleur moyen de se déplacer. Vols réguliers **Trans Guyana Airways** de Georgetown à Lethem. Vols charters également, proposés par Trans Guyana Airways, Roraima Airways et **Air Services Ltd.** Tous décollent de l'aérodrome d'Ogle, à 20 min du centre-ville. Réservez votre vol le plus tôt possible puis reconfirmez votre réservation : les vols sont souvent complets. Sur les vols intérieurs, le poids des bagages est limité à 10 kg. À vérifier auprès de la compagnie aérienne.

En bus et en taxi

Minibus et taxis collectifs longent le littoral et rejoignent l'intérieur du pays. Un mode de transport économique, mais lent. Les taxis arborent un H sur leur plaque minéralogique. Des cars longues distances desservent Lethem, à la frontière brésilienne. Achetez votre billet au moins 24h à l'avance.

En bateau

Plus de 965 km de voies navigables sillonnent le Guyana. Dessertes fréquentes, mais horaires peu fiables. Les *ballahoos* embarquent 6 passagers, les petits *corials* en prennent 4.

En voiture

La majorité des grandes routes se cantonnent au littoral. Une nationale relie Lethem à Boa Vista (Brésil). Conduite à gauche !

À Georgetown

Les minibus (exigus) sont le moyen de transport le plus utilisé pour se déplacer dans la capitale. Vous pouvez aussi emprunter les taxis collectifs : ils ont des itinéraires et des tarifs fixes. Les départs se font de Stabroek et de l'Avenue of the Republic. Nombreux et bon marché, les taxis constituent le moyen de transport le plus sûr après la tombée de la nuit.

DE A À Z

Ambassades

Canada
High et Young Streets
Georgetown
Tél. (592) 227 2081
Fax (592) 225 8380
www.georgetown.gc.ca
France
Consulat
Lot 7, 2nd Avenue & Sheriff Street
Subryanville
Georgetown
Tél. (592) 226 5435
ou 226 5238

Argent

Le dollar guyanais ($G) est réévalué toutes les semaines. La plupart des banques et des *cambios* (bureaux de change) acceptent uniquement les dollars américains, canadiens et les livres sterling. Vous pourrez convertir vos Travellers' Cheques dans les grands magasins et tour operators de Georgetown. Les agences de Scotia Bank disposent de distributeurs. Abstenez-vous de changer de l'argent au marché noir. Les cartes bancaires sont largement acceptées.

Budget

Hébergement Comptez entre 11 et 25 $US pour une chambre propre avec ventilateur ; 40 $US avec air conditionné. Pour les lodges,

comptez au minimum 100 $US – profitez-en pour réserver vos circuits en même temps, pour gagner du temps.
Restauration Vous pourrez vous sustenter pour 2-4 $US ; un dîner dans un grand restaurant vous reviendra à environ 20 $US.

Climat

Les températures moyennes annuelles ne dépassent pas les 30 °C, mais le taux d'humidité est relativement élevé. Le climat varie entre le Nord et le Sud. Dans le Nord, il y a 2 saisons des pluies (mai-juin et déc.-jan.) ; dans le Sud et la région de Rupununi, il n'y en a qu'une seule (mai-juil.). Il est conseillé de visiter le Guyana entre juillet et novembre, pendant la saison sèche. Si cette époque demeure la plus favorable pour observer la faune équatoriale, les chutes Kaieteur, en revanche, sont plus spectaculaires pendant la saison des pluies.

Culture

Georgetown est la capitale culturelle du pays. La **Castellani House**, près des jardins botaniques, abrite la National Art Collection et le Cultural Centre, le plus grand théâtre du pays. L'autre salle importante, le **Playhouse Theatre**, se trouve dans Parade Street, 2 rues derrière le front de mer.

Enfants

Les lodges constituent une bonne option pour les familles : vos enfants pourront profiter des activités de plein air, observer la faune et se baigner. N'oubliez pas de prendre de l'écran total et du répulsif antimoustique.

Fêtes et festivals

Février

Mashrami (23) Ambiance de carnaval pour ce jour de fête, le Republic Day. Défilés de chars, concours du meilleur costume et danses au son du calypso. Célébré parfois à une autre date dans le reste du pays.

Mars-avril

Pâques Journée fêtée par un essain de cerf-volants.

Août

Wats Hott Festival de musique qui résonne dans les rues de Georgetown et d'Essequibo.

Septembre

Guyexpo Foire organisée par la Chambre du commerce de Georgetown. Concerts.

Octobre

Diwali Au cours de ce festival hindou de la lumière, les *mandirs* (temples), les maisons et les rues sont illuminés. Parade nocturne.

Formalités

Visas

Le visa n'est pas nécessaire pour la plupart des ressortissants de l'UE, ni pour les Canadiens. Vous devrez présenter un billet de retour.

Douanes

Vous pouvez importer en duty free : 200 cigarettes (ou 50 cigares/225 g de tabac) et des bouteilles d'alcool (750 ml max.).

Ambassades

Royaume-Uni
3 Palace Court-Bayswater Road
W24LP, Londres
Tél. (44) 207 229 76 84
Fax (44) 207 727 98 09

Handicapés

Les infrastructures adaptées aux personnes handicapées n'existent pour ainsi dire pas au Guyana. Consultez une agence de voyages spécialisée.

Homosexuels

S'il n'y a pas de "scène gay" en Guyana, la société se montre tolérante et les bars et clubs "gay-friendly" se multiplient.

Horaires d'ouverture

Magasins Lun.-ven. 8h30-17h, sam. 8h-12h.
Supermarchés Lun.-ven. 8h30-18h, sam. 8h30-18h. Les marchés déploient leurs étals à partir de 7h, sauf ceux de Stabroek et Bourda, qui restent ouverts 24h/24.
Bureaux 8h-12h, 13h-16h30.

Internet

www.guyana-tourism.com
Site de l'office de tourisme.
www.kaieteurpark.gov.gy
Infos sur les Kaieteur Falls.
www.iwokrama.org
Informations sur la forêt d'Iwokrama, réserve protégée située au centre du pays.

Jours fériés

1er janvier Nouvel An.
23 février Fête de la république et du Mashramani.
Mars-avril Phagwah (fête religieuse hindu).
Vendredi saint, lundi de Pâques et Eid-ul-Azha (fête musulmane).
1er mai Fête du Travail.
26 mai Fête de l'Indépendance.
1er juillet Fête du Caricom.
1er août Fête de la Liberté.
25-26 décembre Noël.

Médias

Les principaux journaux sont *Chronicle* (quotidien), *Mirror* (hebdomadaire) et *Stabroek News* (quotidien).

Office de tourisme

Guyana's Tourism Authority
National Exhibition Centre
Sophia, Georgetown
Tél. 233 6351
La meilleure source d'informations pour l'hébergement et les activités.

Pourboire

Un service de 10 % est compris dans l'addition de certains restaurants. Le pourboire n'est pas attendu mais apprécié : si vous êtes satisfait du service, laissez 10 % en sus de la note (en dollars guyanais à l'intérieur du pays).

Santé et prestations médicales

Les prestations sanitaires de certains centres médicaux du Guyana ne répondent pas aux normes européennes ou américaines. Aussi, il est fortement recommandé de souscrire une assurance médicale. Si l'eau du robinet n'est pas potable, sachez que sa couleur terre provient du tanin et non de la pollution.

Si vous comptez voyager à l'intérieur des terres, renseignez-vous sur les traitements antipaludéens et apportez une bonne provision de répulsifs antimoustiques.

Le vaccin contre la fièvre jaune est recommandé pour tout déplacement en dehors de Georgetown. Si vous suivez un traitement, il est conseillé d'emporter assez de médicaments pour la durée de votre séjour.

Principales cliniques :
St Joseph Mercy Hospital
130-2 Parade Street, Georgetown
Tél. 227 2073 ou 227 2075

Urgences

Police *Tél. 911*
Pompiers *Tél. 912*
Ambulance *Tél. 913*

Prasad's Hospital
260 Thomas and Middle Streets
Tél. 226 7210
ou 226 7219
Davis Memorial Hospital
121 Durban Street Lodge
Tél. 227 2041
ou 227-2943
Georgetown Public Hospital
New Market Street
Tél. 227 8232
ou 227 8209

Sécurité

Évitez certains quartiers de Georgetown (notamment Tiger Bay et Albouystown) et ne marchez pas dans les rues la nuit. Les agressions en ville et sur les nationales sont fréquentes.

Se loger

La majorité des hôtels de luxe et des établissements destinés aux hommes d'affaires se trouvent à Georgetown. Sachez que de nombreux petits hôtels louent des chambres à l'heure. Certains édifices coloniaux ont été convertis en hôtels de charme.

Lodges

Luxueuses ou basiques, les lodges se multiplient dans les forêts tropicales. Ces établissements organisent généralement leurs propres safaris. Nous vous recommandons les suivants :

Autour de Georgetown Timberhead (www.timberheadguyana.com), Arrowpoint Nature Resort et Emerald Tower Rainforest Lodge.
Sud-Est Dubalay Ranch, sur les rives de la rivière Bernice.
Ouest Shanklands, installé sur un promontoire dominant l'Essequilbo.
Centre Rainbow River Safari, sur la rivière Mazaruni, à la hauteur des chutes de Marshall.

Vous trouverez dans la savane Rupunini, au sud du pays, les immenses propriétés Dadanawa Ranch (www.dadanawaranch.com) et Karanambu Ranch (http://karanambu.com). Quant au Rock View Lodge (www.rockviewlodge.com), il se situe à la frontière entre la forêt amazonienne et la savane.

Se restaurer

Cuisines

La cuisine du Guyana combine des influences caraïbes, africaines, européennes, nord-américaines, asiatiques et indigènes. Les produits de la mer devraient combler les amateurs. Parmi quelques plats créoles, citons le plat de Noël, le *pepperpot* (viande mitonnée aux épices et au jus de manioc), la soupe au jarret de vache et le saltfish. Belle variété de légumes et de fruits tropicaux. Le rhum local concurrence la bière Banks, tout aussi honorable.

Restaurants

En général, les grands hôtels possèdent des tables chic – les shorts y sont d'ailleurs interdits. La plupart des établissements se regroupent au centre-ville, autour de **Middle Street** et de **Main Street** ; vous trouverez des petits restaurants pas chers près du **marché Stabroek**. De nombreux établissements ferment les jours fériés. Dans les rhumeries, le prix des consommations défie toute concurrence. Mais c'est très bruyant !

Shopping

Les marchés colorés de Georgetown – Bourda, La Penitence, Kitty et Stabroek – sont fréquentés par tous les Guyaniens. Vous y dénicherez un bel éventail d'artisanat local : hamacs, paniers, sculptures sur bois, maroquinerie et babioles fabriquées à partir de *balata* (résine locale). Un conseil : sur le marché de Stabroek, restez vigilant et n'ayez pas d'objets de valeur sur vous. Les bijoux en or sont de bonne qualité, mais c'est dangereux de les acheter dans la rue. Les quartiers commerçants s'étendent autour de Regent Street et de Charity Village.

Sortir

La vie nocturne de Georgetown est assez animée. En dehors du centre, **Sheriff Street** est le spot des noctambules, avec ses nombreux bars et ses restaurants fermant tard. Dans le centre, **Camp Street** et **Middle Street** comptent plusieurs bars et discothèques. Dans certains clubs, vous pourrez entendre du jazz et de la musique indienne. Ne manquez pas le Blue Note, dans Camp Street.

Sports & Loisirs

En bons ex-sujets de Sa Majesté, les Guyanais adorent le **cricket**.

CI-DESSUS : St George's Cathedral.

Le Georgetown Cricket Club de Bourda compte parmi les plus réputés de Caraïbes. Le Providence Stadium a été construit spécialement pour la World Cricket Cup de 2007.

La côte du Guyana n'est pas idéale pour pratiquer les sports nautiques. Mettez plutôt le cap sur la rivière Essequibo, où vous pourrez faire du dériveur, du kayak, du ski nautique et du tubing. Les tour operators locaux organisent toutes sortes d'activités comme le **trekking** et le **rafting**.

Les moins sportifs pourront jouer au croquet, au mini-golf ou au volley-ball sur les pelouses et les plages.

Télécommunications

Dans les grandes agglomérations et les villes, vous pourrez appelez directement à l'étranger. GT&T (800 MHz) et Digicel Guyana (900 MHz) sont les principaux opérateurs de téléphonie mobile.

Services postaux

Les services postaux sont efficaces et bon marché. Le principal bureau de poste se trouve dans North Road, à Georgetown.

Tour operators

Wilderness Explorers
Cara Suites
176 Middle Street
Georgetown
Tél. 227 7698
www.wilderness-explorers.com

À lire

Garner, Steve *Guyana 1838-1985 : ethnicity, Class and Gender*, Ian Randle Publishers, 2007.
Hugert, Bill *Out of Guyana*, Orphie Éditions, 2010.

P ARAGUAY

Pratiquer le Paraguay

Connaître le Paraguay

Superficie 406800 km^2.
Capitale Asunción.
Population 6,2 millions d'hab.
Langues Espagnol et guaraní.
Devise Guaraní.
Poids et mesures Système métrique.
Électricité 220 V.
Décalage horaire GMT -3h à l'est, -4h à l'ouest.
Indicatif téléphonique du pays 595 (Asunción +21).

Transports

Comment s'y rendre

En avion

D'Europe Aerolíneas Argentinas, Iberia.
Du Canada Delta, Continental.

Se déplacer

De l'aéroport

L'**Aeropuerto Internacional Silvio Pettirosi** est à 16 km du centre d'Asunción. Vous pouvez réserver un taxi au comptoir (environ 15 $US) ; le trajet en bus coûte 30 ¢ (espace bagages limité).

Taxe d'aéroport : 23 $US (moins cher en guaranís).

En avion

Actuellement, le traffic aérien domestique n'est pas fiable.

En car

Les Paraguayens se déplacent surtout en car. La gare routière est à 20 min en taxi du centre-ville *(Avenida Rep. Argentina y Fernando de la Mora, tél. 21 553 050)*.

Une compagnie internationale de luxe relie Asunción et Ciudad del Este, Pedro Juan Caballero et Encarnación, traversant l'Argentine, l'Uruguay et le Brésil. Des cars rallient également la Bolivie en passant par le Chaco. Méfiez-vous, les cars tombant souvent en panne, les temps de trajet peuvent devenir interminables. Emportez de la nourriture et de l'eau.

En voiture

L'essence reste peu chère, tout comme les locations de voiture. Pour plus d'informations, contactez :
Touring y Automóvil Club Paraguayo
25 de Mayo y Calle Brasíl
Tél. (21) 210 550

À Asunción

Des bus bon marché foncent dans les rues d'Asunción. Le service fonctionne de 6h à minuit mais la plupart des lignes s'arrêtent à 22h. Les principaux sites se trouvant dans une zone relativement restreinte, près des grands hôtels, il est possible de les découvrir à pied. Les taxis, nombreux, sont équipés de compteurs. Vous en trouverez, entre autres, devant l'Hotel Guaraní (Plaza de los Héroes).
RadioTaxi
Tél. (21) 550 116 ou (21) 311 080

En bateau

Plusieurs navires remontent le Río Paraná jusqu'à Concepción toutes les 2 ou 3 semaines (27 à 30h de trajet). Un bac – parfois supendu en hiver, période de basses eaux – fait la navette entre Buenos Aires et Asunción. Le voyage prend 5 jours. Attendez-vous à un confort plus que sommaire : emportez un sac de couchage, de la nourriture, de l'eau, du papier hygiénique et un répulsif anti-insectes.

De A à Z

Ambassades

Canada
Consulat
Profesor Ramirez n° 3
1225 Asunción
Tél. (21) 227 207
Fax (21) 227 208
France
Avenida España 893
Esq. Padre Pucheu, CC 97
1225 Asunción
Tél. (21) 211 680 ou 212 269
Fax (21) 211 690
www.ambafrance-py.org/france_paraguay/
Suisse
Juan E. O'Leary 409, esq. Estrella
Edificio "Parapiti" (4e étage)
1225 Asunción
Tél. (21) 448 022
Fax (21) 445 853
www.eda.admin.ch

Argent

Attention, vous ne pourrez plus changer vos guaraní une fois revenu chez vous. Les *casas de cambio* prennent les Travelers' Cheques. Les distributeurs sont assez nombreux et les cartes bancaires largement acceptées.

Budget

Le coût de la vie est moins élevé qu'au Brésil ou en Argentine.

Hébergement Comptez entre 20 et 30 $US pour une chambre correcte. Si l'hôtel dispose d'une piscine, les prix démarrent à 80 $US.
Restauration Dans les grands restaurants, la note atteint 20-35 $US par pers, mais il ne vous sera pas difficile de trouver des établissements beaucoup moins onéreux.
Transports urbains Une course de taxi à Asunción vous reviendra à env. 2 $US (30% plus cher la nuit).
Sites et musées Les droits d'entrée coûtent dans les 2 $US.

Climat

Un climat subtropical règne au Paraguay. L'été (déc.-fév.) est très chaud et humide, le printemps et l'automne plus supportables. En hiver, les températures peuvent chuter jusqu'à 5 °C, mais ne sont pas accompagnées de chutes de neige.

Culture

Les 2 plus grands musées du pays se trouvent à Asunción : le **Museo Nacional de Bellas Artes** est situé au centre-ville et le **Centro de Artes Visuales**, à Isla de Francia. Ce centre des arts visuels abrite également le **Museo del Barro** qui expose les œuvres d'artistes nationaux et contemporains. Vous pourrez assiter à des pièces au **Teatro Municipal Ignacio A. Pane**, situé au centre. À Asunción, les instituts culturels étrangers suivants organisent parfois des spectacles : **Centro Cultural Paraguayo-Americano** *(España 3352)*, **Asociación Cultural Paraguayo Británica** *(Juan de Salazar 391)*, **Alianza Francesa** *(Mariscal Estigarribia 1039)*, **Instituto Cultural Paraguayo Alemán – Goethe Zentrum** *(Juan de Salazar 310)*.

Enfants

Il est primordial de protéger vos enfants du soleil car les étés sont extrêmement chauds. Vous pourrez les emmener visiter le centre du pays et admirer les spectaculaires chutes de la région orientale. Sur le circuit du Golden Circle de nombreux hôtels sont équipés d'une piscine. Un train à vapeur rallie la ville d'Aregua.

Fêtes et festivals

Février

Fiestas de San Blas (3) Célébrée dans tout le pays, cette fête patronale coïncide parfois avec le carnaval.

Juin

Festival de San Juan (24) Le Paraguay célèbre la Saint-Jean avec force de feux et de charbons ardents.

Juillet

Festival del Ñanduti Exposition artisanale et cuisine locale.

Septembre

La Virgen de la Merced (24) Fête religieuse importante, à Puno.

Formalités

Visas

Un passeport valide suffit (sauf pour les ressortissants canadiens). Renseignez-vous auprès de votre agence de voyages ou ambassade.

Douanes

Alcool, tabac et appareils électroniques à usage personnel sont autorisés en duty-free.

Ambassades

Belgique
Avenue Louise 475, 1050 Bruxelles
Tél. 32 (0)2 649 90 55
Fax 32 (0)2 647 42 48
Canada
151 rue Slater (bureau 501)
Ottawa, Ontario K1P5H3
Tél. 1 514 567 1283
Fax 1 514 567 1679
www.paraguayembassy.ca
France
1, rue Saint-Dominique, 75007 Paris
Tél. 33 (0)1 42 22 85 05
Fax 33 (0)1 42 22 83 57
paraguay.ambassade@wanadoo.fr
Suisse
Kramgasse 58, 3000 Berne 8
Tél. 41 (0)31 312 32 22
Fax 41 (0)31 312 34 32

Handicapés

Le Paraguay offre des services limités aux voyageurs handicapés. Contactez les tour operators spécialisés.

Homosexuels

Plus que dans les autres pays du continent, le machisme national réfrène la tolérance envers les homosexuels. Soyez discret et agissez en conséquence. À Asunción, le Short Bus *(Mariscal Estigarrabia 991)* est un club gay connu.

Horaires d'ouverture

Durant la saison chaude (déc.-fév.), la sieste de midi interrompt toute activité. Les magasins et les bureaux ouvrent généralement du lun. au sam. de 6h30 à 12h et de 15h à 19h. Les banques fonctionnent du lun. au ven. de 7h30 à 11h, quelques-unes ferment plus tard. On dîne un peu plus tôt que dans les pays voisins, entre 8h30 et 23h.

Internet

www.turismorural.org.py
Pour tout connaître sur le tourisme vert et les estancias.
www.senatur.gov.py
Site du département touristique du gouvernement.
www.paraguay.com
Excellent éclairage sur la culture paraguayenne.

Jours fériés

1er janvier Nouvel an.
1er mars Bataille de Cerro Corá.
Mars-avril Vendredi saint, lundi de Pâques.
1er mai Fête du Travail.
15 mai Fête de l'Indépendance.
12 juin Armistice de Chaco.
15 août Fondation d'Asunción.
29 septembre Bataille de Boquerón.
8 décembre Immaculée Conception.
25 décembre Noël.

Offices de tourisme

Dirección General de Turismo Paraguayo
Avenida Palma 468, Asuncíon
Tél. 491 230 ou 441 530
Informations également auprès du **Touring & Automobile Club de Paraguay** *(Calle 25 de Mayo y Brasil)*.

Pourboire

Laissez aux serveurs 10-15 % de la note, sauf si le service est inclus. Pourboire similaire pour les chauffeurs de taxi.

Santé et prestations médicales

Il est recommandé de se faire vacciner contre l'hépatite A et B, la typhoïde et le tétanos. Même si l'eau du robinet est potable, cantonnez-vous à l'eau en bouteilles. Évitez les légumes crus non épluchés. La viande et le poisson doivent être cuit suffisamment.

Une assurance-santé est obligatoire. En l'absence d'un réseau d'ambulances fiable, mieux vaut se

Urgences

Ambulance/Pompiers/Police *Tél. 911*

faire transporter en voiture ou en taxi. Faites appeler l'hôpital et demander à être accueilli par un médecin en salle d'urgences.

Urgences à Asunción :

Hospital de Clínicas
Avenida Dr Monterro y Lagerenza
Tél. (21) 420 982
Hospital Bautista
Avenida Rep. Argentina y Campos Cervera
Tél. (21) 600 171
ou (21) 607 944

Sécurité

Pays plus sûr que ses voisins, le Paraguay enregistre cependant un taux de criminalité croissant : larcins, vols et, à Asunción, Ciudad del Este et San Lorenzo, agressions. En cas d'attaque à main armée, ne jouez pas les héros. La nuit, privilégiez le taxi pour vous déplacer en ville et évitez les longs trajets en voiture. Dans la rue, soyez vigilant en traversant : ni les bus ni les voitures ne vous laisseront passer.

Se loger

Les hôtels de moyenne gamme, équipés d'une douche, d'une salle de bains et incluant le petit déjeuner, ne manquent pas au Paraguay. En revanche, les établissements très bon marché ne sont pas légion. En général, les chambres dotées de l'air conditionné sont plus chères. En juillet-août, il est préférable de réserver longtemps à l'avance. Certains sites, comme celui qui jouxte les jardins botaniques d'Asunción, tolèrent les campeurs. Des *estancias* ont été converties en auberge ; consultez le site de l'association du tourisme rural (www.turismorural.org.py).

Se restaurer

Cuisines

Parmi les spécialités, ne manquez pas, le *surubí*, plat de poissons, le *sopa paraguaya*, soufflé de maïs, et le *soyo*, soupe aux légumes. Goûtez aussi les empanadas, et le bœuf, d'excellente qualité. Vous trouverez également une myriade de bons restaurants japonais, coréens, chinois et allemands. D'excellents restaurants brésiliens proposent de succulentes viandes grillées au barbecue et de grands buffets.

Boissons

Brassée selon les méthodes traditionnelles allemandes, la bière paraguayenne est excellente. Très appréciée, la *caña* est le rhum local. Testez aussi le *tereré*, une boisson glacée non-alcoolisée à base de maté – version "ice-tea" du maté bu en Argentine et en Uruguay.

Restaurants

Les meilleurs restaurants se nichent, pour la plupart, dans ou à proximité des grands hôtels d'Estados Unidos et Colón, au centre-ville d'Asunción. Certains ferment le week-end. Les rues Peru et Francia concentrent une myriade de restaurants coréens.

Shopping

Le Paraguay est réputé pour ses dessus-de-lit, napperons et autres pièces en fine dentelle *ñanduti* (araignée en guaraní). Vous y dénicherez aussi des harpes et des guitares, des bijoux en filigrane d'or et d'argent, du cuir repoussé, des ponchos en laine ou en coton.

Où acheter ?

À Asuncíon
Fermée à la circulation le dim. matin, **Calle Palma** accueille un grand marché où vous trouverez des articles en cuir et en dentelle. Juste à côté, plusieurs rues abritent de nombreuses boutiques d'artisanat de qualité, notamment Pettirossi, Estrella et Colón. Si vous payer en liquide, des commerçants peuvent vous accorder jusqu'à 15 % de remise sur vos achats.

Sortir

Une soirée typique commence par un dîner-spectacle où vous écouterez de la musique traditionnelle – harpe et guitare – et, avec un peu de chance, vous découvrirez l'incontournable "danse de la bouteille". Les prix varient selon la qualité du spectacle, mais vous pouvez tabler sur 10 $US par personne. À Asunción, rendez-vous à l'**Hermitage** *(Calle 15 de Agosto 1870)* ou au **Itá Enramada Hotel & Casino** (*Calle Cacique Lambares y Ribero del Río Paraguay, tél. 332 044 ou 333 041 ; ouv. 21h-4h*).

Si de nombreux bars et nightclubs ont investi la rue Cerro Corá, Brasilía demeure la plus animée. Ciudad del Este et Encarnación sont réputées pour leurs casinos.

Ci-dessous : lac Ypacarai.

Sports & Loisirs

Pour observer la **faune**, rendez-vous dans le Chaco ou le Pantanal, de préférence avec un circuit organisé. Le **foot** demeure le sport préféré des Paraguayens.

Télécommunications

Téléphone

À Asunción, vous pourrez passer vos appels longue-distance ou envoyer des fax de l'agence Antelco *(N.S. de Asunción y Presidente Franco)*. Un appel à l'étranger *urgente* vous coûtera 2 fois plus cher qu'une communication *ordinario*.

Opérateurs de téléphonie mobile

Claro Paragua et **Hola Paraguay** 3G (1900 MHz)
Personal 3,5G (850/1900 MHz)
Movistar 3,5G (850 MHz).

Services postaux

Les services postaux sont chers et peu efficaces. Il vaut mieux envoyer votre courrier important en recommandé. Il faut déposer tout type de courrier au guichet de la poste. Le principal bureau se trouve sur El Paraguayo Independiente, à Asunción.

Tours operators

Inter Express
Calles Luis A. de Herrera y Yegros Asunción
Tél. 595 (0)21 490 111
iexpress@interexpress
Time Tours
Calles 15 de Agosto y General Díaz
Tél. 595 (0)21 493 527
timetour@conexion.com.py

À lire

Clastres, Pierre *Chronique des indiens Guayaki*, Pocket, 1991.
Coatalem, Jean-Luc *Mission au Paraguay*, La Table Ronde, 2009.
Ezran, Maurice *Une colonisation douce*, L'Harmattan, 2000.
Tuck, Lily *Paraguay*, Actes Sud, 2010.

PÉROU

PRATIQUER LE PÉROU

CONNAÎTRE LE PÉROU

Superficie 1 285 000 km^2.
Capitale Lima.
Population 29 millions d'hab.
Langues Espagnol et quechua.
Devise Nuevo Sol.
Poids et mesures Système métrique.
Électricité 220 V.
Décalage horaire GMT -5h.
Indicatif téléphonique du pays 51 (Lima +1).

TRANSPORTS

Comment s'y rendre

En avion

D'Europe Aerolíneas Argentinas, Air Comet, Air France, Iberia, LAN, KLM.
Du Canada Air Canada.

Se déplacer

De l'aéroport

De l'**Aeropuerto Internacional Jorge Chávez**, il est conseillé de prendre le **Shuttle Bus Urbanito** (*Calle Manoa 391, Breña ; tél. 01 424 3650 ou 425 1202*). Comptez 6 $US pour le centre de Lima, 8 $US pour San Isidro.

Compagnies de taxis fiables :

Taxi Green
Tél. (01) 484 4001
ou (01) 957 5781
CMV Taxi Remisse Ejecutivo
Tél. (01) 422 4838
ou (01) 422 5320
Mitsui Taxi Remisse Ejecutivo
Tél. (01) 349 7722
Taxi Seguro
Tél. (01) 241 9292

Une course pour le centre-ville revient à 10-15 $US et 20 $US pour Miraflores ou San Isidro. Les taxis *ejecutivo* sont un peu plus chers. Taxe d'aéroport : 30,25 $US.

En avion

LAN (www.lan.com) et **TACA** (www.taca.com) desservent toutes les grandes villes du pays. Taxe de 6 $US dans tous les aéroports.

Aero Condor (http://aerocondor.com.pe) offre des vols touristiques et charters au-dessus des géoglyphes de Nazca.

En bateau

Crillon Tours
Avenida Camacho 1223, La Paz
Tél. 591 2233 7533
www.titicaca.com
Traversées du lac Titicaca en hydroglisseur.

En car

De nombreuses compagnies relient Lima à la plupart des villes du pays (départs en matinée ou en soirée). Quelques compagnies sûres : **Cruz del Sur** (www.cruzdelsur.com.pe), **Ormeño** (www.grupo-ormeno.com) et **Tepsa** (www.tepsa.com.pe).

Basée à Lima, la compagnie **Ormeño** (*tél. 472 5000*, www.grupo-ormeno.com.pe) offre un service de qualité entre Caracas et Buenos Aires et dessert des villes en chemin, comme La Paz. De Bolivie, des minibus font le trajet La Paz-Puno. Il est plus économique de changer de car une fois arrivé à la frontière.

En train

PeruRail propose 3 liaisons par jour pour le trajet Cusco-Machu Picchu : à vous de choisir entre les trains *Hiram Bingham* (luxe), *Vistadome* (fenêtres panoramiques) et *Backpacker*. Réservations auprès du bureau de PeruRail à Cusco (*Avda Pachacutec, tél. 238 722*) ou sur le site (www.perurail.com).

La ligne Lima-Huancayo, la plus haute du monde, est desservie par **Ferrocarril Central Andino S.A.** (*tél. 226 6363*, www.ferrocarrilcentral.com.pe). Informations à jour sur www.incasdelperu.org.

Plusieurs fois par semaine, des trains desservent au départ d'Arica (Chili) la ville de Tacna, au sud du Pérou. Ticket à acheter 24h à l'avance.

À Lima

Dans la capitale, le réseau de transport se résume à des bus et des mini-bus. Pas chers, ils sont bondés et envahis de pickpockets. Les taxis sont bon marché mais le prix de la course doit être négocié avant de monter.

DE A À Z

Ambassades

Belgique
Avenida Angamos Oeste 380, Lima 18
Tél. (01) 241 75 66
Fax (01) 241 63 79
Canada
Calle Libertad 130
Miraflores, Lima 18
Tél. (01) 444 4015
www.dfait-maeci.gc.ca/peru
France
Avenida Arequipa 3415
San Isidro, Lima 27
Tél. (01) 215 84 00
Fax (01) 215 84 10
www.ambafrance-pe.org

Suisse
Avenida Salaverry 3240
San Isidro, Lima 27
Tél. (01) 264 03 05
Fax (01) 264 13 19
www.eda.admin.ch/lima

Argent

Outre les banques et les bureaux de change, sachez que vous pouvez changer de petites sommes auprès des agences de voyages, qui, par ailleurs, acceptent les paiements dans certaines devises étrangères. Sur Plaza San Martín, à Lima, vous pourrez, sans crainte, changer vos devises auprès des *cambistas*, qui portent une veste verte et brandissent une calculatrice. La plupart des villes disposent d'un distributeur. Il est recommandé d'emporter des dollars américains en petites coupures.

Budget

Il est possible de séjourner au Pérou avec un budget moyen de 30 $US par jour. Pour un voyage moins sommaire, un budget de 60 $US par jour vous permettra de profiter au mieux des sites et des activités. En revanche, descendre dans des hôtels 4 ou 5-étoiles et opter pour des restaurants touristiques revient à plusieurs centaines de dollars par jour.
Hébergement Comptez 20-40 $US pour un hôtel moyen de gamme.
Restauration À l'exception des établissements touristiques, les restaurants sont bon marché. Le *menú del dia*, d'un excellent rapport qualité-prix, coûte environ 5 soles.
Sites et musées Aucun ne coûte cher, mais il y en a tellement que cela finit par chiffrer. Procurez-vous le billet forfaitaire "Cusco" ; pour 20 $US, vous aurez accès à de nombreux sites de Cusco et de la vallée Sacrée.

Climat

Les températures moyennes s'échelonnent entre 14 °C et 27 °C. Dans les sierras, le temps est généralement ensoleillé, froid et sec presque toute l'année, et les températures moyennes sont comprises entre 9 °C et 18 °C. La saison humide dure de décembre à mai. Dans la jungle règne un climat chaud et humide, et les températures sont comprises entre 25 °C et 28 °C.

Lima est un cas à part : une sorte de microclimat l'enveloppe d'avril à novembre d'un brouillard épais et humide surnommé *garuá*.

Culture

La scène culturelle péruvienne est sans doute la plus riche de toute l'Amérique du Sud.

Ne quittez pas le pays sans avoir passé une soirée dans une *peña*. La scène théâtrale de Lima présente de spectacles variés allant de pièces d'origine Inca à des productions avant-gardistes. Les principales salles sont le **Teatro Larco** *(Avda Larco 1036, Miraflores)*, le **Teatro Británico** *(Bellavista 527, Miraflores)* et le **Teatro Municipal** *(Ica 377)*. La **Société philharmonique** présente, d'avr. à nov., des solistes et des orchestres de renommée internationale. Consultez la rubrique culturelle du quotidien *Comercio* pour connaître les spectacles et les expositions en cours.

Les meilleurs antiquaires et galeristes se trouvent, à Lima, dans les quartiers de San Isidro, Miraflores et Barranco.

Enfants

L'altitude risquant de fatiguer vos enfants, accordez-leur du temps pour s'acclimater. Évitez de leur faire manger des légumes crus, salades ou fruits non pelés, et assurez-vous qu'ils boivent de l'eau en bouteille ou bouillie. En ville, les plus petits se défouleront dans les parcs et les jardins aménagés, tandis que les plus grands apprécieront les nombreux sites touristiques. Les vêtements et chaussures pour enfants sont jolis et bon marché.

Fêtes et festivals

Janvier

Commémoration de la fondation de Lima (18) À Lima, concerts, danses et feux d'artifice.
Festival de la Marinera (fin jan.) À Trujillo, danses traditionnelles et concours.

Février

Fiesta de la Virgen de la Candelaria (début fév.) À Puno, la "Mamita Candicha", la patronne de la ville, est célébrée à travers des défilés, danses, feux d'artifice et musique.
Carnaval (mi-fév.) À Puno et Cajamarca.

Mars

Fiesta de la Vendimia (début mars) À Ica. Fête des Vendanges.

Juin

Corpus Christi (mi-juin) À Cusco. Très belle procession.
Inti Raymi (24) Fête du Solstice d'hiver à Cusco. Cette fête ancestrale se tient sur l'esplanade de la forteresse de Sacsayhuamán. Rituels incas, défilés, danses et concours.

Juillet

Fiesta de la Virgen del Carmen (15-17) Ces festivités qui se déroulent dans les Andes sont particulièrement célébrées à Paucartambo, à 255 km de Cusco.

Août

Jour d'Arequipa (15) Grande semaine touristique d'Arequipa. Danses folkloriques, marchés artisanaux et grand feu d'artifice Plaza de Armas.

Octobre

El Señor de Luren (17-20) À Ica, des milliers de pélerins fêtent le saint patron de la ville.
El Señor de los Milagros (18-28) À Lima. Une gigantesque procession a lieu le 18 en l'honneur du saint patron de la ville.
Fiesta de Unu Urco (19) À Urcos et Calca (près de Cusco). Cérémonies, musique andine, danses et défilés.

Novembre

Fête de la fondation de Puno (1-7) À Puno. La ville célèbre sa création autour d'une mise en scène spectaculaire où les fondateurs mythiques de l'Empire inca émergent des eaux du lac Titicaca.

Formalités

Visas

Les ressortissants de l'Union européenne et les citoyens canadiens et suisses n'ont pas besoin de visa. Seuls un passeport en cours de validité pour 6 mois au moins et un billet aller-retour sont nécessaires. À l'arrivée, le passager reçoit une carte touristique autorisant un séjour de 90 jours dans le pays. Elle peut être prolongée pour une période de 30 jours (20 $US). Contactez :

Urgences

Police *Tél. 105*
Ambulance *Tél. 470 5000*
Pompiers *Tél. 116*
Policia de Turismo à Lima
Tél. (01) 460 4525 (quartiers sud)
Tél. (01) 424 2053 (quartiers nord)
Le service d'informations **Iperú** peut vous aider à contacter la police en cas de problème.
Hotline 24h/24 *Tél. 574 8000*

Dirección General de Migraciones
Oficina de Migración
Avenida España 730, cda 7, Breña
Tél. 330 4114

Douanes

Vous pouvez importer en duty free : 400 cigarettes (ou 50 cigares/250 g de tabac), des bouteilles d'alcool (2,5 l maximum) et des souvenirs ou objets personnels d'une valeur maximale de 300 $US. Toute exportation d'antiquités précolombiennes est interdite.

Ambassades

Belgique
Avenue de Tervueren 179
1050 Bruxelles
Tél. 32 (0)2 733 33 19
Fax 32 (0)2 733 48 19
info@embaperu.be
Canada
130 rue Albert (bureau 1901)
Ottawa, Ontario K15G4
Tél. (1) 613 238 1777
Fax (1) 613 232 3062
France
50, av. Kléber, 75016 Paris
Tél. 33 (0)1 53 70 42 00
Fax 33 (0)1 47 04 32 55
www.amb-perou.fr
Suisse
Thunsstrasse 36, 3005 Berne
Tél. 41 (0)31 351 85 55

Handicapés

Le Pérou est peu équipé pour accueillir les voyageurs handicapés. À l'exception des hôtels de luxe, les salles de bains ne sont pas aménagées. Basée à Lima, **Pro Peru Travel** *(Av Camino Real 445, San Isidro, tél. 221 0110)* est une agence spécialisée.

Homosexuels

L'homosexualité n'est pas un sujet de conversation au Pérou, et rares sont les coming-outs publics. Les gays sont surnommés *maricón* ou *mariposa* ("papillons"). Il n'en demeure pas moins qu'il existe une communauté gay à Lima. Consultez les sites de GayPeru pour connaître les lieux de sortie (www.gayperu.com) ou les circuits organisés (www.gayperutravel.com).

Horaires d'ouverture

Bureaux Lun.-ven. 9h-17h (pause au déjeuner).
Boutiques 10/11h-20h/21h.
Banques Lun.-ven. 9h-18h.
La plupart ouvrent aussi le sam.
Casas de cambio 9h-18h.

Internet

www.peru.info
Site de l'office national de tourisme.
www.perulinks.com
Portail péruvien (en français).
www.peru-hotels.com
Liste d'hôtels et informations sur les transports.
www.andeantravelweb.com/peru
Excellent site de voyage ; nombreux liens utiles.

Jours fériés

1er janvier Nouvel an.
Mars-avril Semaine sainte.
1er mai Fête du Travail.
29 juin Fête de saint Pierre et de saint Paul.
28-29 juillet Fête nationale.
30 août Fête de sainte Rose de Lima.
8 octobre Bataille d'Angamos.
1er novembre Toussaint.
8 décembre Fête de l'Immaculée Conception.
25 décembre Noël.

Médias

Le *New World News* est un journal en anglais publié à Cusco, mais disponible dans pratiquement tout le pays. L'agenda culturel d'*El Comercio* répertorie les sorties. Journal en langue anglaise, *Peruvian Times*, fondé il y a plus d'un siècle, mérite d'être feuilleté (également version en ligne).

Offices de tourisme

Lima
Jorge Chávez International Airport
Tél. (01) 574 8000
ou Jorge Basadre 610, San Isidro
Tél. (01) 421 1627
ou Larcomar Entertainment Center Module 14, Plaza Gourmet, Miraflores
Tél. (01) 445 9400
Cusco
Velasco Astete Airport
Tél. (084) 237 364
Siège : Avenida Sol 103, Oficina 102 Galérias Turísticas
Tél. (084) 234 498
South American Explorers' Clubhouse
Calle Piura 135, Miraflores, Lima
Tél. (01) 445 3306
www.saexplorers.org

Pourboire

Certains hôtels et restaurants incluent un pourboire de 30 % dans la note. Le pourboire n'est pas obligatoire mais vous pourrez toujours laisser quelques soles. Il n'est pas d'usage de donner de pourboire aux chauffeurs de taxi, cependant il l'est pour les porteurs et les femmes de ménage. À la fin d'une expédition – trek, escalade ou randonnée –, laissez un généreux pourboire à votre guide.

Santé et prestations médicales

Dans les zones rurales, le niveau des soins est bas. Buvez uniquement de l'eau en bouteilles ou bouillie. Si vous prévoyez de séjourner en zone tropicale, faites-vous vacciner contre la fièvre jaune et suivez un traitement antipaludéen. Une assurance médicale est fortement recommandée. À Cuzco et à Puno, méfiez-vous du mal de l'altitude.
À Lima, contactez :
Clínica Anglo-Americana
Calle Alfredo Salazar 350, San Isidro
Tél. (01) 712 3000
Clínica Internacional
Avenida Jr Washington 1471
Tél. (01) 619 6161
Clínica San Borja
Avenida Guardia Civil 337, San Borja
Tél. (01) 475 4000
Hospital de Emergencia José Casimiro Ulloa
Avenida República de Panamá 6355
San Antonio, Miraflores
Tél. (01) 445 5096

Sécurité

Les centre-villes péruviens sont en proie à la criminalité. Des légions de pickpockets opèrent à Lima et à Cusco ; ils possèdent un redoutable talent pour découper le fond des sacs. La police recommande de ne pas écouter les personnes qui se présentent dans les hôtels ou dans la rue, comme employées d'une agence de voyages ou d'un magasin.

La Garde civile a créé un service spécial à l'attention des touristes ; ses membres sont reconnaissables à leurs galons blancs. À Cusco, les policiers ont reçu une formation pour venir en aide aux touristes.

Se loger

Vous trouverez tout type d'hébergement, de l'hôtel 5 étoiles à la minuscule chambre chez l'habitant avec matelas à même le sol. Entre ces 2 extrêmes, le choix est vaste : de la maison coloniale à la charmante auberge. Si vous envisagez un long séjour en ville, il est sans doute plus intéressant de louer un appartement. Cependant, les plus belles adresses demeurent les haciendas et les lodges, loin du brouhaha des villes.

La majorité des hôtels sont propres et d'un excellent rapport qualité-prix. Seule ombre au tableau, l'eau chaude : même dans les hôtels de luxe, vous devrez vous doucher à horaires fixes. En général, le petit déjeuner est inclus. Nombre d'établissements, surtout à Lima et Cusco, offrent une connexion Internet et un service de navette pour l'aéroport.

Se restaurer

Cuisines

Sur la côte, la cuisine fait grand usage des produits de la mer. Testez le *ceviche* (poisson macéré dans du jus de citron), l'*escabeche de mariscos* ou les *camarones*. Dans les sierras, une cuisine plus roborative est préparée à base de maïs, pommes de terre et quinoa et accompagnée de *cuy* (cochon d'Inde), d'*anticuchos* (brochettes de cœur de bœuf) ou de *sancochado*. En Amazonie, vous aurez le choix entre du poisson d'eau douce et du gibier : côté viande, goûtez au *sahino* (pécari) et *jabalí* (cochon sauvage), et côté poisson, testez un *piraña* ou une darne de paiche (*arapaima gigas*).

La *chicha morada*, à base de maïs violet, est une boisson sans alcool, la *chicha de jora*, sorte de bière de maïs, remonte à la période précolombienne, et le cocktail national, beaucoup plus récent, n'est autre que le *pisco sour*.

Restaurants

Lima caracole en tête du classement gastronomique sud-américain, dont la grande table est indiscutablement Astrid y Gastón *(Cantuarias 175, tél. 242 5387)*.

Vous dénicherez les meilleurs restaurants, tels que Huaca Pucllana *(General Borgoño Cdra 8 s/n, tél. 445 4042)* et Rafael *(San Martín 300, tél. 242 4149)*, dans les quartiers de **Miraflores**, **San Isidro** et **Barranco**. Des *chifas* (chinois) envahissent les Barrios Altos de la vieille-ville.

Shopping

Les régions péruviennes ont toutes leurs spécialités artisanales, mais si le temps vous est compté, Lima devrait satisfaire toutes vos envies. Le marché-bazar d'Inkaplaza *(Avenida Petit Thouars 5330, Miraflores)* regorge d'artisanat traditionnel.

Las Pallas
Calle Cajamarca 212, Barranco
Tél. (01) 477 4629
Pièces de collection.

Peru Artcrafts
Larcomar Mall, Miraflores
Vêtements et artisanat de qualité.

Alpaca 859
Avda Larco 859, Miraflores
Tél. (01) 447 7163
Bel éventail de lainages.

Au Pérou, vous dénicherez aussi des articles en or, en cuivre ou en argent à un prix défiant toute concurrence – notamment sur les *mercados artesianías* de Lima.

Sortir

À Lima, vous trouverez quantités de *peñas* animées – musique et danses folkloriques jusque très tard dans la nuit. Arrivez vers 21h pour avoir une bonne place. Les bars et les boîtes les plus animés se trouvent dans les quartiers de Miraflores et Barranco.

Brisas del Titicaca
Calle Walkuski 168
Tél. (01) 332 1901
Peña authentique, spectacles de danses péruviennes.

Manos Morenas
Calle Pedro de Osma 409, Barranco
Tél. (01) 467 0421
Bonne cuisine péruvienne. Danses afro-péruviennes les mer. et jeu. ; musique péruvienne ven. et sam.

Sports & Loisirs

Les Andes offrent un excellent terrain de jeux aux amateurs d'**escalade** et de **trek**, particulièrement les régions de Huáraz et de Cusco. Il est interdit de se lancer seul sur la **piste des Incas**. Réservez auprès d'un tour operator. La saison sèche (mai-sept.) réserve un temps clément et des panoramas dégagés. Pour des raisons de sécurité, ne partez jamais seul en randonnée : constituez, à Cusco ou à l'office de tourisme de Lima *(Plaza de Armas)*, un groupe de 3 pers. ou plus. À Huáraz, contactez la Casa de Guías *(Parque Ginebra 28G, Huáraz-Ancash ; tél. 721 333)*. Autres activités à pratiquer dans les Andes : l'**équitation**, le **VTT**, le **raft** et le **kayak**.

Les plages de Tumbes sont idéales, toute l'année, pour le **surf** ou la **nage** ; dans les autres régions, optez pour la période déc.-avr. Les amateurs d'**ornithologie** se rendront en Amazonie, à Colca Canyon et dans les environs de Paracas.

Télécommunications

Vous pouvez utiliser les cabines publiques pour les appels nationaux et internationaux. Elles fonctionnent avec des pièces et des cartes, en vente dans les kiosques à journaux. Préférez les *locutorios* (centres d'appels) ; vous paierez en fin de communication. Les *celulares* (téléphones mobiles) sont omniprésents ; la couverture est relativement bonne. Les mobiles Claro et Nextel fonctionnent sur 1 900 MHz, Movistar, sur 850 MHz. Tous proposent une couverture 3G et 3,5G. À Lima, de nombreux cafés Internet proposent un accès wifi gratuit ou pré-payé.

Services postaux

À Lima, la poste centrale, **Serpost** (www.serpost.com.pe), se trouve à l'angle de Jr Junín et Jr de la Unión *(lun.-sam. 8h15-13h, 14h-19h30 ; dim. 8h-13h)*.

À lire

Bernand, Carmen *Les Incas, peuple du soleil*, Gallimard, 1988.
Cavatrunci, Claudio *Le Pérou des Incas*, Larousse, 2005.
Sterin, Monique *Contes des indiens Quechuas du Pérou*, École des Loisirs, 2010.
Vargas Llosa, Mario *Lituma dans les Andes*, Gallimard, 1997.

Ci-dessous : vestige provenant du site archéologique de Sechín Bajo, près de Casma.

SURINAM

PRATIQUER LE SURINAM

CONNAÎTRE LE SURINAM

Superficie 163 265 km^2.
Capitale Paramaribo.
Population 480 000 hab.
Langue Néerlandais.
Devise Dollar du Surinam (SRD).
Poids et mesures Système métrique.
Électricité 110/220 V.
Décalage horaire GMT -3h.
Indicatif téléphonique du pays 597.

TRANSPORTS

Comment s'y rendre

En avion

D'Europe Surinam Airways, Air France, Caribbean Airlines, KLM.
Du Canada KLM.

En bateau

Ferrys en provenance du Guyana et de la Guyane (passagers et voitures).

Se déplacer

De l'aéroport

Tous les vols internationaux atterrissent à l'aéroport **Johan Adolf Pengel**, situé à 50 km au sud de Paramaribo. Plusieurs compagnies de minibus rejoignent le centre (5 $US). La course en taxi revient à 35 $US. Taxe d'aéroport : 35 $US.

Les vols intérieurs partent de l'aéroport de **Zorg en Hoop**, à Paramaribo. Plusieurs compagnies desservent les villes du pays : Surinam Airways (www.slm.nl), Blue Wing Airlines (www.bluewingairlines.com), ainsi que les compagnies charters Kuyake Aviation (www.kuyake-aviation.com) et Gum Air (www.gumair.com).

En bateau

Un bateau remonte tous les jours la Commewijne Rivier. Un ferry fait la navette entre Paramaribo et Meerzog, de l'autre côté du fleuve Surinam, et des petits bateaux relient Leonsberg (5 km au nord de Paramaribo) à Nieuw-Amsterdam. Vous pouvez également explorer ce réseau fluvial à bord de *korjaals* conduits par des métis, fins navigateurs.

En voiture

Aucune route digne de ce nom n'existe à l'intérieur du pays hormis la nationale qui relie Albina, à l'est, à Nieuw Nickerie, à l'ouest. Des cars circulent sur la grand-route côtière – dos fragiles s'abstenir. Vous pouvez éventuellement prendre un taxi aux abords du littoral. Des routes relient le pays au Guyana et à la Guyane. Conduite à gauche !

À Paramaribo

Les transports publics se résument à des bus et des minivans archi bondés, où il faut jouer des coudes pour monter à bord. Vérifiez attentivement le prix des tickets, sinon vous risquez de payer... trop ! Les taxis n'étant pas équipés de compteur, négociez le montant de la course avant de monter.

DE A À Z

Ambassades

Belgique
Gravenstraat 5
PO Box 2648
Paramaribo
Tél. 76 455
Canada
Wagenwegstraat, 50 Boven
Paramaribo
Tél. 424 527
France
Henck Arronstraat 5-7
PO Box 2648
Paramaribo
Tél. 475 222 ou 476 455
Fax 471 208
www.ambafrance-sr.org

Argent

Il est difficile de se procurer à l'étranger des dollars du Surinam, aussi la plupart des voyageurs arrivent sur place avec des dollars américains. Le distributeur de la Royal Bank of Trinidad & Tobago (RBTT) est le seul appareil fiable acceptant les cartes bancaires étrangères. Changez vos devises dans une banque ou un *cambio*. MasterCard et American Express sont les cartes les plus largement acceptées, beaucoup plus que les Visa et Diners Club. Pour éviter les fraudes à la carte bancaire, informez votre conseiller bancaire de votre voyage au Surinam.

Budget

Hébergement Comptez 10-20 $US pour un logement basique, 20-30 $US, pour un établissement moyen de gamme, et 45 $US pour un hôtel 3 étoiles ou plus. Rappelez-vous qu'un supplément de 10-15 % sera ajouté à votre note pour le service. Une maison ou un appartement se loue environ 200 $US la semaine.
Restauration Déjeuner dans un restaurant bon marché vous

coûtera env. 5 $US ; 10 $US dans un établissement chic.

Climat

Les alizés du Nord-Est rafraîchissent agréablement la côte. Le ciel est souvent couvert et il peut pleuvoir à tout moment, quelle que soit la saison, surtout dans les terres. Le Surinam connaît 4 saisons : légèrement pluvieuse de nov. à fév., modérément pluvieuse de fév. à avr., pluvieuse d'avr. à août, et sèche d'août à nov.

Culture

Le plus grand musée du pays, le **Surinaams Museum** de Paramaribo, situé à proximité du Fort Zeelandia, présente des expositions temporaires. La capitale abrite quelques galeries d'art et l'**Academie voor Hoger Kunst en Cultuuronderwijs** (Académie pour l'enseignement de l'art et la culture), qui organise également des expositions temporaires. La ville accueille chaque année en oct. une foire artistique, la Nationale Kunstbeurs.

Enfants

Sachez que la cuisine surinamienne flirte beaucoup avec les épices. Pensez à badigeonner vos enfants d'écran total, le soleil est redoutable, ainsi que de lotion antimoustique.

L'un des sites urbains qui intéressera vos bambins est le Fort Zeelandia, fort britannique du XVIIe siècle construit autour d'un relais de poste néerlandais. Les dimanches et jours fériés, les places de la ville résonnent des chants d'oiseaux siffleurs, venus avec leur maître pour participer à des concours. Si vos enfants aiment la nature, emmenez-les observer les singes et les chutes du Brownsberg nature Park, les loutres géantes du Bowen Coesewijne Nature Reserve, et les tortues de mer et dauphins du Galibi Nature Reserve.

Fêtes et festivals

Février-mars

Carnaval (date variable) Dans tout le pays.

Mars

Holi Phagwa Festival hindou marquant l'arrivée du printemps.

Mars-avril

Avond Vierdaagse (week-end après Pâques) Défilés en costumes ethniques traditionnels.

Juillet

Keti Koti (1) Commémoration de l'abolition de l'esclavage (1863).

Octobre

Jazz Fest (23-25) Festival de jazz de Paramaribo (www.surinamejazzfestival.com).

Décembre-janvier

Surifesta (15 déc.-7 jan.) Fêtes, parades, festival culturel, marchés aux fleurs... une succession de manifestations célèbrent la fin de l'année (www.surifesta.com).

Eid al Fitr (fin du ramadan) La date varie en fonction du calendrier hégirien.

Formalités

Visas

Un visa est nécessaire pour la majorité des ressortissants. Vous pouvez faire votre demande auprès des ambassades et consulats du Surinam, ainsi qu'au consulat du Surinam à Cayenne (Guyane) et à Georgetown (Guyana). Tarif : 30 $US.

Douanes

Vous pouvez importer en duty free : 200 cigarettes (ou 200 cigarillos/20 cigares/500 g de tabac), 1 l de spiritueux, 4 l de vin, et 8 l de bière, 50 cl de parfum et 1 l d'eau de toilette, lotions et eau-de-cologne, ainsi que des biens d'une valeur maximale de 500 $US. Il n'y a aucune limite aux sommes d'argent que l'on peut apporter au Surinam, que ce soit en devises ou en monnaie locale. Vous devez remplir une déclaration de douane si le montant de vos devises dépasse 10 000 $US. L'exportation de monnaie locale est limitée à 1 000 SRD maximum. Les douaniers peuvent se montrer parfois tatillons.

Ambassades

Belgique
Avenue Louise 379
1050 Bruxelles
Tél. 32 (0)2 640 11 72
Fax 32 (0)2 646 39 62
sur.amb.bru@online.be

Handicapés

Le Surinam dispose de peu d'infrastructures aménagées pour les personnes à mobilité réduite. À l'exception des hôtels de luxe, les autres établissements ne sont pas accessibles aux personnes en fauteuil roulant. Renseignez-vous auprès d'un tour operator qui pourra éventuellement organiser votre périple.

Homosexuels

Au Surinam, les comportements affichés ne sont pas acceptés, surtout entre hommes. Les relations lesbiennes (*matis*) sont mieux tolérées, en particulier par les afro-surinamiennes mais restent cachées. La petite communauté gay de Paramaribo se retrouve au Café XPO, un bar-restaurant à l'ouest du centre-ville.

Horaires d'ouverture

Banques Lun.-ven. 9h-14h.
Magasins Lun.-ven. 9h-16h30, sam. 9h-13h.

Internet

www.surinametourism.com
Informations touristiques (en anglais).
www.parbo.com
Site consacré à Paramaribo.

Jours fériés

1er janvier Nouvel an.
Mars (variable) Holi Phagwa.
2 avril Vendredi saint.
5 avril Dimanche de Pâques.
1er mai Fête du Travail.
1er juillet Fête de l'Union nationale.
25 novembre Fête de l'Indépendance.
Novembre (variable) Deepavali.
25-26 décembre Noël.

Les fêtes musulmanes sont également fériées, mais les dates varient selon le calendrier lunaire.

Médias

Les journaux locaux sont en néerlandais. *De West* et *De Ware Tijd* (www.dwt.net) comportent des articles en anglais.

Offices de tourisme

Suriname Tourism Foundation
PO Box 656
Dr J.F. Nassylaan 2
Paramaribo
Tél. 410 357
www.suriname-tourism.org
Stinasu (the Nature Preservation Foundation of Suriname)
Cornelis Jongbawstraat 14
PO Box 12252
Paramaribo
www.stinasu.com
Informations et circuits bon marché.

Urgences

Ambulance/Pompers/Police *Tél. 115*

Pourboire

Au restaurant, laissez environ 10-15 % de la note, sauf si le service est compris dans l'addition. Les chauffeurs de taxi apprécieront que vous leur donniez un pourboire correspondant à 10 % de la course.

Santé

En dehors de la capitale, l'eau n'est pas potable, aussi consommez de l'eau en bouteille ou bouillie. Mieux vaut pelez les fruits avant de les consommer. Évitez la viande, le poisson et les légumes crus. Renseignez-vous avant de piquer une tête dans une rivière ou dans un lac : certaines poissons sont venimeux. Au Surinam, le sida fait des ravages.

Une assurance complémentaire est vivement recommandée. Les prestations médicales sont relativement limitées : Paramaribo dispose d'un seul service d'urgence, et dans les terres, les hôpitaux et les centres médicaux sont peu nombreux.

Academisch ziekenhuis
Flustraat 1
Tél. 442 222
Diakonessen ziekenhuis
Zinniastraat
Tél. 499 644
St Vincentius ziekenhuis
Koninginnestraat 4
Tél. 471 212

Sécurité

Si le Surinam reste un pays relativement sûr, Paramaribo et les villes côtières connaissent une augmentation de la petite criminalité. Aussi, adoptez les précautions d'usage : ne portez pas de bijoux ou d'objets de valeur, et n'exposez pas en public une grosse liasse de billets. Il est fortement déconseillé de changer son argent dans la rue et de se promenez seul tard le soir. Par ailleurs, évitez d'emprunter les minibus en raison du manque d'entretien des véhicules et de la conduite dangereuse des chauffeurs.

Se loger

Vous trouverez des hôtels à Paramaribo et quelques lodges dans les terres. Les tarifs pratiqués sont très élevés comparés aux autres destinations sud-américaines ; la capacité hôtelière étant restreinte, il est nécessaire de réserver. Les petits budgets prendront contact avec l'office de tourisme. Vous trouverez des campings à Blaka Watra, Cola Kreek, Republiek et Zandery.

Se restaurer

Cuisines & boissons

On mange très bien au Surinam, mais la plupart des ingrédients sont importés, et les prix s'en ressentent. La cuisine locale reflète le kaléidoscope ethnique de la population. Vous pourrez y déguster de nombreux plats indonésiens épicés comme les *bami* (nouilles frites) et le *nasi goreng* (riz frit) servis dans des échoppes très bon marché. Manioc, patate douce, plantain, poulet, crevettes et poisson dominent la cuisine créole. Le *roti* (curry de poulet aux légumes dans sa galette) et les *phulawri* (pois chiches) figurent parmi les spécialités hindoustani. La cuisine chinoise se défend aussi très bien. La bière locale (Parbo) concurrence les marques importées, plus chère, mais les Surinamais ont un penchant plus marqué pour le rhum.

Restaurants

Blauwgrund regorge de restaurants indonésiens. Des échoppes vendant des spécialités javanaises envahissent la rue **Waterkant**, le long du fleuve Surinam. Vous trouverez plusieurs restaurants sur **Keizerstraat**, **Wilhelminastraat** et **Rust-en-Vredestraat**.

Shopping

Que rapporter ?

L'artisanat d'origine amérindienne et maroon est le plus intéressant, notamment les bijoux.

Où acheter ?

Neumanpad et Nieuwe Dominee Straat concentrent les meilleures boutiques d'artisanat. Un marché d'artisanat s'étend sur les berges du fleuve.

Sortir

Dans la capitale, les lieux de sortie se concentrent autour de la **Wilhelminastraat**, à l'est du centre-ville. **Starzz** et **Touché**, proche de l'ambassade des États-Unis, sont les nightclubs les plus connus. Un conseil : n'arrivez pas trop tôt en discothèque, les Surinamiens ne commencent pas à danser avant 1h le week-end, et sachez que des prostituées brésiliennes fréquentent ces clubs. Les hôtels Torarica, Ambassador et Plaza possèdent tous un **casino**.

Sports & Loisirs

Les nombreux cours d'eau du Surinam attirent les mordus de **kayak** et de **raft**. Un conseil, cependant : apportez votre propre matériel. Les **plongeurs** expérimentés mettront le cap sur le lac artificiel van Blommenstein Meer. Les **randonnées équestres** ou **cyclistes** vous permettront de découvrir l'intérieur des terres, notamment les anciennes plantations.

Télécommunications

Téléphone

Il n'y a pas d'indicatifs régionaux au Surinam. Vous pouvez envoyer des télégrammes des agences de **Telesur**, compagnie nationale de téléphonie. Les téléphones mobiles des 3 opérateurs (Digicel, Telesur et UTS) fonctionnent sur 800 et 1900 MHz.

Services postaux

Les service postaux sont plus efficaces et meilleur marché que dans d'autres pays d'Amérique du Sud. En revanche, les horaires des bureaux de poste sont très limités : ils ouvrent du lun. au jeu. de 7h30 à 14h30, le ven. de 7h30 à 14h. À Paramaribo, le principal bureau est situé 1, Kerkplein *(tél. 477 524)*.

Tour operators

METS Travel and Tours
Dr J.F. Nassylaan 2, Paramaribo
Tél. 597 477 088
www.surinamevacations.com
Oetsi Tours
Parijsstraat 40, Munder
Paramaribo
Tél. 597 441 488
www.oetsitours.com
Sun & Forest Tours
Kleine Waterstraat 1b
Paramaribo
Tél. 597 478 383
www.surinamesunforest.net

À lire

Boré, Philippe *Balades au Suriname : le guide de Paramaribo et de l'éco-tourisme au Suriname*, Éditions Philippe Boré, 2010.
Merian, Maria Sibylla *Insects of Surinam*, Taschen, 2009.
Poulalion, Jean-Louis *Le Surinam : des origines à l'indépendance*, S.N., 1986.

Uruguay

Pratiquer l'Uruguay

Connaître l'Uruguay

Superficie 176 200 km^2.
Capitale Montevideo.
Population 3,4 millions d'hab.
Langue Espagnol.
Devise Peso Uruguayo.
Poids et mesures Système métrique.
Électricité 220 V.
Décalage horaire GMT -3h.
Indicatif téléphonique du pays 598 (Montevideo +2).

Transports

Comment s'y rendre

En avion

D'Europe Aerolíneas Argentinas, Iberia, LAN, Pluna.
Du Canada Contitnental, Delta, LAN.

Se déplacer

De l'aéroport

L'aéroport de **Montevideo-Carrasco** est à 30 km de la ville (30 min en taxi). Prévoyez 30 $US, mais négociez avant de monter ; vous pouvez payer en dollars ou en pesos. Des bus rejoignent le centre-ville pour 1-4 $US. Le trajet dure 55 min max. Taxe d'aéroport : 31 $US (sauf Buenos Aires, 17 $US).

En bateau

Un *buquebus* (catamaran rapide) relie Buenos Aires à Montevideo en 2h30 (plusieurs départs quotidiens). Tarifs et horaires : www.buquebus.com.

Ferries et hydroglisseurs relient tous les jours Buenos Aires à Colonia (160 km à l'ouest de Montevideo). La correspondance est assurée par un car qui rejoint Montevideo en 3h.

En car

Tous les cars partent de la gare routière de Tres Cruces, à 3 km à l'est du centre de Montevideo. Il existe une liaison quotidienne Buenos Aires-Montevideo (10h). Pour connaître les horaires exacts, consultez le site de la gare (www.trescruces.com.uy).

En voiture

Informations utiles :
Automóvil Club de Uruguay
Avenida Libertador 1532
Tél. 1707
www.acu.com.uy
En espagnol uniquement.

À Montevideo

Les taxis ne coûtent pas cher mais peuvent se faire rares. Le réseau de bus mêle de vieux Leyland anglais et d'antiques trolleys. Les *remises* sont des voitures avec chauffeur que vous pouvez louer à l'heure, à la journée ou pour une excursion. Pour obtenir la liste des sociétés, consultez l'annuaire ou demandez conseil au réceptionniste de votre hôtel.

De A à Z

Ambassades

Canada
Plaza Independencia 749 (bureau 102), 11100 Montevideo
Tél. (2) 902 2030
www.canadainternational.gc.ca/uruguay
France
Avenida Uruguay 853
11100 Montevideo
Tél. (2) 17 05 00 00
Fax (2) 17 05 01 10
www.ambafranceuruguay.org
Suisse
Calle Ing. Federico Abadie 2936
11300 Montevideo
Tél. (2) 711 55 45
Fax (2) 711 50 31
www.eda.admin.ch/montevideo

Argent

Les banques et les *casas de cambio* prennent en général une commission pour changer les Travelers' Cheques en dollars (plutôt qu'en pesos). Les cartes bancaires et les Travelers' Cheques sont largement acceptés à Montevideo et Punta del Este, mais pas ailleurs. Des distributeurs Cirrus fonctionnent à Montevideo et à Punta del Este ; dans le reste du pays, vous devrez faire provision de pesos.

Budget

Les petits budgets pourront s'en sortir avec 30 $US par jour, sachant que la moitié servira à payer une chambre dans un petit hôtel.
Hébergement Comptez 25-40 $US pour un hôtel moyen de gamme ; plus de 100 $US pour un hôtel chic.
Restauration Déjeuner dans une *confetería* vous coûtera 4 $US, dîner dans un restaurant chic vous reviendra à 25 $US (65 $US à Punta del Este).
Transports urbains Très abordables.
Sites et musées De nombreux musées et galeries sont gratuits.

Climat

Il y règne un climat tempéré, l'hiver est assez froid et humide (juin-août), le printemps (sept.-nov.) et l'automne (mars-mai) sont très agréables, et l'été (déc.-fév.) est chaud mais tempéré par les brises de l'Atlantique.

Culture

À Montevideo, le **Museo Municipal de Bellas Artes Juan Manuel Blanes** *(Millán 4014)* abrite les œuvres d'un peintre local du XIXe siècle, Juan Manuel Blanes, et organise des expositions temporaires, tandis que le **Museo Nacional de Artes Visuales** *(Tomás Garibaldi 2283)* présente une superbe collection de sculptures contemporaines de Marc Solari, Rusiñol, Blanes, etc. La capitale possède 2 centres d'expositions : le **Centro de Exposiciones**, situé dans le Palacio Municipal (Soriano), et le **Salón Municipal de Exposiciones**, sous la Plaza del Entrevero. Le **Teatro Solís** *(Reconquista y Bartolomé Mitre)*, le plus grand théâtre de la ville, loge dans un très bel édifice néoclassique du XIXe siècle. La **Cinematica** *(Lorenzo 1311)* programme des films en VO.

Enfants

L'Uruguay est une excellente destination familliale. Le Parque Rodó de Montevideo dispose d'un parc d'attractions et d'un lac. Le Cerro de Montevideo, où se dresse un fort converti en musée Militaire, offre le plus beau panorama sur la capitale. Parmi la ribambelle de plages qui s'étirent de Montevideo à Punta del Este, Playa Mansa est la plus adaptée aux jeunes enfants. Il existe 2 parcs aquatiques près de Salto, l'Acuamanía et le Pâque Acuático, qui fait partie du spa Termas de Guaviyú.

À l'intérieur du pays, vos enfants pourront faire de longues randonnées équestres avec les gauchos.

Fêtes et festivals

Février-mars

Carnaval (date variable)
Le *candomble* uruguayien remplace à Montevideo la samba brésilienne.

Mars-avril

Semana Criolla (semaine Sainte)
Chaque ville et village respecte cette tradition. À Montevideo, les gauchos investissent le Parque Roosevelt. Au programme : parades équestres, rodéos, barbecues et musique folk.

Formalités

Visas

Le visa n'est pas nécessaire. Un passeport (valide 6 mois après votre retour) suffit pour un séjour de 3 mois. Prolongation possible à l'**Oficina de Migraciones** *(Calle Misiones 1513, Montevideo ; tél. 02 916 0471)*.

Douanes

Vous pouvez importer en duty free : 400 cigarettes (ou 50 cigares/500 g de tabac), 2 l d'alcool, 5 kg de denrées alimentaires, ainsi que 2 appareils électroniques (radio portable, appareil photo, caméra, projecteur de films). Quantités à diviser par 2 pour les moins de 18 ans.

Ambassades

Belgique
Avenue Franklin D. Roosevelt 22
1050 Bruxelles
Tél. 32 (0)2 640 11 69
Fax 32 (0)2 248 29 09
Canada
130 rue Albert (bureau 1905)
Ottawa, Ontario K1P 5G4
Tél. 1 613 234 2727
Fax 1 613 233 4670
France
15, rue Le Sueur, 75006 Paris
Tél. 33 (0)1 45 00 81 37
Fax 33 (0)1 45 01 25 17
Suisse
Kramgasse 63, 3011 Bern
Tél. 41 (0)31 312 22 26

Handicapés

S'Il n'existe pratiquement aucun aménagement pour handicapés, vous pourrez compter sur l'aide des Uruguayens.

Homosexuels

Après l'Argentine et le Brésil, l'Uruguay est le pays le plus tolérant d'Amérique du Sud : en 2005, le 1er monument du sous-continent dédié à la diversité sexuelle a été inauguré dans Policia Vieja, entre Plaza de la Constitución et Plaza Independencia.

Horaires d'ouverture

Les magasins ouvrent du lundi au vendredi de 9h à 12h et de 14h à 19h, le samedi de 9h30 à 12h30. À Montevideo, les banques fonctionnent du lundi au vendredi de 13h à 17h.

Internet

www.estancias-uruguay.com
Infos sur les hôtels situés en zone rurale et les estancias (en anglais).
www.welcomeuruguay.com
Infos sur les transports, hôtels, etc.
www.visit-uruguay.com
Infos et réservations hôtelières.

Urgences

Ambulance/Pompiers/Police *Tél. 911*

Jours fériés

1er janvier Nouvel an.
6 janvier Épiphanie.
Février-mars Carnaval.
Mars-avril Pâques.
19 avril Débarquement des 33 Patriotes.
1er mai Fête du Travail.
18 mai Bataille de Las Piedras.
19 juin Anniversaire de la naissance de Général Artigas (Día del Nunca Más).
18 juillet Jour de la Constitution.
25 août Fête de l'Indépendance.
12 octobre Día de la Raza.
2 novembre Toussaint.
25 décembre Noël.

Offices de tourisme et tour operators

Le principal office de tourisme se trouve **Plaza Fabini** (Entrevero). Les autres se trouvent à la gare routière de Tres Cruces et à l'aéroport.

Estancias Gauchas (*Cecilia Regules Viajes, Bacacay 1334, Montevideo, tél. 915 7308*) est un tour operator réputé. À Montevideo, les **circuits** faisant le tour de la ville partent tous les jours du Palacio Municipal.

Pourboire

Même si le service est déjà inclus dans la note des restaurants, un petit pourboire sera apprécié. Si le service n'est pas compris, laissez environ 10 % de pourboire aux serveurs. Pourboire similaire pour les chauffeurs de taxi.

Santé et prestations médicales

Le système de santé se situe au-dessus de la moyenne sud-américaine. L'eau du robinet est potable dans les grandes agglomérations et les villes.
À Montevideo, contactez en cas d'urgence :
Hospital Británico
Avenida Italia 2420
Tél. 487 1020

Sécurité

L'Uruguay reste une destination sûre. Cependant, si les voleurs ne sont pas agressifs au prime abord, il peuvent le devenir si vous résistez. N'attirez pas la convoitise en paradant avec un appareil photo ou un caméscope, et n'accrochez jamais votre sac à main au dos d'une chaise. Certains quartiers de la ville ne sont pas sûrs la nuit, que vous soyez seul ou en couple.

Se loger

La majorité des hôtels se regroupent à Montevideo et dans les stations balnéaires autour de Punta del Este. Sinon, dans les terres, vous pourrez descendre dans les *estancias*. Si vous voyagez entre déc. et mars, pensez à réserver longtemps à l'avance. L'hébergement vous coûtera plus cher durant cette période. Les prix affichés n'incluent ni la taxe de 14 % (service), ni la TVA de 23 %. Si vous réservez en-ligne (www.visit-uruguay.com), vous bénéficierez peut-être d'une réduction. Il y a des campings dans tout le pays.

Se restaurer

Cuisines

Les plats de viande de bœuf et de pâtes dominent la cuisine, mais les poissons et les fruits de mer sont également appréciés. Le petit déjeuner est composé d'un café et d'un croissant. Le déjeuner, qui constitue le repas principal, est servi entre 13h et 15h. Les portions étant souvent gargantuesques, vous pouvez très bien commander un plat pour 2.

Boissons

Le vin uruguayen est de bonne qualité. Les cépages les plus répandus sont le Tannat et l'Albariño. Le *Medio y medio* – eau pétillante et vin blanc – se marie très bien avec la viande rouge. La bière est excellente (eau de source), notamment la Norteña.

Restaurants

Vous pourrez commander un délicieux sandwich au bœuf Plaza Zabla, dans le centre historique de Montevideo. Le **Mercado del Puerto** est entouré de très bons restaurants. Dans la capitale, ne manquez pas de pousser la porte d'une *confiteria*, immense café où l'on peut se sustenter à n'importe quelle heure du jour ou de la nuit. Les établissements de **Punta del Este** sont excellents mais chers.

Shopping

Le quartier historique de Montevideo abrite antiquaires et joailliers, notamment **Calle Sarandí**, où Cuarzos del Uruguay et Benito Sityá ont pignon sur rue. Plaza Independencia est bordée de quelques boutiques d'artisanat, comme la Montivedeo Leather Factory, mais pour dénicher des articles à prix plus doux, faites vos emplettes au **Mercado dell los Artesanos** *(entre Paraguay 1368 y Plaza Cagancha)*, en centre-ville, ou au **Mercado dela Abundancia** *(San José 1392)*. Sinon, pour le plaisir de l'ambiance, déambulez le week-end sur le marché de Tristán Narvaja, près de Plaza Cagancha, ou sur celui de la Plaza de la Constitución.

Sortir

Montevideo est la 2e ville d'Amérique du Sud du tango. Essayez **Living de Tango** et Edil Hugo Prato. La nuit, bars et clubs de danse animent la Plaza de la Constitución ; quant au nightclubs, les plus branchés sont **Makao** *(Mar Artico 1227)*, où vous pourrez dîner et danser au son des tubes des années 1970 et 1980, et **Luna Gaucho** *(entre Motivos de Proteo et Rambla)*. À Punta del Este, les clubs exigent un droit d'entrée et se remplissent rarement avant 2h.

Ci-dessous : le maté, indissociable d'un bon match de foot.

Sports & Loisirs

Les adeptes du **vélo** pourront parcourir le pays sur leur petite reine ou bien s'incrire à un circuit organisé ; les passionnés de **glisse** se rendront sur les plages atlantiques pour une session de flysurf, kitesurf, funboard, voire même une descente en sandboard des hautes dunes bordant le littoral ente Chuy et Punta del Este. Les amoureux des chevaux feront une halte dans une *estancia* pour faire une **balade équestre** avec des gauchos ; les inconditionnels du golf auront le choix entre 9 parcours ; et les amateurs de la nature pourront, selon la saison, observer des lions de mer, des **baleines** et des tortues.

Si vous êtes fan de **foot**, assistez à une rencontre entre Peñarol et Nacional, mais renseignez-vous préalablement sur les conditions de sécurité. Des **courses hippiques** se déroulent 4 fois par semaine à l'hippodrome de Las Piedras.

Télécommunications

Téléphone

Il existe dans presque toutes les villes des agences (*telecentros*) de la compagnie nationale **Antel**. Les cabines téléphoniques fonctionnent avec des jetons (*fichas*) vendus par Antel ou dans les kiosques à journaux. Les appels internationaux coûtent cher (tarifs réduits lun.-ven. 22h-7h, sam. 13h-0h et dim). Il existe 3 opérateurs de téléphonie mobile : Claro (1900 MHz), Antel (1800 MHz) et Movistar (850/1900 MHz). Ils offrent une couverture réseau 3G. L'indicatif téléphonique de Montevideo est le 02, pour Punta del Este, composez le 042.

Services postaux

Le système postal de l'Uruguay, **Correos del Uruguay** (www.correo.com.uy), est lent et peu efficace. Il existe des bureaux de poste (*correos*) dans tout le pays ; certaines pharmacies s'occupent également du courrier et sont ouvertes 24h/24.

À lire

Amorim, Enrique *Sara ou le combat d'une mère, Argentine-Uruguay*, Aael, 2007.
Ducrocq, Albert *Des Alpes à l'Uruguay : un pont entre deux rives*, L'Harmattan, 2010.
Kramer, Pascale *Retour d'Uruguay*, Gallimard, coll. "Folio", 2005.
Supervielle, Jules *Uruguay*, Éditions des Équateurs, 2008.

VENEZUELA

PRATIQUER LE VENEZUELA

CONNAÎTRE LE VENEZUELA

Superficie 916 442 km^2.
Capitale Caracas.
Population 24 millions d'hab.
Langue Espagnol.
Devise Bolívar (Bs).
Poids et mesures Système métrique.
Électricité 110 V.
Décalage horaire GMT -4h.
Indicatif téléphonique du pays 58 (Caracas +212).

TRANSPORTS

Comment s'y rendre

En avion

D'Europe Avior, Air France, Lufthansa, Condor, Alitalia, Avianca, Iberia, KLM, TAP.
Du Canada Air Canada, Continental.

Se déplacer

De l'aéroport

L'**Aeropuerto Internacional Simón Bolívar** de Maiquetía se trouve à 28 km de la capitale. Les terminaux internationaux et nationaux sont reliés toutes les 10 min par des navettes. Elles rejoignent également le centre, avec un arrêt à la station de métro Gato Negro (n'y descendez qu'en plein jour) et à leur terminal, situé 2 rues à l'ouest de la station Bellas Artes et du Hilton Caracas *(Calle Sur 17)*.

Les taxis noirs de la compagnie Anfitriónes de Venezuela se font payer au forfait (environ 25 $US pour le centre-ville). Mais les taxis stationnés devant le hall des départs exercent un monopole et demandent près du double. Pour éviter ce surcoût, appelez Tele-taxi *(tél. 753 4155 ou 753 9122)*. Les cartes téléphoniques sont en vente dans les distributeurs à côté de la rangée de cabines téléphoniques du terminal. Ne montez pas dans un taxi sans licence, leurs chauffeurs ont très mauvaise réputation.

En avion

Aeropostal (www.aeropostal.com), **Avior** (www.avior.com.ve), **Santa Bárbara** (www.sbairlines.com) et **Conviasa** (www.conviasa.aero) assurent les vols intérieurs. Taxe d'aéroport 60 $US à l'international, 2 $US pour les vols nationaux.

Chaque État dispose d'un aéroport régional, sauf le Delta Amacuro. Si vous souhaitez rejoindre cette région en avion, vous devrez atterrir à l'aéroport de Maturín au Monagas, puis prendre les transports en commun ou louer une voiture.

En car

Économiques, les transports en commun desservent une grande partie du pays. De Caracas, les cars longues-distances à destination de l'est partent du **Terminal del Oriente** *(Avda General Antonio José de Sucre)*, à l'est de la capitale. Pour les directions ouest, les cars partent de **La Bandera**, carrefour d'Avda Nueva Granada et El Valle *autopista*, près de Los Próceres (métro La Bandera). Attention : les pannes et les retards sont fréquents.

En bateau

Il existe des liaisons en ferry entre Puerto La Cruz et Cumaná, Isla Margarita, et entre Cumaná et Araya.

Un bac (pas de voitures) relie Chacopata (péninsule d'Araya, État de Sucre) à Isla Coche, poursuivant jusqu'à Isla Margarita (débarcadère à Porlamar, près de la zone commerçante).

En voiture

Conduire à Caracas tient de l'exercice de survie. Le réseau routier de l'intérieur est très correct, hormis les nids-de-poule. Dans bien des régions, seule la voiture permet d'apprécier les paysages, d'explorer les villages et de se mêler à la population locale.

Il est déconseillé de conduire la nuit : éclairage, marquage, indications d'obstacles brillent par leur discrétion, voire leur absence – contrairement aux animaux.

À Caracas

Caracas demeure l'une des villes les plus embouteillées d'Amérique du Sud ; aussi le métro – généralement climatisé – reste le moyen de transport le plus rapide. Les vieilles guimbardes qui font office de taxi sont rarement équipées de compteur : il vous faudra négocier le prix de la course avant de monter. De nuit, préférez commander un radio-taxi. Les casse-cous apprécieront les moto-taxis. Quant aux bus, ils sont efficaces quand il n'y a pas d'embouteillage, ce qui est rare.

DE A À Z

Ambassades

Belgique
10a Transversal con 9a Transversal Altamira, Caracas 1060

Tél. (212) 263 33 34
Fax (212)261 13 33
www.diplomatie.be/caracas/
Canada
Edificio Omni
Avenida 6 (entre 3e et 5e transversals)
Altamira, Caracas 1060
Tél. (212) 264 0833
France
Calle Madrid con Avenida Trinidad
BP 60385 Las Mercedes
Caracas 1060
Tél. (212) 909 65 00
Fax (212) 909 66 30
www.francia.org.ve
Suisse
Torre Ing-Bank (piso 15)
Av. Eugenio Mendoza y San Felipe
La Castellana
Caracas 1060
Tél. (212) 267 95 85
Fax (212) 267 77 45
www.eda.admin.ch/caracas

Argent

Vous pouvez changer des dollars US en espèces ou en Travelers' Cheques contre des bolívars en arrivant à l'aéroport et dans les *casas de cambio* des grandes villes. Les distributeurs dispensent des bolívares au taux de change officiel. La fraude à la carte bancaire se pratique couramment, même dans les établissements les plus réputés. Pour connaître le taux de change officiel, consultez le site www.veneconomia.com. Les agents de voyage et les commerçants effectuent les opérations de change à des taux raisonnables ; ne changez pas d'argent dans le rue, c'est dangereux.

Budget

Il est vivement recommandé de demander conseil auprès de connaissances locales ou de consulter les forums car depuis la libération du cours du bolivar, le Venezuela est devenu un pays très cher.
Hébergement Difficile de donner une fourchette *(voir Se loger p. 411)*.
Restauration Si le prix moyen d'un repas reste relativement élevé, il est possible se se sustenter pour pas trop cher.
Sites et musées Droits d'entrée raisonnables, sauf pour les familles *(voir Enfants, p. 410)*.

Climat

Ce pays est soumis à un climat tropical avec une température moyenne de 27 °C. On distingue 4 zones climatiques : chaude, tempérée, fraîche et froide.

La saison des pluies dure de mi-mai à octobre, des averses peuvent cependant se produire en décembre ou en janvier. À Caracas, la température moyenne est de 18,6 °C en janvier, 21 °C en juillet.

Culture

Le calendrier artistique de Caracas est très chargé. Un conseil : consultez la rubrique culturelle du quotidien *Daily Newspaper* (en anglais). Bellas Artes, dans le quartier de Los Caobas, concentre les principaux théâtres – l'**Ateneo de Caracas**, le **Rajatabla** et le **Teatro Teresa Carreño** – et les grands musées, dont le **Museo de Arte Contemporáneo de Caracas** *(Sofía Imber, tél. 573 8289 ; ouv. tlj. 9h-17h)*, le **Museo de Bellas Artes** *(tél. 578 1816 ; ouv. mar.-ven. 9h-17h, sam.-dim. 10h-17h)* et la **Galería de Arte Nacional** *(tél. 578 1818 ; ouv. mar.-ven. 9h-17h, sam.-dim. 10h-17h)*. La majorité des galeries d'art sont regroupées dans **Las Mercedes** *(ouv. dim. 11h-14h)*.

À **Margarita**, le quotidien *El Sol de Margarita* demeure la meilleure source d'informations. Deux musées méritent votre attention : le **Museo Casa de la Aduana** *(ouv lun.-ven.)*, installé dans un édifice situé en face du fort de Pampatar, organise des expositions d'art contemporain, et le **Museo de Arte Contemporáneo Francisco Narváez** *(Calle Igualdad, Calle Díaz, Porlamar, tél. 261 8668 ; ouv. lun.-ven. 8h30-15h30, sam. 9h-14h)* abrite les œuvres d'un enfant célèbre du pays, Narváez, et présente des expositions temporaires.

Enfants

Très souvent, les établissements proposent des tarifs “enfants”.

Si vos bambins aiment la nature, emmenez-les dans les Andes, où ils pourront courir librement. Côté loisirs, la région de Méridales abrite de nombreux parcs de loisirs : ne manquez pas **Los Aleros**, un village andin reconstitué, Venezuela de Antier, qui décrit la culture et le folklore de la région, La Montaña de los Sueños, et **Valle Hermosa** *(tél. 0274 416 3151)*. À Mérida, le Museo de Ciencia et Tecnologia séduira toute la famille.

Margarita, avec ses plages et ses parcs d'attractions, est une excellente destination familiale :
Diverland *(route Porlamar-Pampata ; ouv. mer.-dim. 18h-0h ; le billet donne un accès illimité aux manèges, entrée gratuite entre 18h et 19h)* Grand parc de loisirs ; spectacle de dauphins au Waterland.
Parque El Agua *(entre Av 31 de Julio et Playa El Cardón, tél. 234 8559 ; ouv. été : tlj. 10h-18h, hiver : jeu.-dim. 10h-18h ; billet à la journée 10 $US, 8 $US pour les enfants)* Parc aquatique comprenant 5 énormes toboggans, une rivière, des piscines, des aires de jeux, etc.

En revanche, les campements, *hatos* (ranchs) et autres destinations écotouristiques ne conviennent pas aux enfants. D'ailleurs, beaucoup d'établissements refusent les plus jeunes d'entre eux, soit pour des raisons de sécurité, soit par respect pour les autres clients venus observer la faune en toute sérénité.

Fêtes et festivals

Février

Virgen de la Candelaria (2) Défilés costumés et danses dans tout le pays.
Carnaval (date variable) Pendant 2 jours, le lundi et le Mardi-Gras.

Mars-avril

Semana Santa Nombreuses processions dans tout le pays.

Juin

Los Diablos Danzante (fête du Corpus Christi) Les célébrations les plus impressionnantes se déroulent à San Francisco de Yare (État du Miranda) et dans le quartier de Chuao, à Caracas.
Los Tambore de San Juan (24) Les rues de Caracas résonnent au son des tambours et autres musiques pour fêter le jour de la Saint-Jean.

Octobre

El Hatillo Music Festival (fin oct.) Festival de musique folklorique, de jazz, et de rock.

CI-DESSOUS : concert de *cuatro* à Sanare.

Tout au long de l'année, de nombreuses manifestations célèbrent fêtes nationales et religieuses. Consultez la presse locale.

Formalités

Visas

Les réglementationns pouvant changer du jour au lendemain, il est vivement conseillé de vérifier auprès de l'ambassade du Venezuela avant votre départ. Pour entrer dans le pays, il vous faut un passeport en cours de validité. Pour un séjour de moins de 90 jours, une carte de tourisme vous sera délivrée dans l'avion ou à votre arrivée. Pour un séjour plus long, un visa est requis.

Gardez sur vous votre passeport (et conservez des copies en cas de perte), les contrôles de police sont nombreux.

Douanes

Vous pouvez importer en duty free 200 cigarettes et 25 cigares, 2 l d'alcool, 4 flacons de parfum, ainsi que des biens d'une valeur maximale de 1 000 $US.

Ambassades

Belgique
Avenue Franklin D. Roosevelt 10
1050 Bruxelles
Tél. 32 (0)2 647 52 14
Fax 32 (0)2 647 88 20
Canada
32 Range Road, Ottawa
Ontario K1N 8J4
Tél. 1 613 235 5151
Fax 1 613 235 3205
www.misionvenezuela.org
France
11, rue Copernic
75116 Paris
Tél. 33 (0)1 45 53 29 98
Fax 33 (0)1 47 55 64 56
www.embavenez-paris.com
Suisse
Schosshaldenstrasse 1
3006 Berne
Tél. 41 (0)31 350 57 57
Fax 41 (0)31 350 57 58
www.embajadavenezolana-suiza.com

Handicapés

Mieux vaut être en bonne forme physique pour voyager au Venezuela. À Caracas, vous ne recevrez que très peu d'égards ; aucun dans les terres. Une seule exception à la règle : le **Museo De Arte Contempráneo de Caracas Sofía Imber** a conçu un programme pour les aveugles et les mal-voyants. Au départ de la **Sala Braile** (salle Braille), des guides conférenciers font visiter le musée. Vous pourrez également vous inscrire à un voyage culturel organisé à l'attention des mal-voyants.

Urgences

Un seul numéro nationa pour la police, les pompiers et les ambulances : **171**.

Homosexuels

Comparée aux autres capitales sud-américaines, Caracas est une ville tolérante dans ce domaine. Disséminés dans toute la capitale, les bars gays sont relativement nombreux autour de Sabana Grande et Avenida Abraham Lincoln.

Horaires d'ouverture

Les bureaux sont ouverts du lundi au vendredi de 8h à 12h et de 14h à 18h. Les magasins sont ouverts du lundi au samedi de 9h à 13h et de 15h à 19h ; en haute saison, du lundi au samedi de 9h à 19h, le dimanche de 9h à 13h.

Internet

Très nombreux, les cafés Internet disposent de vieux ordinateurs. Connections souvent lentes.

Sites Internet

www.think-venezuela.net
Infos complètes en espagnol, anglais, et allemand.
www.venezuelatuya.com
Pour trouver son hébergement.
www.venezuelavoyage.com
Lieux à visiter et liens utiles.

Jours fériés

1er janvier Nouvel an.
Février-mars Carnaval.
Fin mars-avril Semana Santa.
19 avril Anniversaire de la déclaration d'indépendance.
1er mai Fête du Travail.
24 juin Saint-Jean-Baptiste.
5 juillet Fête de l'Indépendance.
24 juillet Anniversaire de la naissance de Simón Bolívar.
12 octobre Jour de la Résistance indigène.
25 décembre Noël.

Médias

Le quotidien anglais *Daily Journal* recense toutes les manifestations du pays.

Offices de tourisme

Inatur (www.inatur.gov.ve) est l'organisme officiel responsable de tout ce qui a trait au tourisme. Il n'y a pas d'office de tourisme à Caracas. Vous trouverez un comptoir à l'aéroport de Maiquetía (horaires d'ouverture irréguliers).

Pourboire

Au restaurant, un pourboire de 10 % est de mise. Les chauffeurs de taxi n'attendent pas de pourboire. S'ils ont porté vos bagages ou vous ont rendu un service, ne les oubliez pas.

Santé et prestations médicales

Un certificat de vaccination contre la fièvre jaune vous sera demandé si vous voyagez dans la jungle. La maladie est endémique, notamment dans le haut Orénoque près de La Esmeralda et de Parima (Amazonas). Ne buvez pas l'eau du robinet. À Caracas, le **Centro Móvil de Medicina Permanente** offre un service d'urgence 24h/24 (*tél. 483 7021 ou 483 6092*).

Adresses utiles :
Hospital Universitario (UCV)
Au sud de la Plaza Venezuela
(sortie voie express)
Tél. 606 7111
Clínica de Emergencia Infantil
(pour les enfants)
Edificio Topacio (4e étage)
Avenida Avila, entre Avenidas Caracas et Gamboa
Tél. 577 6136
ou 577 7381

Sécurité

Le taux de criminalité est très élevé, en particulier à Caracas. Quelques conseils de base : laissez vos bijoux et objets de valeur chez vous ; de jour comme de nuit, ne vous promenez pas dans les rues désertes ; à Caracas, ne déambulez pas seul dans les ruelles du centre et commandez un taxi ; prenez garde aux motocyclistes – leur spécialité est le vol à l'arrache ; dans les zones rurales, ne voyagez pas en voiture de nuit – en cas de panne ou d'accident, vous feriez une proie facile.

Se loger

Les infrastructures hôtelières vénézuéliennes n'ont pas évolué depuis plusieurs décennies. En revanche, les prix pratiqués sont honteusement onéreux par rapport à la qualité offerte. Préférez réserver un établissement d'une grande chaîne avant votre départ, ou téléphonez directement à l'hôtel de votre choix et renseignez-vous sur les offres promotionnelles.

Si vous souhaitez séjourner à Isla Margarita, il est préférable de négocier une remise auprès d'un tour operator plutôt que de contacter directement des hôtels. Isla Margarita étant un port franc, la TVA de 16 % n'est pas appliquée. Cependant, vous devrez payer la taxe nationale de 1 % et, parfois, une taxe municipale de 3 %.

Avec la demande croissante d'établissements dédiés aux hommes d'affaires, il est difficile de trouver des hôtels convenables de moyenne gamme. Vous en trouverez entre Plaza Venezuela et le quartier d'El Rosa, mais il s'agit exclusivement d'hôtels louant les chambres *por ratos* (littéralement, "pour un moment") où travaillent les prostituées. Les établissements situés dans le centre de Caracas ne sont pas recommandés en raison de l'insécurité du quartier.

Se restaurer

Cuisines

Plat national, le *pabellón* est composé de riz, de haricots noirs, de bœuf haché et de *tajadas* (bananes plantain frites). Dans les Andes, vous pourrez goûter la *pisca* (potage épais aux œufs et au pain), la truite et le fromage fûmé. Le Coro est réputé pour son *tarkari de chivo* (rôti ou curry de chèvre) et son fromage de chèvre. Le Zulia vous réserve de délicieuses spécialités à base de noix de coco, tel le *conejo en coco* (lapin mijoté dans le lait de coco). Sur le littoral, on vous proposera le consomé de *guacucos* (clams) et des *empenadas de cazón* (galettes à la viande de requin), de la langouste et des poissons comme le mérou.

À Noël, la plupart des Vénézueliens préparent la *hallaca* (ragoût de poulet, porc, bœuf, épices, olives, raisins et câpres enveloppés dans des feuilles de bananier et cuits à la vapeur). Très populaire au Venezuela, le *mondongo* (ragoût de tripes) s'accompagne de pois chiches. Pain rond et plat, l'*arepa* traditionnel est préparé à base de farine de maïs ou de blé.

La réputation du bœuf vénézuélien n'est plus à faire et devrait combler les carnivores.

Restaurants

Las Mercedes et le quartier d'**Altamira-Los Palos Grandes**

Ci-dessus : récolte de grains de café à Buenavista, dans l'État de Lara.

concentrent une grande variété de restaurants. L'**Avenida Francisco Solano**, entre Chacaïto et Avenida Las Acacias, regorge de restaurants italiens. Les amateurs de cuisine espagnole et de *tascas* se rendront à la **Candelaria** – quartier à éviter de nuit.

Shopping

L'artisanat vénézuelien est réputé pour sa diversité et sa qualité. D'origine précolombienne, les belles poteries de Quibor sont moulées suivant des styles et des techniques ancestrales. Sur la côte orientale, dénichez les paniers, hamacs, chapeaux et autres articles en fibres végétales. Les tisserands des Andes confectionnent des couvertures, des bonnets et des ponchos superbement tissés, tandis que les artisans des *llanos* (prairies) se spécialisent dans les instruments de musique – *cuatros* (guitares à 4 cordes), harpes ou mandolines.

Où acheter ?

Hannsi, dans le village d'El Hatillo non loin de Caracas, possède le plus vaste choix d'artisanat vénézuelien de tout le pays. Dans la capitale, les objets artisanaux les plus raffinés sont en vente à la **Casa Caruba** :
Avenida Andrés Bello
Entre Transversals 1 y 2
Los Palos Grandes

Des centaines de magasins, de bazars et de boutiques bordent le **Boulevard Sabana Grande**.

Sortir

La nuit est longue à Caracas, où les night-clubs sont nombreux. Les Caraqueños dînent habituellement chez eux vers 20h, et entre 21h et 23h quand ils vont au restaurant. La fiesta se prolonge bien au-delà de minuit. Une myriade de petits clubs, bars et restaurants se côtoient sur **Plaza Altamira Sur** et le long de **Sabana Grande Boulevard**. Les restaurants étant souvent complets, attendez-vous à faire la queue à l'extérieur.

Sports & Loisirs

Si le Venezuela attire les amateurs de kitesurf, flysurf ou funboard, qui mettront le cap sur Isla Margarita ou sur la Península Adícora, les fans de trek et d'escalade ne sont pas en reste et pourront découvrir la région andine de Mérida ou le Parque Nacional Canaima, où se trouvent les plus hauts tepuys et les célèbres chutes Roraima et Salto Ángel. Les amoureux des chevaux feront de grandes randonnées dans les *llanos*.

Les Vénézuéliens soutiennent avec ferveur leur équipe de base-ball, le sport national.

Télécommunications

Téléphone

Tous les numéros comptent 7 chiffres. Dans le pays, il faut composer le "0" initial de l'indicatif régional. Composez le 122 pour obtenir l'opérateur international.

Services postaux

La poste vénézuelienne (IPOSTEL) est particulièrement inefficace. Le courrier pour l'étranger fonctionne mieux. Une lettre pour l'Europe peut mettre entre 10 jours et 3 semaines pour arriver à destination. Il est conseillé de poster le courrier en *certificado*, (recommandé) ou demandez un *aviso de recibo* (accusé de réception).

À lire

Díaz, Mariano *Venezuela : de l'art populaire à l'art contemporain*, Sepia, 1995.
Langue, Frédérique *Histoire du Venezuela : de la conquête à nos jours*, L'Harmattan, 2000.
Lemoine, Maurice *Le Venezuela de Chavez*, Alternatives, 2006.
Loew, Frédérique et Santantonio, Gilles *Venezuela, une nature millénaire*, Dakota Éditions, 2004.
Orobigt Canal, Gemma *Les Pume et leurs rêves : étude d'un groupe indien des plaines du Venezuela*, Archives Contemporaines, 1998.
Rebotier, Julien, Revet, Sandrine et Compagnon, Olivier *Le Venezuela au-delà du mythe*, Éditions de l'Atelier, 2009.

LANGUE

PREMIERS PAS EN ESPAGNOL ET EN PORTUGAIS

Généralités

Pour demander quand part le prochain car ou réserver une chambre d'hôtel, vous faire comprendre un minimum ne peut que faciliter votre séjour. Fort heureusement, 2 langues vous suffisent pour voyager à travers tout le continent : l'espagnol et le portugais (à l'exception des Guyanes, bien sûr).

Le personnel de nombreux établissements touristiques parle anglais, mais une fois à l'écart des sentiers battus, autant essayer de communiquer en chinois. Faites l'effort de prononcer quelques mots dans la langue locale, cela vous vaudra une réelle sympathie. D'un pays à l'autre, certains idiomes varient, mais vous les capterez vite au passage.

Voici quelques mots, phrases et formules utiles qui devraient faciliter vos contacts.

Espagnol

Une mosaïque d'idiomes locaux est venue enrichir l'espagnol parlé en Amérique du Sud. En Argentine, le "ll" espagnol (*llanos*) se prononce un peu comme "dj" ; tandis que le *tu* familier cède le pas à *vos*. Les Chiliens (et dans une moindre mesure les Péruviens) ont tendance à avaler la fin des mots, notamment ceux qui se terminent par -ado, qui devient *ao*. Quant aux Colombiens, ils se targuent de parler l'espagnol le plus pur de tout le continent.

Dans les Andes, les Amérindiens parlent tous espagnol, mais des mots quechua (ou "quichua") se sont glissés dans le langage courant : *wambras* pour hombres, *cheveré* signifiant parfait, super.

Prononciation

Voyelles
a a comme dans "ch**a**t"
e è comme dans "l**ai**t"
i i comme dans "l**i**t"
o o comme dans "l**o**to"
u ou comme dans "r**ou**ge"

Consonnes
c devant *a*, *o*, ou *u*, se prononce entre le **th** anglais et le **z** ; suivi du *h*, il se prononce **tch** comme dans "Tchèque".
g devant *a*, *o* ou *u*, il est dur comme en français ; devant *e* ou *i*, il se prononce comme la *jota* ; devant *ua*, il est mouillé, voire muet, *agua* sonnant plutôt comme "*aoua*", et Guadalajara, "*ouadalajara*".
h toujours muet
j la fameuse *jota*
ll ille comme mi**ll**et
ñ gn comme dans ga**gn**er
qu suivi du *u*, se prononce **kieu**.
r souvent roulé
x entre 2 voyelles, il se prononce comme une *jota*.

Dans l'alphabet espagnol, **ch** et **ll** comptent comme lettres à part entière : par exemple, si vous cherchez dans l'annuaire ou le dictionnaire un mot commençant par ch, vous le trouverez entre c et d.

Au quotidien

Salut ! *¡Hola!*
Bonjour *Buenos días*
Bonjour (après-midi)/**Bonsoir** *Buenas tardes/noches*
Au revoir *Ciao/¡Adios!*
Je m'appelle... *Me llamo...*
Comment vous appelez-vous ? (formel) *¿Cómo se llama usted?*
M./Mlle/Mme *Señor/Señorita/Señora*
Enchanté *¡Encantado!*
Parlez-vous anglais ? *¿Habla inglés?*
Comment allez-vous ? (formel/informel) *¿Cómo está?/¿Qué tal?*
Bien, merci *Muy bien, gracias*
À plus tard *Hasta luego*

Se déplacer

Où est... ? *¿Dónde está...?*
Comment va-t-on à... ? *¿Cómo se va a...?*
Oui *Sí*
Non *No*
Merci *Gracias*
Je vous en prie *Por nada*
Parfait *Está bien*
S'il vous plaît *Por favor*
Excusez-moi ! (pour attirer l'attention) *¡Permiso!/¡Por favor!*
Excusez-moi ! (pour se frayer un chemin) *¡Permiso!*
Pardonnez-moi ! *Perdóneme, discúlpeme*
Attendez un peu ! *¡Un momento!*
J'ai besoin de... *Necesito...*
Je suis perdu(e) *Estoy perdido(a)*
Je suis désolé *Lo siento*
Je ne sais pas *No sé*
Je ne comprends pas *No entiendo*
Comment cela ? *¿Qué?/¿Cómo?*
Quand ? *¿Cuándo?*
Pourquoi ? *¿Por qué?*
Qui ? *¿Quién(es)?*
Comment ? *¿Cómo?*
Lequel ? *¿Cuál?*
Combien ? *¿Cuánto?/¿Cuántos?*
Combien de temps ? *¿Cuánto tiempo?*
Grand, plus grand *Grande, más grande*
Petit, plus petit *Pequeño, más pequeño/chico*
Je veux/Je voudrais/J'ai besoin de... *Quiero.../Quisiera.../Necesito...*
Où se trouvent les toilettes ? *¿Dónde se encuentra el baño?*

Shopping

À quelle heure ouvrez-vous/fermez-vous ? *¿A qué hora abren/cierran?*
Ouvert/fermé *Abierto/cerrado*
J'aimerais... *Quisiera...*
Avez-vous... ? *¿Hay...?*
Combien cela coûte-t-il ? *¿Cuánto cuesta?*
Plus petit/plus grand *Más pequeño/más grande*
Avez-vous une autre couleur ? *¿Tiene en otro color?*
C'est trop cher *Es demasiado caro*
Vous n'avez rien de moins cher ? *¿Tiene algo más económico?*
Un petit peu plus/moins *Un poco más menos*
C'est assez *Está bien/no más*

À l'hôtel

Avez-vous une chambre libre ? *¿Tiene una habitación disponible?*
J'ai une réservation *Tengo una reservación*
J'aimerais... *Quisiera...*
Une chambre single/double / double avec lits jumeaux *Una habitación individual/ una habitación matrimonial/ una habitación doble*
Pour une nuit/2 nuits *Por una noche/dos noches*
Pourriez-vous me montrer une (autre) chambre ? *¿Puede mostrarme la (otra) habitación, por favor?*
J'aimerais changer de chambre *Quisiera cambiar de habitación*
Combien cela coûte-t-il ? *¿Cuánto cuesta?*

Au restaurant

Serveur *Garzón/mozo*
J'aimerais réserver une table *Quisiera reservar una mesa, por favor*
Avez-vous une table pour...? *¿Tiene una mesa para...?*
J'ai une réservation *Tengo una reservación*
Petit déjeuner/déjeuner/dîner *Desayuno/almuerzo/cena*
Je suis végétarien(ne) *Soy vegetariano(a)*
Menu *La carta* (ou *el menú*)
Menu fixe *Menú fijo*
Plat du jour *Plato del día*

Boissons
Carte des vins *La carta de vinos*
Eau minérale plate/gazeuse *Agua mineral sin gas/con gas*
Avec/sans glace *Con/sin hielo*
Café *Café*
Thé *Té*
Bière *Cerveza*
Soda *Bebida/refresco*
Un verre de vin rouge/blanc *Una copa de vino tinto/blanco*

Au menu
Pollo *Poulet*
Cerdo/chancho *Porc*
Pescado *Poisson*
Arróz *Riz*
Azúcar *Sucre*
Huevos *Oeufs*
Mantequilla *Beurre*
Pan (tostado) *Pain (toasté)*
Queso *Fromage*
Sal *Sel*

Question de temps

Matin *La mañana*
Après-midi *La tarde*
Soirée *La noche*
Hier soir *Anoche*
Hier *Ayer*
Aujourd'hui *Hoy*
Demain *Mañana*
Maintenant *Ahora*
Tôt *Temprano*
Tard *Tarde*
Une minute *Un minuto*
Une heure *Una hora*
Une demi-heure *Media hora*
Un jour *Un día*
Une semaine *Una semana*
Un an *Un año*

Les jours de la semaine
Lundi *Lunes*
Mardi *Martes*
Mercredi *Miércoles*
Jeudi *Jueves*
Vendredi *Viernes*
Samedi *Sábado*
Dimanche *Domingo*

Les mois
Janvier *Enero*
Février *Febrero*
Mars *Marzo*
Avril *Abril*
Mai *Mayo*
Juin *Junio*
Juillet *Julio*
Août *Agosto*
Septembre *Septiembre*
Octobre *Octubre*
Novembre *Noviembre*
Décembre *Diciembre*

Chiffres

1 *uno*
2 *dos*
3 *tres*
4 *cuatro*
5 *cinco*
6 *seis*
7 *siete*
8 *ocho*
9 *nueve*
10 *diez*
11 *once*
12 *doce*
13 *trece*
14 *catorce*
15 *quince*
16 *dieciséis*
17 *diecisiete*
18 *dieciocho*
19 *diecinueve*
20 *veinte*
21 *veintiuno*
21 *veintidos*
25 *veinticinco*
30 *treinta*
40 *cuarenta*
50 *cincuenta*
60 *sesenta*
70 *setenta*
80 *ochenta*
90 *noventa*
100 *cien*
101 *ciento uno*
102 *ciento dos*
200 *doscientos*
300 *trescientos*
400 *cuatrocientos*
500 *quinientos*
600 *seiscientos*
700 *setecientos*
800 *ochocientos*
900 *novecientos*

1 000 *mil*
2 000 *dos mil*
10 000 *diez mil*
100 000 *cien mil*
1 000 000 *un millón*
1 000 000 000 *mil millones*

Portugais

Si vous parlez l'espagnol, le portugais brésilien vous semblera relativement facile à comprendre car il comporte des mots communs aux 2 langues. En revanche, vous aurez peut-être du mal, selon les accents, à les comprendre. La prononciation se révèle quelquefois déroutante. Le Berlitz peut s'avérer bien pratique, notamment sur le plan de la prononciation et des variantes purement brésiliennes.

Les Brésiliens utilisent beaucoup les prénoms. Là où un francophone emploie plutôt un titre et le nom de famille, les Brésiliens préfèrent le prénom précédé d'un titre de respect : *Senhor* pour les hommes (qui s'écrit *Sr* et s'abrège en général en *Seu* en portugais parlé) et *Senhora* (qui s'écrit *Sra*) ou *Dona* (qui s'utilise uniquement avec le prénom) pour les femmes.

Il existe 3 formes pronominales à la 2e personne en portugais. Tenez-vous-en à *você*, équivalent de "vous," et tout ira bien. *O senhor* (pour les hommes) ou *a senhora* (pour les femmes) sont utilisés pour marquer le respect ou la déférence. Étant étranger, vous ne vexerez personne si vous vous trompez. Pour en savoir plus, étudiez la manière dont les autres s'adressent à vous. Dans certaines régions du Brésil, en particulier le Nordeste et le Sud, le *tu* s'emploie énormément. À l'origine, au Portugal, *tu* était réservé aux amis intimes ou aux proches parents, mais au Brésil il équivaut à *você*.

Si vous restez longtemps et que vous avez l'attention d'apprendre la langue, il existe des cours de portugais pour les étrangers, surtout dans les grandes villes. Voici quelques mots et phrases essentiels :

Au quotidien

Comment ça va ? *Tudo bem?*
Ca va bien *Tudo bem* (peut signifier aussi : très bien, parfait ou il n'y a pas de mal)
Bonjour *Bom dia, boa tarde*
Bonsoir *Boa noite*
Comment allez-vous ? *Como vai?*
Bien, merci *Bem, obrigada/obrigado*
Allô *Alô*
Salut ! ou hey ! *Oi*
Salut ! (= au revoir) *Tchau*
À plus tard *Até logo*
Je m'appelle (je suis) *Meu nome é (Eu sou)*
Comment vous appelez-vous ? *Como é seu nome?*
C'est un plaisir *É um prazer*
Enchanté *Prazer*
Oui *Sim*
Non *Não*
Bien ! Super ! *Que bom!*
Santé ! *Saúde*
Parlez-vous anglais ? *Você fala inglês?*

CI-DESSOUS : un chapeau *cabana* fièrement porté.

Je ne comprends pas (je n'ai pas compris) *Não entendo (não entendi)*
Me comprenez-vous ? *Você entende?*
S'il vous plaît *Por favor*
Merci (beaucoup) *(Muito) Obrigado (ou Obrigada au féminin)*
De rien *De nada*
Veuillez m'excuser *Desculpe*
Pardon *Com licença*

Se déplacer

Aéroport *O aeroporto*
Ambassade/consulat *A embaixada/o consulado)*
Arrêt de bus *Um ponto de ônibus*
Avion *Avião*
Banque *Um banco*
Bar *Um bar*
Bateau *Barco*
Bureau de change *Uma casa de câmbio*
Bureau de poste *O correio*
Bus *Onibus*
Cabine téléphonique *Um telefone público*
Car *Carro*
Commissariat *A delegacia de polícia*
Gare ferroviaire *A estação de trem*
Gare routière *A rodoviária*
Hôpital *Um hospital*
(bon) Hôtel *Um (bom) hotel*
Kiosque à journaux *Um jornaleiro*
Marché *O mercado*
Pharmacie *Uma farmácia*
Plage *A praia*
(bon) Restaurant *Um (bom) restaurante*
Snack-bar *Uma lanchonete*
Station de métro *Uma estação de metrô*
Station de taxi *Um ponto de taxi*
Station-service *Um posto de gasolina*
Taxe d'aéroport *Taxa de embarque*
Taxi *Taxi*
Train *Trem*

Où est...? *Onde é...?*
Un billet pour... *Uma passagem para...*
Je voudrais aller à... *Quero ir para...*
Comment aller à...? *Como posso ir para...?*
S'il vous plaît, conduisez-moi à... *Por favor, me leve para...*
S'il vous plaît, appelez-moi un taxi *Por favor, chame um taxi para mim*
Je voudrais louer une voiture *Quero alugar um carro*
Où sommes-nous ? *Onde estamos?*
Combien de temps faut-il pour y aller ? *Leva quanto tempo para chegar lá?*
S'il vous plaît arrêtez-vous ici (Stop !) *Por favor, pare aqui (Pare!)*
S'il vous plaît, attendez *Por favor, espere*

À quelle heure part le bus (avion, bateau) ? *A que horas sai o ônibus (avião, barco)?*
Où va ce bus ? *Este ônibus vai para onde?*

Shopping

À quelle heure ouvrez-vous/ fermez-vous *A que hora abre/fecha ?*
Puis-je vous aider ? *Posso ajudar ?*
Avez-vous...? *Tem...?*
Je voudrais... s'il vous plaît *Eu quero... por favor*
Je ne veux pas... *Eu não quero...*
Je voudrais acheter... *Eu quero comprar...*
Où puis-je acheter... *Onde posso comprar...?*
Un ticket pour... *uma entrada para...*
Ceci (cela) *Isto (aquilo)*
Combien cela coûte-t-il ? *Quanto custa? Quanto é?*
Prenez-vous les cartes bancaires ? *Aceita cartão de crédito?*
Combien ? *Quanto/quantos?*
C'est très cher *É muito caro*
Quelque chose de moins cher *Algo mais barato*

Argent/espèces *Dinheiro*
Crème solaire *Filtro solar*
Dentifrice *Pasta de dente*
Film *Filme*
Savon *Sabonete*
Shampoing *Xampu ou shampoo*

À l'hôtel

J'ai une réservation *Tenho uma reserva*
Je voudrais faire une réservation *Quero fazer uma reserva*
Une chambre single (une chambre double) *Um quarto de solteiro (um quarto de casal)*
Avec air conditionné *Com ar condicionado*
Je voudrais voir la chambre *Quero ver o quarto*
Quel est le prix pour la nuit ? *Qual é o preço por noite ?*

Ascenseur *Elevador*
Clé *Chave*
Manager *Gerente*
Sac, porte-monnaie *Bolsa*
Serviette *Toalha*
Valise *Mala*

Au restaurant

Garçon ! *Se faz favor!*
Pouvons-nous déjeuner ici ? *Podemos almoçar aqui ?*
Nous souhaiterions *Queriamos...*
Je n'ai pas commandé cela *Eu não pedi isto*
L'addition, s'il vous plaît *A conta, por favor*

Le service est-il compris ? *Está incluido o serviço?*
Je voudrais ma monnaie, s'il vous plaît *Eu quero meu troco, por favor*
Almoço *Déjeuner*
Café da manhã *Petit déjeuner*
Jantar *Dîner*
Ao ponto *À point*
Bem passado *Bien cuit*
Mal passado *Saignant*

Au menu
Açucar *Sucre*
Agua mineral com gás (sem gás) *Eau minérale gazeuse (plate)*
Arroz *Riz*
Azeite *Huile d'olive*
Batatas (fritas) *Pommes de terre (frites)*
Café *Café*
Camarão *Crevette*
Cardápio *Menu*
Carne *Boeuf*
Carta de vinhos *Carte des vins*
Cerveja *Bière*
Chá *Thé*
Especialidade da casa *Spécialité maison*
Feijão *Haricots*
Frango *Poulet*
Fruta *Fruit*
Gelo *Glace*
Lanche *Snack*
Manteiga *Beurre*
Ovos *Oeufs*
Pão *Pain*
Peixe *Poisson*
Pimenta *Poivre*
Porco *Porc*
Refresco (suco) *Soda (jus de fruit)*
Sal *Sel*
Salada *Salade*
Sobremesa *Dessert*
Torradas *Toast*
Verduras *Légumes*
Vinho branco/tinto *Vin blanc/rouge*
Vitela *Veau*

Santé / urgences

Aspirine *Aspirina*
J'ai besoin... *Eu preciso de...*
... un médecin *um médico*
... un mécanicien *um mecânico*
Transport *Transporte*

À l'aide ! *Ajuda !*
Danger ! *Perigo !*
Attention ! *Cuidado*
Au secours ! *Socorro !*
Au feu ! *Fogo !*

Question de temps

Quelle heure est-il ? *Que horas são?*
Un moment, s'il vous plaît *Um momento, por favor*
Quel est l'horaire prévu ? (bus, excursion, spectacle, etc.) *Qual é o horário?*
Combien de temps faut-il ? *Leva quanto tempo?*
À quelle heure ? *A que horas?*
À une heure *A uma hora* (deux, trois...) *(duas,três...)*
Dans une heure *Daqui a uma hora*
Quel jour ? *Que dia?*
Quand ? *Quando?*

Heure *A hora*
Jour *O dia*
Aujourd'hui *Hoje*
Hier *Ontem*
Demain *Amanhã*
Semaine *A semana*
Semaine prochaine *A semana que vem*
Mois *O mês*

Les jours de la semaine
Lundi *Segunda-feira*
Mardi *Terça-feira*
Mercredi *Quarta-feira*
Jeudi *Quinta-feira*
Vendredi *Sexta-feira*
Samedi *Sábado*
Dimanche *Domingo*

Les mois
Janvier *Janeiro*
Février *Fevereiro*
Mars *Março*
Avril *Abril*
Mai *Maio*
Juin *Junho*
Juillet *Julho*
Août *Agosto*
Septembre *Setembro*
Octobre *Outubro*
Novembre *Novembro*
Décembre *Dezembro*

Chiffres
1 *um*
2 *dois*
3 *três*
4 *quatro*
5 *cinco*
6 *seis*
une demi-douzaine *meia*
7 *sete*
8 *oito*
9 *nove*
10 *dez*
11 *onze*
12 *doze*
13 *treze*
14 *quatorze*
15 *quinze*
16 *dezesseis*
17 *dezessete*
18 *dezoito*
19 *dezenove*
20 *vinte*
21 *vinte e um*
30 *trinta*
40 *quarenta*
50 *cinqüenta*
60 *sessenta*
70 *setenta*
80 *oitenta*
90 *noventa*
100 *cem*
101 *cento e um*
200 *duzentos*
300 *trezentos*
400 *quatrocentos*
500 *quinhentos*
600 *seiscentos*
700 *setecentos*
800 *oitocentos*
900 *novecentos*
1 000 *mil*
2 000 *dois mil*
10 000 *dez mil*
100 000 *cem mil*
1 000 000 *um milhão*

CRÉDITS PHOTOGRAPHIQUES

Couverture

Franz Lanting/Corbis
Jungle au Brésil

Intérieur

4Corners Images 245(b)
Daniel Aeberhard 294(h)
Alamy Images 31(g), 31(d), 53, 57, 60, 89(h), 101(g), 106(bg), 109(b), 112, 113, 116, 121, 127(b), 133(b), 137, 140-141, 155, 168(b), 177, 184, 186(h), 190(d), 209(h), 211(b), 212, 213(h), 214(h), 235(h), 246(b), 247(h), 248(h), 251(b), 254, 290(b), 291, 320-321, 323, 338(b), 340, 343, 392, 403
Vince Alongi 408
Babasteve 229(h)
Barloventomagico 119(bd)
Fiora Bemporad 39, 325
Jevan Berrange 130
Nair Benedicto 46-47
Bluelemur 154(b)
Daniel Bruhin 303(h), 305(h)
Rebecca Butler 135(b)
Camera Tres Fotografic 250(b), 252, 257
Christian Caron 52
Chuki 342(b)
Cesar Angel 194(h)
Corbis Images 41, 59(d), 77, 120, 306, 345
Peter Dixon 136
Einalem 193(h)
Donna Elmendorf 201
Flowery Luza 86-87
Eric Carl Font 73
Fotolia 329
Fototeca 9x12 56
Robert Fried 66, 75, 206(h), 238(h), 256(b), 326(h), 337(h), 342(h)
Getty Images 43, 51(d), 58(g), 85(b), 92, 102(bg), 106(bd), 132(h), 181(b), 284(bg), 318
Robert Gibbs 186(b)
Eduardo Gil 24, 25, 26, 36, 40, 63, 64, 67, 68, 71, 78-79, 90-91, 99, 100, 102(h), 103, 105(h), 107, 149, 152, 167(d), 174-175, 176, 179(b), 185, 189, 192, 193(b), 196(b), 200, 209(b), 211(h), 216(h), 224-225, 247(b), 255(g), 260-261, 268, 270(h), 271, 272, 273, 274, 275, 279, 280-281, 284(h), 301(h), 310-311, 312, 315, 316(h), 317(h), 330(b), 341, 344, 346, 347, 348
Andreas M Gross 183
Jimmy Harris 14-15, 153(b)
Emily Hatchwell 276, 277
Huw Hennessy 126(b), 126(h), 127(h), 164(h), 165(h), 179(h), 181(h), 245(h), 246(h), 256(h), 257(h), 304(h)
Richard House 255(d)
Hutchison Picture Library 101(d), 350-351
Hydropeek 365(h), 367
iStockphoto.com 6(h), 6(cg), 7(c), 8(bg), 8(bd), 10(h), 19(b), 88, 89(b), 93, 97(b), 104, 105(b), 108, 109(h), 110-111, 119(h), 125(h), 125(b), 128-129, 133(h), 161(b), 166 (toutes), 214(b), 218(bg), 236(h), 238(b), 262-263, 265(h), 290(h), 305(bd), 322, 332, 334, 335, 349, 360, 361, 369, 370, 379, 382, 383, 388
Marcus Joly 18
Elizabeth Kline 122(h), 123(b), 124(h)
Latinphoto 237
Eric Lawrie 97 (h), 99(h), 100(h), 194(b), 195, 197, 198-199
Mad Mack 131, 393, 395
John Maier 80-81, 189(h), 226-227, 228, 232, 233, 235, 236(b), 239, 241(b), 242(toutes), 244, 255(h)
Ricardo Martins 339
Mary Evans Picture Library 35
Natalie Minnis 160(h), 191(b)
Moment Captured 106(h)
Tony Morrison 27(d)
Kal Muller 138-139
New York Library 30, 33, 34, 37, 95, 98, 234
Abraham Nowitz/Apa 4(b), 5(b), 6(bd), 8(h), 9(hd), 10(b), 11(hg), 12(h), 32, 48, 70, 142, 143(h), 143(c), 144-145, 146, 147, 150(h), 151, 156(g), 156(d), 157, 158(toutes), 160(b), 161(h), 162, 163(toutes, 164(b), 165(b), 168(h), 169, 170, 171(b), 282, 283, 285, 286(h), 287, 289(bg), 299, 300(bg), 300(bd), 301(b), 354, 399, 402, 413, 415
Richard Nowitz/Apa 7(hg), 7(bd), 9(cd), 11(c), 19(c), 51(g), 59(g), 74, 265(c), 284(bd), 286(b), 288, 289(bd), 289(h), 293(toutes), 294(b), 295, 296, 297, 298, 307, 308, 356, 358, 375, 377, 378, 380
Alex O'Campo 335(h)
Over Kind Man 229(b)
Panos Pictures 302, 305(bg), 317(b)
Tony Perrottet 187, 188, 213(b), 249(b), 264
Gabriel Pevide 253(h)
Photolibrary 309, 406
Pictures Colour Library 326B

Cartographie Berndston & Berndston
© 2010 Apa Publications GmbH & Co. Verlag KG (Singapour)
Fabrication Tynan Dean, Linton Donaldson, Rebeka Ellam, Mary Pickles
Iconographie Prudence Korda

Robert Harding Picture Library 85(h), 117, 118, 124(b), 353
J.C. Rojas 410
Julian Rotela Roscow 398
Jorge Schuttle 330(h)
S.F. Mission 58(d), 61, 229(c)
Cyro A. Silva 374
David Simson 269, 278, 337
Rodrigo Soldon 373
South American Pictures 49, 134, 135(h)
Still Pictures 7(hd), 9(hg), 13(c), 85(c), 122(b), 167(h), 182, 191(h), 292, 303(b), 316(b), 352, 409, 412
Sue Cunningham Photographic 240, 243(b), 243(h)
Jerome Sutter 102(bd)
Tips Images 20-21, 62, 221, 248(b), 336, 338(h), 364, 390
Topfoto 42
US Library of Congress 64
Courtesy of University of Chile 38
Venex jpb 121(h)
Silio Villon 76
Bill Wassman 44-45
Werner Forman Archive 27(g)
Mike Weston 220(b)
Corrie Wingate/Apa 1, 2-3(h), 4(h), 8(cd), 9(b), 11(b), 12(b), 13(h), 16-17, 19(h), 50, 64, 69, 71, 143(b), 203(h), 205(toutes), 206(bg), 206(bd), 207(b), 208, 210, 215, 216(b), 219(h), 357, 384, 385, 387
YamezA 22(h)
Edgar Zuniga 327

Zoom sur...

Pages 22-23
Werner Forman Archive toutes, sauf
Sue Cunningham Photographic 23(bd)

Pages 28-29
Andreas M. Gross toutes, sauf **British Museum, London** 29(cb)

Pages 54-55
Mary Evans Picture Library toutes, sauf
Alamy Images 55(b)

Pages 172-173
Abraham Nowitz 172-173(h), 173(bg), 173(hd), 173(bd);
So_P 173(c); **Montuno** 172(bd)

Pages 222-223
iStockphoto.com toutes

Pages 258-259
NHPA 258(bg), 258(c), 259(hd);
Sue Cunningham Photographic 258(bd), 258-259(h), 259(bg);
Campos-Davis 259(bd)

INDEX

Les numéros de pages en gras répertoriés dans l'index renvoient à une illustration ou une photo.

G

N

T

U

V

W-Z